Bibliografische Information der Deutschen Nationalbibliothek
Die Deutsche Nationalbibliothek verzeichnet diese Publikation in der Deutschen Nationalbibliografie; detaillierte bibliografische Daten sind im Internet über http://dnb.ddb.de abrufbar.

Konrad Dussel
Bilder als Botschaft.
Bildstrukturen deutscher Illustrierter 1905 - 1945 im Spannungsfeld von Politik, Wirtschaft und Publikum.
Unter Mitwirkung von Patrick Rössler
Köln: Halem, 2019

Print: ISBN 978-3-86962-414-3
E-Book (PDF): ISBN 978-3-86962-415-0

http://www.halem-verlag.de
E-Mail: info@halem-verlag.de

TITELABBILDUNGEN:
Berliner Illustrirte Zeitung, Nr. 15, 1925 (o.li.); *Illustrierter Beobachter*, Nr. 39, 1931 (o.re.), Nr. 14, 1932 (u.re.); *Die Woche*, Nr. 35, 1929 (u.li.)

SATZ: Herbert von Halem Verlag
LEKTORAT: Vera Belowski, Rüdiger Steiner
DRUCK: docupoint GmbH, Magdeburg
UMSCHLAGGESTALTUNG: Claudia Ott Grafischer Entwurf, Düsseldorf

Konrad Dussel

Bilder als Botschaft

Bildstrukturen deutscher Illustrierter 1905 - 1945 im Spannungsfeld von Politik, Wirtschaft und Publikum

Unter Mitwirkung von Patrick Rössler

HERBERT VON HALEM VERLAG

Vorwort

Von den ersten Überlegungen zu diesem Projekt bis zur Fertigstellung des gedruckten Buches vergingen ziemlich genau sieben Jahre. In dieser Zeit erfuhr ich Hilfe von vielen Seiten, der ich von Herzen zu danken habe.

Entscheidend zur Formung der methodischen Grundlagen der Studie trugen die ausführlichen Diskussionen mit meinem Erfurter Kollegen Prof. Patrick Rössler bei; am Ende steuerte er auch das Kapitel zu Vielfaltsanalysen bei. Ein erstes Konzept fand bei Prof. Thorsten Meiser, dem damaligen Prorektor für Forschung der Universität Mannheim so viel Anklang, dass mir eine Anschubfinanzierung aus dem Forschungsfonds der Universität bewilligt wurde, mit der ich einen ausführlichen Pretest des Instrumentariums durchführen konnte. Ein dadurch fundierter Antrag auf Förderung wurde von der Deutschen Forschungsgemeinschaft bewilligt und ermöglichte die Durchführung der aufwändigen Codierarbeiten. Einem das Projekt ergänzenden Förderantrag des Kollegen Rössler wurde ebenfalls stattgegeben. Dem zuständigen Referenten der DFG, Dr. Guido Lammers, habe ich für das verständnisvolle Entgegenkommen bei der Lösung verschiedener spezieller Probleme zu danken.

Die Untersuchungsmaterialien wurden zu erheblichem Teil von der Universitätsbibliothek Mannheim zur Verfügung gestellt, zum Teil mussten sie von ihr per Fernleihe organisiert werden. Das für alle Fragen der Nutzung zuständige Team und seine Leiterin Frau Beate Ulbrich sorgten stets für rundum gute Arbeitsbedingungen. Entlegenere Materialien konnte ich dank der Hilfen von Frau Isabelle Hüfner, Staatsbibliothek Berlin; Frau Tina Schröder, Friedrich Ebert-Stiftung; Frau Wilma Buchinger, Österreichische Nationalbibliothek; und Frau Bettina Nolte, Technoseum Mannheim, einsehen.

Die Last der konkreten Codierungsarbeiten wurde von einem ausdauernden Team von Hilfskräften bestehend aus Herrn Joscha Frederik Bäuerle, Herrn Jörn Gogoll, Frau Anna Caroline Howe, Herrn Michael Jendrek und Frau Anh To bewältigt. Herr Jendrek hatte darüber hinaus schon beim Pretest mitgearbeitet und las später auch größere Manuskriptteile. Bei der Erstellung der Druckvorlage unterstützten mich Herr Caetano Franz und Frau Amandine Bruynooghe.

Meine Kollegen Prof. Michael Meyen aus München sowie Prof. Julia Angster und Prof. Philipp Gassert aus Mannheim lasen Teile des Manuskripts und ließen mir wichtigen Zuspruch und manche Verbesserungsvorschläge zukommen.

Die Realisierung der Buchausgabe wurde schließlich vom Herbert von Halem Verlag übernommen. Ich danke Herrn von Halem für sein Interesse an meiner Studie und Frau Vera Belowski sowie Herrn Rüdiger Steiner für ihr sorgfältiges Lektorat.

Konrad Dussel, im Sommer 2019

Inhaltsverzeichnis

Verzeichnis der Grafiken

Verzeichnis der Tabellen

1. Der Buchtitel und seine Bedeutung. Einführende Erläuterungen

»Bilder als Botschaft« greift eine These auf, die Marshall McLuhan bereits vor mehr als 50 Jahren in seinem genauso Aufsehen erregenden wie umstrittenen Buch *Understanding Media* äußerte. Die Überschrift gleich seines ersten Kapitels lautet: »Das Medium ist die Botschaft«, und schon auf der zweiten Seite folgt darin die Behauptung, »daß der ›Inhalt‹ jedes Mediums immer ein anderes Medium ist.«[1] Angewendet auf den vorliegenden Fall heißt das: Das Medium sind die Illustrierten und ihr ›Inhalt‹ – ihre eigentliche Botschaft – sind die Bilder. Deshalb stehen in dieser kommunikationsgeschichtlichen Untersuchung deutscher Illustrierter die Bilder im Vordergrund, und nicht die Texte.

Die Zusammenführung der drei im letzten Satz angesprochenen Aspekte ist im Kontext der bisherigen Forschung alles andere als selbstverständlich. Zwar finden Bilder zunehmend auch wissenschaftliches Interesse, aber nicht gerade in Form massenhaft verbreiteter Illustrierten-Inhalte. Nähert man sich ihnen mit historischer Perspektive, steht immer das Besondere, thematisch speziell Ausgewählte im Vordergrund. Sich im Gegenteil ohne inhaltliche Vorauswahl den ganz durchschnittlichen Bildangeboten eines unter Wissenschaftlern alles andere als hochgeschätzten Mediums zu nähern, ist eine Herausforderung, die einiger Begründung und methodischer Reflexion bedarf. Dieser Anspruch erfor-

1 McLuhan, *Die magischen Kanäle*, S. 13f. – Zur interdisziplinären Zusammenarbeit gehört auch die Einigung über die Art der Literatur- und Quellennachweise. Als Kompromiss zwischen in den Text eingefügten Hinweisen sozialwissenschaftlichen Stils und ausführlichen Fußnoten traditioneller europäischer Historiografie wurden für die Literatur Kurztitel in Fußnoten gewählt. Die dazugehörigen ausführlichen bibliografischen Angaben sind im Literaturverzeichnis nachgewiesen. Quellenangaben zu den genutzten Illustrierten-Artikeln und aus dem Internet bezogenen Informationen finden sich dagegen nur einmalig in der jeweiligen Fußnote.

dert, gleich zu Beginn die zentralen Begriffe des Untertitels näher zu erläutern und so den Rahmen der Darstellung abzustecken.

1.1 Warum Bilder, warum Illustrierte?

In der ersten Hälfte des 20. Jahrhunderts wurden bei der aktuellen Berichterstattung der Massenmedien der Text und seine Bedeutung immer mehr durch das fotografische Bild wenn nicht infrage gestellt, so doch erheblich ergänzt und damit entscheidend modifiziert. So zutreffend diese pauschale Aussage ist, so schwierig ist es, sie im Detail mit empirischer Forschung zu belegen. Zwar wird niemand mehr ernsthaft bestreiten, dass das 20. Jahrhundert zutreffend als ›Jahrhundert der Bilder‹ zu charakterisieren sei, aber historiografische Untersuchungen, die tatsächlich Bilder und nicht Texte als Grundlage haben, bleiben dünn gesät. Immerhin finden zumindest die »Bilder, die Geschichte schrieben«, eine gewisse Beachtung.[2] Das Herausragende lässt sich aber streng genommen nur vor dem Hintergrund des Durchschnittlichen oder Alltäglichen bestimmen. Und vielleicht ist das Herausragende, sind die ›Ikonen‹ und ›Schlüsselbilder‹ nicht einmal das wirklich das 20. Jahrhundert Charakterisierende – wahrscheinlich ist es viel mehr die massenhafte Zunahme des Durchschnittlichen, die steigende ganz alltägliche Bilderflut (die sich dann im 21. Jahrhundert sogar zu einem »Bildertsunami« entwickelt[3]), die das 20. von allen vorausgegangenen Jahrhunderten abhebt. So oder so verdienen auch die ganz alltäglichen, und das heißt: vor allem die fotografischen Bilder Beachtung.

Ältere fotohistorische Studien sind in dieser Hinsicht allerdings kaum hilfreich. In aller Regel konzentrieren sie sich auf die Stars unter den Fotografen und ihre Fotos an sich, ohne ausführlicher auf die Verwendungszusammenhänge einzugehen, die ja erst die massenhafte Verbreitung der Aufnahmen bewirkten.[4] Eine große Ausnahme bilden da nur die Arbeiten Bernd Weises.[5] Erst in den letzten Jahren zeichnet sich eine gewisse Änderung ab, werden Fotos allmählich zusammen mit ihren medialen Verbreitungskontexten thematisiert.[6]

2 Paul, *Jahrhundert der Bilder*; Paul, *Bilder, die Geschichte schrieben*; Hamann, *Bilderwelten und Weltbilder*; Paul, *Aktuelle Historische Bildforschung*.

3 Paul, *Visuelles Zeitalter*.

4 Vgl. exemplarisch: Deutsche Fotografie.

5 Vgl. die diversen Einträge im Literaturverzeichnis.

6 Dewitz/Lebeck, *Kiosk*; *Erfindung der Pressefotografie*. Ansatzweise: Pensold, *Geschichte des Fotojournalismus*; Palmér/Neubauer, *Weimarer Zeit*.

Aber welche Medien kommen überhaupt für Zeiten infrage, in denen vom Fernsehen höchstens Visionäre sprachen und das Internet gar völlig jenseits des Vorstellbaren lag? Als Erstes wird man sicher an die Tageszeitungen denken. Sie waren aber traditionell das Medium des aktuellen Wortes schlechthin und entsprechend kompliziert gestaltete sich ihre Öffnung zum Bild. Auf breiter Front geschah dies in Deutschland erst nach dem Ersten Weltkrieg, ja so recht eigentlich erst nach der Überwindung der Hyperinflation seit Mitte der 1920er-Jahre; für eine gewisse Übergangszeit besaßen dabei auch illustrierte Zeitungsbeilagen erhebliche Bedeutung.[7] Nicht zuletzt wurden die Zeitungsmacher dazu durch das immer größere Interesse ihrer Leserschaft an aktuellen fotografischen Bildern gedrängt. Man wollte sehen, über wen die Nachrichten berichteten und wo und wie sich die wichtigen Ereignisse abspielten.

Die Kinos trugen zwar kräftig zur Weckung dieses Bedürfnisses nach aktuellen Bildern bei, konnten es jedoch nur ansatzweise befriedigen. Zunächst hatten sie mit technischen Problemen der Filmherstellung zu kämpfen und im Ersten Weltkrieg kamen politisch-militärische Einschränkungen bei den Produktionsbedingungen hinzu. In der Weimarer Republik bildeten die verschiedenen Wochenschauen nur ein schmales, insgesamt unbefriedigendes Aktualitäten-Rinnsal – zumindest muss das der Eindruck sein, wenn man sich mit der nicht eben üppigen Forschungslage beschäftigt, die ihrerseits im Wesentlichen auf eine äußerst lückenhafte Quellengrundlage zurückzuführen ist.[8] Selbst aus den Vorkriegsjahren des NS-Staats ist die Überlieferung sehr lückenhaft; erst die Wochenschauen der Kriegsjahre sind vollständig überliefert.[9]

Material in Hülle und Fülle stellt jedoch ein Medium bereit, das bislang so gut wie gar nicht in den Fokus der Forschung gerückt ist: die Illustrierten. Anders als bei den Familien- und Unterhaltungsblättern des 19. Jahrhunderts, die schon länger Interesse finden,[10] liegen zu den Illustrierten der ersten Hälfte des 20. Jahrhunderts nur wenige Detailstudien vor,[11] und kaum eine widmet sich so recht ihren Bildern.[12] Dabei waren es gerade die Illustrierten, die seit der Wende vom 19. zum 20. Jahrhundert aktuelle Bilder in großer Zahl und immer höheren

7 Dussel, *Pressebilder in der Weimarer Republik*; ders., *Getrennte Welten*.

8 Barkhausen, *Filmpropaganda*; Wippermann, *Wochenschauen im Ersten Weltkrieg*; Wippermann, *Entwicklung der Wochenschau*.

9 Von den vier Vorkriegswochenschau-Serien sind zum Teil weniger als zehn Prozent erhalten; nur bei der UFA-Tonwoche ist es etwas mehr als die Hälfte: Bartels, *Wochenschau im Dritten Reich*, S. 276.

10 Reusch, *Familienzeitschriften*; Otto, *Bürgerliche Töchtererziehung*; Wildmeister, *Bilderwelt der ›Gartenlaube‹*; Graf, *Familien- und Unterhaltungszeitschriften*; Barth, *Das Familienblatt*.

11 Schlingmann, *Woche*; Werneburg, *Foto-Journalismus*; Marckwardt, *Illustrierte*.

12 Als frühe, aber wenig elaborierte Pionierleistung: Büssemeyer, *Deutsche illustrierte Presse*. Neuerdings: Nitz, *Führer und Duce*. Für Österreich: Holzer, *Rasende Reporter*.

Auflagen verbreiteten. Bis in die 1930er-Jahre hinein waren sie das Medium, das hinsichtlich aktueller Bildberichterstattung die Maßstäbe setzte, die Tageszeitungen und Wochenschauen dann mühsam zu erreichen suchten. Anders als bei Zeitungen (und auch noch den illustrierten Zeitschriften älteren Stils) waren bei ihnen zudem die Bilder gegenüber den Texten in aller Regel so dominant, dass sie mit Fug und Recht in den Vordergrund des Interesses gerückt werden dürfen.

Dass die Illustrierten bislang so wenig Beachtung fanden, hat einen einfachen Grund: Ihr Ruf ist schlecht. Legendär ist das schon 1927 veröffentlichte wenig freundliche Urteil Siegfried Kracauers, das über Jahrzehnte die Einstellung der Gebildeten prägte. In seinem Essay *Die Photographie* bestätigte er zwar ganz im Sinne der bisherigen Argumentation, dass »der schlagende Beweis für die ausgezeichnete Gültigkeit der Photographie in der Gegenwart [...] vor allem durch die Zunahme der *illustrierten Zeitungen* geliefert« werde. Außerdem bestritt er nicht, dass »die Absicht der illustrierten Zeitungen [...] die vollständige Wiedergabe der dem photographischen Apparat zugänglichen Welt« sei. Doch in der Praxis überwogen für ihn die negativen Folgen der »Flut der Photos«, des »Ansturms der Bildkollektionen«: »In den Illustrierten sieht das Publikum die Welt, an deren Wahrnehmung es die Illustrierten hindern. [...] Noch niemals hat eine Zeit so wenig über sich Bescheid gewußt. Die Einrichtung der Illustrierten ist in der Hand der herrschenden Gesellschaft eines der mächtigsten Streikmittel gegen die Erkenntnis. Der erfolgreichen Durchführung der Streiks dient nicht zuletzt das bunte Arrangement der Bilder. Ihr *Nebeneinander* schließt systematisch den Zusammenhang aus, der dem Bewußtsein sich eröffnet.«[13]

Dass ein anderer mittlerweile hochgeachteter und ansonsten ebenfalls sehr kritischer Geist die Illustrierten schon damals viel positiver bewertet hat, findet leider viel weniger Beachtung. Walter Benjamin brach bereits 1925 eine Lanze für die Illustrierten, indem er ihren kulturbeflissenen Verächtern erklärte: »Die Dinge in der Aura ihrer Aktualität zu zeigen, ist mehr wert, ist weit, wenn auch indirekt, fruchtbarer, als mit dem letzten Endes sehr kleinbürgerlichen Ideen der Volksbildung aufzutrumpfen.«[14] Allerdings ist symptomatisch für den Diskurs, dass er die Glosse, aus der dieses Zitat stammt, nicht veröffentlichte.[15]

Welcher Position man auch zuneigen mag – die Untersuchung von Illustriertenbildern bedarf weiterer Begründung, zumal, da sie auch noch einigen empirischen Aufwand erfordert.

13 Kracauer, *Photographie*, S. 93. Kursive in der Vorlage.
14 Benjamin, *Nichts gegen Illustrierte*, S. 449.
15 Frank, *Düsterer Trotz*, S. 203.

1.2 Von der Visualisierung der Politik zu der Visualisierung des Politischen und seiner Kontextualisierung

Selbst wenn die Bedeutung der Illustrierten als zeitgenössisch wichtigsten Verbreitern aktueller Bildberichterstattung akzeptiert wird, sind doch noch zwei grundlegende Fragen zu beantworten. Die eine Frage zielt auf die zu erwartenden Inhalte der Bilder: Welchen Beitrag kann ihre Analyse zum besseren Verständnis der Vergangenheit liefern, wenn nicht bloß einer selbstgenügsamen Illustrierten-Geschichte das Wort geredet werden soll? Die andere thematisiert dagegen die Grenzen von inhaltsanalytisch gewonnenen Erkenntnissen, indem sie die Aufmerksamkeit auf Produktions- wie Rezeptionskontexte lenkt: Welche Schlüsse können in dieser Hinsicht überhaupt aus dem veröffentlichten Material gezogen werden?

In den letzten Jahren hat eine methodisch elaborierte Kulturgeschichte bewiesen, dass sie auch auf den dominanten Feldern der traditionellen Politik- wie der neueren Sozialgeschichte wichtige Impulse zu vermitteln vermag. Allerdings ist dazu eine gewisse Modifikation zentraler Begriffe erforderlich und die Bereitschaft, sie in weiteren Kontexten zu positionieren. Für diese Untersuchung heißt das konkret, dass nicht ›die‹ Politik den selbstverständlichen und von allen Kontexten isolierten alleinigen Bezugspunkt bildet, sondern dass stattdessen ›das‹ Politische nur als Teil eines medialen Gesamtangebots gesehen wird, innerhalb dessen erst einmal überhaupt sein Stellenwert bestimmt werden muss. Das setzt als erstes einen Überblick voraus, der sich nicht von vornherein auf die Betrachtung eines gleich wie definierten Teilbereichs beschränken darf. Mit möglichst weit gefassten Begriffen ist zunächst einmal das gesamte Feld des Bildangebots der Illustrierten zu erfassen und systematisch Inventur zu machen. Schon diese Inventur ist als solche aussagekräftig, kann sie doch genauso Kontinuitäten in den zentralen Strukturen des Bildangebots über längere Zeit hinweg zu Tage fördern wie allmähliche Umorientierungen oder gar Brüche. Im weit gespannten Überblick ist deshalb eine Beschränkung auf »das politische Bild«[16] genauso wenig sinnvoll wie ein Begriff des »fotografischen Handelns«, dem es nur »um den aktiven Einsatz eines Bildes als Argument im öffentlichen Raum mit dem Ziel der Einflussnahme auf öffentliche Debatten und politische Entscheidungsprozesse« geht.[17]

16 Grittmann, *Das politische Bild*.
17 Vowinckel, *Agenten der Bilder*.

Innerhalb des gesamten Illustrierten-Angebots ist das Segment politischer Bilder in einem eng verstandenen Sinne vergleichsweise schmal und seine Untersuchung unter traditionell politikgeschichtlicher Perspektive verspricht wenig neue Erkenntnis. Zur Erforschung der Entscheidungen politisch Verantwortlicher kann die Betrachtung von in Illustrierten veröffentlichten Fotos nichts Nennenswertes beitragen. Anders sieht es aus, wenn man die Perspektive nur leicht verschiebt und die »ereignishafte Dimension der Politik« in ihren kommunikativen Kontexten lokalisiert. Eine kulturalistisch orientierte Politikgeschichte macht genau diese »strukturelle Verfasstheit politischer Kommunikation« sichtbar: »Die Offenlegung von Wiederholungsstrukturen politischer Kommunikation und ihrem Wandel macht es überhaupt erst möglich, nach dem Stellenwert von ›entscheidenden‹ Ereignissen und Kontingenz zu fragen.«[18]

Voraussetzung eines solchen Perspektivenwechsels ist die Verschiebung der Grundbegriffe von der »Geschichte der Politik« zu der »Geschichte des Politischen«.[19] Selbstverständlich ist nicht auf die Bezugnahme auf die »Herstellung und Durchführung kollektiv verbindlicher Entscheidungen« als Zentralbereich der Politik (und damit auch des Politischen) zu verzichten. Wichtig ist aber, auch den »Handlungsraum« in den Blick zu nehmen, in dem es um die Herstellung dieser Entscheidungen geht.[20] Dann erhalten auch Bilder und damit Illustrierte ihren Stellenwert: In einer von Fundamentalpolitisierung geprägten Gesellschaft vermitteln Massenmedien breiten Schichten der Bevölkerung jenes ›Bild‹ von Politik und Politischem, das diese aus eigener, direkter Anschauung nicht zu gewinnen vermögen – durch Texte, in zunehmendem Maße aber auch durch Bilder.[21] Absichtlich wurden eben Politik und Politisches direkt nebeneinander gestellt. Zu den Zielen dieser Untersuchung gehört es, gerade diese Differenz zwischen ›der‹ Politik und ›dem‹ Politischen in ihrer historischen Entwicklung im Medium der Illustrierten näher zu bestimmen.[22] Alle diese Begriffe in ihrer Anwendung auf die Bildinhaltsanalyse näher zu bestimmen, kann jedoch nicht schon Aufgabe dieser Einleitung sein. Hier steht der Überblick im Vordergrund, zu dem auch die Beantwortung der bereits gestellten Frage gehört, welche Reichweite inhaltsanalytisch gewonnenen Aussagen zugesprochen zu werden vermag.

Zunächst ist eine gewisse Selbstbescheidung zu üben. Den eindeutigen Schwerpunkt dieser Untersuchung bildet die Analyse konkreter, in Illustrierten veröf-

18 Weidner, *Geschichte des Politischen*, S. 118.
19 Ebd., S. 9.
20 Stollberg-Rilinger, *Kulturgeschichte des Politischen*, S. 14.
21 Warnke, *Politische Ikonographie*; Münkler/Hacke, *Strategien der Visualisierung*.
22 Vollrath, *Was ist das Politische?*

fentlichter Bilder. Nicht zuletzt geschah dies aus Quellengründen: Die Illustrierten als solche sind einigermaßen problemlos nutzbar; Materialien, die einerseits redaktionelles Handeln dokumentieren oder andererseits Aussagen über das Verhalten der Illustrierten-Leserschaft und speziell ihres Bilderkonsums ermöglichen, sind dagegen eigentlich nicht überliefert. Fordert man derartige Grundlagen als Basis für die Kontextualisierung der Illustrierten-Bilder, ist die Lage ziemlich hoffnungslos. Es bleiben jedoch verschiedene Wege, um eine gewisse Abhilfe zu verschaffen. Letztlich müssen sie sogar eingeschlagen werden, um die Untersuchungsergebnisse nicht von vornherein völlig zu entwerten.

Zum einen muss die potenzielle Reichweite der Illustrierten untersucht werden. Erst der Nachweis ihrer massenhaften Verbreitung und Rezeption sichert ihre Bedeutung für die Analyse politik- wie kulturgeschichtlicher Prozesse in der Massengesellschaft. Verstärkt wird dieses Argument durch den Befund, dass die Illustrierten bereits zeitgenössisch – zumindest zu bestimmten Zeiten – beträchtliches Interesse der Politik fanden. Allein das Faktum, dass selbst zu Zeiten äußerster Kriegsanstrengungen nie daran gedacht wurde, die Illustrierten-Produktion ganz einzustellen, spricht für sich. Zum anderen sind deshalb alle Bildinhaltsanalysen zu kontextualisieren: Die Bebilderung der deutschen Illustrierten vollzog sich in den Jahren 1914 bis 1918 und 1933 bis 1945 unter ganz anderen politischen Rahmenbedingungen als in den Jahren vor 1914 sowie zwischen 1918 und 1933. Dies darf nicht ausgeblendet werden. Der Kontext politischer Presselenkung muss thematisiert und in seinen Auswirkungen auf die konkrete Illustrierten-Bebilderung berücksichtigt werden. Vordergründig gleiche Inhalte können hintergründig unterschiedliche Bedeutung haben. Zwischen Inhalt und Funktion ist je nach Zusammenhang zu differenzieren.

1.3 Strukturanalyse statt themenorientierter Einzelbildinterpretation

Die Hefte der alten Illustrierten mit ihren häufig nur 16 bis 24 Seiten Umfang, der nur selten bis zum Doppelten anschwoll, oft genug sich aber mit 8 bis 12 Seiten begnügen musste, sind nicht mit denen ihrer heutigen Nachfahren zu vergleichen und schon gar nicht mit jenen aus der Hochzeit der Illustrierten-Produktion in den 1960er- und 1970er-Jahren. Gleichwohl kommen etliche Meter zusammen, wenn man die Jahrgangsbände von Jahrzehnten aneinander reiht. Auf welche Weise kann man sich ihrer Bilderfülle nähern und zu mehr als nur impressionistischen Eindrücken gelangen?

Der nächstliegende Ansatz besteht darin, themenzentriert vorzugehen. Dies ist der Weg, der von allen Studien bislang beschritten wurde, die sich überhaupt intensiver auf Illustrierten-Bilder aus der ersten Hälfte des 20. Jahrhunderts einließen: Zu einem mehr oder minder klar umrissenen Thema werden ein oder zwei Illustrierte über einen zuvor festgelegten Zeitraum hinweg auf einschlägige Abbildungen durchgesehen, diese herausgegriffen und im übergeordneten Zusammenhang interpretiert. Auf diese Weise konnten eindrückliche Ergebnisse zu den ganz unterschiedlichen Bildpraktiken deutscher und französischer Illustrierter während des Ersten Weltkriegs gewonnen werden;[23] traten Neuerungen bei der Wissenschafts- und Technikberichterstattung während der Weimarer Republik in den Blick;[24] war der Beitrag der Illustrierten zur nationalsozialistischen Kriegsvorbereitung näher zu bestimmen;[25] oder konnte in Gender-Perspektive das emanzipatorische Potenzial einer Illustrierten über eine längere Zeit hinweg analysiert und konkretisiert werden.[26]

So wichtig und richtig ein solches Vorgehen in jedem Einzelfalle ist, muss doch eine systematische Leerstelle bleiben: Die Illustrierten als Ganzes mit ihrem Gesamtangebot an Bildern treten nicht in den Blick. Erforscht wird nur ein Segment, und seine Relation zum Ganzen in quantitativer wie qualitativer Hinsicht wird nicht bestimmt. Aber warum sollte es wichtig sein, diese Lücke zu füllen? Welche weitergehenden Erkenntnisse sind dadurch zu erwarten? Dazu muss etwas weiter ausgeholt, müssen grundsätzliche Annahmen zur Medienrezeption im Allgemeinen und des Illustrierten-Konsums insbesondere vorgestellt werden.

Der Konsum etablierter Medien vollzieht sich im Großen und Ganzen nicht zufällig und ohne einigermaßen eindeutig beschreibbare Muster. Dass viel Zeit in den Konsum und zuvor vergleichsweise viel Geld in den Erwerb der Medien (oder ihres Nutzungsrechts) investiert wird, setzt ein entsprechendes Interesse vonseiten der Konsumenten an ihren Angeboten im weitesten Sinne voraus – wie heute, so auch schon vor Jahrzehnten. Die Konsumenten haben gewisse Erwartungen und versprechen sich von bestimmten Medien einen Nutzen oder eine gewisse Belohnung. Deshalb wählen sie auch aktiv aus dem Angebotenen aus und konsumieren nicht ausschließlich passiv alles Vorhandene. Umgekehrt hat dies zur Folge, dass sich die Medienproduzenten zumindest teilweise auf dieses Verhalten einstellen müssen, wenn ihr Produkt akzeptiert werden und Verbreitung finden soll. Zur theoretischen Modellierung dieses Zusammenhangs wurde

23 Eisermann, *Pressephotographie und Informationskontrolle.*
24 Deilmann, *Bild und Bildung.*
25 Unger, *Illustrierte als Mittel zur Kriegsvorbereitung.*
26 Schlingmann, *Woche.*

von der kommunikationswissenschaftlichen Forschung seit den 1960er-Jahren der Uses and Gratifications Approach entwickelt.[27]

Selbstverständlich kann das allgemeine Interesse an einem konkreten Medium durch außergewöhnliche Inhalte, ja auch schon durch besondere Präsentationsformen gesteigert werden. Aber in der Regel beruht es auf der Qualität des durchschnittlich Gebotenen, der Angebotsstruktur insgesamt. Am Deutlichsten wird dies bei den Abonnements von Zeitungen und Zeitschriften: Die Abonnenten treffen ihre Entscheidungen nicht aufgrund einzelner Berichte oder Artikel, sondern aufgrund der Akzeptanz des jeweiligen Gesamtangebots. Selbst im freien Verkauf am Kiosk gibt es erstaunlich große Regelmäßigkeiten. In den Jahren 1997 bis 2001 betrug die Auflagenschwankung beispielsweise beim *Stern* 15 Prozent der durchschnittlich verkauften Einzelverkaufsauflage; beim *Spiegel* waren es sogar bloß 9 Prozent. Da gleichzeitig bei beiden Zeitschriften nur ungefähr die Hälfte der Gesamtauflage im Einzelverkauf abgesetzt wurde, halbieren sich diese Werte noch einmal, wenn sie auf den Gesamtverkauf bezogen werden.[28]

Diese Überlegungen gewinnen erheblich an Gewicht, wenn man sich die extrem begrenzten Ausgabenspielräume breiter Schichten der deutschen Bevölkerung in der ersten Hälfte des 20. Jahrhunderts vor Augen führt.[29] Wurde hier eine oder gar zwei Mark im Monat für eine Illustrierte neben dem fast selbstverständlichen Zeitungsabonnement ausgegeben, so musste man sich einen erheblichen Gegenwert durch ihre Lektüre versprechen. Dass diese Überlegung wirklich von breiten Schichten angestellt worden sein muss, ist an den Massenauflagen der Illustrierten abzulesen. Die vermögenderen Teile der Bevölkerung konnten dazu höchstens beitragen: Sie waren zu klein, um allein für Massenabsatz zu sorgen.

Vor diesem Hintergrund verliert nun die Frage nach der Bebilderung einzelner Themen erheblich an Bedeutung und entsprechend rückt die nach den grundsätzlichen Strukturen des Illustrierten-Angebots in den Vordergrund. Was war es, was die Leserschaft sehen wollte und wofür sie immer wieder aufs Neue bereit war, zu zahlen? Stellt man die Frage so allgemein, leuchtet unmittelbar ein, dass sich die Antwort nicht auf ›politische Bilder‹ beschränken kann. Es war vielmehr das Bildangebot insgesamt mit seiner ganzen Vielfalt. Und weiteres kam hinzu. Ein schon zeitgenössisch immer wieder thematisiertes Argument bietet auch der Fortsetzungsroman, ein ganz typischer Illustrierten-Bestandteil. Selbst das Angebot an mehr oder minder auffällig gestalteter Anzeigenwerbung wird man als Kaufanreiz nicht unterschätzen dürfen. Sicherlich war es ein relativ komplexes

27 Vgl. als geradezu klassische Einführung: Palmgreen, *Uses and Gratifications*.
28 Kaltenhäuser, *Abstimmung am Kiosk*, S. 90, 186, 188.
29 Für die Weimarer Republik: Dussel, *Wie teuer war ein Magazin?*

Gefüge von Angeboten, das die hunderttausendfach wiederholte individuelle Kaufentscheidung motivierte. Aber trotzdem werden die Bilder darin ein zentrales Element gebildet haben.

Von der Kaufentscheidung der Leserschaft waren die Illustrierten-Gestalter abhängig, entsprechend mussten sie auf die Publikumsinteressen Rücksicht nehmen. Selbstverständlich liegt nun die Gefahr nahe, mit diesem Ansatz den Interessen der Leserschaft eine zu große, den Vorgaben der Illustrierten-Gestalter dagegen eine zu geringe Bedeutung einzuräumen. Das dialektische Wechselspiel zwischen Produktion und Konsumtion ist hier nicht ideologiekritisch zu diskutieren. Die Positionen von kulturkritischen »Apokalyptikern« und ideologisch weniger festgelegten »Integrierten« sind seit Langem bekannt.[30] Ohne Zweifel bestimmten die Vorgaben der großen Verlage in beträchtlichem Maße die Struktur ihrer Illustrierten-Angebote, bis in die Bildauswahl hinein. Ihre Erfolge waren so beeindruckend, dass ja auch in politischen Ausnahmezeiten ihre Fortexistenz nie grundsätzlich infrage gestellt war. Im Vergleich zu dieser geballten ökonomisch-politischen Macht war der Einfluss der Rezipienten auf die Mediengestaltung im Detail gering, aber eben auf die Gesamtstruktur bezogen doch durchaus vorhanden.

Diese theoretischen Annahmen in empirischer Forschung sichtbar zu machen, bildet eine besondere Herausforderung. Aber sie rechtfertigen es, nicht nur einzelnen Themen, sondern den Strukturen des Bildangebots der Illustrierten sowohl in ihren inhaltlichen, als auch in ihren formalen Aspekten eigene Aufmerksamkeit zu schenken. Die Strukturen können gewissermaßen als geronnene Ergebnisse der Aushandlungsprozesse zwischen den Vorstellungen der Illustrierten-Gestalter zur inhaltlichen und formalen Heftgestaltung einerseits und den entsprechenden Erwartungen ihrer Leserschaft andererseits verstanden werden.

Selbst in hochgradig kontrollierten Produktionszusammenhängen kann nicht völlig vom konkreten Rezeptionsverhalten der Mediennutzer abstrahiert werden, erst recht nicht in weitgehend deregulierten Kontexten wie der Weimarer Republik. Illustrierte sind Produkte der ›Kulturindustrie‹, gleich, wie man diesen Begriff konnotiert. Sie müssen sich in ständiger Konkurrenz zueinander behaupten. Bis zu einem gewissen Grad vermögen sie ihre eigene, auch politische Linie zu verfolgen, ihr Verkaufserfolg wird jedoch im Wesentlichen vom Publikum bestimmt. Auflagenzahlen sind so zwar nur ein vager, aber dennoch nicht ganz zu verachtender Gradmesser für das Rezipienteninteresse. Daten zur

30 Eco, *Apokalyptiker und Integrierte.*

Verlagsgeschichte sind deshalb ebenso zusammenzutragen wie Informationen zu den verantwortlichen Illustrierten-Gestaltern und den Auflagenentwicklungen.

Auf den Einwand, »es werde ein riesiger kultureller Apparat in Bewegung gesetzt«, das heißt im vorliegenden Falle: aufwändige empirische Forschung betrieben, »um von Dingen zu sprechen, die geringe Bedeutung haben«, erwiderte Umberto Eco schon vor Jahrzehnten: »Nun ist aber gerade die Summe dieser geringfügigen Botschaften, die unser tägliches Leben begleiten, das auffälligste kulturelle Merkmal der Zivilisation, in der wir leben, in der wir denken und handeln müssen.«[31] Höchstwahrscheinlich ist dieser auf die 1960er-Jahre gemünzte Befund auch schon für die ersten Jahrzehnte des 20. Jahrhunderts gültig.

Politik bildet zwar in doppelter Hinsicht den Orientierungspunkt der Untersuchung: zum einen, was die Inhalte der Bilder selbst angeht, zum anderen aber auch unter steter Berücksichtigung der politischen Kontrolle der Bildproduktion, zumindest zu bestimmten Zeiten, und ihrer intendierten Funktion. So wichtig die Politik aber auch ist, ökonomische Kalküle dürfen nicht aus dem Blick verloren werden. Und schließlich musste von Politik wie Illustrierten-Machern auch immer bis zu einem gewissen Grad auf die Interessen der Leserschaft Rücksicht genommen werden. Damit sind die Pole des Spannungsfelds markiert, in dem die Bildstrukturen deutscher Illustrierter in der ersten Hälfte des 20. Jahrhunderts analysiert werden. Aber um welche Illustrierten und um welchen Zeitraum geht es genau?

1.4 Untersuchungszeitraum und untersuchte Illustrierte

Die deutsche Geschichte in der ersten Hälfte des 20. Jahrhunderts ist von mehreren tiefgreifenden Zäsuren geprägt. Aber können politische und sozioökonomische Brüche auch ohne Weiteres auf kulturelle Felder und auf so etwas Spezielles wie Illustrierte und ihre Bebilderung übertragen werden? Oder muss nicht umgekehrt eine systematische Längsschnittanalyse diese Übertragbarkeit erst unter Beweis stellen? Überdies verspricht eine solche, Jahrzehnte übergreifende Untersuchung auch vielfältige Vergleichsmöglichkeiten: zwischen Friedens- und Kriegszeiten, zwischen Kriegszeiten unter ganz unterschiedlichen Herrschaftsformen und zwischen Friedenszeiten, die gleich eine ganze Bandbreite von autoritärer Monarchie über parlamentarische Demokratie bis hin zu nationalsozialistischer Diktatur umfassen. Am Ende, wenn man wirklich die ganze erste

31 Ebd., S. 34.

Jahrhunderthälfte ausschöpfen wollte, könnten sogar noch verschiedene Formen von Besatzungsherrschaft einbezogen werden, eine zweite Form parlamentarischer Demokratie und eine sozialistische Variante von Diktatur. Aber ganz so weit soll aus arbeitspraktischen Gründen der Bogen dann doch nicht gespannt werden. Die Studie endet mit dem Frühjahr 1945: Mit dem Zusammenbruch des NS-Staats verschwanden auch seine Illustrierten. Gewiss wäre es reizvoll, auch die Jahre des anschließenden Neubeginns und die damit verbundenen Fragen nach Kontinuität und Brüchen einbezogen zu sehen, aber dies muss weiterer Forschung vorbehalten bleiben.

Es wäre auch schön gewesen, die Studie mit dem Jahr 1900 beginnen zu lassen. Allerdings erwies sich der aus noch vorzustellenden Gründen nötige Zugriff auf das originale Quellenmaterial aus dem ersten Dezennium des 20. Jahrhunderts als unverhältnismäßig schwierig, sodass gewisse Abstriche in Kauf genommen wurden. Notwendige Bedingung für die Wahl des Ausgangspunktes war allerdings, ein paar Jahre des Kaiserreichs vor Ausbruch des Ersten Weltkriegs einzubeziehen. 1905 bot sich da als Kompromiss und aus optischen Gründen an: von 1905 bis 1945.

Sucht man nun deutsche Illustrierte, die nicht nur während des gesamten Untersuchungszeitraums bestanden und so die verschiedenen Systembrüche überdauerten, sondern auch noch von nennenswerter Publikumswirksamkeit waren, so gibt es nur einen Kandidaten: die am 14. Dezember 1891 erstmals erschienene *Berliner Illustrirte Zeitung* (BIZ), die erst mit dem Untergang des NS-Staats ihr Ende fand; ihre letzte Nummer wurde am 22. April 1945 veröffentlicht. Die seit 1894 ganz im Hause Ullstein hergestellte *BIZ* entwickelte sich schnell zum absoluten Marktführer, nicht nur bei den Illustrierten, sondern innerhalb der deutschen Presse insgesamt; dies wird im nächsten Kapitel noch ausführlich dargestellt.

Die Frage ist jedoch, ob es zur Gewinnung valider Ergebnisse wirklich ausreicht, nur eine Illustrierte zu untersuchen – auch wenn sie auf dem Markt eine herausragende Position besessen hat. Vielleicht besetzte sie dennoch nur ein Segment (wenn auch ein großes), neben dem weitere, anders geartete wichtige Segmente bestanden. Um diesem Einwand zu begegnen, ist zumindest eine zweite Illustrierte zu analysieren, denn eine Vollerhebung des gesamten Illustrierten-Angebots ist völlig unrealistisch.

Die Zahl der Alternativen ist nun begrenzt. Letztlich gibt es nur eine weitere deutsche Illustrierte, die tatsächlich den gesamten Untersuchungszeitraum abdeckt, die im Scherl-Verlag von 1899 bis 1944 erschienene *Die Woche. Moderne Illustrierte Zeitschrift* (im Folgenden immer nur *WO*). Bei der *WO* ist zudem keine allzu große politisch-programmatische Ähnlichkeit mit der *BIZ* zu befürchten, verstanden sich die beiden Verlage doch nicht nur ökonomisch als ausgesprochene Konkurrenten; schon zeitgenössisch wurde die *BIZ* »der politisch ›links‹« und die *WO* »der politisch ›rechts‹ gerichteten Presse« zugerechnet.[32] Allerdings muss zugegeben werden, dass die *WO* im Kaiserreich von ihrer Auflage her zwar von einiger Bedeutung war, in der Weimarer Republik aber mit beträchtlichen Auflagenverlusten zu kämpfen hatte und im NS-Staat eigentlich nur noch eine Nische besetzte. Vor allem für die Jahre 1933 bis 1944/45 würde ihr Einbezug kaum dazu beitragen, ein realistisches Bild vom damaligen Bilder-Angebot in Illustrierten zu liefern. Anfang 1936 beispielsweise veröffentlichte die *BIZ* eine Druckauflage von 1,1 Millionen, während die der *WO* nur 150.000 betrug.

Nimmt man diesen Einwand ernst, kann es für die NS-Jahre nur eine Alternative zur *BIZ* geben: den seit 1926 im Eher-Verlag erscheinenden *Illustrierten Beobachter* (*IB*). So gewichtig der *IB* nach 1933 aber auch war (Druckauflage 1936: fast 700.000), so randständig war er jedoch zuvor, vor allem vor 1930. Gleichwohl wurde er seit seinem ersten Jahrgang in die Untersuchung einbezogen.

Daraus ergibt sich folgende Konstellation: Für das Kaiserreich und die Weimarer Republik bis Mitte 1926 bildeten *BIZ* und *WO* den Untersuchungsgegenstand. Für die folgenden Jahre bis 1945 wurden diese beiden Zeitschriften um den *IB* ergänzt.

1.5 Methodischer Zugriff

In die Untersuchung einbezogen wurden zwar sämtliche Jahrgänge der *BIZ*, der *WO* und des *IB* von 1905 bis 1945, soweit es sie gab. An eine vollständige Auswertung war jedoch aufgrund der Materialfülle nicht zu denken. Auf der Basis der untersuchten Stichprobe lässt sich immerhin ihr Umfang einigermaßen genau abschätzen: Die drei Illustrierten haben in den vier untersuchten Jahrzehnten sicherlich mindestens eine Viertelmillion Bilder in ihren redaktionellen Teilen veröffentlicht. Da nur Strukturen, nicht konkrete Einzelinhalte ermittelt werden sollten, reichte es aus, die Illustrierten bloß ausschnitthaft zu betrachten. Systematisch wurden von jedem Jahrgang genau sechs Hefte in die Untersuchung einbezogen. Vollständig ausgewertet wurden jeweils die drei Mitte Februar bis Anfang März erschienenen Hefte (in der Regel die Nummern 7, 8 und 9) sowie

32 Büssemeyer, *Deutsche illustrierte Presse*, S. 49.

die drei Mitte September bis Anfang Oktober erschienenen Ausgaben (Nummern 37, 38 und 39).[33]

Die Sondernummern, die von allen drei Illustrierten immer wieder außerhalb der Zählung und zum Teil mit abweichendem Format und Umfang veröffentlicht wurden, blieben außer Betracht. Sie konnten auch nur teilweise durchgesehen werden, weil sie regelmäßig den Jahrgangsbänden nicht beigebunden und ansonsten nur schwer erhältlich waren. Ansonsten wurden zwar nur die genannten Nummern vollständig ausgewertet, die gesamten Jahrgänge aber nach Möglichkeit zumindest kursorisch durchgesehen.

Auf die Details der Auswertung wird im Anhang ausführlicher eingegangen. Hier genügen wenige Hinweise. In die Untersuchung einbezogen wurden sämtliche redaktionellen Bilder, also nicht nur Fotos, sondern auch Gemäldewiedergaben, Schaubilder und Zeichnungen, einschließlich der zeitweise obligatorischen gezeichneten Witze. Nicht berücksichtigt wurden nur Schach- und sonstige Rätseldiagramme sowie sämtliche Abbildungen innerhalb der Anzeigen. Auch letztere könnten von einigem Interesse sein; ihre Auswertung würde aber nicht nur einen weiteren erheblichen Aufwand, sondern auch aufwändige Ergänzungen des methodischen Instrumentariums erfordern.

Insgesamt wurden genau 30.068 Bilder erfasst. Da sechs von 52 jährlichen Heften einen Anteil von 11,5 Prozent bilden, kann damit – wie bereits genannt – die Gesamtzahl der in den drei Illustrierten veröffentlichten Bilder mit gut 250.000 berechnet werden.[34]

Verteilt auf die sieben Phasen Kaiserreich-Vorkrieg (1905 bis Frühjahr 1914), Erster Weltkrieg (Herbst 1914 bis Ende 1918), Weimarer Republik I (1919 bis 1923), Weimarer Republik II (1924 bis 1929), Weimarer Republik III (1930 bis 1933), NS-Staat-Vorkrieg (1933 bis Frühjahr 1939) und Zweiter Weltkrieg (Herbst 1939 bis Frühjahr 1945) ergibt sich folgendes Bild:

33 Vgl. ergänzend im Anhang den Abschnitt ›Die Materialgrundlage‹ auf S. 516.

34 Zur Kontrolle wurden sämtliche Bilder in den beiden Jahrgängen 1936 und 1938 von *BIZ* und *IB* gezählt. Die Stichprobe erfasste mit 1.695 Bildern 12,2 % des Gesamtangebots von 13.859. Die Spanne reichte dabei von 11,6 % beim *IB*-Jahrgang 1938 bis zu 12,7 % bei der *BIZ* desselben Jahres.

TABELLE 1

Anzahl der ausgewerteten Bilder

	BIZ	*IB*	*WO*	insgesamt
Kaiserreich-Vorkrieg	1.738	-	3.995	5.733
Erster Weltkrieg	675	-	1.446	2.121
Weimarer Republik I	821	-	1.696	2.517
Weimarer Republik II	1.586	572	2.154	4.312
Weimarer Republik III	887	908	1.316	3.111
NS-Staat-Vorkrieg	2.397	2.598	2.625	7.620
Zweiter Weltkrieg	1.583	1.539	1.532	4.654
Gesamt	9.687	5.617	14.764	30.068

GRAFIK 1

Anzahl der ausgewerteten Abbildungen pro Jahr von 1905 bis 1945

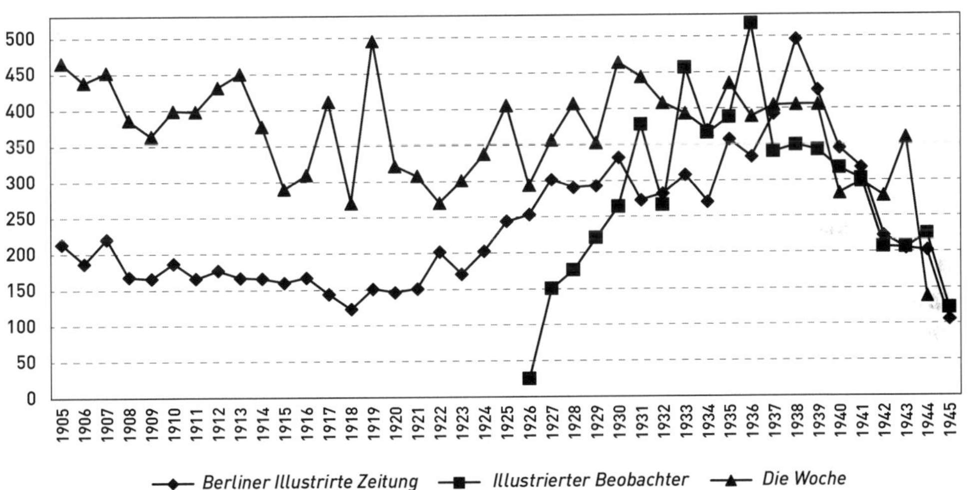

30.000 Bilder systematisch zu untersuchen, was noch nirgends versucht wurde, erzwingt geradezu eine methodologische Grundsatzentscheidung. Ansätze wie die ikonografisch-ikonologische Analyse, wie sie von Erwin Panofsky und seinen Nachfolgern entwickelt wurde, oder die an Ulrich Oevermann anknüpfende strukturalhermeneutische Bildanalyse mögen bei der Interpretation einzelner oder weniger Bilder Hervorragendes leisten, bei der Erforschung großer Bildbestände müssen sie versagen.[35] Die Visuelle Diskursanalyse und die seriell-ikonografische

35 Vgl. als einführenden Überblick Müller, *Ikonografie und Ikonologie*.

Analyse nehmen ihren Ausgangspunkt zwar durchaus auch in großen Bildkorpora, allerdings werden diese von vornherein inhaltlich-thematisch begrenzt und liefern so keinen Überblick über das mediale Gesamtangebot. Außerdem konzentrieren sie sich relativ schnell auf die »beispielhafte Analyse von Einzelbildern, die für diese Serien repräsentativ sind«, wobei dann wiederum der ikonografische Ansatz zum Tragen kommt.[36] Angesichts der durchschnittlichen Qualität des Bildmaterials der Illustrierten wäre dieser Aufwand nicht angemessen. Für die Illustrierten gilt, was bereits für Reisekataloge festgestellt wurde: »Angesichts von Hunderten von seriell produzierten und wenig durchkomponierten Bildern eignet sich die quantitative Inhaltsanalyse eher als eine willkürlich bleibende Auswahl ›auffälliger‹ oder ›typischer‹ Motive.«[37]

Die quantitative Inhaltsanalyse ist zwar zur Untersuchung großer Textkorpora entwickelt und methodisch immer weiter verfeinert worden,[38] findet in den letzten Jahren jedoch zunehmend auch bei Bildern Anwendung.[39] Dieser Ansatz ist stark theoriegeleitet und setzt klare Vorstellungen über die Strukturen des Untersuchungsmaterials voraus, deren Ausprägungen und Veränderungen im Laufe der Zeit dann im Detail bestimmt werden sollen. Praktisch bedeutet dies, dass jedes der untersuchten Bilder nach zugegebenermaßen recht einfachen Kriterien und vorgegebenen Werten standardisiert beschrieben wurde, um eine möglichst hohe intersubjektive Zuverlässigkeit zu gewährleisten – etwa hinsichtlich seiner Größe, der angewandten Bildtechnik oder der abgebildeten Inhalte.[40] Das in den Sozialwissenschaften gängige Computerprogramm SPSS ermöglichte es dann, die Datenbank nach den unterschiedlichsten Fragen auszuwerten sowie die Bilder in Vielfaltsanalysen zu vergleichen und sie auf der Ebene von Berichtsanlässen zusammenzufassen. Auf diese Weise ergaben sich Häufigkeitsverteilungen, die in der Regel überraschend klare Muster aufwiesen.

36 Eder/Kühschelm/Linsboth, *Bilder* (das Zitat aus Betscher, *Bildsprache*, S. 65); Maasen, *Bilder als Diskurse*.
37 Pagenstecher, *Reisekataloge*, S. 177.
38 Rössler, *Inhaltsanalyse*.
39 Geise/Rössler, *Standardisierte Bildinhaltsanalyse*; Grittmann/Lobinger, *Quantitative Bildinhaltsanalyse*
40 Vgl. im Anhang den Abschnitt ›Die Auswertungsmethode‹ auf S. 519.

Die Rheinschiffer

Abb. 1: Die nationalsozialistische Partei-Illustrierte *IB* veröffentlichte in ihrer Nr. 39 vom 26. September 1931, S. 878f., eine Bildreportage mit insgesamt 14 Fotos zum Alltag der Rheinschiffer zu Zeiten der Wirtschaftskrise – ohne Nennung von Autor und Bildurhebern, mit sachlichen Bildtexten und einem ebensolchen Artikeltext. Untersuchungseinheit ist in diesem wie in allen anderen Fällen nicht der gesamte Artikel, sondern jedes einzelne Bild. Ergänzt wird dies allerdings durch einen Blick auf die jeweiligen Bildtexte und den Artikel selbst.

Die Beschreibung und Interpretation dieser Muster bildet einen zentralen Gegenstand der Darstellung. Allerdings erhielt er eine wichtige Ergänzung. So nötig Strukturanalysen sind, um sich einen Gesamtüberblick zu verschaffen, so bleiben sie doch unanschaulich, wenn nicht auch qualifizierende Einzelfallbetrachtungen hinzutreten. Während die quantitative Analyse ermittelt, was überhaupt das Gängige, weit Verbreitete war, liefert die Untersuchung überlegt daraus ausgewählter Beispiele die auch das Detail berücksichtigende Konkretisierung. Da es um Bilder geht, wurden diese Beispiele so weit als möglich abgebildet – nicht um ihrer selbst willen, sondern um typische Sachverhalte zu illustrieren und ein Stück weit dem ganz grundsätzlichen Problem zu begegnen: Bilder lassen sich nicht lesen wie Texte, lassen sich nicht vollständig in Worte fassen. Ihre Ästhetik – im weitesten Sinne verstanden – ist von doppelter Gestalt. Da gibt es »einerseits immer etwas, was sich auch sagen lässt, und andererseits, kraft seiner ästhetischen Präsenz und Präsentativität, immer mehr als sich sagen lässt«.[41] Ein Stück weit lässt es sich jedoch zeigen.

Und schließlich war ein dritter Schritt nötig. Die empirisch ermittelten allgemeinen Strukturen und im Detail beschriebenen Beispiele der Illustrierten-Bebilderung sprechen nur begrenzt für sich selbst; sie bedürfen weitergehender Einordnung. Im Sinne der Neuen Kulturgeschichte ist eine »Perspektive der Fremdheit« nötig, ein »›ethnologischer Blick‹, der seine Gegenstände zunächst einmal grundsätzlich als deutungsbedürftig wahrnimmt und gerade das scheinbar Selbstverständliche *nicht* als selbstverständlich hinnimmt.«[42] Die Alltäglichkeit von Illustrierten, die Woche für Woche in Friedens- wie Kriegszeiten, in Revolutionen wie wirtschaftlichen Krisen erschienen, ist vor diesem Hintergrund ein Phänomen, das umfassende Deutung verlangt.

41 Braungart, *Ästhetik der Politik*, S. 98.
42 Stollberg-Rilinger, *Kulturgeschichte des Politischen*, S. 12 (Kursive im Original).

2. Die Illustrierten und ihre Kontexte

Die Bilder in Illustrierten sind als kontextlose Produkte nicht angemessen zu interpretieren. Ihre Veröffentlichung ist das Ergebnis komplexer Prozesse, bei denen viele Faktoren zusammenwirken. Selbstverständlich muss es immer konkrete Urheber – Fotografen und Zeichner oder Grafiker – geben, die Initiative zur Bildgestaltung kann jedoch durchaus bei anderen gelegen haben, vor allem bei Zeitschriftenredakteuren, die bestimmte Themen illustriert gesehen haben wollten. Auf jeden Fall waren es dann diese, die das zunehmend über Agenturen eingehende Material sichteten, daraus eine gezielte Auswahl trafen und, um mehr oder minder umfangreiche Texte ergänzt, in ihre Blätter aufnahmen.

Wie drastisch selektiert werden musste, kann zumindest punktuell näher bestimmt werden. 1936 notierte der Chefredakteur der *WO*, es wären »zur Zeit etwa 20.000 Bilder, die im Monat durch die Hände der Schriftleitung gehen«.[43] Gleichzeitig veröffentlichte man durchschnittlich 65 Bilder pro Heft, also rund 250 im Monat – wenig mehr als ein Prozent des Angebotenen.

Aber auch der Redaktionsbetrieb war jenseits rein technischer Zwangsläufigkeiten arbeitsteilig organisiert und es kann keine Rede davon sein, dass ein Redakteur einsam und unbeeinflusst von jeglichen äußeren Einflüssen ganze Hefte zusammengestellt hätte. Dreierlei hatte er, mehr oder minder bewusst, vor allem im Auge zu behalten: Zum Ersten war es die allgemeine ›Linie‹ des Hauses, die nicht nur die Inhalte der Artikel und die Art ihrer Behandlung bestimmte, sondern noch viel mehr, was erst gar nicht zu präsentieren war. Verstöße gegen diese mehr oder weniger ungeschriebenen Regeln wurden nicht nur verlagsintern geahndet; die dauerhaft wahrscheinlich wirksameren Sanktionen kamen

43 *WO* Sonderheft »Olympia 1936«, S. 95.

von außerhalb. Zum Zweiten besetzte nämlich jede Illustrierte ein spezifisches Segment auf einem in der ersten Hälfte des 20. Jahrhunderts zwar dynamisch wachsenden, aber doch nicht unbegrenzten Markt. Die Illustrierten-Produktion kostete viel Geld und dieses Geld musste über Anzeigen- und Heftverkäufe wieder hereingebracht werden. Die Werbetreibenden hatten aber genauso wie Abonnenten und Käufer von Einzelheften bestimmte Erwartungen an die Heftgestaltung insgesamt, die stets aufs Neue zumindest einigermaßen befriedigt werden mussten. Der Maßstab war hierbei kein absoluter, sondern nur ein relativer: Das jeweilige Produkt musste mehr zusagen als die Konkurrenz – zunächst als andere Illustrierte, aber doch im weiteren Sinne auch als die Zeitungen, die mit illustrierten Beilagen und zunehmend ebenfalls eigener Bebilderung aufwarteten, zudem den viel umfangreicheren (aber auch teureren) neuen Publikationsformen wie den Magazinen oder Special-Interest-Angeboten wie Film-, Frauen oder Sportzeitschriften und schließlich ganz anderen Medienangeboten wie dem Kino. Dieser ganze, eher ökonomisch orientierte Kontext dürfte kaum die Gestaltung einzelner Illustrierten-Artikel und ihre Bebilderung beeinflusst haben, die Gesamtstruktur der Hefte aber sehr wohl. Und schließlich war zum Dritten auch der politische Rahmen nicht ganz aus dem Blick zu verlieren. In Zeiten weitgehender Pressefreiheit war er sehr weit gezogen und sein Vorhandensein kaum spürbar, in Zeiten von Krieg und Diktatur dagegen so eng, dass er selbst Alltagsroutinen beeinflusste.

Diese allgemeine Skizze kann im Folgenden nur ganz ungleichmäßig spezifiziert und koloriert werden. Der nächste Abschnitt versucht einen Überblick über die Geschichte des Mediums ›Illustrierte‹ in Deutschland zu geben, dabei das quantitative Wachstum des Sektors als Maßstab für seine Publikumsattraktivität insgesamt und seine wichtigsten Bestandteile akzentuierend. Danach sind die wichtigsten bildpolitischen Regelungen vonseiten des Staates vorzustellen, die den Illustrierten zu verschiedenen Zeiten ganz unterschiedliche Gestaltungsräume ließen. Und schließlich folgen drei Abschnitte, in denen die verfügbaren Informationen zu den drei hier ausgewerteten Illustrierten *BIZ*, *WO* und *IB* im Kontext ihrer Verlage zusammengetragen sind. Redaktionsinterna sind eigentlich nicht überliefert, selbst die Angaben zu den verantwortlichen Redakteuren müssen sich auf weniges beschränken; immerhin wird dabei klar, dass die Zahl der in dieser Hinsicht am Produktionsprozess Beteiligten ziemlich gering war. Mehr Informationen liegen bei den meisten der Bildproduzenten im engsten Sinne, den Fotografen und Zeichnern, vor; ihnen ist deshalb ein eigenes, das vierte Kapitel gewidmet.

2.1 Illustrierte in Deutschland bis 1945. Titel- und Auflagenentwicklung

Seit wann gibt es Illustrierte? Die Antwort hängt in erheblichem Maß davon ab, was man genau darunter versteht. Betrachtet man die Bezeichnung als abgekürzte Form von ›Zeitschrift mit Illustrationen‹, so wird man recht weit zurückgreifen müssen. Nicht nur Blätter wie die *Illustrirte Zeitung* aus Leipzig (seit 1843), das *Pfennig-Magazin* (seit 1833) und das *Karlsruher Unterhaltungsblatt* (seit 1828) werden dann einzubeziehen sein, sondern auch Publikationen wie der *Augspurgische Intelligenz-Zettel* (seit 1745), der von sich behauptete, »in- und ausser Deutschland die erste Wochenschrifft mit Kupffern«, also Kupferstichen als Abbildungen, gewesen zu sein.[44] Hält man auch eine monatliche Erscheinungsweise für ausreichend, kann man sogar noch zwei Jahrzehnte zurückgehen und die 1725 erschienene »Abbildung der Begebenheiten und Personen / wordurch Der Zustand jetziger Zeiten Monatlich vorgestellet und In dazu dienlichen Kupffern gezeiget wird« mit einbeziehen. Schon damals war man der Meinung, dass »die merkwürdigsten Begebenheiten desto eher im Gedächtnis bleiben«, wenn »dieselben in kleinen Bildern vorgestellet werden«.[45]

Allerdings entfernt man sich mit einer derartigen Auffassung sehr weit vom im 20. Jahrhundert unter dieser Bezeichnung Gängigen, waren die genannten Zeitschriften doch nicht nur regelmäßig sehr sparsam bebildert, sondern auch in einer für heutige Begriffe sehr altertümlichen Art und Weise. Reproduktionen von Fotografien oder auch nur von gezeichneten Witzen und Ähnlichem sucht man in ihnen vergeblich. Weil es an entsprechenden technischen Verfahren fehlte, musste man sich auf sehr aufwändige Drucke beschränken – von mühsam gefertigten Holzschnitten und Holzstichen, zum Teil sogar von Kupferstichen. Man wird die genannten Blätter deshalb am besten als Vorformen von Illustrierten zu bezeichnen haben.

Gleichwohl gehörte dem Bild, und zwar dem aktuellen Bild, die Zukunft. Schon die *Illustrirte Zeitung* aus Leipzig war 1843 angetreten, »die innige Verbindung des Holzschnittes mit der Druckpresse zu benutzen, um die Tagesgeschichte selbst mit bildlichen Erläuterungen zu begleiten und durch eine Verschmelzung von Bild und Wort eine Anschaulichkeit der Gegenwart hervorzurufen, von der wir

44 Vorbericht auf das Jahr 1748, zit. Doering-Manteuffel, *Pressewesen*, S. 18, Anm. 25.

45 Lehmann, *Stichwort »Illustrierte«*, Sp. 1777f. – Von den wenigen, nur 1725/26 erschienenen Folgen wurde von der Bayerischen Staatsbibliothek ein Digitalisat angefertigt, das im Internet leicht zugänglich ist.

hoffen, dass sie das Interesse an derselben erhöhen, das Verständnis erleichtern und die Rückerinnerung um vieles reicher und angenehmer machen wird.«[46]

Allerdings konnte sie diesen Anspruch nur begrenzt einlösen. Zunächst waren Konkurrenten mit anderen Formen illustrierter Zeitschriften erfolgreicher. Bahnbrechend war Ernst Keils 1853 erstmals erschienene *Gartenlaube*, deren Untertitel »illustriertes Familienblatt« einer ganzen Gattung den Namen gab. In dichter Folge erschienen danach hunderte weiterer Blätter, von denen aber nur wenige wirklich mit der *Gartenlaube* konkurrieren konnten, *Über Land und Meer* (1858) beispielsweise oder *Daheim* (1864).[47] Auf den ersten Blick nahmen die Illustrationen in diesen Familienzeitschriften zwar einen erheblichen Raum ein, der zweite offenbart aber ihre inhaltliche Begrenzung: Ganz überwiegend handelte es sich um großformatige Wiedergaben zeitgenössischer Salonmalerei. Halbwegs tagesaktuelle Abbildungen fehlten zwar nicht völlig, beschränkten sich aber in der Regel auf grafisch gestaltete Porträts.

Von Illustrierten im modernen Sinne ist erst zu sprechen, als es aufgrund neuer drucktechnischer Entwicklungen möglich war, aktuelle Fotos im Hochdruck zu vervielfältigen. Das zentrale Problem, letztlich mit nur einfacher schwarzer Farbe auch Grautöne simulieren und dadurch die Nuancen von Fotos (aber auch Gemälden) wiedergeben zu können, wurde seit den 1880er-Jahren dadurch gelöst, dass mithilfe von Rastern unterschiedlich große schwarze Punkte erzeugt wurden. Je kleiner und seltener die Punkte waren, desto mehr näherte sich der Seh-Eindruck von der schwarzen Fläche über Grautöne hin dem Hellen und damit zu einer einigermaßen realistischen Bildwiedergabe. Weil neben der sogenannten ›Autotypie‹ oder ›Netzätzung‹ auch das einfachere Verfahren der Strichätzung oder Zinkotypie zur Verfügung stand, war auch der Druck von Sach- oder Witzzeichnungen auf einfache Weise möglich.[48]

46 *Illustrierte Zeitung* Nr. 1 vom 1. Juli 1843, S. 1 (http://reader.digitale-sammlungen.de/de/fs1/object/display/bsb10498693_00009.html [30.05.2018]).

47 Graf, *Familien- und Unterhaltungszeitschriften*; Reusch, *Familienzeitschriften*; Stegmann, *Unterhaltung als Massenkultur?*

48 Kaum ein Überblick über die verschiedenen Reproduktionstechniken ist so knapp und doch fundiert wie der von Hans Ries an ziemlich entlegener Stelle veröffentlichte: *Illustration und Illustratoren*, S. 184-250. Zu Strichätzung und Netzätzung S. 229-250.

Wie ein Bildabdruck in der „Illustrirten" entsteht

Von der Photographie bis zum Druckstock

Wie ein Bildabdruck in der „Illustrirten" entsteht.
I. Für die Wiedergabe in der Zeitschrift dient eine Photographie, eine Zeichnung usw. als Vorlage.

Bei den in der „Illustrirten" enthaltenen Abbildungen gilt es zunächst, nach einer von Künstlerhand stammenden Zeichnung oder einer Photographie das zum Drucken dienende „Klischee" oder den „Druckstock" anzufertigen. Das Material des Druckstocks besteht aus Metall. Um die Vorlage auf das Metall zu übertragen, bedient man sich der Photographie. Würde man aber das Bild einfach auf die Metallplatte photographieren, so würde man von dieser Platte noch nicht drucken können, ein Abdruck würde nur eine glatte Farbfläche ergeben statt der gewünschten bildlichen Darstellung. Wie der Schriftsatz, der mit Hilfe der Buchdruckpresse vervielfältigt werden soll, aus Erhöhungen und Vertiefungen besteht, so muß auch die ursprünglich glatte Oberfläche des Bild-Druckstockes in Erhöhungen und Vertiefungen zerlegt werden. Um das zu erreichen, verfährt man in folgender Weise. Vor die lichtempfindliche Glasplatte wird ein sog. Raster geschaltet. Dieser besteht aus zwei zusammengekitteten Spiegelglasscheiben, die mit eingravierten schwarzen parallelen Linien versehen sind. Diese

II. Von der vorliegenden Photographie wird ein Negativ durch Neuaufnahme hergestellt.
Die hellen und dunkeln Stellen der Photographie werden dabei gleichzeitig mit Hilfe eines Netzes (des sog. Rasters) in ein System schwarzer und weißer Punkte zerlegt.
(Unsere Abbildung zeigt, wie das Negativ auf Glas aussieht.)

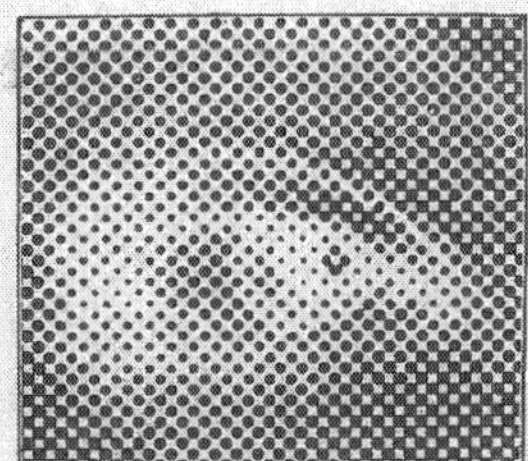

III. Wie durch das Netz die einzelnen Stellen der Photographie in Punkte zerlegt werden.
Unsere Abbildung zeigt einen Teil des Negativs auf der Glasplatte in starker Vergrößerung. Siehe nun das Bild IV rechts.

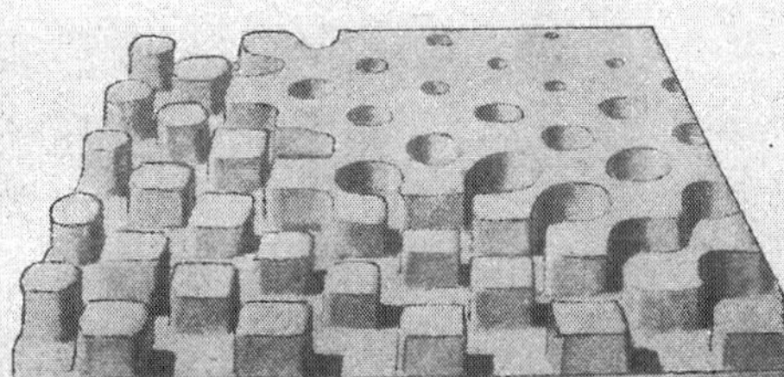

V. Nachdem die einzelnen Punkte des Bildes auf der Metallplatte durch einen säurefesten Harzüberzug geschützt worden sind, wird die Metallplatte in ein Säurebad gelegt. Wo keine harz überzogenen Punkte sind, entsteht durch die Säure eine Vertiefung.
Unsere Abbildung zeigt die Vergrößerung eines Teils des so entstehenden Druckstocks mit seinen Erhöhungen und Vertiefungen. Wenn man nun den Druckstock einschwärzt, nehmen nur die hochstehenden Punkte die Farbe an.

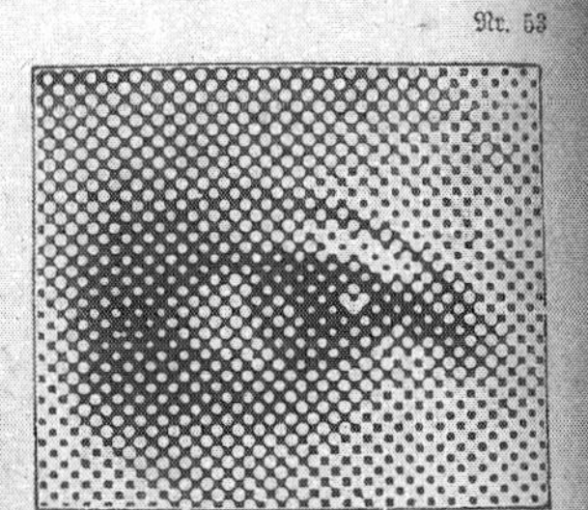

IV. Von der Negativ-Glasplatte wird jetzt das Bild auf photographischem Wege auf eine lichtempfindlich gemachte Metallplatte übertragen.
Unsere Abbildung zeigt einen Teil der Metallplatte in starker Vergrößerung (Positiv).

Linien sind so fein und stehen so dicht zusammen, daß auf die Breite eines Zentimeters z. B. 60 Linien kommen. Die beiden Glasscheiben sind so zusammengefügt, daß die Linien sich im rechten Winkel kreuzen, so daß zwischen den Linien winzig kleine durchsichtige Stellen entstehen. Die photographische Aufnahme geschieht bei elektrischem Licht. Die von der Vorlage zurückgeworfenen und durch das Objektiv in die Kamera einfallenden Lichtstrahlen müssen erst die winzigen Rasteröffnungen durchdringen, ehe sie auf die lichtempfindliche Platte einwirken können. Das so gewonnene photographische Negativ zeigt keine geschlossene Fläche wie ein gewöhnliches Halbton-Negativ, das Bild ist vielmehr in unzählige kleine Punkte zerlegt. Nach dem Entwickeln wird das Raster-Negativ auf die spiegelblank polierte und lichtempfindlich gemachte Metallplatte kopiert, ebenfalls bei elektrischem Licht. Es entsteht nun ein Positiv. Beim darauf folgenden Entwickeln der Platte lösen sich alle nicht belichteten Teile der Schicht und nur die Punkte, die später den Druck ermöglichen und das Bild ergeben sollen, bleiben stehen. Damit die Punkte den in mehreren Stadien vorzunehmenden Aetzprozessen widerstehen, wird die Platte säurefest gemacht. Nur die Punkte sind mit der Schutzschicht bedeckt und werden durch die Säure nicht angegriffen, alle blanken Metallteilchen werden aber weggebeizt. Dadurch werden die Punkte freigelegt. Es entstehen kleine Stäbchen, die in den hellsten Stellen des Bildes am spitzesten sind; je dunkler die Tonwerte des Bildes werden, desto größer wird auch die Oberfläche der Stäbchen, bis diese in den dunkelsten Stellen fast ganz zusammengehen. Wenn nun die Farbwalzen über die Platte rollen, so färben sie nur die erhöhten Stellen ein, die etwas vertieften werden aber von den Walzen nicht berührt und bleiben ohne Farbe. Nimmt man die Bilder der „Illustrirten" unter die Lupe, so erkennt man deutlich, daß sie aus lauter kleinen Pünktchen bestehen. Das fertige Klischee könnte nun ohne weiteres zum Druck benutzt werden. Bei der Riesenauflage der „Illustrirten" würde der Druck bei Verwendung einer einzigen Platte aber viel zu lange dauern. Man macht deshalb mittels des galvanoplastischen Verfahrens Vervielfältigungen, sind doch, um die gewaltige Auflage in der vorgeschriebenen Zeit bewältigen zu können, nicht weniger als fünfzehn große Illustrations-Rotationsmaschinen nötig, die die „Illustrirte" gefalzt und aufgeschnitten, so wie sie in den Verkehr kommt, liefern.

Abb. 2: Die Reproduktion einer Fotografie in der Presse war früher ein komplizierter Vorgang. In ihrer Nr. 53 vom 31. Dezember 1916 wurde er von der *BIZ* nicht nur mit Text erläutert, sondern auch mit entsprechenden Bildern sehr schön veranschaulicht.

Es dauerte nicht lange, dann wurde diese Erfindungen nicht nur dazu genutzt, das Angebot bereits bestehender illustrierter Zeitschriften – einschließlich der Familienzeitschriften – zu erweitern, es entstand gleich ein ganz neuer Zeitschriftentyp, eben die Illustrierten im eigentlichen Sinne. Allerdings ist es schwierig, ein genaues Datum und den dazugehörigen Erstling zu nennen, weil nicht nur die bereits bestehenden mit Illustrationen versehenen Blätter, sondern auch die Neugründungen erst ein gewisses Herantasten zeigten.[49] Eindeutig ist allerdings, dass das entsprechende Produkt von August Scherl einen Meilenstein bildete, der geradezu maßstabsetzend war. Die am 18. März 1899 erstmals erschienene Zeitschrift *WO* mit dem programmatischen Untertitel »moderne illustrierte Zeitschrift« kann als Prototyp der gesamten Gattung bezeichnet werden. Und der Verkaufserfolg gab ihrem Konzept Recht. Das wöchentlich erscheinende, reich mit Fotos bebilderte Blatt erreichte auf schnellstem Wege eine für die Konkurrenz völlig unglaubliche Auflage. 1901 wurden von der *WO* bereits 400.000 Exemplare verkauft.[50]

Wie viel das ist, wird so recht deutlich, wenn man zum Vergleich die Auflagenzahlen von in den 1890er-Jahren entstandenen Produkten betrachtet, die man ebenfalls zu den frühen Illustrierten zählen darf.[51] Der spätere Marktführer, die *BIZ*, auf die gleich noch ausführlicher eingegangen wird, erlebte zwar nach der Übernahme durch den Ullstein-Verlag eine rasante Aufwärtsentwicklung, konkret bedeutete dies aber erst einmal nur eine Steigerung von 23.000 Exemplaren 1894 auf 135.000 Exemplare 1901.[52] Vor allem die Verdoppelung in den Jahren 1900/1901 dürfte dabei auf das fleißige Lernen vom *WO*-Vorbild zurückzuführen gewesen sein, wie von Hermann Ullstein, dem für die Zeitschriften Zuständigen der fünf Ullstein-Brüder, später offen zugegeben wurde.[53]

Die anderen Neugründungen blieben von derartigen Zahlen weit entfernt. Von der 1895 gegründeten *Frankfurter Illustrierten Zeitung* sind zwar keine Auflagezahlen erhalten, aber nennenswerte Verkaufserfolge dürften nicht erzielt worden sein, sonst wäre das Projekt nicht noch im selben Jahr nach 40 Nummern eingestellt worden. Ähnlich scheint es bei den *Münchner Moment-Bildern* gewesen sein. Exemplare sind nur aus ihrem Gründungsjahr 1900 bekannt.[54]

49 Bereits betont durch Hartwig Gebhardt, *Illustrierte Zeitschriften*.

50 Vgl. S. 102.

51 Die folgenden Angaben stützen sich – sofern nicht anders angegeben – auf die akribischen Recherchen Bernd Weises, veröffentlicht in: *Pressefotografie I*, S. 15-40 (v. a. S. 27-37), sowie in: *Fotografie in deutschen Zeitschriften*, S. 20-25.

52 *BIZ* Nr. 50 vom 15. Dezember 1901, S. 787.

53 Ullstein, *Haus Ullstein*, S. 91.

54 Weise, *Fotografie in deutschen Zeitschriften*, S. 21. Ein Exemplar wurde von der Bayerischen Staatsbibliothek digitalisiert (http://daten.digitale-sammlungen.de/~db/0007/bsb00072219/images/ [30.05.2018]).

Erfolgreicher war wohl das ebenfalls im Jahr 1895 im badischen Freiburg erstmals erschienene Blatt, denn es erschien unter dem Titel *Das Badener Land* bis 1912, ehe es dann vom Verlag durch einen im neuen Kupfertiefdruck hergestellten Nachfolger mit dem moderneren Titel *Das Neue Bild* abgelöst wurde. Allerdings blieben in beiden Varianten die Auflagen recht bescheiden. Für *Das Badener Land* wird für 1901 eine Auflage von 14.000 Stück angegeben, für *Das Neue Bild* im Jahr 1914 eine von 23.000. 1916 wurde das Projekt beendet.

Wie die seit 1896 erscheinende *Königsberger Illustrierte Zeitung* bis 1920 überleben konnte, ist bei einer Auflage von 4.100 Stück im Jahr 1899 eigentlich ein Rätsel. Die 1897 an den Start gegangene *Hamburger Illustrirte Zeitung* erreichte 1898 zwar bereits 26.000 Stück, wurde aber trotzdem 1904 wieder eingestellt. Der Markt war also um die Wende vom 19. zum 20. Jahrhundert sehr überschaubar, selbst wenn man noch die traditionsreiche Leipziger *Illustrirte Zeitung* hinzunimmt, die sich erst allmählich zur Illustrierten im engeren Sinne entwickelte, oder den kurzlebigen *Reporter. Illustriertes Weltblatt* (1895-1902). 1899, als die *WO* ihren ersten großen Auftritt hatte, dürften ihre fünf genannten Konkurrenten gemeinsam nur eine Auflage von wenig mehr als 100.000 Exemplaren besessen haben. Vor diesem Hintergrund muss man die 400.000 der *WO* sehen.

Registrieren muss man aber auch, welche Zugkraft das Modell der *WO* entwickelte. Die neuen Illustrierten versprachen den Verlegern ein gutes Geschäft. Und so entstanden im ersten Jahrzehnt des 20. Jahrhunderts neun neue Illustrierte:

1903 (bis 1919)	*Die Zeit Im Bild*, Berlin
1904 (bis 1920)	*Süddeutsche Illustrierte Zeitung*, Heilbronn, Auflage 1908: 31.000; 1915: 56.000.
1906 (bis 1913)	*Die Hamburger Woche*, Hamburg, Auflage 1908: 50.000
1907 (bis 1919)	*Deutsche Illustrierte Zeitung*, Berlin, Auflage 1911: 80.000
1907 (bis 1919)	*Volksgarten. Illustrierte Wochenschrift*, Dortmund
1908 (bis 1918)	*Münchner Illustrierte Zeitung*, München, Auflage 1910: 20.000, 1915: 50.000
1908 (bis 1909)	*Welt Im Bild. Illustrierte Wochenschau Für Ostpreussen*, Königsberg
1909 (bis 1915)	*Frankfurter Illustrierte Zeitung*, Frankfurt, Auflage 1911: 20.000, 1915: 33.000.
1909 (bis 1922)	*Illustrierte Westdeutsche Wochenschau*, Essen, Auflage 1911: 40.000, 1914: 65.000.

Addiert man nur einmal die bloß von sechs der neun Illustrierten bekannten Auflagenzahlen, erhält man für die Jahre um 1910 (1908-1911) bereits einen Gesamtwert von 241.000. Hinzuzurechnen sind selbstverständlich die Verkaufszahlen der noch bestehenden fünf älteren Illustrierten, bei dreien (*Illustrirte Zeitung, Das Badener Land* und *Königsberger Illustrierte Zeitung*) sicherlich unterdurchschnittlich, bei den beiden Marktführern BIZ und WO aber weit über dem rechnerischen Durchschnitt liegend. Die BIZ verkündete bereits 1908 mehr als 400.000 Abonnenten.[55]

Das gute Geschäft für die Verleger ergab sich jedoch nicht nur aus dem Verkauf der Hefte. Wie bei der Tagespresse entwickelte sich ein symbiotisches Verhältnis zwischen Verlegern und werbetreibender Wirtschaft. Vor allem die entstehende Markenartikel-Industrie bemerkte schnell, wie hilfreich ihre Anzeigen beim Verkauf ihrer Produkte waren. Wie in den Zeitungen, so wurde auch in den Illustrierten immer mehr Fläche von Werbung belegt. Das sorgte bei den Verlagen für zusätzliche Einnahmen. Diese Einnahmen halfen, die Preise der Illustrierten bei wachsendem Angebot niedrig zu halten, was wiederum in der Regel zu mehr Verkäufen führte. Größere Auflagen waren aber wiederum für die auftraggebenden Werbenden interessant, die dies mit höheren Zahlungen honorierten. Schon früh war deshalb auch das Illustrierten-Verlagswesen ein doppeltes Geschäft: Man verkaufte Hefte an die Leser und die von ihnen betrachtete Anzeigenfläche an die werbetreibende Wirtschaft – ein bis heute gültiger Zusammenhang, auch wenn sich das Hauptgeschäft mittlerweile auf das Fernsehen verlagert hat.[56] Eindeutige Zahlen liegen dazu jedoch noch weniger vor als bei den Auflagen. Deshalb ist hier zu der Entwicklung der Auflagen zurückzukehren.

Weiteren Auftrieb brachten die Jahre unmittelbar vor dem Ersten Weltkrieg und dann die Kriegsjahre selbst. Bis 1916 entstanden noch einmal zwölf Illustrierte:

1911 (bis 1912)	*Bayerische Illustrirte Zeitung. Augsburger Woche*, Augsburg
1911 (bis 1927)	*Illustrierte Rundschau*, Hannover
1911 (bis 1940)	*Das Blatt Für Alle*, Berlin
1912 (bis 1919)	*Königsberger Woche*, Königsberg
1913 (bis 1918)	*Schlesische Woche. Breslauer Illustrierte Zeitung*, Breslau, Auflage 1915: 12.000
1913 (bis 1944)	*Das Illustrierte Blatt*, seit 1931: *Frankfurter Illustrierte*, Frankfurt
1913 (bis 1920)	*Das Weltbild*, Berlin, Auflage 1916: 100.000
1914	*Die Illustrierte. Aktuelle Wochenschrift*[57]

55 BIZ Nr. 41 vom 15. März 1908, S. 731.
56 Vgl. für die zeitgleichen US-amerikanischen Verhältnisse: Kitch, *Girl*, S. 4.
57 Nach 18 Nummern noch 1914 eingestellt (https://zdb-katalog.de/title.xhtml?idn=013007130 [30.05.2018]).

1914 (bis 1915)	*Die Illustrierte Für Bremen*, Bremen
1914 (bis 1915)	*Welt-Telegraph - Westdeutsche Illustrierte Zeitung*, Köln
1915 (bis 1923)	*Neue Leipziger Illustrierte Zeitung*, Leipzig
1916 (bis 1944)	*Welt Im Bild*, seit 1918 *Hamburger Illustrierte Zeitung*, Hamburg

Rechnet man die zwischenzeitlichen Abgänge ein, waren mitten im Ersten Weltkrieg noch 20 Illustrierte präsent. Leider lassen sich nur von zehn von ihnen Auflagenzahlen aus den Jahren 1914 bis 1916 greifen. Einsamer Spitzenreiter war die BIZ mit einer Auflage von 800.000 Stück, mit weitem Abstand folgte die *WO* mit 256.000. Die übrigen acht kamen gemeinsam auf 374.000. Alles in allem ergibt das eine bekannte Auflage von 1,43 Millionen für die Hälfte der damaligen Illustrierten. Für das Gesamtangebot wird man diese Zahl jedoch nicht verdoppeln dürfen. Realistischer ist es, den Durchschnittswert der Auflage der acht kleineren Illustrierten hochzurechnen, also von zehn Mal 47.000 auszugehen. Das ergäbe eine Gesamtauflage von 1,9 Millionen. Selbst wenn es sich nur um einen Orientierungswert handelt, so ist an ihm doch abzulesen, dass sich die Gattung innerhalb von zwei Jahrzehnten fest etabliert hatte. Für Zeitschriften mit mehr oder minder aktuellen Bildern war ein beträchtlicher Markt vorhanden.

Allerdings war dieser Markt in der unmittelbaren Nachkriegszeit und den anschließenden Jahren der immer stärker galoppierenden Inflation größten Turbulenzen ausgesetzt. Bis zur Stabilisierung der Währung Ende 1923 mussten die meisten der Illustrierten ihr Erscheinen einstellen. Behaupten konnten sich nur sechs Blätter: von den älteren die *Illustrierte Zeitung* aus Leipzig, die BIZ der Ullsteins und Scherls *WO* sowie von den jüngeren *Das Blatt Für Alle* aus Berlin, das *Illustrierte Blatt* aus Frankfurt und *Welt Im Bild*, das nun als *Hamburger Illustrierte Zeitung* firmierte.

Neugründungen bildeten in jenen Jahren große Ausnahmen – und Erfolg war noch seltener. Die Unabhängigen Sozialdemokraten versuchten es mit *Die Freie Welt*, gaben das Projekt jedoch schon im Dezember 1921 wieder auf. Auch die *Thüringer Illustrierte Zeitung*, die sich zeitweise mit geändertem Kopf zusätzlich als *Neue Münchner Illustrierte Zeitung* präsentierte, konnte nur von 1920 bis 1922 erscheinen. Einzig *Die Grosse Berliner Illustrierte*, die ihren Namen von ihrem außergewöhnlichen Format ableitete und 1921 an den Start gegangen war, vermochte die kritische Anfangsphase zu überstehen – im Laufe der Jahre allerdings nur mit verschiedenen Verlags- und Namensänderungen durch Zusammenschlüsse.

Als sich die wirtschaftliche Lage seit Ende 1923 stabilisierte, hatten sich die bereits etablierten Illustrierten gleich mit mehreren, ebenfalls auf Bilder setzenden Presseprodukten auseinanderzusetzen: Neben Illustrierten-Neugründungen etablierten sich als neue Gattung die Magazine und die Zeitungen warteten mit einer Fülle neuer illustrierter Zeitungsbeilagen auf.

Bei den Magazinen handelte es sich um eher buchförmige, relativ kleinformatige, monatlich erscheinende Veröffentlichungen mit 100 bis 200 Seiten Umfang, in denen aktuelle Fotos keine nennenswerte Rolle spielten. Drei Konkurrenten gingen hier im Herbst 1924 fast gleichzeitig an den Start: der UHU aus dem Hause Ullstein, *Scherl's Magazin* vom gleichnamigen Verlag und das für die Gattung namengebende *Das Magazin* Franz Wolfgang Koebners. *Das Leben* erschien zwar schon seit 1923, erhielt seinen Magazin-Charakter aber erst so recht seit 1926. Seit dieser Zeit erschien dann auch die *Revue des Monats* und seit 1927 ein zweiter Ullstein-Titel, *Tempo*.[58]

Den Illustrierten wesentlich ähnlicher als die Magazine waren die illustrierten Zeitungsbeilagen – dünne, meist acht- oder sechzehnseitige Hefte im halben Zeitungsformat, die seit 1924 regelmäßig zum Wochenende immer mehr Zeitungen beigelegt wurden, weil nur die wenigsten Zeitungen selbst Bilder aufnahmen. Pionier dieser illustrierten Beilagen war *Der Welt-Spiegel*, der zwischen 1904 und 1938 dem *Berliner Tageblatt* beigegeben wurde. Große Verbreitung erfuhr dann in der Weimarer Republik *Volk Und Zeit*, das nicht nur dem Zentralblatt der SPD, dem *Vorwärts*, sondern nach und nach auch vielen anderen sozialdemokratischen Zeitungen mitgegeben wurde. Schließlich gab es spezialisierte Verlage – herausragend war die Otto Elsner KG in Berlin –, die kleinen Zeitungsverlagen standardisierte Produkte lieferte.[59]

Die schnelle Verbreitung der illustrierten Zeitungsbeilagen erschwert jeden Versuch, einen vollständigen Überblick über das deutsche Illustrierten-Angebot zu erlangen, ja macht ihn letztlich fast unmöglich. Auf der Basis allein des Titels und bibliografischer Angaben in der Zeitschriftendatenbank ist die Entscheidung, ob sich hinter einem Titel eine Illustrierte oder nur eine illustrierte Zeitungsbeilage verbirgt, nicht in jedem Falle möglich. Aus diesem Grund eröffnen sich gewisse Spielräume, was die Erfassung der Illustrierten in der Weimarer Republik angeht, weil die konkrete Inaugenscheinnahme von Heften mit uneindeutigen Titeln mit erheblichem Aufwand verbunden ist. Letztlich ist deshalb nur die Umschreibung eines eindeutigen Kernbestands möglich, der möglicherweise noch um ein paar auflagenmäßig allerdings wenig relevante Titel zu ergänzen ist.

58 Die meisten Ausgaben dieser und einiger weiterer Magazine sind mittlerweile digitalisiert und über http://magazine.illustrierte-presse.de [30.05.2018] leicht zugänglich.

59 Dussel, *Getrennte Welten?*

Eindeutig als ›Illustrierte‹ zu identifizieren sind folgende Neugründungen:[60]

1923 (bis 1944)	*Münchner Illustrierte Presse*, München
1924	*Berliner Funkwoche*, ab Nr. 11: *Deutsche Illustrierte Wochenschau*, nach 21 Nummern eingestellt
1924	*Illustrierte Rheinzeitung*, Köln, nach 4 Nummern eingestellt
1924 (bis 1928)	*Der Blitz*, wechselnde Erscheinungsorte
1924 (bis 1925)	*Braunschweigische Illustrierte*, Braunschweig
1924 (bis 1933)	*Illustrierte Reichsbanner Zeitung* (seit 1929 *Illustrierte Republikanische Zeitung*)
1924 (bis 1937)	*Illustrierte Woche*, seit 1926: *Leibers Illustrierte Woche*, Karlsruhe
1924 (bis 1943)	*Das Bunte Blatt*, seit 1929: *Stuttgarter Illustrierte*, Stuttgart
1925	*Süddeutsche Illustrierte Zeitung*, München, nach 28 Nummern eingestellt
1925	*Arbeiter-Illustrierte Zeitung* (in Deutschland bis 1933)
1925 (bis 1944)	*Die Deutsche Illustrierte*, Berlin
1926 (bis 1929)	*Pommersche Illustrierte Zeitung*, Stettin[61]
1926 (bis 1930)	*Rheinische Illustrierte*, Düsseldorf
1926 (bis 1944)	*Illustrierte Kölnische Zeitung*, seit 1927: *Kölnische Illustrierte Zeitung*, Köln
1926 (bis 1945)	*Illustrierter Beobachter*, München
1926 (bis 1944)	*Wochenschau. Westdeutsche Illustrierte Zeitung*, Essen
1928	*Alpenländische Illustrierte*, München und Innsbruck, nach acht Nummern eingestellt
1928 (bis 1944)	*Welt-Illustrierte*, Berlin[62]

Die Liste ist mit 18 Neugründungen innerhalb von nur fünf Jahren auf den ersten Blick recht beeindruckend. Allerdings finden sich doch etliche recht kurzlebige Anläufe darunter. Schaut man, was 1930/31 noch bestand, reduziert sich das Feld auf zehn Angebote. Hinzuzunehmen sind allerdings die sechs älteren, durchweg schon vor 1914 gegründeten Illustrierten, sodass das Lesepublikum Ende der Weimarer Republik zwischen mindestens 16 Blättern wählen konnte.

60 Zugrunde liegt die Bibliografie Wilhelm Marckwardts, der nach eigener Aussage »bei allen Titeln dieser Bibliographie eine Autopsie vorgenommen« hatte (Marckwardt, *Illustrierte*, S. 52), ergänzt um die Angaben im bibliografischen Anhang (mit Abdruck der jeweiligen Titelseiten) in Kerbs, *Gleichschaltung*, S. 199-201 (auf den Seiten 202-204 Angaben zu Magazinen und Zeitungsbeilagen) sowie eigene Erhebungen.

61 Fast vollständig digitalisiert: http://www.digitale-bibliothek-mv.de/viewer/toc/PPN63950227X/0/ [30.05.2018].

62 In Marckwardt, *Illustrierte*, nicht erfasst. Lehmann, *Stichwort »Illustrierte«*, Sp. 1787.

An unsere Leser!

Mit der letzten Nummer des Monats Januar stellt die Pommersche Illustrierte Zeitung ihr Erscheinen ein. Gegenüber der übermächtigen Konkurrenz der Berliner illustrierten Blätter war es nicht möglich, in Pommern derart Boden zu gewinnen, daß sich eine Weiterarbeit gelohnt hätte. Allen denen, die unserem Blatte treue Leser waren, danken wir herzlich!

Der Verlag.

Stettin, im Januar 1929.

Abb. 3: Die »übermächtige Konkurrenz der Berliner illustrierten Blätter« bekam auch die *Pommersche Illustrierte Zeitung* in Stettin zu spüren. Ende Januar 1929 stellte sie nach drei Jahren ihr Erscheinen ein.

Die Auflagen entwickelten sich in den meisten Fällen günstig – soweit überhaupt Zahlen vorliegen und man ihnen trauen kann.[63] Die kommunistische *Arbeiter-Illustrierte Zeitung* konnte sich wohl nicht zwischen 1925 und 1928 von 200.000 auf 450.000 Exemplare verbessern, wie sie selbst verkündete; mittlerweile geht man von höchstens 300.000 Exemplaren aus, die noch dazu von der Komintern in Moskau subventioniert werden mussten.[64] Ähnlich sieht es beim nationalsozialistischen *IB* aus. Ob es bei ihm gar ein Wachstum von 40.000 Exemplaren im Jahre 1927 auf »über 300.000« im Jahre 1932 gegeben hat, muss mangels eindeutiger Quellen letztlich offen gelassen werden. Allerdings dürften beträchtliche Auflagensteigerungen den Tatsachen entsprechen, denn sie wurden von den meisten Illustrierten gemeldet. Auch die *Münchner Illustrierte Presse* will von 50.000 Stück 1925 auf 700.000 Stück 1930 gewachsen sein.

1929 betrug die Gesamtauflage der deutschen Illustrierten sicher über fünf Millionen Exemplare und vielleicht sogar fast sechs – je nachdem, wie hoch man die Auflagen jener Blätter veranschlagt, von denen keine Zahlen bekannt sind.[65] Eindeutig waren jedenfalls die Verhältnisse an der Spitze. Marktführer war die BIZ mit einer Auflage von damals 1,8 Millionen Exemplaren, mit weitem Abstand gefolgt von der *Münchner Illustrierten Presse* (600.000), der *Deutschen Illustrierten* (460.000) und der *Arbeiter-Illustrierten Zeitung* (450.000). Die *Illustrierte Reichsban-*

63 Das Folgende nach Marckwardt, *Illustrierte*, S. 77.
64 Zervigón/Rössler, *AIZ*, S. 184.
65 Die Addition der Auflagenangaben von 12 Illustrierten in *Sperlings Zeitschriften- u. Zeitungs-Adreßbuch* von 1929 ergibt eine Summe von 5.129.000 Exemplaren.

ner Zeitung konnte damit nie ernsthaft konkurrieren und verkaufte weniger als 100.000 Exemplare.

Die fünf bis sechs Millionen unmittelbaren Käufer und Käuferinnen waren sicherlich aber nicht die einzigen, die in die Illustrierten schauten. Wie hoch ist jedoch die durchschnittliche Leserzahl zu veranschlagen? Empirische Untersuchungen wurden dazu zeitgenössisch nicht durchgeführt. Einen Orientierungspunkt vermögen zumindest jene Daten zu liefern, die seit Ende der 1950er-Jahre in der Bundesrepublik erhoben wurden. 1968 erreichten die wichtigsten deutschen Illustrierten wie *Stern*, *Bunte Illustrierte* und *Quick* im Durchschnitt zwischen vier und sechs Leser und Leserinnen. Überträgt man nur einmal diese Werte auf die Illustrierten-Auflage des Jahres 1930, so erhält man eine durchschnittliche Gesamtleserschaft in der Größenordnung von 20 bis über 30 Millionen – bei einer damaligen Gesamtbevölkerung von etwas mehr als 62 Millionen. Man wird also schon davon ausgehen dürfen, dass rund die Hälfte der deutschen Bevölkerung Ende der 1920er-, Anfang der 1930er-Jahre von den Illustrierten erreicht wurde, und dies Woche für Woche.

Interessant wäre es in diesem Zusammenhang auch, Näheres über die Bedeutung der damals ebenfalls mächtig expandierenden Lesezirkel zu erfahren. Leider liegen dazu nur spärliche Informationen vor. Eindeutig ist zum einen, dass in ihren Mappen Illustrierte breit vertreten und vor allem BIZ und WO fast regelmäßig präsent waren.[66] Zum anderen muss die lange Laufzeit der Mappen erstaunen. Eine zehnmalige Besetzung war die Regel; in Ausnahmefällen lag sie jedoch wesentlich höher, sodass eine Mappe ein halbes Jahr laufen konnte. Das bedeutete, dass es Kunden gab, »die erhielten Ostern oder Pfingsten die Weihnachtsnummern ihrer Zeitschriften.«[67] Im NS-Staat erfolgte deshalb die Anordnung der Reichspressekammer: »Die im Lesezirkel geführten Hefte dürfen nicht länger als 25 Wochen nach dem Erscheinungstage in Umlauf gesetzt werden.«[68]

Vor diesem Hintergrund dürften die in der Bundesrepublik ermittelten Daten in der Weimarer Republik eher überboten worden sein: Für 1968 wurde erhoben, dass die durchschnittlichen Leserzahlen bei Abo- und Verkaufsemplaren von Illustrierten nur um 3,5 schwankten, während sie bei den Lesezirkelexemplaren 14 bis 18 betrugen. Bei der *Quick* wurden so fast 40 Prozent der Gesamtleserschaft über die Lesezirkel erreicht, beim *Stern* war es immer noch ein Drittel.[69]

66 Schmidtler, *Zeitschriften*, S. 59; Felske, *75 Jahre*, S. 112-114.
67 Ebd., S. 21.
68 Zit. ebd.
69 Schmidtler, *Zeitschriften*, S. 68-70.

Die führenden deutschen Illustrierten in der Preislage von 10 bis 40 Pfennigen

Abb. 4: Die Abbildung aus dem *Handbuch der Zeitungswissenschaft* (Sp. 1789f.) zeigt Titelblätter der meisten 1942 im ›Großdeutschen Reich‹ erschienenen Illustrierten. Es fehlen dabei nur die *Hamburger Illustrierte* und die Essener *Wochenschau*. Auf der anderen Seite ist *Der Rundblick* nach der Definition des ›Handbuchs‹ selbst kaum als Illustrierte zu betrachten.

Anders als bei der Tagespresse führten die nationalsozialistische Machtergreifung 1933 und die anschließenden Repressionen nur zu begrenzten Reduzierungen des Illustrierten-Angebots. Dem direkten Verbot fielen nur die beiden linken Blätter *Illustrierte Reichsbanner Zeitung* (bzw. *Illustrierte Republikanische Zeitung*) und *Arbeiter-Illustrierte Zeitung* anheim. Andererseits kam es aber auch zu keinen Neugründungen; möglicherweise auch aufgrund der Ende 1933 verordneten allgemeinen Gründungssperre für Zeitschriften.[70] Erweitert wurde das Angebot erst im ›Großdeutschen Reich‹ durch zwei Wiener Illustrierte.

Die Sonderstellung, die die Illustrierten im Zeitschriftenbereich auch für die Nationalsozialisten einnahmen, zeigt sich am deutlichsten an einem Organisationsdetail: Zunächst wurden ihre Verleger wie alle anderen auch in den Reichsverband Deutscher Zeitschriftenverleger e.V. eingegliedert, der nun zu einer Zwangsorganisation geworden war. Dort bildeten sie zunächst in der Fachobergruppe II (›Illustrierte und Unterhaltungszeitschriften, Jugendzeitschriften‹) die Fachgruppe 22 (›Illustrierte und Unterhaltungszeitschriften‹). Schon am 4. Januar 1934 wurde dies jedoch wieder rückgängig gemacht. Die Illustrierten wurden aus dem Reichsverband der Deutschen Zeitschriftenverleger herausgenommen und in den wesentlich strikter kontrollierten Reichsverband der Deut-

70 Schmidt, *Presse in Fesseln*, S. 183.

schen Zeitungsverleger e.V. verwiesen.[71] Pressepolitisch wurden sie nun wie die Tageszeitungen kontrolliert.

TABELLE 2

Die Auflagen der deutschen Illustrierten im NS-Staat[72]

	3. Quartal 1934	3. Quartal 1938	15. März 1944
BIZ	1.107.692	1.300.000	2.614.840
IB	778.087	700.000	1.908.900
WO	145.481	186.444	325.411
Das Illustrierte Blatt	126.077	469.077	1.305.535
Deutsche Illustrierte	612.369	1.010.308	1.198.000
Münchner Illustrierte Presse	519.985	625.000	850.000
Kölnische Illustrierte Zeitung	230.438	262.307	814.840
Neue I.Z.	269.538	237.000	440.800
Hamburger Illustrierte	129.773	163.577	412.000
Stuttgarter Illustrierte	59.086	114.566	240.738
Welt-Illustrierte	o. A.	o. A.	133.500
Wochenschau	201.734	200.165	101.000
Gesamtauflage	4.180.260	5.268.444	10.345.564

Welche Bedeutung nicht nur die Nationalsozialisten den Illustrierten beimaßen, sondern auch wie gerne sie gekauft wurden, ist an den Gesamtauflagezahlen abzulesen. Hierbei liegen erstmals seit dem vierten Quartal 1933 verbindliche Angaben über die Druckauflagen vor, da sie gemäß einer Anordnung des Werberates der deutschen Wirtschaft seit Anfang 1934 regelmäßig rückwirkend für das vorangegangene Quartal veröffentlicht werden mussten.[73] Leider wurde die Veröffentlichungspflicht der Auflagen mit Kriegsbeginn wieder zurückgenommen, aber immerhin: Für die Jahre 1934 bis 1939 liegen leicht greifbare verbindliche Zahlen vor und aufgrund glücklicher Umstände kann auch auf interne Angaben für das Jahr 1944 zurückgegriffen werden, sodass ein guter Überblick möglich ist. Hier genügt es, die Daten für drei Stichdaten zusammenzustellen.

Der wichtigste Befund ist bereits mit dem Blick auf die Gesamtzahlen sichtbar: Schon in den Vorkriegsjahren entwickelten sich die Auflagen der deutschen Illustrierten insgesamt sehr positiv. Ein Wachstum um rund ein Viertel in vier

71 Ebd., S. 185f.; Koszyk, *Presse*, S. 411; Unger, *Illustrierte*, S. 90.

72 *Zeitungskatalog* 1935, S. 106-112; *Zeitungskatalog* 1939, S. 296-305; Schmidt, *Presse in Fesseln*, S. 216f.

73 3. Bekanntmachung des Werberates der deutschen Wirtschaft vom 21. November 1933. In: *Handbuch Tagespresse* 1934, S. 319f.

Jahren ist schon beachtlich. Allerdings muss es völlig neben der Dynamik verblassen, die sich in den Kriegsjahren entwickelte: Bis 1944 ergab sich fast genau eine Verdoppelung der Auflagenhöhe! Und dieses Wachstum war wohl schon bis zum November 1940 erreicht worden, denn am 19. März 1941 hatte die Reichspressekammer eine Steigerung der Zeitschriften-Auflagen über den Stand von November 1940 hinaus verboten. Angesichts der rigiden Rohstofflenkung ist es unwahrscheinlich, dass dagegen deutlich hatte verstoßen werden können. Eine erste Beschränkung des Umfangs war sogar schon gleich mit Kriegsbeginn eingeführt worden: Ab September 1939 durften Illustrierte nur noch mit höchstens 28 Seiten erscheinen.[74] 1942 war man bei 16 Seiten angekommen, seit 1943 gab es nur noch 12 – bei immer gleichbleibenden Preisen, wie man vielleicht hinzufügen sollte.

Die Beschränkungen aufgrund des Papiermangels trafen die gesamte Presse, aber in den verschiedenen Sparten waren sie ganz unterschiedlich rigide. Am härtesten traf es die Zeitschriften im Allgemeinen. Vom ersten Halbjahr 1939, in dem es noch keinerlei Regelung des Papierverbrauchs gab, bis zum ersten Halbjahr 1944 wurde ihr Kontingent um über 90 Prozent beschnitten. Bei den Tageszeitungen war es die Hälfte, bei den Wochenzeitungen und Illustrierten beschränkte man sich dagegen auf eine Reduktion um ein Drittel.[75]

Neben diesen Hauptbefunden sind aber auch ein paar Details von Interesse. Was für die Gesamtheit der in Tabelle 2 aufgeführten Illustrierten gilt, ist nicht bei jeder einzelnen von ihnen zu beobachten. Manche bilden den allgemeinen Trend ziemlich genau ab, wie etwa die *BIZ*, andere weichen aber mehr oder minder deutlich davon ab. Eine fast unglaubliche Erfolgsgeschichte erlebte *Das Illustrierte Blatt*, das im Haupttitel eigentlich als *Frankfurter Illustrierte* firmierte. Schon in den Vorkriegsjahren konnte es seine Auflage vervierfachen, und während des Zweiten Weltkriegs war man dann sogar bei einer Verzehnfachung im Vergleich zu 1934 angekommen. Auch in Stuttgart konnte man mit einer Vervierfachung innerhalb eines Jahrzehnts sehr zufrieden sein.

Verlierer gab es auf der anderen Seite eigentlich nur einen: die in Essen erscheinende *Wochenschau*. Sie stagnierte schon in den Vorkriegsjahren und in den Kriegsjahren hatte seinen deutlichen Auflagenrückgang um rund die Hälfte hinzunehmen. Bei genauerem Hinsehen wird man allerdings noch auf Besonderheiten bei zwei weiteren Blättern hinweisen müssen. Zum einen fällt auf, dass die *Deutsche Illustrierte* ihr deutliches, überdurchschnittliches Wachstum in den

74 Frei, *Journalismus*, S. 212f.
75 Schmidt, *Presse in Fesseln*, S. 252.

Vorkriegsjahren in den Kriegsjahren nicht fortsetzen konnte. Fast ist von einer Stagnation zu sprechen. Zum anderen erlebte die Partei-Illustrierte *IB* fast genau die umgekehrte Entwicklung: Sie stagnierte in der Vorkriegszeit, erlebte dann jedoch einen ungeheuren, alle anderen Illustrierten weit übertreffenden Schub.

Ende 1933 waren die Verleger nicht nur dazu verpflichtet worden, die Druckauflagen ihrer Veröffentlichungen anzugeben, sie hatten auch genau Buch über die Art der Verkäufe zu führen: Es war zwischen der »Anzahl der an voll zahlende Bezieher gelieferten Stücke« und der »Anzahl der an die übrigen ständigen Empfänger gelieferten Stücke« zu differenzieren. Diese Angaben mussten allerdings nur in einem eigenen »Auflagenbuch« verzeichnet sein und waren nicht zu veröffentlichen.[76] Immerhin wurden dazu trotzdem im Zeitungskatalog 1935 einige Angaben gemacht; im Zeitungskatalog 1939 verzichtete man ganz darauf. Zwei Zahlen sind näher zu betrachten: zu den Verkäufen überhaupt und zum Ausmaß des Einzelverkaufs. Sieben von elf Illustrierten lieferten dazu aussagekräftige Zahlen; leider verweigerte ausgerechnet der *IB* die entsprechenden Angaben.

Wie wichtig es wäre, nicht nur Zahlen zur Druckauflage zu besitzen, sondern auch Angaben zur verkauften Auflage, zeigt die Spanne der bei den sieben Illustrierten zu ermittelnden Werte: Während sich bei der *Stuttgarter Illustrierten* diese beiden Zahlen fast völlig deckten (sie verkaufte 99 % ihrer Auflage!), gab es bei der *Kölner Illustrierten Zeitung*, der *Münchner Illustrierten Presse* und der *Neuen I.Z.* eine riesige Differenz von rund einem Drittel (Köln: 65 % Verkauf, München: 68, *Neue I.Z.*: 70). Bei der *WO*, der *Deutschen Illustrierten* und der *BIZ* lag man zwischen 81 (*WO*) und 85 Prozent (*BIZ*).

Die nahe liegende Vermutung, dass das Ausmaß der Differenz zwischen Druckauflage und tatsächlichem Verkauf primär von der Größenordnung des Einzelverkaufs abgehangen habe, findet nur zum Teil Bestätigung. Als Paradebeispiele könnten die *Stuttgarter Illustrierte* und die *Münchner Illustrierte Presse* dienen: Von dieser wurden 96 Prozent im Einzelhandel abgesetzt, von jener nur 28 – und entsprechend groß waren die Unterschiede bei den nicht verkauften Teilen der Druckauflage. Allerdings fügen sich die anderen fünf Illustrierten nicht in dieses Muster. 1934 verkaufte etwa die *BIZ* 90 Prozent ihrer Hefte im Einzelhandel und konnte so trotzdem 85 Prozent ihrer Druckauflage absetzen. Bei der *Deutschen Illustrierten* lag der Anteil des Einzelhandelsverkaufs nur bei 48 Prozent – aber die Differenz der insgesamt verkauften Auflage zur Druckauflage betrug sogar 18 Prozentpunkte.

76 3. Bekanntmachung des Werberates der deutschen Wirtschaft vom 21. November 1933. In: *Handbuch Tagespresse* 1934, S. 319f.

Während heute ziemlich genaue Daten darüber vorliegen, wie viele Menschen tatsächlich in jede verkaufte Illustrierte hineinsehen, kann man darüber für die Vergangenheit nur spekulieren. Waren es drei, fünf oder gar zehn? Und wurde die BIZ mehr herumgereicht als die *Hamburger Illustrierte*? Das muss völlig offen gelassen werden. Auch zur Bedeutung der typisch deutschen kommerziellen ›Lesezirkel‹ für die einzelnen Illustrierten kann nur wenig gesagt werden.[77] Drei Zahlen sollen aber doch genannt werden. Im Zeitungskatalog 1935 wurde bei der *Deutschen Illustrierten* angemerkt, dass von der Druckauflage von 612.369 Stück 9.715 an Lesezirkel gingen, also nur bescheidene 1,6 Prozent. Bei der *WO* sah das ganz anders aus. Hier waren es 41.289 von 145.481 – also 28 Prozent.[78] Ihr Leserkreis dürfte dementsprechend wesentlich größer gewesen sein, als es die relativ kleine Auflage vermuten lässt.

Seit Sommer 1944 verschlechterte sich die allgemeine Situation dramatisch; auch die Illustrierten bekamen das zu spüren. Aufgrund der immer mehr zunehmenden Papierknappheit und den wachsenden Transportproblemen gab es ab September 1944 nur noch sieben Illustrierte. Inhaltlich betrachtet waren es aber nur noch zwei: der *IB* und die *BIZ*. Unter ihrem eigenen Titel erschien die BIZ aber »nur noch in Mitteldeutschland, Nord- und Ostdeutschland mit einer Auflage von 2.000.000 (bisher 2.615.000)«. Nach Hamburg, Köln, Stuttgart, München und Wien lieferte sie ihr Material in fertigen Matern, wo nur noch ein anderer Kopf montiert wurde. Die Gesamtauflage von zwei Millionen verteilte sich auf die fünf damit zu bloßen »Kopfblättern« herabgesunkenen Illustrierten folgendermaßen: *Münchner Illustrierte Presse* 850.000, *Kölnische Illustrierte Zeitung* 450.000, *Wiener Illustrierte* 300.000, *Hamburger Illustrierte* 225.000 und *Stuttgarter Illustrierte* 175.000.[79]

Doch auch auf diese Weise reichten die schrumpfenden Ressourcen nicht lange aus. Ende 1944 musste die Zwei-Millionen-Auflage der BIZ auf 1,6 Millionen gekürzt werden, Anfang Februar 1945 dann auf 1,2 Millionen.[80] Mit dem 7. Heft vom 15. Februar 1945 war schließlich das Ende der BIZ erreicht, zumindest für ihr Publikum im Reich. Gleichen Tags erhielt der Verlag die Mitteilung: »Von der 4. Februarwoche an erscheint die BIZ nur noch als Auslandsauflage in 110.000 Exemplaren mit 20 Seiten Umfang mit bis zu 2 ½ Seiten Anzeigen.«[81]

77 Führer, *Pleasure*, S. 136.

78 *Zeitungskatalog* 1935, S. 107. Noch höher lagen diese Quoten bei traditionsreichen Illustrierten-Vorläufern: bei der *Illustrierten Zeitung* aus Leipzig und bei *Daheim* lagen die Lesezirkel-Anteile bei jeweils 36 Prozent – allerdings betrugen die Auflagen auch nur 23.217 bzw. 42.250 Stück (ebd., S. 110).

79 Oels, *Monatsberichte II*, S. 192. BIZ Nr. 35 vom 31. August 1944, S. 418; Schmidt, *Presse in Fesseln*, S. 217.

80 Oels, *Monatsberichte II*, S. 202 und S. 206.

81 Ebd., S. 207.

Als erstes fand die Partei-Illustrierte ihr definitives Ende. Die ›Schlussfolge‹ des *IB* wurde am 22. März 1945 herausgebracht. Die Auslandsausgabe der *BIZ* konnte noch genau vier Wochen länger erscheinen. Ihre letzte Nummer datiert vom 22. April 1945; gedruckt wurde sie da nur noch in 80.000 Exemplaren.[82]

Mit den Angaben zu Titeln, Erscheinungszeiten und Auflagenhöhen ist ein Rahmen aufgespannt, der nun nur noch durch ein paar weitere Angaben zu füllen ist. Begonnen sei mit Hinweisen zu Preisen und Leistungen, das heißt zunächst einmal nur: Heftumfängen. Lässt man die Jahre der Hoch- und Hyperinflation 1921 bis 1923 einmal außer Acht, waren die Preise erstaunlich stabil und von beträchtlicher Homogenität. Im Kaiserreich war das Standardangebot für wöchentlich zehn Pfennige zu haben, seit der Stabilisierung der Währung Ende 1923 waren es 20 Pfennige. Ausnahmen von dieser Regel gab es nur wenige. Billiger war nur ein Angebot zu haben: Die 1925 gegründete *Deutsche Illustrierte* war eine »Zehnpfennig-Illustrierte«. Immerhin schaffte sie es damit, ihre Auflage innerhalb von zwei Jahren auf eine Million Exemplare zu steigern.[83] Aber auch auf der anderen Seite gab es nur zwei Ausnahmen. Traditionell hochpreisig und nur für das begüterte Bürgertum erschwinglich war die Leipziger *Illustrierte Zeitung*. Schon im Kaiserreich wurde für eine Nummer eine Mark verlangt, nur das Abonnement war mit 28 Mark erheblich billiger. Verhältnismäßig teuer war aber auch Scherls *WO*, für die gleichzeitig 40 bis 50 Pfennige verlangt wurden.

Derartige Beträge klingen für heutige Ohren minimal, jedoch müssen die damaligen Ausgabenspielräume berücksichtigt werden. Um die Wende vom 19. zum 20. Jahrhundert standen selbst besser gestellten Arbeiter-Haushalten in Berlin zumeist im Jahr nur 12 Mark für Zeitungen insgesamt zur Verfügung. Das bedeutete, dass neben dem Bezug einer Tageszeitung keine Illustrierte mehr regelmäßig gekauft werden konnte. Mit weiteren Beispielen kam schon Hartwig Gebhardt zum Schluss: »Selbst für Mittelstandseinkommen dürfte der Jahrespreis der Leipziger *Illustrirten Zeitung* nicht leicht erschwinglich gewesen sein«.[84] Die Verhältnisse veränderten sich in der Weimarer Republik nicht grundlegend, wie ein genauer Blick auf die verfügbaren Angaben zu Haushaltseinnahmen und Ausgabenspielräumen zeigt.[85]

Während die Preise über die Jahrzehnte hin von erstaunlicher Stabilität gekennzeichnet waren, unterlagen die Heftumfänge vor allem in der Weimarer Republik erstaunlichen Wechseln. Zuvor war in Friedenszeiten das durchschnitt-

82 Ebd., S. 211.
83 Lehmann, *Stichwort »Illustrierte«*, Sp. 1787.
84 Gebhardt, *Illustrierte Zeitschriften*, B 61, Anm. 14.
85 Dussel, *Wie teuer war ein Magazin?*

liche Heft zuerst 12, dann zumeist 16 Seiten stark gewesen. Daran wurde auch nach dem Ersten Weltkrieg angeknüpft. Dann wurden die Angebote jedoch immer mehr erweitert. Bei der *BIZ* gab es bald 32, dann 40 und zeitweise sogar 48 Seiten. Die *WO*, die trotz einer Formatänderung immer etwas kleiner war als die Konkurrenz, bot deutlich mehr Seiten. Und Ende der 1920er-Jahre gab es sogar die eine oder andere Seite mit Farbdruck, den man seit Mitte der 1920er-Jahre auch schon für den kartonierten Umschlag eingesetzt hatte.

Die Ausweitung des Angebots, die nicht nur die angesprochene quantitative, sondern auch eine qualitative Seite besaß, konnte nicht nur durch wachsende Verkaufszahlen finanziert werden. Hinzu traten beträchtliche Erlöse durch den Verkauf von Anzeigenfläche. Noch 1938 wurden von zehn Illustrierten insgesamt 4.868 Seiten mit bezahlten Anzeigen veröffentlicht. Die Unterschiede zwischen den verschiedenen Blättern waren jedoch beträchtlich. Die Spanne reichte von der erstplatzierten *BIZ* mit 726 Seiten bis zur *Hamburger Illustrierten*, die mit 236 Seiten den letzten Platz in dieser Statistik belegte. Und noch größer war der Unterschied, der sich beim Blick auf die Anzeigenpreise ergab, hier nur einmal verdeutlicht am Preis für eine ganze Seite im Jahr 1941: Die kostete bei der *BIZ* 13.568 Mark, bei der *Hamburger Illustrierten* dagegen nur 1.600 Mark. Noch billiger – für 984 Mark – war damals eigentlich nur eine Werbeseite in der Leipziger *Illustrierten Zeitung* zu haben, aber die musste sich ja auch mit einer Auflage von weniger als 20.000 Stück begnügen, während die *Hamburger Illustrierte* auf das Zehn- und *BIZ* fast auf das Hundertfache kam.[86] Diese Werte zeigen, dass schon damals ein recht enger Zusammenhang zwischen Auflage und Anzeigenpreisen bestanden, auch wenn man noch weit von den heutigen ›Tausenderpreisen‹ entfernt war.

In beiden Weltkriegen ging die Zahl der Werbeseiten erheblich zurück, nicht aber das Interesse des Publikums an den redaktionellen Inhalten, soweit es sich an den Auflagenzahlen ablesen lässt. Gleichwohl veränderten sich diese Inhalte erheblich. Eine jeweils neue Rahmenbedingung ist dafür verantwortlich zu machen: In beiden Kriegen wurde die Redaktionsarbeit erheblicher Lenkung und Zensur unterworfen.

2.2 Bildpolitische Rahmenbedingungen

Die Illustriertengestaltung vollzieht sich stets innerhalb eines staatlich vorgegebenen bildpolitischen Rahmens. Dieser Rahmen kann sehr weit gezogen sein,

86 Lehmann, *Stichwort »Illustrierte«*, Sp. 1795 in Verbindung mit Sp. 1794.

sodass er in der Praxis fast aus den Augen gerät; aber auch das Gegenteil ist möglich. Außerdem sind zwei ganz unterschiedliche bildpolitische Strategien der Einflussnahme im staatlichen Interesse zu unterscheiden: eine negative und eine positive. Die negative sucht durch Einschränkung und Verbot bestimmte Bildinhalte zu verhindern. Dabei kann man erst sehr spät einsetzen, bei den bereits vorliegenden Bildern. Man kann aber auch die Darstellung bestimmter Motive verbieten. Oder man selektiert bereits bei den Bildproduzenten und verbietet manchen ganz die Tätigkeit. Das alles kann jedoch auch im Rahmen positiv gesteuerter Produktion genau umgekehrt organisiert sein: Bestimmte Bildproduzenten werden gefördert; auf erwünschte Motive wird ausdrücklich hingewiesen; die Verbreitung einzelner Bilder wird besonders unterstützt. Und schließlich können beide Strategien auch noch miteinander kombiniert werden, kann gleichzeitig auf verschiedenen Stufen eingeschränkt und gefördert werden.

Die deutschen Illustrierten-Gestalter erlebten bis 1945 ganz unterschiedliche Systeme: In den Friedensjahren vor 1914 war ihr Spielraum groß, wenn sie das relativ rigide Strafrecht im Auge behielten. Im Ersten Weltkrieg wurden sie dann strengen, vor allem militärisch orientierten Beschränkungen unterworfen; eine aktive positive Bildpolitik wurde vonseiten des Staates jedoch erst spät und in begrenztem Maße betrieben. Die Revolution von 1918/19 hob die Restriktionen des Krieges auf. Die Ansätze positiver Bildpolitik wurden zwar nicht völlig beseitigt, in der sich neu entfaltenden ökonomischen Dynamik blieben ihre Reste jedoch bedeutungslos. Die Propaganda-Institutionen des NS-Staats setzten dann ganz andere Prioritäten. Von Anfang an installierten sie sowohl negative als auch positive Maßnahmen, zunächst noch relativ moderat, mit Beginn des Zweiten Weltkriegs aber ganz offensiv und in beiderlei Hinsicht alle Möglichkeiten so weit als möglich ausschöpfend.

Liberale Bildkontrolle im Kaiserreich bis 1914

Das am 1. Juli 1874 in Kraft tretende Pressegesetz sorgte nicht nur für einen weitgehend gleichmäßigen Rechtszustand in allen Staaten des Deutschen Reichs, es gewährte der Presse auch ein Maß an Freiheit, das sie zuvor immer nur kurzfristig zu mehr oder minder revolutionären Ausnahmezeiten besessen hatte.[87] Alle traditionellen Beschränkungen waren aufgehoben, es blieb allein die Pflicht der »Verleger, sobald die Austheilung oder Versendung beginnt, ein Exemplar [...]

87 Vgl. den umfassenden Überblick von Koch, *Politische Bildzensur*.

an die Polizeibehörde des Ausgabeorts unentgeltlich« abzuliefern (§ 9).[88] Die Polizei hatte dann dieses Exemplar zu prüfen und gegebenenfalls die Staatsanwaltschaft einzuschalten, die ihrerseits die Vorgaben des Strafgesetzbuchs zur Beurteilung anwenden musste. Vorwürfe, über die dann Gerichte zu entscheiden hatten, waren vor allem Majestätsbeleidigung, Gefährdung des öffentlichen Friedens durch Aufreizung zum Klassenhass, Blasphemie, Unzüchtiges oder auch nur grober Unfug.[89] Darüber hinaus waren nach einem Erlass des preußischen Innenministers alle Nummern eines Witzblattes, das eine Abbildung von Mitgliedern des königlichen Hauses zu bringen wagte, sofort zu beschlagnahmen.[90] Es gehörte zu den ersten Maßnahmen Kaiser Wilhelms II. nach seiner Thronbesteigung 1888, diesen Erlass erheblich abzuschwächen. Fortan sollten Beschlagnahmungen nur noch »wegen Verletzung der gebührenden Rücksichten« und dem Vorliegen des Tatbestands einer strafbaren Handlung erfolgen.[91]

Im Fokus der Bild-Kontrolle standen vor allem Satire-Zeitschriften wie die Berliner *Lustigen Blätter* (seit 1886), der Stuttgarter *Wahre Jakob* (seit 1888) oder der Münchner *Simplicissimus* (seit 1896), aber auch die durch herumziehende Händler feilgebotene Kolportageschriften. Soweit es die erhaltenen Unterlagen zu beurteilen zulassen, blieben Illustrierte weitgehend unbehelligt. Nur an einem frühen Heft der *WO* scheint einmal Anstoß genommen worden zu sein.[92] Bei den Satire-Zeitschriften war das ganz anders. Am kritischsten wurde der *Simplicissimus* beobachtet. Spektakulär war vor allem der Prozess, den eine satirische Darstellung Kaiser Wilhelms Ende 1898 nach sich zog und der mit einer Verurteilung von Zeichner Thomas Theodor Heine und Texter Frank Wedekind zu sechs bzw. sieben Monaten Haft endete. Das dämpfte zwar die Spottlust des Journals, förderte aber seine Auflage erheblich. Zwischen 1897 und 1902 konnte sie von 15.000 auf 80.000 Exemplare gesteigert werden.[93] Langwierige Kämpfe gab es auch darum, in welchem Ausmaß die Darstellung von Nacktheit erlaubt sein sollte. In zwei Prozessen 1907 und 1908 wurde entschieden, dass die fotografische Darstellung eines nackten weiblichen oder männlichen Körpers nicht unsittlich wäre, wenn Sexualität und Erotik im Bild »gebändigt« seien.[94]

88 Reichsgesetzblatt 1874, S. 65-72 (https://de.wikisource.org/wiki/Gesetz_%C3%BCber_die_Presse [30.05.2018]).
89 Koch, *Politische Bildzensur*, S. 135.
90 Ebd., S. 134.
91 Ebd., S. 139.
92 Ebd., S. 146: *WO* Nr. 25 vom 22. Juni 1901.
93 Ebd., S. 152f.
94 Ebd., S. 142.

Beschränkungen der Bildproduktion und Bildzensur im Ersten Weltkrieg

Mit Ausbruch des Ersten Weltkriegs wurde das Reich in Kriegszustand versetzt, was auch bedeutete, dass das seit 1874 geltende Pressegesetz außer Kraft trat. Am 31. Juli 1914 erließ Reichskanzler Bethmann-Hollweg eine Liste mit 26 Punkten, die festlegten, worüber fortan nicht mehr berichtet werden durfte.[95] Von Bildern war darin nicht ausdrücklich die Rede; gleichwohl wurden sie analog den neuen Zensurverfahren unterworfen.

Für die Zensur zuständig waren die verschiedenen Generalkommandos. Da sie sich nicht auf einheitliche Richtlinien einigen konnten und sich dadurch in der Praxis erhebliche Unterschiede ergaben, wurde die im Februar 1915 gebildete Oberzensurstelle im Laufe dieses Jahres aus- und im Oktober 1915 das übergeordnete Kriegspresseamt aufgebaut. Nach und nach wurden hunderte von Zensurverfügungen ausgegeben, die immer wieder in Buchform zusammengefasst wurden. Das letzte Zensurbuch erschien im März 1917.[96] Zwar legte es fest, dass »jede bildliche Darstellung militärischer Art [...] zur Wahrung des militärischen Geheimnisses vor ihrer Veröffentlichung der Prüfung« unterliege,[97] aber nach welchen Regeln dies zu geschehen habe, was gezeigt werden dürfe und was nicht, blieb insgesamt vage. Stichworte zum Thema ›Front‹ sucht man vergeblich. Eindeutig war nur, dass die Abbildung von Waffen größten Einschränkungen unterlag. Unter dem Stichwort ›Nahkampfmittel‹ hieß es beispielsweise, dass über »Minenwerfer, Handgranaten, Gewehrgranaten, Brandminen, Flammenwerfer usw. [...] Veröffentlichungen in der Presse nicht erfolgen« dürften; »Bilder dieser Nahkampfmittel sind verboten«.[98] Überhaupt ging es fast nur um Negatives, um Verbote. Aktive Bildpolitik wurde bloß ansatzweise betrieben, etwa wenn es hieß: »Es ist erwünscht, daß Bilder von russischen Verwüstungen in Polen zahlreich veröffentlicht werden. Solche Bilder machen im neutralen Ausland Eindruck.«[99]

Größere Freiheiten als den als Handwerker eingestuften Fotografen wurde nur Malern und Grafikern eingeräumt, die man ohne Einschränkung als Künstler betrachtete: »Künstlerische Darstellungen [...] sind in weitestem Umfange zur Veröffentlichung zugelassen, selbst wenn sie den ganzen Ernst des Krieges (Kampfesszenen, Tote, Schwerverwundete) zeigen.«[100]

95 Koszyk, *Pressepolitik*, S. 22f; Wilke, *Presseanweisungen*, S. 17.
96 Vollständiger Abdruck in: Fischer, *Pressekonzentration*, S. 194 - 275.
97 Ebd., S. 206.
98 Ebd., S. 248.
99 Ebd., S. 208.
100 Ebd., S. 241.

Obwohl im Zensurbuch vieles nicht angesprochen wurde und damit eigentlich erhebliche Gestaltungsspielräume für den Bildjournalismus hätten bestehen müssen, sah die Praxis ganz anders aus. Dies kann darauf zurückgeführt werden, »dass es *zwei* Kontrollebenen gab, nämlich die Generalstabszensur für die journalistische Bild*produktion* an der Front, und die Zensur des stellvertretenden Generalstabs in Berlin und der verschiedenen regionalen Oberkommandos für die Bild*verwertung* durch Presse und Buchverlage.«[101] Damit darf nicht nur ein Blick auf die Organisation der – letztlich nachgeordneten – offiziellen Zensur geworfen werden, sondern auch der auf die konkreten Umstände der Bildproduktion an den Fronten ist nötig, wenn am Ende das veröffentlichte Bildmaterial adäquat beurteilt werden soll.

Im Gegensatz zu Frankreich und Großbritannien, wo die Kriegsberichterstattung von Anfang an in der Hand des Militärs verblieb und von uniformierten Armeeangehörigen geliefert wurde,[102] hielt man sich in Deutschland in dieser Hinsicht zunächst zurück.[103] Die deutsche Heeresleitung beschränkte sich darauf, schreibende und fotografierende Berichterstatter nur offiziell zuzulassen. Die Zahlen gehen auseinander, aber es waren wohl mindestens 19, wenn nicht sogar 39 Kriegsfotografen, die bereits im Oktober 1914 an die Fronten gehen durften.[104] Gern gesehen wurden sie allerdings nicht. Kontakte zu hochgestellten Offizieren gab es kaum und die Bewegungsmöglichkeiten unter den Truppen waren für die Zivilisten, die nur mit einer mit einem ›B‹ für ›Berichterstatter‹ versehenen Armbinde ausgestattet waren, äußerst begrenzt. Unter diesen Umständen mussten harmlose, über das militärische Geschehen wenig aussagende Fotos die Regel sein. Gelangen den Fotografen doch einmal eindrücklichere Aufnahmen, mussten sie, wie gesagt, gleich zwei äußerst kritische Prüfungsinstanzen bewältigen: zunächst einmal die Generalstäbe an der Front, dann die Behörden in Berlin und den Bundesstaaten.

101 Keller, *Weltkrieg*, S. 43 (Kursive im Original); ähnlich auch S. 30.
102 Vgl. ebd., S. 19-26.
103 Warnke, *Organisation staatlicher Bildpropaganda*.
104 Keller, *Weltkrieg*, S. 29; Weise, *Strukturen des Bildertransports*, S. 7.

409

MIT DER KAMERA AN DER FRONT

Abb. 5: Mit dem Fotoapparat war im Ersten Weltkrieg eine ganz neue Art der Berichterstattung möglich. In ihrer Nr. 30 vom 25. Juli 1915 nahm die *BIZ* dazu ausführlich und aspektreich Stellung (S. 409-411, hier die erste Seite). Zwar hob sie hervor, dass nun »ein echtes und durch keinerlei persönliche Empfindungen verzerrtes Bildermaterial zu bieten« wäre, aber die Einschränkungen verschwieg sie nicht: »Selbst wenn der Kriegs-Photograph unter Lebensgefahr in den vordersten Schützengraben geht und dort eine Aufnahme macht, so wird das Bild in den meisten Fällen eine höchst langweilige Landschaft zeigen, die nur durch Drahtverhaue und frisch aufgeworfene Erdwälle gekennzeichnet ist ... Deshalb muss sich der Photograph darauf beschränken, das Leben der Soldaten hinter der Front zu schildern.« Weil das sehr unbefriedigend sei, wären die Franzosen dann dazu übergegangen, Angriffsszenen nachzustellen. Ein Beispiel wurde gleich auf dieser Seite gezeigt. Der Bildtext zu der großen Abbildung unten lautet: »Eine angeblich echte Photographie, die den Sturmangriff der Deutschen (die kleinen Figürchen im Hintergrund) darstellt. Aus einer englischen Zeitung.«

Von Zensur war in diesem Artikel keine Rede, nur von gleichsam Selbstverständlichem: »Natürlich gelangen jetzt noch nicht alle Bilder der Kriegsphotographen an die Oeffentlichkeit. Ein großer Teil muß aus militärischen Gründen zurückgehalten werden. Ebenso wird man jetzt keine Bilder veröffentlichen, die die Greuel des Krieges zeigen, z. B. ein Schlachtfeld kurz nach dem Kampf.«

Auf diese Weise gelangte nur wenig Bildmaterial vom Krieg mit wirklichem Nachrichtenwert in die Redaktionen der deutschen Illustrierten. Zu den Ersatzlösungen zählte, dass vergleichsweise häufig auf Bilder aus der feindlichen Bildpresse zurückgegriffen wurde, die über neutrale Staaten relativ leicht zu beziehen waren. Schätzungen gehen dahin, dass in manchen deutschen Illustrierten »20 bis 60 Prozent der Abbildungen zu den großen Schlachten aus Paris oder London« stammten.[105] Per Zeitungsanzeige nach »interessanten Photographien« von Amateuren zu suchen, war ausdrücklich verboten.[106]

Das Problem der unzureichenden Bildberichterstattung über das für die deutsche Bevölkerung so existenzielle Kriegsgeschehen musste selbst der dem

105 Ebd., S. 42. Vgl. Keller, *Verdun*. – Die angegebenen Werte sind jedoch mit Vorsicht zu betrachten. In der untersuchten Stichprobe war bei nur 991 von 2.121 Abbildungen eine Quelle angegeben (46,7 %). Von ihnen entstammten 36 einem Feindstaaten-Medium (3,6 %). Das Thema ›Kampfhandlungen‹ wurde 42 mal verzeichnet, davon 19 mal mit Quellenangabe. Darunter waren vier Bilder aus dem feindlichen Ausland – 21 Prozent. Alle vier wurden dabei von der BIZ veröffentlicht (4 von 15 = 27 %).

106 Zensurbuch, Stichwort ›Kriegserinnerungen‹, in: Fischer, *Pressekonzentration*, S. 237.

deutschen Journalismus sehr distanziert gegenüberstehenden Heeresleitung irgendwann einmal bewusst werden. Eine grundsätzliche Neuorganisation nach dem Vorbild der Kriegsgegner wurde mit dem Wechsel von der zweiten zur dritten Obersten Heeresleitung von Falkenhayn zu Hindenburg und Ludendorff im Herbst 1916 vorbereitet. Bild- und Filmaufnahmen sollten nun vorrangig durch uniformierte Armeeangehörige hergestellt werden. Zuständig hierfür war das im Januar 1917 gegründete Bild- und Filmamt. Ab April waren bis zu sieben militärische Bild- und Filmtrupps unterwegs, zu denen jeweils auch ein Fotograf gehörte.[107] Doch auch ihnen fiel es schwer, die bisherigen Bildroutinen aufzugeben. Nach wie vor waren Bilder aus der Etappe häufiger als von der Front. Und überdies genügte ihre Produktion schon rein quantitativ bei Weitem nicht dem Bedarf der Illustrierten, trotz deren zunehmenden Umfangsbeschränkungen aufgrund des wachsenden Papiermangels. Bis Kriegsende gab das Bild- und Filmamt eine nummerierte Serie von knapp 12.000 Fotos heraus, die jedoch wohl nicht vollständig erhalten sind.[108] Auf die strikt regulierte kommerzielle Fotoproduktion konnte weiterhin nicht verzichtet werden.

Dies zeigen auch die Ergebnisse der hier untersuchten Stichprobe. 1917 verwiesen 12 von 211 mit Quellenangabe veröffentlichte Fotos auf das neue Bild- und Filmamt, 1918 waren es 19 von 126. Das bedeutete zwar fast eine Verdreifachung des Anteils innerhalb eines Jahres, machte jedoch noch immer nur 15 Prozent des mit Quellenangaben versehenen (und 5,5 % des gesamten) fotografischen Angebots aus.

Neue Freiheit in der Weimarer Republik

Zu den ersten Maßnahmen der neuen Regierung des Rats der Volksbeauftragten nach dem Sturz des Kaiserreichs gehörte am 12. November 1918 die Abschaffung der Zensur.[109] Grundsätzlich wurde dies dann im Artikel 118 der Verfassung festgeschrieben und dabei ausdrücklich auch auf Bilder Bezug genommen: »Jeder Deutsche hat das Recht, innerhalb der Schranken der allgemeinen Gesetze seine Meinung durch Wort, Schrift, Druck, Bild oder in sonstiger Weise frei zu äußern.« Die markante Formulierung: »Eine Zensur findet nicht statt, [...]«, wurde allerdings sogleich mehrfach eingeschränkt: »[...] doch können für Lichtspiele durch Gesetz abweichende Bestimmungen getroffen werden. Auch sind zur Bekämpfung

107 Keller, *Weltkrieg*, S. 31; Weise, *Strukturen des Bildertransports*, S. 9.
108 Ebd., S. 33.
109 Punkt 3 des Aufrufs vom 12. November 1918: Koszyk, *Deutsche Presse 1914-1945*, S. 28.

der Schund- und Schmutzliteratur sowie zum Schutze der Jugend bei öffentlichen Schaustellungen und Darbietungen gesetzliche Maßnahmen zulässig.« Tatsächlich wurde dazu am 12. Mai 1920 das Lichtspielgesetz und am 18. Dezember 1926 das Gesetz zur Bewahrung der Jugend vor Schund- und Schmutzschriften erlassen. Für die Illustrierten-Bebilderung hatte dies jedoch kaum Bedeutung.

Für die Presse wichtiger wurden die Vorgaben, die durch das Gesetz zum Schutze der Republik vom 21. Juli 1922 erlassen worden waren. Auf seiner Basis kam es zu etlichen Zeitungs- und Zeitschriftenverboten.[110] Illustrierte waren jedoch nur ausnahmsweise betroffen. Der Meinungsfreiheit auch im bildlichen Bereich waren in der Weimarer Republik recht weite Grenzen gezogen.

Die neue Republik verzichtete aber nicht nur auf negative Strategien der Bildpolitik, sie hielt sich auch bei positiven Maßnahmen sehr zurück. Politische Bilder wurden zwar über die verschiedensten Medien verbreitet, positives staatliches Engagement gab es jedoch bloß ansatzweise. Die beiden Institutionen, die dafür hätten infrage kommen können, nahmen auf Illustrierte keinerlei Einfluss.

Im Frühjahr 1918, noch während des Ersten Weltkriegs, war die »Zentrale für Heimatdienst« gegründet worden, um »den weniger standfesten Teil der Arbeiterschaft und der sonstigen durch den Krieg in ihrem inneren Halt erschütterten breiten Volksmassen« im Sinne der Regierung zu beeinflussen. Auffallenderweise sollte es sich nicht nur um Agitation während des Krieges, sondern um eine »politische Mobilmachung für den Frieden« handeln, wie die zentrale Denkschrift vom 31. März 1918 überschrieben war.[111] In der Republik wurde die Institution, nun in ›Reichszentrale für Heimatdienst‹ umbenannt, fortgeführt, wenn auch immer wieder intensiv darüber gestritten wurde. Ihr Ende fand sie erst mit der Gründung des nationalsozialistischen Propagandaministeriums. Die Spannbreite der Aufgaben, denen sich die Reichszentrale zu widmen hatte, war groß. Sie reichte vom Einsatz bei den Volksabstimmungen Anfang der 1920er-Jahre und dem Kampf gegen separatistische Bestrebungen über staatsbürgerliche Erziehung im Allgemeinen bis hin zu einer Art »positivem Verfassungsschutz«, zu dem nicht zuletzt ihr weit gespanntes Netz ehrenamtlicher Mitarbeiter herangezogen wurde.[112] Letztlich war sie wahrscheinlich zu groß, und nicht zuletzt angesichts der zur Verfügung stehenden Mittel.

Noch viel mehr gilt dies für die zweite Institution, die genuine Neugründung des Amtes des Reichskunstwarts im Reichsinnenministerium. Da es neben ihrem Leiter – von 1919 bis zur Beseitigung des Amtes 1933 der Kunsthistoriker Edwin

110 Dussel, *Deutsche Tagespresse*, S. 125.
111 Wippermann, *Politische Propaganda*, S. 29.
112 Vgl. dazu die umfangreiche Darstellung Wippermanns, *Politische Propaganda*.

Redslob – nur über drei oder vier Mitarbeiter verfügte, waren seine Möglichkeiten von vornherein äußerst begrenzt. Das hochgesteckte Ziel, »fast sämtlichen Facetten staatlicher Symbolpolitik« ein wiedererkennbares, einigermaßen einheitliches künstlerisches Gesicht zu verleihen, war so nicht zu erreichen.[113] Die Republik, so konnte Gerhard Paul knapp zusammenfassen »verweigerte sich geradezu den Herausforderungen der Bildergesellschaft.«[114]

Bildjournalismus im nationalsozialistischen Presselenkungssystem der Vorkriegszeit

Ganz im Gegensatz zur offiziellen Politik der Republik spielten bei der Umgestaltung Deutschlands durch Adolf Hitler und seine Helfer die Massenmedien, und damit auch der Bildjournalismus, eine wichtige Rolle. Der erste Schritt auf dem im Nachhinein so konsequent begangen wirkenden Weg ihrer Kontrolle und Lenkung war die Gründung des Reichsministeriums für Volksaufklärung und Propaganda per Erlass schon am 13. März 1933, »für Zwecke der Aufklärung und Propaganda unter der Bevölkerung über die Politik der Reichsregierung und den nationalen Wiederaufbau des deutschen Vaterlandes«, unter der Leitung von Dr. Joseph Goebbels.[115]

Während die Vorbereitungen für den Aufbau des Ministeriums liefen, sprach der neue Minister nacheinander vor den Vertretern von Rundfunk, Film und Presse, um sie mit seinen Vorstellungen bekannt zu machen. Den Idealzustand der Presse sah er darin, dass sie »in der Hand der Regierung sozusagen ein Klavier ist, auf dem die Regierung spielen kann.« Als er dann wenige Tage später den Erlass eines Pressegesetzes ankündigte, variierte er dieses Bild, indem er als Ziel vorgab, man wolle künftig »uniform [...] sein [...] in den Grundsätzen, aber polyform [...] in den Nuancen.«[116]

Bis zum Sommer 1933 hatte das Ministerium Form angenommen. Es bestand zunächst aus sieben Abteilungen, die zum größeren Teil nach Medien organisiert waren: Neben der Abteilung Presse (IV) gab es eine für Film (V), eine für Rundfunk (III) und eine für Theater, Musik und Kunst (VI). Übergreifend waren die

113 Paul, *Visuelles Zeitalter*, S. 175. Zu Redslob und der Tätigkeit des Amts: Heffen, *Reichskunstwart*; Laube, *Reichskunstwart*; Welzbacher, *Edwin Redslob*; Welzbacher, *Reichskunstwart*.

114 Paul, *Visuelle Zeitalter*, S. 179.

115 Reichsgesetzblatt 1933 I, S. 104 (http://alex.onb.ac.at/cgi-content/alex?aid=dra&datum=1933&size=45&page=229 [30.05.2018]). Vgl. als knappen Überblick zu den Lenkungsmaßnahmen Tolsdorff, *Stern-Schnuppe*, S. 70-88.

116 Longerich, *Goebbels*, S. 222.

Propaganda-Abteilung (II), die die großen Propaganda-Kampagnen vorbereiten und steuern sollte, sowie die Abwehrabteilung (VII) und die Abteilung für Verwaltung und Recht (I). Leiter der Presseabteilung wurde der Journalist Kurt Jahncke, der dem deutschnationalen Lager zugerechnet werden kann.[117]

Die Bildpresse wurde zunächst in einem einfachen Referat »Lichtbild« in der Presseabteilung angesiedelt, erst 1936 wurde es zum »Hauptreferat Bildpresse« aufgewertet.[118] Referats-, dann Hauptreferatsleiter war Heiner Kurzbein (31. Januar 1910 bis 16. August 1957), der schon 1927 die Berliner Hitler-Jugend mitgegründet hatte und 1929 in Partei und SS eingetreten war. In der SS brachte er es bis zum Hauptsturmführer, als Beamter bis zum Oberregierungsrat.[119] Ob Kurzbein tatsächlich so unfähig war, wie manchmal in der Literatur behauptet wird,[120] muss offen gelassen werden.[121] Dagegen spricht, dass Goebbels, der ein sehr leistungsorientierter Dienstherr war, seine Leistungen des Öfteren lobte[122] und an ihm festhielt, auch als sich Kurzbein 1939 freiwillig zum Kriegsdienst gemeldet hatte. Gleichwohl behielt er ihn im Auge und war nicht immer zufrieden mit ihm. Als im Dezember 1940 seiner Ansicht nach eine »Reihe von Fehlern« in seinem Amt gemacht wurden, gehörte auch Kurzbein zu den Schuldigen. In seinem Tagebuch notierte er: »Kurzbein angeraunzt, weil er die Illustrierten zu sehr hat abrutschen lassen.« Und nur wenige Tage später ließ er folgen: »Kurzbein angepfiffen, daß die Bebilderung der deutschen Presse so schlecht ist. Sie bringt immer wieder seit Jahren dieselben Sujets.«[123] Über die Personalie hinaus zeigen diese Zitate – und weitere ließen sich anfügen[124] –, dass der Minister auch den Illustrierten sowie der Bebilderung der Presse überhaupt ein gewisses Augenmerk widmete.

Von Anfang an verfolgte der neue Propagandaminister eine doppelte Strategie: Einerseits sollten die Medieninhalte im Sinne des NS-Staats gelenkt und andererseits ihre Macher über entsprechende Voraussetzungen zur Berufszulassung kontrolliert werden. Zur Personalkontrolle wurden zwei Instrumente geschaffen. Das eine erhielt den eigentümlichen Namen ›Reichskulturkammer‹. Hier sicherte sich der Propagandaminister im innernationalsozialistischen Machtkampf den

117 Mühlenfeld, *Kommissariat*, S. 82.

118 Vgl. ergänzend den Bericht über die Aufgaben des Referats vom 22. Februar 1936, BArch R 55/4, vollständig wiedergegeben in Sachsse, *Erziehung zum Wegsehen*, S. 254f.

119 Weise, *Pressefotografie als Medium*, S. 148; Nitz, *Führer und Duce*, S. 86. Die Angaben widersprechen sich in zwei Details: Nach Weise erfolgte der Parteieintritt erst 1932, nach Nitz brachte es Kurzbein in der SS nur bis zum Obersturmführer.

120 Sachsse, *Aspekte der Bildzensur*, S. 19f.; Sachsse, *Erziehung zum Wegsehen*, S. 27.

121 Auch Nitz, *Führer und Duce*, S. 86f., führt Belege für die damalige Wertschätzung Kurzbeins an.

122 Eintrag vom 27. Januar 1937, in: Fröhlich, *Goebbels-Tagebücher*, I/3,II, S. 346; und vom 6. September 1939, in: ebd., I/7, S. 96. Kritisch dagegen: Eintrag vom 24. März 1938, in: ebd., I/5, S. 227.

123 Einträge vom 15. und 19. Dezember 1940, in: ebd., II/9, S. 53 und S. 58.

124 Eintrag vom 7. März 1938, in: ebd., I/5, S. 192.

Zugriff auf alle im Kulturbereich Tätigen.[125] Das am 22. September 1933 erlassene Gesetz schuf unter dem Dach der ›Reichskulturkammer‹ (und ihrem Präsidenten Joseph Goebbels) sieben Einzelkammern für Schrifttum, Theater, Kunst, Musik, Rundfunk, Film und eben auch Presse, denen alle Berufszugehörigen in diesen Bereichen angehören mussten, wenn sie weiterhin aktiv sein wollten. Ergänzt wurde dieses Instrument durch das am 4. Oktober 1933 erlassene Schriftleitergesetz, das vor allem die Zugangsvoraussetzungen zur Redakteurstätigkeit regelte. Die für die Nationalsozialisten entscheidenden Kriterien finden sich neben Unverfänglichem (wie fachmännischer Ausbildung) in § 5: »Schriftleiter kann nur sein, wer: [...] arischer Abstammung ist und nicht mit einer Person nichtarischer Abstammung verheiratet ist, [... sowie] die Eigenschaften hat, die die Aufgabe der geistigen Einwirkung auf die Öffentlichkeit erfordert.«[126] Gleichzeitig waren alle Schriftleiter im Reichsverband der Deutschen Presse (RDP) zusammengefasst, der durch dieses Gesetz zu einer Körperschaft des öffentlichen Rechts umgebildet wurde (§ 23).[127]

Für die Bildberichterstatter bedeutete dies eine zusätzliche Selektion. Schon im Vorfeld der Reichskulturkammergründung waren am 14. Juni 1933 die bis dahin privatrechtlichen Berufsverbände der Pressefotografen zum Reichsverband Deutscher Bildberichterstatter e. V. (RDB) zusammenfasst worden. Im RDB gingen der Verband deutscher Presseillustrationsfirmen der Arbeitgeber, der Verband deutscher Bildreporter als Arbeitnehmerorganisation und die Spezialgruppe des Reichsverbands der Sport-Pressefotografen auf. Durch Erlass des Propagandaministeriums vom 17. August 1933 wurde festgelegt, dass der zur Berufsausübung nötige Bildberichterstatterausweis nur vom RDB ausgestellt werden konnte. Im Oktober 1933 zählte man 208 Zugelassene, bis 1936 dann 526, davon 258 in Berlin.[128]

Eine automatische Übernahme aller RDB-Mitglieder in den allgemeineren Reichsverband der deutschen Presse wurde jedoch nicht zugelassen. Ab November 1933 mussten sich alle RDB-Mitglieder einer detaillierten Fragebogenaktion unterziehen, wenn sie weiter in ihrem Beruf tätig sein wollten. Dazu war ab Januar 1934 der Eintrag in die ›Berufsliste der Deutschen Bildberichterstatter‹ nötig. Bis zum 1. Juni 1936 wurden 488 Bildberichterstatter in diese Liste aufgenommen. Der nun überflüssig gewordene RDB war bereits mit dem 30. Juni 1934

125 Dahm, *Reichskulturkammer*.
126 Reichsgesetzblatt I, S. 713 (http://alex.onb.ac.at/cgi-content/alex?apm=0&aid=dra&datum=19330004&seite=00000713&zoom=2 [30.05.2018]).
127 Vgl. allgemein zur nationalsozialistischen Pressepolitik Abel, *Presselenkung*, und Hale, *Presse*.
128 Weise, *Pressefotografie als Medium*, S. 144f.; ders., *Kontrollierte Fotodienste*, S. 42f.

aufgelöst worden. Er wurde durch einen rechtlich einfacher zu handhabenden Fachausschuss im RDP ersetzt.[129]

Als weiterer RDP-Fachausschuss wurde der der Pressezeichner etabliert. Sein Vorsitzender war ab 17. Oktober 1935 Hans Herbert »Mjölnir« Schweitzer, der wenig später auch zum »Reichsbeauftragten für künstlerische Formgebung« ernannt wurde.[130]

Neben der Überprüfung aller Text- und Bildredakteure wurde die Lenkung ihrer Tätigkeit etabliert. Ihr wichtigstes Instrument war die seit dem 1. Juli 1933 im Propagandaministerium stattfindende Reichspressekonferenz. Die dort erteilten Anweisungen durften zwar nicht gesammelt und aufbewahrt werden, ein paar Konferenzteilnehmer hielten sich jedoch nicht daran, sodass man sich auch heute noch darüber informieren kann, worüber die Presse wie zu berichten und was sie zu verschweigen hatte.[131] Selbstverständlich galten die allermeisten Anweisungen den Textnachrichten.

Aber zählten die Illustrierten zur Tagespresse? Ihre Verleger waren eigentlich im Reichsverband Deutscher Zeitschriftenverleger e.V. organisiert. Kurzfristig wurde das von den Nationalsozialisten zwar beibehalten, aber dann doch schnell umorganisiert. Mit der Zweiten Anordnung zur Befriedigung der wirtschaftlichen Verhältnisse im deutschen Zeitungswesen vom 4. Januar 1934 wurden die Illustrierten-Verleger dem Reichsverband der deutschen Zeitungsverleger eingegliedert.[132]

Die illustrierte Wochenpresse wurde so zwar bei der Tagespresse eingereiht, in der Reichspressekonferenz spielte sie jedoch keine Rolle, weil die nächste Neuerung nicht lange auf sich warten ließ: »Zur eingehenderen und schnelleren Unterrichtung der deutschen Bildzeitungen und Zeitschriften sowie der illustrierten Tagespresse« fand seit dem 3. Dezember 1934 jeden Montag eine eigene »Bildpressekonferenz« statt.[133] Ausführlichere Informationen zu ihren Inhalten liegen nur wenige vor; dementsprechend kann auch nur schwer das Ausmaß der Restriktion eingeschätzt werden.

Die Indienstnahme der Bildberichterstatter durch das Propagandaministerium wurde auch ganz äußerlich zum Ausdruck gebracht. 1936 wurde eine erste Maßnahme gegen ihre »uneinheitliche Kleidung« ergriffen. Die »rote Berichterstatter-Armbinde« des Ministeriums war fortan nur noch zur NSDAP-Uniform oder

129 Ebd., S. 145 und S. 147.
130 Paul, *Prolet-Arier*, S. 65.
131 NS-Presseanweisungen der Vorkriegszeit.
132 Koszyk, *Deutsche Presse III*, S. 411; Schmidt, *Presse in Fesseln*, S. 186.
133 Unger, *Illustrierte*, S. 91.

zu einem »dunklen, zweireihigen Anzug mit langer Hose, weißem Oberhemd mit weißem Kragen und langem schwarzen Binder« erlaubt. 1938 folgte dann der zweite Schritt, die Einführung einer einheitlichen Uniform.[134]

Bildproduktion im Zweiten Weltkrieg

Die meisten Bildberichterstatter hatten ihre Uniform aber schon bald mit einer neuen Uniform zu tauschen, der der Wehrmacht. Sie wurden »Soldaten einer neuen Waffe in der Hand des Führers: der Propagandakompanie. [...] Die Kamera ist eine Waffe geworden, ein Instrument des Kampfes in der Hand von Soldaten«, schwärmte Eric Borchert, selbst Mitglied einer Propagandakompanie und als solches im November 1941 in Nordafrika gefallen.[135]

Im Zuge der Vorbereitung des Zweiten Weltkriegs wurde auch über die zweckmäßigste Form der Propagandaorganisation nachgedacht. Anspruch auf die Führungsrolle erhob nicht nur das Propagandaministerium, sondern auch das Oberkommando der Wehrmacht. Nach einigem Hin und Her wurde zwischen diesen beiden Institutionen ein »Abkommen über die Durchführung der Propaganda im Kriege« geschlossen, das zwar wichtige Fragen offen ließ, immerhin aber zur Bildung eigener Propagandakompanien führte, die der Amtsgruppe für Wehrmachtpropaganda im Oberkommando der Wehrmacht unterstanden. Zum ersten Mal kamen die neuen Einheiten bei der Besetzung des Sudetenlandes im Oktober 1938 zum Einsatz. Ein Jahr später waren 13 Propagandakompanien einsatzbereit.[136]

Mit dieser Zahl war jedoch nicht lange auszukommen. Die Sollstärke je Kompanie wurde bald auf 204 Mann erhöht und weitere Einheiten kamen hinzu.[137] Bis Ende 1942 war die Propagandatruppe auf 15.000 Mann angewachsen. Wie viele fotografierende Bildberichter darunter waren, ist aber nicht ganz klar. Anton Holzer geht von insgesamt 1.100 Bildberichtern bei Heer und Luftwaffe und 200 bei der Kriegsmarine aus;[138] Annette Vowinckel spricht dagegen nur von knapp 500.[139] Möglicherweise erklärt sich die Differenz aus der zusätzlichen Berücksichtigung von Kameramännern.

134 Weise, *Pressefotografie als Medium*, S. 150f. (mit Abbildung der Uniform S. 151).
135 Zitat aus dem Vorwort von Borcherts Buch *Entscheidende Stunden – mit der Kamera am Feind* (Berlin o. J.), zit. Weise, *Pressefotografie I*, S. 147. Zu Borchert auch Anton Holzer, *Mit der Kamera am Feind*, S. 144f.
136 Uziel, *Propaganda Warriors*, S. 69ff; Weise, *Pressefotografie I*, S. 147.
137 Uziel, *Propaganda Warriors*, S. 112, S. 120.
138 Holzer, *Mit der Kamera am Feind*, S. 146.
139 Vowinckel, *Agenten der Bilder*, S. 180.

Nicht aus dem Blick geraten darf allerdings, dass diese gewaltige Propagandatruppe nicht nur für die Berichterstattung für das Reich zuständig war. Letztlich war das sogar eher der kleinere Teil ihrer Aufgaben, auch wenn sich dies kaum quantifizieren lässt. Drei weitere Tätigkeitsbereiche kamen hinzu: die aktive Propaganda, das heißt die Einwirkung auf den Feind und seine Truppen, was gerade 1941/42 in Russland von großer Bedeutung war; die Propaganda in den von der Wehrmacht besetzten Gebieten; und schließlich die Betreuung der eigenen Truppen.[140]

Mit den zunehmenden Niederlagen der Wehrmacht wuchsen die Schwierigkeiten der PK-Truppen. Von Propagandaminister Goebbels wurde das Missverhältnis zwischen der Größe der Truppe und ihrer Produktivität beklagt. Im Frühjahr 1943 kam es zu ersten Reorganisationen und Reduzierungen, im Herbst 1944 wurden sie fortgesetzt.[141]

Die Produktion der PK-Fotografen war insgesamt gigantisch. Die Schätzungen für die Bildberichterstatter gehen allerdings weit auseinander. Ging man vor ein paar Jahren noch davon aus, dass etwa zwei Millionen Aufnahmen angefertigt wurden, wurden später sogar drei Millionen veranschlagt. Zwar ging ein Teil verloren, aber etwa 1,7 Millionen Bilder sind erhalten geblieben und lagern zum großen Teil im Bildarchiv des Bundesarchivs in Koblenz.[142]

Auf der anderen Seite blieb das Bildpresse-Referat im Propagandaministerium aber doch von bescheidener Größe. Ein Geschäftsverteilungsplan vom 1. November 1942 nennt nur acht Mitarbeiter, die sich folgende Aufgabengebiete teilten:

»Kurzbein, ORR (=Oberregierungsrat). Bildpresse
Stellvertreter: Mueller, Werner / Mitarbeiter: Schiefelbein, ROI (=Regierungsoberinspektor). Politische Zeichnungen.
Rosenthal. Bildpresse, Ausland und besetzte Gebiete.
Dr. Gengler. Zensur und Verkehr mit den illustrierten Zeitungen. Bildpresse-Information und Zensur von aktuellem Bildmaterial. [...]
Knake. Mob-Angelegenheiten. Pk-Zeichnungen.
von Herder, Rechtsanwalt. Korrespondenz- und Nachrichtenbüros, Angelegenheiten des Schriftleitergesetzes und der Bildberichter, Schriftleiter und Pressezeichner, Rechtsangelegenheiten.

140 Als Überblick: Moll, *Abteilung Wehrmachtpropaganda*.
141 Uziel, *Propaganda Warriors*, S. 170ff.
142 Zwei Millionen: Moll, *Abteilung Wehrmachtpropaganda*, S. 135f; drei Millionen: Vowinckel, *Agenten der Bilder*, S. 182; Arani, *Fotografien der Propagandakompanien*, S. 2.

Kuenne. Auswertung beschlagnahmten Materials der besetzten Gebiete. Bildpresse-Lektorat. PK-Bildfachprüfung.«[143]

Die seit Kriegsbeginn allein für illustrierte Zeitungen und Zeitschriften geltende Vorzensur wurde im November 1941 »mit sofortiger Wirkung« aufgehoben. Allerdings blieb die Pflicht zur »Vorlage der Bildseiten« bestehen, »um der militärischen und politischen Zensur die Möglichkeit zu geben, unerwünschtes Bildmaterial zu sperren.«[144]

Der Weg der Fotos von der Front bis in die Zeitungen und Illustrierten war weit, und mehrere Überwachungsstationen verlängerten seine Dauer erheblich.[145] Die Regel lässt sich folgendermaßen beschreiben: Die belichteten Filme wurden per Kurier von der Front zur Propagandakompanie gebracht. Dort wurden Abzüge erstellt und es wurde eine erste militärisch orientierte Vorzensur vorgenommen. Dann gingen Negative und Abzüge nach Berlin ins Bildarchiv des Bildpresseamts des Propagandaministeriums; das dauerte im Durchschnitt bereits rund zwei Wochen.[146] In Berlin wurden sie einer zweiten, nun politischen Zensur unterworfen. Was danach übrig blieb, wurde nach einem bestimmten Schlüssel an die Fotoagenturen verteilt, die die Bilder dann an die Presse weitergaben. Bei Veröffentlichungen wurde deshalb neben der Angabe ›PK‹ und ›Namen‹ des Fotografen auch immer die Agentur genannt.[147] Von besonderer Aktualität konnte unter diesen Umständen selbstverständlich in der Regel keine Rede sein. Und auch die Texte, die die Fotografen ursprünglich ihren Aufnahmen beigegeben hatten, erfuhren manchmal wundersame Wandlungen. Zu von Deutschen erschossenen kapitulierenden russischen Soldaten konnte es so auf einmal heißen: »Gefallene Rotarmisten – sinnlos von ihren Kommissaren in den Tod gejagt.«[148]

Selbstverständlich gab es auch Ausnahmen von den normalen, sehr zeitaufwändigen Abläufen, galten für besondere Fotografen spezielle Regeln. Zu ihnen gehörte unter anderem Hanns Hubmann, der zur Wehrmachts-Illustrierten *Signal* abgestellt wurde und erhebliche Reise-Privilegien genoss.[149] Ähnliches gilt für Gerhard Gronefeld, zumindest, solange er für *Signal* arbeiten konnte.[150]

Leider wurde die theoretisch so einleuchtende Vorgabe ›PK – Fotografenname – Agentur‹ in der Praxis nur unzureichend umgesetzt, sodass keine genaue

143 Weise, *Pressefotografie als Medium*, S. 148.
144 Anweisung vom 15. November 1941, BArch R 55/550, vollständig wiedergegeben in Sachsse, *Erziehung zum Wegsehen*, S. 352.
145 Arani, *Fotografien der Propagandakompanien*, S. 13-28; Ranke, *Fotografische Kriegsberichterstattung*, S. 72.
146 Sachsse, *Erziehung zum Wegsehen*, S. 200.
147 Holzer, *Mit der Kamera am Feind*, S. 147f.
148 Schmidt-Scheeder, *Reporter der Hölle*, S. 273.
149 Ebd., S. 148f.; Hubmann, *Augenzeuge*, S. 15.
150 Ranke, *Deutsche Geschichte*, S. 33f.

Quantifizierung vorgenommen werden kann. Dies beginnt schon damit, dass wider die seit 1935 geltende Vorschrift fast genau ein Viertel der veröffentlichten Fotos mit überhaupt keiner Quellenangabe versehen war. Dann wurden häufig nur der Fotografenname und die Agentur genannt, schließlich auch nur der Fotografenname. Die komplette dreiteilige Angabe bildete jedenfalls nicht die Regel.

Mann gegen Panzer

Abb. 6: Mit einem Foto wie dem rechts unten auf der Seite abgebildeten versuchte man zu zeigen, wie authentisch die Film- und Fotoaufnahmen der PK-Berichter von den Kämpfen waren. Es spricht allerdings für sich, dass kein entsprechendes Foto von einer Kampfhandlung hinzugefügt wurde. Stattdessen zeigte man eine Zeichnung Hans Liskas (*BIZ* Nr. 38 vom 18. September 1941, S. 979. Zu Liska vgl. S. 215).

Die Fotografie bildete das primäre Medium für die Bildpropaganda während des Zweiten Weltkriegs. Ganz sollten die Kriegsmaler der Wehrmacht aber nicht übergangen werden.[151] Von Anfang an gehörten zu den viel zahlreicheren Wort-, Foto-, Film- und Rundfunkberichtern auch ein bis drei Pressezeichner oder Kriegsmaler zu jeder Propagandakompanie. Und als im Sommer 1940 in Potsdam eine eigene Propaganda-Ersatz-Abteilung zur Ausbildung für alle Sparten der Kriegsberichterstatter gegründet wurde, fanden auch die Bildenden Künstler unter einem eigenen »Fachführer Maler« (ab Juni 1941: Oberleutnant, später Hauptmann Luitpold Adam) Berücksichtigung. Im Winter 1941/42 bildete er 45 Künstler-Soldaten aus. Insgesamt wird man eine Gesamtzahl von mehr als 100 Kriegsmalern und etwa 150 Pressezeichnern veranschlagen dürfen.[152]

151 Schmidt, *Kriegsmaler*, S. 51ff.; ders., *Maler an der Front*, S. 639f.
152 Veltzke, *Kunst und Propaganda*, S. 98.

Die Bedeutung ihrer Produktion ist nicht geringzuschätzen. In den von der Wehrmacht bzw. der Luftwaffe herausgegebenen Zeitschriften *Die Wehrmacht* und *Signal* war genauso eine stetige Zunahme von PK-Zeichnungen festzustellen wie in *Der Adler*.[153] Darüber hinaus waren sie Bestandteil einer größeren Zahl meist von Wehrmacht, Propagandaministerium und Parteigliederungen veranstalteten Kriegskunstausstellungen, die sich beträchtlichen Publikumszuspruchs und – glaubt man den Einschätzungen des Sicherheitsdienstes – erheblicher Zustimmung erfreuten.[154] Beides hatte wohl zur Folge, dass sich das Oberkommando der Wehrmacht auf Druck des Oberkommandos des Heeres dazu entschloss, zusätzlich zu den bei den Propagandakompanien eingesetzten Malern und Zeichnern eine der Abteilung Wehrmachtpropaganda direkt unterstehende »Staffel der Bildenden Künstler« aufzustellen.[155] Ob tatsächlich ihre Sollstärke von 100 Mann erreicht wurde, ist nicht bekannt. Ein erheblicher Teil ihres Schaffens dürfte jedoch jene etwa 7.000 Aquarelle, Zeichnungen und Gemälde gewesen sein, die 1946 von den Amerikanern beschlagnahmt und 1986 größtenteils an die Bundesrepublik zurückgegeben wurden.[156] Teile des Bestandes wurden 2005/06 ausgestellt.[157]

2.3 Die *Berliner Illustrirte Zeitung* – meistverkaufte Illustrierte Deutschlands

Mit Angaben zu Auflagenzahlen gingen Zeitungen und Zeitschriften während des Kaiserreichs und der Weimarer Republik nicht allzu freigiebig um; in der Regel galten sie als Betriebsgeheimnis. Ausnahmen gab es vor allem dann, wenn man sich davon eine besondere Werbewirksamkeit versprach. Die *BIZ* bildete eine solche Ausnahme. In den 1920er-Jahren gehörte sie sogar zu den wenigen Periodika, die ihre Auflage notariell bestätigt veröffentlichten. Sie wusste, dass ihre Zahlen die Konkurrenz weit hinter sich ließen.

Bis dahin war es allerdings ein weiter Weg gewesen. Als Leopold Ullstein die Illustrierte 1894 übernahm, hatte sie (nach eigener Aussage, sieben Jahre später) 23.000 Abonnenten.[158] Warum Chefredakteur Korff in den 1920er-Jahren nur eine Auflage von 14.000 angab, bleibt wohl sein Geheimnis; wahrscheinlich

153 Schmidt, *Kriegsmaler*, S. 70.
154 Ebd., S. 55 bzw. S. 68f.
155 Veltzke, *Kunst und Propaganda*, S. 25 und S. 100f.
156 Schmidt, *Maler an der Front* (2003), S. 55f. bzw. S. 72.
157 Veltzke, *Kunst und Propaganda*.
158 *BIZ* Nr. 50 vom 15. Dezember 1901, S. 787.

wollte er den Ullstein-Erfolg stärker herausstreichen.[159] Im Ullstein-Besitz erhöhte sich die Zahl jedenfalls recht zügig über 31.000 für 1896, 58.000 für 1898 und 100.000 für 1900 auf 135.000 für 1901.[160] Und im 20. Jahrhundert setzte sich die Aufwärtsbewegung fort, ja gewann noch an Fahrt.

In diesem Zusammenhang sind zwei Legenden definitiv aus der Welt zu räumen. Als erstes ist die immer wieder zu lesende Behauptung zurückzuweisen, die Verkaufserfolge hätten damit begonnen, dass die Ullsteins das Jahresabonnement der Zeitschrift durch den Einzelverkauf ersetzt hätten. Am Plakativsten wurde dies durch Friedrich Luft formuliert: »Ullstein kannte sein Publikum. Er wußte, daß der ›kleine Mann‹ für den er diese Bilder-Zeitung machen wollte, sich kaum dazu überreden lassen würde, ein schweres Fünf-Mark-Stück beim Buchhändler für eine Ware auf den Tisch zu legen, die er erst im Verlauf der kommenden zwölf Monate erhalten sollte. […] Ullstein überging den Abonnementszwang. Er führte das Wochenabonnement ein. Er ließ Einzelnummern verkaufen.«[161] Wie sich diese Annahme allmählich entwickelt hat, wurde bereits 1983 von Hartwig Gebhardt detailliert nachgewiesen, allerdings an entlegener Stelle und in einer umfangreichen Fußnote versteckt:[162] Eine erste ungenaue Formulierung findet sich bereits in einem Rückblick des damaligen Chefredakteurs im Jahr 1927, von Hermann Ullstein wurde sie 1943 aufgegriffen und in die zitierte Richtung modifiziert sowie von Peter de Mendelssohn in seinem einflussreichen Überblick über die Pressestadt Berlin festgeschrieben.[163]

Spätestens Luft hätte es aber besser wissen müssen, wenn er sich die Titelseiten in dem von ihm herausgegebenen Faksimileband genauer betrachtet hätte: Die bei ihm auf S. 33 abgebildete Nr. 3 des 11. Jahrgangs vom 16. Januar 1893 trägt den unübersehbaren Vermerk »Preis der Einzelnummer 10 Pfg.« Aber schon auf der Titelseite der ersten regulären Ausgabe vom 4. Januar 1892 hieß es nicht nur »Abonnements zum Preise von M. 2,50 pro Quartal«, sondern auch »Einzelnummern 20 Pfennig bei allen Eisenbahnbuchhandlungen, Trinkhallen und Straßenverkäufern«.[164] Weil diese Preise jedoch viel zu hoch angesetzt waren, gab es schon ab der dritten Nummer eine drastische Reduzierung: Das Einzelheft kostete nur noch 10 Pfennige, das Quartals-Abonnement 1,25 Mark. Ansonsten

159 Korff, BIZ, S. 283. So noch Stöber, *Pressegeschichte*, S. 241.

160 BIZ Nr. 36 vom 9. September 1900, S. 567; BIZ Nr. 50 vom 15. Dezember 1901, S. 787. Die Angaben bei Weise, *Pressefotografie I*, S. 28, sind zu niedrig, ebenfalls die Werte bei Marckwardt, *Illustrierte*, S. 14, FN 39, die er nach den Angaben von Sperlings Zeitschriften-Adreßbücher zusammenstellte.

161 Luft, *Geschichte der Berliner Illustrirten*, S. 11.

162 Gebhardt, *Illustrierte Zeitschriften*, FN 58, B 62f.

163 Vgl. neben Gebhardts Angaben auch die neue Übersetzung von Hermann Ullsteins 1943 in New York veröffentlichtem Buch, *Haus Ullstein* (die einschlägige Passage S. 69f.).

164 Gebhardt, *Illustrierte Zeitschriften*, B 62.

hätte die Zeitschrift den Start gar nicht überlebt, wie bereits 1901 festgestellt wurde.[165] Mit 1,25 Mark im Quartal oder 5 Mark im Jahr war man nämlich durchaus konkurrenzfähig, weil die Alternativen – zum Teil: wesentlich – teurer waren. Das »illustrierte Familienblatt« *Die Gartenlaube* war für 7 Mark im Jahr zu haben und *Daheim. Ein Deutsches Familienblatt Mit Illustrationen* für 8 Mark. Tiefer in die Tasche greifen musste man dagegen für die »Deutsche Illustrierte Zeitung« *Über Land Und Meer*. Die kostete im Jahr 14 Mark, lieferte dafür aber sogar zum Teil kolorierte Illustrationen. Und noch teurer war die Leipziger *Illustrirte Zeitung*. Hier mussten sogar 28 Mark im Jahr investiert werden – und dies für die billigste Lieferungsvariante durch den Buchhandel oder die Post.[166]

Der Einzelverkauf illustrierter Zeitschriften mag zwar Anfang der 1890er-Jahre noch nicht die Regel gewesen sein, aber eine Ausnahme bildete er trotzdem nicht. Erst der deutlich niedrigere Preis war ein Merkmal, mit dem sich die BIZ neu positionierte. Ihr 10-Pfennig-Preis galt dann ununterbrochen bis weit in den Ersten Weltkrieg hinein. Im wilden Taumel der Inflation Anfang der 1920er-Jahre musste er dann selbstverständlich immer wieder angepasst werden. Am Ende erreichte er mit der Nr. 45 vom 11. November 1923 die schwindelerregende Höhe von 50 Milliarden Mark. Die Stabilisierung der Währung brachte dann zwar keine Rückkehr zum alten Preis, aber einen neuen dauerhaften Orientierungspunkt für die gesamte Branche. Bis zur Einstellung der BIZ im Frühjahr 1945 waren fortan 20 Pfennige für ihre Hefte zu entrichten.

165 *BIZ* Nr. 50 vom 15. Dezember 1901, S. 786.
166 Alle Angaben für das Jahr 1897 nach Gebhardt, *Illustrierte Zeitschriften*, B 42-44.

Die Preisentwicklung der *Berliner Illustrierten* als Gradmesser der Inflation

Dass die Inflation bereits im Ersten Weltkrieg einsetzte, lässt sich auch an der BIZ ablesen: Mit Heft 42 vom 21. Oktober 1917 wurde erstmals seit rund 25 Jahren ein neuer Preis erhoben. »Einschließlich Teuerungszuschlag« – wie fortan ein Jahr lang bei der Preisangabe vermerkt wurde –, kostete das Blatt nun 15 Pfennige pro Ausgabe. Diese Erhöhung um 50 Prozent hielt relativ lange vor, bis ins Frühjahr 1919. Mit Heft 18 vom 4. Mai 1919 gab es eine Preiserhöhung auf 20 Pfennige, allerdings wurde sie in Heft 17 mit der vorgenommenen Erweiterung des Umfangs von acht auf 12 Seiten begründet. Schon mit Heft 32 vom 10. August 1919 galt allerdings – bei gleichem Umfang – ein neuer Preis von 25 Pfennigen und ab Jahresbeginn 1920 mussten 30 Pfennige gezahlt werden. Ab Heft 8 vom 22. Februar waren es 50 Pfennige, ab Heft 20 vom 16. Mai dann 60. Das hielt zwar bis zum Jahresende 1920, bedeutete aber immerhin schon eine Inflation von jeweils 100 Prozent in den Jahren 1919 und 1920.

Die 60 Pfennige reichten bis ins Frühjahr 1921 aus; ab Nr. 15 kostete die Illustrierte dann 75. Fast genau ein halbes Jahr hatte dieser Preis Gültigkeit. Erst mit der Nr. 42 musste er auf 1 Mark erhöht werden. Lange hielt dies jedoch nicht. Die Nummern 50, 51 und 52 kosteten 1,50 Mark, die Nr. 1 in 1922 dann 2 Mark – das war schon das Zwanzigfache des Vorkriegspreises. Nach einem Vierteljahr, ab Nr. 14, waren es dann 3 Mark, ab Nr. 20 vier Mark, ab der wegen Streiks verzögerten Doppelnummer 28/29 5 Mark. Schon nach vier Wochen, ab Nr. 33, mussten es 7 Mark sein, ab Nr. 36 zehn Mark und dann, ab Nr. 38, sogar eine Verdoppelung auf 20 Mark. Lange hielt auch das nicht. Über 25 und 50 Mark ging es weiter auf 80 Mark mit der letzten, der 53. Nummer 1922 – das bedeutete eine Vervierzigfachung des Heftpreises innerhalb eines einzigen Jahres.

War dieser Wirbel noch zu steigern? Das eigentlich nicht zu Erwartende trat 1923 ein. Nachdem für Heft 1 noch 80 Mark zu zahlen waren, war man bei Heft 26 nach acht Preiserhöhungen schon bei 1.000 Mark angelangt. In den folgenden Monaten überschlugen sich die Entwicklungen. Es verging keine Woche mehr, in der die BIZ nicht mit einem neuen Preis erschien. Von Heft 36 auf Heft 37 erfolgte dann der bis dahin größte Sprung und auch gleich hinein in eine neue Dimension: Nicht 200.000 Mark, 1 Million war nun zu zahlen – das war eine Verfünffachung innerhalb einer Woche! Noch einmal gesteigert wurde dies zwischen Heft 42 und Heft 43. Nun kletterte der Preis von 100 Millionen auf 2 Milliarden – eine Verzwanzigfachung. Die letzte Preiserhöhung erfolgte mit Heft 45 auf einsame 50 Milliarden Mark. Damit war der Spuk zu Ende. Eine Woche lang erschien kein Heft. Ab dem Doppel-Heft 46/47 vom 25. November 1923 waren nur noch 20 ›Goldpfennige‹ – später nur noch: ›Pfennige‹ – zu zahlen.

Der zweiten Legende wurde eigentlich mit einer kleinen Bemerkung in einem der Zitate eben schon ganz beiläufig der Boden entzogen: Schon auf der Titelseite des ersten Hefts der *BIZ* von 1892 war von »Straßenverkäufern« die Rede. Immer wieder wird nämlich behauptet, der Straßenverkauf von Presse-Erzeugnissen sei bis 1904 verboten gewesen.[167] Richtig ist stattdessen, dass er seit der Einführung der Gewerbefreiheit grundsätzlich erlaubt, wenn auch in Maßen reglementiert war.[168]

Die „Illustrierte“ als Sensation der Weltstadt
Eine Zeichnung in der „Berliner Illustrirten Zeitung“, Jg. 1, 1891, Nr. 12. Straßenverkauf der „Berliner Illustrirten Zeitung“ in Berlin an der Ecke Friedrichstraße

Abb. 7: Ein Bild als Quelle für den schon 1891 möglichen Straßenverkauf von Illustrierten: Die *BIZ* veröffentlichte bereits in ihrer Nr. 12 von 1891 diese Zeichnung zu ihrem Verkauf in der Berliner Friedrichstraße (aus: *Handbuch der Zeitungswissenschaft*, Sp. 1783f.).

Zur Verwirrung trug wohl auch die Darstellung von Hans-Martin Kirchner bei, der von einem Prozess gegen einen Ullstein-Kolporteur berichtet. Allerdings

167 Wahrscheinlich zuerst bei de Mendelssohn, *Zeitungsstadt Berlin*, S. 104. Wohl als erstes aufgegriffen von Usko, *Kampf am Kiosk*, S. 31. Auf diese bezieht sich dann Marckwardt, *Illustrierte*, S. 44. Noch immer bei Holzer, *Rasende Reporter*, S. 63.

168 Nahnsen, *Straßenhandel*.

spielte sich die ganze Sache schon 1893 ab und der Berliner Polizeipräsident zog daraus den Schluss, »daß der Straßenverkauf von Zeitungen und Zeitschriften auch in Deutschland durchaus nicht den öffentlichen Frieden stört.«[169] Bei oberflächlicher Lektüre kann man daraus leicht einen »Musterprozeß« machen, »der die Aufhebung des Verbotes des Straßenverkaufs im Jahre 1904 zur Folge hatte.«[170]

Zuzugeben ist allerdings, dass der Straßenverkauf von Zeitungen und Zeitschriften trotzdem faktisch keine Rolle spielte, »noch nicht existierte«, wie Hermann Ullstein in seinen Erinnerungen richtig schrieb.[171] So recht kam er erst zu Beginn des 20. Jahrhunderts in Gang, und zwar maßgeblich auf Initiative der Ullsteins, die damit ihre neue Tageszeitung *B.Z. am Mittag* – erstmals erschienen am 22. Oktober 1904! – besser positionieren wollten. Der Erfolg der *B.Z. am Mittag* ließ die Konkurrenz nicht ruhen. Die beiden anderen Berliner Großverlage, Scherl und Mosse, zogen nach. »Im Jahre 1907 war der Zeitungsstraßenhandel so umfangreich, die Händler schon ein so bestimmter Berufsstand, daß eine Fachzeitschrift der Zeitungshändler gegründet werden konnte.«[172]

Ohne Zweifel profitierte die *BIZ* in besonderem Maße von dem in großem Stil aufgezogenen Straßenvertriebssystem der Ullstein-Produkte. Gleichwohl darf nicht übersehen werden, dass auch die Zahl ihrer Abonnenten beträchtlich größer als die der Einzelkäufer war. Nach eigenen, in großzügigen Annoncen veröffentlichten Angaben verfügte sie 1908 über mehr als 400.000 Abonnenten, im März 1912 über mehr als 600.000 und im Jahr darauf über mehr als 700.000.[173] Man wird diesen Zahlen wohl trauen dürfen, obwohl in der Literatur die Angabe zu finden ist, ihre Auflage hätte 1908 erst 300.000 Exemplare betragen.[174]

169 Kirchner, *Wirtschaftliche Grundlagen*, S. 417.
170 Marckwardt, *Illustrierte*, S. 46, mit ausdrücklichem Bezug auf Kirchner.
171 Ullstein, *Haus Ullstein*, S. 70.
172 Nahnsen, *Straßenhandel*, S. 40.
173 *BIZ* Nr. 41 vom 11. Oktober 1908, S. 731; Nr. 12 vom 23. März 1913, S. 247.
174 Graf, *Ursprünge der modernen Medienindustrie*, S. 48.

Abb. 8: Fritz Koch-Gotha, der Star-Zeichner der *BIZ*, gestaltete die ganzseitige Anzeige, mit der die Zeitschrift in Nr. 12 vom 23. März 1913 ihren Verkaufserfolg verkündete (zu Koch-Gotha vgl. S. 204).

Wie viel Hefte man neben den Abonnements im Einzelverkauf absetzte, wurde nicht mitgeteilt. Allerdings gibt es vielleicht ein Indiz, um die Größenordnung abzuschätzen. Ullstein gehörte zu jenen Verlagen, die schon im Kaiserreich großzügig Angaben machten, wenn das zentrale Zeitschriften-Adressbuch um Auflagenzahlen bat. Insgesamt verfuhr man dabei aber sehr defensiv. Die an das Adressbuch weitergegebenen Werte lagen fast regelmäßig unter den tatsächlichen Abonnentenzahlen. 1898 beispielsweise hatte man 58.000 Abonnenten, als Auflage im Adressbuch wurden jedoch nur 52.000 Exemplare genannt. Allerdings gab es Ausnahmen. 1900 soll die Auflage 100.000 gegenüber 92.000 Abonnenten betragen haben. Und 1913 wurde im Vergleich zu 700.000 Abonnenten von einer Auflage von »über 750.000« gesprochen.[175] Wenn daraus jedoch tatsächlich nur ein Anteil des freien Verkaufs von ungefähr 10 Prozent zu folgern wäre, so würde dies eine ziemliche Überraschung bedeuten. Aber auch wenn jeder Käufer gleich als Abonnent bezeichnet worden wäre, so ist eines unbestreitbar: Da jedes Heft der Illustrierten sicher mehr als nur einen Leser (oder eine Leserin) fand, war die BIZ um 1910 zum wirklichen Massen-Medium geworden, das ein Millionen-Publikum erreichte.

175 BIZ Nr. 50 vom 15. Dezember 1901, S. 787, und Marckwardt, *Illustrierte*, S. 14, FN 39.

Abb. 9: Welcher technische Aufwand betrieben werden musste, um die Millionenauflage der *BIZ* wöchentlich zu drucken, wurde der Leserschaft ein Stück weit vor Augen geführt, als »Unser neues Druckerei-Gebäude in Tempelhof bei Berlin« fertiggestellt war und unter diesem Titel darüber eine Reportage in *BIZ* Nr. 24 vom 12. Juni 1927, S. 979-982, veröffentlicht wurde. Die hier abgebildete S. 981 zeigt einen der für die *BIZ* nötigen Riesenmaschinen: »Man sieht hier deutlich die Druckzylinder und das Farbwerk mit dem laufenden Papierband.«

Dieser Erfolg konnte in der Weimarer Republik sogar noch ausgebaut werden, und dies, obwohl wirtschaftlich schwere Zeiten zu bestehen waren und die Konkurrenz stark zunahm. Als die Geldentwertung 1922/23 immer dramatischere Formen annahm, hatte auch die BIZ um ihr Überleben zu kämpfen; elf Illustrierte mussten damals ihr Erscheinen einstellen.[176] Zeitweise konnten von der BIZ nur noch 450.000 Exemplare verkauft werden. Mit der Stabilisierung der Währung vermochte sie aber wieder in die alte Erfolgsspur zurückzukehren. Schon Ende 1924 waren die Verkaufszahlen höher denn je. Im Stil der Vorkriegszeit verkündete eine ganzseitige Zeichnung (dieses Mal von Willibald Krain) »1 1/4 Millionen jede Woche«, ließ aber offen, ob es sich dabei um Abonnenten oder – wahrscheinlicher –die Gesamtauflage handelte.[177] Ende 1926 lag ihre Auflage dann sogar bei bislang unerreichten 1,75 Millionen. Dies war umso beachtlicher, als ja etliche neue Illustrierte um die Gunst der Käuferinnen und Käufer buhlten.

Um seine besondere Stellung Leserschaft wie Inserenten klar vor Augen zu führen, ging der Ullstein-Verlag dazu über, die Auflagen seiner Produkte notariell bestätigt regelmäßig zu veröffentlichen. 1930 wurde bei der BIZ der Höhepunkt

176 Weise, *Fotojournalismus*, S. 75.
177 BIZ Nr. 47 vom 23. November 1924, S. 1405.

mit 1.844.130 Exemplaren erreicht.[178] Danach machte die Weltwirtschaftskrise auch der BIZ zu schaffen. Bis Herbst 1932 sank die Auflage auf 1.532.320 Stück.[179]

Weil die anderen Verlage nicht dem Ullstein-Vorbild folgten, kann kein genauer Marktanteil der BIZ berechnet werden, ist nur eine Schätzung möglich. 1931 soll die Gesamtauflage der Illustrierten etwa 5,3 Millionen Exemplare erreicht haben, nachdem sie noch 1926/27 nur 3,5 Millionen betragen hatte.[180] Auf diese Zahlen bezogen dürfte sich der Marktanteil der BIZ durchweg in der Größenordnung zwischen einem Drittel und fast der Hälfte bewegt haben.

Vielleicht hätte die BIZ ihre Ausnahmestellung unter den deutschen Illustrierten noch eine Zeit lang bewahren können. Nach der Machtübernahme durch die Nationalsozialisten war dies jedoch unmöglich. Da die jüdischen Besitzer des Verlags Ziel scharfer antisemitischer Propaganda der Nationalsozialisten wurden, fiel die Auflage der BIZ in den Jahren 1933/34 auf 1,1 Millionen.[181] In dieser Größenordnung stabilisierte sie sich nach der ›Arisierung‹ des Verlags. Im dritten Quartal 1935 betrug sie »über 1.130.000«, im zweiten Quartal 1936 »über 1.100.000«, im vierten Quartal 1937 »über 1.175.000« und im zweiten Quartal 1939 dann wieder »über 1.500.000« – das war erneut der Stand vom Herbst 1932.[182] Da für den Januar 1939 eine Gesamtauflage der 12 deutschen Illustrierten von 6.302.155 Stück überliefert ist,[183] kann von einem Marktanteil von noch immer einem Viertel ausgegangen werden.

Die Probleme des fortschreitenden Krieges drosselten den Umfang der Hefte, aber nur begrenzt die Auflage, wie internen Rechenschaftsberichten zu entnehmen ist.[184] Wiesen die Hefte im Sommer 1939 noch durchschnittlich einen Umfang von 40 Seiten auf, von denen 17 bis 18 Seiten auf Anzeigen entfielen, so durften ab dem 1. Oktober 1941 nur noch 16 Seiten gedruckt werden. Der Anzeigenteil hatte sich auf 3 ½ Seiten zu beschränken.[185] Die Auflage schwang sich in dieser Zeit aber zu bislang unbekannten Höhen auf. Der Höchststand soll beim letzten Dezember-Heft 1940 2.915.000 Stück betragen haben.[186] Danach griffen

178 Weise, *Fotografie in deutschen Zeitschriften*, S. 20.

179 Dussel, *Pressebilder*, S. 189.

180 Weise, *Fotojournalismus*, S. 84. Knoch, *Living Pictures*, S. 223, stützt sich zwar auf Halfbrodt, *Kester*, S. 69, dieser dürfte seine Werte – wie andere auch – aber von Weise übernommen haben.

181 IV. Quartal 1933: 1.142.010, I. Quartal 1934: 1.108.350, IV. Quartal 1934: 1.102.769 (alle Angabe nach entsprechenden Impressen). Nach Hale, *Presse*, S. 140, ging die Auflage sogar auf 1.080.000 zurück.

182 Angabe im Impressum der entsprechenden Hefte.

183 Schmidt, *Presse in Fesseln*, S. 216. Zu Schmidt als Verfasser des anonym erschienenen Buches: Hale, *Presse*, S. 332-335. Die Angaben des Handbuchs und Schmidts auch bei Unger, *Illustrierte*, S. 92f, allerdings ohne Kommentar zu den Handbuch-Werten.

184 Vgl. die Edition durch Oels, Monatsberichte I und II.

185 Deutscher Verlag, S. 78.

186 Oels, *Monatsberichte I*, S. 191.

die ersten Auflagebeschränkungen aufgrund von Papiermangel. Es durften nur noch 2,8 Millionen Hefte gedruckt werden, obwohl die Nachfrage deutlich höher war: »[D]er Mehrbedarf beziffert sich auf mindestens 200.000 Exemplare«, wurde hausintern für den März 1941 festgehalten.[187] 1941 folgten weitere Auflagenkürzungen, für die Hefte wurde nicht mehr geworben, neue Abonnenten wurden nicht mehr angenommen.[188] Man sparte Rohmaterial, wo man konnte. Indem im Frühjahr 1942 das Papiergewicht eines Heftes von 63 auf 61 Gramm gedrückt wurde, war es dadurch möglich 83.731 Hefte mehr zu drucken.[189] Als Anfang 1943 verschiedene Zeitschriften im Verlag eingestellt wurden, kam dies der Auflage der BIZ kurzfristig zu gute; sie stieg auf 2.964.145. Ende 1943 musste sie jedoch um 12 ½ Prozent oder 363.700 Exemplare gekürzt werden.[190]

Die Auflagenzahlen der Illustrierten wuchsen während des Krieges insgesamt, sodass sich die Proportionen zwischen ihnen nur beschränkt änderten. Anfang 1944 hatte die BIZ bei einer Gesamtauflage von 10,7 Millionen noch immer einen Anteil von einem knappen Viertel und IB sowie *Münchner Illustrierte Presse* teilten sich das zweite Viertel. Allerdings hatte sich der Abstand zwischen den beiden Illustrierten deutlich vergrößert. Die Partei-Illustrierte hatte ihre Auflage auf gut 1,9 Millionen Exemplare erhöht, während sich die *Münchner Illustrierte Presse* nur unwesentlich auf 850.000 Exemplare verbessert hatte.[191]

Über das letzte halbe Jahr der BIZ wurde bereits berichtet.[192] Ihre letzte, nur noch im Ausland erhältliche Ausgabe mit bloß vier Seiten Umfang erschien an 22. April 1945.

Am Ende dieses Überblicks seien nur noch einmal die beiden Fakten herausgehoben, die die einzigartige Stellung der BIZ nicht nur auf dem Feld der deutschen Illustrierten, sondern der deutschen Massenmedien überhaupt in der ersten Hälfte des 20. Jahrhunderts begründen:

1. Seit etwa 1910 und bis zu ihrer Einstellung 1945 war die BIZ nicht nur durchgängig die meistverkaufte deutsche Illustrierte, mit einem Marktanteil zwischen einem Viertel und – in Spitzenzeiten – fast der Hälfte, bildete sie in jeder Beziehung die Benchmark der Branche.
2. In den meisten Jahren der Weimarer Republik und des NS-Staats wurden Woche für Woche zwischen 1,5 und 2,5 Millionen Hefte dieser Illustrierten verkauft. Nimmt man nur einmal an, dass dann durchschnittlich vier oder

187 Ebd., S. 202.
188 Ebd., S. 217, 220.
189 Oels, *Monatsberichte II*, S. 110.
190 Ebd., S. 147, 172.
191 Schmidt, *Presse in Fesseln*, S. 216f.
192 Vgl. S. 52.

fünf Betrachterinnen und Betrachter darin blätterten, erreichte sie regelmäßig ein Publikum zwischen sechs und über zehn Millionen Menschen. In diese Größenordnung stieß keine andere Zeitschrift, aber auch keine Zeitung vor. Erst die Einheits-Wochenschau der Nationalsozialisten konnte damit seit 1940 für eine gewisse Zeit konkurrieren.

Geschichte und Gestalt der Berliner Illustrirten Zeitung

Zweierlei muss als erstes geklärt werden, um permanenten Irritationen von vornherein zu begegnen: Bei der Schreibung ›illustrirt‹ handelt es sich um keinen Fehler, sondern um die korrekte Wiedergabe des Titels. Die im späten 19. Jahrhundert gängige Form wurde vom Verlag auch noch beibehalten, als der Duden längst ein Dehnungs-e verbindlich gemacht hatte. Die moderne Schreibweise wurde im Titel erst 1941 eingeführt.

Auch die Bezeichnung ›Zeitung‹ mag überraschen, weil die *BIZ* gängigerweise (und auch hier) als Zeitschrift oder – spezifischer – als Illustrierte betrachtet wird. Allerdings wird man heutige Vorstellungen von bunten Hochglanzmagazinen und selbst wissenschaftliche Begriffsbestimmungsversuche hinter sich lassen müssen. Weil die inhaltliche und funktionale Abgrenzung zwischen ›Zeitungen‹ und ›Zeitschriften‹ so schwierig geworden ist, wird mittlerweile einer rein formalen Betrachtung der Vorzug gegeben. In seiner Kölner Habilitationsschrift stellt Andreas Vogel fest: »Zeitungen unterscheiden sich von Zeitschriften durch das Format, die Falzung, die Papiersorte sowie durch das Druckverfahren und damit durch die Druckqualität in Farbe und Rasterung. Hierbei sind heute die eindeutigen Abgrenzungsmerkmale nur noch das Format und die Falzung.«[193] Als Grenzgröße nennt er ein Format von 38 x 28 Zentimeter. Was darüber liegt und nicht geheftet ist, wird als Zeitung betrachtet, das Darunterliegende mit Heftung dagegen als Zeitschrift.[194]

Die *BIZ* war nun nie geheftet, und mit einem Format von 36 x 26,5 Zentimeter lag sie nur wenig unter dem genannten Grenzwert. Könnte sie selbst heute nach formalen Kriterien als ›Zeitung‹ betrachtet werden, so unter früheren Verhältnissen erst recht, denn in Kaiserreich und Weimarer Republik waren etliche eindeutig als ›Zeitung‹ zu klassifizierende Periodika von bescheidenerer Fläche.

193 Vogel, *Populäre Presse*, S. 20.
194 Ebd., S. 21.

Auch inhaltlich war die Selbstbezeichnung der BIZ als ›Zeitung‹ insoweit Programm, als man sich zwischen den Alternativen thematisch begrenzterer Unterhaltungszeitschriften älteren Typs wie etwa der *Gartenlaube*, *Über Land Und Meer* oder *Daheim* auf der einen Seite und den prinzipiell für alle Themen offenen und an der aktuellen Berichterstattung orientierten Zeitungen auf der anderen ohne Zweifel zu den letzteren zählte. Außerdem gab es in dieser Hinsicht auch einen berühmten, wohl etablierten Vorläufer, die seit 1843 in Leipzig erscheinende *Illustrirte Zeitung* (ebenfalls ohne Dehnungs-e).

Gleichwohl gab es ein Kriterium, das sowohl die Leipziger als auch die Berliner Variante illustrierter Zeitungen unübersehbar von allen anderen deutschen Zeitungen unterschied – eben die Illustrationen. Traditionellerweise verzichteten deutsche Zeitungen auf diesen Zusatz und beschränkten sich auf bloßen Text. Erst im 20. Jahrhundert gaben sie ihre Vorbehalte allmählich auf, und dies nicht zuletzt unter dem Druck der Erfolge der neuen illustrierten Zeitungen, die eben doch durchaus ›Illustrierte‹ waren. Trotzdem blieben die Unterschiede zwischen Zeitungen und den frühen Illustrierten quantitativ wie qualitativ gewaltig. Während in den Zeitungen Abbildungen Mangelware und auf kleine Bildchen in schlechter Druckqualität auf schlechtem Papier beschränkt blieben, profilierten sich Illustrierte wie die BIZ, aber auch die *Münchner Illustrierte Presse* oder die *Hamburger Illustrierte Zeitung* mit vergleichsweise vielen, auch großformatigen Bildern in verhältnismäßig hoher Druckqualität.

Das ›vergleichsweise‹ wird man nicht unterschlagen dürfen. Verglichen mit heutigen Verhältnissen war das Bildangebot der BIZ lange Zeit nämlich nicht sehr üppig. Aber damals sah die Sache eben ganz anders aus, war bei Zeitungen eben Bildlosigkeit die Regel. Als Standard-Angebot der BIZ in den Jahren vor dem Ersten Weltkrieg können bei einem Heftumfang von 16 Seiten acht Seiten mit rund zwei Dutzend Bildern betrachtet werden.

Die Inhalte dieser Bildseiten sind ja das Thema der vorliegenden Untersuchung, weshalb darauf erst später einzugehen ist. Hier sind stattdessen die Seiten ohne Bilder kurz zu beschreiben, die zumeist mehr als die Hälfte des Gesamtumfangs beanspruchten. Als erstes ist dazu eine missverständliche Formulierung zu korrigieren: ›Seiten ohne Bilder‹ muss in ›Seiten ohne (oder fast ohne) redaktionell platzierte Bilder‹ verbessert werden. Die Gestalter der Illustrierten konnten nämlich auf eine Unterstützung zurückgreifen, die in erheblichem Maße für die Bebilderung ihrer Hefte sorgte, ja so recht erst den Eindruck durchgängiger Bebilderung hervorrief: die werbetreibende Wirtschaft mit ihren vielen großformatigen Anzeigen. Anfänglich eher grafisch gestaltet, rückten auch hier immer mehr Fotografien ein und warben um Aufmerksamkeit. In den 1930er-Jahren blieben nur noch 12 Prozent der Anzeigen ohne Illustration. In 41 Prozent der Fälle wurde mit Fotos oder Fotos und grafischen Elementen gearbeitet, in 47 Prozent wurde auf Fotos verzichtet und nur auf Gezeichnetes zurückgegriffen.[195]

Lässt man ausgesprochen schlechte Zeiten für Werbung wie Kriegsjahre einmal außer Acht, erweist sich die BIZ als extrem nachgefragtes Werbe-Medium. Eine akribische Untersuchung der Zahl der Werbeseiten in den Jahren 1924 bis 1932 ergab, dass zumeist fast genau die Hälfte der Seiten der Werbung vorbehalten war. Nur in den Jahren 1931 und 1932 sanken die Anteile auf 42,7 bzw. 36,0 Prozent ab.[196] Konkret bedeutete das, dass der Verlag etwa von den 2.328 Seiten des gesamten Jahrgangs 1928 1.153,5 mit 4.390 Anzeigen füllen konnte. Der Trend ging dabei eindeutig hin zur großformatigen Werbung. 1930 genügten bereits 3.286 Anzeigen, um nun schon 1.168 von 2.376 Seiten insgesamt zu füllen.[197]

Die hohen Werbeanteile sind umso erstaunlicher, als die Illustrierte ihre Anzeigenflächen alles andere als billig anbot. 1928 verlangte sie für eine ganze Seite 10.944 Mark und für eine halbe sogar 5.760. Die Preise für eine Viertel- und eine Achtelseite entstanden dann genau durch Halbierung: 2.880 bzw. 1.440 Mark. Wie viel das war, ist daran abzulesen, dass die Nummer 2 auf dem damaligen Illustriertenmarkt, die *Münchner Illustrierte Presse*, jeweils nur etwa die Hälfte verlangte (eine ganze Seite für 5.270 Mark, eine Achtelseite für 735 Mark). Auflagenschwächere Blätter wie etwa das in Frankfurt/Main erscheinende *Illustrierte Blatt* konnten noch viel weniger verlangen (1.850 Mark für eine ganze, 245 Mark für eine Achtelseite). Interessanterweise forderte die kommunistische *Arbeiter-Illustrierte Zeitung* gleichzeitig 3.000 Mark für eine ganze Seite.[198]

Die Nachfrage nach Anzeigenraum war der Motor für die Vergrößerung der Heftumfänge, wie in der BIZ unumwunden zugegeben wurde. 1925 war eine anzeigenartig gestaltete entsprechende Meldung unter der Schlagzeile »Die dicke Illustrierte« zu lesen:

> »Wenn eine Zeitung 1 ½ Millionen Käufer hat, ist sie der Industrie wertvollster Helfer zum Absatz ihrer Erzeugnisse. Ob sie will, ob nicht, ihr Anzeigenteil schwillt an. Wir benutzen ständig solche Vermehrung der Anzeigen zugleich zur Text- und Bildvermehrung. Jede verstärkte Nummer bringt unseren Lesern von heute ab drei weitere Seiten Lesestoff nebst Bildern.«[199]

195 Kropf, *Anzeigenwerbung*, S. 114.
196 Zwischen 49,2 und 49,5 Prozent pendelten die Werte in den Jahren 1924, 1926 bis 1928 und 1930; 1925 und 1929 lagen sie bei 50,7 bzw. 53,0 Prozent: Löffler, *Inseratenmarkt*, S. 62f.
197 Ebd., S. 62f. in Verbindung mit S. 69, 71.
198 *Zeitungskatalog 1928*, S. 228, S. 232, S. 234.
199 BIZ Nr. 36 vom 6. September 1925, S. 1128.

Andererseits: Als das Anzeigenaufkommen zurückging, wurde der Umfang – längerfristig gesehen – nicht entsprechend reduziert. Zwar bildeten 40-Seiten-Hefte seit Herbst 1931 nur noch die Ausnahme, aber weniger als 32 Seiten wollte man denn doch nie präsentieren. Entsprechend reduzierte sich in den Jahren 1933 bis 1936 der Anteil der Werbeseiten am Gesamtumfang auf 30 bis 33 Prozent. Eine Wende schien sich erst 1938 abzuzeichnen, als die Wirtschaft verstärkt inserierte und erstmals – gemessen an den absoluten Seitenzahlen mit Anzeigen – wieder die Werte von 1931 übertroffen wurden. Da man gleichzeitig aber wieder den Heftumfang insgesamt vergrößerte und nun sogar 48-Seiten-Hefte verkauft wurden, blieb es bei einem Werbeanteil von rund einem Drittel.[200]

Ganz anders war die Situation im Zweiten Weltkrieg. Selbstverständlich spielten bei den Reduktionen des Gesamtangebots die Vorgaben zur Papierersparnis die zentrale Rolle, aber es fehlte ebenfalls zunehmend an Werbung. 1942 war die frühere Fülle auf 3 ½ Seiten bei 16 Seiten Umfang geschrumpft, und als es Ende jenes Jahres nur noch 12 Seiten gab, lag das nicht zuletzt auch daran, weil nur noch eine halbe Seite mit Werbung zu füllen war.

Wer auf welche Weise in der BIZ inserierte und welche Veränderungen sich dabei im Laufe der Jahrzehnte ergaben, wurde bislang nur ansatzweise analysiert.[201] Dabei würden die Ergebnisse nicht nur einen wichtigen Beitrag zur Geschichte der Zeitschrift selbst sowie der Illustrierten überhaupt liefern, sondern auch eine wichtige Etappe auf dem Weg zur Etablierung der Konsumgesellschaft in Deutschland beleuchten.

Doch zurück zu den 1920er-Jahren. Seit Herbst 1925 umfassten die Hefte 40 Seiten, davon je sechs Bildseiten an Anfang und Ende. Rechnet man 20 Seiten für Anzeigen ab, blieben acht Seiten, die noch gefüllt werden mussten. Der Löwenanteil davon wurde dem Fortsetzungsroman zugestanden; gleichwohl liegen zu seinen Inhalten nur wenige Informationen vor.[202] Waren es bis 1925 ungefähr 2 ½ Seiten pro Heft gewesen, so waren es danach 3 ½. Nimmt man die regelmäßige halbseitige Abbildung hinzu, mit der eine Art Übergang vom Bildteil am Anfang zum anschließenden Romantext geschaffen wurde, war das fast die Hälfte des neben Bild- und Anzeigenseiten verbleibenden Raumes. Das Bild im Roman war in der Regel von diesem völlig unabhängig. Nur ausnahmsweise wurde ab und zu auch einmal der Autor abgebildet, wie in Heft 43 des 1925er-Jahrgangs, wo mit dem Roman *Kopf hoch, Charly* vom Ludwig Wolff begonnen wurde. Ludwig Wolff war regelmäßigen Lesern der BIZ kein Unbekannter, und

200 Berechnet jeweils auf der Basis der sechs ausgewerteten Hefte pro Jahr.
201 Kropf, *Anzeigenwerbung*.
202 Worch, *Geistesart der Zeit*.

man unterließ es auch nicht, dies entsprechend im Bildtext herauszustellen: »Von Dr. Ludwig Wolff erschienen bisher in der BIZ die Romane: *Garragan, Prinzessin Suwarin, Die Kwannon von Okadera, Dr. Bessels Verwandlung, Die Spieler, Das Flaggenlied, Der Krieg im Dunkel.*«[203] Die Zusammenarbeit hatte mit dem letztgenannten Roman bereits 1915 begonnen, und seitdem hatte die BIZ alle ein, zwei Jahre einen Roman von Wolff abgedruckt. Bis 1932 wurde dies mit sechs weiteren Romanen fortgesetzt. Als Jude durfte Wolff nach 1933 nicht mehr veröffentlichen und musste emigrieren.[204]

Mit 14 in der BIZ veröffentlichten Romanen zählt Wolff zu deren meistveröffentlichten Autoren und kam auf ein sicheres Einkommen nicht nur aus den Abdruckrechten, sondern auch aus der Veröffentlichung seiner Romane im Ullstein-Verlag. Vielleicht war er auch der am meisten veröffentlichte Autor, aber dafür bedürfte es genauerer Recherchen, denn schließlich war der Bedarf der Illustrierten immens: Vier oder fünf Romane wurden jährlich schon gebraucht, das ergibt für die mehr als 50 Erscheinungsjahre eine Summe von 200 bis 250 Stück. Häufig veröffentlicht und im Nachhinein sicherlich die bekannteste BIZ-Autorin war Vicki Baum, die mit *Feme! Ein Roman aus unseren Tagen* 1926 ihr Debut lieferte.[205] Wenig später folgten ihre beiden wohl bekanntesten Romane *Stud. chem. Helene Willfüer* und *Menschen im Hotel*. Nach *Zwischenfall in Lohwinkel* und *Pariser Platz 13* ging ihre Karriere bei Ullstein, wo sie von 1926 bis 1931 auch als Verlagsangestellte gearbeitet hatte, zu Ende: Auch Vicki Baum gehörte zu den von den Nationalsozialisten verfolgten Autoren.[206]

Der Romanabdruck in der BIZ war ein Gewinn für alle Beteiligten. Die Autoren wurden gut bezahlt, die Illustrierte verfügte über ein weiteres verkaufsförderndes Argument und auch die Leserschaft hatte einen handfesten ökonomischen Vorteil. Am Ende des Abdrucks von Wilhelm Speyers Roman *Das Mädchen mit dem Löwenhaupt* beispielsweise fand sich der Hinweis, dass er gerade als Buch erschienen sei, »in Ganzleinen gebunden M. 4,50.«[207] Regelmäßige BIZ-Leser hatten dafür aber nur 16 Hefte zu 20 Pfennigen kaufen müssen, hatten also nur 3,20 Mark ausgegeben und waren dafür auch gleich noch mit einer Menge anderen Materials versorgt worden. Und ganz Knausrige konnten diesen Preis sogar noch erheblich drücken. Für neue Abonnenten gab es nämlich einen ganz besonderen Service. Zu Beginn jeder Fortsetzung des Speyer-Romans fand sich

203 BIZ Nr. 43 vom 25. Oktober 1925, S. 1383 [Hervorh. i. Orig.].
204 https://de.wikipedia.org/wiki/Ludwig_Wolff_(Schriftsteller) [30.05.2018].
205 Beginn in BIZ Nr. 20 vom 16. Mai 1926, S. 615, mit Foto der Autorin.
206 https://de.wikipedia.org/wiki/Vicki_Baum [30.05.2018].
207 BIZ Nr. 24 vom 14. Juni 1925, S. 748.

ein analoger Hinweis wie der vor der achten Fortsetzung: »Allen neu hinzutretenden Abonnenten werden die in den Heften 9-16 erschienenen Kapitel dieses Romans in einem Sonderabdruck gegen Voreinsendung von 10 Pfennigen auf Verlangen portofrei nachgeliefert.«[208] Statt 1,60 Mark für acht Hefte hatten Interessierte damit sogar nur zehn Pfennige zu investieren.

Es mag sogar sein, dass die Illustrierte nur wegen ihres Romans gekauft wurde – aber ihre Bilder wurden dann doch betrachtet. Ein interessantes Zeugnis dazu liefern die Tagebücher des Romanisten Victor Klemperer, für den die BIZ »Ablenkung, sozusagen Kino-Ersatz ist«.[209] Die meisten einschlägigen Einträge gelten zwar seiner Roman-Lektüre,[210] aber immer wieder zeigt sich, dass er eben doch auch die Bilder betrachtete – auch wenn er sich dann von ihren Inhalten heftig distanzierte: »Im Übrigen, diese Illustrierte! Mit Gewalt verwirrt sie, verwirrt die Presse überhaupt den Sinn für das Wertvolle. Zur Zeit ist Gertrud Ederle, die Kanalüberschwimmerin, deutsche Nationalheldin. Erst ihr Bild allein, dann sie mit ihrem Vater, jetzt mit ihrer Großmutter!«[211]

Wie wichtig die Romane für die Illustrierte waren, lässt sich nicht zuletzt daran ablesen, dass ihnen bis zum Schluss erheblicher Raum zugestanden wurde. Auch als die Hefte nur noch 12 Seiten umfassten, wurden ihnen zwei Seiten eingeräumt.

Was neben Bild-, Anzeigen- und Romanseiten noch verblieb, wurde mit drei bis vier weitgehend festliegenden Inhalten gefüllt. An den Roman schloss zumeist ein kleiner, aber aufgrund vieler Werbeunterbrechungen auf viele Seiten verteilter Essay über ein populärwissenschaftliches Thema an, das weitreichendes Publikumsinteresse versprach. In drei aufeinander folgenden Heften war dies beispielsweise *Der Witz als Intelligenzprüfung* von Dr. med. Alfred Beyer; *Die Entlarvung von Verbrechern. Wie moderne Detektive arbeiten* von Hans Hyan sowie *Ein neuer Sport, der Denksport* ebenfalls von Dr. med. Alfred Beyer, »Oberregierungsrat im Preußischen Ministerium für Volkswohlfahrt«.[212]

Weiterhin durfte in einer Familienzeitschrift weder eine halbe Seite mit Rätseln fehlen noch schließlich mindestens eine halbe Seite mit dem Titel »Humor«. Hier waren immer ein paar Witze nachzulesen, im Zentrum stand aber immer eine Witzzeichnung.

208 BIZ Nr. 17 vom 26. April 1925, S. 519.
209 Eintrag vom 14. Januar 1926: Klemperer, *Tagebücher*, Bd. 2, S. 173.
210 Einträge von Ende November/Anfang Dezember 1925, ebd., S. 165; 30. Dezember 1925, ebd., S. 169; 17. Juni 1926 (»Sonst ist diese Zeitung mit ihrer ewigen Sportverherrlichung ein Abbild u. Maßstab unseres Tiefstandes«), ebd., S. 277; 6. Juli 1929, ebd., S. 536; 12. September 1930, ebd., S. 656.
211 Eintrag vom 28. August 1926, ebd., S. 290.
212 BIZ Nr. 29 vom 19. Juli 1925, S. 907ff; Nr. 30 vom 26. Juli 1925, S. 939ff; Nr. 31 vom 31. Juli (!) 1925, S. 971ff.

Bleiben noch ein paar Bemerkungen zur Kostenstruktur der Illustrierten nachzutragen, die von Hermann Ullstein rückblickend auf die späten 1920er-Jahre veröffentlicht wurden.[213] Er kalkulierte für eine Zwei-Millionen-Auflage folgende Ausgaben:

	Kosten pro Exemplar	Gesamtkosten pro Woche
Papierkosten	4 Pf.	80.000 Mark
Druckkosten	4 Pf.	80.000 Mark
Redaktionelle Arbeit	½ Pf.	10.000 Mark
Reklame	¼ Pf.	5.000 Mark
Zustellung	¼ Pf.	5.000 Mark
Gesamtkosten	9 Pf.	180.000 Mark

Bei einem Erlös von 10 Pfennig pro Exemplar blieb damit nach Abzug der Kosten von neun Pfennig blieb damit ein Gewinn von 1 Pfennig – bei zwei Millionen Heften also 20.000 Mark. Damit waren also die Produktionskosten allein schon durch den Verkauf bezahlt. Und die von Ullstein mit 150.000 Mark bezifferten Werbe-Einnahmen waren also reiner Gewinn. Bei 52 Heften im Jahr kam so der von ihm genannte Jahresgewinn von »ungefähr 9 Millionen Mark« zustande.

Die Summe von 10.000 Mark für »redaktionelle Arbeit« lässt sich leider nur begrenzt differenzieren. Konkrete Angaben zu Redaktionsgehältern oder Honoraren für die Textbeiträge liegen nicht vor. Auch zu den Honoraren für Bilder gibt es nur wenige Hinweise. Anfang der 1930er-Jahre soll ein Foto »im Durchschnitt 25 Mark« gebracht haben, eine Titelseite dagegen 300.[214] Und eine Bildreportage mit zwei Seiten Umfang wurde wohl mit 500 Mark bezahlt.[215]

150.000 Mark Werbe-Einnahmen dürften von Ullstein sehr konservativ geschätzt gewesen sein. 1928 bot die BIZ die ganze Werbeseite für 10.944 Mark an. Seitenbruchteile lagen – auf die ganze Seite bezogen – nur unwesentlich darüber, mit acht Achteln beispielsweise wurden nominal 11.520 Mark erzielt.[216] Berücksichtigt man gewisse Rabatte und rechnet nur einmal 10.000 Mark pro Seite, liegt man bei bis zu 20 Seiten Werbung deutlich über dem von Ullstein angegebenen Wert.

Die Weltwirtschaftskrise machte auch den Ullsteins und ihrer BIZ schwer zu schaffen. Bis 1934 halbierten sich die Anzeigeneinnahmen nahezu auf 4,4 Millionen Mark. Vom dann anschließenden Wirtschaftsaufschwung profitierte aber auch die Illustrierte. 1939 soll der Werbe-Ertrag rund sechs Millionen Mark be-

213 Ullstein, *Haus Ullstein*, S. 93f.
214 Beckers/Moortgart, *Yva*, S. 31.
215 Eskildsen, *Weber*, S. 15.
216 *Zeitungskatalog* 1928, S. 228.

tragen haben. Nimmt man nun hinzu, dass in diesem Jahr der Umsatz 90 Millionen Mark betrug und geht man davon aus, dass schon in diesem Jahr – wie für 1940 berichtet – der Anteil der Illustrierten am Gesamtumsatz des Verlags bei 20 Prozent lag –, lässt sich ein Verkaufserlös von etwa 12 Millionen Mark abschätzen.[217] Davon hatten die Ullsteins jedoch nichts mehr.

Die ›Arisierung‹ des Verlags 1934 und seine Rückgabe nach dem Zweiten Weltkrieg

Die BIZ war eines der Zugpferde im Ullstein-Verlag, der daneben allerdings auch noch einige weitere sehr erfolgreiche Periodika herausbrachte: Die *Berliner Morgenpost* war mit einer Auflage von mehr als 600.000 Exemplaren die meistgedruckte deutsche Tageszeitung vor 1933, die *Grüne Post* erreichte als Wochenzeitung eine Auflage von fast einer Million und auch das *Blatt der Hausfrau* war mit seiner Auflage von rund einer halben Million weit verbreitet. 1926 wurden im Verlag mehr als 8.000 Personen beschäftigt; fast die Hälfte waren allerdings bloß Zeitungsboten.

1933 hatte der 1877 von Leopold Ullstein gegründete Verlag nur ein Problem: Seine Inhaber waren Juden und als solche Ziel heftiger Angriffe durch die Nationalsozialisten. Im Laufe des Jahres wurde der Druck auf sie immer stärker. Abonnenten und Inserenten wurden eingeschüchtert, antisemitische Aktionen angedroht. Es nützte nichts, dass der Aufsichtsrat umgebildet und mit dem DNVP-Reichstagsabgeordneten Eduard Stadtler ein neuer »politischer Direktor« berufen wurde. Rudolf Heß, der Stellvertreter Hitlers, verlangte drohend die Übergabe des Besitzes, um den für die NSDAP »unhaltbaren Zustand eines jüdischen Verlages von dieser Bedeutung zu beenden«, wie sich später einer der Rechtsberater der Ullsteins erinnerte.[218] Zeitweise wurde wohl sogar aufseiten der neuen Machthaber auch mit dem Gedanken gespielt, das ganze Unternehmen zu ruinieren, aber schließlich setzte sich doch unter führenden Nationalsozialisten die Ansicht durch, es wäre sinnvoller, den Betrieb zu erhalten und zu übernehmen. Als Unterhändler sandten sie Dr. Max Winkler zu den Ullsteins, der bereits in der Weimarer Republik verschiedentlich Zeitungen für das Reich gekauft hatte und diese Praxis nun in größtem Stil auch unter den Nationalsozialisten fortsetzen sollte.[219]

217 Deutscher Verlag, S. 10, 24.
218 Zit. Hale, *Presse*, S. 137.
219 Mendelssohn, *Als die Presse gefesselt war*, S. 222ff; Kempner, *Hitler und die Zerstörung*, S. 278ff. Zu Winkler allgemein: Wermuth, *Max Winkler*.

Die Berliner Jllustrirte

hat mit ihrem „Ja!“ zum neuen Staat nicht gezögert. Mit den unvergleichlich großen Möglichkeiten ihres Verlages hat sie einem Publikum, das so zahlreich von keinem andern Blatt erfaßt werden kann, die denkwürdigen Ereignisse des Jahres 1933 wahrhaft nahegebracht. Ob es Sondernummern waren wie am Tag von Potsdam und am Tag der nationalen Arbeit oder Sonderseiten bei andern wichtigen Ereignissen — immer wurden die Berichte der „Berliner Jllustrirten Zeitung“ als unerreichte Bilderchronik der Zeit gewertet, überall fanden sie uneingeschränkte Bewunderung! So behielt sie die Führung, so blieb sie das Vorbild der andern, so sprach sie wie immer zum ganzen Volk!

Der Zeit entsprechend ist der Verlag umgestellt: die Mehrheit des Aktien-Kapitals geht aus bisher geschlossenem Familienbesitz in neue Hände über, personelle Änderungen wurden vorgenommen. Diese Neuordnung der Dinge ist von den zuständigen Stellen ausdrücklich anerkannt. So ist die Voraussetzung dafür geschaffen, daß die „Berliner Jllustrirte“ bleibt, was sie mit ihrer Auflage von weit über einer Million war und ist:

Deutschlands größte Jllustrirte

Abb. 10: In ihrer Nr. 48 vom 30. November 1933, S. 1740f., informierte die *BIZ* ihre Leser auf einer doppelseitigen Anzeige über ihr »›Ja!‹ zum neuen Staat«, Transaktionen im Aktien-Kapital und »personelle Veränderungen«.

Von den Vertretern des Unternehmens wurde der Verlagswert auf mindestens 50 bis 60 Millionen Mark berechnet. Winklers Vollmachten gingen dagegen nicht über einen Betrag von insgesamt 12 Millionen hinaus. Unter normalen Umständen hätte man sich nie einigen können. Aber die Umstände waren alles andere als normal. Wie gefährdet die Position der Ullsteins war, wurde ihnen drastisch vor Augen geführt. Am 29. April 1934 veröffentlichte Ehm Welk, der Chefredakteur ihrer *Grünen Post*, unter dem Pseudonym Thomas Trimm auf der Titelseite der Nummer unter dem Titel »Herr Reichsminister – ein Wort bitte!« einen Artikel, der auf ironische Weise deutliche Kritik an Joseph Goebbels, dem Reichsminister für Volksaufklärung und Propaganda, übte. Goebbels verstand jedoch keinerlei Spaß. Welk wurde kurzzeitig inhaftiert und erhielt jahrelang Berufsverbot. Die *Grüne Post* wurde auf drei Monate verboten und der Verlag unmissverständlich öffentlich darauf hingewiesen, dass er die Pflicht gehabt hätte, durch »zweckbewusste Personalpolitik [...] für die gesamte Haltung der Verlagserzeugnisse in ihrer Arbeit für den nationalsozialistischen Aufbau Sorge zu tragen. Der Verlag

Ullstein ist dieser Aufgabe nicht nachgekommen [...].«[220] Das Verbot, das einen kleineren Verlag wahrscheinlich ruiniert hätte, war ein gezielter Warnschuss, der dem Angebot Winklers ganz neue Bedeutung verlieh. Weil Alternativen fehlten und alle Bemühungen, doch noch einen höheren Preis zu erzielen, scheiterten, mussten die Ullsteins annehmen. Am 30. Juni 1934 wurde der Handel abgeschlossen. Die Ullstein-Aktien wurden daraufhin vom Eher-Verlag, dem Zentralverlag der NSDAP, übernommen.[221]

Als neuer Verlagsdirektor wurde Max Wießner, Teilhaber des Hamburger Broschek-Verlags, berufen, Vorsitzender des Aufsichtsrats blieb zunächst Dr. Ferdinand Bausback. Erst 1936 wurde er von Rolf Rienhardt, dem engsten Mitarbeiter von Max Amann, abgelöst. Der Traditionsname des Unternehmens wurde bis Anfang 1938 beibehalten. Dann wurde es in ›Deutscher Verlag‹ umbenannt.[222] Die Umsätze des ›arisierten‹ Betriebs erholten sich rasch. Lagen sie 1934 noch bei knapp 48 Millionen Reichsmark, hatten sie sich bis 1939 fast verdoppelt. Für 1940 wurden sie mit rund 110 Millionen Mark angegeben.[223] Über die Gewinne liegen zwar keine Zahlen vor, doch gilt als sicher, dass der Deutsche Verlag nach dem Eher-Verlag »das gewaltigste und einträglichste Unternehmen des Parteitrusts« war.[224] Die Veröffentlichung der Bilanzen konnte dadurch umgangen werden, dass die AG in eine GmbH umgewandelt wurde, deren Gesellschafter nur aus dem Eher-Verlag sowie dem Verlag Knorr & Hirth KG als Minderheit bestanden. Knorr & Hirth war wiederum zu 100 Prozent Parteieigentum.[225]

Das Ende des Verlags als Parteibesitz kam 1945. Aber wie sollte es danach mit ihm weitergehen? Nach jahrelangen juristischen Auseinandersetzungen wurde am 3. Januar 1952 durch Urteil der 42. Wiedergutmachungskammer beim Landgericht Berlin der Verlag mit allen Liegenschaften der Familie Ullstein zurückgegeben.[226]

Die traditionsreiche BIZ wurde nicht wiederbelebt. Die seit 1945 in Ost-Berlin zunächst im Allgemeinen Deutschen Verlag, dann vom Berliner Verlag herausgegebene *Neue Berliner Illustrierte* war eine Neuschöpfung.

220 Zit. Dussel, *Deutsche Tagespresse*, S. 169.
221 Hale, *Presse*, S. 138f.
222 Vgl. zu den Verlagsaktivitäten allgemein Tolsdorff, *Stern-Schnuppe*, S. 89-98.
223 Deutscher Verlag, S. 10.
224 Hale, *Presse*, S. 141f, das Zitat S. 142.
225 Schmidt, *Presse in Fesseln*, S. 64f.
226 Vgl. *Der Spiegel* Nr. 4 vom 23. Januar 1952, S. 10-17 (http:// www.spiegel.de/spiegel/print/d-21058589.html [30.05.2018]).

Die Auslandsausgabe der Berliner Illustrirten *im Zweiten Weltkrieg*

Dass die BIZ auch im Ausland verkauft wurde, liegt nahe. Noch 1940 hieß es im Impressum: »Jahres-Abonnementspreis für USA einschließl. Porto RM 18,20.« Selbst zum Verkaufserfolg im Zweiten Weltkrieg gibt es Zahlen. Im Februar 1940 wurden bei einer Gesamtauflage von 2.235.000 Exemplaren »über 60.000 Stück« im Ausland abgesetzt. In den folgenden Monaten gab es in beiderlei Hinsicht deutliche Steigerungen: »Die letzte August-Nummer hatte eine Druckauflage von 2.660.000, davon 213.700 Ausland«, wurde verlagsintern festgehalten.[227]

Aber kann daraus auch geschlossen werden, dass es sich um eine eigene Ausgabe mit inhaltlichen Unterschieden zu den im Reich erschienenen Heften handelte? In der Literatur finden sich dazu keine Hinweise. Mehr oder minder zufällig konnten jedoch mehrere Hefte gefunden werden, die ihre zumindest zeitweilige Existenz bezeugen. Äußerlich unterscheiden sich diese Auslandsausgaben auf den ersten Blick kaum von den Ausgaben für das Reich. Nur auf der Titelseite gibt es rechts oben einen erweiterten Preisaufdruck, der auch gleich einen Hinweis auf das Absatzgebiet der Hefte gibt:

> »Finnland 4,50 mk., Italien 2 Lire, Schweiz 40 Rappen,
> Schweden 48 Öre, Ungarn 35 Filler, Rumänien 14 Lei«.

Es handelt sich also um verbündete oder neutrale europäische Nachbarstaaten.

Ein zweiter kleiner Unterschied ist auf der Rückseite zu finden. Hier fehlt bei den Auslandsausgaben neben dem Impressum der auffällige Aufdruck »[...] und nun schicken Sie dieses Heft an die Front!« Vor allem in der Schweiz und in Schweden wäre diese Aufforderung etwas seltsam gewesen.

Ein dritter formaler Unterschied besteht darin, dass die Auslandsausgaben zwar im Kopf der Seiten die Heftnummer aufweisen, aber keine Paginierung, wie sie gleichzeitig bei der Normalausgabe zu finden war. Und so ist auch leicht erklärlich, warum beim Durchblättern jeder Ausgabe für sich gar nichts Auffälliges bemerkt werden kann: Bei der Normalausgabe folgt Seite auf Seite, wie an der Paginierung abzulesen ist, und bei der Auslandsausgabe fehlt diese Orientierungsmöglichkeit von vornherein. Man muss beide Ausgaben nebeneinander legen, um festzustellen, dass die Auslandsausgabe wesentlich umfangreicher war. Sie bestand aus der – abgesehen von den drei genannten Unterschieden – identischen Normalausgabe und einem eingefügten zusätzlichen Bildteil von zunächst 12 und später 8 Seiten Umfang. Auf die Inhalte dieser Zusatz-Bildseiten ist gleich noch vergleichend einzugehen.

227 Oels, *Monatsberichte* I, S. 170, 179.

Weil einzelne Auslandsausgaben vermutlich nur zufällig in die von der Universitätsbibliothek Mannheim aufbewahrten Jahrgangsbände der BIZ geraten sind, können zur Erscheinungszeit dieser inhaltlich eigenständigen Auslandsausgaben nur Minimalaussagen gemacht werden: Das erste Heft stammt vom 12. Februar 1942 und hat einen Zusatz von acht Bildseiten nach Seite 2. Die folgenden fünf Hefte weisen dann einen Zusatz von 12 Seiten jeweils nach Seite 6 auf. Ab Heft 13 wurde wieder auf acht Seiten reduziert, nun nach Seite 8. Leider ist die Überlieferung dann lückenhaft. Das letzte vollständig vorliegende Heft ist die Nr. 36. Im Jahrgangsband 1943 findet sich bei der Nr. 8 vom 25. Februar zwar noch der Preisaufdruck, die 12-Seiten-Ausgabe ist jedoch durchpaginiert und trägt am Ende den üblichen Hinweis, dass das Heft nun an die Front geschickt werden solle.

Möglicherweise wurde das Experiment mit einer eigenen inhaltlich umfangreicheren Auslandsausgabe der BIZ tatsächlich nur 1942 durchgeführt. Dazu passt, dass Harald Lechenperg, der Hauptschriftleiter der Illustrierten, 1940/41 auch dafür zuständig war, die neue Auslands-Illustrierte *Signal* aufzubauen. Als er im Sommer 1941 von dieser Aufgabe abgezogen wurde,[228] wollte er diese Arbeit vielleicht mit einem eigenen Projekt fortsetzen. 1942 waren dafür die Ressourcen anscheinend noch vorhanden; 1943 fehlten sie, und das Projekt musste aufgegeben werden.

Wahrscheinlicher aber ist, dass die Auslandsausgaben für die NS-Propaganda so essenziell waren, dass sie geradezu als Selbstverständlichkeit betrachtet wurden. Dafür spricht, dass die Auslandsauflage auch dann noch gedruckt wurde, als im Reich gar keine Hefte mehr erscheinen konnten.[229] Dass sie inhaltlich zum Teil von der Reichsausgabe abwich, fällt nur auf, wenn man beide Ausgaben konkret miteinander vergleichen kann.

Der Umfang des in den Auslandsausgaben zusätzlichen Bilderteils war beträchtlich und wich in seiner inhaltlichen Zusammensetzung deutlich vom Basisangebot für die Leserschaft im Reich ab. Im Jahrgangsband 1942 der Universitätsbibliothek Mannheim finden sich insgesamt 12 Hefte der Auslandsausgabe mit erweitertem Bildteil, fünf um jeweils 12 Seiten erweiterte und sieben um acht. Von ihnen wurden jeweils drei genau analysiert.

In der Summe enthielten die sechs nur in den Auslandsausgaben vorhandenen Teile (im Folgenden »Auslandsteile« genannt) mehr Bilder als die Reichsausgaben (222:211), sie verdoppelten also das Bilderangebot für die ausländische Leserschaft. Rein formal betrachtet war dabei der Anteil der Fotos etwas höher und vor allem

228 Rutz, *Signal*, S. 124.
229 Vgl. S. 52.

wurde mehr auf größere Formate gesetzt, die zum Teil durchaus beachtliche ästhetische Qualität aufwiesen. Mindestens ebenso auffällig war daneben die ziemlich unterschiedliche inhaltliche Akzentuierung bei Reichsteil und Auslandsteil. Die deutlichsten Unterschiede ergaben sich in vier Bereichen: In der Reichsausgabe bildeten Bilder zum Krieg den eindeutigen Schwerpunkt (33 % Anteil); den zweitgrößten Anteil (21 %) nahmen Witzzeichnungen ein. Für das Ausland wurden diese Angebote nicht proportional erweitert. Bei den hinzugenommenen Bildern wurde dem Militärisch-Kriegerischen nur ein Anteil von 17 Prozent, dem gezeichneten Humor von 9 Prozent eingeräumt. Genau umgekehrt ging man im Bereich des Hochkulturellen vor. Theater sowie Kunst und Kultur im Allgemeinen wurden bei der Bebilderung des Reichsteiles nur sparsam berücksichtigt (2 bzw. 7 %). Beim Auslandsteil sah das ganz anders aus (11 bzw. 18 %).

Noch mehr als im Reichsteil wurde im Auslandsteil auf ansprechende, zum Teil regelrecht opulente Bildstrecken gesetzt, die die dazugehörigen Artikel völlig in den Hintergrund drängten, wenn nicht gleich ganz auf sie verzichtet wurde. Die Bildtexte waren dabei äußerst sachlich gehalten und selbst in den letztlich nur sehr seltenen und kurzen Artikeln findet sich Propagandistisches nur in ganz geringer Dosis. Eindeutig sollte das Ausland objektiv mit Leistung beeindruckt werden – auf künstlerischem genauso wie auf wirtschaftlich-technischem und schließlich militärischem Gebiet.

Abb. 11: Einfach nur acht Porträts von »Arbeiter(n) aus acht Nationen« wurden in *BIZ*-Heft 13 vom 2. April 1942 auf der unpaginierten 4. Seite im Auslandsteil neben- und übereinander gesetzt, um zu demonstrieren, wie weltoffen das Deutsche Reich doch war. Der knappe, kaum noch als solcher zu bezeichnende Artikel vermerkte, dass »Kriegsberichter Tiemann […] auf einer einzigen Baustelle diese acht Vertreter verschiedener Nationen« fotografiert hatte.

Ein paar Beispiele mögen diese allgemeine Feststellung konkretisieren. Auf der 6. und 7. Seite des 12-seitigen Auslandsteils von Heft 8 vom 26. Februar 1942 wurde unter dem Titel »Ein Drama getanzt« ein Fotobericht von Konrad Weidenbaum zu »Werner Egks ›Joan von Zarissa‹ in der Wiener Staatsoper« veröffentlicht. Egks Ballett war 1940 in Berlin uraufgeführt worden. Die sechs die beiden nebeneinander liegenden Seiten fast gänzlich füllenden Fotos waren so gewählt, dass die kurzen Bildtexte nicht nur wesentliche Aspekte der Handlung, sondern auch der Inszenierung beleuchteten. Auf einen weitergehenden Artikeltext konnte deshalb verzichtet werden. Ähnlich ging man auf den Seiten 10 und 11 vor, wo in acht Fotos (ohne Fotografenangabe) »Bilder aus der Ausstellung ›Deutsche Kunst im Osten und Südosten‹« präsentiert wurden. Nur indirekt lässt sich erschließen, dass es sich um eine Ausstellung in der Marienkirche in Krakau gehandelt haben muss. Ganz im Vordergrund steht ein Kurzporträt in acht Fotos eines der bedeutendsten deutschen Holzschnitzers der Spätgotik unter dem Titel: »Veit Stoss der geniale Künder deutscher Kunst im Osten«.

Neben dem Verweis auf die künstlerische stand der auf die wirtschaftlich-technische Leistungsfähigkeit der Deutschen. Und weil es ja um Werbung für das Deutsche Reich im Ausland ging, wurde dabei auch nicht der Hinweis auf seine Integrationskraft vergessen. Auf einfache, auf große Worte verzichtende Weise gelang dies etwa mit einer Bildseite in Heft 13 vom 2. April 1942.

Berliner Illustrirte Zeitung

Abb. 12: In *BIZ*-Heft Nr. 7 vom 19. Februar 1942 war das seitenfüllende Foto eines Bordschützen im gesamten Heft zwar erst auf der 7. Seite platziert, vom Auslandsteil bildete es jedoch die erste. Mensch und Kriegstechnik sind in einer formal brillanten Komposition aus Kreisen und Diagonalen vereinigt. »PK.-Aufnahme: Kriegsberichter Lysiak (H.H.)«.

Abb. 13: In *BIZ*-Heft 9 vom 5. März 1942 wurden auf Seite 2 des Auslandsteils zwei auf den ersten Blick in ihren Details kaum zu entschlüsselnde halbseitige Fotos übereinandergestellt, einmal betitelt mit »8 Schaumspuren«, das andere Mal mit »4 Sandspuren«. Die knappen Bildtexte informierten darüber, dass es sich bei dem oberen Bild um »8 deutsche Minenräumboote« handelte, die »Tag und Nacht [...] auf dem Posten [sind], um das Fahrwasser von feindlichen Minen zu säubern« (»PK. Kuhn-Atlantic.«). Das untere Bild zeigte dagegen »4 deutsche Jäger. Die Maschinen starten auf einem Wüstenflugplatz« (»PK. Sturm-PBZ.«).

Selbst dem Krieg wurden primär ästhetische Ansichten abgewonnen, die zum Teil in beeindruckende Layout-Lösungen mündeten. Um eindrückliche Fotos besonders zur Geltung zu bringen, wurde ihnen zum Teil viel Platz, ja ganze Seiten eingeräumt. Vor allem die erste Seite des Auslandsteils, die ja gleichsam als Titelseite betrachtet werden konnte (ohne als solche markiert zu sein), wurde für derartige Aufnahmen verwendet.

Die Chefredakteure der Berliner Illustrirten

Die wichtigste Veränderung nach der Machtübernahme durch die Nationalsozialisten war noch von den Ullsteins im Zuge vorauseilenden Gehorsams vollzogen worden. Vielleicht hatten sie auch Hoffnung, weiteren Drangsalierungen und dem drohenden Verlust des Verlags zu entgehen, wenn sie den Juden Kurt Korff, der Jahrzehnte lang die BIZ geleitet und zu ihrer Größe geführt hatte, entlassen würden.

Korff stand zwar im Wesentlichen für die BIZ in Kaiserreich und Weimarer Republik, aber ganz zu Anfang war sie doch von anderen redigiert worden: Von 1894 bis Ende 1901 wurde sie von Hermann Dupont geleitet, der dann die *Berliner Morgenpost* übernahm. Von Anfang 1902 bis Sommer 1905 zeichnete dann Norbert

Falk (1872 - 1932) als Chefredakteur verantwortlich. Seine Tätigkeit bei Ullstein setzte Falk als Feuilletonredakteur bei der neu gegründeten *B.Z. am Mittag* fort. Schon im Sommer 1902 war er jedoch von jenem Mann vertreten worden, der ab Sommer 1905 der eigentliche Kopf der Illustrierten werden sollte: Kurt Karfunkel, der sich später als Kurt Korff bezeichnete.[230] Karfunkel wurde ab Heft 36 vom 3. September 1905 im Impressum als verantwortlich »i. V.« bezeichnet, mit Heft 41 vom 8. Oktober fiel das »i. V.« dann weg.

Korff ist ein Phänomen. Obwohl er zu den bekanntesten Journalisten der Weimarer Republik zählt, sind die Informationen über ihn dünn gesät; es spricht für sich, dass es noch nicht einmal einen Wikipedia-Artikel zu ihm gibt.[231] Korff wurde als Kurt Karfunkel am 3. Oktober 1876 im schlesischen Jägerndorf (heute Krnov in Tschechien) geboren. Am 20. November 1899 trat er in die Firma Ullstein ein – über sein dazwischen liegendes Leben ist nichts bekannt. 1905 bekam er die Leitung des Firmenarchivs übertragen und auch gleich die der BIZ. 1911 konnte er das Archiv abgeben, dafür wurde er allerdings zudem Chef einer neuen weiteren Ullstein-Zeitschrift, von *Die Dame*.

Nach dem Ersten Weltkrieg änderte Karfunkel seinen Namen in »Korff«, wie das Impressum des achten Heftes der BIZ vom 23. Februar 1919 zeigt. Die BIZ leitete er bis Frühjahr 1933; das Impressum von Heft 13 vom 31. März nennt ihn letztmals als Verantwortlichen. Dann emigrierte er nach Wien, wo er 1934 eine Einladung von Henry Luce in die USA erhielt. Korff sollte Luce bei seinem nächsten großen Projekt, dem Fotomagazin *LIFE* beraten. Als *LIFE* dann im November 1936 erschien, wurde Korff sofort von William Randolph Hearst abgeworben. Seinen neuen, bestens dotierten Vertrag konnte er jedoch nicht mehr lange genießen. Er verstarb bereits am 30. Januar 1938 in New York.

Die Regelung von Korffs Nachfolge bei der BIZ war nicht ganz einfach. Zunächst, von Heft 14 vom 7. April bis zum Jahresende 1933, war Carl Schnebel interimistisch »verantwortlicher Redakteur«, wie in den Impressen formuliert wurde. Das blieb er auch in der Folge, bekam aber den Zusatz »Vertreter des Hauptschriftleiters«. »Hauptschriftleiter« – die neue offizielle Bezeichnung des Verantwortlichen nach dem Schriftleitergesetz – war ab Anfang 1934 Friedrich Kroner, der seit 1926 für den *Uhu* verantwortlich gewesen war. Kroner amtierte

230 Im Impressum der Nrn. 32-35 (10. – 31. August 1902) findet sich der entsprechende Vermerk: »i. V. Kurt Karfunkel«.

231 Zum Folgenden: Dussel, *Pressebilder*, S. 196f., sowie *Handbuch österreichischer Autorinnen und Autoren*. Bd. 2, S. 728.

jedoch nur bis Heft 13 vom 1. April 1934. Dann erhielt Schnebel die Bezeichnung »Hauptschriftleiter« und Kroner verschwand aus dem Impressum.[232]

Für das schnelle Verschwinden Kroners war höchstwahrscheinlich der Eklat um die »Memoiren« von Hermann Göring verantwortlich, von dem Hermann Ullstein berichtet.[233] Allerdings handelt es sich dabei um die Darstellung eines gar nicht mehr Beteiligten – Ullstein hatte am 16. November 1933 seinen Schreibtisch im Verlag räumen müssen[234] – und deshalb sind etliche Details zu korrigieren. Zugute halten wird man Ullstein auch zu haben, dass die Formulierungen in der BIZ, die ihm im Original im amerikanischen Exil höchstwahrscheinlich gar nicht vorlagen, wohl bewusst missverständlich gehalten waren. Am 25. März 1934 bekam die Leserschaft nämlich folgenden Titel präsentiert: »Treue in der Luft. Die Kriegserlebnisse des Flieger-Leutnants Hermann Göring und seiner Freunde Bruno und Fritz Loerzer. Nach den Tagebüchern der Brüder Loerzer erzählt von Eberhard Koebsell«.[235] Wenn man genau liest, war alles ganz eindeutig: Zwei Flieger hatten im Ersten Weltkrieg Tagebuch geführt und daraus wurde von einem Journalisten ein umfangreicher Illustrierten-Beitrag gefertigt. An erster Stelle wurde aber der »Flieger-Leutnant Hermann Göring« genannt, der es mittlerweile zu einem der wichtigsten Männer im NS-Staat gebracht hatte. Da lag es schon nahe, daraus die »Autobiographie einer Nazigröße« zu machen, wie es Ullstein formulierte. Vielleicht war Propagandaminister Goebbels wirklich über diese Veröffentlichung erbost (»platzte vor Wut«) und vielleicht begab sich Goebbels tatsächlich »stehenden Fußes« zu Hitler und inszenierte einen Skandal, der Göring zu einer abwiegelnden Stellungnahme zwang. Wie dies Ullstein bekannt geworden sein mag, bleibt allerdings rätselhaft. Sicher ist nur, dass das Projekt tatsächlich bereits nach der ersten Folge abgebrochen werden musste. Im Heft vom 31. März hieß es dazu:

> »Die ›Berliner Illustrirte Zeitung‹ hat in ihrer vorigen Ausgabe den Beginn einer Serie eines Mitarbeiters gebracht, die die Erlebnisse des Herrn Ministerpräsidenten und Reichsluftfahrtministers Göring im Kriege schildert. Die weitere Veröffentlichung dieser Serie ist von dem Herrn Ministerpräsidenten untersagt worden, da er Form und Art der Veröffentlichung mißbilligt. Der Verlag«

232 Insofern ist die Darstellung Karl Knöferles, Kroner hätte als unmittelbarer Nachfolger von Korff bis Frühjahr 1934 amtiert, zu korrigieren (Knöferle, *Fotoreportage*, S. 152 und S. 216f.).
233 Ullstein, *Haus Ullstein*, S. 49f.
234 Martin Münzel, Nachwort. In: Ullstein, *Haus Ullstein*, S. 287.
235 BIZ Nr. 12 vom 25. März 1934, S. 388. Der erste Teil des »Tatsachenberichts« umfasste fünf ganze Druckseiten, war jedoch von Seiten mit Werbung unterbrochen.

Berliner
Illustrirte Zeitung
In dieser Nummer: Ein neuer großer Tatsachenbericht:
Die Kriegserlebnisse des Flieger-Ltnts. Göring und seiner Freunde: „Treue in der Luft"

Abb. 14: Ein aktuelles Foto von »Ministerpräsident General Göring« mit einem Löwen auf der Titelseite der *BIZ* Nr. 12 vom 25. März 1934 und dann fett gedruckt »Die Kriegserlebnisse des Flieger-L[eu]tn[an]ts. Göring und seiner Freunde« – wer musste da nicht an eine zumindest offiziöse Darstellung denken?

Für Illustrierten-Chef Kroner scheint dieser Fehlgriff das Aus bedeutet zu haben. Auch für den jungen Eberhard Koebsell[236] (1906 - 1960) war danach wohl bei Ullstein kein Platz mehr. Allerdings konnte er sich seit 1936 einen gewissen Namen als vielschreibender freier Schriftsteller machen.

Carl Schnebel (1874 - 1974), der dem Haus Ullstein zuvor schon seit Jahrzehnten als »künstlerischer Beirat« verbunden und für die künstlerische Formgebung – in heutiger Begrifflichkeit: das Layout – der BIZ zuständig war, trat am 31. März 1937 in den Ruhestand. Zu seinen Ehren und zur Förderung des Nachwuchses an Pressezeichnern und Illustratoren wurde vom Verlag ein mit 2.000 Reichsmark dotierter Carl-Schnebel-Preis gestiftet.[237]

Mit Schnebels Nachfolger wurde ein Generationswechsel vollzogen. Harald Lechenperg war am 5. Oktober 1904 in Wien geboren worden, arbeitete dort zunächst als Journalist, dann immer mehr als Fotograf und vor allem exotische Länder wie Indien und Saudi Arabien bereisender Bildreporter. Zu seinen Abnehmern zählte schon vor 1933 nicht nur die *WO* aus dem Scherl-Verlag, sondern auch die BIZ. Nachdem er 1936 eine Ägypten-Reise wegen Krankheit hatte abbrechen müssen, erhielt er im Sommer 1936 das Angebot, ab Frühjahr 1937 die Chefre-

236 Nicht »Koebsch« wie bei Ullstein, *Haus Ullstein*, S. 49.
237 https://de.wikipedia.org/wiki/Carl_Schnebel [30.05.2018].

daktion der BIZ zu übernehmen. Sein Vertrag trat ab dem 1. März in Kraft, in BIZ Nr. 10 vom 11. März wurde erstmals sein Name als Hauptschriftleiter genannt.[238]

Die Art und Weise, wie Lechenperg die BIZ gestaltete, muss allerhöchstes Wohlgefallen gefunden haben. Ansonsten wäre nicht zu erklären, warum er nicht nur als Chefredakteur (»Hauptschriftleiter«) der BIZ amtieren konnte, sondern auch noch dazu auserwählt wurde, parallel dazu eine ganz neue, primär auf ausländische Leser zielende Illustrierte zu leiten. Seit April 1940 erschien die der Wehrmacht unterstehende Illustrierte nur im deutsch besetzten oder verbündeten Ausland in den jeweiligen Landessprachen.[239] Als *Signal* gut etabliert war und selbst Millionenauflagen erzielte, wurde im Sommer 1941 Lechenperg als Chef abgelöst. Die Leitung der BIZ behielt er bis Ende 1943. Seine Arbeit wurde dabei vom Propagandaminister selbst genau beobachtet; immer wieder konferierte er auch mit ihm, wie verschiedene Einträge in den Goebbels-Tagebüchern belegen.[240]

1944/45 arbeitete Lechenperg an einem Zeitschriftenprojekt für das neutrale Ausland mit dem Namen *TELE*. Für Schweden entstanden erste Probenummern.[241]

Lechenpergs Karriere erlitt zwar nach 1945 einen gewissen Einbruch, war aber nicht dauerhaft beendet. Von 1948 bis 1951 war er Chefredakteur der *Quick* und bis 1961 anderer Illustrierter. Ab 1962 beschränkte er sich auf die Produktion von Dokumentarfilmen, vor allem für das BAYERISCHE FERNSEHEN. Er starb am 1. Januar 1994 im 90. Lebensjahr.

Wie es genau um die Leitung der BIZ im weiteren Kriegsverlauf bestellt war, muss ein Stück weit offen gelassen werden. Das Impressum zeigt jedenfalls folgende Veränderungen: Bis November 1941 wurde nur Harald Lechenperg als »Hauptschriftleiter« genannt. Im Dezember jenes Jahres kam der Zusatz »Vertreter: Dr. Ewald Wüsten« hinzu. Der wurde bis Ende 1943 beibehalten. Ab Heft 46 vom 18. November 1943 hieß es dann zum Thema »Hauptschriftleiter«: »i.[n] V.[ertretung] Dr. Ewald Wüsten« und ab Nr. 23 vom 8. Juni 1944 wurde das »i. V.« weggelassen. Wüsten blieb dann Chef bis zum Ende der Zeitschrift.

Wie Lechenperg war Wüsten (1898 - 1960) ein erfahrener Zeitschriftenmacher. In den 1920er-Jahren war er bei der *Funkstunde* tätig. Spätestens 1934 wechselte er zur BIZ, wo er erstmals in Nr. 32 vom 12. August als »Vertreter des Hauptschriftleiters« im Impressum genannt wurde. Diese Position bekleidete er dann bis Ende 1939. 1940/41 baute er *Erika* auf, die »frohe Zeitung für Front und Heimat« und

238 Kaindl, *Lechenperg*.
239 Rutz, *Signal*.
240 Eintrag vom 23. Mai 1940, in: Fröhlich, *Goebbels-Tagebücher*. 1/8, S. 130; Eintrag vom 30. April 1941, in: ebd. 1/9, S. 281.
241 Kaindl, *Lechenperg*, S. 23; Rössler, *Wir zerstreuten uns zu Tode*, S. 229 - 233.

kehrte dann zur BIZ zurück. Nach 1945 blieb er einschlägig tätig und arbeitete bis zu seinem Tod für die *Neue Illustrierte* in Köln.[242]

Und die Redaktion?

Bei aller Bedeutung, die man den Chefredakteuren zusprechen mag – genügt es, nur sie herauszustellen? Müssen sie nicht als Leiter größerer Teams verstanden werden, deren personeller Zusammensetzung ebenfalls einiges Gewicht zukam?

Dies ist sicherlich richtig, allerdings muss vor einer gravierenden Fehleinschätzung gewarnt werden: Von der Größe heutiger Illustrierten-Redaktionen, über deren Umfang und reiche Gliederung jedes aktuelle Impressum Aufschluss gibt, sind keine Rückschlüsse auf die Gegebenheiten früherer Jahrzehnte möglich. Um die Wende zum 20. Jahrhundert verfügte beispielsweise die Redaktion der größten Wiener Illustrierten, des *Interessanten Blatts*, neben dem Chefredakteur nur über drei bis vier fest angestellte Redakteure,[243] und selbst eine Illustrierte wie die *Münchner Illustrierte Presse*, die 1930 in einer Auflage von 700.000 Stück erschien, wurde letztlich nur von drei Personen konzipiert. Auf der Basis von Erinnerungen des damaligen Schriftleiters Stefan Lorant wurde die Aufgabenteilung folgendermaßen beschrieben: »Der Schriftleiter Stefan Lorant hatte zugleich die Funktion des Bildredakteurs; er plante, kaufte die Artikel und entwarf das rohe Layout. Ein Layouter – erst Hugo Huber, dann Richard Dix – fertigte das genaue Layout einer Seite nach Lorants grober Skizze an. Als Textredakteur fungierte Walter Foitzick; er überwachte und redigierte den Text und schrieb meist die Überschriften.«[244] Bestätigt wird diese Beschreibung durch die Feststellung, dass auch die berühmte *Arbeiter-Illustrierte Zeitung* selbst zur Zeit ihres größten Erfolgs zwischen 1927 und 1933 in der Redaktion nur über fünf Mitarbeiter verfügte: neben Lilly Becher, der Verantwortlichen, ihr für das Layout verantwortlicher Assistent Hermann Leupold sowie ein Bildredakteur und Archivar, ein Zeichner und ein Stenograf.[245]

242 Eskildsen, *Weber*, S. 97.
243 Holzer, *Rasende Reporter*, S. 64 und S. 152.
244 Marckwardt, *Illustrierte*, S. 121, auf der Basis eines an ihn gerichteten Briefes von Lorant vom 29. Januar 1978.
245 Hardt, *Pictures for the Masses*, S. 22. Vgl. auch Willmann, *Geschichte der Arbeiter-Illustrierten Zeitung*.

Konferenz beim Chefredakteur.

Abb. 15: Von Anfang an konnte die *BIZ* nicht von einem Chefredakteur allein gestaltet werden. Allerdings fehlt es an Mitarbeiternamen. Auch eines der seltenen zum Thema in der Illustrierten veröffentlichten Fotos spricht nur ganz allgemein von einer »Konferenz beim Chefredakteur« (*BIZ* Nr. 50 vom 15. Dezember 1901, S. 786).

Vor diesem Hintergrund wird es plausibel, dass man auch bei der BIZ regelmäßig nur auf die Namen von drei Personen als verantwortliche Macher stößt. In der Ära Korff waren dies der schon genannte Carl Schnebel und Kurt Szafranski. Schnebel wurde wohl schon Anfang des 20. Jahrhunderts als »künstlerischer Beirat« eingesetzt, dann wurde ihm »die künstlerische Formgebung der Zeitung und ihrer graphischen Details übertragen«.[246] Die genaue Rolle des Zeichners und Illustrators Szafranski (1890-1964) neben Korff und Schnebel wird nirgends näher bestimmt. Einig ist man sich nur, dass es sich um eine »Muster-Mannschaft«, um ein »ideales Team« gehandelt habe.[247] In einem aktuellen Rückblick wird er als »Geschäftsführer der ›B.I.Z.‹« bezeichnet.[248] Als Jude emigrierte er mit seiner Familie 1935 in die USA. 1936 gründete er mit Korff das *LIFE*-Magazin.

Für die nationalsozialistischen Vorkriegsjahre lässt sich unter der Leitung Carl Schnebels zumindest ein wichtiger Mitarbeiter namentlich festmachen: Bis 1937 war Kurt Zentner (1903-1974) Bildredakteur und Chef vom Dienst.[249] Im Auftrag des mittlerweile ja ›arisierten‹ Ullstein-Verlags bereiste Zentner 1938 dann die USA, um das amerikanische Zeitungs- und Zeitschriftenwesen zu studieren. Seine Erkenntnisse flossen in die Konzeption des neuen Magazins *Der Stern* ein, dessen erster Chefredakteur er wurde.[250]

246 Luft, *Geschichte der Berliner Illustrirten*, S. 12.
247 De Mendelssohn, *Zeitungsstadt Berlin*, S. 111; Luft, *Geschichte der Berliner Illustrirten*, S. 12.
248 http://pressechronik1933.dpmu.de/aktuelles50-todestag-kurt-szafranski-1-3-2014/ [30.05.2018].
249 https://de.wikipedia.org/wiki/Kurt_Zentner [30.05.2018].
250 Tolsdorff, *Stern-Schnuppe*, S. 128-150.

Abb. 16: Anlässlich ihres 10-jährigen Jubiläums wurden 1901 nicht nur die Redaktionsmitglieder, sondern wohl alle an der Herstellung der *BIZ* irgendwie Beteiligten versammelt und von Georg August Busse fotografiert – insgesamt 38 Männer und neun Frauen.

Dieser Überblick beschreibt sicherlich völlig unzureichend die am Entstehen der einzelnen BIZ-Hefte Beteiligten. Selbst wenn man davon ausgeht, dass am Ende tatsächlich nur zwei oder drei Personen über die endgültige Gestalt des Produktes entschieden – die Vorarbeiten wurden definitiv von mehreren anderen geleistet. Schließlich musste eine Fülle von Arbeiten erledigt werden: Themen mussten gesammelt und Bearbeitungsaufträge erteilt, eingehende Bilder und Texte gesichtet und bearbeitet, neue Texte geschrieben werden. Das waren zwar im Einzelnen nicht zu überschätzende Hilfsdienste, die wahrscheinlich von einer wechselnden Zahl von Helfern ausgeübt wurden, aber unverzichtbar waren sie dennoch. Es wäre zwar schön, wenn man über ein paar Namen Bescheid wüsste, aber wichtiger als diese Details ist der Gesamtbefund: Letztlich spiegelt er eigentlich angemessen den kollektiven Entstehungsprozess des Medienproduktes ›Illustrierte‹, bei dem es verfehlt ist, nach dem zentralen individuellen Gestalter, Schöpfer oder Verantwortlichen zu suchen – eine Fiktion, die auch in Kunst und Literatur immer weniger aufrecht zu erhalten ist.

Abb. 17: Selbstverständlich gibt es keine empirischen Daten zur Leserschaft der *Woche* nach heutigen Maßstäben. Aber es ist durchaus plausibel, dass »die ›Woche‹ [...] in den Wohnstuben des Bürgers zu finden [ist], in den Wartezimmern der Ärzte, in allen Restaurationen und Kaffeehäusern«.[251] Eine Fülle von Fotografien aus den ersten Jahren des 20. Jahrhunderts zeigt sie als Requisit gutbürgerlich gekleideter Männer und Frauen.

2.4 *Die Woche* des Scherl-Verlags

August Scherl hatte 1883 mit der Gründung des *Berliner Lokalanzeigers* einen Sensationserfolg errungen. Mit dieser Zeitung begann nicht nur eine neue Ära in Berlin, sondern im gesamten Deutschen Reich. Doch das war dem umtriebigen Verleger nicht genug. Neben die textbasierte Zeitung sollte eine bildorientierte Zeitschrift treten, aber nicht nur irgendeine, sondern »eine Zeitschrift als Bild der Zeit für alles, was unsere Zeit beschäftigt und bewegt. Wir wollen *die* Wochenschrift für Deutschland schaffen!«, wurde 25 Jahre nach Gründung der *wo* der damalige Chefredakteur Gustav Dahms zitiert. Mag sein, dass man damals tatsächlich nur mit einer Auflage von 40.000 Exemplaren im ersten Jahr gerechnet hatte; auf jeden Fall war man jedoch wirklich völlig überrascht, als schon von

251 Ermann, *Scherl*, S. 189.

der dritten Nummer 400.000 Stück gedruckt werden mussten. »Die Gründung der ›Woche‹ war der größte Erfolg, den das Presseleben Deutschlands [...] je gesehen« hatte, konnte man deshalb auch nach 25 Jahren noch jubeln.[252]

Trotz dieses Erfolgs hielt sich die wissenschaftliche Auseinandersetzung mit dieser Illustrierten in engen Grenzen. Im Laufe der Jahrzehnte war sie nur Gegenstand von zwei oder drei Dissertationen.[253] Gründe wird man dafür mehrere anführen können. Stehen Illustrierte an sich schon nicht im Zentrum historisch-publizistischer Forschung, so haben es die Produkte des durchweg als konservativ eingestuften Scherl-Verlags besonders schwer. Hinzu kommt, dass man mit der *WO* zwar ein neues Kapitel der Illustrierten-Geschichte hatte beginnen können, ihre anfänglichen Erfolge vermochte die Zeitschrift jedoch nicht lange behaupten. Spätestens im Ersten Weltkrieg setzte ein erheblicher Auflagenrückgang ein. Betrug die Auflage 1915 noch notariell bestätigt 301.500 Stück,[254] so war man 1920 bei 215.000 Stück angelangt. Ein Relaunch 1924 scheint kurzfristig positiv gewirkt zu haben. Öffentlich warb der Scherl-Verlag 1925 mit einer Auflage von 300.000 Exemplaren,[255] tatsächlich lag die Zahl aber nur bei 254.000 und fiel bereits 1926 wieder auf 214.375 zurück. In dieser Größenordnung stagnierte sie 1927 und 1928. 1929 setzte sich der Abschwung fort. Von 205.000 fiel die Auflage über 193.000 im Jahr 1930 auf 181.000 1931, 162.00 1932 bis auf 150.450 im Jahr 1933.[256] Das war ein Verlust von gut 30 Prozent in nur fünf Jahren. 1934/35 bewegte sich nicht viel, erst danach stiegen die Verkaufszahlen allmählich wieder an, wie man den Pflichtangaben in den Impressen entnehmen kann. 1936 verkündete man »über 160.000«, für das zweite Vierteljahr 1939 »über 190.000«. Erst im Zweiten Weltkrieg konnten dann merklich mehr Exemplare abgesetzt werden. Zum Stichtag 15. März 1944 wird eine Auflage von 325.411 überliefert.[257] Zum Branchenführer *BIZ* oder auch nur dem NSDAP-Blatt *IB* vermochte die *WO* damit aber nicht aufzuschließen. Am 6. September 1944 musste sie ihr Erscheinen einstellen.

Auch als Werbemedium konnte die *WO* nur begrenzt mit dem Branchenführer *BIZ* konkurrieren. Es gelang ihr zumeist, rund ein Drittel ihres Umfangs mit Anzeigen zu füllen, selbst 1922, als die deutsche Wirtschaft nicht gerade florierte.

252 Rudolf Stratz, »Fünfundzwanzig Jahre Woche«. In: *WO* Nr. 11 vom 17. März 1923, S. 256 [Hervorh. i. Orig.].

253 Eine schmale, ganz der eher äußerlichen Beschreibung der bis dahin erschienenen Hefte legte während des Zweiten Weltkriegs Georg Klapproth, *Woche*, vor. Ein Vielfaches an Umfang und Inhalt lieferte dagegen die Lüneburger Dissertation von Sabine Schlingmann, *Woche*. Einen frühen Vergleich zwischen *WO* und *BIZ* lieferte darüber hinaus Marianne Büssemeyer, *Illustrierte Presse*.

254 *WO* Nr. 15 vom 10. April 1915, S. 512.

255 *ALA-Zeitungskatalog* 1925. Anzeigenteil S. 35.

256 Schlingmann, *Woche*, S. 51f. Die Zahlen entstammen den unveröffentlichten Geschäftsberichten im Nachlass Hugenberg und beziehen sich auf die jeweilige Druckauflage. Für die Verkaufsauflage ist nach Schlingmann ein Abschlag von 7 bis 10 Prozent in Rechnung zu stellen.

257 Schmidt, *Presse in Fesseln*, S. 216.

1928, in einer Zeit guter Konjunktur, konnte die Illustrierte von ihren 3.028 Seiten insgesamt 1.073 mit Anzeigen füllen, das waren 35 Prozent.[258] Das Problem lag mehr im Anzeigenpreis, der wiederum von der Auflagenhöhe abhängig war. Konnte die *BIZ* 1925 9.120 Mark für eine ganze Seite fordern, so musste sich die *WO* mit 3.200 begnügen.[259] Immerhin dürfte dies sogar noch 1930 ausgereicht haben, um die Verkaufserlöse zu übertreffen. Eine Modellrechnung veranschlagt Einnahmen von 64.000 bzw. 50.000 Mark pro Heft.[260]

Dann waren jedoch herbe Rückschläge hinzunehmen. 1931 musste man schon froh sein, wenn zumindest ein Viertel des Heftumfangs mit Anzeigen gefüllt werden konnte, und Anfang 1932 waren kaum noch 15 Prozent zu schaffen. Immer wieder waren die zudem nur durch großformatige Anzeigen für andere Scherl-Produkte zu erreichen. Es dauerte Jahre, bis diese Talsohle durchschritten war und es wieder aufwärts ging. Erst 1938 erreichte man wieder einen 20-Prozent-Wert. Damit war es jedoch schon bald wieder vorbei. 1940 musste man sich wieder mit 15 Prozent begnügen. Das konnte bis Frühjahr 1943 gehalten werden. Dann war kein Platz mehr für Werbung vorhanden. Während bis dahin in 32-Seiten-Heften noch auf bis zu fünf Seiten Anzeigen platziert wurden, blieb in den 28-Seiten-Heften ab Nr. 13/14 vom 7. April nur noch eine halbe Seite für die werbende Wirtschaft.

Von August Scherl zu Alfred Hugenberg

August Scherl (1849 - 1921) hatte sich zwar im späten 19. Jahrhundert zu einem der bedeutendsten Berliner Verleger entwickelt, aber nach der Wende zum 20. Jahrhundert wandte er sich immer mehr anderen und zum Teil recht abenteuerlichen Projekten zu. Er entwickelte ein Prämien-Sparsystem, machte sich Gedanken zur Theaterreform, engagierte sich im sozialen Wohnungsbau und propagierte die Motorfliegerei. Nicht alles davon gelang, aber das Meiste war zumindest kein Verlustgeschäft. Anders sah es aus, als er sich mit neuen Verkehrssystemen und einer Einschienenbahn beschäftigte. Das band immer mehr seiner Energie und seiner Finanzen. Am Ende kostete ihn dieses Projekt »genau sechs Millionen Mark«. Das setzte ihn immer mehr unter Druck. Möglicherweise litt er unter starken Depressionen. Seine Teilhaber drängten ihn jedenfalls zur Aufgabe seiner Geschäfte. 1913 kam ein komplexer Vertrag zustande, der seinen Verlag einem

258 Jaeger, *Fotografie in Anzeigen*, S. 425.
259 ALA-*Zeitungskatalog* 1925, S. 116f.
260 Jaeger, *Fotografie in Anzeigen*, S. 429.

Konsortium übergab.[261] 1914 legte er schließlich seine Ämter als Geschäftsführer und Vorsitzender des Verwaltungsausschusses der August Scherl GmbH nieder.[262]

Abb. 18: Zu den letzten Projekten des Scherl-Verlags, die noch unter Scherl selbst begonnen wurden, zählte eine Ergänzung zur *WO*, die *Export-Woche*, eine »illustrierte Wochenzeitschrift mit wirtschaftlichem und industriellem Inhalt für die Deutschen im Ausland und über See«. Begonnen wurde das Unternehmen 1912 mit zwei parallelen Ausgaben: »A« tatsächlich für das Ausland und »B« »hauptsächlich für das Inland bestimmt«. Diese angesichts der Zielgruppe etwas sonderbare Unterteilung wurde bereits 1914 aufgegeben. Bis 1928 erschien nur noch eine Ausgabe. Die 24 bis 32 Seiten umfassenden Hefte konnten für 20 Pfennige pro Heft gekauft (oder – etwas billiger – abonniert) werden. Wesentlich günstiger war der kombinierte Bezug mit der Hauptausgabe der *WO* selbst, da waren dann statt 25 + 20 Pfennige nur 35 Pfennige zu zahlen. Diese Hefte trugen dann auf dem Umschlag der *WO* den Vermerk »Export-Ausgabe«. Nach einem halben Jahr konnte der Verlag verkünden dass die *Export-Woche* über »57.000 Auslands-Abonnenten« verfügte, die als »die Elite des Deutschtums im Auslande« charakterisiert wurden.[263]

Immerhin hatte Scherl es zuvor verstanden, geschickt das Gerücht zu streuen, sein konservativ ausgerichteter Verlag stünde kurz vor der Übernahme durch die Konkurrenz der liberalen Großverleger Mosse und Ullstein. Sein Plan ging auf. Aus wohlhabenden konservativen Kreisen wurde ein »Deutscher Verlagsverein« gegründet, dessen alleiniger Zweck der Erwerb des Scherl-Verlags bildete. Am 1. Mai 1914 übernahm er Scherls Anteile.[264] Den Industriellen und Bankiers des Vereins war es jedoch nicht möglich, Scherls komplexes Unternehmen rentabel zu führen. Schon 1915 mussten sie die Regierung um Hilfe ersuchen. Diese wiederum wandte sich an die Ruhrindustrie. Auf diese Weise kam Alfred Krupp, der Vorsitzende des Direktoriums der Friedrich Krupp AG, ins Spiel. Hugenberg war bereits dabei, im Sinne der Schwerindustrie gezielt Einfluss in den deutschen Medien aufzubauen.[265] Die Übernahme des Scherl-Verlags durch Tilgung der Schulden des ›Deutschen Verlagsvereins‹ kam ihm da gerade recht. Hugenberg

261 Ermann, *Scherl*, S. 215ff. Das Zitat S. 253, zum Vertrag S. 276f. Vgl. zum Verkehrsprojekt auch: Scherl, *Schnellbahn-System*.
262 Schlingmann, *Woche*, S. 58.
263 WO Nr. 32 vom 10. August 1912, S. 1321.
264 Schlingmann, *Woche*, S. 59.
265 Vgl. als knappen Überblick Dussel, *Tagespresse*, S. 146-151, sowie Schlingmann, *Woche*, S. 64-67.

selbst hielt sich jedoch – hier wie in allen anderen Fällen – völlig im Hintergrund. Die Leitung des Verlagshauses erhielt 1920 Ludwig Klitzsch übertragen, über Jahrzehnte hin einer der engsten Mitarbeiter Hugenbergs.[266]

Hugenberg, seit 1919 Reichstagsabgeordneter und seit 1928 Parteivorsitzender der DNVP, schien sich 1933 als Minister für Wirtschaft, Landwirtschaft und Ernährung als starker Mann in der neuen Regierung Hitler zu etablieren. Allerdings vermochte er diese Rolle nur sehr kurz zu spielen. Schon nach wenigen Monaten musste er das Kabinett verlassen. Nach und nach verlor er auch den größten Teil seines Medienimperiums an die Nationalsozialisten. Nur der Scherl-Verlag wurde ihm bis 1944 belassen. Dann musste er auch diesen verkaufen; allerdings erhielt er äußerst günstige Konditionen gewährt. Durch geschickte Verteidigung und wohlwollende Richter gelang es ihm nach dem Zweiten Weltkrieg, nach mehreren Entnazifizierungsverfahren am Ende als ›entlastet‹ eingestuft zu werden.

Die Chefredakteure der Woche

So viel Kontinuität wie bei der Leitung der *BIZ* herrschte bei der *WO* nicht. Es dauerte bereits eine gewisse Zeit, bis August Scherl den Posten des Chefredakteurs dauerhaft besetzen konnte. Der erste Anlauf mit Oskar Klaußmann, den er dem Mosse-Verlag abgeworben hatte,[267] endete schon im ersten Erscheinungsjahr der neuen Illustrierten. Auch der zweite Versuch mit Gustav Dahms endete bereits im zweiten Jahr seiner Tätigkeit, im Herbst 1901. Vermutlich war dies aber krankheitsbedingt, denn Dahms verstarb bereits am 29. November jenes Jahres. Und möglicherweise war Dr. Paul Remer von Anfang an als Übergangskandidat geplant. Er amtierte nur von Mitte Oktober 1901 bis März 1902. Paul Dobert, der danach für die *WO* verantwortlich zeichnete, war nämlich bereits für Scherl tätig. Seit 1894 leitete er die vom Stuttgarter Spemann-Verlag übernommene Familienzeitschrift *Vom Fels zum Meer*.

Mit dem 1860 geborenen Dobert scheint Scherl ausgesprochen zufrieden gewesen zu sein. Dobert amtierte als Chefredakteur der *WO*, solange Scherl seinem Verlag vorstand, und auch noch ein paar Jahre darüber hinaus. Warum die Zusammenarbeit zwischen Verlag und Dobert im Sommer 1920 endete, muss offen gelassen werden. Vielleicht gab es politische Differenzen mit der neuen grauen Eminenz des Verlags, Alfred Hugenberg, und dem neuen Verlagsleiter Ludwig

266 Ebd., S. 63.
267 Ermann, *Scherl*, S. 185.

Klitzsch, vielleicht wollte man sich aber auch nur dem neuen Zeitgeist mehr öffnen. Auf jeden Fall war die Sache aber nicht gut vorausgeplant, denn erneut gab es eine Phase mit mehreren Wechseln. Vertretungsweise hatte schon zuvor immer wieder der altgediente Redakteur Dr. Otto Krack amtiert, der seit der Gründung der *WO* – und bis Ende 1934 – für die Illustrierte arbeitete.[268] Bei den Heften 33 bis 35 war dann Ludwig Sternaux ebenfalls vertretungsweise für die Zeitschrift verantwortlich, ehe im September 1920 Karlernst Knatz eingesetzt wurde. Aber auch Knatz war keine Lösung von längerer Dauer. Schon 1921 gab es laut Impressum wieder einen verantwortlichen Redakteur »i. V.«, dieses Mal Alfred Georg Hartmann. Hartmann, der vom *Berliner Lokalanzeiger* kam und schon im Ersten Weltkrieg vertretungsweise bei der *WO* gearbeitet hatte, amtierte zwar drei Jahre, war aber wohl nicht erfolgreich genug. 1924 wurde dann der einschlägig ausgewiesene Carl Rhan verpflichtet,[269] der einen grundlegenden Relaunch der Illustrierten in die Wege leitete.[270] Rhan gelang es damit jedoch nur kurzfristig, die wachsenden Auflagenverluste zu stoppen. Anfang 1930 wurde Rhan schließlich von Dr. Lovis Hans Lorenz (1898-1976) abgelöst. Der 1923 promovierte Kunsthistoriker war von 1925 bis 1929 Redakteur beim *Hamburger Fremdenblatt* und zuletzt Chefredakteur der *Hamburger Illustrierten* gewesen. Wenn wenige Jahre später festgestellt wurde, dass die *WO* mit Lorenz wieder eine »politisch klar betonte Linie« erhielt,[271] ist damit wohl auch eine inhaltliche Aussage zu verbinden: Da Lorenz die Machtübernahme durch die Nationalsozialisten überstand und unbeschadet bis zur kriegsbedingten Einstellung der Illustrierten amtierte, kann unterstellt werden, dass er sich ihnen gegenüber zumindest nicht sehr ablehnend verhielt.[272] Ein wahrscheinlich nicht unbeträchtliches Zubrot verdiente sich Lorenz, als sein 1936 in der *WO* (und noch im selben Jahr als Buch im Scherl-Verlag) veröffentlichter melodramatischer Roman *Zu neuen Ufern* 1937 sehr erfolgreich mit Zarah Leander in der Hauptrolle verfilmt wurde.[273]

Nach Kriegsende scheint Lorenz' Position übrigens anders bewertet worden zu sein, und dies bestimmt die Rückblicke bis heute. Lorenz gehörte 1946 zu den Lizenzträgern der Wochenzeitung *Die Zeit* – »vier gestandenen Männern, die die Nazizeit mit weißer Weste überstanden hatten«, wie Haug von Kuenheim

268 Klapproth, *Woche*, S. 11. Vertretungen zuletzt 1919 bei den Heften 21 bis 23 und 1920 bei den Heften 22 bis 26.
269 Rhan war möglicherweise von Anfang an, also seit 1903, als Bildredakteur für *Die Zeit im Bild* zuständig, und wahrscheinlich ab 1919 Redakteur von *Das Weltbild* (Weise, *Fotografie in deutschen Zeitschriften*, S. 21, 23.
270 Zu den Veränderungen ausführlich: S. 129.
271 Klapproth, *Woche*, S. 57.
272 Die überlieferte Akte der Reichskulturkammer ist wenig aussagekräftig: Bundesarchiv R 9361-V/27.551.
273 *WO* Nr. 7 vom 12. Februar bis einschließlich Nr. 17 vom 22. April 1936.

2006 milde zusammenfasste,[274] und auch für Mainhardt Graf von Nayhauß, für den Lorenz der »Hauptlizenzträger« der *Zeit* war, hatte Lorenz – man möchte fast ergänzen: entsagungsvoll – »als Chefredakteur der Scherl-Illustrierten ›Die Woche‹ so lange ausgehalten [...], bis Reichspropagandaminister Joseph Goebbels das Blatt einstellte«.[275]

Auch bei der *WO* kann nur wenig zur Zusammensetzung der Redaktion gesagt werden, weil kaum Informationen dazu vorliegen. Im Impressum gibt es seit 1933 eine kleine Differenzierung. Neben Lovis Hans Lorenz als Chef und »Hauptschriftleiter« wird als »Vertreter und Leiter des Bildteiles Martin Stiebing« und als »Leiter des Textteiles: Dr. Otto Krack« genannt. Stiebing, der 1938 den Roman *Keiner lebt für sich Allein* und in den 1940er-Jahren weitere Romane veröffentlichte, hatte diese Position bis Ende 1940 inne. Krack ging Ende 1934 in den Ruhestand. An seine Stelle trat Dr. Otto Heraeus, vermutlich 1904 geboren. Heraeus übernahm 1941 wohl auch die Aufgaben von Stiebing. Spätestens 1943 war er bei der Wehrmacht.

Zum inhaltlichen Profil der Woche

August Scherl ließ dem ersten Heft seiner neuen Zeitschrift kein programmatisches Vorwort voranstellen, geschweige denn, dass er sich selbst entsprechend geäußert hätte. Die erste Nummer der *WO* erschien so, als ob es die Illustrierte schon immer gegeben hätte. Schon nach wenigen Heften hatte sie allerdings klar gemacht, was man darin erwarten konnte. Und bis zum Ersten Weltkrieg gab es darin keine größeren nennenswerten Änderungen.

Bereits Heft 2 führte vor, was ein Charakteristikum der Illustrierten bilden würde: ihre Regierungs- und Staatsnähe. »Zum 80. Geburtstag des Reichskanzlers« Chlodwig zu Hohenlohe-Schillingsfürst erfolgte eine ausführliche Würdigung nicht durch irgendeinen Journalisten, sondern durch »Prof. Dr. August Schricker, Geh. Regierungsrat« im Reichsamt des Innern.[276] Aber nicht nur um die politische Laufbahn des Fürsten sollte es gehen, auch der Politiker als Mensch sollte ein Stück weit dargestellt werden. Ein Zwischentitel lautete denn auch »Der Reichskanzler zu Hause«. Auch bildlich tastete man sich an diese Form heran. Unter den 18 dem Artikel beigegebenen Fotos waren nicht nur Aufnahmen des Kanzlers, sondern auch von seiner Frau und seiner Tochter, seines Adjutanten

274 http://www.zeit.de/2006/08/I_zeitintern_S [30.05.2018].
275 Nayhauß, *Chronist der Macht*, S. 189f.
276 *WO* Nr. 2 vom 25. März 1899, S. 48-52.

und dessen Frau, seiner Schwester, seiner Nichte und deren Kindern sowie etlicher weiterer Verwandter.

Vielleicht hatte der Kanzler die Vertreter der *Woche* nicht wirklich in sein Heim gelassen, vielleicht war man sich in der Redaktion auch unsicher, wie weit man gehen durfte. So oder so: Schon in Heft 3 wagte man sich deutlich weiter vor. »Bei Miquel« war der dreiseitige Artikel von K. von Mittelstädt überschrieben, und die sechs Fotos zeigten nicht nur das obligatorische Porträt des preußischen Finanzministers sowie Aufnahmen von ihm am Schreibtisch und bei der Lektüre. Es fehlte auch nicht das Foto von »Miquel im Kreise seiner Familie«. Und als zukunftsweisende Neuerung gab es eine Aufnahme von Privatestem – von »Miquels Schlafzimmer«. Kein Zufall dürfte es gewesen sein, dass das letzte Motiv in Form eines (querliegenden) Schlüssellochausschnitts gestaltet wurde.[277]

Derartiges schien gut anzukommen und so folgten nach und nach Besuche bei anderen Regierungsmitgliedern. Allerdings war deren Zahl beschränkt und so musste man die Kreise erweitern. Im Laufe der Jahre wurden in jeweils vielteiligen Serien »Unsere Diplomaten im Ausland« aufgesucht sowie parallel dazu mit viel Intimität verheißendem Titel »Unsere Parlamentarier zu Hause«. Und warum sollte man sich auf Politiker beschränken? Interessierte sich das Publikum nicht auch für andere Berühmtheiten? In Heft 4 des ersten Jahrgangs wurde mit »Bei Meister Stuck« ein Bild-Text-Bericht über den damals berühmtesten Maler Münchens präsentiert, in Heft 8 mit »Kainz zu Hause« einer über den nicht minder berühmten in Berlin lebenden Schauspieler.[278]

Mit der *WO* sollten eindeutig nicht nur männliche Leser angesprochen werden. Als mindestens ebenso wichtig wurde der weibliche Teil der Leserschaft erachtet. Schon im allerersten Heft wurden in dieser Hinsicht eindeutige Zeichen gesetzt. Die erste eindeutige Homestory galt einer Frau: Dora Duncker erhielt drei Seiten für die Darstellung von ihrem »Besuch bei Agnes Sorma«.[279] Die bekannte Schauspielerin wurde nicht nur in ihrem Salon abgelichtet, sondern auch mit ihrem Sohn in der Küche. Und schließlich durfte auch bei ihr ein – wenn auch dezenter – »Blick ins Speise- und Schlafzimmer« nicht fehlen.

277 *WO* Nr. 3 vom 1. April 1899, S. 88-90.
278 *WO* Nr. 4 vom 8. April 1899, S. 128-131; *WO* Nr. vom 6. Mai 1899, S. 290-293.
279 *WO* Nr. 1 vom 18. März 1899, S. 23-25.

Abb. 19: Dass man den Lesern der neuen Illustrierten auch optisch etwas bieten wollte, zeigen viele Details. Der Artikel »Ein Besuch bei Agnes Sorma« wurde mit einer aufwändig gestalteten Initiale mit integriertem Foto eröffnet.

An diesen Artikel schlossen zwei Seiten »Die Mode bei Hofe« – selbstverständlich nur bei Frauen –, dann 5 ½ Seiten über »Die Ehefrage« und schließlich 2 ½ Seiten über »Die Kindererziehung der Zukunft«. Über Jahre hin waren besonders Artikel zur in der Oberschicht gerade getragenen Mode regelmäßiger Bestandteil der *wo*, zumal bei diesem Sujet auch die anschauliche Qualität der Fotografie besonders zum Tragen kam.

Allerdings wäre es verfehlt, nun sofort auch ein besonders reaktionäres Frauenbild der politisch insgesamt sehr konservativen Zeitschrift zu unterstellen. Im Gegenteil positionierte sich die *wo* in dieser Hinsicht anfangs teilweise als ausgesprochen modern. Schon in Heft 12 des ersten Jahrgangs konnte »G. D.« die »Führerinnen der deutschen Frauenbewegung« vorstellen und ihr Anliegen mit warmen Worten fördern, wie nicht zuletzt der Schlusssatz des Artikels zeigt: »Alle diese Frauen fühlen die Kraft in sich, aus der schweren Bedrängnis der Zeit einen Ausweg sich selber zu bahnen und fordern nur ihr gutes Recht, auf dem Gebiete beruflicher Ausbildung und berufsmäßigen Erwerbes von dieser ihrer Kraft uneingeschränkten Gebrauch machen zu dürfen.«[280] Von politischen Rechten war zwar nicht die Rede und den auf den Fotos durchweg schwarz und sehr schlicht gewandeten Frauen wurden auf den beiden folgenden Seiten helle »Neue Sommermoden« und »Sommerhüte und Reisemäntel« gegenübergestellt, die ein ganz anderes Frauenbild ansprachen, aber trotzdem sollten derartige Signale nicht ignoriert werden. Die systematische Durchsicht der *wo* ergab denn auch, dass die Illustrierte vor dem Ersten Weltkrieg durchaus »im Zeichen

280 *wo* Nr. 12 vom 3. Juni 1899, S. 464-466, hier S. 466.

emanzipatorischen Aufbruchs« betrachtet werden konnte – ein Anspruch, der nach dem Ersten Weltkrieg weitgehend aufgegeben wurde.[281]

Neben diesen Text-Bild-Artikeln wurden größere Heftteile mit reinem Text gefüllt – zum einen den Fortsetzungsromanen, zum anderen aber auch durch kürzere Prosastücke oder belehrende Artikel. Letztere wurden im Laufe der Jahre zunehmend bebildert und füllten vor allem dann einen beträchtlichen Heftteil, wenn es an größeren Homestorys fehlte. Thematisch waren sie breit gefächert, aber eindeutig an gehobenes Bildungsbürgertum adressiert. Heft 10 vom 5. März 1910 beispielsweise präsentierte in dieser Hinsicht einen 4 ½-seitigen, mit 14 Fotos, Zeichnungen und Karten reich bebilderten Artikel des Altorientalisten Carl Friedrich Lehmann-Haupt über die Assyrerkönigin Semiramis, dann einen fast genauso langen Beitrag von Ola Alsen mit »7 Spezialaufnahmen für die ›Woche‹ von A. Hertwig« mit Einrichtungsvorschlägen für das gutbürgerliche »Zimmer der Dame« und schließlich einen 3 ½ Seiten umfassenden Bericht des Schriftstellers Edgar Alfred Regener über »Die Flensburger Kunstschule« mit sieben Fotos vor allem zu Holzschnitzereien.[282]

Es verdient ausdrückliche Hervorhebung, dass in diesen ersten Jahren sämtliche einfacheren Formen an Unterhaltung in der *WO* fehlten, die ansonsten schon damals zu den Standards der Illustrierten zählten: Witzen und Witzzeichnungen wurde genauso wenig Platz eingeräumt wie den gängigen Rätselecken.

Nach dem Ersten Weltkrieg musste dieses inhaltliche Konzept modifiziert werden, wenn die politische Position nicht ganz geändert werden sollte. Durch die Revolution war die traditionelle Deckung zwischen konservativer Ausrichtung und Regierungs- und Staatsnähe nicht mehr gegeben. Der weite Bereich der Hofberichterstattung und der wohlwollenden Homestorys zu Politikern und politischem Personal entfiel. Direkte Opposition wollte sich die Zeitschrift aber auch nicht leisten. Also zog sie sich weitgehend vom Feld des Politischen zurück. Will man die zentrale Veränderung auf eine knappe Formel bringen, kann man sagen: Während des Kaiserreichs bot die *WO* Politik und Belehrung über gehobene Formen der Kultur. In der Weimarer Republik wurde die Politik durch Unterhaltung ersetzt. Dazu gehörte, dass man sich in einem ganz speziellen Punkt dem Gängigen anglich: Man begann mit Witzzeichnungen, denn »Humor im heutigen Sinne, den illustrierten Witz aus dem Alltag, der gegenwärtig als ein selbstverständliches Zubehör jeder illustrierten Zeitschrift gilt, hat die ›Woche‹ seit ihrer Gründung bis zum Jahre 1925/26 nicht gekannt«.[283]

281 Schlingmann, *Woche*.
282 *WO* Nr. 10 vom 5. März 1910, S. 410-414; S. 418-422; S. 422-425.
283 Klapproth, *Woche*, 55f.

Weil sich auch die Inhalte der Artikel wandelten, verlor die *WO* in der zweiten Hälfte der 1920er-Jahre einiges von ihrer konservativen Sonderstellung. Einem Resumee, das schon 1941 gezogen wurde, kann deshalb jenseits seiner spezifischen Wertungen durchaus zugestimmt werden: »Hatte die ›Woche‹ früher – von 1899 bis 1920 – Wert darauf gelegt, in Inhalt und Form ausgesprochen seriös zu sein, so kann nach den ersten bunten Titeln gegen Ende 1923 und besonders nach der Umstellung auf das Großformat von der ursprünglichen Gediegenheit keine Rede mehr sein.«[284] In den Jahren 1924 bis 1930 will die *WO* »nur unterhalten und nimmt auf den dekadenten Geschmack der Nachkriegszeit weitgehend Rücksicht.«[285] Es liegt nahe, dass aus dieser Perspektive schon die Veränderungen in den Jahren 1930 bis 1933 als »Rückkehr zu politischen Zeitung« als durchaus positiv bewertet wurden. Ihren Abschluss fand diese Entwicklung mit der Machtübernahme der Nationalsozialisten. »Von diesem Zeitpunkt an hat sich die ›Woche‹ mit allen ihr zur Verfügung stehenden Mitteln in den Dienst des nationalen Aufbaus gestellt«.[286]

Die Machtergreifung der Nationalsozialisten und die immer striktere Reglementierung der Presse brachten hinsichtlich des Unterhaltungsteils nur begrenzt Veränderungen. An eine Rückkehr zu den kaiserzeitlichen Verhältnissen wurde anscheinend noch nicht einmal gedacht. Zwar wurde die Illustrierung von Romanen und Novellen in der *WO* zurückgefahren, aber Witze (samt Witzzeichnungen) und Rätsel waren fest etabliert. In diesem Zusammenhang gab es schließlich eine formale Veränderung, die gleichwohl auf der Grenze zum Inhaltlichen zu lokalisieren ist. Im Sommer 1939, genau gesagt mit Heft Nr. 28 vom 12. Juli, schloss sich die *WO* auch in einem ganz spezifischen Punkt dem Vorgehen ihrer Konkurrenz an: Sie präsentierte erstmals Witze und Witzzeichnungen auf der letzten Seite, zunächst unter dem nicht sehr inspirierten Rubrikentitel »Humor der Woche«, nach wenigen Wochen dann unter der individuelleren Bezeichnung »›Die Woche‹ hört gut auf«. Es muss offen gelassen werden, warum man sich anschließend eine Zeit lang auf das völlig farblose »Humor« beschränkte, bis man schließlich ab Sommer 1940 auf das eingängigere »Humor der ›Woche‹« verfiel, wobei ›Woche‹ im Rot des Titel-Signets gedruckt wurde.

Als Kurzformel wird man festhalten dürfen, dass im NS-Staat zwar wieder die Politik in die *WO* zurückkehrte, Belehrung und Unterhaltung aber beibehalten wurden.

284 Ebd., S. 53.
285 Ebd., S. 95.
286 Ebd., S. 96.

2.5 Der *Illustrierte Beobachter* der Nationalsozialisten

Als Ende Juli 1926 die erste Nummer des *IB* im Münchener Verlag Franz Eher Nachfahren GmbH erschien, handelte es sich mehr um ein aufwändigeres Erinnerungsblatt als um eine Zeitschrift: Ein in der Mitte gefalteter Bilderbogen ergab vier Seiten mit nur einem Thema, Momentaufnahmen vom »Tag von Weimar« am 3. und 4. Juli jenes Jahres, dem ersten Parteitag der NSDAP nach ihrem gescheiterten Putsch im November 1923 und ihrer Wiedergründung im Februar 1925.[287] Bei aller Unbeholfenheit war es aber doch ein zukunftsweisender Versuch, die Geschlossenheit der eigenen Bewegung zu visualisieren – den Dabei-Gewesenen zur Stärkung, potentiellen Interessenten zur Überzeugung.

Zielstrebig versuchte Parteichef Adolf Hitler auch mit seiner Illustrierten, die Öffentlichkeit auf sich und seine Partei aufmerksam zu machen. Damit setzte er eine Linie fort, auf die er sich von Anfang an festgelegt hatte. Kaum war er der völkischen Splittergruppe ›Deutsche Arbeiterpartei‹ beigetreten und hatte sie Anfang 1920 zur ›Nationalsozialistischen Deutschen Arbeiterpartei‹ umgeformt, wurde schon Ende 1920 auf sein Betreiben hin die Gelegenheit ergriffen und ein kleiner Verlag erworben. Franz Eher hatte im Jahr 1900 das 1887 gegründete Vorstadtblatt *Münchner Beobachter* übernommen und auf antisemitischen Kurs gebracht. Nach seinem Tod 1918 drohte dem Verlag, der in eine GmbH umgewandelt worden war, der Konkurs. Als Retter in der Not erwies sich nun Hitlers NSDAP. Wichtigste Publikation des Partei-Verlags war zunächst die in *Völkischer Beobachter* umbenannte Zeitung. Im Sommer 1925 konnte er den ersten Band von Hitlers *Mein Kampf* herausbringen, im Dezember 1926 den zweiten.

Verlagsleiter war seit April 1922 Max Amann, zeitweise Hitlers Vorgesetzter im Ersten Weltkrieg und seit August 1921 Geschäftsführer der NSDAP. Amann verstand es, den Verlag von kleinsten Anfängen zu einem riesigen Konzern auszubauen, dem gegen Ende des Zweiten Weltkriegs schließlich fast die gesamte deutsche Presse einverleibt war.[288] Der *Völkische Beobachter* war zur größten deutschen Tageszeitung geworden, der *IB* zu einer der größten Illustrierten. Bis dahin war es allerdings ein weiter Weg gewesen.

Die 12-seitige Folge 2 des *IB* vom September 1926 hatte zwar ein monatliches Erscheinen verkündet, aber Folge 3 erschien erst im November. Immerhin: Im Dezember 1926 konnten dann schon zwei Hefte erscheinen, und bei diesem Turnus blieb es in den nächsten knapp zwei Jahren. Ende 1927 soll zumindest für die

287 Vgl. Ulmer, *Lichtbild in der Münchner Presse*, S. 104.
288 Vgl. insgesamt: Tavernaro, *Verlag Hitlers*.

Nr. 16 eine »Riesenauflage von über 100.000 Stück« erreicht worden sein.[289] Im Oktober 1928 wurde dann zum wöchentlichen Erscheinen übergegangen. Zum gängigen Illustrierten-Preis von 20 Pfennigen blieb es bei einem mit 12 Seiten Umfang recht bescheidenen Angebot. Mit steigender Auflage musste vor allem an dieser Stelle nachgebessert werden. Für das gleiche Geld gab es 1930 durchschnittlich 16 Seiten und ab Anfang 1931 sogar 24 Seiten. Im selben Jahr noch erreichte der *IB* eine Auflage »von über 200.000 Exemplaren«, wenn man der Eigenaussage trauen darf. Ob der Illustrierten verschiedene Verbote tatsächlich schadeten, muss offen gelassen werden. Wahrscheinlich nutzten sie ihr mehr, denn das verstärkte nur den Nimbus der »weitverbreitetsten (!) nationalsozialistischen Kampfschrift«, so die Selbstaussage.[290] Anfang 1932 wurden selbstbewusst sehr detaillierte Auflagenzahlen veröffentlicht. Sie schwankten für den Januar und Februar um 265.000 und nach einem kurzen Verbot seit Mitte März um 290.000. Für Heft 15 vom 9. April wurden »294.000« angegeben und bemerkt: »Auch bei diesen Auflagen sind keinerlei Werbe-Exemplare enthalten!«[291]

Das war primär an die werbetreibende Wirtschaft gerichtet, und es wurde von dieser auch entsprechend wahrgenommen. Anfang 1932 war das Blatt von ihr noch kaum beachtet worden. In Heft 7 vom 13. Februar konnte man gerade einmal drei von 24 Seiten mit Anzeigen füllen, und das schaffte man auch nur, weil sich darunter eine Seite Werbung für die eigenen Verlagsprodukte befand. In der zweiten Jahreshälfte sah das dann schon viel besser aus. In Heft 33 vom 18. August gab es bei nach wie vor 24 Seiten Gesamtumfang schon sechs Seiten Werbung, und der Eher-Verlag selbst brauchte davon nur eine halbe Seite zu belegen. Mit jeweils ganzseitigen Anzeigen machten zwei Zigarettenfirmen auf sich aufmerksam. Mit derartiger Unterstützung konnte das Angebot ausgebaut werden. Nr. 40 vom 1. Oktober präsentierte sich mit 32 Seiten Umfang. Acht Seiten Fremdwerbung (zu denen dann noch eine Seite Eigenwerbung des Eher-Verlags hinzukam) waren um diese Zeit schon beachtlich; von Zigarettenfirmen wurden drei jeweils ganzseitige Anzeigen geschaltet.

Um diese Zeit scheint man auch mit einer Zweitausgabe des *IB* als Zeitungsbeilage experimentiert zu haben. Allerdings liegen dazu nur sehr wenige Informationen vor, eher Indizien; konkrete Hefte konnten nicht eingesehen werden. Eine Spur führt in die Deutsche Nationalbibliothek Leipzig, wo für 1931 17 Hefte einer Ausgabe ›B‹ verzeichnet sind. Ein zweiter Hinweis findet sich im *IB*-Sonder-

289 *IB* Nr. 17 vom 15. September 1927, S. 245.

290 Beide Zitate anlässlich des Verbots im April 1931: *IB* Nr. 16/19 vom 9. Mai 1931, S. 365. Ein weiteres Verbot erfolgte im Februar 1932: *IB* Nr. 10/11 vom 12. März 1932, S. 225.

291 *IB* Nr. 17 vom 23. April 1932, S. 379.

heft zum Tag der Arbeit 1933. Dort heißt es in einer Anzeige auf der letzten Seite: »Hinweg mit den sog. neutralen Bildbeilagen sog. neutraler Verleger; deutsche Provinzzeitungen beziehen für ihre Leser nur die Ausgabe A des Illustrierten Beobachters, Umfang 16 Seiten.« Nun ist zwar einmal von ›A‹ die Rede, das andere Mal von »B«, aber da der reguläre *IB* 1932/33 definitiv 32 Seiten umfasste, muss es sich bei den 16-Seiten-Heften um eine andere Ausgabe gehandelt haben. Irritieren muss allerdings, dass sich im *Handbuch der Deutschen Tagrespresse* von 1934 kein einziger Hinweis auf diese Beilage finden lässt.[292]

Ende 1932 hatte sich der *IB* jedenfalls fest etabliert, seine Auflage soll 302.000 Exemplare betragen haben. Dann begann die Illustrierte massiv von der Machtübernahme der Nationalsozialisten zu profitieren. Bis zum Jahresende 1933 sollen 840.000 Exemplare erreicht gewesen sein.[293] Das war aber wohl nur eine vage Angabe. Von 1934 an mussten nämlich bis zum Beginn des Zweiten Weltkriegs pflichtgemäß im Impressum genaue Angaben zur durchschnittlichen Auflagenhöhe im vorangegangenen Quartal veröffentlicht werden. Sie zeigen für die Jahre 1934 und 1935 ein völlig überraschendes Bild: Zunächst schien sich der Höhenflug der Partei-Illustrierten ungebrochen fortzusetzen. Nach 816.564 Exemplaren für das vierte Quartal 1933 – ausdrücklich erwähnt: ohne Werbe-Exemplare – wurden 854.762 Exemplare für das erste Quartal 1934 erreicht – so die Angabe in Heft 14 von 1934. Diese Zahl wurde auch noch in Heft 20 genannt. In Heft 21 wurde sie jedoch auf 812.173 herunterkorrigiert.[294] Und es kam für die Illustrierten-Macher noch schlimmer. Für das zweite Quartal 1934 mussten sie sogar einen Auflagenrückgang auf 768.490 Exemplare eingestehen.[295] Im dritten Quartal schien sich zwar eine Trendwende abzuzeichnen, weil man einen leichten Anstieg auf 778.087 Exemplare verzeichnen konnte, aber das vierte Quartal zeigte, dass es sich um ein Strohfeuer gehandelt hatte: Man lag nur noch bei 718.859 Exemplaren. Und der Abschwung setzte sich fort: Für das erste Quartal 1935 musste ein Tiefstwert von 671.163 Exemplaren gemeldet werden, im zweiten Quartal waren es mit 672.945 nur wenig mehr. Im Vergleich zum Höchstwert für Anfang 1934 war das in eineinhalb Jahren ein Schwund von gut 180.000 Heften – rund 20 Prozent der Auflage!

292 Nicht ganz eindeutig sind auch die beiden Hinweise im Handbuch von 1932: Für die von Hans Schemm in Bayreuth herausgegebene Wochenzeitung *Kampf (für deutsche Freiheit und deutsche Kultur)* wird eine »›Ausgabe B‹ Kampfzeitung mit ständiger Beilage des Illustrierten Beobachter« vermerkt (S. 28) und beim *Inntal-Boten* in Rosenheim wird ebenfalls auf den IB hingewiesen (S. 55), aber eine genauere Bestimmung ist dadurch nicht möglich.

293 *IB* Nr. 1 vom 6. Januar 1933, S. 19.

294 *IB* Nr. 20 vom 19. Mai 1934, S. 833; *IB* Nr. 21 vom 26. Mai 1934, S. 868.

295 *IB* Nr. 28 vom 14. Juli 1934, S. 1183.

Über die Gründe für diesen Einbruch lässt sich nur spekulieren, weil keine Informationen über die Käuferschaft und ihre Motive vorliegen. Sicherlich hat es jedoch mit dem Angebot als solchem zu tun. Auf diesen Punkt ist an gegebener Stelle zurückzukommen.

Jedenfalls vermochte man gegenzusteuern und den Abwärtstrend zu stoppen. Die Auflage begann sogar wieder leicht zu steigen: über 678.719 (3. Quartal 1935) auf 682.643 (4. Quartal 1935). Auf diesem Niveau vermochte sie sich zu stabilisieren. Dazu trug wahrscheinlich auch bei, dass man sich der Unterstützung der Deutschen Arbeitsfront versichert hatte. Am 4. November 1935 gab ihr Leiter, Robert Ley, einen Aufruf heraus, in dem es hieß:

> »Der ›Illustrierte Beobachter‹, die zentrale Bilderzeitung der NSDAP, widmet sich auf Grund einer Vereinbarung mit mir fortan in besonderem Maße der Arbeit der DAF und der NSG ›Kraft durch Freude‹. Ich erwarte von jedem Angehörigen der DAF, dass er neben den Zeitschriften der DAF in erster Linie den ›I.B.‹ liest.«[296]

Es dauerte allerdings bis 1937, bis in 15 Folgen »Die Deutsche Arbeitsfront – ihre Ämter und Leistungen« vorgestellt wurde.[297]

Neben der Unterstützung der Arbeitsfront gab es immer wieder auch eine gewisse Förderung durch das Propagandaministerium. Im Oktober 1936 wurde die deutsche Presse beispielsweise aufgefordert, »im Rahmen der Berichterstattung über den Berliner Gautag [der NSDAP, K.D.] eine Sondernummer des *IB*« zu besprechen; im Dezember erfolgte dann auch ein Hinweis auf die *IB*-Sondernummer »Antikomintern«, die allerdings erst nach Weihnachten von der Presse besprochen werden sollte.[298]

Mit den Verkäufen hatte es zwar zwischendurch gehapert, aber für die werbetreibende Wirtschaft wurde das Parteiorgan immer interessanter. Im Herbst 1933 konnten schon acht bis neun Seiten Anzeigen zusammengebracht werden; bei einem Heftumfang von 36 oder 40 Seiten waren das schon fast 25 Prozent. 1934 setzte sich das fort. Im Durchschnitt lag man bei etwa 30 Prozent Werbeanteil am Heftumfang, wenn es gut lief, wie bei Nr. 38, konnten es 16 von 48 Seiten sein. Was 1934 die Ausnahme war, bildete 1935 dann die Regel. Fast durchweg war nun ein Drittel der Hefte durch Anzeigen belegt. 1936 musste man dagegen einen gewissen Rückschlag verkraften. Nun lag der durchschnittliche Werbeanteil am Heftumfang wieder nur bei etwa einem Viertel.

296 *IB* Nr. 47 vom 21. November 1935, S. 1872.
297 *IB* Nr. 17 vom 29. April bis Nr. 31 vom 5. August 1937.
298 Anweisung vom 29. Oktober 1936 (*NS-Presseanweisungen der Vorkriegszeit,* Bd. 1936/3, S. 1286) und vom 17./21. Dezember 1936 (ebd., S. 1571 bzw. S. 1591) [Hervorh. i. Orig.].

1936/37 begnügte man sich regelmäßig mit der pauschalen Auflagen-Angabe »über 685.000«. Anschließend ging es erneut aufwärts bis »über 800.000«, wie Anfang 1939 festgestellt wurde.[299] Im Zweiten Weltkrieg setzte sich diese Entwicklung fort. Ende 1944 wurde – wie bereits erwähnt – fast die Zwei-Millionen-Marke erreicht. Anzeigen spielten um diese Zeit keine nennenswerte Rolle mehr. Allerdings wird sich das Blatt für den Verlag wahrscheinlich sogar noch mehr rentiert haben als früher: Auch als man statt 48 Seiten – wie zu Glanzzeiten – nur noch 12 Seiten druckte, blieb man beim bisherigen Preis von 20 Pfennigen pro Heft.

Offen gelassen werden muss zum gegenwärtigen Zeitpunkt, in welcher Weise sich zwei Spezialausgaben des *IB* während des Zweiten Weltkriegs von der Hauptausgabe unterschieden. In der Deutschen Nationalbibliothek in Leipzig lagern zwar jeweils vier Jahrgänge (1941-1944), die mit ›Auslandsausgabe‹ bzw. ›Feldpostausgabe‹ bezeichnet werden, jedoch sind laut schriftlicher Auskunft zur Zeit alle Hefte aufgrund ihres schlechten Zustandes für die Benutzung gesperrt, sind verpackt und warten darauf, restauriert zu werden.[300]

Die Chefredakteure des Illustrierten Beobachters

Hitlers Fotograf Heinrich Hoffmann gestaltete nur die erste Folge des *IB*. Danach erhielt Hermann Esser diese Aufgabe übertragen, einer der frühesten Kampfgefährten Hitlers, der bei der Wiedergründung der NSDAP im Februar 1925 die prestigeträchtige Mitgliedsnummer »2« erhalten hatte.[301] Für den am 29. Juli 1900 Geborenen war dies allerdings nur eine Art Trostpflaster, denn 1925/26 war er Reichspropagandaleiter gewesen, hatte sich aber nicht im inneren Führungszirkel der Partei behaupten können. Die Leitung der Illustrierten hatte er dann fast sechs Jahre lang inne. Seine Beurteilung durch Joseph Goebbels war ambivalent. Am 6. Januar 1928 notierte der in sein Tagebuch: »[...] ein eitler, vielredender Fratz. Dabei anscheinend maßlos faul und weibergeck. Aber man muß ihn doch in seiner Art so etwas wie liebhaben. Ich werde ihn etwas mehr im Auge behalten.«[302] Formell legte Esser die Arbeit Anfang Juli 1932 nieder, weil

299 *IB* Nr. 21 vom 26. Mai 1934, S. 868; *IB* Nr. 28 vom 11. Juli 1935, S. 1116; *IB* Nr. 15 vom 13. April 1939, S. 560.
300 Auskunft per E-Mail vom 8. Januar 2018 – Möglicherweise wäre auf Basis dieser Hefte auch der merkwürdige Befund zu erklären, dass die in der Universitätsbibliothek Mannheim lagernde IB-Nummer vom 22. März 1945 den Vermerk »Schlussfolge« auf der Titelseite trägt, während Herz, *Hoffmann & Hitler*, S. 347, noch die Titelseiten von zwei IB-Ausgaben vom 12. und 19. April 1945 abbildet.
301 Görlich, *NSDAP-Mitglied Nr. 2*.
302 Ebd., S. 311.

ihm die »Führung der nationalsozialistischen Fraktion im Münchener Rathaus, die Ausübung eines Landtagsmandates und die Erfüllung sonstiger politischer Aufgaben« nicht mehr genügend Zeit ließen.[303] Allerdings vermerkte das Impressum der Illustrierten schon seit Nr. 16 vom 16. April, dass Esser »z. Zt. beurlaubt« wäre – und die Landtagswahl fand erst am 24. April statt.

Ein Jahr lang wurde 1932/33 mit Übergangslösungen gearbeitet. Ein Dutzend Hefte, während Esser beurlaubt war, verantwortete Ferdinand Bruger, der schon seit Sommer 1930 für den literarischen Teil des *IB* verantwortlich gezeichnet hatte, dann folgte bis Ende des Jahres als offizieller ›Hauptschriftleiter‹ Wilhelm Weiß, SA-Obergruppenführer und seit 1931 Chefredakteur der antisemitischen Zeitschrift *Brennessel*. Inwieweit Weiß tatsächlich am *IB* mitarbeitete, muss jedoch offen bleiben. Als »Chef vom Dienst und verantwortlich für den Gesamtinhalt« wurde jedenfalls Dr. Hans Buchner bezeichnet. Anfang 1933 löste Buchner Weiß auch formell als Hauptschriftleiter ab. Weiß (1892 - 1950) wurde zunächst stellvertretender Chefredakteur des *Völkischen Beobachters*, seit 1938 war er dann dessen eigentlicher Chefredakteur. Von 1933 bis 1945 war er zudem Leiter des Reichsverbandes der Deutschen Presse.[304] Buchner (1896 - 1971) amtierte jedoch nur wenige Wochen als Chefredakteur des *IB*. Noch 1933 wurde er Hauptgeschäftsführer der IHK München und später Gauwirtschaftsberater der Partei.[305]

Mit Heft 17 im Jahrgang 1933 war für den *IB* eine Dauerlösung gefunden worden. Fortan verantwortete Dietrich Loder die Illustrierte, bis zu ihrem Ende 1945. Auch Loder war jung (wie Esser Jahrgang 1900), schon früh zur NSDAP gestoßen und Teilnehmer am Putsch 1923. Und wie Weiß war er über die *Brennessel* zum *IB* gekommen.[306] Die bekannten biografischen Informationen zu ihm sind ansonsten minimal. 1925 veröffentlichte er unter dem Titel *Das verrückte Auto* ein schmales Reclam-Bändchen mit neun Grotesken (das im Zweiten Weltkriegneu aufgelegt wurde). Seit 1926 scheint er als Redakteur für rechtsradikale und nationalsozialistische Zeitschriften und Zeitungen gearbeitet zu haben: 1926 *Arminius*, 1927 *Völkischer Beobachter*, 1930 *Neue Schlesische Tageszeitung*, Breslau, 1931 *Neue Nationalzeitung*, Augsburg, 1932 *Brennessel*.[307] Ab 1933 war er dann Autor mehrerer Komödien: *Konjunktur* (1933), *Das Horoskop seiner Lordschaft* (1937), *Die Eule aus Athen* (1939) und *Die Karriere des Hofrats Stolpe* (1939). Eine weitere Komödie, *Alles Schwindel*, wurde 1940 verfilmt. Am 9. November 1933 wurde zudem sein Hörspiel

303 So im *IB* Nr. 28 vom 9. Juli 1932, S. 651.
304 https://de.wikipedia.org/wiki/Wilhelm_Weiß_(Journalist) [30.05.2018].
305 https://de.wikipedia.org/wiki/Hans_Buchner_(Politiker) [30.05.2018].
306 Wulf, *Presse und Funk*, S. 54.
307 https://forum.axishistory.com/viewtopic.php?t=76544 [30.05.2018].

Novembertage 1923 gesendet.[308] Und 1938 veröffentlichte er eine *Geschichte der SA*. Ob und wie er den Zweiten Weltkrieg überlebte, muss offen gelassen werden. Sein Todesdatum ist nicht bekannt.[309] Zeitgenössische Zeugnisse zu Loders journalistischer Arbeit gibt es nicht. Selbst in den Tagebüchern des Propagandaministers finden sich nur Einträge zu seinem literarischen Schaffen.[310]

Loders Stellvertreter und Leiter der Berliner Redaktion war von 1933 bis 1945 Dr. Hans Diebow (1896-1975).[311] Der 1896 Geborene hatte nach freiwilligem Dienst im Ersten Weltkrieg in Erlangen Kunstgeschichte studiert und war 1923 promoviert worden. Danach war er als Journalist tätig, 1929 wurde er als verantwortlicher Redakteur in der *I.Z. – Illustrierte Zeitung* genannt. Politisch hatte Diebow im völkischen Lager schon früh zum Nationalsozialismus gefunden. Einen gewissen Namen in der Partei machte er sich mit zwei stark bildgestützten Biografien zu Hitler und Mussolini.[312] Seinen fundamentalen Antisemitismus stellte er später mit zwei ebenfalls stark bildgestützten Veröffentlichungen unter Beweis.[313]

Über das Redaktionspersonal des *IB* ist ansonsten so gut wie nichts bekannt. Der einzige namentlich fassbare ›Schriftleiter‹ ist Bernd Lembeck, NSDAP-Mitglied seit dem 1. Oktober 1930 (Nr. 327.003), der in der ersten Hälfte der 1930er-Jahre im *IB* vor allem mit etlichen markigen Gedichten unter dem Pseudonym »Pidder Lüng« hervortrat.[314] Dass Willy Stiewe Bildredakteur des *IB* gewesen sein soll, ist wohl fehlerhaft.[315]

Zum inhaltlichen Profil der Partei-Illustrierten

In seinen ersten Jahren, bis 1933, war der *IB* ein aggressives Kampfblatt, das nur zwei Ziele verfolgte: Zum Ersten galt es, die eigene Anhängerschaft immer wie-

308 Wessels, *Der 9. November*, S. 88, 95.
309 So auch Günther, *Das erste nationalsozialistische Lustspiel*, S. 174.
310 Einträge vom 1. Dezember 1935 zu *Eule aus Athen*: »Eine sehr witzige Zeitsatire mit frappantem Dialog« (Fröhlich, *Goebbels-Tagebücher*. I/3,1, S. 338); umgekehrt am 9. Februar 1937: »Eine politische Zeitsatire. Etwas dünn und verschwommen. Keine Konturen. Aber wunderbar gespielt und ausgestattet« (ebd., I/3,2, S. 366).
311 Benz, *Stichwort »Diebow«*.
312 *Hitler. Eine Biographie in 134 Bildern*. Berlin 1931 (22.-32. Tsd. 1932); *Mussolini. Eine Biographie in 110 Bildern*. Berlin 1931.
313 *Der ewige Jude. 265 Bilddokumente*. München 1937 (101.-130. Tsd. 1938); *Die Juden in der USA. Über 100 Bilddokumente*. Berlin 1939 (181.-200. Tsd. 1941).
314 Düwell, *Standesgerichtsbarkeit*, S. 75.
315 Nitz, *Führer und Duce*, S. 78 (ohne weiteren Beleg). Nach Rolf Sachsse war Stiewe von 1921 bis 1944 im Berliner Hackebeil-Verlag tätig und seit 1931 Redakteur der *Neuen Illustrierten Zeitung* (https://www.visual-history.de/2014/10/29/vom-nationalsozialismus-in-die-bundesrepublik-der-bildredakteur-willy-stiewe/ [30.05.2018]).

der neu zu mobilisieren. Zentrales Mittel dazu war »das Panorama-Photo, das sich meistens über die beiden Innenseiten ausdehnte, zum überwältigenden Beweis, der von der ungeheuren Beteiligung zeugte, unter der die damaligen Versammlungen und Parteitage stattfanden«: »Kein noch so gut geschriebener und fein geschliffener Aufsatz hätte eine derartige Wirkung ausüben können, als diese schon durch ihre Größe ungewöhnlich erscheinenden und auffallenden Großphotos«, wurde wenige Jahre später festgestellt, und einmal mehr das Argument der unmittelbaren Überzeugungskraft der Fotografie beschworen.[316] Ergänzt wurde die Fotografie immer wieder durch plakative Zeichnungen, die die Stärke des erwachenden Deutschlands – personifiziert in einem muskelbepackten Mann in Heldenpose – zum Ausdruck bringen sollten.

Noch wichtiger war die Zeichnung aber für die zweite Aufgabe der Illustrierten, der Denunziation der Gegner – den Parteien der Weimarer Republik, dem Marxismus und besonders dem hinter allem stehenden Judentum. Schnell wurden dazu verschiedene Rubriken eingeführt: »Der Judenspiegel«, »Was der Jude macht«, »Was der Jude nicht macht« und – besonders pointiert gezeichnet – »Unter'm Brennglas«. Aus späterer Parteisicht war »diese Kampfesweise gegen das Judentum [...] propagandistisch gesehen die beste Leistung, denn«, so gestand man ein, »sonst steht an Wirkung der neue ›IB‹ den marxistischen Blättern und ihrer über alles ausgebreiteten Tendenz nicht ebenbürtig gegenüber.« Interessanterweise wurde kritisiert, dass er »in großem Maße zu belehren« suche und dazu »gute und tendenzlose Beiträge aus aller Welt« bringe.[317] Sicherlich brachte der IB Derartiges auch schon in der sogenannten ›Kampfzeit‹, in den Jahren bis 1933, aber doch nur sehr zurückhaltend, nachrangig neben der Hasspropaganda auf der einen Seite und der Heroisierung der eigenen Bewegung auf der anderen.

Angesichts seines dezidierten Agitierens ist die geringe Zahl an Verboten auffällig. In den Jahrgängen vor 1933 konnten nur zwei dadurch entstandene Lücken entdeckt werden: 1931 mussten im Frühjahr drei Hefte ausfallen, 1932 waren es, ebenfalls im Frühjahr, zwei.[318] Es bleibe dahingestellt, ob dies auf die Geschicklichkeit der IB-Verantwortlichen oder auf die Nachlässigkeit der Justiz zurückzuführen ist.

316 Ulmer, *Lichtbild*, S. 105f.

317 Kurt Wehlau, *Das Lichtbild in der Werbung für Politik, Kultur und Wirtschaft*. Würzburg 1939 (zit. Ulmer, *Lichtbild*, S. 106, FN 8) [Hervorh. i. Orig.].

318 Nach Nr. 15 vom 11. April 1931 konnte erst am 9. Mai die Nr. 16/19 erscheinen; 1932 folgte auf die Nr. 8 vom 20. Februar erst die Nr. 10/11 vom 12. März. Das ursprüngliche Verbot durch den Münchner Polizeipräsidenten bis zum 15. März war durch Gerichtsbeschluss auf den 7. März reduziert worden (IB Nr. 10/11 vom 12. März 1932, S. 225).

Abb. 20: Auch Verbote wurden vom *IB* zur Propaganda in eigener Sache genutzt: Als im Frühjahr 1931 drei Hefte ausfallen mussten, zeigte die Titelzeichnung auf der darauf folgenden Nummer 16-19 vom 9. Mai einen kampfbereiten Soldaten im Ersten Weltkrieg und die Textzeile zog unmissverständlich die Parallele: »Trommelfeuer haben wir überstanden, wir werden auch Verbotswellen überstehen!«

Größeres Gewicht erlangten die neutral unterhaltenden oder belehrenden Aspekte erst unter der Kanzlerschaft Hitlers in den Vorkriegsjahren, als die Partei-Illustrierte ihre den Staat bekämpfende Rolle gegen eine die Regierung unterstützende eintauschen musste. Entsprechend trat die aggressive Feind-Propaganda deutlich zurück und wurde durch breite ›Volksaufklärung‹ über die eigenen Leistungen ersetzt. Gleichzeitig wuchs der Umfang der Illustrierten beträchtlich, schon im ersten Jahr.

Gleichwohl blieb der IB bis zum Schluss ein Kampfblatt, der neben einem Teil relativ sachlicher Berichterstattung vor allem in den Jahren des Zweiten Weltkriegs einen größeren Teil hetzerischer Agitation präsentierte, zumeist in Serienform. 1942 beispielsweise wurde in acht Teilen gefragt: »Wer beherrscht England?« Es wird kaum überraschen, dass der »Blick in die Herrenschicht des Empire« (so der Untertitel) genügend Raum für antisemitische Tiraden ermöglichte.[319] Noch deutlicher (und reißerischer aufgemacht) wurde diese Stoßrichtung 1943, als es hieß: »Signal an Europa. Das Ziel der jüdisch-bolschewistischen Unterwelt: Despotie in Blut und Chaos.«[320]

319 IB Nr. 3-7, 10, 12 und 15.
320 IB Nr. 33-42.

3. Die Bilder und ihre Anordnung

Wonach ist bei der Untersuchung von Illustrierten-Bildern zu fragen? Orientiert man sich an der bisherigen Forschung, liegt die Antwort nahe: Man fragt vor allem nach Bildinhalten, vielleicht noch nach Neuerungen in der formalen Gestaltung und dann nach dem Schaffen der Stars unter den Fotografen. Ohne Zweifel ist all das wichtig und wird auch im vorliegenden Zusammenhang ausführlich thematisiert. Daneben sollte aber ein weiterer Aspekt nicht übersehen werden, der in letzter Zeit immer mehr Beachtung findet: Illustrierte sind – wie Zeitschriften überhaupt – nicht nur »eine Art Transportbehälter [...], aus dem sich Einzelnes – seien das nun Texte, Bilder oder Text-Bild-Arrangements – ohne weiteres und in einem ganz wörtlich zu nehmenden Sinne ›herausreißen‹ lässt.« Von Bedeutung ist auch »das *Gesamt* [...] des periodischen Arrangements mehr oder weniger heterogener Text- und Bildsorten in Seiten-, Heft- und Jahrgangsordnungen. Aus ihm ergibt sich ein Neben-, Mit- und Untereinander unterschiedlicher Inhalte und Formen, ein kleinteiliges, mehrschichtiges Spektrum an Optionen dafür, was auf welche Weise, in welchen Modifikationen und mit welchem Grad an Relevanz gesagt und/oder gezeigt werden kann.«[321] Solche Überlegungen münden zwangsläufig in die Forderung nach »radikaler Konkretisierung« der Zeitschriftenforschung und verlangen eine erhebliche Erweiterung der bisherigen Forschungsansätze mit ihrem eindeutigen Fokus: »Literatur- und Bildwissenschaftler interessieren sich für ihren Gegenstand *in* den Illustrierten.« In den Blick zu nehmen sind aber nicht nur einzelne Teile, zu untersuchen ist auch »die *ganze* Zeitschrift, sowohl ihre spezifische Materialität als auch ihre genuine Verfasstheit, i. e. ihre spezifische Geordnetheit.«[322]

321 Podewski, *Abbilden und Veranschaulichen*, S. 220 [Hervorh. i. Orig.]; dies.; *Zwischen Sichtbarem und Sagbarem*.
322 Frank, *Düsterer Trotz*, S. 178f.; S. 173 [Hervorh. i. Orig.].

Die praktischen Hindernisse, die sich einer solchen Forderung entgegenstellen, sind nicht gering zu schätzen. Verhältnismäßig leicht zugänglich sind mittlerweile Mikroverfilmungen der alten Illustrierten. Zu Forschungszwecken genutzt werden können sie aber nur für einen Teil der Fragen, die auf das Ganze der Illustrierten gerichtet sind. In aller Regel wurde die Verfilmung an den Texten orientiert, sodass die Bildwiedergabe darunter leidet. Angaben zum tatsächlichen Seitenformat fehlen regelmäßig und häufig sind auch die in Realität nebeneinander liegenden Doppelseiten hintereinander abgebildet, sodass ein Eindruck vom Gesamtlayout nur schwer zu gewinnen ist. Ein Eindruck von den verschiedenen Papierqualitäten, die nicht nur für die Qualität des Bilderdrucks mitverantwortlich waren, sondern auch ein eigenes Gefühl für die Wertigkeit des Produkts (und damit die Angemessenheit des Preises) vermittelten, ist selbstverständlich überhaupt nicht zu gewinnen. Hinzu kommen die bereits durch die Art der Verfilmungsvorlagen verschuldeten Probleme: Bei einer Illustrierten wie der *WO* wurden fast regelmäßig vor der Bindung der Jahrgänge die Umschläge der Hefte entfernt, oft genug auch die Werbeteile. Manchmal geschah dies auch nur teilweise, indem man den vorderen Teil des Umschlags beibehielt. Auch Inhaltsverzeichnisse der Jahrgänge findet man nur ausnahmsweise. Und nur selten wurden für die Bibliotheksbände die originalen Einbanddecken der Verlage verwendet.

All diesen Einschränkungen lässt sich nur entgehen, wenn man auf möglichst vollständiges Originalmaterial zurückgreift, so schwierig – und auf wie zufälligen Wegen – es manchmal auch zu erhalten ist. Der Lohn ist eine vertiefte Einsicht in die konkreten Gegebenheiten des Mediums auf einer die jeweiligen spezifischen Bild- und Textinhalte vorgängig in erheblichem Maße prägenden Strukturebene. Die wichtigsten Befunde dazu werden im Folgenden in drei Abschnitten präsentiert: Im ersten wird es um die Form und den Aufbau der Hefte insgesamt gehen; im zweiten wird das Aushängeschild der Illustrierten untersucht: ihre Titelseiten; und im dritten erfolgt die Analyse der Seitengestaltung im Heftinneren. Hier waren die Zusammenhänge nämlich alles andere als beliebig, sondern in ihrer Form genau festgelegt. Diese Form ermöglichte den Produzenten ein einfacheres, auf Routinen zurückgreifendes Arbeiten und den Betrachtern eine schnellere Orientierung auf der Basis des Vertrauten. Selbstverständlich waren die Formen nicht völlig starr und unveränderlich. Neben kleinen Variationen von Heft zu Heft gab es von Zeit zu Zeit größere Veränderungen und in seltenen Fällen sogar einen weitgehenden Umbruch, einen völligen Relaunch.

3.1 Die Form und der Aufbau der Hefte

Wer 1899 die Lektüre seiner völlig bilderlosen Tageszeitung nicht nur durch eine eher beschaulich bebilderte Familienzeitschrift im Stile der *Gartenlaube* oder von *Daheim*, sondern durch eine der neuen, nun auch aktuelle Fotos präsentierenden Illustrierten ergänzen wollte, konnte sich bei der *BIZ* und der *WO* zwischen zwei schon äußerlich völlig verschiedenen Angeboten entscheiden. Die *BIZ* war damals alles andere als schon äußerlich beeindruckend. Sie umfasste nur 16 Seiten im Format von 36 x 26,5 Zentimeter, und weil es technisch noch nicht möglich war, alle Seiten in einem Durchgang zu drucken, zerfiel sie in zwei Teile von jeweils acht Seiten. Der zweite Teil, enthaltend vor allem den Fortsetzungsroman und die Werbung, wurde wie bei den Tageszeitungen als ›Beiblatt‹ bezeichnet. Erst 1902 konnte man die erste Komplett-Rotations-Maschine in Betrieb nehmen und das ganze Heft in einem Durchgang herstellen.[323] Bei diesem Umfang war eine Heftung nicht gerade vordringlich und auf einen Umschlag ließ sich auch verzichten. Ein Stück weit ähnelte das Ganze damit durchaus einer Zeitung – aber eben einer illustrierten Zeitung, und dies zu einem Preis, der sich im Rahmen des bei Zeitungen eines solchen Umfangs pro Woche durchaus Üblichen bewegte.

Mit seiner *WO* präsentierte August Scherl bereits äußerlich eine dezidierte Alternative. Mit 29 x 22 Zentimetern Größe (entsprechend ungefähr dem heutigen DIN A 4) waren die Hefte zwar im Format wesentlich kleiner als die etwas ältere *BIZ*, aber mit zumeist 64 Seiten Umfang waren sie doch erheblich umfangreicher. Das machte auch eine Heftung erforderlich. Diese Heftung erfolgte nun nicht durch Klammern in den Falz der Hefte, sodass sie bei den aufgeschlagenen Heften in der Mitte endeten, sondern senkrecht zu den Blättern am äußersten linken Rand. Dieses auf den ersten Blick so unscheinbare Detail eröffnete den Zeitschriftengestaltern im Vergleich zur Konkurrenz wie der *BIZ* drei zusätzliche Handlungsoptionen. Zum ersten waren sie nicht in ein festes achtseitiges Schema gepresst; sie konnten den Heftumfang je nach Anzeigeneingang relativ variabel gestalten. Zum Zweiten war es problemlos möglich, verschiedene Papiersorten einzusetzen und für die Bildseiten höherwertiges Papier zu verwenden. Dass das Papier einen erheblichen Kostenfaktor darstellte, kann man schon daran ablesen, dass immer wieder innerhalb der Hefte mit unterschiedlichen Papierqualitäten gearbeitet wurde – besseres Papier für die Bildteile, schlechteres für die reinen Textseiten. Und zum Dritten ermöglichte es eine größere Flexibilität bei der Reaktion auf als wirklich wichtig betrachtete Ereignisse kurz vor Produktions-

323 Luft, *Geschichte der Berliner Illustrirten*, S. 12.

ende. Noch relativ spät konnten einzelne Blätter oder Doppelseiten nachgedruckt und zwischen die bereits vorliegenden Bögen eingeschoben werden. Als beispielsweise der hochgeschätzte Maler Adolf von Menzel am 9. Februar 1905 verstarb, konnte man an den regulär vorgesehenen achtseitigen Bildbogen noch einen zweiten, vierseitigen, diesem Anlass gewidmeten Bildbogen anfügen und das Heft trotzdem am 11. Februar erscheinen lassen.[324]

Darüber hinaus grenzte man die *WO* als ›moderne illustrierte Zeitschrift‹ auch mit einem Umschlag aus festem Karton von der billigeren ›Zeitung‹ ab. Setzt man die von *WO* und *BIZ* jeweils pro Heft bedruckte Papierfläche in Relation zum Preis, so unterschieden sich die beiden Angebote kaum. Mit ihren 25 Pfennigen pro Heft war die *WO* eigentlich nur minimal teurer als die für 10 Pfennig verkaufte *BIZ*. Trotzdem blieb selbstverständlich der Unterschied im absoluten Betrag.

Heft 38
DIE·WOCHE
MODERNE ILLUSTRIERTE ZEITSCHRIFT
-Alle sieben Tage ein Heft-
BERLIN 1913
Preis: 25 Pfennig
Druck und Verlag von August Scherl G. m. b. H.

Abb. 21: Bis in die 1920er-Jahre hinein veränderte die *WO* ihren äußeren Auftritt nicht nennenswert. Der Umschlag in rötlich gefärbtem Karton zeigte auf der Vorderseite neben Titel und Untertitel vor allem eine von Otto Eckmann (1865 - 1902)[325] gestaltete große ›7‹. Die drei übrigen Umschlagseiten wurden regelmäßig mit Werbung bedruckt.

Die *WO* bezeichnete sich zwar als »moderne illustrierte Zeitschrift«, aber eigentlich hatte sie die traditionelle Buchform zum Vorbild. Dies lässt sich an verschiedenen Eigenheiten ablesen. Auf den ersten Blick muss ja bereits die im Rückblick so seltsam erscheinende Umschlaggestaltung auffallen. Dass man Jahrzehnte lang auf eine wechselnde Titelseitengestaltung verzichtete, legt zum einen nahe, dass man es nicht für nötig hielt, im Straßenverkauf am Kiosk eine gewisse, durch stets

324 *WO* Nr. 6 vom 11. Februar 1905, S. 242 a-d.
325 https://de.wikipedia.org/wiki/Otto_Eckmann [30.05.2018].

neue Titelseiten gespeiste Aufmerksamkeit auf die Hefte zu lenken. Die *wo* schien sich ihres durch Abonnements gestützten Verkaufs sicher zu sein. Zum anderen wird man unterstellt haben, dass der Umschlag im Laufe der Zeit sowieso entfernt wurde. Seine Kartonierung hatte damit nur die Funktion, den Heftinhalt während der ersten Lektüre zu schützen. Danach, so scheint man angenommen zu haben, wurden die meisten Hefte in zwei, drei oder gar vier Jahrgangsbänden zusammengebunden. Von der bleibenden Bedeutung des eigenen Produkts war man nämlich überzeugt, wie Rudolf Presber zu Beginn des 25. Jahrgangs der Leserschaft vor Augen führte: »Und wie klug ist der Mensch, der solche Bilderzeitschrift, die nur dem Tage zu dienen scheint und in Wirklichkeit ein Stück Geschichte wird, sammelt und, zu Jahrgängen geordnet, binden läßt.«[326]

Wie fest man bei der *wo* mit der Befolgung dieses Ratschlags rechnete, zeigt die auf den ersten Blick recht seltsame Paginierung des Heftinneren. Das war in drei Bereiche geteilt: einen schmäleren, meist vier Seiten umfassenden Werbeblock am Anfang, dann den redaktionellen Teil und schließlich einen zweiten, umfangreichen, zumeist 16 Seiten umfassenden Werbeblock am Ende. Paginiert war zunächst nur der redaktionelle Teil. Die Werbeseiten wiesen im Kaiserreich überhaupt keine Seitenzählung auf; später wurden dafür dann römische Zahlen genützt. Die Paginierung des redaktionellen Teils erfolgte nun nicht heft-, sondern jahrgangsweise durchgehend. Entsprechend bilden auch bei Bibliotheksbänden wirklich komplette Ausgaben der *wo* aus ihren frühen Jahren die allergrößte Ausnahme. Zumeist wurde in ihnen nur der durchpaginierte redaktionelle Teil aufgehoben. Dass der Verlag nach Abschluss eines Jahrgangs von Anfang an nicht nur ein – für Abonnenten kostenloses – Inhaltsverzeichnis, sondern auch repräsentativ geprägte Einbanddecken (für eine Mark pro Quartal) lieferte, macht zudem deutlich, dass nicht bloß ein paar Bibliotheken die Hefte sammelten, sondern größere Teile der Leserschaft. Dieser Standard war bereits von den älteren Familienzeitschriften gesetzt worden.

Dass man bei Scherl nicht nur damit rechnete, dass die *wo* gesammelt, sondern auch im Familienkreis und darüber hinaus weitergegeben würde, macht eine 1929 ausgeschriebene kleine Leserumfrage deutlich. Die sechs Fragen richteten sich nicht nur auf Wohnort und Beruf der Käufer, sondern vor allem auf die Nutzung: »2. Wieviel Familienmitglieder lesen die ›Woche‹? 4. Geben Sie die ›Woche‹ nach dem Lesen weiter? 5. Seit wann wird die ›Woche‹ in ihrer Familie gelesen? 6. Sammeln Sie die ›Woche‹?«[327] Leider wurden keine Ergebnisse veröffentlicht.

326 *wo* Nr. 11 vom 17. März 1923, S. 261.
327 *wo* Nr. 20 vom 18. Mai 1929, S. XV.

Auch die *BIZ* konnte sich der jahrgangsweisen Aufbewahrung nicht wirklich entziehen. Nachdem sie bis zum achten Jahrgang im Jahr 1899 jedes Heft für sich paginiert hatte, ging sie mit dem Jahr 1900 ebenfalls zur jahresweisen Paginierung über. Gleichzeitig begann sie Inhaltsverzeichnisse und sehr aufwändig gestaltete Einbanddecken zu liefern.

Abb. 22: Die Nachfrage nach den Einbanddecken für die Jahrgangsbände der *BIZ* scheint so groß gewesen zu sein, dass man sie zeitweise in drei verschiedenen Farbvarianten anbot (Anzeige in der *BIZ* Nr. 51 vom 17. Dezember 1899, S. 7).

Berliner
Illustrirte Zeitung.
„Die Welt im Bild!"
Illustrirte Wochenschrift.
Neunter Jahrgang
1900

Abb. 23: Deckblatt des ersten Inhaltsverzeichnisses der *BIZ* zum Jahrgang 1900 (Ausschnitt).

Vor diesem Hintergrund wird es nun nicht mehr allzu sehr überraschen, dass es auch beim *IB* anscheinend nie zur Debatte stand, anders vorzugehen. Wie die ältere Konkurrenz wollte auch der *IB* kein Wegwerfprodukt sein. Von Anfang an wurden die Hefte jahresweise paginiert und um repräsentativ aufbewahrt werden zu können, wurden »geschmackvolle Einbanddecken aus Ganzleinen« angeboten, für die Jahrgänge 1933 und 1934 in je zwei Teilen für 3,60 Mark pro Jahr; für die älteren Jahrgänge in einem Teil für 2,40, jeweils einschließlich Porto[328] – der

328 *IB* Nr. 2 vom 12. Januar 1935, S. 46.

Preis des Buchbindens kam selbstverständlich noch hinzu. Nur auf Inhaltsverzeichnisse scheint man verzichtet zu haben.

Diese auf den ersten Blick recht nebensächliche Praxis hat bei genauerer Betrachtung große Bedeutung für die Einschätzung der Illustrierten-Angebote insgesamt – sowohl aus Sicht der Produzenten als auch erheblicher Teile der Konsumenten, denn schließlich zeigen die bis heute antiquarisch erwerbbaren Illustrierten-Jahrgangsbände, dass eine solche, durchaus kostenintensive Aufbewahrung nicht nur Sache von wenigen Bibliotheken, sondern relativ breiter Leserschichten war. Produzenten wie Konsumenten waren sich darin einig, dass sich die Illustrierten nicht wie die Tageszeitungen der vergänglichen Tagesaktualität widmeten, sondern Aufbewahrenswertes bereitstellten, also eine Art ›kleine Archive‹ bildeten, so wie dies mittlerweile auch von spezielleren Literatur- und Kulturzeitschriften angenommen wird.[329] Aufgehoben wurden die Hefte sicherlich nicht zuletzt wegen ihrer Bilder und der spezifischen Bild-Text-Verbindungen, von denen man erwartete, dass sie auch später noch irgendwie zu nutzen sein könnten.

Jahre-, ja jahrzehntelang wurde die *WO* eher überraschend nicht mit Redaktionellem eröffnet, sondern von ein paar Anzeigenseiten. Daran schloss sich ein achtseitiger Textblock an, an dessen Anfang ein Inhaltsverzeichnis für das jeweilige Heft stand. Erst danach folgte ein ebenfalls achtseitiger Bildteil, mit dem eigenen Innentitel »Bilder vom Tage« eröffnet. Um den mit Bildern bedruckten Bogen aus drucktechnischen Gründen möglichst optimal für die Bebilderung zu nutzen, wurden die Bildtexte aufs Sparsamste beschränkt. Eventuell nötige ausführlichere Erläuterungen wurden ihnen im ersten Textbogen unter der Überschrift »Unsere Bilder« vorangestellt. Sehr leserfreundlich war das nicht, weil man um einiges Blättern nicht herumkam, wenn man Texte und Bilder zusammenbringen wollte. Der nächste Bogen wurde vom Fortsetzungsroman dominiert, die anschließenden Seiten mit diversen Artikeln waren dann zumindest textlastig – Bilder stellten nur »eine Erläuterung zu einem größeren, zusammenhängenden Text – eben eine ›Illustration‹ – dar«.[330] Die letzten ein oder zwei Seiten waren »Bilder[n] aus aller Welt« vorbehalten.

Schon formal bildete die *BIZ* eine klare Alternative zu diesem Angebot. Ihr erster Teil lieferte kompakt das für die Käufer der Illustrierten Entscheidende: die Bilder mit den dazugehörigen Texten. Alles übrige war in den zweiten, zunächst als ›Beiblatt‹ titulierten Teil ausgelagert: der Fortsetzungsroman, die in sich geschlossene Novelle, die Rätsel, der Humor und vor allem die Anzeigen,

329 Frank/Podewski/Scherer, *Kultur – Zeit – Schrift*.
330 Klapproth, *Woche*, S. 12.

die bis in die ersten Jahre des 20. Jahrhunderts hinein noch nicht allzu viel Platz beanspruchten, von 3 bis zu 16 Seiten. Diese grundsätzliche Verteilung wurde auch beibehalten, als die Hefte auf 20, 24, ja 32 Seiten anwuchsen, weil immer mehr Anzeigen präsentiert werden konnten. Bei 20 Seiten waren es um die sieben Seiten Anzeigen, bei 24 acht bis neun, in der besonders stark nachgefragten Vorweihnachtszeit konnten es bis zu 15 von 32 sein.[331]

Nachdem während des Ersten Weltkriegs der Gesamtumfang der BIZ-Hefte zeitweise bis auf acht Seiten geschrumpft war und man auch danach nur allmählich zum alten Angebot zurückkehren konnte, gab es erst Anfang 1924 eine gewichtige Veränderung: Mit dem ersten Heft des Jahrgangs 1924 wurde für die BIZ ein neues Schema etabliert, das in seiner Grundform wiederum jahrelang unverändert blieb. Fast könnte man es als Übertragung der musikalischen Rondo-Form auf die Textstruktur betrachten, indem man es als A – B – A' abkürzt: Auf eine erste Bildstrecke (A) folgte ein fast bildloser Mittelteil (B), während eine zweite Bildstrecke (A') den Abschluss bildete. Jedes Heft war auf diese Weise gegliedert, und im Laufe der Jahre zeigte sich die einzige Veränderung nur in der Länge der drei Teile. Während Anfang 1924 die beiden Bildteile nur je vier Seiten umfassten und der Mittelteil zwölf (sodass sich das Gesamtergebnis nicht von dem der meisten Hefte von 1923 unterschied), wurde noch im selben Jahr der Umfang des vorderen Bildteils auf sechs Seiten vergrößert. 1925 erhielt auch der zweite Bild-Teil diese Erweiterung. Erst im zweiten Halbjahr 1930 entschloss man sich zur nächsten Veränderung. Der einleitende Bildteil wurde auf imposante zehn Seiten ausgedehnt. Allerdings wurde gleichzeitig der abschließende Bildteil um zwei Seiten gekürzt. Immerhin hatte die BIZ damit doch 14 reine Bildseiten aufzuweisen. 1932 musste diese Erweiterung zwar ein Stück weit zurückgenommen werden, aber schon 1933 kehrte man wieder zum ausgedehnteren Angebot zurück. Nach und nach gewannen die Hefte erneut an Umfang, bis sie 1938 regelmäßig beeindruckende 48 Seiten erreichten, von denen 16 auf die beiden Bildteile entfielen (12 vorne und vier hinten). Wie essenziell die Bilder für die Illustrierte waren, zeigte sich dann im Zweiten Weltkrieg. Selbst als die Hefte nur noch zwölf Seiten umfassten, gab es noch immer sieben bis acht Seiten Abbildungen, nach wie vor verteilt auf Anfang und Schluss.

Die WO hatte mit ihrer Präsentationsform zunächst Erfolg. Sie konnte sich nicht nur am Markt etablieren, sondern erhebliche Auflagensteigerungen erzielen. Nach wenigen Jahren zeigte sich jedoch, dass die BIZ die wesentlich größeren Verkaufserfolge für sich verbuchen konnte. Der Erste Weltkrieg und die

331 BIZ Nr. 50 vom 13. Dezember 1908.

unmittelbaren Nachkriegsjahre boten dann wenig Anlass und Spielraum für Innovationen; man war 1922/23 primär mit dem wirtschaftlichen Überleben beschäftigt. Als dann Anfang 1924 die *BIZ* in ganz neuer Aufmachung präsentiert wurde, konnte man sich im Hause Scherl, das nun ja auch einen neuen Besitzer hatte, nicht der Einsicht verschließen, dass einiges am Auftritt der *WO* geändert werden musste. Ganz auf die Linie der *BIZ* einzuschwenken, war wohl ausgeschlossen, aber eine deutliche Modernisierung, ein regelrechter Relaunch war unverzichtbar. Mit der Nummer 14 vom 5. April 1924 zeigte sich die *WO* dann erstmals in ganz neuer Gestalt. Zum einen war das Format leicht auf 32 x 25 cm vergrößert worden. Interessant daran ist im vorliegenden Zusammenhang die Begründung, dass dies »vor allem der Wirkung der Bilder zugute« käme.[332] Zum anderen wurde zwar der kartonierte Umschlag beibehalten, auf der Vorderseite wurde jedoch alles Textliche radikal reduziert und die stilisierte ›7‹ zurückgenommen, ja zum Teil ganz entfernt. Als Blickfang diente nun zwar nicht ein Foto wie zumeist bei den anderen Illustrierten, sondern durchweg eine Zeichnung, als Alleinstellungsmerkmal diente nun jedoch deren farbiger Druck. Am Anfang des Heftinneren stand nach wie vor ein vierseitiger Anzeigenblock, nun nur mit eigener Paginierung. Die zentrale Neuerung im daran anschließenden redaktionellen Bereich ergab sich durch den Wegfall des textdominierten Einführungsteils. Stattdessen präsentierte man als erstes eine neue, zweite Titelseite mit eigener Abbildung (auch dies ein Beleg dafür, dass man weiterhin vom jahrgangsweisen Sammeln unter Verzicht der kartonierten Umschläge ausging). An die zumeist ersten sechs bis acht Seiten mit Nachrichtenbildern schlossen dann sogleich die nun stark bildorientierten Artikel und die ebenfalls stark illustrierten literarischen Beiträge an. Abgeschlossen wurden die Hefte mit weiteren, nach wie vor getrennt paginierten Werbeseiten, die allerdings nun deutlich mit redaktionellen Beiträgen – einschließlich Bildern – durchsetzt waren. Die Verwandlung »einer ›illustrierten Zeitschrift‹, bei der das Wort den Ausschlag gab, zu einer Bilderzeitschrift, in der das Wort Beiwerk wird,« war weitgehend vollzogen.[333]

Dem ersten großen Veränderungsschritt Anfang 1924 folgten mehrere kleinere. Die *WO* war stets erheblich teurer als die anderen Illustrierten. Es liegt nahe, dass sie dafür auch immer etwas mehr bieten musste. Nicht zuletzt geschah dies auf rein drucktechnischem Gebiet. Schon 1921/22 wurde mit farbigem Druck im Heftinneren experimentiert, regelmäßig wurde er dann seit 1926 genutzt. Begonnen wurde im 27. Heft damit, dass der Bogen für die aktuellen

332 *WO* Nr. 14 vom 5. April 1924, S. 338.
333 Klapproth, *Woche*, S. 95; zitiert auch bei Schlingmann, *Woche*, S. 75.

Bilder im Kupfertiefdruck-Verfahren hergestellt wurde. Das war möglich, weil man von jeher auf Rotationsmaschinen verzichtet hatte. Die Hefte wurden im traditionellen Flachdruck hergestellt, sodass auch schon früher immer wieder auf Kunstdruckpapier gedruckte Gemälde und Zeichnungen eingefügt werden konnten. Nun war es ein Tiefdruckbogen, ab dem 32. Heft jenes Jahrgangs waren es sogar zwei. Auf dem zweiten wurde mit dem Druck farbiger Zeichnungen begonnen. Und schon wagte man sich noch weiter vor: »Nachdem einmal der Anfang mit Mehrfarbendrucken gemacht ist, und es sich herausstellt, dass dieses zwar teure, das Heft aber ungleich bereichernde Verfahren starken Anklang findet, geht die ›Woche‹ noch einen Schritt weiter und veröffentlicht im Heft 34 den ersten Farbfoto-Artikel.«[334] Der Artikel von Georg B. Pniower trug den Titel *Der Wohngarten des Großstädters* und war mit zehn »Farbaufnahmen des Verfassers auf ›Agfa‹« illustriert.[335]

Wie sehr der Farbdruck die Produktionskosten der *wo* erhöhte, lässt sich daran ablesen, dass er mit dem deutlichen Rückgang der Werbe-Einnahmen Anfang 1931 eingestellt werden musste. Fortan wurde nur noch bei den Umschlägen mit Farbe gearbeitet. Vor diesem Hintergrund ist es mehr als überraschend, dass man ausgerechnet im Frühjahr 1943, als überall drastisch gespart zu werden hatte, zumindest punktuell mit opulenten Farbseiten aufwarten durfte.[336]

Auch inhaltlich versuchte sich die *wo* in der Weimarer Republik mit Themenheften ein Stück weit neu zu positionieren. Das war bereits 1919 begonnen, in den 1920er-Jahren aber nicht sonderlich forciert worden. Das änderte sich Anfang der 1930er-Jahre. 1931 veröffentlichte man fünf, 1932 sogar acht als ›Sonderhefte‹ bezeichnete, aber der allgemeinen Heftzählung folgende Themenhefte. Zwischen unverfänglichen Themen wie »Tonfilm« fand sich zunehmend eindeutig politisch Konnotiertes. Das Geleitwort zum Sonderheft »Kolonien« beispielsweise verkündete ganz apodiktisch: »Deutschland muß – Deutschland wird wieder Kolonialmacht werden!«[337] An das Sonderheft »Volk und Wehr« Ende 1932 schlossen sich die völlig vom neuen herrschenden Geist geprägten Themen des Jahres 1933 nahtlos an: »Deutscher Osten«, »Nordische Kultur«, »Das Dritte Reich«.[338]

Trotz aller Anstrengungen: Der Erfolg der neu gestalteten *wo* blieb begrenzt – zum einen gemessen an den Auflagenzahlen, die sich nicht nennens-

334 Klapproth, *Woche*, S. 55.
335 *wo* Nr. 34 vom 21. August 1926, S. 830-832. Weitere Artikel mit Farbfotos in Nr. 39 vom 25. September, S. 953-956, und Nr. 40 vom 2. Oktober, S. 982.
336 »Münchhausen. Der Jubiläumsfilm der Ufa«. In: *wo* Nr. 9 vom 3. März 1943, S. 15-18.
337 »Tonfilm«: Nr. 27 vom 4. Juli 1931; »Kolonien«: Nr. 20 vom 16. Mai 1931, Zitat S. 619.
338 »Volk und Wehr«: Nr. 44 vom 29. Oktober 1932; »Deutscher Osten«: Nr. 25 vom 24. Juni 1933, »Nordische Kultur«: Nr. 36 vom 9. September 1933; »Das Dritte Reich«: Nr. 38 vom 23. September 1933.

wert verbesserten; zum anderen aber auch im direkten Vorbild-Vergleich. *WO* und *BIZ* konnten in den 1920er-Jahren als eingeführte, bereits traditionsreiche Muster an unterschiedlicher Illustriertengestaltung betrachtet werden. Die Neugründungen orientierten sich aber nun nicht an der *WO*, sondern durchweg an der *BIZ*. Dies gilt für verschiedene Illustrierte,[339] und nicht zuletzt auch für den von den Nationalsozialisten neu herausgebrachten *IB*.

Die formale Orientierung der Partei-Illustrierten an der kommerziell so erfolgreichen *BIZ* war völlig offensichtlich, nachdem man die erste Ausgabe hinter sich gebracht hatte und entschlossen war, tatsächlich in die Illustrierten-Produktion einzusteigen. Zwar haperte es 1926 noch mit der Regelmäßigkeit, aber 1927 hatte man doch schon einen halbwegs sicheren Grund erreicht. Nun präsentierte man Hefte in einem Format, das fast genau dem der *BIZ* entsprach, und wie beim großen Vorbild wurde auf eine Heftung verzichtet. Auch die durchgehende Paginierung wurde nun übernommen. Nur in einem Punkt musste man zwangsläufig zurückbleiben: Aufgrund weniger Werbeseiten und geringer Auflage umfassten die Hefte zumeist nur 16 Seiten, manchmal waren es sogar nur zwölf. Mit 20 Pfennigen waren sie aber genauso teuer zu bezahlen wie die *BIZ*, die um diese Zeit bereits 40 Seiten bot. Immerhin: Anfang der 1930er-Jahre konnte das Angebot Schritt um Schritt ausgeweitet werden, nachdem bereits Ende 1928 vom zweiwöchentlichen auf den wöchentlichen Erscheinungsrhythmus umgestellt worden war. 1932 bot man durchschnittlich 24 Seiten, Ende 1933 dann schon 40. Damit hatte man die Wirtschaftskrise überwunden, ohne zu einer Preisermäßigung greifen zu müssen, wie dies die *WO* gezwungen war. Sie warb ab Anfang 1932 mit einem neuen Preis: »nur noch 40 Pfg.«.

Wie sehr die *BIZ* in vielerlei Hinsicht gestalterisch für den *IB* Vorbild war, zeigt sich beim grundsätzlichen Prinzip der Bildseitenverteilung. Die *BIZ* folgte dabei einer klaren Regel: Bildseiten am Anfang und Bildseiten am Schluss umrahmten einen Mittelteil, der zwar nicht völlig bildfrei war, seinen Illustrationseffekt aber primär über die Vielzahl der eingestreuten Werbeanzeigen erhielt. Da der *IB* in dieser Hinsicht zunächst wenig zu bieten hatte, gab es bei ihm auch in der Heftmitte einzelne Bildseiten. Dies wurde beibehalten, als die Hefte dicker wurden und mehr Werbung enthielten. 1932 waren die regelmäßig zehn Bildseiten der 24-seitigen *IB*-Hefte ziemlich gleichmäßig auf den Anfang, die Mitte und das Ende verteilt. Als man im Verlauf der 1930er-Jahre umfang- wie anzeigenmäßig einigermaßen zur *BIZ* aufgeschlossen hatte, schwenkte man dann ganz auf ihr

339 »Berliner ›Imitierte‹ Zeitung«. In: *BIZ* Nr. 12 vom 23. März 1924, S. 265f., wo unter anderem kaum verhüllt auf die *Münchner Illustrierte Presse* angespielt wird – »eine Münchener illustrierte Zeitschrift, die in ihrer Bildanordnung und Aufmachung die ›Berliner Illustrirte‹ genau nachzuahmen sucht«.

Modell der Bildseiten-Verteilung ein. 1936 etwa wurden bei 48 Seiten Heftumfang bis zu 14 Bildseiten am Anfang präsentiert und sechs am Ende. Der Textteil dazwischen wurde nur durch wenige redaktionell platzierte Bilder aufgelockert. Diese Funktion übernahmen vor allem – wie bei der BIZ – die Abbildungen in den Werbeanzeigen.

Hatte man das Jahr 1933 noch mit nur 24 Seiten begonnen und kam während des ersten Halbjahrs nicht über einen Durchschnitt von 30 Seiten hinaus, so lag er im zweiten Halbjahr bereits bei 40 Seiten. Dies spiegelt die schwankende Anzeigenkonjunktur. Das Hoch im Herbst 1932 war nicht zu halten gewesen. Im 24-Seiten-Heft vom 18. Februar 1933 beispielsweise hatte man nur 3 ½ Seiten mit Anzeigen füllen können und hatte dies sogar nur erreicht, indem man eine Seite mit Werbung für die eigenen Produkte des Eher-Verlags füllte. Im Herbst lag man dagegen bei fast neun Seiten und brauchte nur noch wenig Eigenes zu bewerben.

Nun gab es auch eine neue Aufteilung, die sich schematisch am Beispiel eines 40-Seiten-Heftes folgendermaßen beschreiben lässt: Eingeleitet wurden die Ausgaben regelmäßig mit einem politisch akzentuierten Bildteil von zehn Seiten Umfang. Ihm folgte ein Textteil vor allem mit Roman und Anzeigen, die bis zu 10 dieser 25 Seiten füllten. Abgeschlossen wurde das Ganze von einem zweiten, zumeist unpolitisch gehaltenen Bildteil. Das war genau der Aufbau, den auch das Erfolgsmodell BIZ zeigte. Häufig erreichte der Anzeigenanteil des IB jedoch kein Viertel des Heftumfangs; die BIZ konnte dagegen gleichzeitig immer wieder zwei Fünftel von bis zu 48 Seiten füllen.

Während des Zweiten Weltkriegs musste auch der IB erhebliche Abstriche bei seinem quantitativen Angebot machen. Die Seitenzahl schmolz immer weiter ab; seit Sommer 1942 konnte er durchweg nur noch mit 12 Seiten Umfang erscheinen. Genauso stabil wie der Umfang blieb in diesen letzten Jahren der inhaltliche Aufbau: Auf den aktuellen Bildteil folgte der Fortsetzungsroman, dann eine halbe Seite Anzeigen und eine halbe Seite Rätsel, schließlich noch ein Foto-Essay zu einem mehr oder minder kulturellen Thema und am Ende die Rückseite mit Witzen. Nur bei der allerletzten Nummer, der ›Schlussfolge‹ vom 22. März 1945, gab es in dieser Hinsicht eine programmatische Abweichung: Noch einmal wurde der alte Führer-Mythos beschworen – zwei Fotos zeigten »Adolf Hitler an der Front im Osten«. Fast durchweg blieb also die Illustrierten-Optik jener Zeit gewahrt, wenn man das Blatt in die Hand nahm: auf der Titelseite ein markantes Foto und auf der Rückseite zumeist eher harmlose, jedenfalls nicht pointiert politische Witze.

Die *WO* beschritt dagegen nach wie vor einen eigenen Weg. Seit Ende 1934 wurden die Zeichnungen auf den Umschlag-Vorderseiten zumeist durch Fotografien ersetzt, und mit Heft 18 vom 1. Mai 1935 verabschiedete man sich nicht nur von der jahresweisen Paginierung, sondern auch von der getrennten Paginierung von Redaktionellem und Anzeigenteil. Auch inhaltlich wurden die Hefte nun stärker als in sich geschlossene Einheiten betrachtet. In jedem Heft gab es eine Art Schwerpunktartikel, auf den mit einem inhaltlich abgestimmten Umschlagbild und einem darin platzierten entsprechenden Text hingewiesen wurde.

Es dauerte bis Anfang 1942, bis eine weitere Eigenwilligkeit der *wo* aufgegeben wurde. Wenn auch in unterschiedlich stilisierter Form hatte es bis 1941 immer zwei Titelseiten gegeben: eine auf dem kartonierten Umschlag und eine als Beginn des eigentlichen Heftes. Zwar waren sie durchweg unterschiedlich bebildert, sie enthielten jedoch dieselben gängigen Titelseiteninformationen mit Titel, Datum, Heftnummer und Preis. Erst 1942 wurde auf die Wiederholung dieser Informationen verzichtet. Erzwungen worden war dies höchstwahrscheinlich durch die Auflage, Papier sparen zu müssen. Ihre Hefte, deren Umfang vor dem Zweiten Weltkrieg fast durchweg 44 Seiten betragen hatte, wurden 1942 auf 32 Seiten (jeweils einschließlich der vier Umschlagseiten) reduziert, von denen zumeist acht mit Anzeigen gefüllt waren. Das ließ sich nicht halten. Kurzfristig wurde sogar daran gedacht, im Zeichen des totalen Krieges ab März 1943 die Illustrierte »für eine Weile nur noch alle 14 Tage« erscheinen zu lassen.[340] Dies geschah aber letztlich nur zweimal. Schon mit der Nr. 15 vom 14. April kehrte man wieder zum bisherigen wöchentlichen Rhythmus zurück. Um diese Zeit schwankte der Umfang der Hefte zwischen 24 und 32 Seiten (jeweils einschließlich Umschlag); Anzeigen füllten entweder kaum mehr eine Seite oder bis zu fünf.

Besondere Beachtung verdient die Tatsache, dass während des Zweiten Weltkrieges alle Illustrierten-Preise stabil blieben und nicht gesenkt werden mussten – obwohl das quantitative Angebot immer mehr beschnitten wurde. Die stabile, ja eher wachsende Nachfrage war sicher ein Stück weit damit zu begründen, dass für die Bevölkerung immer weniger Alternativen zum Geldausgeben zur Verfügung standen. Viel wichtiger dürfte aber das inhaltliche Interesse der Leserschaft gewesen sein. So oder so: Der gleichbleibende Verkaufspreis bei reduziertem Angebot bescherte den Verlagen höchstwahrscheinlich erhebliche Gewinnzunahmen.

Es bleibt, am Schluss dieses Abschnitts noch einen Blick auf die Verlaufskurve des quantitativen Bildangebots der drei Illustrierten zu werfen, das ja zu ihren zentralen Kaufanreizen zählte. Die Gesamtzahlen der untersuchten Stichprobe wurden ja bereits vorgestellt. Sie sind nun noch durch einen Blick auf die durch-

340 *wo* Nr. 11/12 vom 24. März 1943, Umschlag-Innenseite.

schnittlichen Angebote je Heft zu ergänzen – das, was den Käufern konkret vorgelegt wurde.

Die größte Veränderung des Bilderangebots im Laufe der Zeit gab es bei der *BIZ*. Im Kaiserreich veröffentlichte sie durchschnittlich um 30 redaktionelle Bilder pro Heft. Das war noch nicht einmal die Hälfte des Angebots der *WO*. In der Weimarer Republik verringerte sich dieser Abstand immer mehr, weil die *BIZ* ihr durchschnittliches Angebot auf fast 50 Bilder erhöhte, während die *WO* das ihre zeitweise sogar reduzierte. Anfang der 1930er-Jahre konnte das Bilderangebot des *IB* bereits quantitativ mit dem der *BIZ* konkurrieren. In den nationalsozialistischen Vorkriegsjahren wurde dann von allen drei untersuchten Illustrierten die 60-Bilder-Marke pro Heft mehr oder minder deutlich überschritten. In den Kriegsjahren war dies aber nicht zu halten. Papierreduktionen zwangen auch zur Verringerung der Bilderzahlen. *BIZ* und *IB* mussten sich auf jeweils etwas mehr als 40 Bilder pro Heft beschränken, die *WO*, die nur bis Sommer 1944 erschien, auf gut 50.

GRAFIK 2

Bilder pro Heft

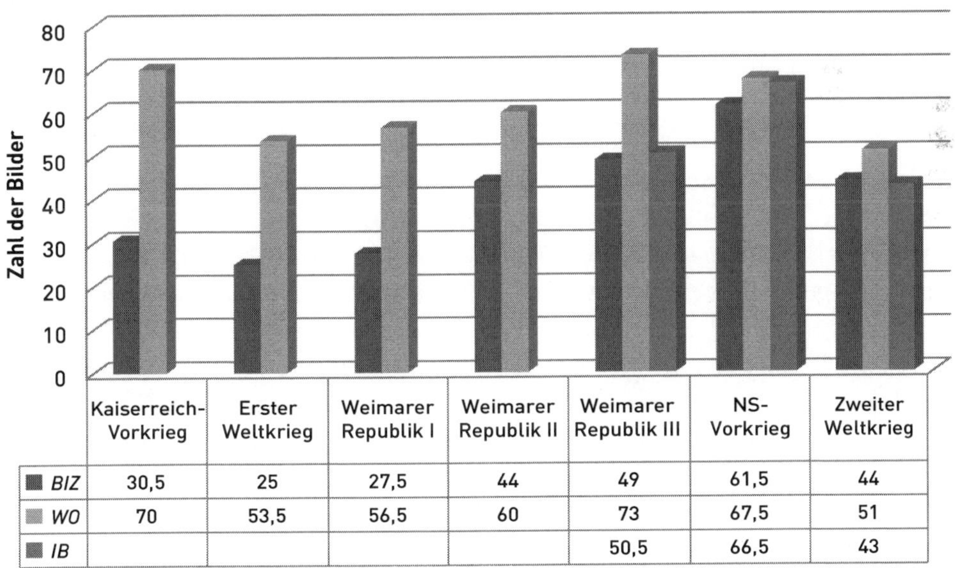

	Kaiserreich-Vorkrieg	Erster Weltkrieg	Weimarer Republik I	Weimarer Republik II	Weimarer Republik III	NS-Vorkrieg	Zweiter Weltkrieg
BIZ	30,5	25	27,5	44	49	61,5	44
WO	70	53,5	56,5	60	73	67,5	51
IB					50,5	66,5	43

3.2 Die Titelseiten und ihre Bilder

Die Bedeutung der Titelseitengestaltung für den Heftverkauf von Illustrierten ist nicht zu bestreiten. Das ist zumindest die gängige Meinung, die auch schon Friedrich Luft für die BIZ vertrat: »Das Titelblatt wurde von den Machern der ›Berliner Illustrirten‹, sobald es technisch möglich geworden war, Photographien wiederzugeben, als Anreißer, als optische Lockung für den Käufer genutzt. [...] Man mußte auffällig sein. Das Blatt wurde vom Leser nicht im gemächlichen Abonnement empfangen. Der Käufer wollte jede Woche wieder am Kiosk neu angelockt und geworben werden.«[341]

Das mag in dieser Form vielleicht für die Zeiten der Weimarer Republik zugetroffen haben, aber zumindest für das Kaiserreich müssen erhebliche Vorbehalte angemeldet werden. Es wurde ja bereits darauf hingewiesen, dass die BIZ seinerzeit stets mit den steigenden Abonnentenzahlen warb. Angaben zum freien Verkauf liegen überhaupt nicht vor. Wie wenig er wahrscheinlich ins Gewicht fiel, ist nicht zuletzt daran abzulesen, dass die große Konkurrenz zur BIZ, Scherls WO, über Jahrzehnte ganz auf eine individuelle Titelseitengestaltung verzichtete und sich mit einem Einheits-Umschlag verkaufte. Bis zu einem gewissen Grad entspricht dies sogar Befunden zu aktuellen Gegebenheiten. Ende 2001 wurde noch immer fast die Hälfte der deutschen Publikumszeitschriften im Abonnement abgesetzt und gerade der Verkauf im speziellen Segment der politischen Magazine ist »vielfach von Produkttreue und Regelmäßigkeit, d. h. von einer markenbasierten Nachfrage, gekennzeichnet.«[342]

Beträchtliche Schwankungen der Verkaufszahlen einzelner Hefte aufgrund unterschiedlich gelungener Titelseitengestaltung sind vor diesem Hintergrund trotzdem nicht zu bestreiten – das gilt für die Gegenwart,[343] wird aber auch auf die Vergangenheit übertragbar sein. Im Folgenden werden deshalb drei Aspekte der Titelseitengestaltung samt ihrer inhaltlichen Veränderungen im Laufe der Zeit näher betrachtet: Als erstes wird es um die Frage der Technik bei den Titelbildern gehen, also um die Alternative Fotografie oder Grafik; als zweites ist die Personalisierung der Titelbilder zu prüfen und dabei besonderes Gewicht auf die Frage zu legen, inwieweit Frauen als Blickfang eingesetzt wurden; und schließlich ist als drittes der Zusammenhang zwischen Titelbildern und Heftinnerem zu untersuchen, also die Frage nach dem Titelbild als Vorschau auf den Inhalt zu beantworten.

341 Luft, *Geschichte der Berliner Illustrirten*, S. 6.
342 Kaltenhäuser, *Abstimmung am Kiosk*, S. 24, S. 35.
343 Vgl. dazu die akribische Untersuchung Kaltenhäusers, *Abstimmung am Kiosk*.

Immer nur Fotos?

Die Fotografie war bei der BIZ schon sehr früh das dominante Mittel zur Titelseitengestaltung, daran kann überhaupt kein Zweifel bestehen. Gleichwohl ist die Bedeutung grafischer Mittel im weitesten Sinne – sei es in Form von speziell für die Illustrierte angefertigten Zeichnungen, sei es durch die Reproduktion von Gemälden – nicht gering zu schätzen. Im Jahr 1900 waren es 14, 1906 wie 1909 dann jeweils 15 von 52 Titelseiten, die auf diese Weise gestaltet wurden, 1912 immer noch 12. Diese Tradition wurde nach dem Ersten Weltkrieg zunächst noch fortgesetzt – 1921 gab es 13 gezeichnete Titelbilder –, aber dann allmählich aufgegeben. 1925 präsentierte man nur noch drei Titelseiten in dieser Art. Das war wohl zu extrem, denn 1927 waren es wieder neun und 1928 sogar zehn. Aber das bildete einen späten Höhepunkt. Seit 1930 fanden nur noch zwei, höchstens drei Zeichnungen auf die Titelseiten. Ganze Jahre – wie zum Beispiel 1937 – kam man sogar ganz ohne Zeichnungen aus.

Dass die 1920er-Jahre nicht nur bei der Titelseitengestaltung der BIZ als Umbruchphase zu betrachten sind, zeigt auch der Fall der *WO*. Beim großen Relaunch 1924 wurden die Heftung und der kartonierte Umschlag zwar beibehalten, die traditionelle ›7‹ darauf erschien jedoch nur noch als eine Art Logo. Ansonsten wurde die Titelseite ganz mit einer seitenfüllenden farbigen Zeichnung geschmückt; erste Schritte in dieser Richtung waren schon seit Dezember 1923 unternommen worden.[344] Nun hatte auch die *WO* einen optischen Blickfang für den Einzelverkauf. Und mit Farbe und Zeichnung setzte man sich doppelt von aller Konkurrenz ab, die sich durchweg für Fotos in Schwarzweiß entschieden hatte. Danach wurde die Gestaltung der Umschlagvorderseite in zwei Schritten verändert. Als erstes wurde die Zeichnung der schönen Frau, die als ohne auf den Heftinhalt bezogenes Motiv immer mehr dominiert hatte,[345] durch auf die Heftinhalte bezogene Zeichnungen ersetzt. Abgelöst wurden sie schließlich Ende 1934 durch themenbezogene ganzseitige Schwarzweiß-Fotografien. Vom allgemeinen Illustrierten-Standard, der regelmäßig auf seitenfüllende Titelbilder verzichtete, setzte man sich zudem durch den Einsatz einer aufgedruckten Farbe ab, zumeist Rot. Ab und zu wurde sogar ein Vierfarbdruck realisiert.

344 Vgl. ausführlich Klapproth, *Woche*, S. 44f.
345 Vgl. Schlingmann, *Woche*, Anlage 5-16.

Abb. 24: Seit 1924 bildete für fast ein Jahrzehnt der Blickfang auf der Umschlagvorderseite der *WO* zumeist die Zeichnung einer jungen, schönen Frau, während die bis dahin so charakteristische 7 nur noch als Beiwerk auftauchte (hier Nr. 35 vom 31. August 1929, Signatur unleserlich).

Auch beim *IB* der Nationalsozialisten besaß die Zeichnung zu Beginn ein erhebliches Gewicht. Noch 1930 waren von 52 Titelseiten 13 mit Zeichnungen gestaltet. Allerdings wurde dies schnell drastisch zurückgefahren: 1933 platzierte man nur noch dreimal Zeichnungen auf der Titelseite, 1936 geschah es nur noch einmal, auf Heft 41.[346]

Seit Anfang der 1930er-Jahre, so wird man das Bisherige zusammenfassen dürfen, dominierten Fotos die Titelseiten der Illustrierten noch eindeutiger als zuvor, bildeten Zeichnungen nur noch allergrößte Ausnahmen. Aber was zeigten diese Fotos? Ehe diese Frage zu beantworten ist, hat noch eine kleine Präzisierung zu erfolgen. Es dauerte einige Jahre, bis die Titelseite der *BIZ* tatsächlich ein dem heute Gewohnten ähnliches Aussehen erhielt. Von Anfang an wurde sie zwar in der Regel mit nur einem Foto (oder einer Zeichnung) gestaltet. Allerdings waren Kombinationen mehrerer Einzelbilder so selten nicht. Und vor allem: Ob Einzelbild oder Bilderkombination – sie waren Bestandteil des ersten Artikels, dessen Text grundsätzlich schon zu erheblichen Teilen auf der Titelseite begann. Diese Eigenart scheint erst vom neuen Chefredakteur Kurt Korff abgeschafft worden zu sein; 1905 findet sie sich jedenfalls nicht mehr. Allerdings wurde auch unter Korff noch lange eine sehr strenge Form der Titelseitengestaltung beibehalten:

346 Vgl. Abb. 77, S. 234.

Das zentrale Bild – gleich ob Foto oder Zeichnung – war stets klar vom Zeitschriftenkopf abgesetzt. Mit grenzüberschreitenden, in den Illustrierten-Kopf hineinragenden Freistellungen wurde erst seit 1924 experimentiert. Eine andere Eigenheit der Titelseitengestaltung wurde dagegen weder von Korff, noch von seinen Nachfolgern angetastet: Das Titelbild füllte nie die ganze Seite. Es war stets deutlich von den Seitenrändern abgesetzt und reichte in seiner Breite nie über den den Kopf bestimmenden Schriftzug von »Illustrirte Zeitung« hinaus. Auch in diesem Punkt folgte der *IB* seinem großen Vorbild.

23. September 1900. Berliner Illustrirte Zeitung IX. Jahrgang. Nr. 38.

Erscheint jeden Sonntag.

Berlin SW. 12. Charlottenstraße 8.

Anzeigen:

Stettiner Kaisermanöver.

Abb. 25: Um die Jahrhundertwende wies die Titelseite der *BIZ* nicht nur noch den alten, viel detailreicheren Titel-Schriftzug auf, die Ein-Bild-Gestaltung war noch lange nicht durchgesetzt. Die Regel bildeten Text-Bild-Kombinationen wie hier bei der Nr. 38 vom 23. September 1900.

12. April 1925 Nr. 15

Berliner Illustrirte Zeitung

Preis des Heftes 20 Pfennig

Abb. 26: Mitte der 1920er-Jahre begann man bei der *BIZ* zu einer wesentlich dynamischeren Titelseiten-Gestaltung überzugehen. Das Überdecken des Illustrierten-Titels war nun kein Tabu mehr (*BIZ* Nr. 15 vom 12. April 1925).

Abb. 27: Eine Zusammenstellung von mehreren Einzelbildern (hier *BIZ* Nr. 38 vom 19. September 1926) war bei der Titelseitengestaltung der Illustrierten während der Weimarer Republik insgesamt sehr selten geworden. Die Regel bildeten Gestaltungen mit nur einem Bild.

Attraktive Frauen als Blickfang?

Betrachtet man sich Abbildung 27 nicht nur unter formalem Aspekt, muss die Zusammenstellung der abgebildeten Personen die heutigen Betrachter überraschen. Beim Thema »Berühmtheiten im Bade« würde man ein deutliches Übergewicht schöner Frauen erwarten. Tatsächlich war man aber damals insofern geschlechtspolitisch völlig korrekt, als jeweils drei Männer und drei Frauen gezeigt wurden. Lässt sich das verallgemeinern?

Es wäre eine eigene Untersuchung wert, die insgesamt mehr als 2.500 veröffentlichten Titelseiten der BIZ genau zu betrachten.[347] Wie häufig wurden Personen abgebildet? Aus welchen Bereichen? Und wie häufig waren Frauen darunter vertreten? Nahmen sie dabei eine vergleichbar prominente Rolle ein wie bei den gezeichneten Titelseiten der *WO* Mitte der 1920er-Jahre? Dies alles sind Fragen, die aber wahrscheinlich ausreichend an einer genügend großen Stichprobe untersucht werden können. Beschränkt man sich nur einmal auf sechs Hefte pro Jahr, so kommen bereits für die Jahre 1905 bis 1945 243 Titelseiten zusammen; von den insgesamt 260 darauf gezeigten Bildern waren 222 Fotografien (85 %).

347 Vgl. als Annäherung Dussel, *Strategien eines Marktführers.*

Die Titelbilder waren eindeutig von Personendarstellungen dominiert. Nur neunmal handelte es sich um reine Sachdarstellungen und viermal waren Menschen nur als Randfiguren präsent. Überraschen muss dagegen mehr, dass Einzelpersonen – sei es im Porträt oder als ganzfigurige Darstellung – nicht im Vordergrund standen. Die häufigste Darstellungsform waren Gruppenbilder mit mindestens drei Personen (104 von 247 = 42 %); verhältnismäßig oft wurden aber auch zwei Personen abgebildet (64 Fälle). In diesen Konstellationen waren in fast der Hälfte der Fälle (44 %) Frauen präsent.

Insgesamt gesehen waren es in 23 der 79 Fälle mit Einzelpersonen Frauen, die auf den Titelseiten der *BIZ* gezeigt wurden. Berücksichtigt man, dass dies in den beiden Weltkriegen nie der Fall war, ergibt sich eine interessante Steigerung: von 5 von 16 (also 31 %) im Kaiserreich und 9 von 30 (30 %) in der Weimarer Republik auf 9 von 15 (60 %) in den NS-Vorkriegsjahren. Dass unter letzteren keine Porträtdarstellung zu finden ist, überrascht weniger, wenn man weiß, dass während der NS-Vorkriegsjahre Porträts ausgesprochen selten auf den Titelseiten platziert wurden (bei den untersuchten Heften nur einmal, ein Porträt von Mussolini).[348] Ausdrücklich zu betonen ist jedoch, dass dann auch eine Nutzung der Frauendarstellungen als inhaltlich nicht begründete Lockmittel kaum zu verzeichnen war.

Nicht zuletzt war dies durch die Themen begründet, die auf den Titelseiten primär herausgestellt wurden. In vier der fünf untersuchten Phasen wichen sie weit vom heute Üblichen ab: Im Kaiserreich und im NS-Vorkriegsdeutschland war es die Politik, in den beiden Weltkriegen das Militär. Nur in der Weimarer Republik, und vor allem in der zweiten Hälfte der 1920er-Jahre, wurden ganz andere Prioritäten gesetzt. Da stand das Bunte an erster Stelle, jedoch eng gefolgt von Bildern aus Technik, Wissenschaft und Wirtschaft, Politik, Sport sowie Kunst und Kultur. Letztlich war es also bei der *BIZ* nur die Weimarer Republik, in der man bei der Titelseitengestaltung in die Nähe heutiger Gewohnheiten kam – wo häufiger Frauen in dezidiert unpolitischen Zusammenhängen gezeigt wurden, vor allem Schauspielerinnen, aber auch Sportlerinnen oder einfach namenlose Schönheiten.

Bis Ende 1923 hatte man dem Umschlag bei der *WO* überhaupt keine Bedeutung beigemessen. Erst 1924 änderte sich das, und zwar extrem. Kann man bei der *BIZ* häufig nicht sicher sein, ob das Titelseiten-Motiv primär gewählt wurde, um möglichst viele Käufer anzusprechen oder weil die Verantwortlichen das Thema für besonders wichtig hielten, so ist der Fall bei der *WO* eindeutig: Hier wurde ganz auf den optischen, fast durchweg völlig vom Heftinhalt losgelösten Blickfang gesetzt. Und in weit mehr als der Hälfte der Fälle zeigten die farbenfrohen Zeichnungen

348 Vgl. Abb. 163, S. 447.

junge, attraktive Frauen.[349] Dies wurde erst Ende 1934 aufgegeben. Statt farbiger Zeichnungen dominierten fortan Schwarzweiß-Fotos den Umschlag, die mehr oder minder eng mit dem Heftinhalt verbunden waren; nur selten wurde noch auf Zeichnungen zurückgegriffen. Häufiger war dagegen Farbeinsatz. Frauen wurden dabei nur ausnahmsweise gezeigt. Häufiger waren Politiker als Motiv.

Dass der *IB* eine Parteizeitschrift war, lässt sich bereits an den Themen der Titelseiten ablesen. Jeweils rund 80 Prozent entstammten in Weimarer Republik und nationalsozialistischen Vorkriegsjahren dem politischen Bereich, im Zweiten Weltkrieg trat dann Militärisches an seine Stelle. Vor diesem Hintergrund ist es wenig überraschend, dass Frauen nur selten Berücksichtigung fanden. Sie waren noch nicht einmal auf jedem fünften Titelbild zu finden, und wenn, dann zumeist nur als Teil eines Gruppenbildes; eine Porträtdarstellung fehlt in der Stichprobe völlig. Nur zweimal (bei 109 Titelseiten) wurde überhaupt eine Frau prominent als Einzelfigur präsentiert. Sicherlich war es kein Zufall, dass es in beiden Fällen während des Zweiten Weltkriegs geschah, wo die Mobilisierung der weiblichen Arbeitskraft als unverzichtbar erschien.[350]

Der *IB* brauchte nicht auf weibliche Anmut als Kaufanreiz zu setzen, er hatte ja Hitler, lässt sich etwas sarkastisch formulieren. Da auf Hitler als Bildthema noch ausführlich eingegangen wird,[351] genügt hier der Hinweis, dass er zumindest in den Vorkriegsjahren der unbestrittene Cover-Star des *IB* war, der auf rund der Hälfte aller Titelbilder präsentiert wurde.

Die Titelseite als Vorschau

Wenn die Titelseite einer Illustrierten Aufmerksamkeit erregen und zum Kauf des Heftes veranlassen soll, muss sie dazu zwangsläufig einen Bezug zum nachfolgenden Inhalt aufweisen oder kann sie auch ganz isoliert für sich stehen? Geht man die Frage historisch an, ist die Antwort ziemlich eindeutig: Die Bebilderung der Titelseiten stand ziemlich häufig völlig unverbunden neben den folgenden Inhalten. Dieser Befund ist für das Kaiserreich der Vorkriegszeit, den Ersten Weltkrieg und die frühe Weimarer Republik allerdings nur von der *BIZ* abzuleiten – die *WO* verweigerte sich damals einer individualisierenden Titelseitengestaltung ja völlig

349 Vgl. S. 137.
350 *IB* Nr. 37 vom 12. September 1940 zeigte das Foto einer »NS-Schwester in der neuen Tracht und einer für den Einsatz während des Krieges vervollständigten Ausrüstung«; Nr. 6 vom 8. Februar 1945 als »Neues Bodenpersonal der Lustwaffe: der Tankwart« eine Frau mit Zapfschlauch in Händen.
351 Vgl. S. 333.

(was in puncto Vorschau durchaus eindeutig ist) und den *IB* gab es noch nicht. Im Kaiserreich der Vorkriegszeit verwies in knapp der Hälfte aller untersuchten Hefte der *BIZ* das Titelbild auf einen Inhalt im Anschluss.[352] Während des Ersten Weltkriegs, aber auch während der Weimarer Republik sank dieser Wert auf rund ein Drittel. Erst in den NS-Vorkriegsjahren koppelte man das Titelbild stärker an das Heftinnere. Nun verwies es in mehr als zwei Dritteln der Fälle auf das Folgende. Im Zweiten Weltkrieg wurde dies aber wieder zurückgenommen; im Prinzip kehrte man in dieser Hinsicht zum Ausgangspunkt im Kaiserreich zurück.

Ähnlich verlief die Entwicklung beim *IB*, nur mit viel höheren Werten. Während in den Heften während der Weimarer Republik genau in der Hälfte der Fälle mit der Titelseite auf folgende Inhalte verwiesen wurde, waren es während der NS-Vorkriegsjahre 80 Prozent, in den Kriegsjahren aber wieder nur noch rund die Hälfte.

Abb. 28: Ironie und ästhetische Raffinesse zählten nicht gerade zu den Stärken des *IB*. Gleichwohl fehlten sie ihm nicht ganz. Als in seiner Nr. 37 vom 12. September 1931 ein ausführlicher, von 20 Fotos begleiteter sehr sachlicher Artikel zur Arbeit an Hochöfen veröffentlicht wurde (ohne Autoren- und Fotografennennung), wurde als Aufmacher ein nicht ganz eindeutiges Foto auf die Titelseite gesetzt, bei dem man sich fragen muss, woher der Wasserstrahl rührt, der von dem »Helden der Arbeit« ausgeht, der dem Betrachter seinen Rücken zukehrt.

Die *WO* setzte zwar seit 1924 individualisierte Heftumschläge ein, verzichtete aber bei ihren gezeichneten Titelseiten weitestgehend auf Bezugnahmen auf das Heftinnere. Dies änderte sich erst, als man seit 1934 zu überwiegend mit Fotos gestalteten Frontseiten überging. In den Vorkriegsjahren bildete der inhaltliche Verweis auf das Heftinnere die Regel, in den Kriegsjahren dann dagegen die Ausnahme.

352 Vgl. dagegen Pfurtscheller, *Verteiltes Zeigen*, der bei seiner Untersuchung der österreichischen Illustrierten *Das Interessante Blatt* des Jahres 1896 als zentrale Funktion der Titelseite die Information über den Heftinhalt herausstellt (S. 82f.).

3.3 Die Seitengestaltung

Wer eine bestimmte Illustrierte erwarb, hatte in aller Regel nicht nur eine Vorstellung davon, in welcher grundsätzlichen Reihenfolge die wichtigsten Inhalte im Heft zu finden wären, es gab auch ein mehr oder minder bewusstes Wissen darüber, in welcher Form sie auf jeder einzelnen Seite präsentiert würden. Sicherlich kann man nur darüber spekulieren, welchen Einfluss gerade die Art der Seitengestaltung, ihr Layout, auf die jeweilige Kaufentscheidung ausübte, aber zumindest ist es nicht ganz abwegig anzunehmen, dass er bis zu einem gewissen Grad vorhanden war. Die Anordnung der Bilder und Texte auf einer Seite, der Stil ihres Arrangements, ergab für jeden Betrachter ein ganz eigenes Bild, ein ästhetisches Erleben jenseits der konkreten Inhalte. Auf jeden Fall werden die Illustriertengestalter geglaubt haben, dass dieser Aspekt zu berücksichtigen sei, sonst hätten sie sich nicht um die Wiedererkennbarkeit ihrer Hefte bemüht und größere Veränderungen nur selten vorgenommen.

Das Layout der Berliner Illustrirten Zeitung

Die Einsicht in die Bedeutung der Seitengestaltung für den Verkaufserfolg ihrer Hefte dürfte den für die BIZ Verantwortlichen erst im Laufe der Jahre gekommen sein. Zunächst wurde auf die Details des Layouts nämlich nur wenig Wert gelegt. Noch um die Wende zum 20. Jahrhundert lassen sich nur zwei feste zentrale Regeln ausmachen: zum einen die Größe des Satzspiegels und zum anderen die dreispaltige Textanordnung. Selbstverständlich gab es daneben noch eine Reihe von für die Produktion wichtigen, aber für die Leserschaft optisch nur begrenzt bedeutungsvollen Festlegungen wie die Art und die Größe der Fraktur-Type für den Haupttext sowie den Zeilenabstand, die Größen für Überschriften- und Bildtextgestaltung. Im eigentlich Zentralen herrschte jedoch beträchtliche Willkür, war bestenfalls Regellosigkeit die zentrale Regel: bei der Anordnung der Bilder auf den Seiten. Man mag es ja als erfreuliche Flexibilität bewerten, dass die Textspaltenbreite keine unveränderliche Vorgabe für die Bildformate bedeutete, dass es also nicht nur einspaltige Hoch- und zweispaltige Querformate gab, sondern dass Anderthalbspaltiges möglich war und auch die verschiedensten Varianten unterhalb der Spaltenbreite und über sie hinaus. Schwieriger wird es schon, wenn man systematische Zusammenhänge zwischen der Text- und der Bildverteilung sucht. Die waren regelmäßig nur begrenzt gegeben. Wie in dieser Zeit üblich, wurden Texte und dazugehörige Bilder nicht als Einheit betrachtet, die als geschlossener Block zu setzen waren.[353] Stattdessen folgte der Text dem traditionellen Spaltenumbruch: immer von oben nach unten und von links nach rechts. Bilder wurden mehr oder minder passend hineinmontiert. Häufig genug musste man als Betrachter das Zusammengehörige suchen, nur teilweise durch entsprechende textliche Hinweise unterstützt.

Berliner Illustrirte Zeitung.

Moderne Auswanderer.

Gartenbaufest auf der Pariser Welt-Ausstellung.

Berliner Illustrirte Zeitung.

Abb. 29: Inhaltlich Zusammenhangloses im formalen Nebeneinander als Gestaltungsprinzip der frühen *BIZ*-Seiten: Die Doppelseite der *BIZ* Nr. 39 vom 30. September 1900, S. 612f., zeigt nicht nur, dass kein ästhetischer Zusammenhang zwischen den nebeneinander liegenden Seiten hergestellt wurde, auch jede Seite für sich wurde keinem einheitlichen Formwillen unterworfen. Texte und Bilder standen in keiner engeren Verbindung. Die Bilder zum Text »Moderne Auswanderer« auf S. 612 folgten auf S. 613, die Bilder zum Text »Gartenbaufest auf der Pariser Welt-Ausstellung« erst auf S. 614. Die Reihung der sechs in ovalen Bildformen Vorgestellten war weitgehend zufällig.

Es muss offen gelassen werden, wer das neue Konzept entwickelte, das seit 1904 immer mehr die Hefte prägte und seit 1905 auf Jahre hinaus den unumstößlichen Standard bildete. War es Norbert Falk, der neue Chefredakteur, oder Kurt Karfunkel/Korff, der schon vertretungsweise amtierte, und ihm dann nachfolgte? Oder überzeugte sie nur der Vorschlag eines nicht namentlich Bekannten, der ein neues Design vorgestellt hatte?

353 Pfurtscheller, *Verteiltes Zeigen*, S. 83-85.

Berliner Illustrirte Zeitung.

Berliner Illustrirte Zeitung.

Arbeiter als Künstler

Aus der Arbeiter-Kunstausstellung in Berlin

Abb. 30: Zugegeben: So unterschiedlich und gleichzeitig aufwändig wie hier auf den Seiten 38 und 39 (der zweiten und dritten Seite) der Nr. 3 vom 16. Januar 1910 war der Seitenrandschmuck der *BIZ* nur selten. Andererseits war sein grundsätzliches Vorhandensein aber doch typisch. Das Sonnenblumenmotiv der Rahmung rechts wurde erst wieder in Nr. 22 vom 29. Mai 1910, S. 420, wiederholt; auf die streng geometrische Version der linken Seite wurde im gesamten Jahrgang nicht mehr zurückgegriffen.

Viele werden sie übersehen haben und nur von wenigen wird sie wahrscheinlich – und auch dann nur ab und zu – bewusst wahrgenommen worden sein: die mehr oder minder dezente Seitenrahmung der Bildteile in der BIZ. Hat man sie jedoch einmal bemerkt, muss als nächstes ihre Vielgestaltigkeit auffallen. Eigentlich wurde jeder Seite ein eigenes Modell zugestanden – sowohl, was die Form als solche anging, als auch ihre Ausgestaltung im Detail. Gerade hier herrschte eine derartige Vielfalt, dass kaum eine Wiederholung in ganzen Jahrgängen festzustellen ist. Angesichts des damit verbundenen Aufwands ist eindeutig, dass dies kein Zufall war, sondern diese Form der Seitenverzierung jahrelang zu den Charakteristika der Illustrierten gehörte.

Die Vielfalt der Seitenrahmung stand in krassem Gegensatz zum neuen zentralen Prinzip der Bildordnung, das ganz an der Einfachheit der Achsensymmetrie ausgerichtet war. Die achsensymmetrische Ordnung wurde immer mehr perfektioniert und schnell wurde aus seitenfüllenden Ornament-Bruchstücken eine vollständige Seitenrahmung entwickelt. Jede Seite wurde zum nach einheitlichem ästhetischem Prinzip geformten Kunstwerk, das der Vielfalt der Inhalte eigene, neue Gestalt verlieh.

Abb. 31: Die *BIZ* präsentierte in Heft 5 vom 30. Januar 1910 einen Artikel Karl Ischers mit dem Titel »Moderne Tanzkunst«. Der Artikel begann bereits auf Seite 73 und der Text endete auf Seite 75, rechts unten. Von den Bildern auf der abgebildeten Doppelseite 74/75 gehören nur die auf der linken Seite zum Text. Die vier Bilder auf der rechten Seite sind dagegen drei ganz anderen Themen gewidmet: Die beiden oberen stehen unter der Überschrift »Wahlkuriosa in England«, das ovale in der Mitte zeigt »Helene Taft, die Tochter des Präsidenten der Vereinigten Staaten, die für die streikenden Blusenarbeiterinnen eingetreten ist«, und das untere ein Szenenbild aus »Siegfried Wagners neuer Oper ›Banadietrich‹«. Die Doppelseite zeigt links einen zweispaltigen und rechts einen dreispaltigen Text, wobei die mittlere Spalte deutlich schmäler ist. Die bereits angesprochene Seitenrahmung ist reduziert, aber durchaus vorhanden.

Die individuell gestaltete Seitenrahmung gehörte seit 1905 genauso zum typischen Erscheinungsbild der BIZ wie ihr weiterhin grundsätzlich dreispaltiger Satz. Beides waren aber nur Regeln, die von fast zahllosen Ausnahmen durchbrochen wurden. Schon die letzte Abbildung zeigt, dass die beiden Textspalten auf der rechten Seite deutlich schmäler waren als die auf der linken, weil den zentralen Bildern unterschiedliche Breiten zugestanden worden waren. Aber auch die drei Textspalten waren kein Muss; wenn man es für passend hielt, konnten es auch nur zwei sein, die die ganze Seitenbreite (ohne Bild dazwischen) füllten. Der Wechsel war sogar innerhalb eines Artikels möglich und selbst vor unterschiedlichen Spaltenbreiten für den Text schreckte man nicht zurück, wenn es für die Bildwirkung nützlich zu sein schien.

Die Bildwirkung war das Zentrale, worauf das Layout der BIZ angelegt war, und zwar nicht des einzelnen Bildes oder des Artikels, zu dem die Bilder gehörten, sondern der als Einheit betrachteten ganzen Bildseite. Überhaupt spielte der Text in den Bildteilen vom Formalen her nur eine ganz untergeordnete Rolle: Er hatte die Bilder zu rahmen. Inhaltliche Kongruenzen waren zwar möglich, wurden aber nicht um jeden Preis verwirklicht. War der Text zu lang, ließ man ihn einfach irgendwie weiter laufen und ergänzte ihn um völlig themenfremde Bilder.

Die Abbildung 31 illustriert zudem das zweite zentrale Layout-Charakteristikum der *BIZ*: Die beiden nebeneinander liegenden Seiten waren weder symmetrisch zueinander noch optisch direkt aufeinander bezogen oder gar miteinander verbunden; stattdessen war nur jede Seite für sich streng symmetrisch aufgebaut. Es gibt wahrscheinlich keine Bildseite in den Jahrgängen des Kaiserreichs seit 1905, in denen diese Regel durchbrochen worden wäre. Und man kann sogar noch weiter gehen: Die allermeisten Seiten waren achsensymmetrisch gestaltet. Punktsymmetrien bildeten dagegen allergrößte Ausnahmen. In ihrem Falle konnte es dann sogar noch zu weiteren ›Unregelmäßigkeiten‹ kommen, indem etwa ein ovales einem rechteckigen Bild gegenübergestellt wurde.[354]

Das für die *BIZ* im Kaiserreich so zentrale Gesetz der achsensymmetrischen Seitengestaltung wurde auch bei den Romanseiten durchgehalten und selbst bei den Seiten mit Anzeigen bildete es die Leitlinie, wurden die Anzeigen zumindest nach ihrer Größe einigermaßen symmetrisch angeordnet. Im Kaiserreich war dies umso leichter möglich, als großformatige Anzeigen von einer halben Seite Fläche oder mehr seltenste Ausnahmen bildeten.

Was für die Friedensjahre des Kaiserreichs gilt, wurde während des Ersten Weltkriegs allmählich aufgelöst. Als erstes fielen die aufwändigen Seitenrahmungen weg. Sie wurden zumeist durch ganz einfach gehaltene punktierte Linien ersetzt. Des Öfteren verzichtete man aber auch ganz auf diese optische Seitenbegrenzung des Satzspiegels. Die achsensymmetrische Anordnung der Bilder wurde zwar als Prinzip beibehalten, aber was zuvor unumstößliches Gesetz war, wurde nun nur noch zur Regel, die zunehmend Ausnahmen erfuhr.

Vor diesem Hintergrund erfuhr das Aussehen der *BIZ* in den Zeiten der Revolution und der frühen Weimarer Republik keine nennenswerte Veränderung. Im Wesentlichen wurde fortgeführt, was während des Ersten Weltkriegs begonnen worden war: Die Bildanordnung blieb grundsätzlich achsensymmetrisch orientiert, es gab aber immer mehr Abweichungen. Und die Bildseiten behielten nach wie vor ihren einfachen Rahmen aus punktierten Linien.

354 Als Beispiel: *BIZ* Nr. 28 vom 10. Juni 1910, S. 546.

Was wir bei den Olympiſchen Spielen nicht ſahen...

Die wahrhaft Glücklichen...

Abb. 32: Im Laufe der 1930er-Jahre mutierte die *BIZ* insofern immer mehr zur Bilder-Zeitschrift, als in ihren beiden Bildteilen Artikeltexte immer häufiger fast völlig fehlten und die Bilder ganz in den Vordergrund traten. Was hier (*BIZ* Nr. 7 vom 17. Februar 1938, S. 212f.) im Artikel »Was wir bei den olympischen Spielen nicht sahen [...]« nur ansatzweise geschieht, wurde zudem zunehmend versucht: nur mit Bildern eine ganze Geschichte zu erzählen (vgl. Abb. 43, S. 165).

Mitte der 1920er-Jahre war die Zahl der von der Achsensymmetrie abweichenden Seiten so groß geworden, dass sie nicht mehr als Ausnahmen, sondern als neue Regel zu betrachten waren. Bis 1930 war man so weit, dass die meisten Bildseiten nicht mehr nach strengen Mustern geordnet waren, sondern eine neue Vielfalt einzog. Gleichwohl kehrte man nicht einfach zur Regellosigkeit des Kaiserreichs zurück. Durch mehrere Unterschiede grenzte man sich deutlich ab: Die Bildanteile verschoben sich zulasten der Texte; es wurde viel mehr mit viel größeren Bildern gearbeitet; immer mehr Bilder rückten eng aneinander, berührten oder überschnitten sich gar; und schließlich wurde mit immer mehr Freistellungen gearbeitet. Bildüberschneidungen oder Freistellungen hatte es auch schon im Kaiserreich gegeben, aber in viel begrenzterem Ausmaß – insgesamt ungefähr bei jedem zehnten Bild. In der Weimarer Republik und in den NS-Vorkriegsjahren galt dies jedoch für fast jede vierte Abbildung. Die Folge war eine wesentlich größere dynamische Wirkung der nach wie vor selbstverständlich an sich statischen Seiten.

Während der 1930er-Jahre kam es zu keinen weiteren wichtigen Veränderungen des Layouts. Auch der Wechsel in der Chefredaktion vom lange dem Hause Ullstein verbundenen Carl Schnebel zu Harald Lechenperg führte zu keinen tieferen Einschnitten. Am Auffälligsten war wahrscheinlich noch, dass seit 1938 auf jede Form von Seitenrahmung verzichtet wurde; die punktierten Linien gehörten endgültig der Vergangenheit an.

Wie der Erste, so führte auch der Zweite Weltkrieg zu einer erheblichen Vereinfachung des Illustrierten-Layouts. Zum Standard, von dem es kaum noch Abweichungen gab, wurde das rechteckige, unverbunden gesetzte Bild. Auf gerundete Formen wurde völlig verzichtet, die technisch aufwändigen Freistellungen wurden zu großen Ausnahmen. Selbst Bildberührungen oder -überschneidungen waren nicht viel häufiger. Überall musste gespart werden.

Das Layout der Woche *und seine Veränderungen*

Lange Jahre war es ein Charakteristikum der *WO*, dass nicht nur der redaktionelle Teil deutlich von den Anzeigen getrennt war, er zerfiel auch in deutlich voneinander abgegrenzte Text- und Bildteile. Bis 1924 wurden die Texte der *WO* wie bei Büchern größeren Formats zweispaltig gesetzt, und dies in der Regel genauso völlig schmuck- wie bilderlos. Man hatte zwar mit ornamentalen ›Seitenfüllern‹ begonnen, dies im Laufe der Jahre aber immer mehr aufgegeben. Schon 1910 sucht man sie vergebens.

Selbst die bebilderten Seiten waren ganz unterschiedlich organisiert. Der ›Bilder-vom-Tage‹-Teil, der inhaltlich ein buntes Sammelsurium bot, präsentierte sich ästhetisch meist völlig anspruchslos. Fast hat man den Eindruck, dass die Seiten nur mit möglichst vielen Bildern gefüllt werden sollten.

Sorgfältiger komponiert waren dagegen die später in den Heften folgenden Text-Bild-Kombinationen. Die Seitengestaltung insgesamt orientierte sich an der Achsensymmetrie, die bildete aber keine unumstößliche Regel. Immer wieder griff man zu Bildarrangements, die zwar eine insgesamt ästhetisch ausbalancierte Seitengestaltung zum Ziel hatten, aber allzu einfache Symmetrievorgaben vermieden. In diesem Zusammenhang ist es erwähnenswert, dass ein Fünftel der Bilder in der *WO* sich mit anderen berührten oder überschnitten; bei der *BIZ* war es kaum ein Drittel davon.

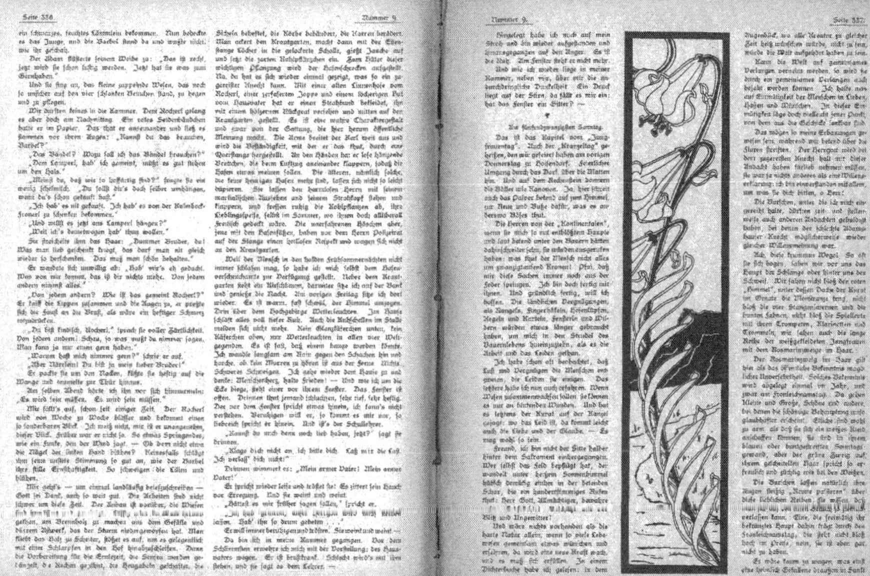

Abb. 33: Um einen acht Seiten umfassenden Textteil nicht völlig bildfrei zu präsentieren, wurden in den ersten Jahrgängen der *WO* immer wieder ornamentale, vom Jugendstil geprägte Verzierungen platziert (hier *WO* Nr. 9 vom 13. Mai 1899, S. 336f.).

Abb. 34: Die Doppelseite aus der *WO* Nr. 39 vom 28. September 1912 (S. 1632f.) zeigt in einfachster Reihung insgesamt acht Fotos zu den unterschiedlichsten Themen – von Theaterszenen bis zur Aufnahme einer Unglücksstelle. Die Formate sind eher nachlässig aufeinander abgestimmt.

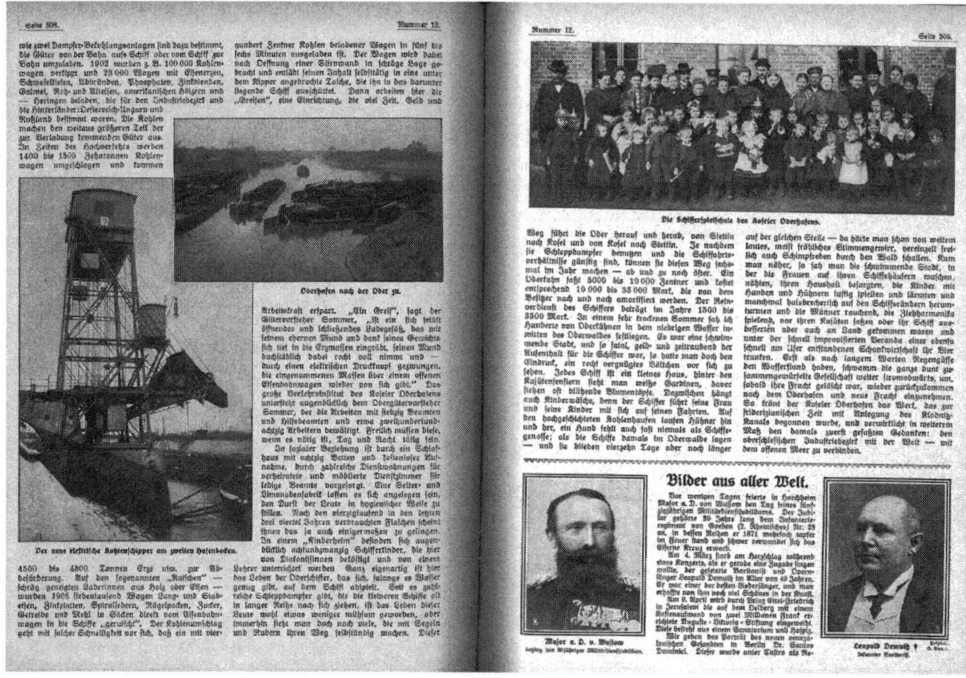

Bilder aus aller Welt.

Abb. 35: Die hier abgebildete Doppelseite (*WO* Nr. 12 vom 19. März 1910, S. 508f.) war formal unterschiedlich organisiert. Während die rechte Seite der gängigen Achsensymmetrie gehorchte, wurde auf der linken Seite davon in mehrfacher Hinsicht abgewichen: Ein Hoch- wurde mit einem Querformat kombiniert, die Bilder waren unterschiedlich groß und sprengten nach innen die Spaltenbreiten. Theoretisch überdeckte das rechte das linke. In der Praxis musste jedoch beim Klischee des linken die linke obere Ecke ausgesägt werden, sodass ein kleiner Abstand zwischen den beiden Bildern zu sehen ist.

An der Abbildung 35 ist auch gleich noch ein anderes Merkmal des *WO*-Layouts aufzuzeigen, das einen weiteren Unterschied zur *BIZ* markiert: Bilder und Texte waren bei der *WO* viel enger aufeinander bezogen als bei der *BIZ*. Ein zusammenhangloses Nebeneinander gab es bei ihr nur in den Nachrichten-Bildteilen, ansonsten war es undenkbar. Im konkreten Fall gehörten die beiden Bilder auf der linken Seite und das obere Bild auf der rechten noch zum Artikel »Oberschlesische Skizzen« von Valeska Gräfin Bethusy-Huc, der auf der vorangegangenen Seite begonnen hatte. Die beiden Bilder rechts unten gehörten dagegen nicht zu diesem Artikel und stehen auch untereinander in keinem Zusammenhang. Allerdings werden im Betrachter auch keine diesbezüglichen Erwartungen geweckt. Der Artikel ist von den beiden Bildern durch eine Linie getrennt und die Überschrift »Bilder aus aller Welt« zwischen den beiden Bildern deutet auf etwas Kaleidoskopartiges hin. Der Text zwischen den beiden Bildern ergänzt die beiden sehr kargen Bildunterschriften durch konkretere Informationen. Weder

der vordere Bildteil noch andere Seiten der *WO* wiesen schließlich die Seitenrahmungen auf, die für die *BIZ* so typisch waren.

Das Konzept der *WO*, mit dem im Kaiserreich beträchtliche Verkaufserfolge erzielt worden waren, geriet nach dem Ersten Weltkrieg immer mehr unter Druck. Ziemlich sicher war dies nicht nur auf die Inhalte, sondern auch auf die Form ihrer Präsentation zurückzuführen. Auf jeden Fall wurde dies von den Verantwortlichen so gesehen, denn in beiderlei Hinsicht entschloss man sich zu Veränderungen. Zunächst versuchte man sich mit kleineren formalen Neuerungen. Anfang 1920 wurde das Inhaltsverzeichnis zu Beginn des redaktionellen Teils durch eine Art Innen-Titelseite ersetzt. Außerdem begann man mit aufwändigen Umrahmungen der Artikel, zum Teil auch der Bildteile; nur beim Roman wurde darauf verzichtet. Aber schon 1922 wurde der ornamentale Seitenschmuck wieder aufgegeben.

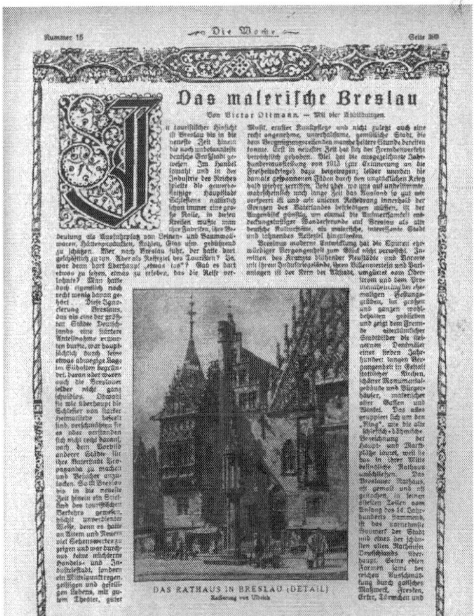
Nummer 15 — Die Woche — Seite 399

Das malerische Breslau

Von Victor Ottmann. — Mit vier Abbildungen.

DAS RATHAUS IN BRESLAU (DETAIL)

Abb. 36: Für ästhetisch konservative Betrachter mag die Gestaltung der Heftseiten der *WO* 1920 ein besonderer Augenschmaus gewesen sein; zum Stil der Zeit stand sie völlig quer. Das Beispiel aus Heft 15 vom 17. April 1920, S. 399, zeigt nicht nur eine mittelalterlich anmutende Prunk-Initiale, sondern auch eine komplex gestaltete vollständige Seitenumrahmung.

Es war sicherlich kein Zufall, dass Nr. 21 vom 29. Mai mit einem ganzseitigen Wahlaufruf der Deutschnationalen Volkspartei eröffnet wurde.

Mit der bereits erwähnten Formatvergrößerung im Jahr 1924 konnte man nicht nur zum dreispaltigen Satz übergehen, die Seitengröße bot nun auch Platz für anspruchsvollere Bild-Text-Arrangements. Die krasse Trennung zwischen Bild- und Textteilen wurde abgemildert, reine Textseiten wurden reduziert, indem man Fortsetzungsromane und Novellen zum Teil mit recht üppigen zeichnerischen Illustrationen ergänzte. Nicht zuletzt hatte dies zur Folge, dass alle Beiträge im redaktionellen Teil auf Ganz-Seiten-Formate gebracht werden konnten. Dass ein Beitrag auf einer Seite auslief und darunter gleich ein neuer begann, war damit ausgeschlossen.

Von den formalen Wandlungen in den letzten Jahren der *wo* sind nur die wichtigsten herauszustellen. Seit Anfang der 1930er-Jahre gab es wieder eine striktere Rubrizierung der Seiten, auch im Layout betont durch Querbalken am oberen Seitenrand, in denen nicht nur die Rubrikenbezeichnung, sondern auch die alte Eckmann'sche ›7‹ wieder auftauchte.[355] Für die Betrachter der Hefte viel gravierender war sicherlich das schleichend begonnene auch formale In-den-Vordergrund-Rücken der Bilder. Bis Mitte der 1930er-Jahre markierte der Satzspiegel eine Grenze, die keinesfalls überschritten werden durfte. Das begann man nach und nach zu ändern. Immer mehr Bilder wurden über den Satzspiegel hinaus bis zum Seitenrand vergrößert, sodass sie die Seiten viel stärker dominierten.

DIE ZAUBERGEIGE
WERNER EGKS OPER IN BERLIN

Abb. 37: Seit Mitte der 1930er-Jahre wurden in der *WO* immer mehr Bilder bis an die Seitenränder gesetzt. Einerseits dominierten sie dadurch viel stärker die Seitenfläche, andererseits blieb in der Seitenmitte trotzdem mehr Weißraum, in dem die Texte klarere Akzente setzten (*WO* Nr. 9 vom 26. Februar 1936, S. 9).

Gleichzeitig wurden auch die Schrifttypen variabler eingesetzt. Bildtexte waren auch schon zuvor in Antiqua gehalten, nun drängte dieser Schrifttyp die Fraktur immer mehr zurück. Es dauerte jedoch bis Anfang 1943, bis die Hefte

355 Schlingmann, *Woche*, S. 77.

komplett in Antiqua gesetzt wurden – obwohl die Fraktur-Schriften bereits seit Anfang 1941 als ›jüdisch‹ verfemt worden waren.[356]

Das Layout des Illustrierten Beobachters

Der IB der Nationalsozialisten war kein kühl kalkuliertes und vor dem Start sorgfältig geplantes Verlagsprodukt, sondern ein propagandistischer Schnellschuss, an dessen Form jahrelang herumgebastelt wurde. Schon die Gestaltung des Zeitschriftenkopfes hatte man sich kaum überlegt. »Folge 1« vom Juli 1926, die ja mehr ein in der Mitte gefaltetes Plakat als ein Heft war, eröffnete man mit einem bieder gesetzten Schriftzug, dessen einzige optische Auflockerung das Parteiemblem zwischen »Illustrierte« und »Beobachter« bildete. Ganz unglücklich war, dass über das Parteiemblem auch noch der bestimmte Artikel »Der« gesetzt war, sodass erst auf den zweiten Blick zu erkennen war, dass der vollständige Titel »Der Illustrierte Beobachter« lautete. Diesen Fehler erkannte man wohl schnell und schon im folgenden zweiten Heft vom September wurde auf den Artikel verzichtet, sodass der Titel nur noch prägnant und, passend zur Parteizeitung *Völkischer Beobachter*, *Illustrierter Beobachter* lautete. Allerdings muss man rätseln, was die Blattmacher dazu bewog, zudem das Parteiemblem wesentlich zu verkleinern und über den nun durchgängigen Schriftzug zu setzen. Wollte man damit das Parteiliche optisch etwas zurücknehmen?

Wer den Anstoß zur nächsten Revision des Titelkopfes gab, ist nicht bekannt. Schon Ende 1927, gerade einmal etwas über ein Jahr nach dem Start, wartete die Illustrierte mit Heft 24 vom 30. Dezember 1927 mit einem völlig neuen Modell auf. Ganz dominant wurde nun das Kürzel »IB« sozusagen als Markenzeichen präsentiert, neben dem auf einer geschwungenen doppelten Banderole wesentlich kleiner der Schriftzug »Illustrierter Beobachter« zu lesen war. Diese Gestaltung hatte nun grundsätzlich Bestand und wurde nur noch in Kleinigkeiten modifiziert. Heft 50 vom 13. Dezember 1930 präsentierte sie erstmals: Die Großbuchstaben des IB waren fortan wesentlich kontrastreicher gestaltet und der Schriftzug »Illustrierter Beobachter« war weiß auf schwarzem Untergrund gesetzt. Alles in allem hatte der Kopf nun wesentlich mehr Prägnanz erreicht und wurde so bis zum Ende beibehalten.

356 https://de.wikipedia.org/wiki/Antiqua-Fraktur-Streit [30.05.2018].

Abb. 38: Bei manchen Titelseiten des *IB* musste man schon genau hinsehen, wenn man ihn als nationalsozialistisches Parteiblatt identifizieren wollte. Es war sicherlich kein Zufall, dass man zur verstärkten Abonnentenwerbung für Heft 17 vom 15. September 1927 ein ganz unverfängliches, sicher sehr massenwirksames Foto verwendete.

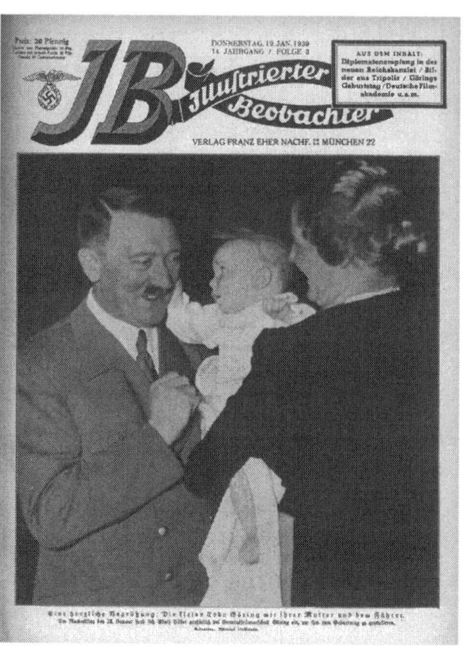

Abb. 39: Von 1930 an war die Titelseite des *IB* bis zu seiner Einstellung im Frühjahr 1945 in der Form, wie sie hier Heft 3 vom 19. Januar 1939 zeigt, sehr einheitlich gestaltet. Verblüffenderweise wurde seit Ende 1927 allein der Kopf der Illustrierten in Antiqua gesetzt, der Rest in Fraktur. Dies galt auch, als seit Herbst 1937 der kleine Kasten mit dem Titel ›Aus dem Inhalt‹ und Hinweisen auf die Heftbeiträge eingefügt wurde.

Die Sicherheit der Gestaltung der Titelseite wurde im Heftinneren erst ein paar Jahre später erreicht. Zunächst dominierte auch beim Seitenlayout ein sehr hemdsärmeliges Vorgehen, das sich hemmungslos aller gerade gängigen Stilmittel bediente. Dass sich Bilder berührten oder überschnitten und zum Teil Freistellungen aufwiesen, war während der Weimarer Republik in den Illustrierten weit verbreitet, galt wohl als Zeichen modernen Layouts. Das nahmen sich die Macher des IB zu Herzen und setzten diese Gestaltungsmittel in besonderem Maße ein. Insgesamt wurde in den Jahren bis 1933 gerade noch die Hälfte der Bilder traditionell rechteckig und unverbunden nebeneinander gesetzt. Zugegeben: Auf ovale oder abgerundete Formen verzichtete man fast ganz; das war wohl endgültig veraltet. Aber dass sich Bilder berührten oder überschnitten, das sah man gerne. Und Freistellungen setzte man so häufig ein, dass man ihrer wohl selbst schnell überdrüssig wurde. Anders ist es wohl kaum zu erklären, dass in der hier untersuchten Stichprobe während der Weimarer Republik 17 Prozent aller Bilder dieses Merkmal aufwiesen, in den frühen NS-Jahren dieser Anteil dann aber nur noch ein Zehntel davon betrug, 1,7 Prozent. Gleichzeitig wurde auch das Gestaltungsmittel Bildberührung/Bildüberschneidung deutlich sparsamer eingesetzt. Von 30 Prozent fiel der so eingesetzte Bildanteil auf 18 Prozent.

Abb. 40: Ein Paradebeispiel für das Layout des *IB* in der ›Kampfzeit‹ vor der Kanzlerschaft Hitlers bildet der drei Seiten umfassende Artikel »Der Kampf um Stuttgart«: Die Seiten fast völlig gefüllt, ja überfüllt, die Bilder durch Überschneldungen ineinander übergehend, durch Freistellungen betont und durch das Kippen aus der Senkrechten links oben eigentlich schon überakzentuiert (Nr. 7 vom 13. Februar 1932, S. 146-148; hier S. 148. Keine Quellenangabe bei den Bildern).

Achtet man auf weitere Details der Seitengestaltung, so zeigt Abbildung 40 auch, dass eine Seitenumrahmung mit punktierten Linien verwendet wurde, wie sie zur selben Zeit ebenfalls in der BIZ begegnet. Im IB verzichtete man darauf aber dann schon gegen Ende des Jahres 1932, in der BIZ folgte man dem erst ein paar Jahre später.

Allgemeine Bildpräsentationsformen

Jenseits der illustriertenspezifischen Layout-Lösungen gab es zu allen Zeiten erstaunlich klare übergreifende Merkmale der Bildpräsentation, sozusagen zeittypische Charakteristika. Und genauso übergreifend waren die Veränderungen, die sich im Laufe der Zeit ergaben. Die Standardform war zwar immer das rechteckige Bild, das ohne Verbindung zu anderen auf der Seite platziert wurde. Allerdings dominierte sie in ganz unterschiedlichem Ausmaß. Man wird vermuten dürfen, dass die extrem hohen Anteile während der beiden Weltkriege auf den mit dieser Präsentationsform verbundenen geringen Arbeitsaufwand zurückzuführen ist. Konnte man sich mit der Bildgestaltung und dem Layout mehr Zeit lassen, griff man häufiger auf Variationen zurück.

Die Art der Variation war nun zum Teil zeit-, zum Teil titelspezifisch. Im Kaiserreich besaßen neben den rechteckigen Bildern auch ovale oder abgerundete Formen erhebliche Bedeutung, bei der *BIZ* noch mehr als bei der *WO*. Nach dem Ersten Weltkrieg gerieten sie ziemlich schnell außer Mode. In den 1930er-Jahren bildeten sie dann die absolute Ausnahme, manchmal bewusst als Reminiszenz an frühere Zeiten eingesetzt. Während sich die *BIZ* um diese Zeit sehr darin zurückhielt, die Bilder – gleich welcher Form – sich berühren oder gar überschneiden zu lassen, war dieses Stilmittel bei der *WO* sehr beliebt, allerdings nie bei den zu kompakten Bildstrecken zusammengefassten »Bildern vom Tage«, sondern nur bei den Artikel-Illustrationen und den »Bildern aus aller Welt« am Ende der redaktionellen Teile.

Die Weimarer Republik war die Zeit der großen formalen Experimente. Bei der *WO* verließ man dabei so sehr die alten Bahnen, dass Ende der 1920er-Jahre die Standardform des rechteckigen, unverbunden gesetzten Bildes fast zur Ausnahme wurde. Nur noch ein Drittel der Bilder wurde derart platziert. Die neue Regel war ein völlig individualisiertes Layout, in dem alle möglichen Bildformen miteinander verschmolzen wurden.

Abb. 41: Fast scheint man sich Ende der 1920er-Jahre davor gefürchtet zu haben, wie früher einfach rechteckige Bilder unverbunden nebeneinander zu setzen. Die hier abgebildete Seite aus der *WO* Nr. 7 vom 16. Februar 1929, S. 195, verknüpft die damals gängigsten Muster: Bildüberschneidungen und Freistellungen, und beides noch miteinander kombiniert. Wer nur digitale Bildbearbeitung kennt, vermag sich nicht vorzustellen, wie viel handwerklicher Aufwand nötig war, um die zum Druck nötigen Klischees in diese Formen zu bringen.

Das war extrem, aber durchaus zeittypisch, denn Ähnliches lässt sich auch bei der *BIZ* und beim *IB* feststellen. Vor allem das Freistellen von Bildern war in diesen Jahren bei allen drei Illustrierten sehr beliebt, am beliebtesten aber beim *IB*. Hier galt es wohl als besonderes Zeichen von Dynamik, das am besten die der eigenen Bewegung zugeschriebene Qualität zum Ausdruck brachte. Während man sich bei *BIZ* und *WO* Anfang der 1930er-Jahre darauf beschränkte, nur jedes neunte Bild freizustellen, war es beim *IB* fast jedes fünfte. Allerdings: So plötzlich, wie man sich für den Einsatz dieses Stilmittels entschieden hatte, so plötzlich verschwand es auch wieder. Kaum war der *IB* Illustrierte einer Staatspartei geworden, verzichtete man fast völlig auf Freistellungen; in den Vorkriegsjahren verwendete man sie nur noch bei jedem 50. Bild. Aber auch bei *BIZ* und *WO* ging man nun mit Freistellungen sparsamer um, ebenso mit der Überlagerung oder zumindest Berührung von Bildern. Die Formensprache wurde insgesamt wesentlich ruhiger. Im Zweiten Weltkrieg setzte sich dieser Trend bruchlos fort, nun sicherlich davon verstärkt, dass das rechteckige, unverbunden gesetzte Bild einfach den geringsten handwerklichen Vorbereitungsaufwand erforderte.

TABELLE 3

Bildpräsentationsformen

Phase \ Bildform	rechteckig und unverbunden	rund, oval, abgerundet und unverbunden	Bild berührt oder überschneidet sich mit einem oder mehreren anderen	(Teil eines Bildes) freigestellt	sonstige Form	
Kaiserreich-Vorkrieg	3.555 62,00 %	857 14,90 %	878 15,30 %	255 4,40 %	188 3,30 %	5.733 100 %
Erster Weltkrieg	1.580 74,50 %	333 15,70 %	158 7,40 %	31 1,50 %	19 0,90 %	2.121 100 %
Weimarer Republik I	1.608 63,90 %	209 8,30 %	444 17,60 %	225 8,90 %	31 1,20 %	2.517 100 %
Weimarer Republik II	2146 49,80 %	279 6,50 %	1.352 31,40 %	517 12,00 %	18 0,40 %	4.312 100 %
Weimarer Republik III	1.928 62,00 %	72 2,30 %	690 22,20 %	403 13,00 %	18 0,60 %	3.111 100 %
NS-Staat-Vorkrieg	5.746 75,40 %	59 0,80 %	1.309 17,20 %	329 4,30 %	177 2,30 %	7.620 100 %
Zweiter Weltkrieg	3.763 80,90 %	8 0,20 %	462 9,90 %	282 6,10 %	139 3,00 %	4.654 100 %
Gesamt	20.326 67,60 %	1.817 6,00 %	5.293 17,60 %	2.042 6,80 %	590 2,00 %	30.068 100 %

3.4 Bildkontexte

Obwohl bei dieser Untersuchung die Bilder im Vordergrund stehen, können deswegen die Texte nicht völlig ausgeblendet werden. Bilder und Texte stehen in einem unauflöslichen Zusammenhang; er bildet den Kern der Charakterisierung der illustrierten Zeitschrift als »multimodales Medium«.[357] Dieser Zusammenhang ist zum Teil inhaltlich, zum Teil formal zu bestimmen, ohne dass dazwischen eine scharfe Grenzziehung möglich wäre: Immer wieder muss Inhaltliches dazu dienen, Sinneinheiten zu bilden, deren formale Eigenheiten dann erst im zweiten Schritt untersucht werden können.

Zu beginnen ist mit der wahrscheinlich wichtigsten Unterscheidung, den verschiedenen Arten der Bildverwendung. Ihre Notwendigkeit tritt nur dann überhaupt in den Blick, wenn man tatsächlich alle Bilder der Illustrierten untersucht und nicht nur einzelne Segmente davon. Dann stellt man nämlich fest, dass die journalistische Verwendung zwar die auf jeden Fall quantitativ wichtigste war, Bilder aber auch auf andere Weise eingesetzt wurden. Der sicherlich wichtigste formale Aspekt beim journalistischen Bildgebrauch ist die quantitative Relation zwischen Bildern und Texten; er ist als zweites zu untersuchen. Als drittes ist schließlich nach den Zusammenhängen zwischen den journalistisch verwendeten Bildern zu fragen – inwieweit sie als isolierte Nachrichtenbilder oder in komplexeren Reihen präsentiert wurden und welche Bedeutung dabei den in der Forschung am meisten beachteten Fotoreportagen zukam.

Bildverwendungen

Illustrierte präsentieren Bilder nur in Ausnahmefällen ganz für sich und ohne Kontexte, also ohne jegliche konkrete Text-Umgebung, sei es in Form von mehr oder minder ausführlichen Bildtexten oder von allgemeineren Artikel-Texten. Stattdessen dominieren Bild-Text-Arrangements in unterschiedlichster Form und zu verschiedenen Zwecken, in verschiedenen Verwendungsweisen. Am meisten wurden die Bilder journalistisch verwendet, das heißt, im Zusammenhang eines Artikels präsentiert. Häufig genug konnte der Artikel sogar ganz wegfallen und das Bild nur mit einem mehr oder minder ausführlichen Bildtext präsentiert werden. Geschah dies – und zumeist noch auf entsprechend gestalteten Illustrierten-Seiten –, kann von einem ›Bild als Nachricht‹ oder bloßen ›Nach-

357 Bucher, *Mehr als Text mit Bild*.

richtenbild‹ gesprochen werden. Auch in diesem Falle handelt es sich um einen journalistischen Bildgebrauch.

Im Untersuchungszeitraum wurden die meisten, jedoch nicht alle Bilder journalistisch eingesetzt. Ohne Weiteres sind daneben mehrere nicht journalistische Verwendungsweisen zu unterscheiden: Bilder konnten zur Illustration fiktionaler Texte verwandt werden, zum Beispiel von Fortsetzungsromanen oder Novellen. In der Regel handelte es sich dann um Zeichnungen, die speziell zu diesem Zweck angefertigt wurden. Gar nicht so selten war daneben jedoch ein ganz anderer Fall: Um nicht einen entsprechenden Auftrag vergeben zu müssen, aber trotzdem ein oder gar zwei Seiten reinen Text optisch auflockern zu können, wurde zu irgendwelchen, in der Regel thematisch völlig zusammenhanglosen Abbildungen gegriffen, die so als reines Gestaltungselement dienten. Als eine spezielle Form von Gestaltungselement konnten weiterhin grafische Abbildungen bei häufiger wiederkehrenden Überschriften eingesetzt werden oder als sonstige, logo-artige Erkennungsmerkmale. Und schließlich darf eine ganz spezielle Form nicht journalistischer Bildverwendung nicht vergessen werden: die Witzzeichnung. Häufig nur als einzelnes Element zwischen eine ganze Reihe von Textwitzen gesetzt, konnte sie aber auch mit mehreren anderen eine thematisch mehr oder minder zusammenhängende Seite bilden oder gar zu einer ganzen mehrteiligen Bildfolge kombiniert sein, in heutiger Terminologie: einem ›comic strip‹.

Bei den journalistischen Bildkontexten interessiert nun nicht nur, wie häufig Nachrichtenbilder im Verhältnis zu von Artikeln begleiteten Bildern eingesetzt wurden, auch die Frage nach der Bild-Text-Relation ist von einiger Bedeutung. Haben die Bilder nur eine den Text ergänzende, illustrierende Aufgabe oder gewinnen sie eigenes Profil und überlassen dem Text nur noch erläuternde Funktion? Verschwindet am Ende der Artikeltext ganz und werden einzelne Bilder nur noch durch eine gemeinsame Überschrift in einen inhaltlichen Zusammenhang gebracht, wird sogar die Abgrenzung zum Nachrichtenbild schwierig. Einzelfallentscheidungen sind dann nur noch aufgrund genauerer Kontextanalysen möglich und am Ende nicht immer eindeutig.

Von den rund 30.000 in dieser Untersuchung erfassten Bildern wurden fast genau 90 Prozent journalistisch verwendet. Die nicht journalistische Verwendungsweise war also insgesamt gesehen ein Randphänomen. Allerdings sind im Laufe der Zeit erhebliche Veränderungen festzustellen. Während im Kaiserreich der Anteil nicht journalistisch verwendeter Bilder nur um 5 Prozent schwankte, lag er in der Weimarer Republik doppelt so hoch. In den nationalsozialistischen Vorkriegsjahren erfuhr er eine weitere Steigerung und in den Jahren des Zweiten Weltkriegs noch einmal, sodass der Anteil mit nunmehr gut 15 Prozent im Verhältnis zum Kaiserreich rund das Dreifache betrug.

Versucht man nun eine ganz einfache Charakteristik des Unterschiedes zwischen Bildern im journalistischen und Bildern im nicht journalistischen Gebrauch, so kann man ihn letztlich auf eine knappe Formel bringen: Das journalistisch gebrauchte Bild war ein Foto, das nicht journalistisch eingesetzte dagegen eine Zeichnung im weitesten Sinne. Sicher gab es auch Zeichnungen, die journalistisch eingesetzt wurden, und Fotos, bei denen dies nicht der Fall war, aber in beiden Richtungen handelte es sich um mehr oder minder große Ausnahmen. Von fast 27.000 journalistisch gebrauchten Bildern waren rund 90 Prozent Fotos, bei mehr als 3.000 nicht journalistisch verwendeten Bildern machten sie dagegen kaum ein halbes Prozent aus.

Die Zeichnung oder Grafik wurde in ganz verschiedenen Kontexten eingesetzt, und das jeweilige Ausmaß veränderte sich im Laufe der Zeit ganz erheblich. Im Kaiserreich – sowohl vor dem Ersten Weltkrieg als auch in den Kriegsjahren – verzichtete man in *BIZ* und *WO* wie gesagt weitestgehend auf nichtjournalistischen Bildgebrauch. Wenn man auf ihn zurückgriff, dann in beträchtlichem Maße in Form unverändert wiederkehrender logo-artiger Bildelemente.

DIE·WOCHE

Nummer 5 | Berlin, den 31. Januar 1920 | 22. Jahrgang

Inhalt der Nummer 5

Chronik der Woche

Abb. 42: In der *WO* Nr. 5 vom 31. Januar 1920 erschien zum letzten Mal, was zuvor seit dem ersten Heft von 1899 die erste Seite des Heftinneren geziert hatte: ein Holzschnitt mit sieben stilisierten Segelbooten, die das Inhaltsverzeichnis von der Wochenchronik trennte. Mit dem nächsten Heft wurde auf alle drei Elemente verzichtet und eine eigene Innen-Titelseite ins Leben gerufen.

Im Verlauf der Weimarer Republik wurden solche Formen zunehmend aufgegeben, während der nationalsozialistischen Vorkriegszeit und während des Zweiten Weltkriegs gerieten sie fast völlig außer Gebrauch. In den Vordergrund traten stattdessen unterhaltende Bilder. Eine Spezialität vor allem der *WO* während der Weimarer Republik bildete die Illustration ihrer Novellen und mancher Fortsetzungsromane mit speziell dazu angefertigten Zeichnungen – was zuvor niemals der Fall gewesen war. Felix Schwormstädt beispielsweise lieferte zu den insgesamt 17 Folgen von Werner Scheffs 1925 veröffentlichtem Roman *Tschandu. Der Roman einer Leidenschaft* pointierte bildliche Ergänzungen.[358]

Auch die BIZ mutete ihrer Leserschaft nur ganz selten einmal eine reine Textseite zur Lektüre zu. Von Anfang an setzte sie dazu jedoch inhaltlich völlig zusammenhanglose optische Auflockerer ein. Auf Romane oder Novellen abgestimmte oder gar speziell angefertigte Illustrationen gab es eigentlich nicht; höchstens wurde einmal das Foto des Romanautors (oder der -autorin) präsentiert. Nach welchen Prinzipien die abgebildeten Kunstwerke (während der Weimarer Republik häufig zeitgenössische Gemälde) ausgewählt wurden, erschließt sich nicht so recht. Hier bedürfte es aufwändiger Spezialforschung.[359]

Viel wichtiger als jede Form hochkünstlerischer Grafik (oder Gemälde-Wiedergabe) wurden viel einfachere Gebrauchsformen: Witzzeichnungen in allen möglichen Formen. Selbst bei der BIZ war der Trend eindeutig: Standen in den ausgewerteten Heften der Weimarer Republik noch gut 100 künstlerische Grafiken nur etwas mehr als 150 Witzzeichnungen gegenüber (1:1,5), so betrug das Verhältnis während der nationalsozialistischen Vorkriegszeit schon 40 zu 360, also 1:9, und während den Kriegsjahren dann 17 zu 266, ungefähr 1:15. Auch im nationalsozialistischen *IB* und in der *WO* eroberten sich Witzzeichnungen immer mehr Raum. Ihr vermehrter Einsatz war es, der im Laufe der Zeit die absolute Dominanz des journalistischen Bildgebrauchs beschränkte.

Es war vor allem eine Neuerung, die in dieser Hinsicht zu einer markanten Veränderung aller drei Illustrierten führte: die konsequente Reservierung der letzten Heftseite für Witzzeichnungen. Vielleicht wurde dieses Erfolgsrezept tatsächlich von der BIZ erfunden. Auf jeden Fall experimentierte sie länger damit. Eine halbe Seite ›Humor‹ mit Textwitzen und einer Witzzeichnung von Paul Simmel gab es schon früh. 1935 wurden dann erste Rückseiten ganz mit Witzen gestaltet. Konsequent wurde das noch nicht gehandhabt, aber anscheinend kam es bei der Leserschaft gut an, denn die Beispiele häuften sich 1936. Ende April 1937 war man dann so weit, dass die Heftrückseite ganz regelmäßig mit Witzen gestaltet wurde. Das Modell scheint für Publikum und Illustrierten-Gestalter so überzeugend gewesen zu sein, dass es bald von der Konkurrenz übernommen wurde. Beim *IB* wurde es im Frühjahr 1939 eingeführt, bei der *WO* im Sommer 1939. Von welchen Zeichnern die dazu benötigten Witze vor allem stammten, wird an anderer Stelle behandelt.[360]

358 *WO* Nr. 28-44 1925. Vgl. Abb. 55, S. 193.
359 Vgl. Abb. 56, S. 194.
360 Vgl. den Abschnitt »Humor und Witz« auf S. 401.

Bild-Text-Relationen

Wurden journalistische Illustrierten-Artikel überhaupt bebildert, so standen die Bilder ganz im Vordergrund. Das ist ein wenig überraschender Gesamtbefund. Dazu bedarf es keiner zentimeter- oder gar millimetergenauer Flächenberechnungen. Es reicht eine Einteilung, die sich grob einschätzen lässt: Nimmt der Text mehr als die Hälfte der gesamten Artikelfläche ein, so ist der Artikel textdominiert; ist es weniger als die Hälfte, dominieren die Bilder. Nur ein spezieller Fall sollte noch berücksichtigt werden. Wenn der Text kaum noch vorhanden ist, weniger als etwa ein Zehntel der Gesamtfläche einnimmt, dann ist er geradezu marginal. Die festgestellten Unterschiede zwischen diesen drei Kategorien sind nun so groß, dass sie auch genauste Präzisierungen bei der Datenerhebung nicht infrage zu stellen vermögen: Nur knapp 6 Prozent der in journalistischen Kontexten veröffentlichten Bilder wurden im Rahmen textdominierter Artikel gezeigt, 57 Prozent dagegen in bilddominierten Artikeln und 37 Prozent in Artikeln, in denen der Text völlig marginal war.

Interessanter sind die Unterschiede, die sich bei genauerer Betrachtung ergeben – einmal hinsichtlich der verschiedenen historischen Phasen, das andere Mal aber beim Blick auf die verschiedenen Illustrierten. Einmal mehr zeigt sich dabei eine gewisse Sonderstellung der *WO*. Sie steuerte nicht nur während des Kaiserreichs ihren eigenen Kurs. Auch in Weimarer Republik und noch mehr im NS-Staat verfolgte sie einen Weg, der sie recht deutlich von *BIZ* und *IB* absetzte. Das zeigt sich bereits auf allgemeinster Ebene: Der Durchschnittswert von 6 Prozent in textdominierten Artikeln veröffentlichten Bildern verdeckt, dass es in *BIZ* und *IB* nur 4 bzw. 3 Prozent waren, bei der *WO* aber 8 Prozent, immerhin das Doppelte im Vergleich zur *BIZ*.

Im Kaiserreich war dieser große Unterschied beim Anteil der textdominierten Artikel noch nicht vorhanden. Weder in der Vorkriegszeit noch während des Ersten Weltkriegs hatten sich in dieser Hinsicht *BIZ* und *WO* nennenswert voneinander unterschieden. Ähnliches galt zunächst auch beim Verhältnis zwischen bilddominierten und bloß marginal mit Texten versehenen Artikeln; erstere überwogen letztere deutlich (70:25). Erst während des Ersten Weltkriegs verfolgten die Illustrierten-Macher dann deutlich unterschiedliche Strategien. Die *WO* präsentierte zu der Zeit mehr Bilder mit nur marginal betexteten Artikeln als jemals zuvor, sie überwogen sogar die bloß bilddominierten. Die *BIZ* veränderte ihr Konzept dagegen nicht.

In der Weimarer Republik verschwanden diese Unterschiede wieder fast ganz. *WO* und *BIZ* lagen bei den Werten für Bilder in bilddominierten oder nur mit marginalen Texten versehenen Artikeln bloß minimal auseinander. Auch der neu hinzutretende IB der Nationalsozialisten passte sich diesem Schema einigermaßen an. Diese strukturelle Ähnlichkeit setzte sich im NS-Staat fort. Der Trend war dabei eindeutig: BIZ und IB reduzierten ihre Textanteile bei bebilderten Artikeln immer mehr. Textdominierte Artikel kamen so gut wie gar nicht mehr vor. Während des Zeiten Weltkriegs erschien in der BIZ noch nicht einmal 1 Prozent ihrer journalistisch eingesetzten Bilder in derartigen Artikeln. Gleichzeitig sank auch der Anteil von Bildern in bilddominierten Artikeln immer mehr, während der von Bildern in Artikeln mit nur marginalem Text deutlich stieg. Während des Zweiten Weltkriegs wurden 70 Prozent aller journalistisch verwendeten Bilder in der BIZ im Rahmen von Artikeln eingesetzt, die keinen oder so gut wie gar keinen Text mehr aufwiesen –, aber trotzdem in einem inneren inhaltlichen Zusammenhang zueinander standen.

Abb. 43: Die drei Fotos auf der abgebildeten Seite sind keine eigentlichen Nachrichtenbilder. Stattdessen fügen sie sich zu einer Mini-Bildreportage, die sich nur aus dem Titel (»5 Minuten vor dem Start«) und den drei Bildtexten ergibt. Auf einen eigenen Artikel-Text wurde völlig verzichtet (*BIZ* Nr. 38 vom 19. September 1940, S. 942, die zweite Seite des Heftes. Fotos von Arthur Grimm).

Verblüffen muss vor diesem Hintergrund das erheblich abweichende Vorgehen bei der WO. Schon in den nationalsozialistischen Vorkriegsjahren hatte man sich nur bedingt der immer größeren Textreduktion bei BIZ und IB angeschlossen. Wie bei diesen war zwar der Anteil der Bilder, die in Artikeln mit nur marginalem Text erschienen, im Vergleich zur Weimarer Republik gewachsen, aber doch nicht so sehr wie bei den beiden anderen Illustrierten. Vor allem aber hatte man den Anteil der Bilder in textdominierten Artikeln nicht gesenkt, sondern sogar leicht erhöht. Und in dieser Hinsicht wurde man während des Zweiten Weltkriegs sogar noch extremer. Was bei *BIZ* und *IB* während des Zweiten Weltkriegs kaum noch zu finden war, erzielte bei der *WO* nie dagewesene Spitzenwerte: Fast 20 Prozent ihrer journalistisch eingesetzten Bilder erschienen nun in textdominierten Artikeln: Im hier untersuchten Sample waren das 208 der 235 der bei allen drei Illustrierten zu dieser Zeit und in dieser Kategorie erfassten Bilder.

Ein Beispiel mag veranschaulichen, was man sich konkret darunter vorzustellen hat. In Heft 37 vom 17. September 1942 begann die *WO*, eine Artikel-Folge ihres »Sonderberichterstatters« – und späteren *Zeit*-Chefredakteurs – Josef ›Jupp‹ Müller-Marein über die Kämpfe der Luftwaffe an der Ostfront unter dem Titel »Stählerne Schwingen über dem Osten« zu veröffentlichen (S. 8-11). Der vier Seiten umfassenden ersten Folge waren zwar sechs Abbildungen beigegeben, sie füllten jedoch höchstens 1 ½ Seiten, sodass Platz für eine Menge Text blieb. Dies veränderte sich auch in den Fortsetzungen (ebenfalls jeweils S. 8-11) nicht. Die Bilder mochten zwar Aufmerksamkeit auf den Text gelenkt haben, aber sie dominierten ihn nicht. Ihm wurde so viel Bedeutung zugemessen, dass in Nr. 39 sogar eine ganze bildfreie Textseite (S. 10) abgedruckt wurde, zu dieser Zeit selbst bei der *WO* eine große Ausnahme. Müller-Marein war übrigens nur für den Text verantwortlich, er fotografierte nicht. Als Quelle für die allermeisten der Fotografien wurde die »Stabsbildabteilung bei einem Luftflottenkommando« angegeben. Es handelte sich also um eine Reportage alten Stils, der nur ein paar illustrierende Fotos beigegeben waren. Von einer Fotoreportage konnte keine Rede sein. Aber wie häufig waren die um diese Zeit überhaupt?

Bildzusammenhänge

Unter den Formen, in denen Bilder in Illustrierten veröffentlicht wurden, fand die Bildreportage bislang mit Abstand die größte Beachtung in der Forschung. Dabei wurden im Laufe der Zeit die älteren, von mehr oder minder aktiven Fotoreportern verfassten Einschätzungen immer stärker relativiert.[361] Mittlerweile liegt vor allem für die Jahre 1925 bis 1935 detailliertes empirisches Material vor. In seiner Dissertation konnte Karl Knöferle überzeugend darlegen, dass die verbreitete Annahme, Stefan Lorant, den zeitweiligen Chefredakteur der *Münchner Illustrierten Presse*, als Erfinder der modernen Fotoreportage Ende der 1920er-Jahre

361 Holzer, *Rasende Reporter*, S. 203ff.; Keller, *Fotografie und Begehren*.

zu betrachten, zurückzuweisen ist: »Der Mythos wurde von ihm selbst und seinen Weggefährten geschaffen und immer wieder neu entfacht.«[362]

Auf der Basis der von Knöferle vollständig untersuchten Jahrgänge von vier Illustrierten – neben der BIZ und dem *IB* die *Münchner Illustrierte Presse* (MIP) und die *Arbeiter-Illustrierte-Zeitung* (AIZ) – lässt sich überhaupt kein markantes Jahr der ›Erfindung‹ ausmachen. Stattdessen ist viel angemessener, von einer allmählichen Herausbildung der Fotoreportage in der zweiten Hälfte der 1920er-Jahre auszugehen. Vor allem die BIZ zeigt mit nur leichten Schwankungen eine fast lineare Entwicklung von 52 Fotoreportagen im Jahr 1925 über 113 1930 bis zum Maximum von 171 im Jahr 1933. Ähnlich sieht es bei der MIP und beim *IB* aus. Nur bei der AIZ gibt es ein gewisses Auf und Ab mit einem frühen Höhepunkt bereits 1928.[363]

Die methodisch reflektierte, sehr akribische Studie Knöferles kann nun zum Ausgangspunkt für zwei nahe liegende Ergänzungen gemacht werden. Zum einen ist ihr vergleichsweise enger, durch ihren Ansatz der Vollerhebung erzwungener zeitlicher Rahmen zu erweitern. Wie sah es vor 1925 und nach 1935 mit Fotoreportagen in den deutschen Illustrierten aus? Bernd Weise, der bereits 1989 die beim Thema Fotoreportage auf Lorant und seine Mitstreiter fixierte Sicht kritisiert hatte,[364] weitete den Horizont schon einmal in der einen Richtung, indem er konsequent die frühen Jahre der Foto-Wiedergabe in den Illustrierten in seine Betrachtung einbezog. Nachdrücklich bestand er danach darauf, dass sich schon »zwischen den [18]90er-Jahren und dem 1. Weltkrieg [...] in der Pressefotografie verschiedene Bildarten herausgebildet« hätten und unterschied: »das Einzelfoto als Nachricht über nur kurzfristig erfaßbare Ereignisse, die Bildserie als eine Abläufe dokumentierende Darstellungsform und die Foto-Reportage, die ein Thema in Schwerpunkten und verschiedenen Aspekten visualisiert.«[365] Aber nicht nur auf frühere Zeiten ist zu blicken, auch nach den Gegebenheiten in den späteren NS-Jahren ist zu fragen, wenn man an einer umfassenderen Geschichte der Fotoreportage interessiert ist.

Zum anderen ist nicht nur zeitlich, sondern auch inhaltlich ein größerer Horizont aufzuspannen. Wie viele Fotos wurden überhaupt im Rahmen von Fotoreportagen veröffentlicht und wie viele in anderen? Sowie: Ist nicht auch schon die Rede von ›Foto-Reportagen‹ eine Beschränkung, müsste nicht auch nach dem Vorhandensein von gezeichneten Reportagen gefragt und dementsprechend mit dem allgemeineren Begriff ›Bild-Reportage‹ gearbeitet werden?

362 Knöferle, *Fotoreportage*, S. 267.
363 Ebd.: BIZ S. 160; *IB* S. 162; MIP S. 163; AIZ S. 159.
364 Weise, *Pressefotografie I*, S. 17-19.
365 Weise, *Fotos in deutschen Zeitschriften*, S. 35.

Seite 280. Nummer 7.

Schnürchen eingeschlungen, und diese Schnüre sind innen im Netz noch an einem doppelt gestrickten Gang aufgehängt, so daß ein um das Netz herumlaufender Bausch entsteht, der etwa 30 Zentimeter überhängt, in dem sich die Fische verfangen. Das Garn ist fünfmal erweitert, und bei jeder Erweiterung verringert sich die Maschengröße von 15 bis herab auf 5 Zentimeter.

Und nun zum Gebrauch des Netzes. Zunächst einmal wird es der Länge nach von oben her zusammengedreht, wie es auf untenst. Abb. ersichtlich ist. Dann wird das Garn, damit es sich nicht verfeilt und verhängt, sorgfältig geordnet und hauptsächlich in der linken Hand gehalten. Einen kleinen Teil hat man in der rechten Hand, einen Zipfel des Netzes im Mund schnell sinkt, muß der Faden fein und das Blei so schwer wie möglich sein. Aber alles hat seine Grenzen. Ist der Faden zu fein, so wird er sehr bald schlapp, und das Garn verfängt sich im Wurf; ist das Netz zu groß, so ermüdet der Werfer auf die Dauer so sehr, daß der Kreis doch nicht größer fällt als bei einem normalen Garn. Es ist selbstverständlich sehr anstrengend, gegen den Wind zu werfen. Ebenso verhindert zu starker Rückenwind das Ausholen mit dem Blei nach hinten, und der Wurf mißlingt dann vollständig.

Am reizvollsten gestaltet sich das Werfen auf kleineren schnellfließenden Wassern vom Kahn aus. Da heißt es aufpassen für den Bootsführer, der in der

Das Netz wird vor dem Wurf zusammengedreht.

oder über die linke Schulter gelegt (Abb. S. 281). An der Wurfstelle angekommen, bringt man die herabhängenden Bleikugeln in Schwung, macht mit der rechten Hand eine Bewegung, als ob man säen wollte; das Garn breitet sich hoch in der Luft rund aus, schlägt auf das Wasser und untergesunken, deckt es die am Grund befindlichen Fische zu (Abb. S. 281). Alles beruht dabei mehr auf Gefühl und Gewandtheit als auf brutaler Kraft. Dem zunächst befindlichen Teil der Bleileine gibt man im Flug noch einen leichten Schlag mit der Hand, damit dieser Teil aufgehalten wird; man verhindert dadurch, daß das Garn nierenförmig fällt. Nach dem Wurf zieht man langsam mit Absätzen an der Leine, bis das Blei auf dem Boden zusammengerutscht ist, dann hebt man das Garn in einem Klumpen hoch (Abb. S. 282). Damit man beim Wurf möglichst wenig Garn in der Hand hat, und damit das Netz recht leicht die Luft durchschneidet und größten Fahrgeschwindigkeit das Boot zum Stehen bringen muß, damit der vornstehende Fischer das Garn richtig an die gewünschte Stelle werfen kann. Oftmals passiert es da wohl, wenn der Wurf zu weit, das Halten des Kahns zu plötzlich war, daß der Garnfischer seinem Netz kopfüber nachfliegt. Aber auf solche Scherze muß jeder gute Sportangler und -fischer vorbereitet sein und ein fröhliches Spottgelächter vergnügt mit in Kauf nehmen.

Es ist eigentümlich, daß man drüben auf der andern Seite des Rheins, bei unsern Nachbarn, das Aalstechen für ein anständiges, sportgemäßes Vergnügen ansieht. Bei uns ist die Fischharpune als Fanggerät schon lange gesetzlich verboten. Wie sehr sie in Frankreich gebräuchlich ist, sieht man schon aus den vielen verschiedenartigen Formen der „Foene", wie sie das Ding nennen. In der Umgebung von Vannes sind es richtige Dreizacke mit Widerhaken an der Spitze.

Nummer 7. Seite 281.

Zum Wurf bereit.

Der gelungene Wurf.

Wie Fische mit dem Wurfnetz gefangen werden.

Abb. 44: »Wie man Fische fängt« lautete der Titel eines umfangreichen Artikels von Hanns Fechner in der *WO* (Nr. 7 vom 15. Februar 1913, S. 279-284, hier S. 280f.). Schon weil die »7 photographischen Aufnahmen von Boyer« stammten, wird man nur von einem Fotobericht und nicht von einer Fotoreportage sprechen. Außerdem ist das Ganze sehr statisch komponiert, obwohl die drei hier abgebildeten Fotos eigentlich eine kleine Geschichte erzählen.

Die Beantwortung all dieser Fragen setzt jedoch einen einigermaßen trennscharfen Begriff von Foto-Reportage voraus. In der älteren Literatur wird man dazu nicht fündig; in ihr wird konsequent auf eine Begriffsbestimmung verzichtet. Selbst Bernd Weise begnügt sich – wie zitiert – mit einer vergleichsweise vagen Annäherung. Ganz anders Karl Knöferle. Er definiert die Foto-Reportage als »eine von einem Fotografen aufgenommene Fotostrecke zu einem bestimmten Thema, die in ihrer Reihung eine narrative Struktur aufweist. Zwischen Titelüberschrift, Fotografien, Bildunterschriften und Text besteht eine gegenseitige Abhängigkeit. Durch die besondere Gestaltung des Layouts soll der Rezipient das Geschehen so erleben, als sei er mit vor Ort. Dies ist ein entscheidendes Merkmal der Reportage.«[366] Doch auch bei ihm bleibt ein gewisser Ermessensspielraum, denn er übersieht nicht, dass auch schon vor 1920 narrative Strukturen in

366 Knöferle, *Fotoreportage*, S. 33f.

der Illustrierten-Bildberichterstattung vorhanden waren, und dass in den Jahren seit 1900 »der narrative Modus in den Fotoberichten zunimmt«. Trotzdem kommt er für diese Phase zum Schluss: »Narrative Strukturen im Layout wie die Sequenzbildung durch Reihung bzw. Überlappung von Fotos, der Einsatz unterschiedlicher Fotoformate und Bildformen, die Freistellung von Fotografien wie sie ab 1925 in Fotoreportagen vermehrt eingesetzt wurden, sind selten und nur in Ansätzen vorhanden.«[367]

GRAFIK 3

Bildzusammenhänge bei journalistisch verwendeten Bildern (N = 26.840)

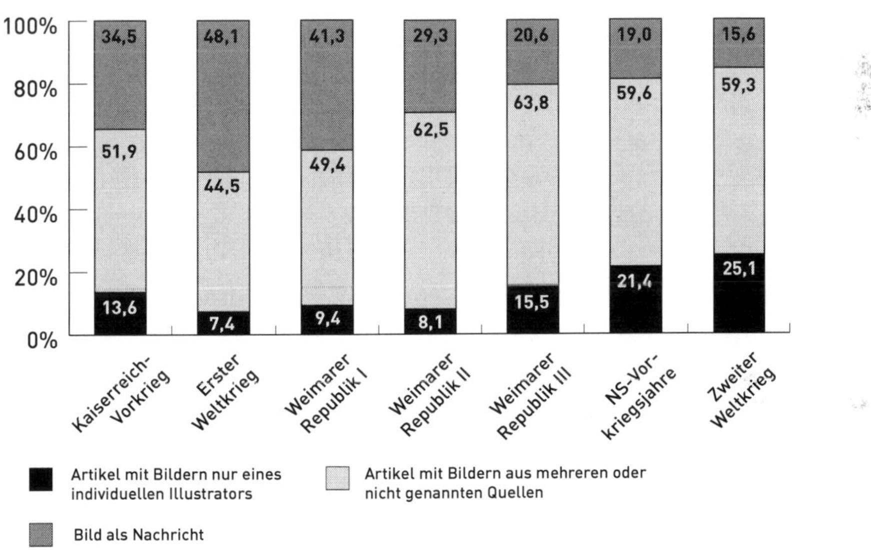

N: KR = 5.434; 1.WK = 2.030; WR I = 2.320; WR II = 3.813; WR III = 2.746; NS = 6.651; 2.WK = 3.848

Vor der genaueren Betrachtung des Segments der Fotoreportagen ist zunächst der allgemeine Rahmen abzustecken. Wie viele Bilder erschienen in den Illustrierten im Zusammenhang von Reportagen und wie viele in ganz anderen Formen? Ohne sogleich subtile Analysen vornehmen zu müssen, ist das Gesamtangebot an journalistisch verwendeten Bildern auf einfachste Weise in drei Teile zu gliedern: Nicht zu bestreiten wird sein, dass ein isoliertes Bild, ein Bild als Nachricht, nur versehen mit einem kurzen Bildtext, keine Reportage sein kann; und genauso sieht es aus bei Zusammenstellungen von Bildern aus ganz verschie-

367 Ebd., S. 41.

denen Quellen oder ganz ohne Quellenangabe. Umgekehrt sind Fotoreportagen sicher nur im dritten Segment zu finden – in Artikeln, in denen die Bilder von einem Fotografen stammen. Da auch die Möglichkeit von gezeichneten oder in Mischformen präsentierten Reportagen einbezogen werden soll, liegen diesem ersten Zugriff alle journalistisch verwendeten Bilder zugrunde, und nicht nur die Fotos. Unter diesen Voraussetzungen ergeben sich für die verschiedenen Phasen des Untersuchungszeitraums die in Grafik 3 zusammengestellten Werte.

Zu den genauso zentralen wie ganz eindeutigen Befunden dieser Studie zählt, dass die Illustrierten ihre Bilder zunehmend in inhaltlichen Zusammenhängen präsentierten. Das kaleidoskopartige Neben- und Übereinandersetzen von Einzelbildern als Bildnachrichten – wie es von der *WO* von Anfang an mit ihren ›Bildern vom Tage‹ besonders ausgeprägt kultiviert wurde – hatte im Ersten Weltkrieg seinen Höhepunkt erreicht. Danach wurde diese Form immer mehr aufgegeben. Ursächlich dafür wird gewesen sein, dass ihre Funktion an Bedeutung verlor: Durch die vor allem nach der Überwindung der Hyperinflation Ende 1923 einsetzende zunehmende Bebilderung der Tageszeitungen bedurfte die Leserschaft nicht mehr der Illustrierten, um mit einigermaßen aktuellen Bildnachrichten versorgt zu werden.[368] Ganz gaben die Illustrierten-Macher dieses Feld zwar nicht auf, zu ihrer Domäne wurden aber immer komplexer gestaltete themenzentrierte Bildreihen. Am wichtigsten war dabei zunächst das Thema, zu dem Bilder verschiedenster Form und aus unterschiedlichen Quellen gesammelt werden konnten. Erst allmählich wurde das besondere Potenzial von Bildserien aus einer Hand sichtbar, das Interesse der Leserschaft, immer wieder zunehmend bekannteren Namen von Fotografen, aber auch von Zeichnern zu begegnen.

Überschätzen sollte man die Bedeutung der Fotografen-Stars in der damaligen Zeit aber nicht. Grafik 3 zeigt auch, dass Bilder in Bildreportagen selbst dann einen recht bescheidenen Anteil am gesamten Bilderangebot der Illustrierten bestritten, wenn man sich auf einen sehr weiten Begriff beschränkt und es mit der Erfüllung eines einzigen Kriteriums bewenden lässt: dass alle Bilder eines Artikels von einem klar benannten Urheber stammen müssen. In den frühen 1930er-Jahren, sozusagen der Glanzzeit der sich neu formierenden Gattung, wurden bloß maximal 15 Prozent der Bilder in diesem Kontext veröffentlicht. In den NS-Jahren waren die Anteile deutlich höher, überstiegen jedoch kaum 25 Prozent. Bemerkenswert ist zudem, dass bereits in den Vorkriegsjahren des Kaiserreichs fast 14 Prozent erreicht wurden.

368 Dussel, *Pressebilder.*

284 Berliner Illustrirte Zeitung

Tankangriff auf den Südpol

Der berühmte Südpolforscher Byrd erklärt: „Ich glaube fest an die Zukunft des Kraftfahrzeuges im Polareis.“ In jüngster Zeit kommen Nachrichten aus Amerika, nach denen Byrd mit modernsten tankartigen Fahrzeugen einen neuen Angriff auf den Südpol beabsichtigt. Unser Zeichner Hans Liska stellt dar, wie der amerikanische Plan Wirklichkeit werden kann.

Abb. 45: Ein perfektes Beispiel, um die Komplexität konkreter Bildreportagen zu studieren, lieferte die *BIZ* Nr. 9 vom 3. März 1938 auf ihren Seiten 284f. Unter dem Titel »Tankangriff auf den Südpol« präsentierte sie einen formal äußerst dynamisch gestalteten Artikel. Allerdings bestand sein Schwerpunkt nicht aus Fotos, sondern aus drei Zeichnungen von Hans Liska (vgl. S. 215) und zwei Fotos waren nur als den Realitätsgehalt der gezeichneten Visionen bestätigende Zeugnisse hinzugefügt.

Am Rande muss nun eingeräumt werden, dass das Kriterium, dass wirklich alle Bilder eines Artikels von einem klar benannten Urheber stammen mussten, um von einer Reportage sprechen zu dürfen, bei der Quantifizierung noch nicht einmal ausnahmslos angewandt wurde. Grenzfälle gab es immer wieder. 1937 beispielsweise veröffentlichte die BIZ eine Fotoserie des Völkerkundlers Hugo Bernatzik zu seinen Reisen in Südpostasien. Hinzugefügt wurde eine Landkarte, die selbstverständlich nicht von Bernatzik stammte (und natürlich auch kein Foto, sondern ein grafisches Element war).[369]

Wichtiger ist jedoch der Gesamtbefund, dass von den journalistisch verwendeten Bildern knapp 9 Prozent keine Fotos waren, und dass dieser Anteil bei den Artikeln mit nur einem Illustrator – also der weitestgefassten Form von Bild-Reportage – auf 13 Prozent stieg. Betrachtet man schließlich nur die umfangreicheren Varianten mit mehr als einer Druckseite Länge, so waren es sogar fast 17 Prozent. Eine erhebliche Überraschung stellt sich ein, wenn man diese spezielle

369 »Wie Adam und Eva«. In: BIZ Nr. 38 vom 23. September 1937, S. 1383f.

Untergruppe zu verschiedenen Zeiten und speziell in den 1920er-Jahren genauer betrachtet. Grafik 3 ist ja bereits zu entnehmen, dass um diese Zeit Artikel mit Bildern nur eines individuellen Illustrators recht selten waren, und für längere gilt dies erst recht. Fragt man nun nach den verwendeten Bildtechniken, ergibt sich: In den frühen 1920er-Jahren, bis einschließlich 1923, handelte es sich nur bei einem Drittel der Bilder um Fotos, zwei Drittel waren Zeichnungen. Erst im weiteren Verlauf der 1920er-Jahre schlug dieses Verhältnis um. In den nationalsozialistischen Vorkriegsjahren spielte das gezeichnete Bild in diesem Zusammenhang schließlich keine größere Rolle mehr.

Dieser Hintergrund könnte einen weiteren Baustein zu einer differenzierteren Betrachtung der Genese der Fotoreportage liefern. Man muss die Bildreihen genauer betrachten, die in der *BIZ* und in der *WO* während der frühen Weimarer Republik veröffentlicht wurden – die fotografierten genauso wie die gezeichneten. In beiden Fällen tauchen nur wenige Namen auf. Bei den Zeichnern sind Fritz Koch-Gotha, Paul Simmel und Willibald Krain gleich mehrfach vertreten;[370] bei den Fotografen gab es immer nur Einzelauftritte. Narrative Strukturen sind in den Bildserien nun nur sehr begrenzt zu finden. Insofern ist kaum von voll ausgebildeten Bild-Reportagen zu sprechen – weder bei den Zeichnern, noch bei den Fotografen. Trotzdem sollte die doppelte Konkurrenzsituation und ihr Innovationspotenzial nicht ausgeblendet werden: zum einen zwischen den beiden großen Illustrierten-Kontrahenten *BIZ* und *WO*, zum anderen zwischen Zeichnung und Fotografie. Ohne Zweifel hatte die Zeichnung dabei sogar noch einen Vorteil: Sie konnte wesentlich variantenreicher eingesetzt werden, schillerte zwischen Sachaussage und mehr oder minder humorvoller Zeitkritik. Die *WO* setzte dabei vor allem auf Fritz Koch-Gotha, dessen Palette zu vielerlei Nuancen fähig war.[371] Bei der *BIZ* lieferte Paul Simmel das eher humoristische Element, Willibald Krain das mehr zeitkritische.[372] Betrachtet man eine Bildfolge wie die von Paul Simmel gezeichnete mit dem Titel »Berlin – das Paradies der Fremden!«,[373] findet man eigentlich alle von Karl Knöferle aufgezählten Merkmale einer Fotoreportage – nur, dass es sich eben um Zeichnungen handelt: Formal wird mit unterschiedlichen Formaten und sogar einer Freistellung gearbeitet, visualisiert werden verschiedene inhaltliche Momente, und vor allem: dem Rezipienten soll vermittelt werden, er sei vor Ort. Die Vermutung liegt nahe: Die Konkurrenz stachelte an. Die Illustrierten wollten

370 Vgl. zu ihnen S. 204ff.

371 »Der Mieterrat«. In: *WO* Nr. 37 vom 18. September 1920, S. 981-984; Alles in Schokolade. In: *WO* Nr. 39 vom 2. Oktober 1920, 1037-1039; »Devisen-Razzia«. In: *WO* Nr. 39 vom 29. September 1923, S. 872f.

372 »Idole von heute«. In: *BIZ* Nr. 39 vom 19. September 1920, S. 450f.

373 *BIZ* Nr. 37 vom 10. September 1922, S. 188f.

sich nicht nur mit ihren Zeichnern übertreffen, sie sannen auch über Alternativen nach. In dieser Hinsicht könnte Kurt Korff, der Chefredakteur der BIZ, sogar eine Schlüsselrolle gespielt haben. Er war der einzige der Illustrierten-Macher, der schon lange in diesem Geschäft tätig war und das Bisherige umfassend überblickte. Er wird nicht nur seine Zeichner zu immer neuen Leistungen angespornt haben, sondern auch seine Fotografen. Leider sind von ihm nur wenige Äußerungen überliefert und keine zum Thema Fotoreportage. Hier konnte der wesentlich jüngere und länger lebende Stefan Lorant das Feld besetzen. Ob Korff tatsächlich schon in der Vorgeschichte der Fotoreportage eine wichtige Rolle spielte oder nicht, muss hier offen gelassen werden. Auf jeden Fall ist jedoch bei weiteren Untersuchungen zur Genese der Fotoreportage der Blick auch auf nicht fotografische Reportageformen zu richten.[374]

Und noch ein zweiter Aspekt ist zu beachten, der nur in den Blick rückt, wenn man sich den konkreten Heften zuwendet: die Seitenfolge. Optisch macht es einen großen Unterschied, ob ein Zwei-Seiten-Bericht auf der Vorder- und der folgenden Rückseite eines Blattes platziert ist oder auf einer Doppelseite, also zwei nebeneinanderliegenden Seiten. Die »funktionale Notwendigkeit, den Lektüreprozess mittels Design nicht nur zeitlich-sequentiell, sondern auch räumlich-konstellativ zu organisieren«,[375] wird dadurch einerseits dringlicher, erhält andererseits aber auch ganz neue Gestaltungsmöglichkeiten. Allerdings war für die Illustrierten-Macher ein Jahre langer Prozess erforderlich, bis sie die besonderen Layout-Möglichkeiten der Doppelseiten erkannten und verstärkt nutzten.

Traditionellerweise wurde in der BIZ ein zwei Seiten umfassender Bildbericht auf einer (rechten) Vorderseite begonnen und auf der (linken) Rückseite beendet. Nur bei – sehr seltenen – Drei-Seiten-Berichten gab es eine Doppelseite, die dann aber grundsätzlich erst der Startseite folgte. Ausnahmen von diesen beiden Regeln gab es bis ins Jahr 1927 hinein nur wenige. In diesem Jahr begannen sich dann aber Veränderungen abzuzeichnen: In Nr. 5 vom 30. Januar, S. 196f., wurden sechs Luftaufnahmen von »Mittelholzers Afrika-Flug« attraktiv auf einer Doppelseite ausgebreitet. In Nr. 14 vom 31. März, S. 526f., wagte man sich sogar an ein heiteres Thema im vorderen Bildteil des Heftes: »Die Girl-Schule« am Berliner Wannsee wurde im nächsten Heft zwar zum Aprilscherz erklärt, optisch hatte man aber durchaus einen neuen Weg beschritten. Dies wurde in Nr. 16 vom 17. April, S. 620f., fortgesetzt, dieses Mal allerdings mit einem sehr tragischen Thema, Bildern zum »großen Erdbeben-Unglück in Japan«. Nr. 23 vom 5. Juni wurde dann in ganz neuer

374 Vgl. auch die Hinweise bei Holzer, *Rasende Reporter*, S. 67.
375 Bucher, ›*Pictorial Turn*‹, S. 311.

Form präsentiert: Nach der Titelseite folgten zwei jeweils doppelseitige Bildberichte – zuerst zum Lindbergh-Flug, dann zu den Schönheiten Kaliforniens.[376] Ein Dammbruch war dies allerdings nicht. Weitere Beispiele folgten nur zögernd.[377]

Mit Ausnahme des Mittelholzer-Artikels handelte es sich in keinem dieser Fälle um eine echte Reportage mit Fotos nur eines Fotografen und vielleicht auch mit einem von diesem geschriebenen Text. Auf der anderen Seite war dieses Material aber durchaus vorhanden, es wurde nur in traditioneller Weise platziert. Im Falle von A. und E. Frankl ist wahrscheinlich, dass sie nur die Fotos und nicht auch die Texte lieferten,[378] bei Colin Roß, aber auch bei Kurt Lubinski und Dr. Martin Hürlimann wurde kein Zweifel daran gelassen, dass sie für beides verantwortlich waren.[379] Ohne Zweifel lieferten sie alle schon 1927 spannende Reportagen für die BIZ, die allerdings noch nicht in einer den Betrachter wirklich fesselnden Weise gezeigt wurden.

Dies änderte sich erst in den folgenden Jahren. 1931 war die neue Form der doppelseitigen Präsentation so fest etabliert, dass sie eigentlich in jedem Heft der BIZ zu finden war, und zwar jeweils schon im vorderen Bildteil. Bei Nr. 7 vom 15. Februar beispielsweise folgte auf eine Doppelseite mit Fotos von Martin Munkacsi von einem Besuch bei Knut Hamsun eine mit einem Aufnahmen Walter Boßhards von einem Ärztekongress in Bangkok; in Nr. 8 vom 22. Februar eine Zusammenstellung von Abbildungen aus der französischen Illustrierten VU und danach neue Flugberichte Walter Mittelholzers; in Nr. 9 vom 28. Februar die Fortsetzung von Mittelholzers Flugberichten, eine Zusammenstellung von Fotos zur Verbrechensaufklärung und schließlich noch eine dritte mit Bildern von brasilianischen Sport-Klubs. Das waren zwar nicht alles Reportagen aus der Hand eines Fotografen, aber doch durchweg Bildarrangements in neuer und insofern einheitlicher Form, als die Fläche der Doppelseite als Einheit gesehen und entsprechend gestaltet wurde. Die Grundprinzipien waren dabei jedoch so unterschiedlich, dass die Annahme verschiedener Gestalter wahrscheinlich ist.

376 »Der Erste, der von New York nach Paris flog«, S. 906f.; »Paradies Kalifornien«, S. 908f.

377 »Vom Sklaven zum Herrn. Der Aufstieg des amerikanischen Negers«. In: BIZ Nr. 24 vom 12. Juni, S. 948-950; »Der Flugbahnhof«. In: Nr. 29 vom 17. Juli, S. 1148f.; »Hindenburgs 80. Geburtstag«. In: Nr. 40 vom 2. Oktober, S. 1586-1588.

378 »›Saison‹ in Aegypten«. In: BIZ Nr. 11 vom 13. März 1927, S. 435-439 (438f. nur noch Textstückchen); »Kamelrennen in Luksor«. In: BIZ Nr. 14 vom 31. März 1927, S. 563-565.

379 »Colin Ross: Vom ›Kral‹ ins Auto«. In: Nr. 9 vom 27. Februar 1927, S. 355f. (»Aufnahmen: Colin Roß«); »Afrika, das Weltwarenhaus der alten Kleider«. In: Nr. 19 vom 8. Mai 1927, S. 779-781 (»Aufnahmen des Verfassers«); »Als Dreijähriger durch Afrika«. In: BIZ Nr. 23 vom 5. Juni 1927, S. 939f. (»Aufnahmen des Verfassers«); »Kurt Lubinski: Eisenbahn in Abessinien«. In: BIZ Nr. 35 vom 28. August 1927, S. 1419 (mit »Aufnahmen des Verfassers«); »Dr. Martin Hürlimann: Eine Reise nach Nepal«. In: BIZ Nr. 42 vom 16. Oktober 1927, S. 1699-1701 u. S. 1703 (nur noch Text) (»Aufnahmen des Verfassers Dr. Martin Hürlimann«).

Berliner Illustrirte Zeitung

Ein Ärztekongreß in Siams Hauptstadt

Abb. 46: Völlig dem alten Ideal der Achsensymmetrie verhaftet, nun aber von der Einzel- auf die Doppelseite übertragen, war die Gestaltung einer Reportage mit Fotos von Walter Boßhard in *BIZ* Nr. 7 vom 15. Februar 1931, S. 248f. Selbst runde Bildformen fehlten nicht.

Berliner Illustrirte Zeitung

Afrika von oben

Mittelholzers neue Flugberichte

Abb. 47: Als eine Woche nach den Boßhard-Bildern neue Fotos von Walter Mittelholzer gezeigt wurden, wurden sie ganz anders arrangiert: von Achsensymmetrie keine Spur, statt rundgeschnittenen Bildern Freistellungen und Überblendungen, die Fotomontage links unten zudem über zwei Seiten gezogen (*BIZ* Nr. 8 vom 22. Februar 1931, S. 284f.).

Angesichts der bereits im Allgemeinen dargestellten ganz grundsätzlichen Orientierung des *IB* an der formalen Gestaltung der *BIZ* wird es nicht überraschen, dass die hier für das Jahr 1931 beschriebenen Neuerungen der *BIZ* eigentlich ohne zeitliche Verzögerung auch im *IB* zu finden sind. Auch im *IB* war es 1931 Standard, einen erheblichen Teil der Bilder in doppelseitig gestalteten Bildberichten oder Reportagen zu präsentieren – ob gezeichnet oder fotografiert, ob von einem ausdrücklich genannten einzelnen Fotografen oder ohne Quellenangabe.[380]

Bildreportagen im NS-Staat

Klare Unterscheidungen erleichtern ohne Zweifel die Abgrenzung vom NS-Staat und seiner Propaganda. Für Tim Gidal, den Pionier der Fotoreportage-Forschung, war die Situation noch ganz eindeutig: »Das Jahr 1933 bedeutete den Niedergang des deutschen Fotojournalismus.«[381] Konsequent weiter gedacht, bedeutet dies, dass danach die deutschen Illustrierten ihrer Leserschaft eigentlich nichts mehr zu bieten hatten. Aber warum wurden sie dann noch millionenfach gekauft? Nur aus Tradition? Oder war das Angebot vielleicht doch nicht ganz so schlecht, gab es doch einigen Ersatz für die von Nationalsozialisten Verfemten? Eindeutige Hinweise in diese Richtung liefert Karl Knöferle, wenn er zusammenfasst, dass auch in den von ihm untersuchten frühen NS-Jahren trotz aller Einschränkungen »viele Bildberichte narrative Strukturen und eine ästhetische Gestaltung [zeigten], die nach wie vor sehr ansprechend waren, obwohl sie oft eine verwerfliche und rassistische Propaganda enthielten.«[382]

Diese Spur ist in den auf 1935 folgenden Jahren weiter zu verfolgen. Zu fragen ist nicht nur nach der Qualität der ästhetischen Gestaltung, sondern auch gleich ein Stück weit danach, inwiefern ihre Inhalte propagandistisch waren. Im Mittelpunkt muss dabei die *BIZ* stehen – sie hatte sich vor 1933 unter den drei hier untersuchten Illustrierten am meisten mit Fotoreportagen profiliert.

In den drei hier untersuchten Heften vom Frühjahr 1938 präsentierte die *BIZ* insgesamt acht Bildreportagen auf zusammen 14 Seiten – sieben Fotoreportagen

380 Zeichnungen: Albert Reich: »Straßentypen aus London«. In: *IB* Nr. 8 vom 21. Februar 1931, S. 184f.; ders.: »Berg-Fahrten«. In: *IB* Nr. 38 vom 19. September 1931, S. 852f.; Reportagen: »Heinrich Hoffmann: Das Sonnenhotel im ewigen Schnee«. In: *IB* Nr. 7 vom 14. Februar 1931, S. 156f.; ders.: »Dr. Goebbels in der Westfalenhalle«. In: *IB* Nr. 9 vom 28. Februar 1931, S. 204f.; Fotoberichte ohne Quellenangabe: »Der Hochofen«. In: *IB* Nr. 37 vom 12. September 1931, S. 810-812; »Hitler-Tag in Gera«. In: *IB* Nr. 39 vom 16. September 1931, S. 858f. (vgl. Abb. 101, S. 308).

381 Zit. Knöferle, *Fotoreportage*, S. 370.

382 Ebd.

und eine gezeichnete.[383] Die drei Hefte umfassten zusammen 120 Seiten, ihre jeweils zwei Bildteile am Anfang und am Schluss füllten dabei 45 Seiten. An ihnen gemessen waren die 14 Seiten mit Reportagen recht beachtlich, sie füllten 30 Prozent des Angebots. Bei sechs von ihnen wurde der Name des Fotografen genannt, nur bei der siebten verschwieg man ihn.[384] Möglicherweise handelte es sich um Friedrich Strindberg, von dem als »dem nach Spanien entsandten Sonderberichterstatter der ›Berliner Illustrirten Zeitung‹« ein halbes Jahr später eine Reportage veröffentlicht wurde.[385]

Mit fünf von acht Reportagen bediente der größere Teil die seit den 1920er-Jahren immer stärker gewachsene Lust am Exotischen auf mehr oder weniger politisch neutrale bis hin zu direkt politisch-propagandistische Art. Als weitestgehend politisch neutral waren zu betrachten »Mein Besuch beim Emir von Transjordanien. Geschildert von unserem Sonderberichterstatter Wolfgang Weber«, »ein neuer Bericht von Dr. Hugo Adolf Bernatzik: Das Fest der Zahnschmerzen« (bei einem »indo-chinesischen Bergvolk«) sowie die primär gezeichnete Zukunftsvision »Tankangriff auf den Südpol«. Leichte kritische Untertöne waren dann in den Bericht Eric Borcherts über »Hollywoods Winterfrische: Luxuskurort in der Wüste« gemischt. Und unübersehbar war die Stoßrichtung bei den bereits genannten »Erlebnissen eines deutschen Journalisten in Sowjet-Spanien«.[386]

Daneben besaß traditionell auch der Blick auf mehr oder minder alltägliche Details im eigenen Land einige Bedeutung als Reportage-Thema. Primär unterhaltend und ein Stück weit filmische Darstellung nachahmend war dabei der Bericht »28 Sekunden Weltmeister-Kür«, in dem Hanns Hubmann den ersten, kleinen Teil der Choreografie eines Eiskunst-Paarlaufs in wichtigen Momenten festhielt. Vor dem Hintergrund des Wissens um den 1939 vom Zaun gebrochenen Zweiten Weltkrieg weniger unpolitisch und sicherlich ganz bewusst im Rahmen der mentalen Aufrüstungsstrategie eingesetzt waren dagegen die beiden nebeneinander platzierten Reportagen von Gerhard Gronefeld über ein Manöver der Gebirgsartillerie (»Der Feind steht am Watzmann!«[387]) sowie die möglicherweise im selben Zusammenhang entstandene Bildreihe Hans Webers »Der Iglu in den Alpen«.[388]

383 Vgl. Abb. 45, S. 171.
384 »Hinter der Roten Front. Erlebnisse eines deutschen Journalisten in Sowjet-Spanien«. In: BIZ Nr. 9 vom 3. März 1938, S. 288f.
385 »Wanderndes Feuer eröffnet die 3. Ebro-Schlacht«. In: BIZ Nr. 38 vom 22. September 1938, S. 1434f.
386 BIZ Nr. 7 vom 17. Februar 1938, S. 208f. (Weber) und S. 238f. (Borchert); Nr. 8 vom 24. Februar 1938, S. 248f. (Bernatzik); Nr. 9 vom 3. März 1938, S. 284f. (Tankangriff) und S. 288f. (Sowjet-Spanien).
387 Vgl. Abb. 49, S. 180.
388 BIZ Nr. 8 vom 24. Februar 1938, S. 244f. (Gronefeld und Weber); S. 278f. (Hubmann).

Diese Zusammenstellung kann als durchaus typisch betrachtet werden. Mit ihren Reportage-Themen knüpfte die *BIZ* auch im weiteren Verlauf der 1930er-Jahre an die früheren Inhalte an. Im Sinne der nationalsozialistischen Propaganda war es nicht, hier einen deutlichen Bruch herbeizuführen. Unübersehbar ist allerdings die politisch-propagandistische Beimischung. Im Falle der Gebirgsmanöver eher oberflächlich betrachtet harmlos wirkend, im Falle »Sowjet-Spaniens« aber mit deutlicher Tendenz. Diese Mischung wird umso eingängiger gewirkt haben, als die Reportagen formal betrachtet durchweg von guter Qualität waren. Der seit 1930 für die *BIZ* arbeitende Wolfgang Weber blieb bis zu ihrem Ende eines ihrer Aushängeschilder, Hanns Hubmann wurde seit 1935/36 dazu aufgebaut.[389]

Berliner Illustrirte Zeitung

Mein Besuch beim Emir von Transjordanien

Wolfgang Weber

Abb. 48: Wolfgang Webers Reportage »Mein Besuch beim Emir von Transjordanien«, der die *BIZ* in ihrer Nr. 7 vom 17. Februar 1938 die beiden nebeneinander liegenden Seiten 208 und 209 einräumte, war zwar formal nicht gerade spektakulär, aber durchaus ansehnlich: Die drei Fotos der linken Seite lebten von der inhaltlichen und formalen Spannung zwischen Hochformat und Querformat, Reiterei und Auto; die drei Fotos der rechten Seite rückten in unterschiedlichen Bildgrößen den Emir und seine Umgebung ins Bild und kontrastierten als Innenraumansichten mit den Außenaufnahmen links. Der besondere Status Wolfgang Webers wurde gleichsam beiläufig dokumentiert: Auf dem Bild rechts unten sitzt er neben dem Emir. Im Bildtext wird das allerdings nicht erwähnt.

Abschließend ist noch ein letzter Befund vorzustellen, der im Zweiten Weltkrieg besonders ausgeprägt aufzufinden ist, sich jedoch auch schon vorher abzeichnet.

389 Vgl. zu beiden S. 252 bzw. S. 264.

Grafik 3 hat bereits zwei klare Trends von den späten 1920er-Jahren bis in den Zweiten Weltkrieg hinein veranschaulicht: Zum einen verlor die mehr oder minder isolierte Bildnachricht als Präsentationsform immer mehr an Bedeutung, zum anderen nahmen nicht nur komplexere Formen ganz allgemein zu, es profilierte sich vor allem die Variante, in der das Bildmaterial – und nun kann durchaus präzisiert werden: das Fotomaterial – aus einer Hand stammte. Eine ganz einfache, aber nichtsdestotrotz sehr aussagekräftige Differenzierung der Daten von Grafik 3 bietet Grafik 4 Sie zeigt, dass seit Anfang der 1930er-Jahre zwar die Anteile der Bilder, die in reportageähnlichen Zusammenhängen veröffentlicht wurden, deutlich zunahmen, dass dabei aber komprimierte, höchstens eine Illustrierten-Seite umfassende Formen besondere Beachtung verdienen. Es liegt nahe, dass dieser Form während des Zweiten Weltkrieges, als der Umfang der Illustrierten immer mehr beschnitten wurde, immer größere Bedeutung zukam. Die fotografische Aussage musste hier äußerst konzentriert auf den Punkt gebracht werden. Dies wurde vor allem in *BIZ* und *IB* forciert, wo immer mehr Artikel ganz ohne eigenen Text veröffentlicht wurden. Ein paar Fotos mit ihren Bildtexten hatten zu genügen.

GRAFIK 4
Kurzreportagen und Reportagen als spezielle Bildzusammenhänge

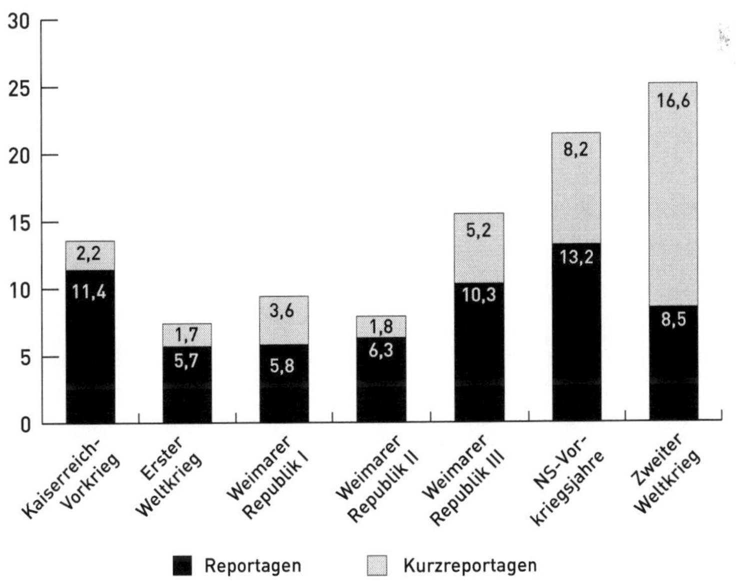

Mit dieser Form war gerade bei der BIZ bereits vor dem Zweiten Weltkrieg sehr erfolgreich experimentiert worden und vielleicht ist es kein Zufall, dass ein eindrückliches Beispiel auch inhaltlich durchaus als Vorspiel betrachtet werden kann.

Der Feind steht am „Watzmann!"

Gebirgsartillerie schießt scharf

Abb. 49: Völlig ohne eigenen Artikel-Text kam die auf eine Illustrierten-Seite komprimierte Reportage Gerhard Gronefelds von einer Winterübung der Gebirgsartillerie aus (*BIZ* Nr. 8 vom 24. Februar 1938, S. 244). Letztlich bedarf es sogar kaum des längeren Teils der Bildtexte, es genügen ihre Einleitungen, um über das Wesentliche zu informieren: die stundenlange Plackerei der Vorbereitungen (links oben), die Schnelligkeit der Geschützmontage (links unten), der Überblick über das Gelände (großes Bild rechts) und die Treffsicherheit der Kanoniere (kleines Bild rechts unten) – eine kleine Geschichte in nur vier Bildern.

Steht nur wenig Raum für die Reportage zur Verfügung, muss auch mit reduzierter Bilderzahl gearbeitet werden. Das eben abgebildete Beispiel kam mit vier Fotos aus, ein früheres (Abb. 43) für das Jahr 1940 gar mit nur drei. Sie zeigen, dass unter speziellen Umständen von quantitativen Vorgaben in der Form, dass die Fotoreportage »mindestens fünf Bilder aufweisen« sollte,[390] Abstand genommen werden muss.

390 Knöferle, *Fotoreportage*, S. 34. Für die Jahre 1925 - 1935 ermittelte er eine durchschnittliche Fotozahl von 5,9 bei der BIZ und 7,7 beim IB (S. 240).

4. Die Bilder und ihre Produzenten

Die Bilder, die die Illustrierten veröffentlichten, waren ganz überwiegend Fotos. Gleichwohl sind die nicht fotografischen Abbildungen doch nicht völlig zu vernachlässigen. Insgesamt über die Jahrzehnte gesehen betrug ihr Anteil – auf der Basis der ausgewerteten Stichprobe – immerhin rund ein Fünftel. Und nähere Betrachtung verdienen sie erst recht, wenn man sich die Bebilderungsstrategien der verschiedenen Illustrierten ansieht. Aussagekräftig ist in diesem Zusammenhang auch, wie unterschiedlich mit dem Hinweis auf die jeweiligen Bildproduzenten umgegangen wurde: Während Fotografen lange namenlos blieben und auch später, als sich dies weitgehend geändert hatte, nur wenige zu häufigerer Präsentation gelangten, war bei den Zeichnern nicht nur die Namensnennung viel selbstverständlicher; etliche von ihnen besaßen einen solchen Prominentenstatus bei ihren Illustrierten, dass davon fast alle Fotografen nur träumen konnten.

Das hat einen Grund, auf den noch eingegangen werden muss. Von Anfang an war zwar unumstritten, dass Fotografien naturgetreuere Abbilder lieferten als jede ältere künstlerische Technik. Aber waren sie deshalb auch höher zu schätzen? Es dauerte eine gewisse Zeit, bis sich das Argument der Naturtreue und der Authentizität gegen das des künstlerischen Gestaltungswertes durchgesetzt hatte. Dazu trugen sicher auch fototechnische Entwicklungen bei, die immer mehr ungestellte, lebendiger wirkende ›Momentaufnahmen‹ ermöglichten. Das sicherte den Fotos immer größeres Ansehen, nicht nur beim Publikum, sondern auch bei den Illustrierten-Machern. Gleichzeitig warnten die aber doch immer wieder davor, den Wahrheitsanspruch der Fotografie zu überschätzen. Beim fotografischen Aprilscherz geschah dies in besonders publikumswirksamer Form.

Im Folgenden sollen diese Themen näher behandelt werden. Daran schließen sich weitere Abschnitte, in denen ein genauerer Überblick über die quantitative Verteilung von Fotos und den diversen nicht fotografischen Abbildungen gegeben und ausführlicher die Frage der Quellenangaben behandelt wird. Eigene Unterkapitel sind schließlich den jeweils wichtigsten in *BIZ*, *IB* und *WO* vertretenen Zeichnern und Fotografen gewidmet. Auf den ersten Blick wird dabei den Zeichnern vielleicht zu viel Raum zugestanden; nimmt man jedoch nicht die Gesamtzahl der Abbildungen als Maßstab, sondern nur die Zahl der von den meistvertretenen Fotografen und Zeichnern gelieferten, so sieht das ganz anders aus: An die Präsenz der Zeichner Fritz Koch-Gotha und Paul Simmel, Barlog und Emmerich Huber kam nur ein einziger Fotograf heran, Heinrich Hoffmann. Anders als bei den meisten Fotografen ist es bei den Zeichnern jedoch viel schwerer, Informationen zu Leben und Werk zu erhalten, sodass ein gewisser zusammenfassender Überblick umso gerechtfertigter erscheint.

4.1 Authentische Fotos, künstlerische Zeichnungen? Die Grundtechniken der Illustrierten-Bilder

Jahrhundertelang waren die Menschen auf Gemälde oder Zeichnungen (einschließlich der diversen grafischen Verfahren) angewiesen, wenn sie sich ein Bild von dem machen wollten, was sie nicht mit eigenen Augen gesehen hatten oder sehen konnten. Ob es sich aber nun um große Kunstwerke handelte oder nur um die diversen Formen von Alltagsproduktion – das Problem der Abbildungsgenauigkeit, der durch künstlerische Freiheit (oder technisches Unvermögen) zustande gekommenen Differenz zwischen Vorbild und Abbild war immer vorhanden. Das technische Verfahren der Fotografie schien diese Schwierigkeit definitiv beseitigt zu haben. Das Foto zeigte die Wirklichkeit, wie sie war.

Aber wollte man sie tatsächlich immer so sehen? Erst allmählich rückte die Frage der Subjektivität des Fotografen in den Vordergrund, Fragen nach dem gewählten Moment und der Perspektive der Aufnahme, dem Bildausschnitt, nach Blende und Belichtungszeit, ja der Inszeniertheit des Aufgenommenen. Zunächst beherrschte der Vorwurf des fehlenden Künstlerischen die Diskussion um den Einsatz der Fotografie, auch in den illustrierten Zeitschriften.[391] Die Fotografie war zwar anderen Darstellungsmethoden an Genauigkeit im Detail überlegen, aber lange fehlte es ihr an Lebendigkeit, zunächst schon einmal bedingt durch die erforderlichen langen Belichtungszeiten, ganz grundsätzlich aber auch durch die Begrenztheit des Dabei-Seins. Gute Zeichner vermochten diese Defizite durchaus auszugleichen. Noch 1911 war für die *BIZ* klar, dass »die Welt ringsum

391 Schuneman, *Art or Photography*; Bucher, *Mehr als Text mit Bild*, S. 45f.

nicht allein in der Wiedergabe der unpersönlichen Kamera, sondern gelegentlich auch durch die persönliche Handschrift des Künstlers gedeutet« werden sollte.[392]

Vor allem in Kriegszeiten wurde diese Überlegenheit der künstlerischen Gestaltung immer wieder betont. Besonders die Leipziger *Illustrierte Zeitung* machte sich für den Einsatz von Zeichnungen stark. Noch 1917 behauptete sie, »dass der Künstler mehr sieht, als der Photograph auf die Platte bannen kann«, und legte deshalb »größten Wert darauf [...], auf allen Kriegsschauplätzen durch Sonderzeichner vertreten zu sein.«[393] Ähnlich wurde dies auch noch im Zweiten Weltkrieg gesehen. Ganz programmatisch wurde 1940 in *Die Kunst Im Dritten Reich*, der führenden NS-Kunstzeitschrift, proklamiert, dass »Kunst, die das Kriegserlebnis unserer Generation würdig und gültig gestalten will«, mehr sein müsse »als ein Tatsachenbericht mit Pinsel und Zeichenstift« – und damit eben mehr als ein fotografisches Abbild. Ganz im Sinne des Systems sollte sie »mit der Bejahung des soldatischen Einsatzes und seiner letzten Steigerung im Opfer ein Sinnbild unserer Zeit schaffen.«[394] Dass man es nicht bei der theoretischen Forderung beließ, sondern entsprechende Praxis zu ermöglichen suchte, zeigt die Organisation von PK-Zeichnern und der »Staffel Bildender Künstler«.[395]

Trotz solcher Einwände schrieben die Gestalter der *BIZ* ihren Erfolg schon früh vor allem dem Einsatz von Fotos und deren spezifischer Qualität der Authentizität und Objektivität zu. 1901 stellte Chefredakteur Hermann Dupont in seinem Rückblick »Zehn Jahre ›Illustrirte‹« fest: »Die ›Berliner Illustrirte Zeitung‹ war das erste deutsche Blatt, das die Photographie in größerem Maßstabe in den Dienst der bildlichen Berichterstattung stellte. Die Photographie lügt nicht, sie färbt nicht schön. Sie giebt [sic!] die ungeschminkte Wirklichkeit.«[396]

Der Kreis der ›Wirklichkeit‹ wurde dabei immer weiter gezogen, bis er alle möglichen Geschehnisse auf der ganzen Welt umfasste. Die Fotos sollten der Leserschaft das Erlebnis eines unmittelbaren Dabei-Seins bei allem Wichtigen und Interessanten auf der ganzen Welt ermöglichen. Ende 1919 wurde dies in der *BIZ* folgendermaßen auf den Punkt gebracht, erneut höchstwahrscheinlich vom Chefredakteur der Illustrierten selbst (dieses Mal Kurt Korff), in direkter Anrede seines Publikums: »Der Photograph wandert für Euch um die Welt, um sie Euch nahe zu bringen. [...] Und all dies nur, damit Ihr überall dabei sein könnt, wo Ihr nicht dabei wart, damit Ihr alle Perspektiven und Erscheinungsformen

392 *BIZ* Nr. 44 vom 29. Oktober 1911, S. 861.
393 Zit. Paul, *Visuelles Zeitalter*, S. 84.
394 Zit. Schmidt, *Kriegsmaler*, S. 45.
395 Vgl. S. 70.
396 *BIZ* Nr. 50 vom 15. Dezember 1901, S. 786.

dieser Welt, von außen und von innen, sehen lernt. Und indem Ihr seht, werdet Ihr wissen.«[397]

Bei der Konkurrenz sah man dies nicht anders. Man drückte sich zwar weniger blumig, aber dafür umso entschiedener aus. Anlässlich ihres 20-jährigen Erscheinens wurde die *WO* als »ein illustriertes Tagebuch der Zeitgeschichte« beschrieben, das »keinen anderen Ehrgeiz [hat] als den, ein Spiegel des Zeitgeschehens zu sein, aber ein reiner, kristallklarer, gradflächiger Spiegel, der wahre und getreue, und nicht [...] verzerrte Bilder zurückstrahlt.« Das war zwar als ganz allgemeiner Anspruch gemeint, der nicht zuletzt dadurch eingelöst werden sollte, dass nur die »Federn der berufensten Sachverständigen« zum Einsatz kommen sollten, einen erheblichen Beitrag hatte aber auch die »Objektivität des photographischen Apparates« zu leisten.[398]

Der Siegeszug der Momentfotografie

Ein wichtiges Argument zugunsten der Fotografie war ihre detailreiche Naturtreue. So recht kam dies über lange Zeit aber nur bei mehr oder minder statischen Aufnahmen zur Geltung: Bewegung war nur schwer einzufangen. Bis in die Weimarer Republik, ja bis in den Zweiten Weltkrieg hinein eröffnete sich da ein Feld, auf dem sich gewiefte Zeichner noch immer behaupten konnten. Gleichwohl machte die fotografische Technik Fortschritte und spätestens die Rollfilm nutzende Kleinbildkamera eröffnete den Fotografen ganz neue Möglichkeiten. ›Momentfotografien‹, so der zeitgenössische Ausdruck, fanden immer größeres Interesse, auch wenn die Abgebildeten immer wieder – und bis heute – auch großen Wert auf eine gewisse repräsentative Inszenierung legten. Letztlich setzte sich das Interesse des Illustrierten-Publikums ganz eindeutig durch. Der Anteil inszenierter Fotografien sank kontinuierlich. Betrug er im Kaiserreich noch rund 60 Prozent, waren es Mitte der 1920er-Jahre kaum noch 40 Prozent und im NS-Staat nur noch wenig mehr als 20 Prozent.

397 *BIZ* Nr. 50 vom 14. Dezember 1919, S. 523 (»Der Photograph als Journalist. Eine Lanze für den Illustrationsphotographen«, ohne Autorenangabe).

398 Dr. C. Mühling, »Zwanzig Jahre ›Woche‹«. In: *WO* Nr. 12 vom 22. März 1919, S. 270.

GRAFIK 5
Fotografischer Aufnahmestil (N = 19.170 Personenfotos)

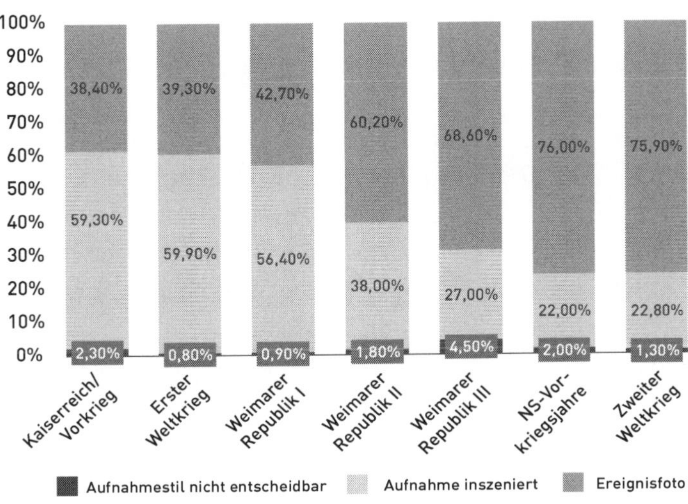

Dass immer mehr ›Momentfotografie‹ veröffentlicht wurde, hatte jedoch keine größere Tagesaktualität der Illustrierten zur Folge. Geht man davon aus, dass Tagesaktualität immer dann vorliegt, wenn im Kontext des Bildes ein konkret datierbarer Anlass genannt wird, so war nur rund die Hälfte der 24.590 Fotos tagesaktuell, die zweite Hälfte aber nicht. Diese Verteilung war über die Jahrzehnte hin weitgehend konstant. Es gab nur eine gravierende Abweichung: Während des Zweiten Weltkriegs waren mehr als drei Viertel der in den Illustrierten veröffentlichten Fotos nicht tagesaktuell. Ruft man sich das komplexe Kontrollverfahren gerade der PK-Fotografien in Erinnerung, überrascht dies jedoch nicht allzu sehr. Einigermaßen tagesaktuell waren immer nur naheliegenderweise die Nachrichtenbilder, die ohne größeren Text veröffentlicht wurden und sich eben häufig auf einen konkreten Anlass bezogen. Sie waren zumeist zu gut zwei Dritteln tagesaktuell; nur im Zweiten Weltkrieg sank dieser Anteil auf knapp 25 Prozent. Umgekehrt waren gerade die kürzeren oder längeren Reportagen, die mit Bildern nur eines Fotografen versehen waren, in der Regel – das heißt zu rund zwei Dritteln – nicht tagesaktuell (im Zweiten Weltkrieg: 80 %).

Anfang der 1930er-Jahre war der Einsatz von Kleinbildkameras für Momentfotografien schon so selbstverständlich, dass man bei den Illustrierten nach den Wurzeln dieses Tuns zu suchen begann und daraus ein eigenes Thema machte, als man die öffentliche Resonanz bemerkte.

Als am 30. November 1930 unter dem Titel »Die ersten Foto-Berichte der Weltgeschichte« von der BIZ fünf »Moment-Aufnahmen aus dem vorigen Jahrhundert« vorgestellt wurden, war das wohl eher als Werbe-Aktion für den neuesten, gleichzeitig im zum Ullstein-Imperium gehörenden Propyläen-Verlag erscheinenden Band der »Weltgeschichte« gedacht, wie gleich drei einschlägigen Hinweisen zu entnehmen ist.[399] Nachdrücklich wurde dessen Besonderheit hervorgehoben: Vor der zweiten Hälfte des 19. Jahrhunderts habe es nur eine »subjektive Bildberichterstattung« geben können, abhängig von der »Auffassung zeitgenössischer Künstler«. Die Erfindung der Fotografie ermöglichte nun zum ersten Mal den »objektiven Bildbericht«. »Und später begann mit der Momentfotografie eine neue Ära der geschichtlichen Bildberichterstattung«. Die »Zufallsaufnahme des Augenblicks« gewann immer mehr an Bedeutung.

Die fünf aus heutiger Sicht recht unansehnlichen Fotos scheinen bei der BIZ-Leserschaft so großes Interesse gefunden zu haben, dass es Anfang 1931 gleich drei Fortsetzungen gab. Schon im Januar wurden drei ganze Seiten für fünf weitere »Aufnahmen aus der Frühzeit der Momentfotografie« bereitgestellt, ergänzt um verschiedene Hinweise zu den technischen Problemen, mit denen in den 1870er- und 1880er-Jahren noch gekämpft werden musste.[400] Weitere Beispiele folgten in den nächsten Wochen.[401]

Eines dieser Bilder war von besonderer Brisanz. Es zeigt »die Erschießung des Erzbischofs von Paris und fünf weiteren Geiseln durch die Pariser Kommune am 24. Mai 1871«, wie der originale Bildtext lautet. Schon damals muss es gewisse Zweifel an der Echtheit der Aufnahme gegeben haben, denn der Bildtext wurde um eine relativ umfangreiche Erläuterung zu den Hintergründen des Fotos ergänzt, die mit der apodiktischen Behauptung begann: »An der Echtheit des Bildes ist nicht zu zweifeln.« Heute hält man die fotografierte Szenerie für nachgestellt.[402] Die Bemerkung zeigt aber, dass man sich des Problems der Bildfälschung bei den Illustrierten bewusst war. Selbst im NS-Staat wurde es thematisiert, allerdings nur an historischen Beispielen.[403]

Schließlich war auch in vor-digitalen Zeiten fast immer eine gewisse Bildbearbeitung, die sogenannte ›Retusche‹, nötig, um die Fotos überhaupt drucken zu können. Aber wie weit durfte ein Retuscheur gehen, ohne ein Bild zu fälschen?

399 BIZ Nr. 48 vom 30. November 1930, S. 2188f.
400 BIZ Nr. 3 vom 18. Januar 1931, S. 85-87.
401 BIZ Nr. 5 vom 31. Januar 1931, S. 165; BIZ Nr. 12 vom 22. März 1931, S. 479.
402 Sothen, *Bild-Legenden*, S. 35-40, das umstrittene Foto S. 36.
403 »Gewissenhaft – aber geklebt. Aktueller Bildbericht vor 70 Jahren«. In: BIZ Nr. 23 vom 9. Juni 1938, S. 898f.

Von der Retusche zur Bildfälschung. Das Problembewusstsein der Illustrierten

Die Umsetzung eines Fotos in ein im Hochdruck nutzbares Klischee war ein komplizierter physikalisch-chemischer Prozess, der nur von Spezialisten zu einem akzeptablen Ergebnis gebracht werden konnte. Häufig fehlte es den Fotos an markanten Konturen. Fließende Übergänge im Bild verwandelten sich dann schnell in breiiges Grau. Um den Bildinhalt zu retten, konnte der Retuscheur an verschiedenen Stellen eingreifen. Einig waren sich die Fachleute jedenfalls darin: »Kaum eine Photographie kann so, wie sie ist, zur Herstellung der Druckstöcke gegeben werden, fast immer ist mehr oder weniger Retuschearbeit notwendig«, so etwa ein Kenner aus dem Hause Ullstein im Jahr 1929.[404] Dass diese Arbeit zumindest technisch auf hohem Niveau erledigt wurde, war diesem Verlag ein großes Anliegen. Er unterhielt zwei eigene Künstlerretusche-Abteilungen, die unter Leitung akademischer Maler standen.[405]

Abb. 50: Es war selten, dass ein stark retuschiertes Foto ganzseitig wiedergegeben wurde wie das Beispiel hier in Nr. 16 der *BIZ* vom 15. April 1928, S. 659. Wären die Körperumrisslinien der beiden Läufer (links Charlie Paddock und rechts Dr. Otto Pelzer) nicht vom Retuscheur nachgezogen worden, hätten sie sich kaum vom völlig konturlosen Hintergrund abgehoben. Aber dann übertrieb er beim Nachzeichnen doch ein bisschen.

Allerdings war der Grat zwischen notwendiger Retusche und unzulässiger Manipulation vergleichsweise schmal. Wie leicht auf diese Weise Fotos zu fälschen

404 Weber, *Bilddienst*, S. 187.
405 Ebd., S. 190.

waren, wusste man auch bei der *BIZ* und suchte die Leserschaft immer wieder für das Problem zu sensibilisieren – entweder durch Hinweis auf mehr oder minder gelungene Fälschungen oder durch die Diskussion von Echtheitsbedingungen.

Zwei Beispiele besonders plumper Fälschungen, die man »jetzt eben [...] in dänischen, holländischen und Wiener Zeitungen« sehen könne, präsentierte sie Anfang 1924.[406] Die Bilder zeigten Reichswehrtruppen mit Minenwerfern und schweren Maschinengewehren aus der Zeit der Spartakus-Unruhen des Jahres 1919. Ziemlich plump waren nun auf die Helme weiße Hakenkreuze gemalt »und so die Reichswehrtruppen zu Hitler-Leuten umgestaltet« worden.

Weit zurück lag dagegen eine Fälschung, auf die man 1932 aufmerksam machte.[407] 1871, nach dem Ende der Pariser Kommune, war ein Foto des Malers Courbet in ein Gruppenbild montiert worden, das eine wichtige Rolle in einem politischen Prozess gegen ihn spielte, dessen Ausgang seine Flucht aus Frankreich erzwang und möglicherweise seinen Tod beschleunigte.

Bis heute beschäftigen derart drastische Manipulationen die Literatur mehr als die in der Praxis tatsächlich unumgänglichen Eingriffe.[408] Schließlich konnte dem Ganzen auch noch eine heitere Seite abgewonnen werden.

Aprilscherze. Die heiteren Grenzen fotografischer und nicht fotografischer Bild-Wahrheit

Was tun, wenn ein dramatisches Ereignis bebildert werden sollte, aber keine Fotografien zur Verfügung standen? Bis Ende der 1920er-Jahre war es auch für die *BIZ* selbstverständlich, in solchen Fällen auf Zeichnungen zurückzugreifen. Ein Spezialist dafür war Theo Matejko, auf den gleich noch eingegangen wird.[409] Anfang der 1930er-Jahre scheint dies aber immer weniger akzeptabel gewesen zu sein. Die *BIZ* stellte zwar 1931 den Jenaer Maler Heinrich Wilfert »bei der Arbeit« und mit zwei seinen Gemälden vor, aber die Überschrift »Der Schreckens-Szenen-Maler« verriet doch einige Distanz. Und vorsichtshalber wurde auch gar kein vollständiger Name genannt, sondern nur von »W..t« gesprochen.[410]

Aber war die Schaffung solcher ›Atelier-Kunst‹ nur den Malern vorbehalten? War Vergleichbares nicht auch bei Fotografen möglich?

406 *BIZ* Nr. 1 vom 6. Januar 1924, S. 2f.
407 »Hill Gilland, Foto-Schicksale – Fotografen-Schicksale. Wahre Legenden aus der Frühzeit der Fotografie«. In: *BIZ* Nr. 17 vom 30. April 1932, S. 534, 536.
408 Keller, *Fotofälschung*.
409 Vgl. S. 209.
410 *BIZ* Nr. 2 vom 11. Januar 1931, S. 80.

Der Sportphotograph oder Photographien lügen nicht!

Abb. 51: Wie leicht gerade besonders interessante Sportfotos zu inszenieren – um nicht zu sagen: zu fälschen – waren, ließ die *WO* in ihrer Nr. 3 vom 21. Januar 1928, S. 84, von Zeichner Georg Kobbe vorführen. Im Original ist die Zeichnung sogar farbig gedruckt.

Über die Grenzen fotografischer Objektivität waren sich vor allem die Gestalter der BIZ im Klaren. Und einmal im Jahr machten sie ganz gezielt mit einem Augenzwinkern darauf aufmerksam. Wer die Idee hatte, den um den 1. April jedes Jahres erscheinenden Heften mit diversen Aprilscherzen ein ganz spezifisches Profil zu verleihen, ist nicht überliefert. Eindeutig ist jedenfalls, dass es erstmals im Jahr 1903 geschah.[411] Und der Erfolg war so groß, dass es jedes Jahr auf's Neue Aprilscherze gab, mit Ausnahme von Kriegsjahren. Zum Teil wurde sogar das Erscheinungsdatum der Hefte entsprechend manipuliert, um dem 1. April möglichst nahe zu kommen. 1932 beispielsweise wurde die übliche Sonntagsdatierung bei der Nummer 13 durchbrochen. Außer der Reihe wurde sie auf Donnerstag, den 31. März, datiert, und schon die Titelseite präsentierte eine sinnfällige Fotomontage: »Eine Film-Sensation: Greta Garbo und Marlene Dietrich als siamesische Zwillinge«.

Die Aprilscherze basierten grundsätzlich auf Fotografien, um mit deren Authentizitätsversprechen die Plausibilität der mehr oder minder skurrilen Behauptungen zu erhöhen. Die Vielzahl der im Laufe der Jahre veröffentlichten Scherze lässt sich von ihrer Konstruktion her leicht in zwei große Gruppen unterteilen: zum einen Fotomontagen und zum anderen mehr oder minder inszenierte Fotografien, bei denen der eigentliche Scherz durch den Bildtext zustande kam.

411 BIZ Nr. 5 vom 7. Februar 1932, S. 119.

Abb. 52: In ihrer Nr. 13 vom 1. April 1906, S. 207, überraschte die *BIZ* mit einem Foto von »Berlins neuestem Sensations-Unfug«, von einer »der Produktionen des Barfußtänzers Isidor Könken im Tiergarten, wo er in einer Erdhöhle wohnt und vor dem Publikum tanzt«. Immerhin war »Barfußtanz« damals eine Mode-Erscheinung, wie sogar in der Literatur der Zeit nachgelesen werden kann: Heinrich Manns bringt in seiner 1905 erschienenen gesellschaftskritischen Satire *Professor Unrat* das Leben seiner männlichen Hauptfigur durch die Begegnung mit der »Barfußtänzerin« Rosa Fröhlich durcheinander. »Isidor Könken« war jedoch eine Erfindung, und in ihrer nächsten Ausgabe (Nr. 14 vom 8. April 1906, S. 228) führte die Illustrierte sogar den Hauptbestandteil ihrer Montage vor, das Foto einer Holzfigur eines japanischen Tänzers.

Abb. 53: Ohne größeren technischen Aufwand konnte der andere große Typ von Aprilscherzen realisiert werden: Man brauchte nur ein Foto mit einem mehr oder minder offensichtlich irreführenden Bildtext zu versehen. Ein derartiges Beispiel schaffte es sogar auf die Titelseite der *BIZ* Nr. 14 vom 31. März 1928. Der einerseits sehr würdig wirkende, andererseits ziemlich verschmitzt dreinschauende ältere Mann wurde vorgestellt als »Geheimrat Prof. Dr. Sod, der Entdecker und Erforscher des Sodbrennens, der für den medizinischen Nobelpreis vorgeschlagen ist«. Und um den Spaß für genaue Leser noch fortzusetzen, wurde sogar eine genaue Angabe zum Fotografen aufgetischt. Das Foto stamme von »N. A. Tronnimter«. Liest man diesen Namen auf die richtige Weise, weiß man auch gleich, was damals als Hilfsmittel gegen Sodbrennen eingesetzt wurde: »Natron nim(m)t er«.

Die quantitative Verteilung fotografischer und nicht fotografischer Abbildungen

Nur selten werden die Unterschiede sowohl zwischen den drei untersuchten Illustrierten als auch innerhalb verschiedener Zeiten so deutlich wie bei der Frage des Einsatzes fotografischer und nicht fotografischer Bilder. Dies lässt sich in wenigen Befunden zusammenfassen. Im Kaiserreich wurden bis zum Ende des Ersten Weltkriegs von den Machern der BIZ und der WO deutlich unterschiedliche Strategien verfolgt: Während in der WO fast ausschließlich Fotos veröffentlicht wurden, hielt man sich in dieser Hinsicht bei der BIZ viel mehr zurück und räumte den verschiedenen Spielarten von Zeichnungen beträchtlichen Raum ein. Quantifiziert ausgedrückt heißt das, dass in der WO in der Vorkriegszeit 92 Prozent der Abbildungen auf Fotos entfielen und während des Ersten Weltkriegs sogar fast 95 Prozent, während man sich bei der BIZ auf 76 bzw. 78 Prozent beschränkte.

Diese großen Unterschiede schrumpften in der Weimarer Republik gegen Null, weil die WO fast vollkommen das Modell der BIZ übernahm. Insgesamt gesehen differierten die Fotoanteile bei den beiden Illustrierten nur noch um ein halbes Prozent – bei der BIZ lag er bei 78,9 Prozent, bei der WO bei 79,4 Prozent. Erwähnenswert ist dabei, dass man bei der BIZ in den Jahren 1919 bis 1932 viel konstanter als bei der WO verfuhr, wahrscheinlich, weil man konsequent den alten Kurs verfolgte. Die Schwankungsbreite lag nur bei 12,2 Prozentpunkten (minimale Fotoanteile 1919 und 1921 mit jeweils 72,2 Prozent, maximaler Anteil 1925 mit 84,4 %), während er bei der *Woche* deutliche 31,5 Prozent betrug (maximaler Wert 1919 mit 95,6 % und minimaler Fotoanteil 1922 mit 64,1 %).

Dass die BIZ ein Modell entwickelt hatte, das nicht nur für die WO zum Vorbild wurde, zeigt das Beispiel des IB. Lässt man einmal sein erstes Jahr 1926 beiseite, aus dem nur ein völlig atypisches Heft in die Untersuchung einging, waren auch bei ihm die Verhältnisse völlig eindeutig: Die Mehrzahl der Abbildungen waren zwar Fotos (fast genau 75 %), aber wie bei der BIZ besaß das gezeichnete Bild doch auch ein beträchtliches Gewicht.

Interessanterweise trennten sich in den nationalsozialistischen Vorkriegsjahren die Wege der drei Illustrierten wieder in erheblichem Maße. Trotz aller verlagsinternen Veränderungen blieb die BIZ ihrem Kurs treu. Insgesamt sank ihr Fotoanteil sogar leicht gegenüber der Weimarer Republik – von 78,9 Prozent auf 74,9 Prozent. Die WO erhöhte dagegen den ihren um 5 Prozentpunkte. Einen viel deutlicheren Schwenk vollzog dagegen der IB. Er fuhr den Anteil seiner nicht fotografischen Abbildungen deutlich herunter. Fotos dominierten nun mit einem fast 90-Prozent-Anteil.

Aber lange hatten diese Unterschiede nicht Bestand. Im Zweiten Weltkrieg kehrte man wieder zu einer einheitlichen Linie zurück. Und das war die Linie der *BIZ*, die nach wie vor nur rund drei Viertel ihrer Abbildungen als Fotos veröffentlichte (in unserer Stichprobe: 74,9 %). Die beiden anderen Illustrierten entfernten sich davon nur minimal: Beim *IB* brachte man 75,2 Prozent und bei der *WO* 78,8 Prozent.

Straßentypen aus London

Zeichnungen und Text von A. Reich, München

Abb. 54: Sachzeichnungen konnten in vielen Zusammenhängen eingesetzt werden, auch in Fällen, in denen Fotos anzufertigen gewesen wären. Der *IB* zum Beispiel veröffentlichte in seiner Nr. 8 vom 21. Februar 1931, S. 184f., einen kleinen Text von Albert Reich zu »Straßentypen aus London«, zu dem er etliche Zeichnungen vorlegte (hier S. 184).

Hinsichtlich des Fotoeinsatzes bestand das Erfolgsmodell der *BIZ* eindeutig darin, dass man nicht ausschließlich auf die Karte ›Foto‹ setzte, sondern nicht fotografischen Abbildungen konstant verhältnismäßig viel Platz einräumte. Der Minimalwert betrug während der Weimarer Republik 21,1 Prozent, der Maximalwert während des Zweiten Weltkriegs nur 25,1 Prozent. Das waren bloß 4 Prozentpunkte Unterschied. Diese erstaunliche Konstanz sollte jedoch nicht zu der Annahme verleiten, dass es innerhalb dieses Bereichs keine deutlichen Veränderungen gegeben hat. Dazu ist eine genauere Betrachtung erforderlich. Was waren überhaupt alles ›nicht fotografische Abbildungen‹? Insgesamt wurden sieben mehr oder minder grafische Varianten unterschieden: die Sachzeichnung, die Witzzeichnung, die künstlerische Grafik, das Schaubild, die Landkarte, das

Dokument und die Fotomontage (in die ja auch grafische Elemente einfließen konnten). Von diesen sieben Varianten sind die meisten ganz eindeutig voneinander abgrenzbar. Ein fließender Übergangsbereich, eine gewisse Grauzone, besteht nur zwischen ›Sachzeichnung‹ und ›künstlerischer Grafik‹. Der unterschiedliche inhaltliche Schwerpunkt ist jedoch eindeutig: Im ersten Falle steht die Illustration eines Sachverhalts im Vordergrund, im zweiten der Künstler und sein Produkt.

Abb. 55: Vor allem die *WO* versuchte zeitweise mit der gezeichneten Illustration ihrer Fortsetzungsromane und Novellen eigenes Profil zu gewinnen. Das Beispiel zeigt den Beginn von Werner Scheffs Roman *Tschandu* mit einer Zeichnung von Felix Schwormstädt (*WO* Nr. 28 vom 11. Juli 1925, S. 651).[412]

Auf vier dieser sieben Varianten braucht nun nicht näher eingegangen zu werden. Das einzig Interessante an ihnen ist im Kontext dieses Überblicks ihre überraschend große Bedeutungslosigkeit. Schaubilder, Landkarten, Dokumentabbildungen und Fotomontagen wurden zu allen Zeiten nur in seltenen Ausnahmefällen präsentiert. Ihr gemeinsamer Anteil betrug über den gesamten Untersuchungszeitraum hinweg nur 1,4 Prozent! Am häufigsten wurden noch Landkarten eingesetzt (0,6 %), mit Abstand am seltensten Fotomontagen (0,1 %). Schaubilder und Dokumente rangierten mit 0,4 bzw. 0,3 Prozent dazwischen. Auch wenn man nach Phasen und Illustrierten differenziert, ergeben sich bei diesen Werten keine wirklich relevanten Unterschiede. Dies sei nur am Beispiel der Fotomontage etwas näher ausgeführt. Ohne Weiteres lässt sich völlig kor-

412 Vgl. zu Schwormstädt S. 225ff.

rekt behaupten, dass sich der Anteil der Fotomontagen in den hier untersuchten Illustrierten im Übergang von den späten 1920er- zu den frühen 1930er-Jahren fast verdreifacht hat. Ernüchterung muss sich aber doch einstellen, wenn man die zugrunde liegenden Werte nennt: Es handelt sich um eine Steigerung von 0,09 auf 0,26 Prozent, konkret: von vier auf acht Fälle.

Berliner Illustrirte Zeitung 1239

Michael, der Abenteurer

ROMAN VON MARGA PASSON

Abb. 56: Anders als bei der *WO* gab es bei der *BIZ* nur ganz selten speziell zu ihren Fortsetzungsromanen angefertigte Illustrationen. Um keine reine Textseite drucken zu müssen, entschied man sich dazu, zusammenhanglos irgendwelche Kunstreproduktionen zu präsentieren. Hier etwa ein Aquarell von Honoré Daumier (*BIZ* Nr. 39 vom 26. September 1926, S. 1239). Zu untersuchen, wann welche Künstler vorgestellt wurden, welchen Beitrag dabei zeitgenössische Künstler leisteten und welche Stile gefördert wurden, wäre sicherlich ein spannendes Thema.

Viel wichtiger ist es, auf den zu verschiedenen Zeiten ganz unterschiedlichen Einsatz von Sachzeichnungen, künstlerischen Grafiken und Witzzeichnungen einzugehen. Auf der Ebene der Bildtechnik dienten für den journalistischen Bildeinsatz Sachzeichnungen, für den nicht journalistischen dagegen künstlerische Grafiken und Witzzeichnungen.

Als erstes ist die Entwicklung bei der BIZ vorzustellen, die ja bei den nicht fotografischen Abbildungen insgesamt als Maßstab setzend ermittelt wurde. Hier zeigt sich ein eindeutiges Bild:

GRAFIK 6

Anteile von Sachzeichnungen, Witzzeichnungen und künstlerischen Grafiken bei der *BIZ* (N = 2.109)

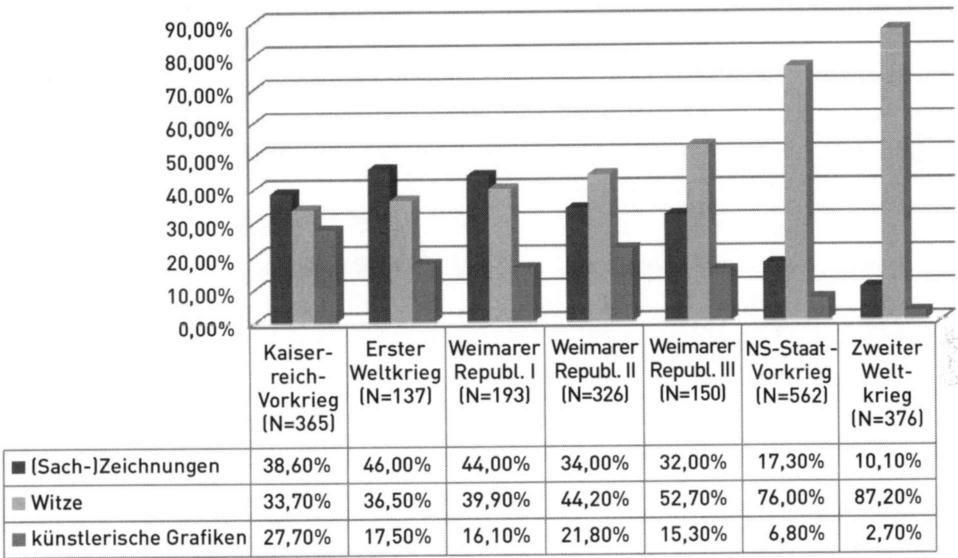

	Kaiserreich-Vorkrieg (N=365)	Erster Weltkrieg (N=137)	Weimarer Republ. I (N=193)	Weimarer Republ. II (N=326)	Weimarer Republ. III (N=150)	NS-Staat - Vorkrieg (N=562)	Zweiter Weltkrieg (N=376)
■ (Sach-)Zeichnungen	38,60%	46,00%	44,00%	34,00%	32,00%	17,30%	10,10%
■ Witze	33,70%	36,50%	39,90%	44,20%	52,70%	76,00%	87,20%
■ künstlerische Grafiken	27,70%	17,50%	16,10%	21,80%	15,30%	6,80%	2,70%

Sachzeichnungen, die im Kaiserreich und in der frühen Weimarer Republik noch einen Anteil von deutlich mehr als einem Drittel der Zeichnungen insgesamt gestellt hatten, verloren seit Mitte der 1920er-Jahre deutlich an Bedeutung und bildeten im Zweiten Weltkrieg nur noch eine Randgröße. Ähnlich eindeutig war der Trend bei der künstlerischen Grafik. Von ihrer Bedeutung in den Vorkriegsjahren des Kaiserreichs hatte sie schon in der Weimarer Republik erheblich eingebüßt; in den NS-Jahren wurde sie kaum noch eingesetzt. Ganz anders verlief die Entwicklung dagegen bei den Witzzeichnungen. Ihr Einsatz wurde kontinuierlich vergrößert, bis sie in den NS-Jahren absolut dominierten.

Bei der *WO* verlief die Entwicklung in gewisser Weise noch dramatischer als bei der BIZ. In den Vorkriegsjahren des Kaiserreichs suchte man bei ihr Witzzeichnungen ganz vergebens. Und die künstlerische Grafik dominierte über die Sachzeichnung im Verhältnis 6 zu 4. Im Ersten Weltkrieg wurde dieses Verhältnis zwar geradezu auf den Kopf gestellt, weil nun die Sachzeichnung mit 7 zu 3 über die künstlerische Grafik triumphierte, aber Witzzeichnungen fehlten immer noch vollständig. Diese Zurückhaltung wurde erst in der Weimarer Republik aufgegeben, allerdings nur vorsichtig. Nur ein Sechstel der Zeichnungen entfielen auf dieses Genre, dagegen zwei Sechstel auf die Sachzeichnungen und drei Sechstel auf die künstlerische Grafik. Wie bei der *BIZ* brachte auch bei der *WO* die Machtübernahme der Nationalsozialisten eine deutliche Zäsur in der Bildpolitik, und dies schon auf der technischen Ebene: Witze hatten zwar noch nicht den Stellenwert wie bei der *BIZ*, aber immerhin betrug ihr Anteil doch schon fast 50 Prozent bei den Zeichnungen, während sich Sachzeichnungen und künstlerische Grafiken die zweite Hälfte ungefähr gleichmäßig zu teilen hatten. Dieser Trend wurde im Zweiten Weltkrieg verstärkt fortgesetzt. Witze erhielten nun einen Zwei-Drittel-Anteil, während sich Sachzeichnungen gemeinsam – wiederum fast gleichmäßig – das letzte Drittel zu teilen hatten.

Der *IB* schließlich folgte den so viel Erfolg versprechenden Vorgaben der *BIZ* ebenfalls weitgehend, aber doch mit einer gewissen Distanz. Sachzeichnungen wurden kontinuierlich zurückgefahren, von einem 44-Prozent-Anteil in den 1920er-Jahren über einen 25-Prozent-Anteil in den 1930er-Jahren bis auf 16 Prozent in den Kriegsjahren. Die künstlerische Grafik, der ähnlich wie bei der *BIZ* in den frühen 1930er-Jahren ein 15-Prozent-Anteil eingeräumt worden war, wurde danach auf weniger als 5 Prozent reduziert. Anders als bei der *BIZ* wurde dies im Zweiten Weltkrieg jedoch nicht fortgesetzt. Die Witzzeichnung, die bereits in der späten Weimarer Republik die 60-Prozent-Marke überschritten hatte, erreichte in den NS-Jahren dann sogar mehr als 70 Prozent Anteil. Allerdings vollzog sich hier zwischen Weimarer Republik und NS-Jahren ein gravierender inhaltlicher Umbruch: Wo zuvor eigentlich bloß pointierte politische Karikaturen veröffentlicht worden waren, präsentierte man anschließend fast durchweg völlig harmlose unpolitische Witzzeichnungen.

Das Wichtigste des Bisherigen ist in drei Sätzen zusammenfassbar: Die nicht fotografischen Abbildungen konnten ihren Anteil an den Abbildungen insgesamt im Laufe der Zeit, und vor allem während des Zweiten Weltkriegs erheblich steigern. Zu verdanken hatten sie dies vor allem dem Sektor der Witzzeichnungen. Anzufügen ist dabei auch eine erste inhaltliche Aussage: Vor allem beim *IB* war dies gleichzeitig mit einer Abwendung von der Karikatur und einer Hinwendung zum unpolitischen Witz verbunden.

Künstler und Fotografen. Die Entwicklung der Urheberangaben

Aus heutiger Sicht erscheint die Überschrift dieses Abschnitts reichlich missverständlich. Ist da tatsächlich ein Unterschied, ja ein Gegensatz zwischen Künstlern und Fotografen zu konstruieren? Wie groß der Unterschied zwischen ›Künstlern‹ und Fotografen für die Illustrierten-Macher war, lässt sich aber an den Urheberangaben bei den Abbildungen deutlich ablesen. Bei insgesamt 30.000 untersuchten Bildern fehlt bei 40 Prozent jede Quellenangabe. Teilt man die Gesamtheit aber nun ganz grob in die beiden Großgruppen ›Fotos‹ und ›Nicht-Fotos‹, so zeigt sich ein erheblicher Unterschied: Bei der großen Mehrheit von fast 25.000 Fotos sucht man in 43 Prozent der Fälle vergebens nach einer Quelle, bei der Minderheit der gut 5.000 ›Nicht-Fotos‹ dagegen nur in 26 Prozent.

Allerdings zeigen sich zum einen zwischen den untersuchten Illustrierten und zum anderen im Laufe der Zeit erhebliche Unterschiede. Sie fügen sich einem klaren Muster und legen eine eindeutige Interpretation nahe. Die *BIZ* veröffentlichte nicht nur bis in die Weimarer Republik hinein viel mehr Zeichnungen als die *WO*, sie maß den Zeichnern als Individuen auch erheblich größeres Gewicht bei als den Fotografen. In den Vorkriegsjahren des Kaiserreichs nannte sie bei ihren Zeichnungen rund doppelt so häufig den Urheber wie bei ihren Fotos (75 zu 37 %). In der Weimarer Republik fügte sie dann bei den Zeichnungen noch häufiger den Namen des Zeichners an. Da wurden sogar über 83 Prozent erreicht. Zeichner waren für die *BIZ* zur Profilierung sehr wichtig; auf ihre Stars wird anschließend ausführlicher eingegangen.

Allerdings gewannen die Fotografen auch bei der *BIZ* an Bedeutung. Dies lässt sich bereits an den Quellenangaben ablesen. Betrachtet man sich die einzelnen Jahre der Weimarer Republik näher, so zeigt sich, dass die schon während des Ersten Weltkriegs erreichte Quote von rund 50 Prozent der Namensnennungen bis Ende der 1920er-Jahre Gültigkeit hatte. Seit 1928/29 erhöhte sich dieser Wert jedoch erheblich. Im Durchschnitt der Jahre 1929 bis 1932 gab es immerhin bei 62 Prozent der Fotos Quellenangeben und 1932 wurde sogar ein Spitzenwert von 75 Prozent erreicht. Anscheinend hatte man da auch bei der *BIZ* das Potenzial erkannt, das im Bekanntmachen von Fotografen steckte.

Bei der *WO* war das Vorgehen ganz anders als bei der *BIZ*. Von Anfang an hatte bei ihr das Foto die Bebilderung beherrscht. Allerdings hob man die Fotografen nicht besonders hervor. In der Vorkriegszeit des Kaiserreichs wurden sie in gut der Hälfte der Fälle genannt, danach sank dieser Anteil immer mehr. In der späten Weimarer Republik war man bei einer Quote von nur noch 36 Prozent angekommen. Doch auch bei den Zeichnungen wurde kein Akzent gesetzt. Nur Mitte der 1920er-Jahre schien man da kurzfristig einen anderen Kurs zu steuern, erhöhte den Anteil der Zeichnungen an den Bebilderungen und stellte auch die Namen der Zeichner mehr heraus. In den Jahren 1924 bis 1928 wurden sie in immerhin 82 Prozent der Fälle genannt; das lag sogar um 1 Prozentpunkt höher als bei der *BIZ*.

Schließlich ist noch ein diesbezüglicher Blick auf den *IB* in der Weimarer Republik zu werfen, vor allem auf die späten Jahre 1929 bis 1932, in denen auch er eine wöchentlich erscheinende Illustrierte war. Auch die Nationalsozialisten schätzten – insgesamt gesehen – die Schöpfer von Zeichnungen viel höher ein als die von Fotos. Allerdings waren sie in beiden Fällen recht nachlässig. Bei den Zeichnungen fehlte in knapp der Hälfte aller Fälle eine Quellenangabe, bei den Fotos waren es fast 90 Prozent!

Dies änderte sich nach der nationalsozialistischen Machtübernahme in ganz erstaunlicher Weise. Und nicht nur im Falle des *IB*. Im NS-Staat wurde auch bei der *BIZ* und bei der *WO* die Urhebernennung bei Bildern so konsequent gehandhabt wie nie zuvor. Fehlte während der Weimarer Republik noch bei gut der Hälfte (50,7 %) aller untersuchten Bilder die Quellenangabe, so war es in den Vorkriegsjahren des NS-Staats nur noch etwas mehr als ein Viertel (26,7 %). Aber nicht das Jahr 1933 bildete die Scheidelinie, sondern das Jahr 1935. Fehlten in den Jahren 1933 und 1934 wie in der Zeit der Weimarer Republik noch bei der Hälfte der Bilder Quellenangaben (51,7 bzw. 48,5 %), so betrug der Anteil danach nur noch 15 Prozent. Den Grund dazu lieferte die Anfang 1935 erlassene Anweisung des Leiters des Reichsverbandes der Deutschen Presse, »Bilder nur unter namentlicher Aufführung der Urhebers zum Abdruck zu bringen. Die Veröffentlichung darf nur erfolgen unter voller Namensnennung der Bildkorrespondenz bzw. des selbständigen Bildberichterstatters.«[413] Zur Forderung einer völligen Individualisierung der Bildurheberangabe konnte man sich allerdings nicht durchringen. In der Anweisung hieß es deutlich abgeschwächt nur: »Soweit der Raum zulässt, ist es wünschenswert, dass außer der Bildkorrespondenz noch der Name des Bildberichterstatters erscheint. Das gleiche gilt für Pressezeichner und Zeichnungen.«[414] Diese Hintertür wurde regelmäßig genutzt. Nicht nur bei der amerikanischen Associated Press, sondern auch bei deutschen Agenturen wie Scherl und selbst bei der staatseigenen Weltbild fehlten auch weiterhin fast durchweg konkrete Namensangaben.

Dass die *BIZ* ihre Illustratoren, nicht aber ihre Fotografen als ›Künstler‹ betrachtete, ist schließlich genauso aus- wie eindrücklich an einem Detail abzulesen, das heute nur noch in Ausnahmefällen in den Blick gerät. Gängigerweise waren die Illustrierten damals jahrgangsweise paginiert. Diese Form der Paginierung ist jedoch nur sinnvoll, wenn man die einzelnen Hefte sammelt und sie durch ein Inhaltsverzeichnis erschlossen werden. Dass die Hefte der *BIZ* in großem Ausmaß gesammelt wurden und auch im Auftrag von Privatleuten oft genug eine aufwändige Bindung erhielten, ist bis heute auf dem Antiquariatsmarkt festzu-

413 Zit. Sachsse, *Erziehung zum Wegsehen*, S. 288.
414 Ebd., S. 289.

stellen. Und immer wieder ist dabei zu finden, was in Bibliotheksausgaben regelmäßig fehlt: das Inhaltsverzeichnis. Die Gliederung der Inhaltsverzeichnisse der BIZ variierte im Laufe der Jahrzehnte, die Bezeichnungen der Rubriken und ihre Reihenfolge wechselten. Aber in einem, hier besonders aussagekräftigen Punkt gab es keine Änderung: Während Fotos, Gemälde und Zeichnungen gleichermaßen über ihren zentralen Inhalt zu recherchieren waren, sah es bei ihren Urhebern ganz anders aus. Die Schöpfer von Zeichnungen, ja auch von Witzen und Karikaturen waren stets unter ›Malerei‹, vielleicht auch unter dem Unterpunkt ›Künstler‹ in der Rubrik ›Bildende Künstler‹ zu finden. Die Namen von Fotografen tauchten dagegen nirgends auf.[415]

Damit ist nun ein allgemeiner Rahmen abgesteckt, innerhalb dessen im Folgenden näher auf die wichtigsten Bild-Lieferanten einzugehen ist – zunächst auf die Zeichner, dann auf die Fotografen und ihre Agenturen. In beiden Fällen sind dabei auch thematische Schwerpunkte zu analysieren, die bereits ein Stück weit auf die später zu behandelnde Frage nach den zentralen Bilderthemen der Illustrierten vorausweisen.

4.2 Vom harmlosen Witz bis zum kämpferischen Kriegsbericht. Der vielseitige Einsatz der Pressezeichnung

Auf den ersten Blick ist die Quantität der Fotografien in den Illustrierten durchaus erdrückend, wie nicht zuletzt auch die vorliegende empirische Analyse bestätigt. Aber dann sind doch Differenzierungen nötig, wenn man sich nicht allein der rückschauenden Perspektive heutiger Foto-Historiker anschließen will, sondern auch die zeitgenössischen Sichtweisen berücksichtigt. Ganz programmatische Entscheidungen mit erheblichen konkreten Folgen dürfen nicht übersehen werden. Die wohl eindrücklichste liegt direkt in der Hand, wenn man zu im Zweiten Weltkrieg erschienenen Heften greift: Man braucht sie nur herumzudrehen, um festzustellen, dass die Rückseite grundsätzlich allein Witzzeichnungen vorbehalten war. Dies wurde auch dann beibehalten, als die größerformatigen Hefte nur noch 12 Seiten umfassen durften. Die Witzseite war selbst in der Partei-Illustrierten unverzichtbar geworden.

In den ersten Jahren des 20. Jahrhunderts war diese Entwicklung kaum vorauszusehen gewesen. Cartoons – um nicht immer von humoristischen Zeichnungen, gezeichneten Witzen oder Witzzeichnungen sprechen zu müssen –,

415 So nach den Inhaltsverzeichnissen der Jahrgänge 1916 & 1932, im Besitz des Autors.

waren in seriösen Illustrierten eigentlich nicht zu finden. Dafür gab es Spezialangebote wie den *Wahren Jakob* (seit 1879), die *Lustigen Blätter* (seit 1886) oder den *Simplicissimus* (seit 1896). Aber wahrscheinlich war es deren Erfolg, der gerade im Ullstein-Verlag registriert wurde. Überhaupt beobachtete man dort sehr genau, wie sich die Konkurrenz zu profilieren suchte und sann auf Alternativen. In den Überlegungen des Ullstein-Verlags, wie die Verkaufszahlen der *BIZ* gesteigert werden könnten, spielten auch die Zeichnungen schnell eine beträchtliche Rolle. Mit Fritz Koch-Gotha und Paul Simmel fand man dann noch vor dem Ersten Weltkrieg zwei Zeichner, die über Jahre das Profil des Blattes mitprägen sollten. Die Vielseitigkeit Koch-Gothas machte keine inhaltlichen Festlegungen erforderlich. Diese mussten erst nach seinem Ausscheiden Anfang der 1920er-Jahre erfolgen. Fortan präsentierte die *BIZ* zwei große, klar voneinander getrennte Segmente der Pressezeichnung: die kühle, oft dramatisch zugespitzte Sachzeichnung im Stile Theo Matejkos und den harmlosen, nie verletzenden Humor vom Typ der Simmel-Witze. Dieses Modell war so erfolgreich, dass es nicht nur die Machtübernahme durch die Nationalsozialisten, sondern auch den Kriegsbeginn überstand, ja während des Zweiten Weltkriegs sogar noch an Bedeutung gewann.

Sein Erfolg blieb der Konkurrenz nicht verborgen. Die *WO* und der *IB* schwenkten nach und nach auf die Linie der *BIZ* ein, wobei verschiedene Akzentuierungen und Modifikationen selbstverständlich nicht übersehen werden dürfen. Am Ende war dabei der *IB* fast erfolgreicher als die *BIZ*, weil er sich die besseren Stammzeichner sichern konnte. Aber das ist vielleicht ein Stück weit ein subjektives Geschmacksurteil.

Gezeichnetes als Markenzeichen der Berliner Illustrirten

Als ›moderne illustrierte Zeitschrift‹ setzte August Scherls *WO* anfangs zunächst einmal fast ausschließlich auf das nun erstmals in üppiger Fülle durch die Illustrierte verbreitete Foto. Zeichnungen blieb der Platz randständiger Verlegenheitslösungen. Kurzfristig schien sich die *BIZ* dieser Position anzuschließen, doch schnell entschied sie sich für eine Gegenposition: Nicht nur das Foto, sondern auch die künstlerische Illustration sollte ihr Profil bestimmen. Wahrscheinlich gehörte dies zu den ersten Grundsatzentscheidungen des 1905 neu verpflichteten Chefredakteurs Kurt Korff. Dabei sollten ganz neue Wege beschritten werden. Die aktuelle Bildberichterstattung sollte nicht dem sich an kühler Objektivität orientierenden Fotografen überlassen werden, auch der viel subjektiveren Sicht des Pressezeichners wurde ihr Platz zugestanden.[416] Und diese Entscheidung scheint von den Lesern der BIZ gut aufgenommen worden zu sein. In den letzten Jahren vor dem Ersten Weltkrieg hatte die Pressezeichnung nicht nur ihren festen Platz in den Heften, sondern auch auf einem beträchtlichen Teil der Titelseiten.[417]

Abb. 57: Die Ullsteins verwerteten die für die *BIZ* angefertigten Zeichnungen nicht nur in ihrer Illustrierten, sie stellten die Vorlagen auch öffentlich aus. Möglicherweise wurden sie bei diesen Gelegenheiten auch verkauft. Leider sind die zu diesem Foto überlieferten Informationen sehr dürftig. Die Ausstellung fand in Berlin »am Zoo« im ersten Jahrzehnt des 20. Jahrhunderts statt.

Gezielt förderte die BIZ das enge Verhältnis zwischen ›ihren‹ Künstlern und der Leserschaft. Während die Fotografen vor dem Ersten Weltkrieg noch eine mehr oder minder anonyme Masse bildeten, die höchstens kleingedruckt als Bildurheber genannt wurden, erfuhren die Zeichner auf verschiedene Weise besondere Wertschätzung. Ein frühes Beispiel bildet ihre Würdigung in einem zweiseitigen Artikel im Jahr 1908 zu einem besonderen Anlass: »Unsere Künstler. Eine Revue zur

416 Roob, *Sonderzeichner*, S. 46f.
417 Einen breiten Überblick über die Zeichnungen, allerdings nur wenige Informationen zu den Zeichnern liefert Ferber, *Zeichner*.

Feier des 400.000. Abonnenten«.[418] 13 Künstler wurden darin mit Bildern vorgestellt – 12 mit Fotografien, nur der 13 mit einem halbseitigen Selbstporträt, der schon damals prominenteste Zeichner der Illustrierten, Fritz Koch-Gotha (auf den gleich noch in einem eigenen Abschnitt näher eingegangen wird). Die meisten der Zwölf stammten aus Deutschland – durch die Größe der Abbildungen hervorgehoben waren Prof. Hugo Vogel, »der bekannte Porträt- und Historienmaler«, und Ernst Heilemann, »der Maler des eleganten internationalen Gesellschaftslebens«. Aber auch drei ausländische Künstler wurden vorgestellt: Frank Craig aus London sowie Georges Scott und René Lelong aus Paris.

Berliner Illustrirte Zeitung. 255

Zeichnung nach dem Leben von unserem an die Riviera entsandten Zeichner F. Kupka, Paris.

Illustratoren gesucht!

Nicht Karikaturisten, nicht Romantiker, sondern Schilderer des modernen Lebens. Zeichner, die eine Szene aus dem Leben, wie es z. B. die obenstehende ist, darstellen können. Höchste Honorare für gute Künstler. Angebote sind an die Redaktion dieser Zeitung zu richten.

Abb. 58: Die Anzeige in Heft 14 der *BIZ* vom 1. April 1909, S. 255, stellte ausdrücklich klar, dass »nicht Karikaturisten, nicht Romantiker« als Illustratoren gesucht seien, »sondern Schilderer des modernen Lebens«. Dafür wurden »höchste Honorare für gute Künstler« geboten. Obwohl das Heft vom 1. April stammte, scheint es sich nicht um einen der zahlreichen im Heft vorhandenen Aprilscherze gehandelt zu haben; jedenfalls wurde er nicht als solcher im folgenden Heft demaskiert.[419]

In den ersten Jahren des 20. Jahrhunderts legte die BIZ zwar großes Gewicht auf die Präsentation von Zeichnungen, setzte dabei jedoch eher auf eine breite Palette von internationalen Namen als auf einzelne Künstler. Auf den bedeutsamen Titelseiten wurden neben Fritz Koch-Gotha nicht nur Werke der bereits

418 BIZ Nr. 41 vom 11. Oktober 1908, S. 731f., d. h. auf der dritten und vierten Seite des Heftes. Der Artikel ist ein schönes Beispiel für die Bildzentriertheit des Layouts. Die zweite Seite ist recht aufwändig völlig symmetrisch gestaltet. Leider lässt sie nicht ausreichend Platz für den Text. Und so bricht der mitten im Satz, ja mitten in einem Wort, ab, ohne dass er irgendwo noch Fortsetzung fände.

419 BIZ Nr. 15 vom 8. April 1909, S. 267.

genannten Künstler Frank Craig, René Lelong und Georges Scott gezeigt, auch Cyrus Cuneo und Gino von Finetti waren des Öfteren vertreten. Selbst Max Liebermann konnte einmal gewonnen werden.[420]

Obwohl die *BIZ* so die Werke einer Vielzahl von Zeichnern präsentierte, war sie doch bemüht, das Angebot noch zu erweitern. In Heft 14 von 1909 wurde auf S. 255 eine ganzseitige Anzeige mit dem Blickfang »Illustratoren gesucht!« veröffentlicht.[421]

Trotzdem scheint das Interesse unter den Künstlern nicht allzu groß gewesen zu sein. Die *BIZ* musste nachlegen und konkreter werden, um die neue Lukrativität des Zeichnens für die Illustrierte unter Beweis zu stellen. »Um das Interesse der Künstlerkreise zu wecken«, stiftete der Ullstein-Verlag noch im selben Jahr 1909 den »Menzel-Preis«, »der jedes Jahr in Höhe von 3.000 Mark für die beste Zeichnung des Jahres vergeben« werden sollte. Angaben über die Zahl der Einsendungen wurden aber nie gemacht. Es wurden immer nur die Preisträger verkündet (und zum Teil die Besetzung der Jury genannt). 1910, bei der ersten Preisvergabe, wurde der Preis gleich doppelt vergeben, das heißt, die Preisträger Fritz Koch-Gotha und Heinrich Zille teilten sich nicht das Preisgeld, sondern erhielten jeweils 3.000 Mark.[422]

XIX. Jahrgang Nr. 38

Berliner Illustrirte Zeitung

18. September 1910 Einzelpreis 10 Pfg. oder 15 Heller.

Verlag Ullstein & Co., Berlin SW. 68.

Die Gewinner des Menzel-Preises, Fritz Koch-Gotha und Heinrich Zille,
die nach dem Urteil der Jury die beiden besten Zeichnungen des Jahres ausgeführt haben.

Abb. 59: Die Fotografie, die die *BIZ* auf der Titelseite ihrer Nr. 38 vom 18. September 1910 ihren beiden Menzel-Preisträgern widmete, ist nicht ohne Symbolkraft: Der für die Zeitschrift immer wichtiger werdende Koch-Gotha sitzt im Vordergrund, Heinrich Zille dagegen zurückgelehnt, leicht verschwommen, auch bildlich im Hintergrund. Als völlig unwichtig betrachtete man den Fotografen; sein Name wurde nicht genannt.

420 *BIZ* Nr. 5 vom 30. Januar 1910, Abb. 59.
421 Abgebildet auch in Luft, *Facsimile Querschnitt*, S. 69.
422 Zum Preis und zur Preisverleihung: *BIZ* Nr. 38 vom 18. September 1910, S. 733-735. Die Zitate S. 734.

Der Preisträger des Jahres 1911 war Max Liebert.[423] 1912 wurde der Preis erneut geteilt. Das Preisgeld erhielten der Münchner Heinrich Kley und der Berliner Fritz Schoen.[424] Eigentlich sollte der Preis nur dreimal vergeben werden.[425] Ob es tatsächlich 1913 zu einer weiteren Vergabe an Ernst Schaumann kam, konnte nicht verifiziert werden.[426]

Falls mit der Preisvergabe auch die Erwartung verbunden gewesen sein sollte, auf diese Weise dem Verlag und seiner Illustrierten neue Zeichentalente zuzuführen, so erfüllte sie sich nicht. An der Zahl der Veröffentlichungen gemessen, konnte keiner der anderen Preisträger auch nur ansatzweise mit Koch-Gotha konkurrieren; schon nach Kurzem verschwanden sie alle völlig aus der BIZ.

Fritz Koch-Gotha

Fritz Koch-Gotha und sein Schaffen sind heute nur noch wenigen Fachleuten bekannt. Eigentlich war er schon nach dem Zweiten Weltkrieg, noch zu Lebzeiten, ziemlich in Vergessenheit geraten. Bereits 1949 wurde festgestellt, dass sich »die heutigen Generationen [...] von der Popularität des Malers und Zeichners Koch-Gotha keine Vorstellung mehr machen« könnten. Vor dem Ersten Weltkrieg hätte ihn »buchstäblich jeder« gekannt.[427] Heute mag zwar Heinrich Zille (1858-1929) den viel klangvolleren Namen besitzen, damals konnte er jedoch den Ruhm Koch-Gothas »als der populärste deutsche Humorist der Zeichenfeder in der Zeit vor 1914« nicht gefährden.[428] Immerhin kann man sich nach wie vor relativ leicht einen Eindruck von seinem Werk verschaffen, ohne dass man gleich aufwändiges Quellenstudium betreiben muss.[429]

Seine Bekanntheit hatte Koch-Gotha der BIZ zu verdanken. Sie hatte den jungen, namenlosen Zeichner entdeckt und nach und nach zum regelrechten Star aufgebaut. Seinen charakteristischen Stil wird tatsächlich im Laufe der Jahre so gut wie jeder gekannt haben, denn immer häufiger war er mit seinen Werken nicht nur in der Illustrierten präsent, sondern schmückte auch zunehmend ihre Titelseiten. Mit der Zeit – und vor allem im Ersten Weltkrieg – war er in dieser Hinsicht völlig konkurrenzlos. Das zeigen schon wenige Zahlen: 1910 veröffent-

423 BIZ Nr. 44 vom 29. Oktober 1911, S. 867. Zur fünfköpfigen Jury zählte auch Max Liebermann.
424 BIZ Nr. 47 vom 24. November 1912, S. 1136.
425 BIZ Nr. 44 vom 29. Oktober 1911, S. 867.
426 https://de.wikipedia.org/wiki/Ernst_Schaumann_(Maler) [30.05.2018].
427 Fechter, *Wende der Zeit*, S. 230.
428 Nowak, *Koch-Gotha*, S. 6.
429 Nowak, *Koch-Gotha*, präsentiert eine Auswahl von mehr als 600 Zeichnungen, Timm, *Fritz Koch-Gotha*, knapp 100. Beide Herausgeber verzichten jedoch auf den Nachweis der primären Veröffentlichungsorte, sodass der publizistische Kontext von Koch-Gothas Schaffen kaum sichtbar wird.

lichte die BIZ 14 Hefte, deren Titelseiten gezeichnet oder auf andere Weise nicht -fotografisch gestaltet waren; von Koch-Gotha stammten davon fünf. 1911 waren es sieben von 18, 1916 dann elf von 15 und 1918 schließlich sogar 13 von 16 – jedes vierte Titelbild der auflagenstärksten deutschen Illustrierten stammte von ein und demselben Künstler!

Dieser Erfolg war nicht vorausgesehen worden, und am allerwenigsten von Koch-Gothas Vater, der seinem am 5. Januar 1877 geborenen ersten Sohn die Offizierslaufbahn zugedacht hatte. Ein schwerer Unfall des Elfjährigen, der Hörvermögen wie Gleichgewichtssinn gleichermaßen dauerhaft schädigte, machte diesen Plan jedoch zunichte. Koch-Gotha konnte zunächst die Kunstakademie in Leipzig und anschließend, von Herbst 1897 bis Sommer 1899, die in Karlsruhe besuchen. Der zeichnerischen Begabung des jungen Studenten wurden die Akademien allerdings nicht gerecht. Der 22-Jährige gab das Studium auf und ließ sich in Leipzig als freier Künstler nieder. Weil ihm dort nennenswerter Erfolg versagt blieb, zog er im Oktober 1902 nach Berlin um. Erste Veröffentlichungen gelangen ihm in den *Lustigen Blättern*. Im Frühjahr 1904 wurde man bei der BIZ auf ihn aufmerksam. Erste Aufträge erledigte er erfolgreich, und so erhielt er – wohl 1905 – einen festen Mitarbeitervertrag.[430]

In den folgenden Jahren festigte sich die Position des Künstlers in der Ullstein-Zeitschrift immer mehr. Koch-Gotha war einer der meistbeschäftigten Zeichner der BIZ, jedoch besaß er noch keine alles dominierende Position. Um noch einmal den Maßstab der Titelseiten zu bemühen: Von 16 Zeichnungen für die Titelseiten des Jahres 1908 stammten zwar fünf von Koch-Gotha, aber auch René Lelong war mit vieren vertreten. Bis 1910 waren die Verhältnisse jedoch geklärt. Im Herbst jenes Jahres erhielt er mit Heinrich Zille nicht nur, wie bereits erwähnt, den von der BIZ gestifteten Menzel-Preis, anschließend wurde er auch zu einer längeren Reise in die Türkei geschickt.[431] 1911 begann dann die jahrelange Dominanz des Illustrators Koch-Gotha in der BIZ. In 18 der 53 Hefte jenes Jahres war er mit Titelbildern oder Beiträgen mit mehreren Zeichnungen vertreten.

Koch-Gotha verfügte nicht nur über eine besondere Beobachtungsgabe und ein immer wieder bestauntes bildhaftes Vorstellungsvermögen,[432] er vermochte sein besonderes zeichnerisches Talent auch zunehmend den Gegebenheiten des Illustrierten-Drucks anzupassen. Den eher körnigen Kreidestrich hatte er schnell

430 Die bisherigen Daten nach Nowak, *Koch-Gotha*, S. 7-9.

431 Zur Abreise in die Türkei BIZ Nr. 41 vom 9. Oktober 1910, S. 804. Ein erster Bericht von Dr. Rudolf Lasswitz mit sechs Illustrationen von Koch-Gotha in BIZ Nr. 50 vom 11. Dezember 1910, S. 1021-1023.

432 Neben Nowak, *Koch-Gotha*, S. 14, auch Fechter, *Wende der Zeit*, S. 232.

durch eine Gouache-Technik mit flächiger Tonskala ersetzt, deren reiche Grauabstufungen zwischen Schwarz und Weiß den Tonwerten der Fotografien glichen.[433]

Nr. 12 Berliner Illustrirte Zeitung. 205

Krauses ziehen um!

Abb. 60: Eine ganze Serie von Beiträgen widmete die *BIZ* der fiktiven Familie Krause. Die Texte zu ihren Alltagsabenteuern lieferte regelmäßig Georg Herrmann, für die leicht ironischen, aber nie sarkastischen Illustrationen sorgte Fritz Koch-Gotha. Hier die erste Seite des zweiseitigen Beitrags in Nr. 12 vom 20. März 1910, S. 205f.

Zu seinem Erfolg trug sicherlich bei, dass er nicht auf ein Genre festgelegt war. Ohne Zweifel bildete die augenzwinkernd-humoristische Darstellung Berliner Kleinbürgeralltags, zumeist personifiziert in »Familie Krause«,[434] einen Schwerpunkt seines Schaffens. Daneben erwies sich Koch-Gotha aber auch als sachlicher, durchaus zu großer Empathie fähiger Berichterstatter auf vielerlei Gebieten. Seine »Konstantinopeler Eindrücke« genauso wie die Bilder zur »Börse in Konstantinopel« (zu Texten von K. B. Martin) boten eine geschickte Mischung zwischen Pittoresk-Exotischem und unbestechlichem Blick auf kleine Alltagsdetails.[435] In anderen Beiträgen waren die Gewichte klar verteilt: Während sein Titelbild »Auf den Dächern von Tripolis« auf den ersten Blick nur die fremde Kultur porträtierte, war die humane Positionierung bei seinem nächsten Titelbild wenige Wochen später unübersehbar. Und wer es nicht dem Bild selbst entnahm, der wurde durch die eindeutige Bildunterschrift belehrt: »Die Kriegs-

433 Nowak, *Koch-Gotha*, S. 14.

434 1911 beispielsweise in Nr. 8 vom 19. Februar, S. 141f. (»Krauses auf dem Maskenball«) und in Nr. 28 vom 9. Juli, S. 551 (»Ferienzeit«).

435 Nr. 5 vom 29. Januar 1911, S. 85f., bzw. Nr. 15 vom 9. April 1911, S. 277f.

greuel in Tripolis: Gefangene arabische Frauen und Kinder, die an den Leichen ihrer erschossenen Angehörigen vorbeigeführt werden«.[436]

XX. Jahrgang
Nr. 47

Berliner

19. November 1911
Einzelpreis
10 Pfg.

Illustrirte Zeitung

Abb. 61: Dass Koch-Gotha nicht nur als ›Humorist‹ etikettiert werden darf, beweist eine Vielzahl seiner Arbeiten schon vor, aber erst recht im Ersten Weltkrieg. Zu den eindrücklichsten Beispielen zählt sein Titelbild für die *BIZ* Nr. 47 vom 19. November 1911: »Die Kriegsgreuel in Tripolis«.

Während des Ersten Weltkriegs verschwand der Humorist Koch-Gotha fast völlig aus den Heften der BIZ. Es blieb der sachliche, detailgenaue Beobachter, dessen manchmal fast reportageähnlichen Bilderreihen nur noch selten mit launigen Akzenten versehen waren.[437] Über Jahre hinweg gelang Koch-Gotha der schwierige Balance-Akt, eine Fülle zumeist sachlicher Kriegsdarstellungen zu liefern, die weder verherrlichend noch diskreditierend waren. Seine Fortsetzung fand diese Haltung auch nach Kriegsende 1918 und 1919, wo sich Koch-Gotha als eigenwilliger Porträtist der Revolution und der jungen Republik erwies.

Warum die Zusammenarbeit zwischen Koch-Gotha und dem Ullstein-Verlag 1920 endete, lässt sich nicht mehr im Detail rekonstruieren. Mag sein, dass der Zeichner »spürte, daß seine Zeit um war«, dass er nach dem Weltkrieg »nicht einfach dort wieder anfangen« konnte, »wo er 1914 aufgehört hatte: mit harm-

436 Nr. 41 vom 8. Oktober bzw. Nr. 47 vom 19. November 1911.

437 Vgl. etwa seinen dreiteiligen, dieses Mal mit selbst verfassten Texten versehenen Bericht »Fahrt nach dem Osten« in Nr. 24 vom 11. Juni 1916, S. 357f.; Nr. 25 vom 18. Juni 1916, S. 373f.; und Nr. 30 vom 23. Juli 1916, S. 449f.

losen Humorserien«. Wahrscheinlich ging es aber auch um ganz Materielles, um die Gestaltung eines neuen Vertrags, wie Andeutungen zu finden sind.[438] Die Konkurrenz betrachtete den Zeichner nämlich längst noch nicht als veraltet. Im Herbst 1920 wurde er mit offenen Armen vom Scherl-Verlag übernommen und zu einem der wichtigsten Illustratoren der WO aufgebaut.

Koch-Gotha hatte schon 1914 mit seinem *Koch-Gotha-Album*, das eine Sammlung seiner Zeichnungen in Buchform präsentierte, einen beträchtlichen Verkaufserfolg erzielt. Den konnte er seit 1920 mit mehreren Neuauflagen, denen der Zusatz »Aus sorglosen Tagen« hinzugefügt war, fortsetzen. Das alles wurde jedoch von seiner 1924 veröffentlichten, bis heute in mehreren Nachdrucken erhältlichen *Häschenschule* bei Weitem übertroffen. 1925 trug eine Ausgabe der 60.-62. Auflage bereits den Vermerk »243. Tausend«.[439]

Koch-Gothas Erfolg bei der WO war jedoch nur vorübergehend. Den Platz, den man ihm anfangs eingeräumt hatte, konnte er nicht dauerhaft behaupten. 1927 scheint er sich wieder mit den Ullsteins ausgesöhnt zu haben, ohne dass es zu einem definitiven Bruch mit dem Scherl-Verlag gekommen wäre. Schon im zweiten Heft der BIZ wurde der 50. Geburtstag des Künstlers gewürdigt,[440] und im Laufe des Jahres wurden verschiedene größere Beiträge von ihm veröffentlicht. Zu einem Exklusiv-Vertrag scheint es aber nicht mehr gekommen zu sein, denn Koch-Gothas Arbeiten erschienen fortan sowohl in der BIZ als auch in der WO, allerdings in beiden Fällen nicht mehr in dem Umfang wie zu früheren Zeiten.

Die frühere Ausnahmeposition hatte er verloren. Dies zeigt schon allein ein Blick auf die Vergabe der zentralen Titelbild-Gestaltung. 1928 gab es zwar noch immer zehn gezeichnete Titelseiten bei der BIZ, aber von Koch-Gotha stammten nur noch zwei. An die erste Stelle war ein anderer, viel dynamischerer, dem neuen Tempo der Zeit viel stärker entsprechender Zeichner getreten. Sechs der zehn gezeichneten Titelseiten von 1928 stammten von Theo Matejko. Und auch ansonsten war der junge Matejko viel mehr in den Heften der BIZ präsent.

Koch-Gotha blieb zwar in den nächsten Jahren vor allem der BIZ verbunden, aber die Zahl seiner veröffentlichten Zeichnungen blieb überschaubar. Titelseiten hatte er kaum noch zu gestalten und ansonsten war er sozusagen zum Mann für das Besinnliche geworden, gerade an den Jahresenden.

Es hat denn auch eine gewisse Plausibilität, dass sich der Künstler nach 1933 fast ganz aus der Pressearbeit zurückzog. Sein Stil passte nicht mehr zur neuen Zeit, obwohl ihn die Nationalsozialisten zunächst wohl noch für sich zu gewinnen

438 Zitate und Andeutung bei Nowak, *Koch-Gotha*, S. 28.
439 https://de.wikipedia.org/wiki/Fritz_Koch-Gotha [30.05.2018].
440 BIZ Nr. 2 vom 9. Januar 1927, S. 46.

suchten. Dem entsprechenden Ansinnen eines Vertreters des neuen Propagandaministers soll er mit der »harmlos-boshaften Frage« begegnet sein: »Können Sie sich einen von Koch-Gotha gezeichneten SA-Mann vorstellen?«[441]

Der alternde Künstler beschäftigte sich nun vor allem mit Buch-Illustrationen. Herauszuheben ist das Großprojekt der zwölfbändigen Gesamtausgabe der Werke Fritz Reuters, veröffentlicht 1936. Im Zweiten Weltkrieg wurde das Berliner Atelier Koch-Gothas zerstört, er zog daraufhin ganz in sein bisheriges Sommerdomizil in Althagen bei Ahrenshoop. Es gab sogar noch einmal ein kurzes Intermezzo als Pressezeichner für die ostdeutschen Satire-Zeitschriften *Frischer Wind* und *Eulenspiegel*. Am 16. Juni 1957 verstarb Koch-Gotha, fast achtzigjährig.

Von Theo Matejko zu Hans Liska

Dass man sich 1920 vonseiten der BIZ recht leicht vom bisherigen Star-Zeichner Fritz Koch-Gotha trennte, mag auch daran gelegen haben, dass man wohl glaubte, bereits über zugkräftige Alternativen zu verfügen, deren Stil der neuen Zeit besser gerecht würde.

Zunächst schien es so, als ob man Willibald Krain als Nachfolger für Koch-Gotha ausersehen hätte. Der am 11. September 1886 in Breslau Geborene hatte von 1904 bis 1907 an der Staatlichen Akademie für Kunst und Kunstgewerbe in Breslau studiert und war seit 1909 freischaffend tätig.[442] Seine kritische Sicht auf den Ersten Weltkrieg artikulierte er in seiner 1916 in der Schweiz veröffentlichten, dezidiert antimilitaristischen Mappe *Krieg*; von Kurt Tucholsky wurde er dafür 1919 in der *Weltbühne* ausdrücklich gelobt.[443] Und nach dem Krieg schien Krains sozialkritischer Blick der Gegenwart genau angemessen. Nachdem Krain der BIZ im zweiten Halbjahr 1919 ein paar eher unauffällige Zeichnungen in den Heften und zwei Titelbilder geliefert hatte, wurde er 1920 dann schon fünf Mal für die Gestaltung der Titelseite herangezogen (bei elf gezeichneten Titelseiten insgesamt). Darüber hinaus war er noch in mindestens einem weiteren Dutzend Hefte vertreten, zumeist die eher düsteren Seiten der Großstadt im Allgemeinen thematisierend, immer wieder aber auch ganz konkrete Ereignisse porträtierend. Gegen Ende des Jahres wurde er mit seiner Familie der Leserschaft im Foto vorgestellt.[444]

441 Nowak, *Koch-Gotha*, S. 23.
442 Lemhöfer, *Willibald Krain*; https://de.wikipedia.org/wiki/Willibald_Krain [30.05.2018].
443 Roob, *Willibald Krain*.
444 BIZ Nr. 46 vom 14. November 1920, S. 539. Das zweite Foto auf dieser Seite wurde dem »Maler Walter Trier mit seiner Familie in seinem Heim« gewidmet.

Auf den ersten Blick schien sich dies 1921 fortzusetzen, denn seine Zeichnungen erschienen auf vier Titelseiten und in mindestens acht weiteren Heften. Bei genauerem Hinsehen begann sich jedoch schon Krains Abstieg abzuzeichnen. Alle neun der übrigen gezeichneten Titelseiten jenes Jahres stammten nämlich von jenem Mann, dem der nächsten Jahre gehören sollten: Theo Matejko. Krain verschwand jedoch nicht völlig aus der *BIZ*. Gerade im Krisenjahr 1923 war er letztlich präsenter als Matejko, gestaltete drei Titelseiten und mehr als ein Dutzend Beiträge in weiteren Heften – fast durchweg melancholisch gestimmt zu den Nöten der Zeit. Auch 1924 und 1925 durfte Krain noch jeweils zu einem Heft die Titelzeichnung beisteuern, 1924 zur Nummer 10 – »Vom Hitler-Prozess« – und 1925 zur Nummer 8, zum großen Grubenunglück in Dortmund. In den folgenden Jahren konnte Krain vereinzelt auch bei der *WO* Zeichnungen unterbringen, unter anderem das Umschlagbild für die Sondernummer »Gas und Gaskrieg« 1931.[445]

1933 zunächst mit Berufsverbot belegt, durfte Krain später doch noch für die Presse zeichnen, allerdings wohl nicht mehr bildjournalistisch, sondern nur noch im Rahmen von Anzeigengestaltung. Nicht nur in der *BIZ*, sondern auch im *IB* lassen sich verschiedene seiner Zeichnungen in großformatigen Anzeigen nachweisen.[446] Als Volkssturmmann wurde er 1945 gefangen genommen und durch einen Schuss verletzt. Daran verstarb er am 19. September 1945 in Dresden.[447]

Kurz nach Krain war man bei der *BIZ* auch auf den am 18. Juni 1893 in Wien geborenen Theo Matejko aufmerksam geworden. Im Ersten Weltkrieg hatte der junge Zeichner erste Arbeiten in der Leipziger *Illustrierten Zeitung* veröffentlichen können und war seit 1917 als Kriegsberichterstatter an verschiedenen Frontabschnitten tätig.[448] 1919/20 trat er mit einer Fülle von Film-Plakaten, aber auch mit ein paar politischen Plakaten an die Öffentlichkeit. Im Herbst 1920 wurden dann erste Werke von ihm in der *BIZ* veröffentlicht. Und zwei ihrer Titel – »Lichtscheue Zeitgenossen« – zeigten sogleich, was im Folgenden einen seiner Schwerpunkte bilden würde: die Beobachtung der Berliner Halb- und Unterwelt.[449] Schon 1921 schien er der neue Star-Zeichner der *BIZ* zu werden, denn – wie bereits erwähnt – wurden allein neun seiner Zeichnungen auf Titelseiten präsentiert. Neben der Halb- und Unterwelt zeichneten sich dabei zwei

445 *WO* Nr. 11 vom 14. März 1931.

446 *BIZ* Nr. 8 vom 25. Februar 1937, S. 241; *BIZ* Nr. 26 vom 1. Juli 1937, S. 959. *IB* Nr. 6 vom 6. Februar 1936, S. 163; *IB* Nr. 10 vom 5. März 1936, S. 341; *IB* Nr. 48 vom 26. November 1936, S. 1977.

447 https://de.wikipedia.org/wiki/Willibald_Krain [30.05.2018].

448 Weber, *Matejko*; https://de.wikipedia.org/wiki/Theo_Matejko [30.05.2018].

449 Seine erste Arbeit »In der Filmbörse« erschien in der Nr. 42 vom 17. Oktober 1920, S. 486f., die beiden folgenden, »Lichtscheue Zeitgenossen«, in der Nr. 49 vom 5. Dezember 1920, S. 575f., und Nr. 51 vom 19. Dezember 1920, S. 610f.

weitere Schwerpunkte ab: zum einen die neuen Massenpublikumssportarten (vor allem Boxen und Autorennen), zum anderen die von ihm geschaffene Figur des Inflationsgewinnlers ›Raffke‹. Dann wurde es jedoch erst einmal stiller um Matejko. Wie Krain war er zwar nach wie vor in der BIZ präsent, aber keinesfalls in besonderem Maße hervorgehoben. Zum Teil mag dies auch daran gelegen haben, dass insgesamt die Zeichnung in den Hintergrund gerückt wurde. 1925 zum Beispiel gab es nur noch drei gezeichnete Titelseiten (von denen zwei von Matejko und eine von Krain stammten).

1926 begann sich dann das Blatt zu wenden. Statt drei gab es nun wieder acht gezeichnete Titelseiten – und sechs davon stammten von Matejko. Und dieser Trend setzte sich fort: 1927 war Matejko bei neun Titelzeichnungen sieben Mal vertreten, 1928 bei zehn immerhin sechs Mal. Matejko war der Mann für Kampf und Katastrophe, im Boxring wie im Leben, für Dynamik und modernes Tempo, ganz im Stil der Zeit.

Abb. 62: Die Titelseite der *BIZ* Nr. 9 vom 26. Februar 1928 präsentierte eines der Lieblingsmotive Theo Matejkos – den Schlüsselmoment einer dynamischen Sport-Aktion, hier einen Torschuss beim Eishockey. Unterstützt wird die packende Gestaltung der Zeichnung durch ein – für damalige Verhältnisse – außergewöhnliches, technisch aufwändiges Layout: Der Spieler rechts oben ragt weit aus dem fest umrissenen Feld der Zeichnung heraus und verdeckt mit seinem Oberkörper die letzten drei Buchstaben des Zeitschriftentitels fast ganz.

Dass es 1928 nicht mehr Titel-Zeichnungen von Matejko wurden, war sicherlich auf einen besonderen Umstand zurückzuführen. Die BIZ hatte ihren Zeichner dazu ausersehen, im Oktober den Amerika-Flug des riesigen Zeppelin LZ 127 zu begleiten und zu illustrieren – ein Medienereignis allerersten Ranges, das wie kaum ein anderes zu jener Zeit die wiedererlangte technische Leistungsfähigkeit der Deutschen ins rechte Licht rücken sollte.[450] Die Präsentation begann schon vor dem Start am 11. Oktober in Heft 40 vom 30. September mit zwei großformatigen Zeichnungen Matejkos. Fortgesetzt wurde sie in den Heften 41, 42 und 43 mit zum Teil sogar ganzseitigen Zeichnungen vom Inneren des Luftschiffgiganten, die schon vor dem Aufbruch erstellt worden waren, wie auch die Datierung eines Blattes beweist.[451] Erst in der Nr. 46 vom 11. November konnten dann Zeichnungen von der Fahrt selbst präsentiert werden – und weil es dabei auch dramatische Momente gegeben hatte, wurde dazu sogar die Titelseite frei gemacht. Insgesamt wurden Matejkos Zeichnungen in diesen fünf Heften gut elf ganze Seiten zur Verfügung gestellt, und das in einer Illustrierten, die mittlerweile wöchentlich über 1,8 Millionen Mal verkauft und sicher von einem Mehrfachen an Publikum betrachtet wurde. Theo Matejko dürfte damals der bekannteste Pressezeichner Deutschlands gewesen sein.

Abb. 63: Schon 1929 hatte Theo Matejko eine erste Zeichnung für eine ganzseitige Zigarettenwerbung in der *BIZ* geliefert, damals für die Marke ›Ulmenried‹ der Firma Echstein-Halpaus.[452] 1930 folgten dann insgesamt 13 Seiten für die OVA-Zigaretten der Firma Reemtsma, alle im unverwechselbaren Matejko-Stil – wie hier in der Nummer Nr. 42 vom 19. Oktober 1930, S. 1864.

Die Gründe, warum diese Erfolgsgeschichte keine Fortsetzung fand, sind nicht überliefert. Schon 1929 war Matejkos Präsenz in der BIZ deutlich rückläufig. Zwar war er vor allem im zweiten Halbjahr noch recht häufig in den Heften

450 Dussel, *Mythos Zeppelin*.
451 BIZ Nr. 41 vom 7. Oktober 1928, S. 1716.
452 BIZ Nr. 40 vom 6. Oktober 1929, S. 1780.

vertreten, aber von den acht gezeichneten Titeln stammte keiner von ihm. Ähnlich war es im ersten Halbjahr 1930. Im zweiten Halbjahr zeigte sich dann ein überraschend anderes Bild: Einerseits war Matejko in 12 aufeinander folgenden Heften mit jeweils ganzseitigen Zeichnungen vertreten, andererseits handelte es sich durchweg um Werbung für Ova-Zigaretten.

Hatte Matejko ein lukrativeres Feld gefunden und war deshalb für die BIZ weniger tragbar? Oder hatte umgekehrt die Illustrierte ihrem Zeichner weniger Aufträge erteilt und dieser hatte sich nach einer neuen Verdienstmöglichkeit umgesehen? Für die zweite Annahme spricht, dass Chefredakteur Korff wieder einmal von Zeichnungen größeren Abstand nahm: 1931 nahm er keine mehr auf die Titelseite seines Blattes. Vielleicht wollte er nun mehr auf große Fotografen-Namen setzen; immerhin bekam Erich Salomon gleich zwei Titelseiten zur Verfügung gestellt. Ähnlich war es 1932, und seit 1933 sucht man Zeichnungen nahezu vergebens auf den Titelseiten der BIZ. Im NS-Staat wurden sie fast durchweg mit Fotos besetzt.

Abb. 64: Auf der dritten Seite ihres Sonderheftes zum 1. Mai 1933 präsentierte die *BIZ* als Hitler-Porträt eine Zeichnung von Theo Matejko. Leider liegen keine Informationen über die Hintergründe vor. Wenig später veröffentlichte er in der Illustrierten auch ein Porträt von SA-Obergruppenführer Adolf Hühnlein.[453]

Matejko verschwand deshalb nicht ganz aus den Heften der BIZ, ja 1934 schien sich sogar ein glanzvolles Comeback abzuzeichnen, als er in der Fachwelt als

453 BIZ Nr. 42 vom 22. Oktober 1933, S. 1535.

»einer der größten Zeitschilderer [...], die die Weltpresse je in ihren Dienst stellte«, gefeiert wurde.[454] Mindestens 12 Mal war er während des ganzen Jahres in der BIZ mit größeren Zeichnungen vertreten, darunter mit dem Titelbild zu Heft 42 vom 18. Oktober, das Hitler bei der Eröffnung des Winterhilfswerks zeigte. Und im Sommer wurden zudem seine Zeichnungen sogar einmal in ganz besonders herausgehobener Form präsentiert: In Heft 32 vom 12. August war der ganze erste 16 Seiten umfassende Bildteil dem gerade verstorbenen Reichspräsidenten von Hindenburg gewidmet. Auf sechs aufeinander folgenden Seiten konnte der Künstler dabei »Bilder aus Hindenburgs Leben« beisteuern, darunter drei fast ganzseitige Zeichnungen und sogar eine Arbeit, die eine Doppelseite füllte. Ende des Jahres war er zudem im IB präsent. In sechs hintereinander erscheinenden Heften wurden ganzseitige Anzeigen für Manoli-Zigaretten geschaltet, die mit seinen Zeichnungen gestaltet waren. 1935 zeichnete Matejko dann eine Serie von Werbungen für ›Atikah Cigaretten‹.[455]

1935 bereiste Matejko im Auftrag des Ullstein-Verlags die USA.[456] Danach endete die Zusammenarbeit abrupt, weil Matejko wegen eines Sittlichkeitsdelikts inhaftiert wurde.[457] Allerdings fand der »damals bekannteste Pressezeichner«[458] nach seiner Entlassung schnell wieder einen Arbeitgeber: das Reichskriegsministerium bzw. seinen Nachfolger, das Oberkommando der Wehrmacht. Am 7. Mai 1937 erschien auf der Titelseite der Halbmonatszeitschrift *Die Wehrmacht* die erste Zeichnung Matejkos.[459] Matejko wurde zu ihrem Stamm-Illustrator, der Beiträge bis zur letzten Nummer ihres letzten Jahrgangs 1944 lieferte.[460]

Kurz vor Kriegsende konnte Matejko mit seiner Frau Berlin verlassen und lebte ein paar Monate in Süddeutschland und Österreich. Am 9. September 1946 verstarb Matejko in Österreich an einem Gehirnschlag, 53 Jahre alt.

Matejko war in der zweiten Hälfte der 1920er-Jahre zweifellos der unumstrittene Star-Zeichner der BIZ jenseits des humoristischen Bereichs, den er überhaupt nicht bediente. Illustratoren wie Erich Godal (eigentlich Erich Goldbaum, 1899-1969, 1933 emigriert) oder Alois Derso (1888-1964) kamen über einzelne Beiträge nicht hinaus.

454 N. N., Matejko. Von den insgesamt 15 Seiten des Zeitschriftenartikels sind 12 ganz mit Abbildungen von Matejko-Zeichnungen gefüllt.
455 In vier Heften ab IB Nr. 3 vom 19. Januar 1935 (hier S. 75; dann S. 109, 143 und 177).
456 Vgl. BIZ Nr. 32 vom 8. August 1935, S. 1143; BIZ Nr. 34 vom 22. August 1935, S. 1242f.; sowie BIZ Nr. 35 vom 29. August 1935, wo er sogar die Titelseite mit seiner Zeichnung »Der wahre Lederstrumpf« schmücken konnte.
457 Busch, *Erinnerungen*, S. 100; Weber, *Matejko*, S. 30.
458 Wolfgang Schmidt, *Maler an der Front*, S. 659.
459 Faksimiliert in Weber, *Matejko*, S. 34. Die Jahrgänge 1937 und 1938 wurden von der UB Heidelberg digitalisiert und sind im Internet zugänglich.
460 Weber, *Matejko*, S. 30.

Auch ohne Kurt Korff und den Ullstein-Verlag wollte man im NS-Staat nicht ganz auf die bewährten Erfolgsrezepte der *BIZ* verzichten, zu denen auf jeden Fall auch gezeichnete Beiträge gehörten. Zwar wurde keiner der Zeichner mehr so prominent in den Vordergrund gerückt wie Fritz Koch-Gotha während des Kaiserreichs, und auch die Titelseiten, die in der Weimarer Republik noch des Öfteren mit Zeichnungen gestaltet wurden, waren nun für Zeichnungen so gut wie tabu. Und mit Theo Matejko schien man weiterhin auf einen vielseitigen Zeichner zurückgreifen zu können. Gleichwohl wurde an Alternativen gedacht, weil man wohl auch die Sorge hatte, dass Matejko abgeworben werden könnte.[461] Zu diesen Alternativen gehörte zeitweise Karl Friedrich Brust (1897-1960), der 1935 nicht nur Roman-Illustrationen anzufertigen hatte, sondern auch nach Ägypten geschickt wurde.[462] Wichtiger als Brust, von dem man nach seiner Ägypten-Reise anscheinend nichts mehr veröffentlichte, wurde aber ein anderer, der am 19. November 1907 in Wien geborene Hans Liska. Sein Debut bei der *BIZ* hatte er bereits im Silvesterheft 1932 gegeben; fast gleichzeitig war er auch in der *WO* präsent.[463] Die größere Förderung scheint er allerdings von der *BIZ* erhalten zu haben – »unter der Voraussetzung, daß er ein zweiter Matejko werden würde.«[464] Für Liska selbst war »ein Jugendtraum in Erfüllung gegangen«, als er »neben Matejko in der damals größten Illustrierten der Welt Zeichnungen veröffentlichen durfte.«[465]

Zunächst Buchhalter, hatte Liska zwar schon die Wiener und Münchner Kunstgewerbeschule besucht, von der *BIZ* gefördert konnte er jedoch auch noch 1933 an der Berliner Kunsthochschule studieren. Danach lieferte er immer mehr Zeichnungen für das Blatt. 1937, nach dem Ausscheiden Matejkos, hatte er quasi ein Monopol auf dem Feld der Sachzeichnung errungen. Auch er wurde im Auftrag der Illustrierten in die USA geschickt, die Ausbeute war jedoch mit nur einem zweiseitigen Artikel ziemlich bescheiden.[466] Eine Titelseite hatte er nie zu gestalten; allerdings wurde nach 1933 so gut wie ganz auf den Einsatz von Zeichnungen an dieser exponierten Stelle verzichtet.

461 So Busch, *Erinnerungen*, S. 100; Weber, *Matejko*, S. 51.
462 *BIZ* Nr. 4 vom 23. Januar 1936, S. 100f.; Nr. 8 vom 20. Februar 1936, S. 250f.
463 *BIZ* Nr. 52 vom 31. Dezember 1932, S. 1767; *WO* Nr. 50 vom 10. Dezember 1932, S. 1475.
464 Busch, *Erinnerungen*, S. 100; Weber, *Matejko*, S. 51.
465 So Liska selbst, zit. Weber, *Matejko*, S. 53.
466 *BIZ* Nr. 29 vom 22. Juli 1937, S. 1090f.

Berliner Illustrirte Zeitung

Ein Leutnant und 10 Mann ...

Abb. 65: Hans Liska war ein Meister der Darstellung packender Dramatik – die völlig vergessen lässt, dass reales Kriegsgeschehen und entsetzliche Bluttaten der Gegenstand waren (wie etwa auf dem unteren Bild der Seite, die die als solche besonders gewichtige Rückseite der *BIZ* Nr. 23 vom 6. Juni 1940 bildete (S. 564); vgl. bereits die Abb. 45, S. 171).

1939 wurde Liska als Soldat eingezogen und als Zeichner einer Propagandakompanie eingesetzt. Anfang 1942 wies er der Reichskulturkammer gegenüber darauf hin, dass er »für das OKW wichtige Kriegsbilder für Auslandspropaganda zu malen« habe.[467] Seine technisch brillanten Zeichnungen und Aquarelle wurden nicht nur in der BIZ und in vielen Zeitungen veröffentlicht. 1942 und 1944 erschienen auch zwei Zusammenfassungen unter den Titeln *Kriegs-Skizzenbuch. Luftwaffe* bzw. *Kriegs-Skizzenbuch. 1939-1944*.[468] Außerdem ist es sehr wahrscheinlich, dass seine Arbeiten auch auf diversen Kriegskunstausstellungen gezeigt wurden, die bei der Bevölkerung besonderen Anklang fanden. Vom Sicherheitsdienst der SS wurde berichtet, dass »Ausstellungen mit sogenannten Pressezeichnungen oft stärker gewirkt haben als künstlerische Darstellungen, denen man das Atelier oder den inneren Abstand zum Krieg allzu stark anmerkte.«[469]

Nach Kriegsende begann Liska wieder für Illustrierte zu arbeiten. Sein Hauptarbeitsgebiet wurde jedoch die Werbung, vor allem für Daimler-Benz.[470] Liska

467 Schreiben vom 25. Januar 1942, Bundesarchiv Berlin R 9361-V/102.885. Letzte Beiträge in der BIZ: Nr. 21 vom 25. Mai 1944, S. 242f., und Nr. 23 vom 8. Juni 1944, S. 274f.

468 Ein Scan des Luftwaffen-Buchs ist leicht im Internet einsehbar: http://www.virtualpilots.fi/feature/articles/skizzenbuch/ [30.05.2018]. Das zweite Skizzenbuch wurde 1977 und 1997 nachgedruckt und ist antiquarisch vielerorts verfügbar. Vgl. auch Schmidt, *Maler an der Front*, S. 660; ders., *Kriegsmaler*, S. 62-64.

469 Meldung Nr. 359 vom 15. Februar 1943 in: Boberach, *Meldungen*, S. 4804.

470 Vieweg, *Hans Liska*.

verstarb am 26. Dezember 1983. Sein 25. Todestag wurde Anlass für mehrere Veröffentlichungen.[471]

Paul Simmel, Barlog & Co.

Durch die bisherigen Ausführungen könnte leicht ein falscher Eindruck entstehen: Man könnte meinen, dass mit Fritz Koch-Gotha das Humoristische aus der BIZ verschwunden wäre, dass zunächst noch Sozialkritisches durch Krain, dann aber immer nur Modern-Dynamisches durch Zeichner wie Matejko, später aber auch wie Liska gepflegt worden wäre. Das wäre jedoch vollkommen falsch. Der gezeichnete Humor behielt seinen Platz, ja er vermochte ihn im Laufe der Jahre in ganz erheblichem Maße auszuweiten. Dafür hielt sich die BIZ allerdings ihre eigenen Spezialisten, Hermann Abeking (1882-1939) zum Beispiel. Zum wichtigsten von ihnen entwickelte sich aber als erster Paul Simmel.[472]

Der am 27. Juni 1887 in Spandau geborene Simmel hatte zuerst ganz handfest Schlosser gelernt, ehe er seit 1909 die Berliner Kunstakademie besuchen konnte. Vielleicht war es Zufall, dass er dann im Herbst 1914 die ersten Witzzeichnungen in der BIZ veröffentlichen konnte; vielleicht hatte man aber auch in der neuen ernsten Zeit gezielt ein derartiges Angebot etablieren wollen. Jedenfalls erwies sich Simmel als Glücksgriff für das Blatt. Über Jahre und Jahrzehnte wurde er zu einer Konstanten in ihrem Angebot. Zunächst hatte er nur wöchentlich einen gezeichneten Witz für die ›Humor‹-Rubrik beizusteuern. Nach ein paar Jahren war er jedoch so fest etabliert und kam so gut an, dass er zudem mit immer mehr und immer größeren humoristischen Beiträgen gedruckt wurde. Selbst die Ehre einer Titelseitengestaltung wurde ihm einmal zuteil.[473] 1926 beispielsweise war er elf Mal mit einer Art gezeichneter Reportage präsent. Zumeist handelte es sich um recht aktuelle Themen, die Simmel mit seinem ganz charakteristischen linearen Strich kommentierte. Bei »Der Siegeszug des Bubikopfes« hieß es noch »Verse von My«, aber schon allein quantitativ standen seine sieben Zeichnungen im Vordergrund. In späteren Heften stammten dann häufig »Text und Zeichnungen von Paul Simmel«, so etwa in seinem selbstironischen »Ich lerne tanzen« oder seinem sarkastischen Blick auf das damals so beliebte »6 Tage-Rennen« –,

471 https://de.wikipedia.org/wiki/Hans_Liska [30.05.2018].
472 Sackmann, *Simmel*, S. 48-59.
473 BIZ Nr. 52 vom 30. Dezember 1923.

der wahrscheinlich auch ein Stück weit als Alternative zu den viel ernsthafteren Darstellungen Theo Matejkos gedacht war.[474]

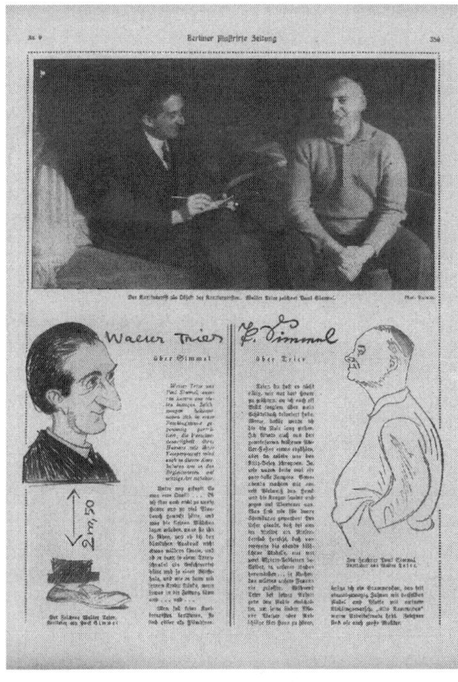
Berliner Illustrirte Zeitung

über Simmel

über Trier

Abb. 66: Paul Simmel trat als Person völlig hinter seinen Figuren zurück. Es bildete eine große Ausnahme, dass ihn die *BIZ* in ihrer Nr. 9 vom 27. Februar 1927, S. 359, in Fotografie und Karikatur ihren Lesern präsentierte.

Überhaupt wird man Simmel als die witzige Alternative zum dramatischeren Matejko gesehen haben. Und wie Matejko 1928, durfte auch Simmel 1929 mit vielen Bildern über seine Amerika-Fahrt berichten. Vier Beiträge mit insgesamt acht Seiten räumte man ihm dazu ein.[475]

»Simmel konnte von seiner Zeichenkunst gut leben«, heißt es in dem ihm gewidmeten Wikipedia-Artikel.[476] Das ist ziemlich plausibel, denn neben seinen vielen Illustrationen in der BIZ und anderen Blättern wie der Ullstein-Kinderzeitschrift *Der heitere Fridolin* (seit Oktober 1921) veröffentlichte er seit 1923 in dichter Folge mindestens elf Bücher mit seinen Werken. Und schließlich darf – gerade in ökonomischer Hinsicht – ein drittes Standbein nicht vergessen werden: Paul Simmel lieferte auch Zeichnungen für Werbung, die nicht zuletzt in der BIZ veröffentlicht wurde. Immer wieder wurde in ihren Texten auch auf

474 BIZ Nr. 4 vom 24. Januar 1926, S. 101f.; Nr. 43 vom 24. Oktober 1926, S. 1397f.; Nr. 46 vom 14. November 1926, S. 1550.
475 BIZ Nr. 25 vom 23. Juni 1929, S. 1085f.; Nr. 31 vom 4. August 1929, S. 1373f.; Nr. 36 vom 8. September 1929, S. 1608 (die letzte Seite); Nr. 43 vom 27. Oktober 1929, S. 1939-1941.
476 https://de.wikipedia.org/wiki/Paul_Simmel [30.05.2018].

die Bekanntheit Simmels abgehoben, die dadurch auf's Neue vergrößert wurde. Die Kukirol-Fabrik Kurt Krisp, die ein Hühneraugen-Mittel vertrieb, eröffnete beispielsweise ihre am 7. Februar 1926 veröffentlichte ganzseitige Anzeige mit einer halben Seite »Künstlerfest bei Paule Simmel«, ehe sie dann im eng gedruckten Text ihr Preisausschreiben vorstellte.[477]

Simmel war so beschäftigt, dass er im Laufe der Zeit einen ganzen Mitarbeiterstab für sich arbeiten lassen konnte. Seine Witzzeichnungen entstanden zunehmend arbeitsteilig. Von ihm selbst stammten nur noch die Figuren, ihr Umfeld – Interieurs oder Straßen und Häuser – wurden von Spezialisten geliefert.[478]

Der eigentlich lebenslustige Simmel litt jedoch zunehmend an seiner schweren Zuckerkrankheit. Am 24. März 1933 setzte er deshalb seinem Leben selbst ein Ende. In der BIZ erschienen noch ein paar Wochen lang seine Witze mit der Bemerkung: »Aus dem Nachlaß«. Im letzten Heft des Jahres gedachte man seiner dann auf besondere Weise. Unter dem Titel »Simmel's Silvester. Seine schönsten Zeichnungen zum Jahresschluss. Ein Erinnerungsblatt an unseren unvergessenen Mitarbeiter Paul Simmel, der in diesem Jahr von uns schied« wurden auf einer Doppelseite zehn Simmel-Witze zum Thema Silvester zusammengestellt. Chefredakteur Carl Schnebel endete seinen Nachruf mit: »So wenig die Deutschen ihren Wilhelm Busch oder Adolph Oberländer vergessen haben, so wenig haben sie ihren Paul Simmel vergessen.«[479] Der Nachruhm hielt allerdings nicht sehr lange. Schon 1977 wurde in der offiziellen Ullstein-Geschichte festgestellt, dass Simmels »damalige Beliebtheit [...] heute kaum mehr nachzuempfinden ist.«[480] Und wem sagt heute noch der Name Adolph Oberländers etwas?

Simmel hatte aber ein Feld bereitet, das die BIZ auch nach seinem Tod fleißig bestellte. Einen Nachfolger hatte sie sofort parat, Wladislaus ›Ferdinand‹ Barlog (1895-1955), der zunächst als Assistent von Simmel gearbeitet hatte, aber bald zu einem der wichtigsten Mitarbeiter beim *Heiteren Fridolin* avanciert war.[481] Eine solche Dominanz wie Simmel räumte man ihm bei der BIZ auf dem Humor-Sektor aber nicht ein.

477 BIZ Nr. 6 vom 7. Februar 1926, S. 181.

478 Sailer, *Karikatur*, S. 19. Vgl. auch den Blick in seine Werkstatt in BIZ Nr. 17 vom 30. April 1933, S. 631, mit der Entwurfsskizze Simmels und der ausgearbeiteten Witzzeichnung.

479 BIZ Nr. 52 vom 31. Dezember 1933, S. 1888f.

480 Wirth, *Zeichner und Karikaturisten*, S. 323.

481 Kronthaler, *Barlog*.

Abb. 67: Barlogs größter Erfolg in der *BIZ* bildete die Comic-Reihe »Die Abenteuer der 5 Schreckensteiner«, die 1939/40 in 51 Teilen veröffentlicht wurde. Wie die Schlussfolge zeigt (erschienen in der Nr. 31 vom 1. August 1940, S. 760), wurden harmlose Alltagsprobleme in die Geisterstunde verlegt – hier der Umgang mit der großen Hitze unter der Überschrift »Hundstage«.

Die wichtigste Neuerung bei der BIZ bestand darin, dass man 1935 begann, neben der traditionellen ›Humor‹-Rubrik mit einem gezeichneten Witz und verstreuten humoristischen Beiträgen mit Witzzeichnungen eine feste ganze Seite mit Witzzeichnungen zu etablieren, und zwar auf einem ganz besonders publikumswirksamen Platz, auf der letzten Seite. Dies scheint bei der Leserschaft so gut angekommen zu sein, dass man noch im selben Jahr auf alle Alternativen verzichtete und auf der Rückseite nur noch gezeichnete Witze platzierte. Dies wurde im Prinzip bis zu den allerletzten Ausgaben des Blattes beibehalten, als die Illustrierte noch 16, ja nur noch 12 Seiten umfasste.

Dasselbe Schema wies später auch der IB auf. Der winzige Unterschied zwischen den beiden Illustrierten bestand während des Zweiten Weltkriegs auf dieser Seite darin, dass der IB nur auf einen Zeichner setzte, Emmerich Huber, während die BIZ wie schon zuvor eine ganze Reihe von Zeichnern einschließlich einer Zeichnerin beschäftigte. Als meistvertretene seien nur genannt: Karl Arnold (1883-1953), Horst von Möllendorff (1906-1992) und Manfred Schmidt (1913-1999) sowie als die einzige Frau: Charlotte Kleinert (1910-nach 1970).[482] Zumeist war es nur ein Zeichner, der alle, regelmäßig unter ein Hauptthema gefassten, Witze beisteuerte, ab und zu waren es aber auch mehrere, die ihre spezifischen Beiträge lieferten.

482 Lorenz, *Bilder in der Presse*. Zu von Möllendorff auch Tolsdorff, *Stern-Schnuppe*, S. 227.

Berliner Illustrierte Zeitung

Karikaturisten

sehen sich an!

Abb. 68: Wie wichtig der *BIZ* die Bekanntheit ihrer Karikaturisten war, lässt sich auch daran ablesen, dass sie ihrer Leserschaft Porträts vermittelte – naheliegenderweise einschlägig gestaltet (*BIZ* Nr. 3 vom 17. Januar 1941, S. 88).

Eine Sonderstellung unter den Witz-Zeichnern der BIZ nahm zeitweise Erich Ohser – bekannter unter seinem Pseudonym e. o. plauen – ein. Ohser war zwar immer wieder einmal auch mit einzelnen Witzzeichnungen in der BIZ vertreten, viel wichtiger war aber sein regelmäßiger Comicstrip »Vater und Sohn«. Dabei hatte es zwischendurch sehr schlecht für den 1903 Geborenen ausgesehen. Seine Zusammenarbeit mit Erich Kästner und seine Beiträge für den sozialdemokratischen *Vorwärts* hatten ihn für die Nationalsozialisten zunächst untragbar gemacht. Seine Aufnahme in die Reichspressekammer wurde abgelehnt, was faktisch Berufsverbot bedeutete. Allerdings verschaffte ihm sein künstlerischer Einfallsreichtum eine Chance. Als die BIZ 1934 einen Comic Strip ähnlich der US-amerikanischen Micky Maus suchte, bewarb er sich mit seinem Vater-und-Sohn-Entwurf. Die Idee gefiel und Ohser durfte für die Illustrierte arbeiten – allerdings nicht unter seinem richtigen Namen, sondern unter einem Pseudonym, das aus seinen Initialen und seiner Heimatstadt gebildet wurde, und unter der Auflage, sich nicht politisch zu betätigen. Bis Ende 1937 erschienen seine Bildergeschichten dann wöchentlich.[483] Doch auch danach war Ohser ein vielbeschäftigter Zeichner bei der BIZ; in der untersuchten Stichprobe ist er bis Ende 1942

483 Der Abschieds-Comic wurde in BIZ Nr. 49 vom 9. Dezember 1937, S. 1887, veröffentlicht.

vertreten. Seine Beiträge waren nicht nur harmlose Alltags-Witze, mit seinem Zeichenstift unterstützte er durchaus auch direkt die NS-Propaganda.[484] Dies erklärt auch, dass er in den Jahren 1940 bis 1944 als Karikaturist im Prestige-Organ des Propagandaministers eingesetzt werden konnte, der Wochenzeitung *Das Reich*. Ohser lieferte Woche für Woche mehrere Karikaturen, sodass diese mehr als 800 Zeichnungen durchaus als sein »qualitatives und quantitatives Hauptwerk« zu betrachten sind.[485] So breit erforscht Ohsers Leben und seine »Vater-und-Sohn«-Geschichten sind,[486] so sehr fehlt es für diesen Bereich an Analysen. Der Herausforderung hat sich noch niemand gestellt, dieses Material genau zu untersuchen und so ein Stück weit zu ergründen, wie jemand dezidierte NS-Propaganda zeichnen und publizieren – und damit sehr gut verdienen[487] – konnte, aber privat Systemkritisches äußerte. Anfang 1944 wurde Ohser denunziert. Am 6. April 1944, dem Tag, an dem sein Prozess vor dem Volksgerichtshof eröffnet werden sollte, erhängte er sich.

Und schließlich sollte auch noch Hans Ewald Kossatz besondere Erwähnung finden, dem es als seltene Ausnahme gelang, seine schon in der Weimarer Republik erzielten Erfolge nicht nur im NS-Staat zu verlängern, sondern auch noch in der Bundesrepublik fortzusetzen und vielleicht noch zu steigern.[488] Der am 7. Februar 1901 geborene Kossatz arbeitete von 1921 bis 1924 als Ingenieur bei Siemens, wo er kündigte, um sich ganz der Presse-Illustration zu widmen. Seit 1925 war er für humoristische Beilagen der *Berliner Morgenpost* tätig, in den 1930er-Jahren kam dann noch die Witzseite der *BIZ* und seit 1940 die Soldatenzeitschrift *Erika* hinzu. Vereinzelt war er auch im *IB* vertreten, allerdings erhielt er dort nie die prominente Rückseite zur Verfügung gestellt. Nach 1945 konnte er nicht nur Comic Strips für die *Deutsche Illustrierte* und die sie übernehmende *Bunte Illustrierte* zeichnen, er war auch jahrelang im Berliner *Tagesspiegel* präsent und veröffentlichte zudem eine ganze Flut von Cartoon-Bänden.[489] Kossatz starb am 27. März 1985.

484 »Die Wahrheit über ›Athenia‹«. In: *BIZ* Nr. 39 vom 28. September 1939, S. 1604 (zehnteilig).

485 Müller, *Erich Ohser. Der politische Zeichner*, S. 31 (S. 37-46 etliche Beispiel abgebildet); so auch Sackmann, *Vater und Sohn*, S. 64.

486 Elke Schulze, *Erich Ohser*; Detlef Manfred Müller, *Vater und Sohn & die Berliner Illustrirte Zeitung*.

487 Nach Ohsers eigenen Aufzeichnungen soll er 1943 monatlich 1.600 RM Pauschalhonorar vom deutschen Verlag erhalten haben (Müller, *Ohser*, S. 47).

488 Lettkemann, *Hans Kossatz*, S. 45-56.

489 Darunter auch seine »illustrierte Beichte« *Offen gestanden, so war das mit mir*, die zuvor als Serie im *Tagesspiegel* veröffentlicht worden war. Inhaltlich reicht der schnodderige Bericht jedoch kaum über die Weimarer Republik hinaus. Zu seinem Gedächtnis wurde Kossatz lustige Berlin-Chronik. Die Jahresrückblicke im *Tagesspiegel* 1963-1981 (Berlin 1985) ergänzt mit wenigen biografischen Informationen veröffentlicht.

Abb. 69: Hans Kossatz lieferte seine Cartoons während des Zweiten Weltkriegs nicht nur an die *BIZ*, sondern auch an den *IB*. Unübersehbar waren immer wieder die sexistischen Tendenzen seiner Zeichnungen, selbst wenn diese von der Pointe seiner Witze gar nicht bedingt waren. Das abgebildete Beispiel entstammt dem *IB*, Nr. 51 vom 18. Dezember 1941.

Bleibt aber schließlich doch die Frage zu beantworten: Wie politisch waren die Witze auf dieser letzten Seite der BIZ? Dass sie durchweg völlig unpolitisch gewesen seien, wäre sicherlich viel zu viel behauptet. Andererseits trat ihr politischer Gehalt aber auch nur selten in den Vordergrund. In der Regel waren es mehr oder minder spöttische Auseinandersetzungen mit den Alltagsproblemen, die nicht zuletzt die Kriegsjahre mit sich brachten. Ihre Funktion auf der letzten Seite der BIZ bestand sicherlich nicht daran, ihre Betrachter direkt zu indoktrinieren, sondern ihnen Momente unterhaltsamer Entspannung zu gewähren und so ihr Durchhaltevermögen zu stärken.

Die Neuorientierung der Woche

Die *WO* setzte in den ersten Jahren ihres Erscheinens ganz auf das möglichst aktuelle Foto.[490] Gezeichnetes, das über die grafische Ausgestaltung mancher Seiten hinausging, war absolute Mangelware. Wahrscheinlich war es der öffentlichkeitswirksame Einsatz der BIZ für nicht fotografische Bildbeiträge, der bei der *WO* ein allmähliches Umdenken auslöste. Ein erster Künstler, dem 1912/13 etwas breiterer Raum zugestanden wurde, war Hermann Scheffler (1879-1944) mit verschiedenen regelrechten Reise-Reportagen. Den Anfang machte im März 1912 »Bei den Türken in Tripolitanien«, ausdrücklich vermerkt mit »8 Original-

490 Erman, *Scherl*, S. 188f.

zeichnungen des Verfassers«. Es folgten noch im selben Jahr zwei Abbildungen zur Schweizer Reise des Deutschen Kaisers nach »Originalzeichnungen unseres nach der Schweiz entsandten Spezialzeichners« und 1913 der Bildbericht »In der Hauptstadt Rumäniens«.[491] Kontinuität entwickelte sich daraus aber nicht.

Auch im Ersten Weltkrieg wurde in der *WO* verschiedentlich auf Zeichnungen zurückgegriffen, aber wahrscheinlich mehr, um die Porträtierten durch die Entsendung eines anerkannteren Bildenden Künstlers zu ehren. Fritz Wolff (1876-1940) lieferte eine ganze Serie »Deutschlands Heerführer in großer Zeit«, die mit Generalfeldmarschall von Bülow begonnen und mit Generaloberst von Moltke und Admiral von Pohl fortgesetzt wurde.[492] Weitergeführt wurde dies 1916 nicht nur mit seiner Serie »Charakterköpfe aus dem Großen Hauptquartier«, sondern auch mit dem Zyklus »Verdiente Männer vom östlichen Kriegsschauplatz« durch Oberleutnant Ernst Linnenkamp (1885-1956).[493] Linnenkamp war auch 1917 mit seinen Zeichnungen in der *WO* präsent.[494]

Gekrönt worden war dieser personenbezogene Ansatz schon Anfang 1916 von der verkleinerten Wiedergabe von Originalradierungen von Hans Weyl (1863-1916), die dem Kaiser, dem Kronprinzen und Hindenburg gewidmet waren. Geworben wurde gleichzeitig auch für den Kauf der im Scherl-Verlag hergestellten Großformate, von denen 100 »Frühdrucke auf Japan-Bütten« zu 60 Mark erhältlich waren, während eine nicht näher bezifferte Auflage auf China-Papier nur 20 Mark kostete.[495] Von besonderem Erfolg scheint die Aktion aber nicht gekrönt gewesen zu sein: Am Jahresende musste sie erneut beworben werden.[496]

Einen ersten deutlichen Schritt hin zu regelmäßig mehr Zeichnungen vollzog die *WO*, als sie 1920 Fritz Koch-Gotha nach seinem Abschied von der *BIZ* für sich gewinnen konnte.

491 *WO* Nr. 10 vom 9. März 1912, S. 408-414; *WO* Nr. 37 vom 14. September 1912, S. 1543 & S. 1545; *WO* Nr. 16 vom 19. April 1913, S. 669-673.
492 *WO* Nr. 27 vom 1915, S. 951; Nr. 31 vom 1915, S. 1089; Nr. 36 vom 1915, S. 1269.
493 *WO* Nr. 4 vom 22. Januar 1916, S. 136-141 bzw. *WO* Nr. 13 vom 25. März 1916, S. 461-464.
494 *WO* Nr. 10 vom 10. März 1917, S. 336f; *WO* Nr. 17 vom 28. April 1917, S. 579-582.
495 *WO* Nr. 5 vom 29. Januar 1916, S. 152.
496 *WO* Nr. 48 vom 25. November 1916, unpaginierte Beilage.

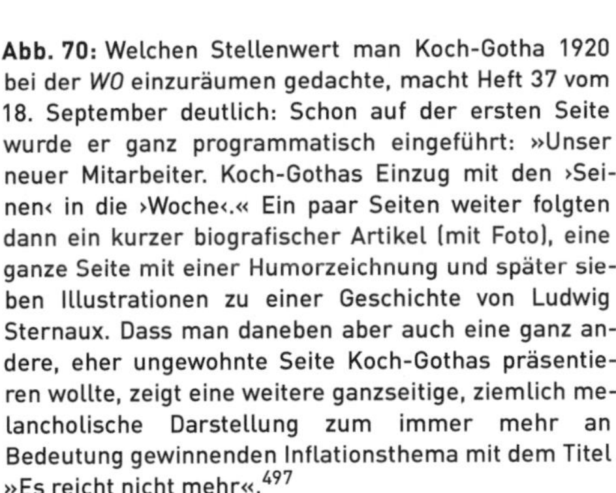
Abb. 70: Welchen Stellenwert man Koch-Gotha 1920 bei der *WO* einzuräumen gedachte, macht Heft 37 vom 18. September deutlich: Schon auf der ersten Seite wurde er ganz programmatisch eingeführt: »Unser neuer Mitarbeiter. Koch-Gothas Einzug mit den ›Seinen‹ in die ›Woche‹.« Ein paar Seiten weiter folgten dann ein kurzer biografischer Artikel (mit Foto), eine ganze Seite mit einer Humorzeichnung und später sieben Illustrationen zu einer Geschichte von Ludwig Sternaux. Dass man daneben aber auch eine ganz andere, eher ungewohnte Seite Koch-Gothas präsentieren wollte, zeigt eine weitere ganzseitige, ziemlich melancholische Darstellung zum immer mehr an Bedeutung gewinnenden Inflationsthema mit dem Titel »Es reicht nicht mehr«.[497]

Der zweite Schritt erfolgte mit dem Relaunch der *WO* im Frühjahr 1924. Fortan prangte auf der Titelseite nicht nur eine ganzseitige farbige Zeichnung, auch im Heftinneren wurde das Angebot deutlich erweitert, indem nun die literarischen Beiträge immer stärker illustriert wurden. Kurzfristig schien sich Felix Schwormstädt einen besonderen Platz in der *WO* zu erobern. Interessanterweise findet dieser Aspekt in der ansonsten sehr akribischen Monografie von Lars Scholl überhaupt keine Erwähnung.[498] Der am 16. September 1870 geborene Schwormstädt hatte 1889/90 an der Karlsruher Kunstakademie studiert und war dann nach München gewechselt. Als Illustrator trat er erstmals 1901 an die Öffentlichkeit. 1910 konnte er zwei Arbeiten in der *BIZ* veröffentlichen. Regelmäßiger Mitarbeiter wurde er aber erst 1913 bei der in Leipzig erscheinenden traditionsreichen *Illustrierten Zeitung*. In ihren Kriegsbänden war er mit rund 100 Arbeiten vertreten. Anfang der 1920er-Jahre verringerte sich die Zusammenarbeit immer mehr. Seit 1923 war Schwormstädt nicht nur »verstärkt auf dem Gebiet der Reklame- und Gewerbegraphik tätig«,[499] er hatte in der *WO* auch einen neuen Auftraggeber gefunden.

497 *WO* Nr. 37 vom 18. September 1920, S. 959-961, 981-984.
498 Scholl, *Felix Schwormstädt*.
499 Ebd., S. 41.

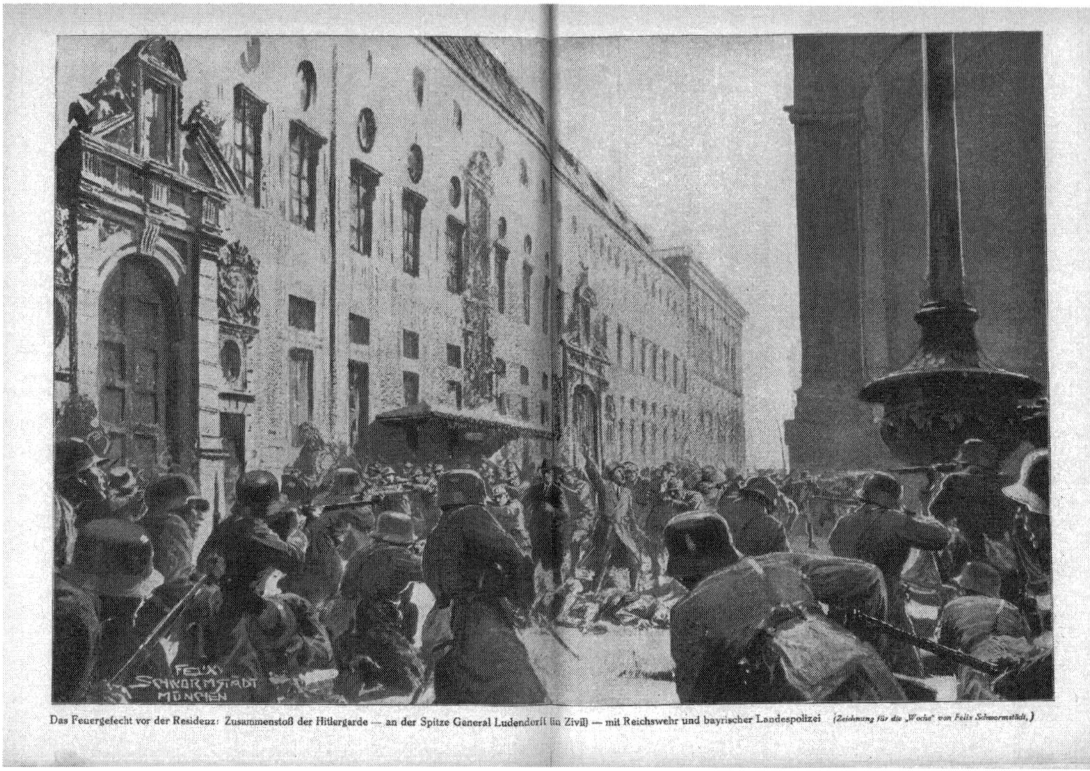
FELIX SCHWORMSTÄDT MÜNCHEN
Das Feuergefecht vor der Residenz: Zusammenstoß der Hitlergarde — an der Spitze General Ludendorff (in Zivil) — mit Reichswehr und bayrischer Landespolizei (Zeichnung für die „Woche" von Felix Schwormstädt.)

Abb. 71: Eine ganze Doppelseite in der *WO* Nr. 46 vom 22. November 1923, S. 1042f., erhielt Felix Schwormstädt für seine dramatische Darstellung der Niederschlagung des Hitler-Putsches vor der Münchner Feldherrenhalle am vorangegangenen 9. November.

Die Vernehmung Hitlers. Rechts (sitzend) General Ludendorff mit seinem Verteidiger Luetgebrune, unter Hitler der frühere Münchner Polizeipräsident Poehner
Zeichnung für die „Woche" von Felix Schwormstädt

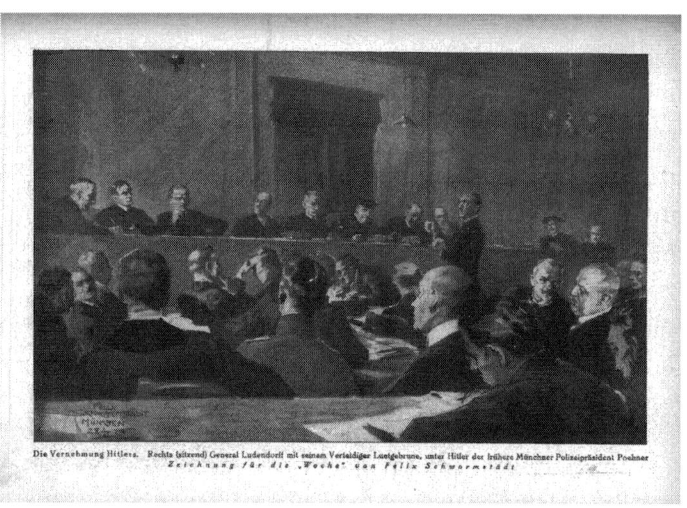

Abb. 72: Auch beim Hitler-Prozess scheint Schwormstädt zugegen gewesen zu sein. Die *WO* Nr. 10 vom 8. März 1924 veröffentlichte jedenfalls auf den Seiten 244/245 mehrere Zeichnungen von ihm, darunter auf S. 245 die hier abgebildete »Vernehmung Hitlers«.

1924 wurde Schwormstädt dann von der Illustrierten allein mit insgesamt zehn doppelseitigen Zeichnungen präsentiert. Eine Arbeit wurde sogar auf besondere Weise herausgehoben: Seine Darstellung »Gesellschaftsabend an Bord des Lloyddampfers ›Columbus‹« wurde in Farbe und auf besserem Papier gedruckt.[500] 1925 folgte dann nicht nur eine weitere Reihe großer, doppelseitiger Zeichnungen, der Künstler hatte auch für die Illustration von zwei kompletten Fortsetzungsromanen zu sorgen, zunächst zu *Atlantis* von Hans Dominik, dann für *Tschandu* von Werner Scheff.[501] Dieser intensive Einsatz Schwormstädts war jedoch schon 1926 wieder vorbei. Der Künstler lieferte zwar noch bis 1928 verschiedene ganz- und doppelseitig gedruckte Zeichnungen, jedoch keine Romanillustrationen mehr. Ab 1929 war er nur noch vereinzelt in der *wo* vertreten.[502] Er war in die Schweiz umgesiedelt, an den Lago Maggiore. Am 18. Februar 1938 verstarb er in Luzern.

Seit der zweiten Hälfte der 1920er-Jahre war die Position der *wo* in Sachen nicht fotografischer Bildbeiträge eindeutig: Prägnante Reportage-Zeichnungen, wie sie Theo Matejko für die *BIZ* lieferte, waren in ihr kaum zu finden. Stattdessen forcierte sie die Illustration ihrer belletristischen Beiträge. Eine ganze Reihe mittlerweile mehr oder minder vergessener Zeichner bebilderte Fortsetzungsromane und Kurzgeschichten, unter ihnen vor allem Gustav Kamelhard (um 1907-1927), Ernst Kretschmann (1897-1941), Victor Stroda und Bernhard Thomas. Und nach und nach öffnete sich die *wo* auch der humoristischen Zeichnung.[503] Auf reine Witzzeichnungen wurde zunächst noch verzichtet, dafür gab es aber einigermaßen regelmäßig humoristische Beiträge mit Illustrationen aus der Hand eines Zeichners, vor allem von Georg G. Kobbe (1902-1934). Die mit seinen Zeichnungen gestalteten zwei, zum Teil sogar vier Seiten wurden seit 1927 zudem häufig in Farbe gedruckt, was sie sicherlich zu einem besonderen Blickfang machte.

Nach und nach erweiterte sich das zeichnerische Spektrum der *wo* immer mehr. 1929 beispielsweise gab es nicht nur Humorvolles von Kobbe und Prosa-Illustrationen von Kretschmann und Stroda. Auch Bernhard Thomas, ansonsten eher für Prosa-Illustrationen zuständig, wurde nach Toulon entsandt, um von dort Zeichnungen des notgelandeten Luftschiffs Graf Zeppelin zu liefern.[504] Im Farbdruck kamen die Beiträge des Reiseschriftstellers und Malers Ernst Vollbehr (1876-1960) zum »Sonnenland Bali« und Java gut zur Geltung.[505] Und schließlich

500 *wo* Nr. 24 vom 14. Juni 1924, S. 602f.
501 *wo* Nr. 7-23 bzw. Nr. 28-44 (vgl. Abb. 55, S. 193).
502 Etwa *wo* Nr. 27 vom 4. Juli 1931, S. 840-843, dabei S. 842 eine Doppelseite mit gelben Akzenten gedruckt.
503 Vgl. Lorenz, *Bilder in der Presse*, der zum Teil auch keine Lebensdaten zu liefern vermag.
504 *wo* Nr. 22 vom 1. Juni 1929, S. 596f.
505 *wo* Nr. 21 vom 25. Mai 1929, S. 583-586; *wo* Nr. 24 vom 15. Juni 1929, S. 667-670.

bot die Illustrierte immer wieder Raum für die skurril-schwermütigen Zeichnungen von Charles Girod (1897-1945).

Abb. 73: Alles andere als heiter waren die stets auf der Grenze zur Satire balancierenden Zeichnungen von Charles Girod, wie hier seine sogar farbig gedruckte »Maibowle« in der *WO* Nr. 20 vom 18. Mai 1929, S. 20 (tatsächlich: S. 555).

Aber damit war ein Maximum erreicht, von dem man sich Anfang der 1930er-Jahre verabschiedete. Zeichnungen rückten wieder an den Rand. Die literarischen Beiträge waren kaum noch illustriert. Trotzdem wurde die Regel beibehalten, auf der halben Humor-Seite auch einen gezeichneten Witz zu platzieren. Einen einzelnen Stamm-Zeichner gab es dabei jedoch nicht. Allerdings finden sich manche Namen häufiger: der Imre Holsteins (1902-1969) beispielsweise, der Hermann Abekings (1882-1939), der gleichzeitig immer wieder auch der *BIZ* Witzzeichnungen lieferte, oder der Frank Behmaks, von dem bislang jedoch noch nicht einmal Lebensdaten zu ermitteln sind.[506]

Ein Kapitel für sich bilden die Zeichnungen für die farbigen Umschläge, die seit Ende 1923 für rund ein Jahrzehnt charakteristisch für die *WO* waren. Wurden die Ausgaben für Bibliotheken oder Privatleute gebunden, verzichtete man fast regelmäßig darauf, sie einzubeziehen. Sind die Umschläge doch erhalten, fehlen nicht zuletzt durch Beschneidungen oft die Künstlersignaturen. Auf der Basis etlicher Beispiele lässt sich jedoch vermuten, dass zwei Grundaussagen auch für das Gesamtkorpus gelten: Zum einen standen die Umschlagzeichnungen in

506 Lettkemann, *Frank Behmak*.

aller Regel in keinem inhaltlichen Zusammenhang mit dem Heftinneren; und zum anderen waren sie zumeist der Darstellung einer schönen Frau gewidmet.

Soweit Signaturen vorhanden sind, lässt sich feststellen, dass zudem bei der Gestaltung der Titelseiten kaum auf die Illustratoren des Heftinneren zurückgegriffen wurde. Im Jahre 1929 beispielsweise waren Max Reimer (1877 - 1970)[507] und der vor dem Ersten Weltkrieg häufig vom *Simplicissimus* gedruckte Ernst Heilemann (1870 - 1936) vertreten.[508] Aber auch Ludwig Hohlwein (1874 - 1949) ist zu finden.[509] Beim Jahrgang 1932, von dessen 53 Heften alle Umschläge zugänglich waren, lieferte Oswald Voh (1904 - 1979) in zehn Fällen die Vorlage. Der Werbegrafiker Julius Gipkens (1883 - 1968), der 1933 in die USA emigrierte, soll zuvor die meisten Titelbilder für die *Woche* geschaffen haben.[510] Insgesamt gesehen blieben daneben gezeichnete Innentitel die große Ausnahme, auch wenn sie 1931 dreimal in relativ dichter Folge von Carl Storch (1868 - 1955) bzw. Karl Schäffler geliefert wurden.

Mit Witzzeichnungen hatte man bei der *WO* Probleme. Jahrzehntelang verzichtete man ganz auf sie. Erst Mitte der 1920er-Jahre gestand man ihnen einen Platz zwischen ein paar Witzen zu, alles zusammen nicht mehr als eine halbe Seite und außerhalb der durchpaginierten redaktionellen Seiten. Erst 1939, kurz vor Kriegsbeginn, räumte auch die *WO* ihre Rückseite für Witzzeichnungen frei und passte sich so dem gängigen Illustrierten-Standard an.

Zeichner mit dem Stellenwert von Simmel und Barlog hatte die *WO* keine vorzuweisen. Vielleicht hätten sich Albert Schaefer-Ast (1890-1951) oder Frank Behmak dazu entwickeln können, aber im NS-Staat mussten sie verschwinden.[511] In den Vorkriegsjahren war dann Erich Will (1905-1969) aus der Nähe von Halle (der seine Zeichnungen deshalb mit ›Will Halle‹ signierte) ziemlich breit vertreten, konnte diese Position während des Krieges aber nicht behaupten.[512] Häufiger vertreten waren nun Theo Gebürsch (1899 - 1958) und Serge Lutugin, ohne jedoch wirklich die Witzseiten der *WO* zu dominieren. Politisches sucht man bei ihnen allen vergebens, selbst Anspielungen auf die Zeitumstände waren selten. Geboten wurden dagegen kleine pointierte Alltagsspäße, deren Funktion sich darin erschöpfte, für einen Moment Ablenkung und Entspannung zu bieten.

507 *WO* Nr. 27 vom 6. Juli 1929; Nr. 30 vom 27. Juli 1929; Nr. 39 vom 28. September 1929.
508 *WO* Nr. 28 vom 13. Juli 1929; Nr. 29 vom 20. Juli 1929; Nr. 38 vom 21. September 1929.
509 *WO* Nr. 37 vom 14. September 1929.
510 Jaeger, *Fotografie in Anzeigen*, S. 425; https://de.wikipedia.org/wiki/Julius_Gipkens [30.05.2018].
511 Lorenz, *Bilder in der Presse*.
512 Ebd.

Von Mjölnir über Albert Reich zu Emmerich Huber. Die Zeichner im Dienst des Illustrierten Beobachters

Mit den im Titel genannten Namen können drei recht deutlich wahrnehmbare, mit gewissen Überlappungen aufeinander folgende Phasen in der Gestaltung des IB personifiziert werden. Die nationalsozialistische Illustrierte setzte Zeichnungen zu Beginn nur als Mittel zu direktem politischem Kampf ein. Durch markanten Strich sollte die eigene Bewegung überhöht, der Gegner dagegen verächtlich gemacht werden. Protagonist dieser Position war Hans Herbert Schweitzer, der sich 1926 das Pseudonym ›Mjölnir‹ zugelegt hatte. Seit 1930/31 trat neben diesen Ansatz eine Fülle von Zeichnungen von Albert Reich mit national-konservativem, kulturbeflissenem Inhalt, die nicht nur die Kämpfe im Ersten Weltkrieg heroisch verklärten, sondern auch die Schönheiten der deutschen Landschaft und den Reichtum der deutschen Kultur priesen. Schließlich gewann der nicht dezidiert politische Alltagswitz immer größeren Raum. Über Jahre – und bis fast zur letzten überhaupt erschienenen Nummer – konnte Emmerich Huber mit seinen Zeichnungen die letzte Seite der Illustrierten besetzen.

Abb. 74: Mit nur wenig Veränderung hätten viele Titelzeichnungen des *IB* auch als Grundlage für Wahlplakate verwendet werden können (hier die Titelseite der Nr. 38 vom 20. September 1930 – mit dem charakteristischen Bildtext: »Nach dem Wahlsieg: Unser Kampf geht weiter!«).

Dass der IB in seiner Frühzeit kaum als Illustrierte im traditionellen Sinne, sondern mehr als eine Art regelmäßig erscheinende Wahlbroschüre zu betrachten ist, zeigt vor allem der Jahrgang 1930. 13 seiner Titelbilder waren im Stil von Wahlplakaten gezeichnet, vor allem vor und nach der Reichstagswahl im September.

Auf diese Weise wurde fast von Anfang an agitiert, und zu den profiliertesten Zeichnern zählte Hans Herbert Schweitzer.[513] Der 1901 geborene Schweitzer hatte schon früh sein Talent zur politischen Karikatur entdeckt. Bereits 1920 konnte er erste Zeichnungen in Hugenbergs *Nachtausgabe* veröffentlichen. Wirtschaftlich gesichert war er allerdings erst, als er sie seit Sommer 1924 regelmäßig mit Beiträgen belieferte. Bis September 1932 sollten allein für dieses Blatt mehr als 2.000 Karikaturen folgen, sodass man Schweitzer ohne Weiteres als aktivsten politischen Karikaturisten der Weimarer Republik bezeichnen kann.[514] Und dies gilt umso mehr, als Schweitzer ein damals den meisten völlig unbekanntes Doppelleben führte. Schon 1926 war er als einer der ersten Goebbels' Berliner NSDAP beigetreten, und im Jahr darauf gab er sein Debut beim *IB*, unübersehbar auf dem Titelblatt der Nr. 5 vom 15. März 1927. In den folgenden Jahren wurden nicht nur etliche Titelseiten mit seinen Zeichnungen gestaltet, wahrscheinlich lieferte er auch für fast jedes Heft – zunächst zweiwöchentlich, dann wöchentlich – eine halbe Seite mit seinen polemischen Karikaturen. Mit ›wahrscheinlich‹ wird man diese Aussage deshalb einschränken müssen, weil wohl augenscheinlich die meisten Beiträge zur Rubrik »Unter'm Brennglas« von Schweitzer gestaltet wurden, nur ein Teil von ihnen jedoch mit dem Schriftzug »Mjölnir« versehen war.

Abb. 75: Jahrelang war Mjölnir fast regelmäßig wöchentlich mit einer halben Seite Karikaturen im *IB* vertreten – zumeist mit einer mehrteiligen Bildreihe, immer wieder aber auch mit größeren Zeichnungen. Das Thema blieb jedoch immer gleich: Die heldische NSDAP besiegt alle zumeist von Juden erdachten Widernisse (Nr. 33 vom 15. August 1931, S. 721).

513 Paul, *›Prolet-Arier‹*; Fulda, *Die vielen Gesichter des Hans Schweitzer*; Gunter d'Alquen, »Mjölnir, der Zeichner des Nationalsozialismus«. In: *IB* Nr. 10 vom 10. März 1934, S. 374f.

514 Zu den »vielen Gesichtern des Hans Schweitzer« zählt aber auch, dass Schweitzer für Hugenberg nicht nur politische Karikaturen, sondern auch Textillustrationen und sogar unpolitische Witzzeichnungen lieferte: zum Beispiel *WO* Nr. 1 vom 5. Januar 1929, S. 21f. (»Roda Roda: Silvesterabend in Minnesota. [Mit 7] Zeichnungen von Hans Schweitzer«); *WO* Nr. 13 vom 30. März 1929, S. 359.

Dies gilt überraschenderweise auch für die Jahre 1929/30, in denen Schweitzer die NSDAP verlassen hatte (um allerdings gleich wieder einzutreten). Auf jeden Fall lieferte er auch in jenem Jahren namentlich gezeichnete Karikaturen für das NS-Blatt, und vielleicht stammen zudem etliche andere von ihm. Für die Blattmacher dürfte jedenfalls die Situation schwieriger geworden sein. Möglicherweise versuchte man auch, sich eine weniger aggressive Optik zuzulegen. Vielleicht trug beides dazu bei, dass auf der Nr. 5 vom 1. Februar 1930 erstmals eine Titelseite »nach einer Zeichnung des bekannten Münchner Künstlers A. Reich« gestaltet wurde. Der Titel »Lichtreiter!« war nebulös, stand vielerlei Interpretation offen. Die markante Männergestalt auf einem in der Luft galoppierenden Pferd könnte an einen gefallenen Germanen auf dem Weg nach Walhall denken lassen, allerdings handelt es sich bei der angedeuteten Menschenmenge auf dem Boden nicht um die Darstellung eines Schlachtfeldes, sondern mehr um eine vorwärtsstürzende Masse. Wenn die Zeichnung auch im Sinne der Nationalsozialisten gedeutet werden konnte – offen tendenziös und verletzend war sie jedenfalls nicht. Und auf diesen Nenner lassen sich die allermeisten der in der Folge veröffentlichten Zeichnungen Albert Reichs bringen.

Abb. 76: Weit weniger polemisch als die Mjölnirs waren die Zeichnungen Albert Reichs, die immer wieder zur Titelseitengestaltung des *IB* herangezogen wurden, hier der Nr. 31 vom 1. August 1931.

Der am 14. Januar 1881 in Neumarkt in der Oberpfalz geborene und an der Münchner Kunstakademie ausgebildete Albert Reich war schon während des

Ersten Weltkriegs mit einer ganzen Reihe Skizzenbücher an die Öffentlichkeit getreten;[515] in der Weimarer Republik lieferte er dann Illustrationen zu einer ganzen Reihe einschlägiger Buchtitel. 1930 gehörte er zu den Mitgründern der NSDAP-Ortsgruppe München-Harlaching.[516] Als er 1931 seine Mitarbeit beim *IB* so richtig begann,[517] bildeten Erinnerungen an den Ersten Weltkrieg einen gewichtigen Teil seiner Beiträge. Daneben fehlte es zwar auch nicht an klaren Bekenntnissen zum Erfolg der Partei und an Diffamierung ihrer Gegner, aber dieses Feld war wohl schon so von Mjölnir besetzt, dass Reich zur Bebilderung weniger direkt politischer Themen eingesetzt werden konnte. Und dies geschah in erstaunlich breitem Umfang: Im gesamten Jahrgang 1931 war er nicht nur mit drei gezeichneten Titelbildern, sondern auch mit 15 Zwei-Seiten-Beiträgen und mehreren kleineren Artikeln vertreten. Dabei präsentierte er sich nicht nur als Illustrator fremder Texte, sondern zumeist auch als deren Verfasser, ja schließlich auch als Autor kunstgeschichtlicher Abhandlungen ganz ohne eigene zeichnerische Ergänzungen. Bedient wurde dabei ein breites Spektrum eher national-konservativer Themen: von der Schönheit deutscher Landschaft (»Im Schwarzwald«[518]) über vergessene Schätze deutscher Kultur (»Hans Burgkmair. Ein deutscher Meister. Zu seinem 400. Todesjahr«[519]) bis hin zur Erinnerung an frühere große deutsche Siege (»125 Jahre Jena und Auerstädt«[520]).

Über die Gründe, warum Arbeiten Reichs im Laufe der Jahre immer seltener im *IB* veröffentlicht wurden, kann höchstens spekuliert werden; konkrete Informationen liegen nicht vor. Reich verstarb am 12. April 1942 in München. Postum wurde ihm von Hitler noch der Professoren-Titel verliehen. Möglicherweise war Reich von anderen verdrängt worden, wurden die relativ wenigen Plätze für Zeichnungen in der NS-Illustrierten nun lieber mit Werken prominenterer Parteigenossen belegt. Diese Vermutung liegt vor allem im Falle Elk Ebers nahe (1892-1941), der schon 1923 der NSDAP beigetreten (Nr. 10.013) und als Teilnehmer am Putsch später mit dem ›Blutorden‹ ausgezeichnet wurde.[521] Vor allem 1934 präsentierte der *IB* eine ganze Reihe packend-dynamischer Zeichnungen Ebers: von einer sportlichen Bobfahrt über eine wilde »Holztrift durch die Partnach-

515 Unter anderem: *Mit meinem Korps durch Serbien. Ein Kriegstage- und Skizzenbuch*. München, Berlin 1916; *Unser deutsches Alpenkorps in Tirol. Ein Erinnerungswerk*. Dießen am Ammersee 1917; *Gegen Italien mit dem deutschen Alpenkorps. Ein Erinnerungswerk*. München 1918. Vgl. Keller, *Verdun*. S. 66f.

516 https://de.wikipedia.org/wiki/Albert_Reich_(Maler) [30.05.2018].

517 Zuvor war Reich nur mit wenigen Arbeiten vertreten, etwa dem Titelbild zu *IB* Nr. 5 vom 1. Februar 1930.

518 *IB* Nr. 24 vom 13. Juni 1931, S. 518f.

519 *IB* Nr. 33 vom 15. August 1931, S. 734f.

520 *IB* Nr. 42 vom 17. Oktober 1931, S. 946f.

521 https://de.wikipedia.org/wiki/Elk_Eber [30.05.2018].

Klamm« bis hin zu Momentaufnahmen aus den saarländischen Röchlingwerken und Impressionen vom Bürgerkrieg in Wien.[522]

Schwieriger sieht es in dieser Hinsicht bei Carl Josef Bauer aus, einem zweiten, etwa gleich häufig wie Eber im *IB* vertretenen Zeichner. Einschlägige Informationen gibt es so gut wie keine über ihn, selbst zu den Lebensdaten liegen verschiedene Angaben vor.[523] Dass er jedoch in der nationalsozialistischen Führung hoch angesehen gewesen sein muss, lässt sich schon allein daran ablesen, dass er sich mit einer ganzen Reihe Zeichnungen an ganz herausgehobener Stelle profilieren konnte. In Heft 45 vom 10. November 1934 wurde ihm für seine dramatische Zeichnung zum Gedenken an den Putsch von 1923 gleich eine ganze Doppelseite eingeräumt (S. 1798f.); in Heft 16 vom 18. April 1935 erhielt er zur traditionellen Feier von Hitlers Geburtstag die zweite Seite des Heftes für eine Hitler-Zeichnung als Ergänzung zu einem hymnischen Gedicht von »Pidder Lüng« auf der dritten; und am 8. Oktober 1936 wurde seine Hitler-Zeichnung gar auf die Titelseite von Heft 41 genommen.

Abb. 77: Nach der ›Machtergreifung‹ durften Zeichner nur selten die Titelseiten des *IB* gestalten. Bei Heft 41 vom 8. Oktober 1936 wurde Carl Josef Bauer diese Ehre mit seinem Bild »Der Führer bei seinen deutschen Bauern« zuteil.

522 *IB* Nr. 6 vom 11. Februar 1934, S. 210; Nr. 8 vom 24. Februar 1934, S. 303; Nr. 25 vom 23. Juni 1934, S. 1052f.; Nr. 48 vom 30. November 1934, S. 1924f.

523 https://de.wikipedia.org/wiki/Carl_Josef_Bauer [30.05.2018].

Und ganz unklar ist die Situation bei »Seppla«, der bis mindestens 1936 für die *Brennessel* arbeitete und 1933 kurzzeitig so etwas wie der Chef-Grafiker des *IB* gewesen zu sein scheint: Für sechs Titelseiten schuf er mit Zeichnungen ergänzte Collagen auf Fotobasis, einmal steuerte er eine Zeichnung bei. Zwar kann man auflösen, dass sich hinter diesem Kunstwort Josef Plank verbirgt, aber obwohl etliche seiner Karikaturen im Internet greifbar sind, fehlt es fast völlig an biografischen Daten. Einem Artikel über ihn im *Völkischen Beobachter* ist zumindest zu entnehmen, dass er Schüler Franz von Stucks war und auch die Münchner Kunstgewerbeschule besuchte. Dazu wurde zwar ein Porträtfoto von ihm veröffentlicht, aber kein Geburtsjahr.[524]

Seite 1680 — Illustrierter Beobachter — 1936 / Folge 42

Kampf um Madrid

Langsam verengt sich der Ring um Madrid; methodisch vollziehen sich die Bewegungen der nationalen Truppen unter dem Einsatz modernster Kampfmittel, denn Rückschläge müssen im Hinblick auf die bedrohte Bevölkerung unter allen Umständen vermieden werden.

Abb. 78: Sein Debut als Zeichner action-geladener Kriegsepisoden gab Josef Lazarus im *IB* 1936 mit mehreren Illustrationen zum Spanischen Bürgerkrieg. Weil die dramatische Darstellung oft nicht so genau erkennen lässt, wer da gerade die Oberhand behält, musste durch die Bildtexte für Orientierung gesorgt werden. Im hier wiedergegebenen Fall aus dem *IB* Nr. 42 vom 15. Oktober 1936, S. 1680, heißt es deshalb, dass die Fliegerangriffe der nationalen Truppen »Angst und Schrecken unter den wenig kriegsgeübten roten Horden« auslösen würden.

Schließlich wäre auch noch der später von Hitler recht geschätzte Ludwig Johst (1889-1976) hier zu nennen.[525] Sie alle konnten ihre Position jedoch nicht behaupten. Dies dürfte vor allem daran gelegen haben, dass die Illustrierten-Macher zunehmend auf Fotografien oder eben viel dynamischere Bilder setzten.

524 *Völkischer Beobachter* Nr. 82 vom 22. März 1936, Münchner Ausgabe. Lorenz, *Bilder in der Presse*, S. 299, vermutet 1894 oder 1900 bis 1977.

525 Hitler-Porträt als Titelbild von *IB* Nr. 45 vom 11. November 1933. Hitler hatte in Privaträumen zwei Gemälde Johsts hängen: ein Porträt Geli Raubals und eins seiner Eltern (Schwarz, *Geniewahn*, S. 114 bzw. 124.

Was für die *BIZ* Hans Liska war, wurde für den *IB* Josef Lazarus – der Lieferant packend gezeichneter Kampfszenen, gleich ob zu Lande, zu Wasser oder in der Luft. Anders als Liska schien Lazarus jedoch keine Nachkriegskarriere gemacht zu haben. Vielleicht überlebte er noch nicht einmal den Zweiten Weltkrieg; es konnten keinerlei biografische Informationen ermittelt werden. Und auch ansonsten ist die Datenlage bescheiden: Lazarus wurde am 14. Oktober 1900 geboren. Im Sommersemester 1921 begann er sein Studium der Malerei an der Akademie der Bildenden Künste in München. Bis 1938 war Lazarus weder NSDAP-Mitglied noch Mitglied der Reichskammer der Bildenden Künste. Als er dann bei letzterer seinen Aufnahmeantrag stellte, wurde er von der zuständigen Parteidienststelle als »ganz einwandfreier Volksgenosse« charakterisiert.[526] Schon seit 1935 war er jedoch für den *IB* tätig,[527] und spätestens 1939 auch an hervorgehobener Stelle: Da lieferte er für die Sonderhefte »Englands Schuld« und »Frankreichs Schuld« die propagandistischen, farbig gedruckten Titelzeichnungen.

So heroisch-dynamisch Lazarus' Zeichnungen auch waren, so bedienten sie doch nur ausnahmsweise den politisch-weltanschaulichen Bereich. In dieser Hinsicht wurde vor allem 1943/44 auf die Arbeiten A. Paul Webers zurückgegriffen. Seine Bilderfolge »Leviathan«, die die Greueltaten des stalinistischen Regimes in Russland aufzeigen sollte, eignete sich gut zur Illustration der polemischen Artikelserie »Signal an Europa. Das Ziel der jüdisch-bolschewistischen Unterwelt: Despotie in Blut und Chaos«.[528]

Abb. 79: Man würde es sich zu leicht machen, wenn man A. Paul Weber nur als nationalsozialistischen Propagandisten abtun würde. Selbst in der Endphase des Zweiten Weltkriegs gelangen ihm rätselhaft-mehrdeutige Bildentwürfe wie der hier abgebildete. Ohne Kontextwissen legt das Bild heute nahe, ein Kleinbürger verteidige da auf ziemlich brachiale Weise seinen üppig wachsenden Kohl. Anscheinend musste man das Bild 1944 aber auch nationalsozialistisch lesen können, sonst hätte es die Partei-Illustrierte wohl nicht gedruckt (*IB* Nr. 32 vom 10. August 1944, ohne Paginierung).

Es würde dem Angebot des *IB* – und wahrscheinlich auch seiner Nutzung – jedoch nicht gerecht, würde man sich nun nur auf die genannten Zeichner beschränken, die Sachzeichnungen mehr oder minder heroischen Inhalts lieferten.

526 Bundesarchiv Berlin R 9361-V/102.644.
527 *IB* Nr. 48 vom 28. November 1935, S. 1912f.
528 *IB* Nr. 33-42 vom 19. August bis zum 21. Oktober 1943.

Quantitativ viel wichtiger waren die Karikaturen- und – später – Witzezeichner. Fast alle verbargen sich hinter Pseudonymen oder im Nachhinein nur mühsam aufzulösenden Kürzeln. Als Motiv ist zu vermuten, was bereits bei ›Mjölnir‹ Hans Herbert Schweitzer herausgestellt wurde: Die Arbeit für die NS-Illustrierte (sowie zumeist parallel die NS-Satirezeitschrift *Brennessel*) war nicht so lukrativ, dass man davon leben konnte. Andere Beschäftigungen waren nötig, die jedoch vor 1933 darunter gelitten hätten, wenn der zeichnerische Einsatz für die Nationalsozialisten bekannt gewesen wäre. Wie gesagt, ist dies nur zu vermuten, denn die biografischen Informationen zu diesen Zeichnern sind dünn gesät. Zu nennen wäre hier als erster Theo Scharf, der 1932 bis 1934 als TES zahlreiche Beiträge im *IB* veröffentlichte. Das künstlerische Talent des 1899 in Australien Geborenen war früh erkannt worden. 1914 wurde er von seiner Mutter zur Ausbildung an der Kunstakademie nach München gebracht. Nach dem Ersten Weltkrieg soll er in vielen deutschen Illustrierten veröffentlicht haben, doch fehlt es dazu bislang noch an konkreten Belegen. 1932 trat er der NSDAP bei und wurde im Oktober als Zeichenlehrer an die Staatsschule (später: Akademie) für angewandte Kunst berufen. Im Zweiten Weltkrieg war er als Kriegsmaler eingesetzt. Nach ein paar Jahren in Australien kehrte er wieder nach Deutschland zurück. Er verstarb 1987 am Starnberger See.[529]

Im Umfeld Münchens, nämlich in Dachau, lebte seit 1916 auch Karl Prühäußer (1872-1956), der seine Zeichnungen mit ›KP‹ signierte und vor allem 1930/31 viel im IB vertreten war.[530] Nach dem Ersten Weltkrieg betätigte sich Prühäußer als Karikaturist und war 1931 kurzzeitig als Chef für die neue nationalsozialistische Satirezeitschrift *Brennessel* zuständig.

Scharf und Prühäußer sind insofern interessant, als sie bis Ende 1933 den *IB* primär mit politischen Karikaturen versorgten, dann jedoch auf die Schiene der unpolitischen Witzzeichnungen einschwenkten. Auch im Falle von ›E.W.‹ ist eindeutig, wer sich hinter der Abkürzung verbarg: Hier handelt es sich um den Karikaturisten Erich Wilke (1879-1936), der nicht nur »Stammzeichner« der *Jugend* gewesen war und »einiges für die Lustigen Blätter und den Kladderadatsch« gezeichnet hatte,[531] sondern auch für die *WO* und eben auch Witze für den *IB*.

Welche Bedeutung den Witzzeichnungen, einem Paradebeispiel für anspruchslos-entspannende Unterhaltung im Laufe der Zeit auch bei der Partei-Illus-

529 Alle biografischen Informationen nach den Beiträgen von Natalie Wilson im 2006 veröffentlichten Online-Katalog »Theo Scharf. Night in a city« (http://www.academia.edu/7472587/Theo_Scharf_Night_in_a_city_exhibition_catalogue_AGNSW_Sydney_2006 [30.05.2018]).

530 http://www.zeitschrift-amperland.de/download_pdf.php?id=506 [30.05.2018].

531 Gülker, *Verzerrte Moderne*, S. 186f.

trierten eingeräumt wurde, lässt sich am besten daran ablesen, dass ihnen mit der Zeit der zweite Blickfang der Illustrierten eingeräumt wurde, die Rückseite. Soll man an einen Zufall glauben, dass der *IB* ausgerechnet mit dem 16. Heft des Jahrgangs 1939 damit begann? Vielleicht sollte noch hinzugefügt werden, dass Heft 16 am 20. April erschien und ganz überwiegend dem 50. Geburtstag Hitlers gewidmet war. Aber warum gab man gerade zu diesem Zeitpunkt die bisherige Gewohnheit auf, die letzte Seite mit Fotoberichten zu gestalten? Eine direkte Verbindung der Witzzeichnungen zu Hitler liegt nicht vor. Die Witze waren völlig harmlos-unpolitisch. Aber wahrscheinlich bildete gerade das die Verbindung. Hitler hatte gerade seine Wehrmacht in die Tschechei einmarschieren lassen und wartete ungeduldig auf den Krieg mit Polen. Merken sollte das aber niemand. Alles sollte ganz harmlos wirken – so harmlos-heiter wie die Witzzeichnungen auf der letzten Seite.

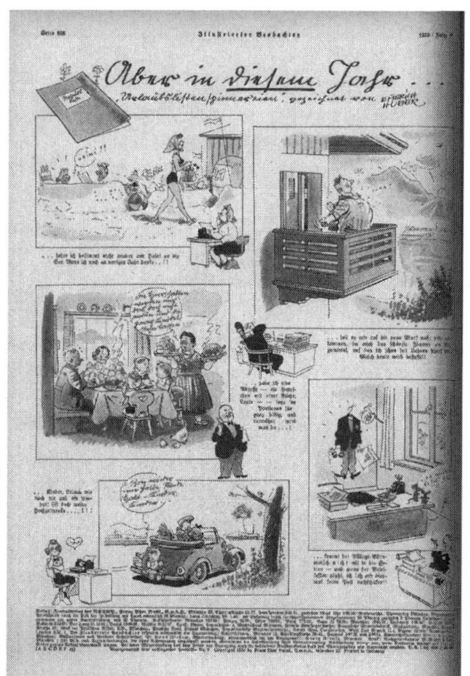

Abb. 80: Wie viele andere wird sich auch Emmerich Huber im Frühjahr 1939 auf den Sommerurlaub gefreut haben. Unter dem Obertitel »Aber in diesem Jahr … ›Urlaubslistenspinnereien‹« versammelte er auf der Rückseite des 16. Hefts des *IB* vom 20. April 1939 fünf gerahmte Witzzeichnungen, die als eine Art Denkblasen von fünf deutlich als Angestellten charakterisierten Personen dargestellt wurden. – Das Schema mehrerer unter ein Hauptthema gestellter Witzzeichnungen zur Füllung der letzten Seite der Partei-Illustrierten sollte Huber sechs Jahre lang beibehalten.

Gleichzeitig wurde aber auch eine Weiche für die Zukunft gestellt. Schon seit Jahren hatte Propagandaminister Goebbels immer wieder auf die Notwendigkeit der Unterhaltung für ein stark belastetes Volk hingewiesen. Und das würde im Krieg umso mehr gelten. Der Krieg würde wenige Monate später beginnen. Da konnte es nichts schaden, schon einmal ein neues Unterhaltungsangebot bereitzustellen. Und der ausgewählte Zeichner – Emmerich Huber – erwies sich als guter Griff für die Nationalsozialisten. Gut sechs Jahre lang, bis zum vorletzten Heft des *IB* im März 1945, gestaltete er fast Woche für Woche die letzte Seite der Illustrierten. Ausnahmen gab es nur selten. Ab und zu gab es Witze aus Italien,[532] in sehr seltenen Fällen eine Fotoseite.[533]

Wer aber war Emmerich Huber? Biografische Informationen sind dünn gesät.[534] Die wenigen, aus den 1950er-Jahren bekannten Fotos zeigen einen rundlichen Herrn mit weit vorangeschrittener Glatze, dem alles Verbohrte abgeht und dem man eigentlich nichts Böses zutraut.[535] In diese Richtung weisen auch alle bekannten Informationen aus den 1920er-Jahren. Der am 24. September 1903 geborene Huber war nach der Schule als technischer Zeichner bei der AEG in Berlin tätig. Dies gab er 1923/24 auf und kam im Werbeatelier des Mosse-Verlags unter. Sein erster großer Einsatz bildete die Arbeit für eine Kundenzeitschrift der Margarine-Union mit dem Titel *Die Blauband-Woche*. 1927 verließ Huber den Mosse-Verlag, um sich selbstständig zu machen. In den folgenden Jahren zeichnete er zwar auch für Illustrierte, den Schwerpunkt bildete aber wohl die Arbeit für die Werbung. Unter anderem war er erneut für eine Kundenzeitschrift tätig, die seit 1935 erscheinende einer Zahnpasta-Firma, *Die Blendax-Kinder*. Wie es zur Zusammenarbeit mit dem *IB* kam, der ja nicht irgendeine Illustrierte im NS-Staat war, sondern im Parteiverlag erschien und in sehr hohen Stückzahlen verkauft wurde, ist nicht bekannt. Aus der jahrelangen Zusammenarbeit kann jedenfalls geschlossen werden, dass man gut miteinander auskam.

Nach dem Zweiten Weltkrieg scheint sich Huber jahrelang beim Zeichnen zurückgehalten zu haben. Anfang der 1950er-Jahre war er jedoch »wieder gut im Geschäft«.[536] Aber wieder war es so wie in den 1920er- und frühen 1930er-Jahren, dass weniger Illustrierte seine Auftraggeber waren als die werbetreibende Industrie. Wieder war er vor allem für Kundenzeitschriften aktiv. Huber verstarb am 10. August 1979 in Berlin.

Will man Auskunft über seine Bedeutung für den *IB* haben, kann man sich also nur an sein dort veröffentlichtes Werk halten, und das ist schließlich umfangreich genug. Da er über gut sechs Jahre fast jede Rückseite der wöchentlich erscheinenden Illustrierten gestaltete, liegen mehr als 300 Seiten mit seinen Witzzeichnungen vor. Ihre Durchsicht kann in zwei Befunden zusammengefasst werden:

532 Z. B. *IB* Nr. 7 vom 13. Februar, Nr. 14 vom 3. April und Nr. 17 vom 23. April 1941.
533 Z. B. *IB* Nr. 11 vom 13. März 1941.
534 Sackmann, *Huber I*, S. 56-71.
535 Ders., *Huber II*, S. 87-92, die Fotos S. 90f. In der Hauptfigur der Seite »Ich starte die Herren-Hitze-Mode« porträtiert sich Huber wohl selbst (*IB* Nr. 30 vom 27. Juli 1939, S. 1196).
536 Sackmann, *Huber I*, S. 66.

1. Einigermaßen direkt politisch-karikierende Witzzeichnungen Hubers waren eher selten. Häufiger waren Bildserien, die ihren Humor in den Dienst des Regimes stellten, wie etwa anlässlich der »Metallspende des deutschen Volkes!« vom 26. März bis 6. April 1940, oder die die militärischen Anstrengungen der Gegner ins Lächerliche zogen.[537] Alles in allem wird man etwa die Hälfte von Hubers Witzseiten hierher zu rechnen haben.

Abb. 81: Es war die Ausnahme, wenn Huber direkt politische Witze zeichnete wie auf der Rückseite von *IB* Nr. 23 vom 5. Juni 1941, wo dann auch antisemitische Anspielungen nicht fehlen durften.

2. Die zweite Hälfte bildeten Bildseiten, in denen – relativ zeitunabhängig – die kleinen Probleme des Alltags mit einem Augenzwinkern dargestellt wurden, das niemand verletzte.[538] Dass Hubers Humor geradezu auf das Überzeitliche ausgerichtet war, wird wahrscheinlich nirgends deutlicher als in seiner

537 *IB* Nr. 13 vom 28. März 1940, S. 312; *IB* Nr. 18 vom 1. Mai 1941, S. 544.

538 Vgl. »In der vollen Straßenbahn« (*IB* Nr. 22 vom 30. Mai 1940, S. 556); »Warum nicht etwas höflicher?« (*IB* Nr. 22 vom 29. Mai 1941, S. 640); »Die Hausgemeinschaft schippt Schnee!« (*IB* Nr. 9 vom 26. Februar 1942, ohne Paginierung (letzte Seite)). Eine Auszählung der Rückseiten des Jahrgangs 1940 erbrachte folgendes Ergebnis: Von den von Huber gestalteten 47 Seiten entfielen 24 auf die unpolitischen Alltagsthemen und 23 auf Themen mit mehr oder minder dezidierten politischen Anspielungen (am deutlichsten die antisemitische Seite in Nr. 30 vom 25. Juli, S. 760). Vier Rückseiten wurden mit Fotos gestaltet, eine mit der Wiedergabe (unpolitischer) italienischer Witzzeichnungen.

in unregelmäßiger Folge veröffentlichten Witzeseiten-Reihe »Damals soll es so gewesen sein ...«, sogenannten »Bildberichten aus grauer Vorzeit«.[539]

Abb. 82: Die in der Steinzeit angesiedelten Witze der »Damals«-Serie abstrahierten zwar weitgehend vom politischen Kontext – wie hier in der Nr. 49 des *IB* vom 7. Dezember 1944 sind aber minimale Anspielungen fast immer festzustellen. Genügen sie jedoch, um die Seite direkt politisch zu machen? Ist nicht nur ihre Funktion unter politischem Vorzeichen zu interpretieren – in einer zunehmend verzweifelteren Situation, den Durchhaltewillen mit etwas humorvoller Unterhaltung zu stärken?

Huber hat zweifellos das Seine dazu beigetragen, bis zum Schluss des Krieges aus der Sicht der Nationalsozialisten kriegswichtige Unterhaltung zu liefern. Das ist ihm vorzuwerfen, und anscheinend hat er sich das auch selbst jahrelang vorgeworfen. Allerdings hat es ihn selbst vor dem Kriegseinsatz bewahrt. Da sind seine Witze ein Preis, den wohl viele gezahlt und nur die wenigsten verweigert hätten.

4.3 Die wichtigsten Foto-Lieferanten der Illustrierten

Der Titel dieses Abschnitts ist nicht ganz eindeutig. Was ist mit ›wichtigsten‹ Lieferanten gemeint? Sind es die Größen der Fotogeschichte? Lieferten sie die Masse der Fotos? Oder stößt man da auf ganz andere Namen? Bei den Antworten gibt der gewählte Ansatz die Perspektive vor. Da die Strukturuntersuchung auf systematischen Stichproben aufgebaut ist, kann zwar einiges über das weit Verbreitete

539 Eingeleitet wohl durch die Seite »War alles schon mal da« in *IB* Nr. 11 vom 14. März 1940, S. 264. Vgl. auch »Ich denke an einen Berufskameraden in grauer Vorzeit« in *IB* Nr. 32 vom 7. August 1941, ohne Paginierung (letzte Seite).

gesagt werden, manchem Besonderen bleibt dagegen nur wenig Raum – wenn es nicht schon zeitgenössisch auffallend und entsprechend vertreten war.

Ein Hauch von Internationalität vor dem Ersten Weltkrieg, zumindest bei der Woche

Scherls *WO* profilierte sich von Anfang an mit Fotografien, doch stellte sie ihre Fotografen nur begrenzt heraus. In der untersuchten Stichprobe wurden bei mehr als 40 Prozent der abgebildeten Fotos überhaupt keine Namen angegeben, bei gut 5 weiteren Prozent wurde nur pauschal auf die *WO* selbst verwiesen. Trotzdem gab es ein paar Namen, auf die man als aufmerksamer Betrachter immer wieder stoßen musste. Sie zeigen, dass die *WO* nicht nur um eine gewisse Internationalität bei ihren Fotografen bemüht war, sondern sich auch Fotografinnen öffnete. Im Folgenden wird auf die vier am meisten vertretenen Fotografen etwas näher eingegangen. Mit jeweils um die 50 Aufnahmen stellten sie einen Anteil von rund 10 Prozent von all den Fotos, zu denen überhaupt eine konkrete Quelle genannt wurde. Außerdem teilen sie zwei weitere Gemeinsamkeiten: Zum einen wurden ihre Fotos nur in der *WO* veröffentlicht und zum anderen blieb dies auf die Jahre vor dem Ersten Weltkrieg beschränkt.

Carl Oswald Bulla (26. Februar 1855 bis 28. November 1929) wurde zwar in Schlesien geboren, eröffnete jedoch noch vor der Wende zum 20. Jahrhundert eine Fotoagentur in St. Petersburg und blieb danach in Russland bzw. in der Sowjetunion.[540] Entsprechend versorgte er die *WO* mit Aufnahmen aus Russland. In der Stichprobe war er zwischen 1905 und 1914 in fast jedem Jahr vertreten. Einzelaufnahmen wie etwa in Heft 7 der *WO* vom 15. Februar 1913, wo er Prinz Gottfried Hohenlohe, den Überbringer eines Handschreibens von Kaiser Franz Joseph an den Zaren, fotografiert hatte, blieben die Ausnahme. In aller Regel veröffentlichte man kleinere oder größere Bilderserien zu den unterschiedlichsten Themen von ihm. Unter anderem war er bereits bei den Unruhen 1905/06 mit seiner Kamera präsent. In den »Bildern vom Tage« in Heft 7 vom 17. Februar 1906 präsentierte die *WO* drei Aufnahmen »Aus den russischen Ostseeprovinzen«, von denen die erste russisches Militär auf dem niedergebrannten Gut Putin Krasting und die dritte »gefangene Revolutionäre unter militärischer Bewachung« zeigten.[541] Als in Heft 39 vom 29. September 1907 ein gut fünf Seiten langer Artikel

540 Kerbs, *Revolution und Fotografie*, S. 18; Morozov, *Sowjetische*, S. 34-41; https://de.wikipedia.org/wiki/Carl_Oswald_Bulla [30.05.2018].

541 *WO* 7 vom 17. Februar 1906, S. 278.

von A. von Aurich über »ein russisches Erziehungsheim« in St. Petersburg abgedruckt wurde, stammten die »10 Spezialaufnahmen für die ›Woche‹«, die gut vier Seiten füllten, alle von ihm.[542] Auch im Frühjahr 1914 war er noch einmal mit einer Fotoserie vertreten, als das hundertjährige Bestehen der kaiserlichen Bibliothek in St. Petersburg gewürdigt wurde.[543] Mit dem Ersten Weltkrieg scheint die Verbindung Bullas zu Scherls WO abgerissen und auch danach nicht mehr neu geknüpft worden zu sein. Erst 1928 und 1930 lassen sich noch einmal drei seiner Fotos in der Stichprobe finden, nun aber in der BIZ.[544]

Andrew Pitcairn-Knowles (13. März 1871 bis 27. Februar 1956) war zwar Brite, lebte jedoch lange in Deutschland.[545] 1895 gründete er in Berlin ein eigenes Magazin, *Sport im Bild*, das 1904 von August Scherl gekauft wurde. 1911 zog Pitcairn-Knowles wieder nach England. Pitcairn-Knowles machte sich zwar einen Namen als Sport-Fotograf, war mit diesem Thema aber in der Stichprobe nur ausnahmsweise vertreten. Gleich 1905 konnte er nicht nur den »Taubensport«, sondern auch den »Rocketball«, besser bekannt als »Diabolo«, in Wort und Bild vorstellen.[546] In den folgenden Jahren wartete er mit ganz anderen, einer gewissen europäischen Exotik gewidmeten Themen auf, wobei er weiterhin für Texte und Bilder zuständig war: 1907 lieferte er nicht nur einen Beitrag (mit zehn Fotos) über den »Wunderkürbis von Ajaccio«, wo er die vielfältigen Verwendungen von korsischen Kürbissen demonstrierte – vom Riechfläschchen über die Bonbonniere bis hin zur Weinflasche.[547] Im Herbst war er dann auf eine Ziegenschau in Flandern präsent, was er immerhin mit sieben Fotos dokumentieren durfte.[548] Die letzte Reportage, mit der Pitcairn-Knowles in der Stichprobe vertreten war, wurde 1909 veröffentlicht und brachte auf rund 5 ½ Seiten Impressionen von einem »Sonntag in Ostende«.[549] Elf fotografische Aufnahmen hielten fest, wie zaghaft (und züchtig bekleidet) sich damals die bürgerliche Gesellschaft dem Meer näherte.

542 *WO* 39 vom 29. September 1907, S. 1715-1720.
543 *WO* Nr. 9 vom 28. Februar 1914, S. 371-374.
544 *BIZ* Nr. 38 vom 16. September 1928, S. 1581f., zum 100. Geburtstag Leo Tolstois, bzw. *BIZ* Nr. 37 vom 14. September 1930, S. 1641, Tolstoi und Tochter Alexandra.
545 https://de.wikipedia.org/wiki/Andrew_Pitcairn-Knowles [30.05.2018].
546 *WO* Nr. 7 vom 18. Februar 1905, S. 301-303, bzw. Nr. 36 vom 9. September 1905, S. 1579-1581.
547 *WO* Nr. 7 vom 16. Februar 1907, S. 304-307.
548 *WO* Nr. 39 vom 28. September 1907, S. 1728-1731.
549 *WO* Nr. 37 vom 11. September 1909, S. 1581-1585.

Seite 1544. Nummer 37.

Die Schweizer Reise des Deutschen Kaisers: Besuch in der Bundeshauptstadt Bern.

Nummer 37. Seite 1545.

Die Schweizer Reise des Deutschen Kaisers: Kaiser Wilhelm (X) bei dem vom Bundesrat veranstalteten Festbankett in Bern.
Nach einer Originalzeichnung unseres nach der Schweiz entsandten Spezialzeichners H. Scheffler.

Abb. 83: Ein seltener Glücksfall war es für die *WO*, als sie eines ihrer Lieblingsthemen – die Darstellung von Kaiser Wilhelm – mit Krenns Spezialgebiet verbinden und in ihrem Heft 37 vom 14. September 1912 fünf Seiten ihrer »Bilder vom Tage« der »Schweizer Reise des Deutschen Kaisers« widmen konnte (S. 1541-1545). Bemerkenswert ist dabei die gleichsam selbstverständliche Kombination von Fotografie und Zeichnung: Links im Freien aufgenommene Fotos von Anton Krenn, rechts ein ganzseitig wiedergegebenes Bild »nach einer Originalzeichnung unseres nach der Schweiz entsandten Spezialzeichners H(ermann) Scheffler« von einem abendlichen Festbankett. Analog war dies auch auf den beiden vorangegangenen Seiten geschehen.

Und noch ein dritter Ausländer belieferte die *wo* mit einer beträchtlichen Zahl von Fotos, der gebürtige Österreicher und Wahl-Schweizer Anton Krenn (31. Dezember 1874 bis 12. Dezember 1958).[550] Krenn hatte als Reporter begonnen und sich irgendwann eine Kamera gekauft. Bald war er mit seiner Kamera bei spektakulären Ereignissen dabei, 1898 beim Attentat auf Kaiserin Elisabeth in Genf, im Jahr 1900 bei der Ermordung König Umbertos in Monza. Derartige Motive vermochte er der *wo* in den untersuchten Heften allerdings nicht zu liefern. Stattdessen war er hier mit einer ganzen Reihe größerer Bildserien vertreten, die fast alle irgendwie die Schweiz zum Thema hatten, unter anderem »Mit dem Aeroplan über den Simplon« oder »Touristen auf den Bergen Pilatus und Rigi«.[551]

550 http://www.fotostiftung.ch/de/archive-spezialsammlungen/archive-nachlaesse/anton-krenn/ [30.05.2018].

551 *wo* Nr. 38 vom 17. September 1910, S. 1616-1622, bzw. Nr. 36 vom 9. September 1911, S. 1517-1521.

Seltsamerweise finden sich nach 1913 keine Fotos von Krenn mehr in den untersuchten Illustrierten, und dies, obwohl er wohl noch bis 1940 erfolgreich als Bildjournalist tätig war.

In der Reihe der im Kaiserreich meistveröffentlichten Fotografen darf nun nicht ein Vertreter Deutschlands vergessen werden, der zudem auch noch eine Frau ist: Aurelie Antoinette Paschke (6. Juni 1861 bis 28. September 1944), die seit 1900 als Kunstfotografin unter dem Künstlernamen Aura Hertwig tätig war,[552] erschien zwar in den Jahren 1906 bis 1914 immer nur als »A. Hertwig« in der *WO*, allerdings wird man dies nicht als Tarnung überbewerten dürfen: Auch die Männer wurden ganz regelmäßig nur mit abgekürztem Vornamen genannt. Wird man Pitcairn-Knowles Arbeiten für die *WO* ohne Weiteres als (Bild-)Reportagen zu selbst verfassten Texten klassifizieren dürfen, so beschränkte sich Hertwig auf die Illustration von Artikeln, die andere geschrieben hatten. Allerdings setzte sie eigene Akzente, die man durchaus ihrer spezifisch weiblichen Sicht zuschreiben können wird. Dies zeigte sich bereits in den beiden ersten Beiträgen, die sich mit ihren Fotos in der Stichprobe finden. Richard H. Schroeder hatte im Frühjahr 1906 einen längeren Artikel zur Universitätsstadt Jena geschrieben. Die »15 Spezialaufnahmen für die ›Woche‹«, die Aura Hertwig lieferte, zeigten nicht nur erwartungsgemäß eine Fülle von männlichen Professoren und den Oberbürgermeister, sie porträtierten auch die Schriftstellerin Voigt-Diederichs und selbst »Frau Helene Petrenz, Bibliothekarin der Lesehalle«, war dabei.[553] Ähnlich sah es im Herbst jenes Jahres aus, als von Alfred Freiherr von Mensi etwas mehr als eine Seite Text zur Münchner Hofoper veröffentlicht wurde, die 18, mehr als vier Seiten füllende Fotos Hertwigs weniger ergänzten als dominierten. Selbstverständlich waren in diesem Zusammenhang Frauenporträts nichts Besonderes. Hertwigs Akzent wird man darin zu sehen haben, dass sie zumindest zwei der abgebildeten Männer jeweils im Kreise ihrer Familien zeigte, besonders hervorgehoben Kammersänger Fritz Feinhals auf einer halbseitigen Aufnahme.[554] Dass Scherls *WO* durchaus eine gewisse Offenheit für neue Frauenthemen besaß, lässt sich schließlich auch mit einer kleinen Fotoreportage von Aura Hertwig belegen: 1909 veröffentlichte die *WO* einen Artikel über ein Berliner Studentinnenheim, dessen Text Dr. Hedwig Jordan verfasst hatte und dessen fünf Aufnahmen von Hertwig stammten. Sie zeigten Studentinnen bei gemeinsamer Mahlzeit, »beim

552 https://de.wikipedia.org/wiki/Aura_Hertwig [30.05.2018].
553 *WO* Nr. 7 vom 17. Februar 1906, S. 294-298.
554 *WO* Nr. 39 vom 29. September 1906, S. 1705-1710.

Studium«, »auf dem Wege zur Eisbahn«, bei »wissenschaftlicher Erörterung« und beim »Plauderstündchen beim Tee«.[555]

Neben den Einzelfotografen waren auch drei der neu entstehenden ›Illustrationsfirmen‹ als Foto-Lieferanten von besonderer Bedeutung, vor allem bei der *BIZ*, bei der sich zu jener Zeit kein Einzelfotograf bevorzugt findet. An erster Stelle ist die im Jahr 1900 von den drei Schulfreunden Karl Delius, Martin Gordan und Heinrich Sanden gegründete Berliner Illustrations-Gesellschaft zu nennen.[556] In den Vorkriegsjahren griff vor allem die *BIZ* auf ihre Produktion zurück, im Ersten Weltkrieg holte die *WO* auf. In seltenen Fällen wurde dann auch schon einmal dasselbe Foto in beiden Illustrierten veröffentlicht, manchmal mit und manchmal ohne entsprechende Quellenangaben.[557]

Nach Kriegsende trennten sich die drei Inhaber. Gordan behielt den Namen der Firma, verlor mit dem damit verbundenen Betrieb jedoch völlig an Bedeutung. 1925 waren in der Stichprobe die letzten beiden von insgesamt nur sechs Nachkriegsaufnahmen nachweisbar. Viel wichtiger wurde dagegen die von Sanden neu gegründete Firma Atlantic; auf sie ist im nächsten Abschnitt zur Weimarer Republik einzugehen.

Auf lange Sicht war zumindest für die *BIZ* eine zweite ›Illustrationsfirma‹ jedoch noch viel bedeutender als die ›Berliner Illustrations-Gesellschaft‹: die älteste, 1895 von Siegmund Labisch (1863-1942) und Albert Zander (1864-1897) gegründete Fotoagentur Zander & Labisch. Schon 1897 soll es ein Zehntel aller in der *BIZ* veröffentlichten Fotos bereitgestellt haben, in der Folge war ihre Stellung beim Verlag »einzigartig«.[558] Zander & Labisch bearbeiteten vor allem ein Spezialgebiet: das Theater und verwandte Bühnenkünste. Andere Motive wurden nur ausnahmsweise fotografiert.

Die 1920er-Jahre bildeten die Glanzzeit der Firma. Rund 80 Fotos wurden von ihr nur in den hier untersuchten Heften der *BIZ* veröffentlicht; größere Bildberichte waren allerdings nicht darunter. Sie lieferte zumeist Szenenbilder aus aktuellen Bühnenproduktionen. Mit Beginn der 1930er-Jahre scheint dann ein gewisser Bedeutungsverlust eingesetzt zu haben. Konnten für 1929 noch

555 *WO* Nr. 8 vom 20. Februar 1909, S. 334-337.

556 Kerbs, *Epoche der Bildagenturen*, S. 33f.; ders., *Fotografen der Revolution*, S. 136f.; ders., *Berliner Pressefotografie*, S. 32.

557 Ein Foto mit »fürstlichen Leidtragenden« bei der Beisetzung König Christians von Dänemark erschien identisch in *WO* Nr. 8 vom 24. Februar 1906, S. 323, und in *BIZ* Nr. 8 vom 25. Februar 1906, S. 114, in beiden Fällen mit der Angabe »Berl. Ill. Ges.« bzw. »B.I.G.«; in ihrer Nr. 37 vom 12. September 1909 präsentierte die *BIZ* den »Entdecker des Nordpols, Dr. Cook« in Kopenhagen auf ihrer Titelseite als Bildausschnitt mit der Quellenangabe »B.I.G.«; in der *WO* Nr. 37 vom 11. September 1909, S. 1563, war das Bild tags zuvor in seiner ganzen Größe veröffentlicht worden, allerdings ohne Quellenangabe.

558 Bomhoff, *Erfindung der Pressefotografie*, S. 72; https://de.wikipedia.org/wiki/Siegmund_Labisch [30.05.2018].

sieben veröffentlichte Fotos in der BIZ ermittelt werden, so war es 1930 und 1931 nur noch je eines und 1932 keines. Die letzte Aufnahme – zumindest im untersuchten Korpus – bildete ein Szenenfoto, das von der BIZ in ihrem Heft 9 vom 5. März 1933, S. 294, veröffentlicht wurde. Das kann ein Stück weit symbolisch genommen werden: Siegmund Labisch war Jude. Im März 1939 wurde seine Firma geschlossen, am 7. Dezember 1942 wurde er im KZ Theresienstadt ermordet.[559]

Die beiden in Berlin ansässigen Illustrierten griffen jedoch nicht nur auf Berliner Anbieter zurück; auch eine internationale Bildagentur muss schon für das Kaiserreich genannt werden, Underwood & Underwood. Elmer (1859-1947) und sein Bruder Bert Elias Underwood (1862-1943) hatten ihren Betrieb 1881 in Kansas ursprünglich zur Herstellung von stereoskopischen Aufnahmen gegründet.[560] Dies blieb auch lange noch der Schwerpunkt ihrer Tätigkeit, selbst als sie sich seit Jahrhundertende immer mehr mit aktueller fotografischer Berichterstattung beschäftigten.

In den Jahren vor dem Ersten Weltkrieg lieferten sie vor allem exotische Motive an die beiden Illustrierten. Das fand im Ersten Weltkrieg keine Fortsetzung. Erst nach seinem Ende waren sie wieder vertreten. Die frühere Bedeutung erlangten sie jedoch nicht mehr. Ein Anfang 1934 in der BIZ veröffentlichter Bildbericht zu einer Kur des amerikanischen Präsidenten Roosevelt war in der Stichprobe das letzte Beispiel für ihre Arbeit.[561]

Dass sich im Übergang von den Vorkriegsjahren des Kaiserreichs zum Ersten Weltkrieg erhebliche Veränderungen bei den publizierten Fotografen ergaben, wurde bereits erwähnt. Von Bulla, Krenn, Pitcairn-Knowles und Hertwig wurden wahrscheinlich keine Aufnahmen mehr veröffentlicht, zumindest wurden in der Stichprobe keine mehr gefunden. An ihre Stelle trat ein anderer, von dem in der Stichprobe erstmals im Frühjahr 1914 Fotos in der *WO* auftauchen: Alfred Groß (zunächst »Grohs« geschrieben).[562] Groß (3. Januar 1880 bis 16. Januar 1935) war dann während des Ersten Weltkriegs der erste Fotograf, dessen Bilder in größerer Zahl sowohl von der *WO* als auch von der BIZ veröffentlicht wurden, und zwar einigermaßen gleichmäßig. Seine Tätigkeit als Pressefotograf setzte er auch nach Ende des Ersten Weltkriegs fort, allerdings nach 1919 mit deutlich geringeren Veröffentlichungszahlen. Die letzte seiner Aufnahmen fand sich in der Stichprobe im Frühjahr 1930.

559 Weise, *Kontrollierte Fotodienste*, S. 44.
560 https://de.wikipedia.org/wiki/Underwood_%26_Underwood [30.05.2018].
561 *BIZ* Nr. 9 vom 4. März 1934, S. 298f.
562 Kerbs, *Epoche der Bildagenturen*, S 38f. und S. 41; ders., *Fotografen der Revolution*, S. 142.

Bemerkenswert bei seinen fast 80 ermittelten Aufnahmen ist zweierlei: Obwohl er sowohl in *BIZ* als auch *WO* veröffentlichen konnte, gab es keinerlei Überschneidungen. Keines seiner Fotos wurde in beiden Zeitschriften veröffentlicht. Ein Stück weit dürfte dies auch mit der Breite seines Themenspektrums zusammengehangen haben. Groß fotografierte genauso im Krieg wie in der Heimat, er lieferte Bilder von der West- wie von der Ostfront, porträtierte Berühmtheiten und Namenlose. Nach Kriegsende verengte sich sein Spektrum insofern, als politische Bilder nun eher Ausnahmen bildeten, aber darüber hinaus blieb genug: von neuen Erfindungen über den Sport bis hin zu Fasching bzw. Karneval.

Welchen Stellenwert die Fotos von Groß während des Ersten Weltkriegs für die Illustrierten hatten, zeigt ein Vergleich mit dem forcierten offiziellen Angebot in der Schlussphase. Weil die Oberste Heeresleitung erhebliche Defizite bei der eigenen Propaganda ausmachte, war am 30. Januar 1917 von ihr das Bild- und Filmamt gegründet worden. Von der *WO* wurden in den untersuchten Heften der Jahre 1917 und 1918 insgesamt 12 von ihm verantwortete Fotos platziert, das waren genauso viele wie von Groß. Bei der *BIZ* war das Amt allerdings etwas erfolgreicher. Hier wurden 19 Fotos übernommen, 15 allein 1918. Groß konnte bei ihr dagegen in diesem Zeitraum nur sechs Aufnahmen veröffentlichen.

Die ›Erfindung‹ der Fotoreportage. *Fotografen als neues Markenzeichen der* Berliner Illustrirten

Beschäftigt man sich mit den Fotolieferanten der Illustrierten in der Weimarer Republik näher, so muss als erstes in Erinnerung gerufen werden, dass in mehr als der Hälfte der abgebildeten Fotos keine Fotografen genannt wurden; der *IB* nannte sie sogar nur in 20 Prozent der Fälle. Allerdings ist nicht anzunehmen, dass es gerade die bekannteren waren, deren Namen verschwiegen wurden. Und so ist zu vermuten, dass sich gerade bei der *WO* tatsächlich ein beträchtlicher Umbruch vollzog, bei dem alte Namen durch neue ersetzt wurden. Der einzige, der sich bei ihr einigermaßen behaupten konnte, war Alfred Groß. Neue Fotografen und Bildagenturen begannen die Szene zu beherrschen. Auf Dauer an der Spitze behaupten konnte sich jedoch kaum einer. Und erst Ende der 1920er-Jahre tauchen die Fotografen auf, die bis heute am meisten in der fotogeschichtlichen Literatur Beachtung finden – Martin Munkacsi, Erich Salomon, Wolfgang Weber.

Nach Ende des Ersten Weltkriegs waren drei Fotografen besonders präsent, und zwar sowohl in der *WO* als auch in der *BIZ*: zunächst Willy Römer und Alfred Frankl, später dann auch John Graudenz. Willy Römer (31. Dezember 1887 bis

26. Oktober 1979) vertrieb seine Fotos vor allem unter dem Namen Photothek, einer Firma, die er 1918 von Robert Sennecke übernommen hatte.[563] 1918/19 lieferte er eine Menge Fotos zum Revolutionsgeschehen in Berlin, mit denen er vor allem in der BIZ breit vertreten war. Allein in ihrer Sondernummer »Berliner Sturmtage« vom Januar 1919 war er mit 16 Fotos der meistpublizierte Fotograf.[564] In der Folge war er allerdings in der WO präsenter.

Ob es tatsächlich Alfred Frankl (8. November 1898 bis 8. März 1955) war, der alle Fotos lieferte, die unter dem Namen ›Frankl‹ veröffentlicht wurde, kann nicht mit Sicherheit behauptet werden, denn wie sich die Zusammenarbeit mit seinem Vater Eduard gestaltete, ist unklar. Überhaupt ist von Eduard wenig bekannt. Selbst seine genauen Lebensdaten konnten bislang noch nicht ermittelt werden; er verstarb wohl 1927.[565] Eindeutig ist jedenfalls, dass die beiden die meisten ihrer Fotos in den untersuchten Heften in den Jahren 1919 bis 1923 veröffentlichten. In späteren Jahren finden sie sich nur noch vereinzelt. Und unter dem Kürzel ›A. & E. Frankl‹ wurden sie seit 1927 nur in der BIZ publiziert.

Erstmals 1922 sind Fotos von John Graudenz (12. November 1884 bis 22. Dezember 1942) in der WO nachweisbar. Für diese Illustrierte war er dann Mitte der 1920er-Jahre ein wichtiger Bild-Lieferant, obwohl er der Kommunistischen Partei zumindest nahe stand.[566] 1928 war er letztmals in den untersuchten Heften vertreten. In der NS-Zeit war er nicht als Fotograf tätig. Seine Verbindungen zu verschiedenen Widerstandsgruppen brachten ihn 1942 vor das Reichskriegsgericht. Am 19. Dezember jenes Jahres wurde er mit Harro Schulze-Boysen und anderen wegen Hochverrats zum Tode verurteilt und drei Tage später hingerichtet.

Neben diesen drei Einzelfotografen müssen nun drei wichtige Pressebildfirmen genannt werden, und dabei als erstes die Firma Atlantic, die aus der Auflösung der alten Berliner Illustrations-Gesellschaft entstand. Atlantic wurde von Heinrich Sanden geführt und soll 1919/20 rund 100 Mitarbeiter gehabt haben.[567] Vielleicht ist das ein bisschen hoch gegriffen, aber 1926/27 waren es ziemlich sicher gut 50.[568] 1929 wurde die Firma von Dr. Friedrich Karl Herrmann übernommen, der sich nach 1933 auf verschiedenen Positionen als Berufsvertretungs-Funktionär profilierte. 1937 beschäftigte er knapp 30 Mitarbeiter.[569] Zwar lassen

563 Kerbs, *Römer*, S. 155-173; Koetzle, *Lexikon*, S. 373-375; https://de.wikipedia.org/wiki/Willy_R%C3%B6mer [30.05.2018].
564 Ebd., S. 156.
565 Kerbs, *Fotografen der Revolution*, S. 140.
566 Kerbs, *Graudenz*, S. 74-76; https://de.wikipedia.org/wiki/John_Graudenz [30.05.2018].
567 Kerbs, *Fotografen der Revolution*, S. 137.
568 Kerbs, *Berliner Pressefotografie*, S. 33f.
569 Weise, *Strukturen des Bildertransports*, S. 11; ders., *Kontrollierte Fotodienste*, S. 42, 48.

sich auch in der *BIZ* Fotos von Atlantic nachweisen, doch war der wichtigere Abnehmer eindeutig die *WO*. Hinzu trat in der zweiten Hälfte der 1920er-Jahre der *IB*. In den untersuchten Heften bis einschließlich 1928 waren Fotos von Atlantic noch etwas zahlreicher als von Heinrich Hoffmann. In den nationalsozialistischen Vorkriegsjahren war dann allerdings wieder die *WO* der Hauptabnehmer von Atlantic-Fotos. Auf den Gesamtzeitraum bezogen gab es nur drei Agenturen, die noch erfolgreicher Bilder in den drei untersuchten Illustrierten vermarkten konnten: Associated Press, Heinrich Hoffmann mit seiner Firma und Weltbild.

In der Weimarer Republik waren die Hauptkonkurrenten allerdings zwei andere. Einer davon wurde schon im Abschnitt zum Kaiserreich erwähnt: Zander & Labisch. Der zweite ist nun noch nachzutragen: Robert Sennecke (12. Februar 1885 bis 8. Juni 1940). Sennecke gründete zwar 1910 den Internationalen Illustrations-Verlag, aber zumindest in den hier untersuchten Illustrierten war in den Quellenangaben fast ausschließlich von Sennecke die Rede. Auch Sennecke belieferte primär die *WO*.

Die genannten Fotografen und Agenturen lieferten in den 1920er-Jahren eine Menge Fotos an die Illustrierten, aber größere Bildberichte, die man als Reportagen bezeichnen könnte, finden sich darunter nicht. Nur ab und zu gab es von ihnen kleinere Zusammenstellungen, die höchstens eine Illustrierten-Seite füllten.[570] Damit soll nicht behauptet werden, dass es Längeres überhaupt nicht mehr gab. Von Conrad Gomoll beispielsweise wurde 1919 eine ausführliche Reportage über die Weichsel in der *WO* veröffentlicht, die mit 12 Fotos illustriert war.[571] Aber in den folgenden Jahren wurde darauf völlig verzichtet. 1922 beispielsweise gab es zwar noch verschiedene Artikel mit größeren Bilderzahlen, aber bei keinem von ihnen wurden die Fotografen genannt. Umgekehrt wurden zwar von einigen genannten Fotografen mehrere Bilder veröffentlicht, aber nie in einer Form, die man als Bildreportage bezeichnen könnte. Selbst so namhafte Illustrierte wie die *BIZ* und die *WO* erkannten nicht, dass sie Fotografen-Namen zur Verbesserung ihres eigenen Erfolges einsetzen konnten.

Dies änderte sich erst gegen Ende der 1920er-Jahre. Der Zusammenhang liegt auf der Hand.[572] Nach der Überwindung der Hyperinflation 1923 begannen sich seit 1924 die Tageszeitungen der Bebilderung zu öffnen. Und wenn sie keine Bilder auf den eigenen Seiten brachten, dann offerierten sie zumindest am Wochen-

570 Vgl. beispielsweise von Frankl die Bilder zu »Die Abstimmung in Nordschleswig« (*WO* Nr. 8 vom 21. Februar 1920, S. 209), von Römer zu »Ströbeck, das Dorf der Schachspieler« (*WO* Nr. 38 vom 25. September 1920, S. 1000) oder von Graudenz zu Luftschiff Z.R. III über Süddeutschland (*WO* Nr. 38 vom 20. September 1924, S. 907).

571 *WO* Nr. 38 vom 20. September 1919, S. 1055-1058 (»Im deutschen Stromgebiet der Weichsel«).

572 Dussel, *Pressebilder*, S. 209-216.

ende ihrer Leserschaft illustrierte Beilagen – sozusagen als Illustrierten-Ersatz, aber im Preis des Zeitungsabonnements inbegriffen. Die Illustrierten mussten dem etwas entgegensetzen, wenn sie weiterhin Käufer finden wollten. Die BIZ entdeckte in diesem Zusammenhang die Zugkraft von guten, nun besonders herausgestellten Fotografen. Der Verkaufserfolg gab ihr Recht. Die *WO* übernahm dieses Modell nicht – und konnte ihren Bedeutungsverlust nicht aufhalten.

5. Juni 1927
Nummer 23
36. Jahrgang
Berliner
Illustrirte Zeitung
Preis des Heftes 20 Pfennig
Verlag Ullstein Berlin SW 68

Abb. 84: Colin Ross (1885-1945)[573] war wahrscheinlich der erste Mitarbeiter der *BIZ*, der von ihr mit einem Foto auf der Titelseite herausgestellt wurde – bei Nr. 23 vom 5. Juni 1927. Ross war mit Frau und zwei Kindern monatelang durch Afrika gereist.[574] Auf der Titelseite von Nr. 48 vom 27. November 1927 wurde er in jenem Jahr noch ein zweites Mal gezeigt.

Nur selten fallen zeitgenössisches Renomee und spätere Wertschätzung so zusammen wie bei Martin Munkacsi (18. Mai 1896 bis 13. Juli 1963). Für ein paar Jahre war der gebürtige Ungar einer der großen Fotografen-Stars der BIZ, dann wurde ihm seine jüdische Abstammung zum Verhängnis. Allerdings emigrierte Munkacsi schon 1934 in die USA und vermochte dort schnell eine äußerst erfolgreiche Karriere als Modefotograf zu beginnen.[575]

Welcher Stellenwert Munkacsi bei der BIZ eingeräumt wurde, ist bereits an zwei Befunden ablesbar. In der Stichprobe ist er in den Jahren 1929 bis 1932 mit insgesamt 28 Aufnahmen vertreten. Darunter befinden sich allein sechs Titelsei-

573 https://de.wikipedia.org/wiki/Colin_Ross [30.05.2018].
574 Stahr, *Fotojournalismus*, S. 104ff.
575 Bomhoff, *Erfindung der Pressefotografie*, S. 122; Gundlach, *Martin Munkacsi*; Mißelbeck, *Prestel-Lexikon*, S. 175; Koetzle, *Lexikon*, S. 317f.; https://de.wikipedia.org/wiki/Martin_Munk%C3%A1csi [30.05.2018].

ten-Fotos. Da nur sechs Hefte der BIZ pro Jahr ausgewertet wurden, bedeutet dies, dass auf jedem vierten dieser Hefte eine Aufnahme Munkacsis abgebildet war! Selbstverständlich lässt sich dieser Wert nicht umstandslos auf jeden Jahrgang hochrechnen. Aber wenn man einmal nur den Jahrgang 1931 ganz durchsieht, so ist festzustellen, dass immerhin bei fünf der 53 Hefte ein Munkacsi-Foto auf der Titelseite platziert war.[576] Damit war er der mit Abstand am meisten an dieser Stelle präsentierte Fotograf. Erich Salomon beispielsweise, auf den gleich noch einzugehen ist, bekam in jenem Jahr nur zwei Titelseiten zugestanden.

Und auch an einem zweiten Indiz ist die Bedeutung Munkacsis abzulesen: Seine Bilder tauchten nicht nur dann und wann vereinzelt in der Illustrierten auf, sie wurden zum Teil ziemlich geballt platziert. Heft 7 vom 15. Februar 1931 wurde mit einer von Munkacsi hergestellten Aufnahme der norwegischen Eislaufmeisterin Edel Randem eröffnet. Gleichzeitig wurde auf der Titelseite auch auf die »Bilder von einem Besuch bei Knut Hamsun auf den Seiten 246 und 247« hingewiesen. Die fünf Fotos auf der Doppelseite stammten alle von Munkacsi. Der Text von Josef Melnik trat neben ihnen fast in den Hintergrund. Blättert man nun noch drei Seiten weiter, stößt man noch ein drittes Mal auf Munkacsi: Vier seiner Foto illustrieren in einer Art und Weise den Artikel »Pfeifenschnitzen, ein seltenes Handwerk«, dass man wirklich nicht mehr von Artikel-Illustration reden kann. Die 35 Halb-Zeilen, zu denen kein Autor angegeben ist, füllen gerade einmal ein Zwanzigstel der gesamten Seite, die ansonsten den Bildern überlassen ist.

Die geschickte Mischung verschiedener Aspekte war sicherlich sowohl für die Illustrierte als auch für ihren Fotografen von Vorteil. Mit Munkacsis Ausflug nach Norwegen konnte das Thema ›Ausland‹ genauso bedient werden wie zwei Facetten von ›Kultur‹ und schließlich gab es auch noch ein Angebot für Sportinteressierte, das zudem mit dem Bild einer hübschen jungen Frau verbunden war.

Allerdings war Norwegen nicht unbedingt etwas besonders Exotisches. In dieser Hinsicht suchte die BIZ mit den Bildern anderer Fotografen mehr zu bieten. Einer von ihnen war Wolfgang Weber (17. Juni 1902 bis 4. März 1985).[577] Weber hatte einen ersten kleinen Bildbericht zu einer Afrika-Reise bereits im Herbst 1925 in der BIZ veröffentlichen können, arbeitete dann jedoch vor allem für die *Münchner Illustrierte Presse*. Von Jahr zu Jahr wuchs seine Produktivität, bis sie 1931 mit 35 Reportagen auf 54 Seiten ihren Höhepunkt erreichte.[578] 1932 kam es aller-

576 BIZ Nr. 2, 7, 14, 50 und 53.

577 Eskildsen, *Weber*; Mißelbeck, *Prestel-Lexikon*, S. 247; Marix-Evans, *Contemporary Photographers*, S. 1172f.; https://de.wikipedia.org/wiki/Wolfgang_Weber_(Journalist) [30.05.2018].

578 Danzer, Vom Ethnologen. In: Eskildsen, *Weber*, S. 15, sowie das Verzeichnis seiner Reportagen ebd., S. 162-170.

dings zum Bruch und Weber wechselte zur *BIZ*. Dort konnte er in den folgenden Jahren durchschnittlich 20 Reportagen pro Jahr veröffentlichen. Wie hoch man bei der *BIZ* seine Beiträge einschätzte und welche Werbewirksamkeit man ihm und seinem Namen zuschrieb, ist allein schon daran abzulesen, dass man nicht nur immer wieder Formulierungen wie »Sonderbericht von Wolfgang Weber« auf die Titelseite setzte, sondern ihn dort auch etliche Male abbildete. Das erste Mal geschah dies bei Heft 10 vom 11. März 1934 mit der Schlagzeile: »Im Auto kreuz und quer durch Afrika« und dem Hinweis: »die erste Veröffentlichung unseres Sonderberichterstatters Wolfgang Weber«.[579] Und auch die Titelseite von Heft 35 vom 30. August 1934 enthielt nicht nur den Hinweis: »In diesem Heft der neueste Bildbericht von Wolfgang Weber: ›Wettrennen nach Diamanten‹«; das seitenfüllende Foto zeigte Weber selbst, während eines »tropischen Regens im afrikanischen Busch am Njassa-See«, in einem Buch lesend. Weitere Abbildungen Webers auf der Titelseite folgten bei *BIZ* Nr. 41 vom 14. Oktober 1937 und Nr. 21 vom 25. Mai 1938.

Berliner Illustrirte Zeitung

Unterwegs
für die
Berliner
Illustrirte

Abb. 85: Das Herausstellen ihrer exklusiv für sie das Ausland bereisenden Bildreporter scheint für die *BIZ* sehr positiv gewesen zu sein. Als sie in Heft 29 vom 22. Juli 1934 »Ibn Sa'ud, den Schöpfer des neuen Arabiens, vor der Kamera unseres Mitarbeiters« Harald Lechenperg präsentierte (so die Ankündigung auf der Titelseite, die Aufnahmen dann auf S. 1020f.), nutzte sie die Gelegenheit, um auf der Rückseite fünf ihrer Aushängeschilder vorzustellen. »Unterwegs für die Berliner Illustrirte« waren: Harald Lechenperg (oben), Walter Boßhard (links), Colin Roß (rechts im Oval), Willi Ruge (kleines Foto unten links) und Dr. Hugo Adolf Bernatzik (unten rechts). Eine vergleichbare Seite findet sich in Heft 37 der *WO* vom 15. September 1937, S. 12. Hier wurden B. du Vinage, Margret Stueber, Dr. Hans Franz, Hans Georg von Studnitz, Heinz Heil und Dr. W. Lindt abgebildet.

Weber gehört ohne Zweifel in die Spitzengruppe der Fotografen, von denen die meisten Aufnahmen in der *BIZ* veröffentlicht wurden. Begünstigt wurde dies

579 Abbildung in Eskildsen, *Weber*, S. 57.

nicht nur dadurch, dass seine Aktivität weder durch die Machtergreifung der Nationalsozialisten, noch durch den Kriegsausbruch beeinträchtigt wurde; in der Stichprobe war er fast Jahr für Jahr von 1930 bis 1944 mit insgesamt 78 Aufnahmen vertreten. Von großem Vorteil war auch seine Vielseitigkeit. Weber bereiste nicht nur die Welt auf der Suche nach spektakulären Bildern, auch zuhause wartete er mit überraschenden Themen auf, die als willkommener Ausgleich zu ernster Politik präsentiert werden konnten. Wenn beispielsweise Heft 37 vom 15. September 1938 vom 10. Parteitag der NSDAP, dem »Parteitag Großdeutschlands«, aufgemacht wurden, folgte am Ende des Bildteils eine Seite mit sieben Aufnahmen Webers, die heitere Momente aus einem »Tag im Osttiroler Ferienheim der Wiener Sängerknaben« festhielten.

Aber Webers Fotos konnten auch genutzt werden, um eine dezidiert politische Botschaft zu präsentieren. Im Frühjahr 1942 wurde das Stadttheater in Münster von britischen Bombern in Schutt und Asche gelegt. Weber lieferte dazu eine Reportage, die zwar auch Bilder der Zerstörungen beinhaltete, jedoch einen Schwerpunkt setzte, wie ihn der Titel akzentuierte. Auf der ersten Seite, die auch die Fotos der Zerstörungen zeigte, hieß es »In Münster ist durch britische Bomben die OPER zerstört! berichtet Wolfgang Weber [,] aber [...]«, so ging es auf der folgenden Doppelseite weiter, »in Münster wird weitergespielt.« Bebildert wurde diese neue Aussage durch insgesamt neun Fotos Webers von neuen Opernaufführungen. Der Text zum letzten Bild gewann den vorgestellten Improvisationen dann sogar noch eine gleichsam zukunftsweisende positive Note ab: »Dieser neue Opernstil, der von Oberspielleiter Hans Strohbach entwickelt wurde und der auf prunkvolle Dekorationen verzichten muß, läßt gerade die Schönheiten Mozartscher Musik klarer und gelöster erstehen. Mit der Inszenierung von ›Cosi fan tutte‹ hat die behelfsmäßige Opernbühne von Münster vielleicht sogar einen neuen Weg gewiesen.«[580]

Auch als im September 1944 die deutschen Theater geschlossen wurden, um die letzten Kräfte für den Krieg zu mobilisieren, war Wolfgang Weber mit seiner Kamera zur Stelle und lieferte der Propaganda die Bilder, die sie benötigte. Die Titelseite von Heft 37 vom 14. September 1944 der *BIZ* zeigte zwei hochformatige Fotos. Links war der Schluss einer Theatervorstellung zu sehen, rechts eine Gruppe fröhlicher junger Frauen – Bildtext: »Die erste Gruppe des Balletts meldet sich bei dem Rüstungsbetrieb, wo das Ensemble geschlossen eingesetzt wird.«

Webers letzte Fotos im NS-Staat erschienen im ersten Heft 1945 der *BIZ*, seine ersten nach Kriegsende folgten bereits im zweiten Heft der in Köln lizenzierten *Neuen Illustrierten*. Eine manchmal behauptete NSDAP-Mitgliedschaft Webers lässt

580 *BIZ* Nr. 8 vom 26. Februar 1942, unpaginiert (S. 3-5).

sich nicht nachweisen, bei der Entnazifizierung war er als »unbelastet« qualifiziert worden.[581] Der *Neuen Illustrierten* blieb er bis Mitte der 1960er-Jahre treu, dann wechselte er zum Dokumentarfilm.

Eine solche Nachkriegskarriere war einem anderen wichtigen Fotografen der BIZ nicht beschieden: Erich Salomon (28. April 1886 bis 7. Juli 1944) hatte als Jude zwar die ersten Jahre des NS-Staats in den Niederlanden überstehen können, wurde jedoch 1943 verhaftet und 1944 mit seiner Familie in Auschwitz ermordet.[582] Der promovierte Jurist aus großbürgerlichem Hause musste nach dem Ersten Weltkrieg auf verschiedenstem Wege Geld verdienen, bis er 1925 für den Ullstein-Verlag fotografieren durfte. Spätestens 1931 bestand ein Vertrag, dass er alle seine Bilder als erstes Ullstein anzubieten hatte. Weitere Verwendungen scheinen ihm jedoch frei gestanden zu haben, denn er belieferte eine Vielzahl von Illustrierten und Zeitungen. In den untersuchten Heften ist er nur in den Jahren von 1928 bis 1932 vertreten, und doch finden sich 38 Aufnahmen von ihm, die meisten in der BIZ, aber doch auch sechs in der WO.

Seinen Nachruhm verdankt Salomon vor allem seinen aus dem Moment heraus aufgenommenen Politiker-Aufnahmen; die besten davon veröffentlichte er bereits 1931 in Buchform.[583] Bei der BIZ war er in jenem Jahr immer wieder auf Spitzenplätzen präsent. Nr. 31 vom 31. Juli präsentierte auf der Titelseite unter dem Titel »Im Staatsmänner-Expreß von Paris nach Calais« eine seiner Aufnahmen, die Reichskanzler Brüning im Gespräch mit dem französischen Ministerpräsidenten Laval und seinem Außenminister Briand zeigte. Auf den beiden nächsten Seiten folgten insgesamt acht weitere Fotos, zuletzt das berühmte Bild, bei dem Briand auf den Fotografen selbst zeigt. Und dabei blieb es nicht. Bereits bei Nr. 40 vom 4. Oktober 1931 folgte ein neues Titelbild, erneut mit den französischen Staatsmännern Laval und Briand mit Brüning, und bei der Nr. 46 vom 15. November 1931 war es zwar kein Titelbild, aber auf den beiden nebeneinander liegenden Seiten 1788 und 1789 gab es drei großformatige Fotos zum Thema »Hoover und Laval im Weissen Haus in Washington«, bei denen der Fotograf in einzigartiger Weise herausgestellt wurde. Groß und fett gesetzt hieß es da nämlich: »Aufnahmen von der Begegnung des französischen Ministerpräsidenten mit dem Präsidenten der Vereinigten Staaten von dem Bildhistoriker der großen politischen Zusammenkünfte Dr. Erich Salomon.«

581 Danzer, *1933-1945*, S. 41 bzw. Anm. 67, S. 50.

582 Bomhoff, *Erfindung der Pressefotografie*, S. 102; Barents, *Dr. Erich Salomon*; Mißelbeck, *Prestel-Lexikon*, S. 209f.; Koetzle, *Lexikon*, S. 389f.; https://de.wikipedia.org/wiki/Erich_Salomon [30.05.2018].

583 Salomon, *Berühmte Zeitgenossen*.

Allerdings ist damit Salomons Schaffen nur zum Teil erfasst. Immer wieder war er zudem mit eher alltäglichen Reportage-Themen präsent, in denen auch die kleinen Details ihren Platz fanden. Bei einem von ihm selbst geschriebenen Zwei-Seiten-Bericht zu »neuen Riesenhotels in San Francisco«, zu dem er acht Fotos lieferte, stand nicht nur das offensichtlich Spektakuläre im Vordergrund, wie die Kirche im Hotel oder die Tafel mit den Börsenkursen, sondern auch die praktischen Kleinigkeiten: der Warmhalteschrank für Speisen oder das Klappbett hinter eleganten Türen.[584]

Deckt sich damit aber der Blick auf die in den untersuchten Illustrierten meistvertretenen Fotografen mit dem auf die Berühmtheiten der Fotogeschichte? Nicht ganz. Wenn nun noch auf ein paar wichtige Unterschiede eingegangen wird, so darf selbstverständlich nicht vergessen werden, dass die bislang behandelte Auswahl der meistvertretenen Fotografen und Agenturen von BIZ und WO in der Weimarer Republik nur auf der Basis einer Stichprobe ermittelt wurden. Allerdings kamen auf diese Weise 7.814 Fotos zusammen, bei denen in 3.413 Fällen eine Urheberangabe festzustellen war. Erich Salomon war darunter 38 Mal zu finden, Martin Munkacsi 29 Mal. Bei manchen heute viel behandelten Namen sieht das viel bescheidener aus.

Zu ihnen gehört die heute wahrscheinlich berühmteste Fotoagentur der späten Weimarer Republik, der Ende 1928 von Simon Guttmann und Alfred Marx gegründete Dephot, der Deutsche Photodienst.[585] In den untersuchten Heften fanden sich von ihr insgesamt 21 Fotos, davon 18 in der BIZ und drei in der WO. In vier Fällen wurde nur pauschal ›Dephot‹ vermerkt, bei drei weiteren einzelnen Bildern wurde durch ›Dephot-Umbo‹ auf den Fotografen Umbo (= Otto Umbehr) verwiesen,[586] bei einer Reportage mit acht Aufnahmen hieß es ›Dephot-Man‹ und bei einer weiteren mit sechs Fotos ›Dephot-Boshard‹.[587] Das war zwar einiges, aber nicht besonders viel, wie sich im direkten Vergleich mit anderen von der BIZ viel genutzten Agenturen zeigt: Die seit 1. Juni 1924 in Deutschland aktive Agentur Keystone[588] lieferte ihr im selben Zeitraum 17 Fotos, Pacific & Atlantic, eine von 1929 bis 1931 aktive Kooperation von *Chicago Tribune* und *New York Daily News*,[589] 27 und Wide World Photos der *New York Times* sogar 32. Die zunehmende Präsenz

584 BIZ Nr. 37 vom 14. September 1930, S. 1660f.; zweiter Ertrag seiner Kalifornien-Reise war in BIZ 39 vom 28. September 1930, S. 1717f., seine Reportage über die Astronomen der Lick-Sternwarte.

585 Molderings, *Dephot*; Kaufmann, *Fünf Jahre Dephot*; https://de.wikipedia.org/wiki/Deutscher_Photodienst [30.05.2018].

586 Molderings, *Umbo*; Mißelbeck, *Prestel-Lexikon*, S. 241; Koetzle, *Lexikon*, S. 469f.; Marix-Evans, *Contemporary Photographers*, S. 1134f.; https://de.wikipedia.org/wiki/Umbo [30.05.2018].

587 BIZ 37 vom 13. September 1931, S. 1488f: »›Bootlegger‹-Jagd auf der Ostsee. Finnlands Krieg gegen die Sprit-Schmuggler« (gemeint war damit der Alkohol-Schmuggel); BIZ 7 vom 15. Februar 1931, S. 248f: »Ein Ärztekongress in Siams Hauptstadt«. Vgl. auch Kaufmann, *Fünf Jahre Dephot*, S. 23-34.

588 Weise, *Strukturen des Bildertransports*, S. 13.

589 Kerbs/Uka/Walz-Richter, *Gleichschaltung*, S. 25, S. 27; Weise, *Strukturen des Bildertransports*, S. 13.

US-amerikanischer Agenturen in Deutschland verschärfte den Konkurrenzkampf erheblich und führte zu nationalistisch gefärbten Abwehrversuchen.[590]

Hans Felix Baumann (30. November 1893 bis 30. Januar 1985), der sich als Fotograf Felix H. Man nannte und seit 1928 bei der Dephot tätig war, gehörte zwischen 1929 und 1933 zu den produktivsten Bildjournalisten in Deutschland. Allein in der *Münchner Illustrierten Presse* veröffentlichte er in dieser Zeit 105, in der BIZ daneben noch einmal 41 Reportagen. Nach seiner Emigration im Mai 1934 verschwand er ziemlich schnell aus den deutschen Illustrierten, war jedoch bald in Großbritannien mindestens ebenso erfolgreich wie zuvor in Deutschland.[591] Umbo blieb in Deutschland und konnte weiterhin, wenn auch wohl nur sehr sporadisch, seine Fotos veröffentlichen; im untersuchten Korpus ließen sich nach 1933 vier seiner Aufnahmen nachweisen.[592]

Eine weitere bildjournalistische Größe war um 1930 der Schweizer Walter Boßhard (8. November 1892 bis 18. November 1975).[593] Er versorgte die BIZ immer wieder mit spektakulärem Bild-Material aus Fernost, zum Teil auch ohne Hinweis auf die Dephot.[594] Besonderer Raum wurde ihm dabei Anfang 1932 gewährt.

Auch nach 1933 konnte Boßhard in der BIZ veröffentlichen. In den untersuchten Heften berichtete er in den Jahren 1937/38 von den chinesisch-japanischen Kämpfen. 1939 wurde er Auslandskorrespondent der *Neuen Zürcher Zeitung*.

So wichtig die Dephot und ihre Fotografen fotogeschichtlich gewesen sein mögen, als Bild-Lieferanten waren sie selbst in dem begrenzten Zeitraum ihres Wirkens quantitativ nur von begrenzter Bedeutung. Und noch extremer sieht es in dieser Hinsicht mit Else Ernestine Neulaender (26. Januar 1900 bis Juni 1942) aus, die sich als Fotokünstlerin ›Yva‹ nannte.[595] In den untersuchten Heften findet sich während der Weimarer Republik nur ein einziges Foto.[596] Makabererweise war ihr Erfolg in den ersten Jahren der NS-Herrschaft viel größer: Da wurden unter ihrem Namen und dem ihrer Firma Presse-Photo Yva insgesamt zehn Fotos veröffentlicht. Allerdings wurde sie als Jüdin bald geächtet. Ihre letzten Aufnahmen

590 Weise, *Strukturen des Bildertransports*, S. 13.

591 Man, *Photographie aus 70 Jahren*; Man, *Bildjournalist* (mit kompletten Verzeichnissen seiner MIP- und BIZ-Reportagen); Mißelbeck, *Prestel-Lexikon*, S. 158; Koetzle, *Lexikon*, S. 278f.; Marix-Evans, *Contemporary Photographers*, S. 703-706; https://de.wikipedia.org/wiki/Felix_H._Man [30.05.2018].

592 BIZ Nr. 37 vom 15. September 1938, S. 1427; BIZ Nr. 37 vom 12. September 1940, S. 918; BIZ Nr. 39 vom 1. Oktober 1942. S. 535 (2x).

593 Pfrunder, *Fernsicht*; Mißelbeck, *Prestel-Lexikon*, S. 28f.; Koetzle, *Lexikon*, S. 60f.; Marix-Evans, *Contemporary Photographers*, S. 114f.; https://de.wikipedia.org/wiki/Walter_Bosshard_(Fotograf) [30.05.2018].

594 BIZ 9 vom 28. Februar 1929, S. 325f: »Bei den Nomaden Zentralasiens«.

595 Beckers, *Yva*; Mißelbeck, *Prestel-Lexikon*, S. 253; Koetzle, *Lexikon*, S. 499f; https://de.wikipedia.org/wiki/Yva [30.05.2018].

596 BIZ Nr. 7 vom 12. Februar 1928. Ende 1932 zeigen sich Ansätze zu einer viel intensiveren Präsenz. Da lieferte sie die Fotos für die Titelseiten der BIZ Nr. 44 vom 6. November und Nr. 51 vom 25. Dezember.

erschienen in der BIZ 1936.[597] Am 1. Juni 1942 wurde sie mit ihrem Mann verhaftet, am 13. Juni deportiert und anschließend vermutlich in Majdanek ermordet.[598] Ihren Ruf in der Fotogeschichte hat Yva vor allem wegen ihrer bahnbrechenden Mehrfachbelichtungen. Derartiges wurde auch einmal in der BIZ veröffentlicht.[599] Für die Massenpresse wichtiger waren daneben die von ihr gemeinsam mit Friedrich Kroner, dem Chefredakteur des *Uhu*, entwickelten kleinen filmartigen Bildgeschichten. Sie erschienen allerdings nicht in der BIZ. Von den insgesamt 20 im UHU erschienenen Beispielen wurden neun von ihr fotografiert.[600]

Berliner
Illustrirte Zeitung

1. Bildbericht aus der Mandschurei:
Unser Mitarbeiter W. Boßhard im Zuge und zwei Typen von der Bahnstrecke

Abb. 86: Den Jahrgang 1932 eröffnete die *BIZ* mit einer Titelseite, die ausnahmsweise nicht nur ein Foto zeigte, sondern gleich drei – und noch dazu eine Aufnahme von ihrem Bildberichterstatter Walter Boßhard. Von Boßhard folgten zum Thema dann noch vier weitere Fotos auf S. 4. Fortgesetzt wurde seine Bildberichterstattung von den Kämpfen in der Mandschurei in Heft 4 vom 31. Januar 1932 auf der Titelseite sowie auf den Seiten 87 und 88, dann in Heft 6 vom 14. Februar auf der Titelseite und auf den daran anschließenden Seiten 142 bis 144, weiter in Heft 10 vom 13. März, S. 274 und 275, und schließlich in Heft 11 vom 20. März, S. 311 und 312.

Nicht nur Heinrich Hoffmann. Die Foto-Lieferanten des NS-Staats

Keiner der im NS-Staat tätigen Pressefotografen ist so bekannt wie Heinrich Hoffmann (12. September 1885 bis 16. Dezember 1957), und glücklicherweise ist seine Tätigkeit auch hervorragend untersucht.[601] Hoffmann wuchs in einer Fotografenfamilie auf: Vater und Onkel waren Fotografen, die auch gemeinsam

597 Beckers, *Yva*, S. 33.
598 Ebd., S. 37.
599 Vgl. das ebd., S. 45, abgebildete Foto »Charleston« aus BIZ Nr. 1 vom 31. Dezember 1927, S. 37.
600 Ebd., S. 91 und Anm. 109, S. 193.
601 Herz, *Hoffmann & Hitler*; Bruns, *Neuzeitliche Fotografie*, S. 172-182; Mißelbeck, *Prestel-Lexikon*, S. 119; Koetzle, *Lexikon*, S. 207; https://de.wikipedia.org/wiki/Heinrich_Hoffmann_(Fotograf) [30.05.2018].

ein Porträt-Atelier betrieben, in dem der junge Heinrich seine Lehre absolvierte. Nach längeren Wanderjahren, die ihn zu durchaus renommierten internationalen Fotografen führten, kehrte er 1909 nach München zurück, wo er ein eigenes Atelier eröffnete und gleichzeitig als Pressefotograf zu arbeiten begann. Ab Herbst 1909 veröffentlichte die *Münchner Illustrierte Zeitung* regelmäßig seine Aufnahmen. Die Revolution in München, von der er eine Menge Fotos anfertigte und als Bildpostkarten vertrieb, führte ihn politisch ins Lager der extremen Rechten. Am 6. April 1920 trat er der sich damals noch DAP nennenden NSDAP bei. Als die Partei 1925 nach ihrem Verbot reorganisiert wurde, erhielt er die Mitgliedsnummer 59. Hoffmann begann 1923, Hitler zu fotografieren. Schnell entwickelte sich daraus ein ganz besonderes Verhältnis, das Hoffmann sozusagen Exklusivrechte sicherte. Dies galt erst recht, nachdem Hitler Reichskanzler geworden war. Hoffmann nannte sich zwar ›Reichsbildberichterstatter der NSDAP‹, gleichwohl muss festgehalten werden, dass Hoffmann nie ein entsprechendes Amt im Staat oder in der Partei bekleidete.

Hoffmanns Geschäfte liefen gut. Machte sein Betrieb 1933 nur 680.000 Mark Umsatz, so waren es 1943 schon 15 Millionen. Das war nicht mehr mit nur wenigen Mitarbeitern zu bewältigen. Am 1. März 1943 waren im Stammhaus und in zehn Niederlassungen über 300 Personen beschäftigt. Gegliedert war sein Unternehmen in die beiden Hauptabteilungen ›Verlag‹ und ›Presseillustrationen‹. Nach Kriegsende wurde Hitlers ›Leibfotograf‹ von der Spruchkammer München am 31. Januar 1947 als ›Hauptschuldiger‹ eingestuft und zu zehn Jahren Arbeitslager sowie einem Vermögensentzug bis auf 3.000 Mark verurteilt. Nach jahrelangem Bemühen konnte er eine Wiederaufnahme des Verfahrens erreichen. Im November 1950 wurde er in die zweite Gruppe (›Belasteter‹) eingestuft, die Haftstrafe wurde auf vier Jahre verkürzt und der Vermögensentzug auf 80 Prozent reduziert. Um den letzten Punkt wurde noch länger weiter gestritten. Schließlich wurde ihm 1956 ein Vermögensbehalt von 350.000 Mark zugestanden.

In der Stichprobe taucht der Name ›Hoffmann‹ in drei Zusammenhängen auf. Die größte Gruppe bilden jene Fotos, die die Quellenangabe ›Heinrich Hoffmann‹ tragen. Sie sind 1919/20/21 ganz überwiegend in der *WO* zu finden, wo Hoffmann unter anderem ein paar Porträts der Mitglieder der Nationalversammlung lieferte. 1923 druckte die *BIZ* dann ein erstes Foto von »Adolf Hitler, Führer der bayerischen Nationalsozialisten«.[602] Danach verschwand Hoffmann für Jahre aus der *BIZ*, aber auch aus der *WO*. 1928 setzt dafür seine Tätigkeit für den *IB* ein.

602 *BIZ* Nr. 37 vom 16. September 1923, S. 734.

Seit 1934, vor allem aber ab 1935 trat neben die Quellenangabe ›Heinrich Hoffmann‹ zunehmend die Bezeichnung ›Presse-Illustration Hoffmann‹ als Hinweis auf die Tätigkeit seiner Mitarbeiter. Dies gilt jedoch nur für die Vorkriegszeit. Ende 1939/Anfang 1940 verliert sich diese Bezeichnung ganz. Nach einer kurzen Überschneidungsphase wurde sie ganz durch die Formulierung ›Presse-Hoffmann‹ ersetzt. Sie ist allerdings nur in der *BIZ* und in der *WO* zu finden. Im *IB* wurden in der untersuchten Stichprobe seit Kriegsbeginn nur noch Fotos mit der Angabe ›Heinrich Hoffmann‹ veröffentlicht.

Wenig überraschen dürfte, dass Hoffmann selbst primär für politische Aufnahmen sorgte. Sie machten einen Anteil von rund 80 Prozent an seinen Veröffentlichungen aus. Mehr überraschen dürfte schon, wie groß bzw. wie klein der Anteil der von Hoffmann und seiner Firma gelieferten Fotos an den veröffentlichten Fotos überhaupt war: Bezogen auf die Gesamtzahl waren es nur 6,2 Prozent. Und selbst wenn man die Zahl jener Fotos, zu denen eine Quellenangabe vorlieg, als Bezugsgröße wählt, erhöht sich dieser Wert nur auf 8,6 Prozent. Am überraschendsten aber ist, wie groß die Unterschiede in dieser Hinsicht zwischen den drei Illustrierten waren und welche Veränderungen sich dabei im Laufe der Zeit ergaben. Nur einmal, bezogen auf jene Fotos mit Quellenangabe, betrug der Hoffmann-Anteil bei der *BIZ* in den Vorkriegsjahren nur 5,3 Prozent und sank in den Kriegsjahren auf magere 3,1 Prozent. Bei der *WO* war es fast umgekehrt. Da lag man in den Vorkriegsjahren bei 3,5 Prozent und steigerte dies in den Kriegsjahren auf 8,2 Prozent. Die verblüffendste Entwicklung zeigte jedoch der *IB*. In den Vorkriegsjahren lieferten Hoffmann und seine Firma rund jedes fünfte Bild, das in der Partei-Illustrierten mit Quellenangabe veröffentlicht wurde (21,3 %), in den Kriegsjahren brach dieser Anteil jedoch auf 5,2 Prozent ein!

Wenn Heinrich Hoffmann und seine Firma trotz allem die wichtigsten Foto-Lieferanten für Illustrierte in NS-Deutschland waren, so kann nach diesen Befunden von keiner absoluten Dominanz gesprochen werden. Zwei weitere Agenturen besaßen ebenfalls große Bedeutung und schließlich gab es auch noch etliche Fotografen (und ein paar Fotografinnen), die verhältnismäßig breit in den Illustrierten vertreten waren.

Die eindeutige Nummer 2 nach Heinrich Hoffmann und seiner Firma war in den NS-Jahren überraschenderweise eine ausländische Agentur, die US-amerikanische Associated Press.[603] Die Berliner AP-Tochter war 1931 als GmbH gegründet worden, und von diesem Jahr an finden sich entsprechende Hinweise als Quel-

603 Scharnberg, *A und P* (http://www.zeithistorische-forschungen.de/1-2016/id%3D5324 [30.05.2018]); https://www.ap.org/*about/history*/ap-in-germany-1933-1945/ [30.05.2018]; Weise, Kontrollierte Fotodienste, S. 49f.

lenangaben in den Bildtexten der untersuchten Illustrierten. Allerdings musste sich das Geschäft entwickeln, größere Erfolge stellten sich dann nach der Machtergreifung der Nationalsozialisten ein. Dies galt erst recht, als sich die ausländische Konkurrenz reduzierte: Keystone wurde vom Deutschen Nachrichtenbüro aufgekauft und der Bilderdienst der *New York Times*, Wide World Photo, zog sich aus Deutschland zurück, nachdem äußerliche Anpassungen an die nationalsozialistische Presseregulierung nicht ausgereicht hatten. AP ging da weiter und akzeptierte die nationalsozialistischen Vorgaben. Jüdische Mitarbeiter wurden entlassen bzw. ins Ausland umgesetzt und in Deutschland nur noch ›arische‹ Fotografen beschäftigt. Auf diese Weise sicherte sich AP den deutschen Markt für seine amerikanischen Fotos und konnte umgekehrt – vom Propagandaministerium kontrollierte – Fotos aus Deutschland an seine amerikanischen Kunden liefern. Das Modell funktionierte offiziell bis Ende 1941; mit der Kriegserklärung Hitlers an die USA war es zu Ende. Inoffiziell scheint es jedoch weiterhin eine gewisse Kooperation gegeben zu haben, deren Spuren erst jüngst gefunden wurden.[604] Inhaltliche Untersuchungen stehen jedoch noch aus.

604 Domeier, *Geheime Fotos* (http://www.zeithistorische-forschungen.de/2-2017/id%3D5484 [30.05.2018]).

Woher kommen während des Zweiten Weltkriegs die Fotos aus dem feindlichen Ausland?

Blättert man in den Illustrierten aus dem Ersten Weltkrieg, ist die Frage nach der Herkunft von Fotos von der Feindseite relativ leicht zu beantworten: Zumindest bei der BIZ findet sich erstaunlich häufig der Hinweis, dass derartige Fotos einer englischen oder französischen Zeitschrift entstammen würden. Im Zweiten Weltkrieg fehlen solche Hinweise weitestgehend. Bis Ende 1941 sprudelte dazu ja auch eine Quelle, auf die eben hingewiesen wurde: die US-amerikanische Agentur AP. Aber wie sah es danach aus?

Wie Norman Domeier kürzlich nachwies, bestanden die Kontakte zwischen AP und dem NS-Staat auch nach dem Kriegseintritt der USA weiter.[605] Allerdings ist es schwierig, die sich daraus ergebenden Veröffentlichungen nachzuweisen. Immerhin lassen sich ein paar begründete Vermutungen anstellen. Konkretes Bindeglied zwischen AP und NS-Staat war das von Außenministerium und SS unterhaltene Büro Laux des SS-Obersturmführers Helmut Laux.[606] Und tatsächlich lässt sich ein Foto im untersuchten Korpus finden, das als Quelle den Vermerk »Bildrechte: Büro Laux« trägt.[607] Inhaltlich ist es völlig im vorliegenden Zusammenhang passend, denn es thematisiert das Attentat, das in Paris beim Einmarsch anglo-amerikanischer Truppen auf General de Gaulle verübt wurde. Man fragt sich schon, wie dieses Foto von einem deutschen Fotografen hätte aufgenommen werden sollen. Plausibel ist es dagegen, dass es von AP über das neutrale Portugal nach Berlin geleitet wurde.

Weiteres wird sich nur über Umwege ermitteln lassen. Der von Domeier gegebene Hinweis auf einen denkbaren Einstieg ist weiterzuverfolgen: Mögliche von AP stammende Fotos könnten unter der letztlich doch recht beträchtlichen Zahl von Fotos zu finden sein, die ohne Quellenangabe veröffentlicht wurden. Das war zwar eigentlich seit 1935 verboten, aber selbst in den letzten Kriegsjahren fehlten bei mehr als einem Fünftel der Abbildungen einschlägige Angaben. Und es muss verblüffen, dass dies bei der BIZ bei 18 von 25 auf die USA bezogenen Fotos der Fall war.

605 Ebd.
606 Ebd.
607 *BIZ* Nr. 39 vom 28. September 1944, S. 458.

2 x 2 = 0

Ein mißglücktes Rechenexempel.

Roosevelt kam von Washington, Churchill von London nach Casablanca, um ihre widerspenstigen Kettenhunde miteinander zu versöhnen, die ansonsten ihren Herren auf den Pfiff parieren — Giraud seinem Roosevelt, de Gaulle seinem Churchill. Das scheinbare Ergebnis zeigt die obige, für das Schaufenster der Welt bestimmte Aufnahme — das wirkliche jedoch hat der „Kladderadatsch" in Bildern ohne Worte eingefangen.

Abb. 87: Im Januar 1943 trafen sich nicht nur der amerikanische Präsident Roosevelt und der britische Premierminister Churchill in Casablanca, sie empfingen auch die beiden französischen Generäle Henri Giraud und Charles des Gaulle, die demonstrativ ihre Eintracht bekundeten. Die *BIZ* veröffentlichte zu diesem Ereignis in ihrem Heft 8 vom 25. Februar 1943, S. 87, ein Foto. Wahrscheinlich stammt es von Sammy Schulman, der – laut Roosevelt – die Szene arrangiert haben soll.[608] Wie gelangte es während des Krieges ziemlich zeitnah in die deutsche Illustrierte? Die Vermittlung durch AP liegt nahe.

Aber nicht nur Fotos ohne Quellenangabe sollten überprüft werden. Letztlich gibt auch so manche andere Aufnahme Rätsel auf. Die *BIZ* veröffentlichte in ihrer Nr. 9 vom 4. März 1943, S. 101, drei Fotos, deren Quelle vordergründig korrekt mit »Presse-Hoffmann« angegeben wurde. Unter dem Titel »Hasch mich in London!« zeigen sie zwei Polizistinnen bei der Verfolgung und Verhaftung einer Verdächtigen. Wie aber war man in Heinrich Hoffmanns Betrieb zu diesen Bildern gekommen?

Möglicherweise gelangten AP-Fotos nicht nur in die *BIZ*, sondern sogar in den *IB*. Fotos mit US-amerikanischem Bezug hatten zwar bei ihm immer eine korrekte Quellenangabe – einmal wurde sogar eine kleine Serie »amerikanische Hutmoden des Sommers 1944« mit der Schlagzeile »Plem-Plem« aus der Illustrierten *LIFE* reproduziert[609] –, aber dies gilt nicht für alle Aufnahmen, die Bezug auf Großbritannien nahmen. Vor allem im Mehrteiler »Wer beherrscht England? Ein Blick in die Herrenschicht des Empire«, der im Frühjahr 1942 veröffentlicht wurde, könnten einzelne Aufnahmen ihren Weg über Lissabon in die Partei-Illustrierte gefunden haben.[610]

608 Public Papers of the Presidents of the United States: Franklin D. Roosevelt. Vol. 12: 1943, S. 84 (https://quod.lib.umich.edu/p/ppotpus/4926600.1943.001/118?rgn=full+text;view=image;q1=giraud [30.05.2018]).
609 *IB* Nr. 37 vom 14. September 1944, S. 11.
610 Etwa *IB* Nr. 7 vom 12. Februar 1942, S. 4f. Als Beleg für 13 Fotos und 5 Gemäldereproduktionen wird nur nebulös »Sammlung Seiler, Weltbild u. Archiv« angegeben.

In den Vorkriegsjahren war AP der unangefochtene Spitzenreiter der Foto-Lieferanten bei *BIZ* und *WO*, wenn man bei letzterer einmal den verlagseigenen Bilderdienst außer Betracht lässt. Nur beim *IB* sah dies naheliegenderweise anders aus. Dies setzte sich zu Beginn des Zweiten Weltkriegs durchaus fort. Bis Ende 1941 konnte AP seinen herausragenden Platz behaupten.

Die Agentur Weltbild rangierte insgesamt deutlich hinter AP, aber nur wenn man sich auf diesen Namen beschränkt. Bezieht man auch noch ihren Vorläufer Keystone ein, aus dem ja Weltbild 1935 durch Kauf und Umbenennung entstanden war,[611] sieht die Sache etwas anders aus. Dann liegt Keystone/Weltbild knapp vor AP. Keystone ist in der Stichprobe seit 1925 vertreten, zunächst vor allem bei der *WO*, dann aber auch zunehmend bei der *BIZ*. In den NS-Vorkriegsjahren bildete Weltbild, das die »Pressebildvertriebsstelle des Deutschen Nachrichtenbüros«,[612] der zentralen staatlichen Nachrichtenagentur, bildete, dann bei der *BIZ* wie bei der *WO* den zweitwichtigsten Foto-Lieferanten nach AP. Im Zweiten Weltkrieg fiel die Agentur bei der *BIZ* jedoch weit zurück. Ab 1942 tauchte sie bei dieser Illustrierten in den untersuchten Heften überhaupt nicht mehr auf.

Dasselbe gilt für den bis dahin wichtigsten Einzelfotografen der *BIZ*, Hanns Hubmann (21. Juni 1910 bis 8. Mai 1996), allerdings ist da der Grund bekannt.[613] Hubmann hatte ein Ingenieurstudium begonnen, wechselte dann jedoch zur Zeitungswissenschaft und ließ sich parallel dazu zum Fotografen ausbilden. In der Stichprobe ist er erstmals im Herbst 1934 mit zwei Aufnahmen in der *BIZ* vertreten.[614] 1935 folgten dann weitere Aufnahmen, aber überwiegend für die *WO*. Auch 1936 veröffentlichte Hubmann seine Fotos noch in beiden Illustrierten, nun aber schon überwiegend in der *BIZ*. Mit ihr schloss er in diesem Jahr einen gut dotierten Exklusivvertrag.[615] 1937 bildete ein Foto in der *WO* dann nur noch eine seltene Ausnahme; alles Übrige erschien in der *BIZ*. Von 1938 bis Frühjahr 1941 war Hubmann in fast jedem der untersuchten Hefte der *BIZ* präsent. Dann verschwand sein Name. Hubmann arbeitete in einer Propagandakompanie und veröffentlichte nun vor allem in *Signal*. Nach 1945 schadete ihm dies nicht. Schon unmittelbar nach Kriegsende wurde er Cheffotograf der europäischen Ausgabe der amerikanischen Soldatenzeitschrift *Stars & Stripes*. 1948 gehörte er zu den Gründern der *Quick*, zu deren wichtigsten Fotografen er bis 1980 zählte. Hun-

611 Scharnberg, *A und P*; Kerbs, *Epoche der Bildagenturen*, S. 69; Weise, *Kontrollierte Fotodienste*, S. 47f.
612 Nitz, *Führer und Duce*, S. 100.
613 Sachsse, *Erziehung zum Wegsehen*, S. 396; Mißelbeck, *Prestel-Lexikon*, S. 122; Marix-Evans, *Contemporary photographers*, S. 519f.; https://de.wikipedia.org/wiki/Hanns_Hubmann [30.05.2018].
614 »Gepäckmarsch!«. In: *BIZ* Nr. 39 vom 27. September 1934, S. 1379.
615 Hubmann, *Augenzeuge*, S. 11.

derte seiner in den NS-Jahren entstandenen Fotos veröffentlichte er danach in zwei nur knapp betexteten Bildbänden.[616]

Hubmann war kein Reise-Fotograf wie Wolfgang Weber; exotische Auslandsreportagen bildeten bei ihm die Ausnahme.[617] Zumeist fotografierte er in Deutschland, vor allem Sportmotive, aber auch zu Theater und Film. Politisches war zwar wenig dabei, fehlte jedoch nicht. Zur propagandistischen Vorbereitung der Besetzung des Sudetenlandes steuerte er im September 1938 eine Fotoserie bei, die unter dem reißerischen Titel »Der Terror im Sudentenland. Unter dem Standrecht fotografiert von unserem Sonder-Bildberichterstatter Hanns Hubmann« veröffentlicht wurde.[618]

Neben Hubmann sollten schließlich noch drei weitere Fotografen genannt werden, die der *BIZ* eine größere Zahl von Fotos lieferten – Max Ehlert, Lothar Rübelt und Willi Ruge. Ehlert (18. Oktober 1904 bis 6. September 1979) arbeitet schon seit 1929 für den Ullstein Verlag;[619] in der Stichprobe ist er jedoch erst seit 1933 zu finden. Von 1939 bis 1945 war das NSDAP-Mitglied (seit 1932) PK-Fotograf. Nach 1945 selbstständig, gehört er zu den führenden Mitarbeitern des *Spiegels;* von 1948 bis 1966 war er für die Titelblattfotografien verantwortlich.[620] Ehlert war primär Pressefotograf und lieferte überwiegend Einzelbilder, vor allem zu Sportereignissen. Nachdem seine Fotos während des Zweiten Weltkriegs kaum noch in der *BIZ* zu finden waren, taucht eine letzte kleine Reportage von ihm über eine Panzergrenadier-Übung im *IB* auf.[621]

Der Wiener Lothar Rübelt (8. April 1901 bis 4. August 1990) hatte sich schon mit 18 Jahren der Sportfotografie zugewandt, später kamen auch noch Reisefotos hinzu – beides Themen, die er über Jahrzehnte pflegte, und mit denen er auch in der untersuchten Stichprobe vertreten war.[622] In der Weimarer Republik scheint Rübelt, der in Österreich das gesamte politische Spektrum an Illustrierten belieferte,[623] vor allem für die *WO* tätig gewesen zu sein, nach 1933 verlagerte sich sein Schwerpunkt dann zur *BIZ*, allerdings belieferte er immer wieder auch die *WO*. Veröffentlicht wurden von ihm fast ausschließlich Aufnahmen von sportlichen Ereignissen in Österreich, in den untersuchten Heften war es zuletzt eine

616 Neben *Augenzeuge* auch *Die Hitler-Zeit 1933-1945*.
617 »2x Haiti«. In: *BIZ* Nr. 7 vom 18. Februar 1937, S. 202f.
618 *BIZ* Nr. 39 vom 29. September 1938, S. 1474.
619 Sachsse, *Erziehung zum Wegsehen*, S. 379; https://de.wikipedia.org/wiki/Max_Ehlert [30.05.2018].
620 Holzer, *Mit der Kamera am Feind*, S. 152.
621 *IB* Nr. 38 vom 21. September 1944, S. 4.
622 Bomhoff, *Erfindung der Pressefotografie*, S. 148; Holzer, *Rasende Reporter*, S. 203f.; Pfundner, *Moment*; Sachsse, *Erziehung zum Wegsehen*, S. 420; Mißelbeck, *Prestel-Lexikon*, S. 206; Koetzle, *Lexikon*, S. 382f.; https://de.wikipedia.org/wiki/Lothar_R%C3%BCbelt [30.05.2018].
623 Holzer, *Rasende Reporter*, S. 162.

Reportage mit sechs »Schnappschüssen von den Großdeutschen Meisterschaften in Wien« der Damen im Schach.[624]

Ein spannender Fall ist Willi Ruge (23. Oktober 1892 bis 6. Februar 1961),[625] der auch schon als wichtiger Foto-Lieferant in der Weimarer Republik hätte besprochen werden können. Ruge war seit etwa 1910 in Berlin als Fotograf tätig und gilt bis heute als der »Idealtypus des Sensationsreporters, immer auf dem Sprung, zu jedem Risiko bereit«.[626] Im Ersten Weltkrieg war er Luftwaffenbildberichter und auch im Zweiten Weltkrieg war er für die Luftwaffe als PK-Fotograf tätig. Für die *BIZ* fotografierte er seit 1911. Dabei wurde er so wichtig, dass man 1936 einen großen Bericht über ihn veröffentlichte: »25 Jahre Zeitgeschehen – 25 Jahre Bildberichter. Unser Mitarbeiter Willi Ruge kann in diesen Tagen auf ein Vierteljahrhundert Tätigkeit in der Bildpresse zurückschauen«.[627]

In der *BIZ* veröffentlichte Ruge unter seinem Namen. Unter dem Namen seiner Firma Foto-Aktuell erschienen dagegen die Fotos in Scherls *WO*. Vielleicht war dies nur Kosmetik für seine Auftraggeber; vielleicht verbargen sich aber auch angestellte Fotografen dahinter. Jedenfalls endete diese Dualität im NS-Staat. Zu seinen Zeiten verschwand Foto-Aktuell völlig und Willi Ruge publizierte nur noch unter seinem Namen in der *BIZ*. Waren es in der Weimarer Republik eigentlich immer nur Einzelfotos gewesen, so gab es nun fast nur noch Reportagen – ausnahmsweise auch einmal zu einer Argentinien-Reise, zumeist aber zu Fliegerischem, erst recht während des Krieges.[628] Nur die letzte Reportage in der Stichprobe wich etwas ab: Hier porträtierte Ruge Rüstungsminister Speer bei der Fahrt in einem neuen ›Tiger‹-Panzer, und das Ganze erschien auch nicht in der *BIZ*, sondern im Februar 1945 im *IB*.[629]

Beim *IB* stand Heinrich Hoffmann zwar zumindest in den Vorkriegsjahren mit weitem Abstand als Bildlieferant an der Spitze, ein zweiter Fotograf sollte aber doch erwähnt werden, weil auch er sich durch die Menge der von ihm veröffentlichten Fotos deutlich von allen anderen absetzte: Fritz Boegner. Anders als bei Hubmann können bei ihm jedoch keine biografischen Informationen geliefert werden; ja, bislang war noch nicht einmal zu klären, was es mit der Quellenangabe ›Boegner-Fischer‹ auf sich hat. Wie Hoffmann war Boegner ein durch und durch

624 *BIZ* Nr. 37 vom 16. September 1943, S. 436.

625 Kerbs, *Epoche der Bildagenturen*, S. 42f.; ders., *Fotografen der Revolution*, S. 144; Sachsse, *Erziehung zum Wegsehen*, S. 420; Koetzle, *Lexikon*, S. 385f. https://es.wikipedia.org/wiki/Willi_Ruge [30.05.2018].

626 Koetzle, *Lexikon*, S. 385.

627 *BIZ* Nr. 44 vom 29. Oktober 1936, S. 1700-1703.

628 *BIZ* 37 vom 12. September 1935, S. 1334f. (Argentinien); *BIZ* Nr. 39 vom 30. September 1937, S. 1450f. (Flug mit Kunstflugmister Lochner); *BIZ* Nr. 9 vom 4. März 1943, S. 107 (Kameraden der Flak).

629 *IB* Nr. 6 vom 8. Februar 1945, S. 3.

politischer Fotograf; Bilder wie zu den Polizei-Skimeisterschaften 1938 bildeten die absolute Ausnahme in seinem Repertoire.[630] Seine Prioritäten zeigen bereits seine ersten Aufnahmen, die in der untersuchten Stichprobe mit seinem Namen versehen sind: Im Herbst 1935 lieferte er Fotos von den Gauleitern Mutschmann und Streicher.[631] 1936 stammten dann aus der 26-teiligen Reihe »Männer, die den Parteitag gestalteten« 19 Fotos von ihm. Zu vermuten ist auch, dass die 23 Fotos aus dem 34-teiligen Bildbericht zum »Reichsparteitag der Arbeit« 1937, die die Quellenangabe ›Boegner-Fischer‹ tragen, irgendwie mit ihm zusammenhängen. 1938 jedenfalls stand sein Name wieder unter Fotos von den österreichischen Gauleitern August Eigruber und Odilo Globocnik. Danach scheint sein Name völlig aus dem IB zu verschwinden. Nur 1943 taucht er noch einmal auf, als der 70. Geburtstag des Theatermanns Otto Falkenberg gewürdigt wird.[632]

Margret Stueber und Hans Franz teilen eine Gemeinsamkeit mit Fritz Boegner: Auch von ihnen konnten bislang keine biografischen Informationen ermittelt werden, obwohl sie zu den wichtigsten Bild-Lieferanten der WO in den NS-Jahren zählten. Margret Stuebers Name taucht 1935 erstmals in den untersuchten Heften der WO auf. 1936 räumte man ihren Fotos dann schon Platz auf einer sechs Seiten und 22 Fotos umfassenden Reportage über die neue Landarbeiter-Jugend ein[633] und 1937 folgten sogar acht Seiten mit 24 »Aufnahmen unserer Sonderberichterstatterin Margret Stueber« unter der Überschrift: »Libyen. Ein Brückenkopf des römischen Imperiums«.[634] Für derart Umfangreiches war während des Krieges kein Platz mehr. Überhaupt war ihr Name dann kaum noch zu finden. 1940 lieferte sie einen vergleichsweise kurzen, nur zwei Seiten umfassenden Beitrag über die Nachrichtenhelferinnen für die WO und 1942 einen noch kürzeren zur Reichsbahnversuchsanstalt für die BIZ.[635]

Möglicherweise ist ein mit Bildern von ›H. Franz‹ versehener Beitrag in der WO Nr. 38 vom 19. September 1931 der erste Beleg zum fotografischen Schaffen von Dr. Hans Franz in den untersuchten Heften. 1933 und 1938 war er dann mit vollem Namen in der BIZ vertreten, 1939 und 1941 mit Auslandreportagen in der WO. Bemerkenswert ist dabei seine Reportage über die Türkei, der von der Redaktion 12 Seiten mit 32 Fotos eingeräumt wurden.[636]

630 IB Nr. 9 vom 3. März 1938, S. 268f.
631 IB Nr. 37 vom 12. September 1935, S. 1413-1417.
632 IB Nr. 39 vom 30. September 1943, S. 6.
633 Vgl. Abb. 158, S. 425.
634 WO Nr. 8 vom 19. Februar 1936, S. 19-24; WO Nr. 37 vom 15. September 1937, S. 19-26.
635 WO Nr. 38 vom 18. September 1940, S. 14f.; BIZ Nr. 8 vom 26. Februar 1942, S. 119.
636 WO Nr. 7 vom 15. Februar 1939, S. 18-29.

Illustrierter Beobachter

Jedes deutsche Mädel arbeitet mit!

Abb. 88: Unter dem Titel »Jedes deutsche Mädel arbeitet mit!« veröffentlichte der *IB* in seiner Nr. 39 vom 26. September 1940 auf den Seiten 982f. eine Reportage von der auch ansonsten von ihm viel beschäftigten Inge Mantler. Ein Artikel war nicht nötig. Die Bildtexte verbalisieren die von den Bildern erzählte Geschichte: Von der Gestellungsaufforderung an die Frauen des Jahrgangs 1922 zum Reichsarbeitsdienst (links oben) über die Musterung bis zur Einkleidung der als tauglich Befundenen (rechts unten).

Die Veränderungen, die sich in der Spitzengruppe der Foto-Lieferanten durch den Zweiten Weltkrieg ergaben, waren geringer als erwartet. Zwar wurden nun eine Menge Bilder eingerückt, die den Hinweis ›Kriegsberichter‹ oder ›PK‹ (=Propagandakompanie) trugen, aber unter der Vielzahl von Namen konnte sich niemand so recht profilieren. Der Hauptlieferant blieb Heinrich Hoffmann mit seiner Firma, mit einigem Abstand folgte Weltbild. In den ersten Jahren, bis Ende 1941, war auch Associated Press sehr wichtig. Star-Fotograf der *BIZ* blieb Hanns Hubmann. Beim *IB* konnten sich vor allem zwei Fotografinnen profilieren, zum einen Ilse Steinhoff (1909-1974),[637] zum anderen Inge Mantler, von der allerdings bislang noch keine biografischen Informationen ermittelt werden konnten.

Mantler war vor dem Zweiten Weltkrieg mit einer Reihe von Buchillustrationen hervorgetreten. Für ihre Karriere am wichtigsten war wahrscheinlich ihr

637 Kerbs, *Berliner Pressefotografie*, S. 41f.

Beitrag zu dem von Florentine Hamm herausgegebenen schmalen Bändchen *Obersalzberg. Wanderungen zwischen gestern und heute*, das der Eher-Verlag 1937 herausbrachte und das bis 1940 sechs Auflagen erlebte. Mantler hatte dazu 50 Fotografien geliefert. In der Stichprobe taucht ihr Name erstmals im Frühjahr 1938 auf.[638] So richtig breit vertreten war sie in der Partei-Illustrierten aber erst seit 1940. Da lieferte sie immer wieder große Reportagen, die vor allem die weibliche Leistungsfähigkeit im Kriegseinsatz herauszustellen suchten: »Jedes deutsche Mädel arbeitet mit« (1940), »Ausbildungstrupp der Nachrichtenhelferinnen« (1941), »Familien im Krieg« (1944).[639]

638 »Fasching auf ›Brettern‹«. In: IB Nr. 8 vom 24. Februar 1938, S. 260.

639 IB 39 vom 26. September 1940, S. 982f.; IB Nr. 7 vom 13. Februar 1941, S. 194f.; IB Nr. 37 vom 14. September 1944, S. 4.

5. Die Bilder und ihre Inhalte I. Die Visualisierung des Politischen

Einzelne Bilder zu einem beliebigen Thema aus Illustrierten herauszusuchen, ist vergleichsweise einfach, weil sich ihre Zahl immer in überschaubaren Grenzen halten wird. Ganz anders sieht es aus, wenn man einen Gesamtüberblick über das Bilderangebot der Illustrierten in einem längeren Zeitraum zu gewinnen sucht. Rechnet man nur einmal der Einfachheit halber 40 Abbildungen pro Heft und 50 Hefte pro Jahr, so ergibt das schon 2.000 Bilder. Bei 40 Jahren erhält man dann 80.000 Bilder; bei zwei, drei oder gar noch mehr Illustrierten gingen die Zahlen schnell in die Hunderttausende. Selbst Stichproben haben da noch mit hohen Werten zu kämpfen. Die im Folgenden vorgestellten Befunde beruhen auf einer Auswahl von rund 30.000 Bildern. Um vor diesem Hintergrund noch einigermaßen den Überblick zu bewahren, muss zunächst mit ganz einfachen, aber trotzdem möglichst aussagekräftigen Analysekategorien gearbeitet werden, die erst nach und nach verfeinert werden können. Erleichtert wird dieses Vorgehen dadurch, dass es ja nicht um einzelne, besondere Inhalte gehen soll, sondern um einen Einblick in die Strukturen der Bildinhalte insgesamt, um deren Kontinuitäten, allmähliche Wandlungen, aber auch Brüche. Diese Strukturen dürfen sich nun aber nicht nur als Forschungskonstrukte erweisen, sie müssen die Medienrealität in doppelter Weise prägen: als Orientierungspunkte für die Mediengestalter einerseits, aber auch für die Mediennutzer andererseits.

5.1 Politik, Bildung und Unterhaltung als Dimensionen des gesamten Bildraums

Selbstverständlich gilt das wissenschaftliche Interesse vor allem den politischen Bildern, den Bildern mit politischen Inhalten. Einverständnis sollte darüber zu erzielen sein, dass nicht alle Bilder politische Bilder sein dürfen, wenn der Ausdruck analytische Bedeutung besitzen soll. Es muss auch noch andere Bilder geben. Zu ihrer allgemeinsten Bestimmung bieten sich zwei Begriffe an, die seit dem 19. Jahrhundert als Antipoden die Diskussion über das kulturelle Leben in Deutschland bestimmten: Bildung und Unterhaltung.[640] ›Bildung‹, und zwar in Verbindung mit einem ganz emphatisch aufgeladenen Begriff von ›Kultur‹ als den höchsten Objektivationen des menschlichen Geistes vor allem auf den Gebieten von Philosophie und Kunst, kann als das semantische Zentrum der soziokulturellen Entwicklung Deutschlands seit dem 18. Jahrhundert betrachtet werden.[641] Zwar befanden sich die damit verbunden Werte seit dem späten 19. Jahrhundert in einer Krise, doch war selbst in der Weimarer Republik noch nicht ausgemacht, ob sich das massenkulturell orientierte Paradigma ›Unterhaltung‹ wirklich durchsetzen werde.[642]

Betrachtet man sich nun einzelne Bilder ganz genau, wird man zum Schluss kommen, dass sie wohl alle irgendwie politische, bildende und unterhaltende Elemente in sich vereinen. ›Politik‹, ›Bildung‹ und ›Unterhaltung‹ sollten deshalb nicht als vollkommen klar voneinander abgegrenzte Felder verstanden werden, sondern eher als Dimensionen des übergreifenden Bild-Raums. Idealerweise wäre deshalb bei jedem Bild sein jeweiliger ›Achsenwert‹ im Detail zu bestimmen. Dem Einwand, dass es zwischen Bildung und Unterhaltung doch wohl fließende Übergänge gebe und beides nicht ganz scharf voneinander zu trennen sei, wäre dann leicht zu begegnen. Ähnliches würde für die Grauzone zwischen Politik und Unterhaltung gelten. Bewusst wird damit damals jedoch kaum gearbeitet worden sein. Edutainment- und Politainment-Konzepte sind jüngeren Datums.[643]

Hinzu kommt: Was bei einzelnen Bildern sicherlich mit einer gewissen Mühe machbar wäre, muss bei großen Bildmengen schon aus arbeitstechnischen Gründen scheitern. Hier sind zunächst eindeutige Entweder-oder-Zuordnungen erforderlich. Erst auf der Basis von Vorsortierungen sind dann relativierende Detailinterpretationen möglich. Bei diesem großflächigen Überblick soll es nur um eine grundsätzliche Orientierung gehen, um die Bestimmung von ungefähren Größenordnungen, bei denen die unterschiedliche Bewertung von ein paar Einzelfällen keine Auswirkungen zeigen sollten. Seine Tauglichkeit muss das System dadurch beweisen, dass es aussagekräftige Ergebnisse liefert. Letztlich ist dies die zentrale Legitimation für derartige inhaltsanalytische Untersuchungen, wie schon vor Jahrzehnten herausgestellt wurde:

640 Hügel, *Unterhaltung*.
641 Bollenbeck, *Bildung und Kultur*.
642 Maase, *Grenzenloses Vergnügen*.
643 Erlinger, *Neue Medien*; Dörner, *Politainment*.

> Finally, I would repeat that the most valuable use of studies of content [...] is in noting trends and changes in content. Systems of classification may be inadequate and unstandardized. Nevertheless, if a system in used consistently over a time period, valuable facts may appear.[644]

5.2 Erste Annäherung. Politische Bilder in Illustrierten des Jahres 1905

Politische Bilder spielten in den deutschen Illustrierten bis 1945 insgesamt gesehen eine weitaus größere Rolle als rückschauend wahrscheinlich vermutet wird. Allerdings unterschieden sich die Gegebenheiten zu verschiedenen Zeiten beträchtlich und auch die Bebilderungsstrategien, die von den verschiedenen Illustrierten verfolgt wurden, wichen erheblich voneinander ab. Ehe dazu empirische Befunde im Detail vorgestellt werden können, muss jedoch die zentrale Frage beantwortet werden: Was ist ein politisches Bild? Leider kann die Antwort nicht in wenigen Worten zusammengefasst werden. Es sei mit einer ersten Annäherung an das konkrete Material begonnen.

Studiert man die Bilder in den 1905 erschienenen Heften von *BIZ* und *WO*, so wird der erste Eindruck gleichermaßen von ihrer Fülle wie ihrer technischen, formalen und inhaltlichen Vielfalt bestimmt sein. Schon wenn man sich bloß einmal, wie in dieser Untersuchung, auf je drei Hefte aus Frühjahr und Herbst konzentriert, bekommt man 677 Bilder zusammen, 213 in der damals immer nur 16 Seiten umfassenden *BIZ*, 464 in der mit 64 Seiten wesentlich umfangreicheren, allerdings im Format kleineren *WO*. Eine gewisse Klärung ergibt sich, wenn man nach den wichtigsten, am häufigsten bebilderten Themen fragt. Das Ergebnis ist überraschend eindeutig: Nur drei Themen wurden von beiden Illustrierten in größerem Maße bebildert. Und es ist sogar nur eines, das sowohl in den Frühjahrs- wie in den Herbstheften zu finden ist: der russisch-japanische Krieg. Insgesamt wurden zu diesem Themenkreis 26 Bilder veröffentlicht. Das Thema war eindeutig für die *BIZ* wichtiger als für die *WO*; sie brachte 18 Bilder, die *WO* nur 8. Fast umgekehrt war es bei den beiden anderen Themen. Die deutschen ›Kaisermanöver‹ im Herbst wurden zwar auch von der *BIZ* behandelt, aber nur mit drei Bildern; bei der *WO* waren es dagegen 23. Und auch beim Tode des Malers Adolf Menzel hielt sich die *BIZ* mit acht Bildern vergleichsweise zurück, während die *WO* das Ereignis mit insgesamt 19 Bildern thematisierte. Das nächsthäufig bebilderte Thema, das von beiden Illustrierten behandelt wurde, folgte dann erst mit

644 Albig, *Content of Radio*, S. 349.

weitem Abstand: die Nordischen Spiele in Stockholm. Dazu veröffentlichte die BIZ acht, die WO fünf Bilder. Alles Weitere wurde entweder von beiden Illustrierten nur vergleichsweise beiläufig illustriert oder – und das gilt für die weitaus meisten Fälle[645] – nur von einer von ihnen behandelt.

Keine Diskussionen sollte es darüber geben, dass die Bildberichte zum russisch-japanischen Krieg und zu den deutschen Kaisermanövern in all ihren Nuancen als politisch im weitesten Sinne zu klassifizieren sind. Allerdings erscheint es schon aufgrund dieser beiden Beispiele sinnvoll, in dieser Großkategorie noch einmal zwischen ›militärisch-kriegerisch‹ und ›friedlich-politisch im engeren Sinne‹ zu differenzieren.

Die nordlichen Spiele in Stockholm.

Abb. 89: Den Nordischen Spielen in Stockholm widmete die *WO* in ihrer Nr. 7 vom 18. Februar 1905 eine ganze Seite mit fünf Fotos (S. 285). Vier davon sind eindeutig dem sportlichen Geschehen als solchem gewidmet. Das fünfte, rechts in der Mitte, weicht davon ab. Es zeigt »Kronprinz Gustav von Schweden und Norwegen und Oberst Balck als Zuschauer«. Einerseits werden die Spiele durch den hohen Besuch aufgewertet, andererseits demonstriert der Thronfolger auch eine gewisse Volksnähe. Im Bild schwingt Politisches mit. (Reproduktion von mangelhaftem Mikrofilm).

Ähnlich eindeutig wirken die Gegebenheiten bei den beiden anderen Themen: Der Tod und die Beisetzung Adolf Menzels sind an sich genauso wenig politische Themen wie die Nordischen Spiele in Stockholm. Eigentlich sollten sie ganz den Bereichen Kultur bzw. Sport zugeordnet werden. Bei genauerer Betrachtung der Bilder gibt es allerdings gewisse Zweifel. Dass im Rahmen der umfangreichen Würdigung des verstorbenen Malers in der WO als erstes ein Foto Menzels »in der Ordenstracht des hohen Ordens vom Schwarzen Adler« gezeigt wird, kann man vielleicht noch als nicht ganz eindeutiges politisches Statement betrachten. Auffällig ist es aber schon, dass das vierte Foto Menzel mit Kaiser Wilhelm »auf dem

645 Das Thema Berichtsanlässe wird in einem eigenen Kapitel untersucht. Vgl. Kap. 7, S. 452ff.

vom Kaiser zu Sanssouci veranstalteten Fest aus der friderizianischen Zeit« zeigt. Bei den Bildern von der Beisetzung Menzels darf dann ein Foto nicht fehlen, dass den dabei anwesenden Kaiser samt Kaiserin zeigt und schließlich folgen zwei Fotos mit den Hinweisen, dass der Kaiser den Trauerzug eröffnet habe und Kultusminister Studt bei der Trauerfeier anwesend gewesen sei.[646] Ob diese Bilder Menzel nun in die Nähe der Politik rücken sollten oder umgekehrt die kulturbeflissene Seite des Kaisers illustriert werden sollte, braucht hier nicht entschieden zu werden. Eindeutig ist jedenfalls ein gewisser Zusammenhang. Sicherlich wäre es verfehlt, alle 27 Bilder als politisch zu klassifizieren. Aber vier sollten es schon sein.

Aus dem Bisherigen sind mehrere Schlüsse zu ziehen. Zentral ist die Folgerung, dass zwischen Bildern mit politischen und solchen mit nicht politischen Inhalten unterschieden werden sollte. Hält man grundsätzlich alle Bilder für irgendwie politisch, verliert der Begriff jegliche Aussagekraft und ist nicht für eine Inhaltsanalyse zu gebrauchen. Während die nicht politischen Inhalte im nächsten Kapitel untersucht und differenziert werden, soll es hier nur um die politischen gehen. Politische Inhalte können den verschiedensten Feldern entstammen. Die wichtigste Entscheidung – vor allem vor dem Hintergrund, dass auch Bilder aus den beiden Weltkriegen analysiert werden – bildet die Trennung von Bildern mit militärisch-kriegerischen von jenen mit friedlich-politischen Inhalten im engeren Sinne. Letztere sollten dabei sehr weit gefasst sein, um auch nur politisch Anklingendes zu erfassen – vor allem bildliche Beiträge zur Image-Konstruktion von Politikern, wie die beiden bereits vorgestellten Beispiele zeigen.

Selbstverständlich gab es in den Illustrierten des Jahres 1905 auch Bilder mit ganz direkt politischen und nicht militärischen Inhalten zuhauf. Wenige Beispiele mögen genügen: Im Frühjahr präsentierten *BIZ* wie *WO* Bilder zu den Parlamentswahlen in Ungarn, konkret zum Führer der siegreichen Unabhängigkeitspartei Ferenc Kossuth; die *WO* informierte über den neuen russischen Innenminister A. G. Bulygin und wenig später auch über Senator Manuchin, der zum Verweser des russischen Justizministeriums ernannt wurde; die *BIZ* brachte Bilder vom Besuch des bulgarischen Fürsten Ferdinand und des spanischen Infanten bei Kaiser Wilhelm oder von der Verlobung von Kronprinz Wilhelm. Im Herbst erfuhr die Leserschaft der *WO* genauso vom Tod des chilenischen Gesandten Pinto in Berlin wie von dem von Geheimrat Lohmann, Unterstaatssekretär im Preußischen Handelsministerium. Die *BIZ* widmete sich dagegen den Unruhen im Kaukasus, zeigte aber auch die SPD-Politiker Bebel, Singer und Pfannkuch auf

646 Axel Delmar, »Die kleine Exzellenz«. In: *WO* Nr. 7 vom 18. Februar 1905, S. 277-280, S. 282f.

dem Weg zum SPD-Parteitag in Jena. Anklingende Unterschiede zwischen den beiden Illustrierten in der Akzentsetzung sind später zu analysieren.

Kein Zufall war sicherlich die Gestaltung der *BIZ* Nr. 9 vom 26. Februar 1905. Die Titelseite nahm ein großes Brustbild ein von »Großfürst Sergius von Rußland, der durch Bombenwurf getötet wurde«. Mitleid mit dem Getöteten sucht man im dazugehörigen Artikel auf den beiden folgenden Seiten vergeblich. Im Text wurde er gleich im ersten Satz als »skrupelloser, mit zahllosen Uebeltaten und Willkürakten belasteter Gewalthaber von Moskau« eingeführt. Thema war denn auch nicht sein Tod, sondern »Die Großfürsten-Kamarilla. Rußlands wahre Herrscherin«. Illustriert wurde der Text mit zehn Fotos, die die wichtigsten Großfürsten und ihre engsten Angehörigen zeigen. Die Unruhen im Russischen Reich wurden zudem durch einen zweiten Artikel thematisiert. In »Das Leben für den Zaren« wurde »das namenlos traurige Dasein der untersten Schichten« in insgesamt neun »Skizzen unseres nach Russland entsandten Zeichners Fritz Koch« festgehalten. Auch diese Bilder voller sozialer Anklage hatten zu damaliger Zeit zweifellos eine politische Dimension. Bilder mit sozialen Themen sollten deshalb als solche klassifiziert, gleichzeitig aber im größeren politischen Kontext gesehen werden. Nebenbei machen die Beispiele deutlich, dass es nicht möglich wäre, die Bildinhalte angemessen zu bewerten, wenn die Kon-Texte – Bildunterschriften und Artikeltexte – nicht einbezogen würden. Darauf ist am Ende dieses Kapitels ausdrücklich einzugehen.

Anstatt die durch die bisherigen Beispiele mehr angedeuteten als inhaltlich umrissenen Bereiche der Hauptkategorie ›Politik‹ – ›Friedlich-Politisches im engeren Sinne‹, ›Militärisch-Kriegerisches‹ und ›Soziales‹ – nun genauer zu definieren, soll dies etwas zurückgestellt werden, um im nächsten Schritt ein paar Gesamtergebnisse vorwegzunehmen – die Antwort auf die wohl nächstliegende Frage, welche Anteile die Bilder mit politischen Inhalten denn nach der hier vorgenommenen Klassifizierung überhaupt am gesamten Bilderangebot der Illustrierten einnahmen, welche Veränderungen sich im Laufe der Jahre ergaben und welche Unterschiede zwischen den verschiedenen Blättern festzustellen sind. Erst danach ist im Zusammenhang mit einer differenzierteren Betrachtung der Ergebnisse auch auf die begriffliche Bestimmung einzugehen.

Als Orientierungspunkt vorab mag der Blick auf die Verhältnisse des Jahres 1905 dienen: Bei *BIZ* und *WO* machte der Großbereich ›Politik‹ gleichermaßen ein gutes Drittel des gesamten Bilderangebots aus, bei der *BIZ* mit 33,8 Prozent etwas weniger, bei der *WO* mit 36 Prozent etwas mehr. Geringfügig größer sind die Unterscheide, wenn man den Großbereich genauer unterteilt: Politik und Militär fanden bei der *BIZ* (54,2 bzw. 31,9 %) geringfügig größeres Interesse als bei der

WO (47,3 bzw. 29,9 %), bei Sozialem war es umgekehrt (*WO*: 22,8 %, *BIZ*: 13,9 %). Zu berücksichtigen ist jedoch auch das wesentlich größere absolute Bilderangebot der *WO*. Effektiv zeigte die *WO* 167 Bilder mit politischen Inhalten, die *BIZ* nur 72.

5.3 Das Gesamtangebot an Bildern und der Anteil politischer Inhalte. Ein Überblick

Von insgesamt 30.068 in unserer Untersuchung erfassten Bildern wurden 11.280 aufgrund ihres Inhalts als im weitesten Sinne politisch klassifiziert, das war mehr als ein Drittel, 37,5 Prozent. Dieser Gesamtwert ist gut als Orientierungspunkt zu nutzen, um nicht nur das politische Engagement der verschiedenen Illustrierten insgesamt, sondern auch das ihres Angebots zu bestimmten Zeiten zu bestimmen. *BIZ* und *WO* bleiben mit 32 bzw. 35 Prozent mehr oder minder deutlich darunter, der *IB* liegt mit 53 Prozent nicht ganz unerwartet deutlich darüber. Auch der Befund, dass in Friedenszeiten deutlich geringere Anteile an Bildern mit politischen Inhalten präsentiert wurden als in Kriegszeiten, ist nicht wirklich überraschend. Immerhin spricht es für das zugrundeliegende Klassifikationsschema, dass die Zuordnung eindeutig und ohne Ausnahme zu konstatieren ist: Die fünf Friedensphasen (vor dem Ersten Weltkrieg; frühe, mittlere, späte Weimarer Republik; nationalsozialistische Vorkriegsjahre) bleiben alle unter dem Gesamtdurchschnittswert, die beiden Kriegsphasen liegen deutlich darüber.

Interessanter wird es, wenn man die Daten genauer analysiert. Wichtige Unterscheidungen zeigen die beiden Grafiken 7 und 8 – einmal detailliert nach Jahren, das andere Mal homogenisierend nach Phasen zusammengefasst:

Aus den Grafiken lassen sich mehrere Schlüsse ziehen. Die wichtigsten seien hier hervorgehoben:

1. Beim Blick auf die beiden Kriegsphasen ist festzustellen, dass sich die jeweiligen Illustrierten-Angebote erheblich voneinander unterschieden. Für den Ersten Weltkrieg ist ein Durchschnittsanteil an politischen Bildern von 71 Prozent zu berechnen, im Zweiten Weltkrieg dagegen nur von 53 Prozent. Die verschiedenen Illustrierten weichen davon kaum ab. Diese Einheitlichkeit ist sicherlich zum erheblichen Teil auf politische Einflussnahmen zurückzuführen. Durch diese wird aber auch der ganz andere Ansatz im Zweiten Weltkrieg zu erklären sein: Man wollte wohl nicht die Gegebenheiten des Ersten Weltkriegs kopieren, sondern einen neuen Weg beschreiten. Und das bedeutete: ein deutliches Weniger an Bildern mit politischen Inhalten und zwangsläufig ein ebenso deutliches Mehr an solchen mit anderen Themen. Selbst die Partei-Illustrierte *IB* hatte sich an dieser Maxime zu orientieren.

GRAFIK 7

Die Anteile politischer Bilder nach Illustrierten und Jahren

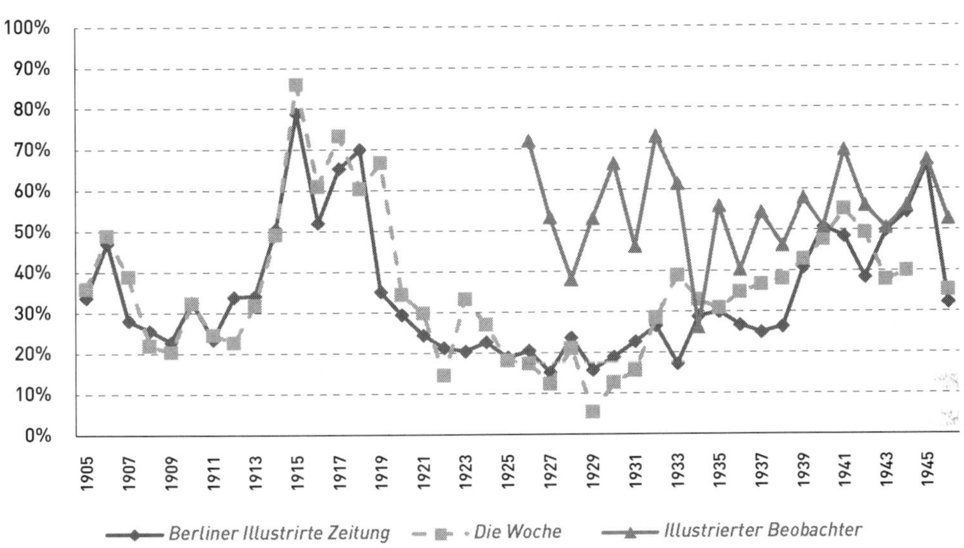

GRAFIK 8

Die Anteile politischer Bilder nach Illustrierten und nach Phasen

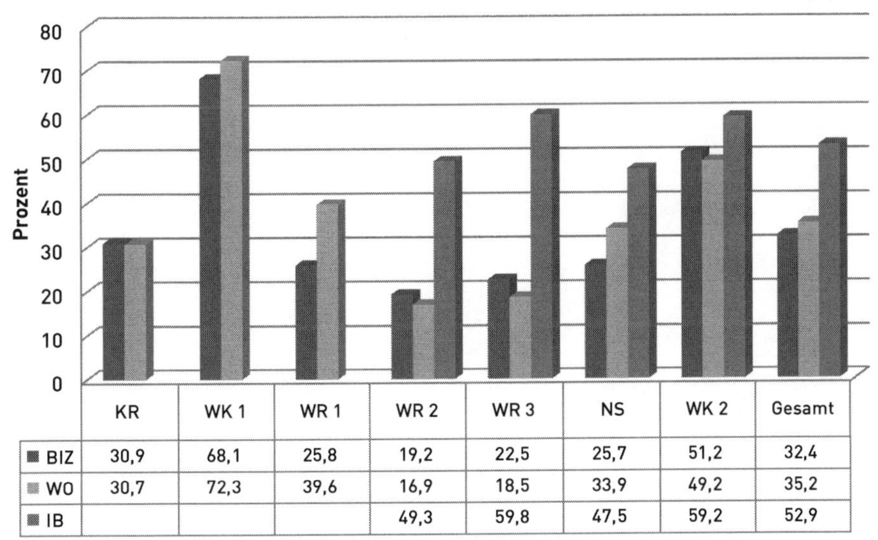

	KR	WK 1	WR 1	WR 2	WR 3	NS	WK 2	Gesamt
■ BIZ	30,9	68,1	25,8	19,2	22,5	25,7	51,2	32,4
■ WO	30,7	72,3	39,6	16,9	18,5	33,9	49,2	35,2
■ IB				49,3	59,8	47,5	59,2	52,9

2. Doch auch der Vergleich der Friedensphasen erbringt aussagekräftige Ergebnisse. In drei der fünf Abschnitte unterschieden sich die Angebote der politisch, im Allgemeinen als so unterschiedlich eingestuften, Illustrierten *BIZ* und *WO* nicht nennenswert. In den beiden anderen sieht das anders aus. Die nähere Betrachtung wird ganz verschiedene Hintergründe aufzeigen. Im Moment ist festzuhalten, dass in den nationalsozialistischen Vorkriegsjahren durchaus eine gewisse Vielfalt geherrscht zu haben scheint. Das politische System ließ ganz bewusst deutliche Unterschiede gerade zwischen der traditionell bürgerlich-liberalen *BIZ* und dem ausgesprochenen Parteiblatt *IB* bestehen.

Dass die Hauptkategorie ›Politik‹ mindestens dreifach zu unterteilen ist, um zu genaueren Ergebnissen zu gelangen, wurde bereits angesprochen. Um die Grafik nicht zu unübersichtlich zu machen, wurde darauf verzichtet, die Ergebnisse nach Illustrierten zu differenzieren. Stattdessen wurde als vierte Subkategorie noch die politische Karikatur aufgenommen, die zumindest zeitweise eine gewisse Bedeutung besaß.

GRAFIK 9

Die Zusammensetzung der Hauptkategorie ›Politik‹ zu verschiedenen Zeiten

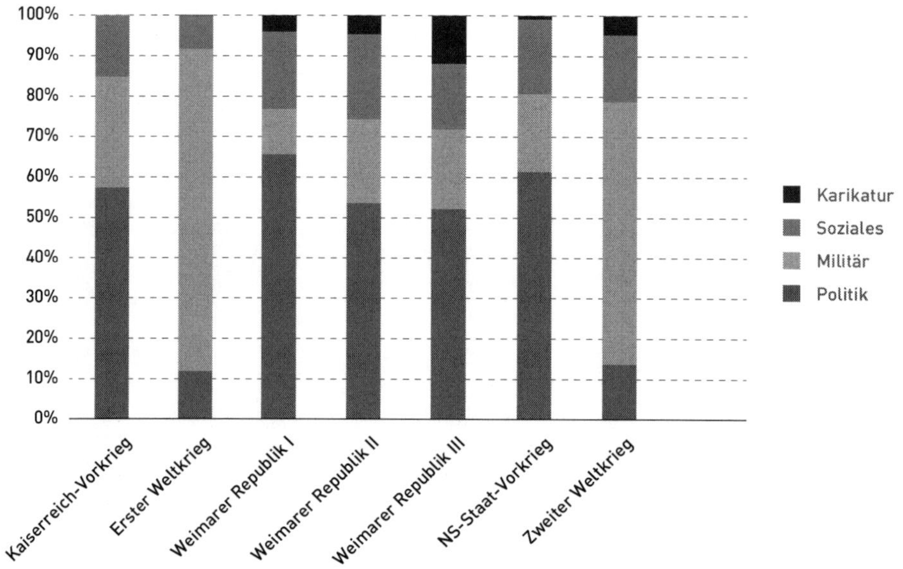

Auch in diesem Falle sei nur auf die wichtigsten Schlussfolgerungen aus der Grafik hingewiesen.

1. In Friedenszeiten bildete naheliegenderweise die Visualisierung von nicht militärischen, um nicht sagen zu müssen: friedlichen, Politik-Aspekten den eindeutigen Schwerpunkt. Die genauere Analyse zeigt, dass dies quantitativ in erstaunlich gleichmäßiger Weise geschah. Und noch gleichmäßiger war der Bedeutungsverlust derartiger Bilder in Kriegszeiten.

2. In Kriegszeiten dominierten ganz eindeutig die kriegerisch-militärischen Bildinhalte. Aber auch in Friedenszeiten waren sie überraschend stark – und weitgehend stetig – vertreten.

3. Soziale Themen traten nur im Ersten Weltkrieg in den Hintergrund, ansonsten waren sie recht gleichmäßig präsent.

4. Karikaturen hatten bloß zu bestimmten Zeiten eine gewisse Konjunktur. Dies wird noch akzentuiert, wenn später das Angebot der verschiedenen Illustrierten näher betrachtet wird.

5.4 Was genau ist ein politisches Bild?

Eine befriedigende Antwort auf die Frage, was genau denn ein politisches Bild sei, ist wohl nicht möglich, wenn sie genauso umfassend wie genau und empirisch nutzbar sein soll. Dies zeigt schon der Blick in die wichtigste einschlägige Literatur. Benjamin Drechsel widmete dem Themenkomplex nicht nur seine Dissertation, in einem späteren Aufsatz fragte er bereits in der Überschrift ganz ausdrücklich: »Was ist ein politisches Bild?«[647] Politische Bilder nur als eine »Sonderform von Bildern im Allgemeinen« zu betrachten, wies er zurück. Bilder von Politikern oder Wahlplakate beispielsweise wären zwar ohne Zweifel politische Bilder, aber das sei eben nur ein Teil.[648] Denn jedes Bild, so stellte er fest, »kann zum politischen Bild werden, wenn es durch die entsprechende Verwendung, Fragestellung oder Interpretation politisch kontextualisiert wird.« In »maximaler Dehnung des Begriffs« definierte er dann: »Ein Bild ist dann ein politisches Bild, wenn es intersubjektiv überprüfbar in Zusammenhang mit Politik gestellt wird.«[649] Das Problem einer solchen Definition besteht nun allerdings in ihrer begrenzten empirischen Brauchbarkeit. Spätestens im Zweiten Weltkrieg, um nur ein besonders eindeutiges Beispiel zu nennen, wurde im System nationalso-

647 Drechsel, *Politik im Bild*; ders., *Was ist ein politisches Bild?*
648 Drechsel, *Was ist ein politisches Bild*, S. 109f; ders., *Politik im Bild*, S. 75f.
649 Ebd., S. 116; ders., *Politik im Bild*, S. 74.

zialistischer Propaganda jedes Bild – durchaus »empirisch überprüfbar« – mit Politik in Verbindung gebracht. Will man die damals veröffentlichten Bilder trotzdem unter politischen Gesichtspunkten klassifizieren, bedarf es differenzierterer Begriffe, die auch den inhaltlichen Bezug gebührend berücksichtigen.

Vielleicht kann da ein Handbuch weiterhelfen, das speziell der politischen Ikonografie gewidmet ist?[650] Auch dort wird von vornherein klargestellt, dass auch bei Bildern, »wo das Informations- oder das Propagandaziel [...] nicht bereits erklärtermaßen dem Bereich des Politischen angehört, [...] nicht selten Aussagen über die kulturelle, soziale und damit letztlich auch politische Verfaßtheit unserer Welt getroffen« werden.[651] Auf eine präzisere Definition wird dann jedoch verzichtet. Stattdessen beschränken sich die Herausgeber auf eine den Themenbereich nur vage umkreisende Aufzählung: »Die im ›Handbuch der politischen Ikonographie‹ behandelten Gegenstandsbereiche umfassen vornehmlich visuelle Inszenierungen politischer Ereignisse und ihrer Protagonisten. Sie umfassen Mythen und Motive, Personifikationen und Allegorien politischer Begriffe sowie die Vielfalt ihrer Einsatzmöglichkeiten und Verdichtungen zu Symbolen oder sonstigen Bildformeln.«[652] Angesichts des vielfältigen, von mehr als 100 Autoren auf unterschiedlichste Weise bearbeiteten Materials ist diese Strategie durchaus nachzuvollziehen, für den vorliegenden konkreten Fall aber wenig hilfreich.

Am Sinnvollsten erscheint es deshalb, jene Literatur zu Rate zu ziehen, die sich inhaltsanalytisch mit vergleichbar konkreten Fällen beschäftigt. Jürgen Wilke fragte 1999 nach der »Visualisierung von Politik und politischer Macht durch Nachrichtenbilder«.[653] Konkret untersuchte er das Angebot von drei großen Bilderdiensten in Deutschland in einer Aprilwoche des Jahres 1997. Bei der Klassifizierung ging er pragmatisch vor. Im Zentrum seines Interesses standen die Bilder, »die von den Agenturen selbst dem Ressort Politik zugeordnet wurden, d. h. Politik und politische Macht visualisieren.«[654] Was aber tun, wenn eine solche Ressorteinteilung nicht zeitgenössisch vorgegeben ist? Die alten Illustrierten folgten zwar grundsätzlich einem Schema, bei dem Politisches am Anfang stand, aber es gab so viele Ausnahmen von dieser Regel, dass sie kaum als angemessene Leitlinie zu nutzen wäre. Gleichwohl wird doch immer wieder auf Wilkes Ergebnisse zurückzukommen sein, denn schon allein die Größenordnung des von ihm ermittelten Bildanteils aus dem Politikressort der Bild-

650 Fleckner/Warnke/Ziegler, *Handbuch*.
651 Ebd., Bd. 1, S. 7.
652 Ebd., S. 10.
653 Wilke, *Visualisierung von Politik*.
654 Ebd., S. 164.

agenturen liefert einen interessanten Vergleichswert: Seine 28 Prozent schließen gut an die bereits genannten, nur leicht höheren Werte von *BIZ* und *WO* an. Und der Vergleich ist umso zulässiger, als auch Wilke »militärische Bildmotive« mit einbezog (die ihrerseits einen Anteil von 9 Prozent von ›Politik‹ ausmachten).[655]

Nicht weit entfernt von Wilkes Ansatz ist letztlich auch Elke Grittmanns Untersuchung. In ihrer 2007 veröffentlichten Dissertation beschäftigte sie sich speziell mit dem politischen Bild in der Presse am Beispiel von fünf deutschen Tageszeitungen der Jahre 2000/2001.[656] Die Studie ist insgesamt ohne Zweifel sehr sorgfältig gearbeitet. Jedoch kommt auch Grittmann nicht umhin, an der hier besonders interessierenden Stelle vorhandene Lücken durch Ad-hoc-Entscheidungen zu schließen. Zu ihrem Untersuchungsgegenstand erklärt Grittmann »Pressefotografie mit politischem Bezug«, wobei sie als Politik mit Anlehnung an gängige politikwissenschaftliche Begriffsbestimmungen »Strukturen und Prozesse zur Herstellung und Durchsetzung gesamtgesellschaftlich verbindlicher Entscheidungen« definiert.[657] Im Folgenden spezifiziert sie dann zwar sechs Merkmale, von denen mindestens eins erfüllt sein musste, um ein Bild als politisches Bild zu klassifizieren, im empirischen Teil ihrer Studie wird dieses Schema jedoch nicht genutzt. Stattdessen erfolgt die Codierung von Motiven und Hauptakteuren der Bilder nach präzisen, in langen Listen aufgeführten Merkmalen.[658] Eine weitere Erleichterung der konkreten Arbeit verschaffte sich Grittmann dadurch, dass sie nicht die kompletten Ausgaben der einbezogenen Zeitungen untersuchte, sondern nur die Seiten, »die sich im jeweils ersten Buch der Tageszeitungen befinden und die entweder vom Ressort Politik der jeweiligen Zeitungen verantwortet werden oder vorrangig politische Themen behandeln, auch wenn dafür ein anderes Ressort verantwortlich sein sollte.«[659] Letztlich orientierte auch sie sich damit entscheidend an den Vorgaben der Blattmacher. Doch auch ihre Untersuchung liefert wichtige Vergleichszahlen. Immerhin konnte sie sich auf 1.078 Zeitungsseiten beschränken, auf denen 1.788 Fotos veröffentlicht wurden. 1.503 Bilder wiesen nach ihrer Definition einen politischen Bezug auf, 1.171 wurden davon analysiert.[660]

Dieser knappe Überblick legt zwei Schlussfolgerungen nahe: zum einen den Verzicht auf jede einigermaßen trennscharfe und umfassende Definition von politischem Bildern; zum anderen aber doch die Hoffnung, auch mit an den Rän-

655 Ebd., S. 164f.
656 Grittmann, *Politische Bild*.
657 Ebd., S. 311f.
658 Ebd., S. 418f., in Verbindung mit S. 432f. und S. 435-438.
659 Ebd., S. 303.
660 Ebd., S. 314.

dern vagen Begriffen trotzdem aussagekräftige Ergebnisse erzielen zu können. Am Ende vermögen mehrere übereinander gelegte unscharfe Filter zwar kein in den Details präzises Bild zu liefern, aber doch deutliche Konturen von verschiedenen abgestuften Überschneidungsbereichen.

Ausgangspunkt für die folgende Analyse war die Überlegung, dass das Instrumentarium nicht nur für die Codierer vergleichsweise einfach zu handhaben sein musste, um die Fülle von gut 10.000 politischen Bildern mit vertretbarem Aufwand bearbeiten zu können, sondern auch, um mit ihm den durch den langen Untersuchungszeitraum zu erwartenden ganz unterschiedlichen Gegebenheiten einigermaßen gerecht zu werden. Die erste Entscheidung bestand deshalb darin, den ganz weiten, nur von den beiden anderen Zentralbegriffen ›Kultur‹ und Unterhaltung getrennten Begriff des Politischen im Allgemeinen wie bereits eingeführt zu differenzieren und vier Teilbereiche zu unterscheiden: Politisches im engeren Sinne; Karikaturen (definiert als politische Zeichnungen); Militär/ Krieg und Soziales. Für Politisches als Thema im engeren Sinne blieben damit rund 5.000 Bilder.

Als Kernbereich des Politischen im engeren Sinne wurde nun das politische Handeln von aktiven Politikern definiert, was wohl allgemein akzeptiert werden dürfte. Politische Bilder waren demzufolge jene, auf denen zur Zeit der Veröffentlichung aktive Politiker in direkten politischen Zusammenhängen abgebildet waren. Als aktive Politiker wurden nicht nur Minister und Parlamentarier betrachtet, sondern auch Parteiführer oder Botschafter und andere mehr. Direkte politische Kontexte bildeten nicht nur Regierungs- und Parlamentshandeln, auch Staatsrepräsentation im In- und Ausland, nationale und internationale Konferenzen, zudem Informationen über Amtsbeginne oder Amtsenden.

Aus diesen Bestimmungen waren recht zwanglos verschiedene Folgerungen abzuleiten. Eine Folgerung betraf die Art des Kontextes. Mussten aktive Politiker immer nur in direkten politischen Kontexten abgebildet werden? Wie stand es um Bilder, in denen aktive Politiker in anderen Kontexten gezeigt wurden? In den Ferien? Mit der Familie? Zuhause? Waren diese Homestorys oder Bilder mit Human Touch nicht auch irgendwie politisch, weil hier ein bestimmtes Image des jeweiligen Politikers (in seltenen Fällen: auch der Politikerin) verbreitet wurde? War nicht zudem zu vermuten, dass in dieser Hinsicht im Laufe der Zeit nennenswerte Veränderungen feststellbar sein würden? Als wichtige Dimension von politischen Bildern im engeren Sinne wurde also der Kontextbezug betrachtet und dabei nur eine einfache Unterscheidung in direkt oder nicht direkt/indirekt vorgegeben.

Eine zweite, ebenso naheliegende Folgerung betraf die politischen Akteure. Mussten bei einem politischen Bild immer aktive Politiker abgebildet sein? Das wäre sicherlich viel zu eng. Zwei Alternativen waren einzubeziehen: Zum einen braucht ein politisches Bild nicht zwangsläufig einen Akteur. Ein Wahlplakat ist sicherlich ein politisches Bild oder das Foto eines politischen Denkmals. Zum anderen können politische Bilder aber auch Akteure zeigen, die nicht als aktive Politiker zu klassifizieren sind, ja noch nicht einmal »mittelbar oder unmittelbar daran beteiligt sind, Entscheidungen mit bindender Wirkung über die Verteilung von Macht oder Ressourcen herbeizuführen oder durchzusetzen«, wie der Politologe Winfried Schulz »politische Akteure« im weiteren Sinne definiert.[661] Derart politische Bilder können auch Menschen zeigen, die Politikern nur zujubeln – oder im Gegenteil gegen sie demonstrieren. Es können Agitierende für oder gegen etwas sein oder einfach zu politischen Wahlen Schreitende. Selbstverständlich sind die politischen Bilder ohne Akteure nicht ganz zu ignorieren; sie wurden als solche erfasst und untersucht. Wichtiger ist jedoch die Unterscheidung zwischen aktiven und nicht aktiven Politikern als politische Akteure. Sie bildet die zweite wichtige Dimension bei der inhaltlichen Klassifizierung politischer Bilder.

Setzt man nun die Akteurs- und die Kontextdimension mit ihren jeweils zwei Werten in Bezug zueinander, ergibt sich folgende Vierfelder-Tafel:

TABELLE 4

Die Segmente politischer Bilder im engeren Sinne

Dimension: Kontext	direkt	nicht direkt
Dimension: Akteur		
aktive Politiker	aktive Politiker in direktem politischen Kontext	aktive Politiker in nicht direkt politischem Kontext
ohne aktive Politiker	direkter politische Kontext ohne aktive Politiker	nicht direkt politischer Kontext ohne aktive Politiker

Drei dieser vier Felder wurden bereits bei der Herleitung der beiden Analysedimensionen angesprochen. Das vierte Feld ergibt sich nicht nur aus systematischen Gründen, sondern auch bei der Durchsicht des konkreten Materials. Es finden sich durchaus Bilder mit politischer Anmutung, die weder direkte politische Kontexte noch aktive Politiker zeigen und doch als politisch zu klassifizieren sind; darauf wird noch näher einzugehen sein. Festzuhalten bleibt an dieser Stelle die Praxistauglichkeit des Verfahrens. Unter den Codierern bestand eine

661 Schulz, *Politische Kommunikation*, S. 16.

beachtliche Übereinstimmung darüber, was als ein Bild mit politischem Thema zu betrachten ist.[662]

Das hier nur knapp umrissene Feld von Bildern mit politischem Thema im engeren Sinne soll im Folgenden im Detail vermessen werden. Als erstes sind dabei die Ergebnisse vorzustellen, die anhand der systematischen Unterscheidung von politischen Akteuren und politischen Kontexten zu gewinnen sind. Danach ist ein spezieller Aspekt näher zu untersuchen: das Bild des Staatsoberhauptes in den Illustrierten. Anschließend ist auf die bislang nur gestreiften drei weiteren Kategorien von politischen Bildern im weiteren Sinne einzugehen: politische Karikaturen; Bilder mit sozialen Themen und Bilder von Militär und Krieg. Und schließlich ist auch noch auf ein Blick auf die unmittelbaren Kon-Texte der Bilder zu werfen. Zu fragen ist nach der politischen Qualität ihrer unmittelbaren Bildtexte sowie der Artikel, denen sie zum Teil zugeordnet waren.

5.5 Politische Akteure, politische Kontexte

Von 4.814 als politisch im engeren Sinne klassifizierten Bildern wiesen 305 keinen Akteur auf; sie werden später genauer betrachtet. Umgekehrt bedeutet dies, dass auf 4.509 Bildern mit politischen Inhalten Personen wiedergegeben wurden, das sind 93,7 Prozent. Für 1996 wurde mit 96 Prozent ein nur geringfügig höherer Anteil ermittelt. Jürgen Wilkes an punktuellem Material gewonnener Befund ist deshalb zu verallgemeinern: »Visuelle Politikdarstellung durch Nachrichtenbilder ist also fast ausschließlich Personendarstellung bzw. durch ein hohes Maß an Personalisierung geprägt. Politik wird somit nur im Handeln von Personen anschaubar, ja dadurch ›materialisiert‹.«[663] Wie der Überblick über Jahrzehnte mit ganz unterschiedlichen politischen Systemen zeigt, ist diese »Personalisierung der politischen Kommunikation« auch weniger »ein wesentliches Kennzeichen von Demokratien in Mediengesellschaften«, wie Thomas Mergel vermutet,[664] als ein in den Bildmedien selbst angelegter Zwang, eine Frage spezifischer Medienlogik.

Die 4.509 Bilder mit politischen Akteuren verteilen sich folgendermaßen auf die vier Felder des eben vorgestellten Schemas:

662 Bedingte Reliabilität .888; vgl. Anhang S. 526.
663 Wilke, *Visualisierung von Politik*, S. 165.
664 Mergel, *Propaganda in der Kultur des Schauens.*

TABELLE 5

Anzahl der Bilder mit politischen Inhalten im engeren Sinne nach Akteuren und Kontexten

direkt		Kontextbezug		Gesamt
		direkt	indirekt	
Akteur	aktive Politiker	2.830 (62,8 %)	272 (6 %)	3.102
	ohne aktive Politiker	893 (19,8 %)	514 (11,4 %)	1.407
Gesamt		3.723	786	4.509 (100 %)

Wichtiger als die Gesamtzahlen, die nur einmal einen ersten Orientierungswert liefern, sind jedoch die Differenzierungen nach Phasen und speziellen Illustrierten-Eigenheiten. Das ist im Folgenden Thema.

Aktive Politiker und ihre Kontexte

Dass Bilder, die aktive Politiker als Akteure zeigen, in der Regel als politische Bilder zu betrachten sind, dürfte allgemein konsensfähig sein. Unterschiedliche Meinungen werden höchstens darüber bestehen, ob auch wirklich jedes Bild, das einen aktiven Politiker zeigt, dazu zu rechnen ist; ob dies nicht kontextabhängig ist, ob nicht die Abbildung von Politikern in unpolitischen Kontexten unpolitisch ist. Angesichts der Bedeutung, die zumindest mittlerweile der Image-Konstruktion von Politikern durch mehr oder minder inszenierte Blicke in ihr Privatleben zukommt, wird hier dafür plädiert, keine zu engen Grenzen zu ziehen. Aber selbst wenn man anderer Meinung ist: Von Interesse ist auf jeden Fall, zu verfolgen, wie sich das quantitative Verhältnis dieser beiden Bildgruppen zueinander entwickelte: Wie häufig wurden zu bestimmten Zeiten aktive Politiker in direkten politischen Kontexten abgebildet und wie häufig in nicht direkt politischen, im Urlaub oder in der Freizeit, mit der Familie oder dem Haustier? Die Antwort auf diese Frage ist auch insofern bedeutungsvoll, als die entsprechenden Bildinhalte in aller Regel sehr einfach zu identifizieren und die Daten somit recht zuverlässig sind.

Die bereits genannten Gesamtzahlen weisen die Richtung: Mehr als 90 Prozent der Bilder mit aktiven Politikern zeigten diese in direkten politischen Kontexten. Die zeitliche Differenzierung ergibt nur verhältnismäßig geringe Verschiebungen: Zu allen Zeiten wurden in der überwältigenden Zahl der Fälle aktive

Politiker in direkt politischen Kontexten gezeigt – auf Konferenzen oder bei Empfängen, im Parlament oder einfach als Amtsinhaber im Porträt. Gewisse Ausnahmen gibt es davon nur zwei: in den Vorkriegsjahren des Kaiserreichs und noch etwas deutlicher Mitte der 1920er-Jahre. Die Sonderstellung der ›Goldenen Zwanziger‹ ist zudem auch dadurch besonders auffallend, als in den Jahren zuvor der absolute Höchstwert bei der Darstellung aktiver Politiker in direkten politischen Kontexten erreicht wurde.

GRAFIK 10

Aktive Politiker und ihre Kontexte (Anteile in Prozent, N = 3.102)

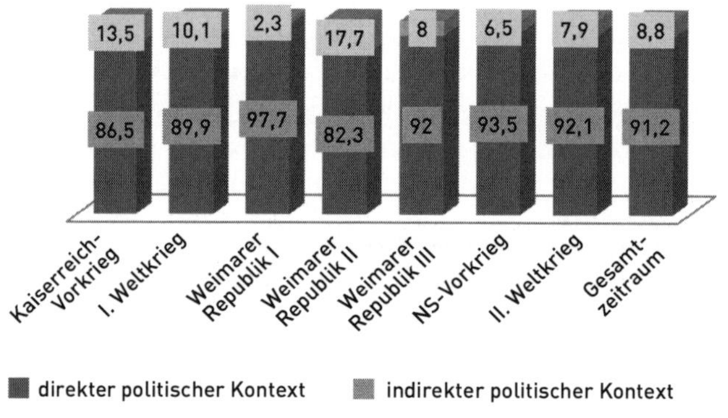

Dieses Bild verändert sich nur wenig, wenn zudem nach den Gegebenheiten in den verschiedenen Illustrierten gefragt wird. Bei *BIZ* und *WO* verlaufen die Werte fast exakt parallel, nur dass es zum Stil der *BIZ* gehörte, aktive Politiker etwas mehr in indirekten Kontexten zu zeigen, während die *WO* in dieser Hinsicht die größere Zurückhaltung zeigte – trotz etlicher Homestorys, wie bereits erwähnt.[665] Die krasse Veränderung von den frühen Jahren der Weimarer Republik zu ihren mittleren Jahren weisen aber beide gleich ausgeprägt auf: Bei der *BIZ* stieg der Anteil der Politikerdarstellungen in indirekten Kontexten von 7,7 auf 24,0 Prozent, also um 16,3 Prozentpunkte; bei der *WO* von 0,9 (!) auf 17,4, also um 16,5 Prozentpunkte.

Im Vergleich dazu sind die strukturellen Veränderungen in dieser Hinsicht zwischen später Weimarer Republik und frühen NS-Jahren relativ gering. Im letzten Abschnitt wurde gezeigt, dass die Illustrierten im Bereich der politischen Bilder überhaupt ganz unterschiedlich reagierten. Der *IB* fuhr ihren Anteil zurück, die *WO*

665 Vgl. S. 108.

erhöhte den ihren, bei der *BIZ* hielt man ihn weitgehend konstant. Aber bei allen wurden die Politiker als solche in direkten politischen Kontexten in den Vordergrund gerückt. Die gravierenden inhaltlichen Veränderungen stehen dabei außer Frage. Seit 1933 war das politische Personal ein ganz anderes als zuvor, die Anlässe wandelten sich, die Art ihrer Inszenierung und der Stil ihrer Darstellung ebenfalls, wie dies am besten an den Reichsparteitagen der NSDAP im September zu studieren ist.[666] Aber abgesehen davon, wie kritisch das von Teilen der Leserschaft der Illustrierten gesehen wurde – bewegte es sich für andere Teile nicht im Rahmen des strukturell Gewohnten, der Darstellung von Politik durch Politiker als etwas vergleichsweise vom eigenen Alltag weit Entferntes? Konkrete Aussagen darüber, wer was wie gesehen und bewertet hat, sind nicht nur rückblickend nicht möglich, auch die heutige Rezeptionsforschung stößt da an ihre Grenzen.

Neue Männer im neuen Reichstag.

Abb. 90: Porträts von würdigen, ernst blickenden Männern mittleren Alters – das war die typische Politiker-Darstellung in den Vorkriegsjahren des Kaiserreichs, hier exemplarisch gezeigt an S. 279 aus der *WO* Nr. 7 vom 16. Februar 1907.

Auf inhaltsanalytischer Ebene ist dagegen anderes auffällig, wenn man größere Zeiträume und die Veränderungen darin überblickt. Vor diesem Hintergrund ist als erstes nun genauer nach der Politiker-Darstellung in *BIZ* und *WO* während der Vorkriegsjahre des Kaiserreichs und dann in den frühen und mittleren Jahren der Weimarer Republik zu fragen. Die Unterschiede zwischen den beiden Illus-

666 Diehl, *Reichsparteitag*; Urban, *Konsensfabrik*.

trierten können dabei weitgehend vernachlässigt werden; sie liegen mehr in der bereits angesprochenen Größenordnung als in der inhaltlichen Gestaltung.

Der deutlichste Unterschied zeigt sich während der Vorkriegsjahre des Kaiserreichs in der Behandlung von regierendem Adel und aktiven Politikern, soweit sie nicht dem regierenden Adel angehörten, jeweils in Deutschland. In absoluten Zahlen wurden beide Gruppen in beiden Illustrierten fast gleichmäßig gezeigt (177 vs. 154). Aber während Politiker fast ganz auf politische Kontexte reduziert wurden (93,5 %), zeigte man den regierenden Adel in beträchtlichem Maße auch in anderen Kontexten und nur in knapp drei Vierteln der Fälle in direkt politischen Zusammenhängen (72,6 %). Es scheint also ein beträchtliches Interesse daran bestanden zu haben, ein Stück weit optische Teilhabe am Leben der traditionsreichen Oberschicht zu vermitteln – und sei es auch nur durch das Betrachten von Fotos und anderen Bildern in Illustrierten.

Auf Schneeschuhen mit Vorspann.

Das Kronprinzenpaar
und Prinzessin Viktoria Luise von Preußen zum Wintersport in Celerina (Oberengadin).

Prinzessin Viktoria Luise beim Skikjöring.
Nebenstehend: Das Kronprinzenpaar und die Prinzessin (X) auf einem Spaziergang.

Abb. 91: Selbstverständlich wurden auch Kaiser und Adel in der Regel in direkt politischen Kontexten präsentiert. In beträchtlicher Zahl gab es aber auch ganz andere Abbildungen, hier zum Beispiel das Kronprinzenpaar beim Wintersport (*WO* Nr. 9 vom 2. März 1912, S. 351).

Aussagekräftig ist auch ein Blick darauf, in welchem Ausmaß die beiden Illustrierten Politiker verschiedener politischer Richtungen ins Bild setzten. Das Ergebnis entspricht nur zum Teil dem, wie die beiden Illustrierten im Allgemeinen eingestuft werden. Zur Einschätzung der *BIZ* als tendenziell linksliberal-oppositionell passt, dass von 16 Bildern, die eindeutig SPD-Politiker zeigten, 15 in der *BIZ* veröffentlicht wurden und nur eines in der *WO*.

Die abgebildete Seite ist um zwei Hinweise zu ergänzen. Zum einen zeigte die große »für die ›B.I.Z.‹ von Professor Emil Orlik« erstellte Zeichnung einen ›privaten‹ Bebel mit seiner Gattin (und auch das zweite Bild, ein Foto seiner Geburtsstätte war nicht direkt politisch) – durchaus eine seltene Ausnahme bei der Politikerdarstellung; und zum anderen liefert die Seitengestaltung wieder einmal ein schönes Beispiel für das völlig bild- und nicht sachorientierte Vorgehen

Abb. 92: Ihrem Ruf als tendenziell oppositionelle Illustrierte wurde die *BIZ* mit ihrer Nr. 8 vom 20. September 1910 in besonderer Weise gerecht. Sie würdigte den 70. Geburtstag des SPD-Vorsitzenden August Bebel nicht nur durch zwei große Abbildungen, sondern auch durch einen längeren Text, der im Wesentlichen Passagen aus Bebels gerade erschienener Autobiografie *Aus meinem Leben* enthielt.

der Illustrierten-Gestalter: Der Text zu Bebels Geburtstag fließt auch noch auf den beiden folgenden Seiten um die dortigen, ganz anderen Themen gewidmeten Bilder herum, während auf der abgebildeten Seite völlig zusammenhanglos unten links und rechts zwei Fotos eingesetzt wurden, um die Seite optisch auszubalancieren.

In der Nr. 8 wurde übrigens nicht nur der Geburtstag des ›Oppositionellen‹ Bebels gewürdigt, die ersten beiden Seiten wurden Bildern zu großen Demonstrationen gegen die Regierung eingeräumt (vgl. Abb. 99, S. 304).

Zufälligerweise wurden in den untersuchten Heften der beiden Illustrierten auch genau 16 Bilder mit eindeutig zu identifizierenden liberalen Politikern gezeigt (übrigens alle in direkten politischen Kontexten), aber nun war das Verhältnis fast genau umgekehrt: Nur zwei erschienen in der BIZ, dagegen 14 in der *WO*. Ziemlich ausgewogen war man dagegen bei den beiden weiteren großen politischen Richtungen des Kaiserreichs: Neun Bildern von Konservativen in der *WO* standen sechs in der BIZ gegenüber, beim Zentrum war das Verhältnis dann 2 zu 3. Zumindest in der Darstellung aktiver Politiker war die *WO* während des Kaiserreichs also vielleicht doch nicht ganz so konservativ, wie zumeist angenommen wird.

Nach dem Ersten Weltkrieg gab es keinen regierenden Adel mehr, dem politischen Personal fehlte diese Facette. Dafür drängte eine Menge neuer Aktiver – zumeist Männer, aber auch ein paar Frauen – auf die politische Bühne. Die Illustrierten präsentierten dazu Bilder über Bilder, zumal 1919. Kaum zu überbieten in ihrem Engagement war die *wo*. Mit Nr. 6 vom 8. Februar begann sie eine umfassende Fotoserie »Die Mitglieder der deutschen Nationalversammlung«, in der sie nach und nach 397 der insgesamt 423 Parlamentarier und Parlamentarierinnen mit kleinen Porträts vorstellte – jeweils bis zu 25 pro Seite, deshalb in dieser Nummer allein schon einmal auf sechs Seiten 147. Fortgesetzt wurde dies in den Nrn. 7, 8 und 9.

Von der Bekämpfung der Spartakisten in Wilhelmshaven.

Oben: Tausend-Mann-Kaserne nach dem Kampf mit Spartakus.

Mitte: Delegiertenzimmer der Spartakisten nach der Einnahme.

Unten: Korridor in der Kaserne nach der Beschießung.

Phot. Zimmermann.

Nummer 6. Seite 123.

Die Mitglieder der deutschen Nationalversammlung.

Deutschnationale Volkspartei

Deutsche Volkspartei

Abb. 93: In der frühen Weimarer Republik setzten die Illustrierten die Traditionen der Vorkriegsjahre des Kaiserreichs bei der Politiker-Darstellung fort. In Heft 6 vom 8. Februar 1919 begann die *WO*, »Die Mitglieder der deutschen Nationalversammlung« nach Fraktionen geordnet mit kleinen Porträts zu präsentieren. Die Komposition der Doppelseite war sicherlich kein Zufall: Links wurden Fotos »Von der Bekämpfung der Spartakisten in Wilhelmshafen« gezeigt, rechts die Fotos der die neue Ordnung repräsentierenden Parlamentarier. Es wird den Verantwortlichen der *WO* gut gepasst haben, dass sie – streng nach Alphabet – auch noch mit den Abgeordneten der konservativen Deutschnationalen Volkspartei beginnen konnte (S.122f.).

Die BIZ setzte nicht ganz so exzessiv wie die WO auf Vollständigkeit bei der Parlamentarierabbildung, informierte aber ebenfalls im Februar 1919 ihre Leserschaft durch eine Menge Fotos über Nationalversammlung und neue Reichsregierung. Dieses beachtliche »visuelle Interesse an der Politik und ihren Vertretern« der auflagenstärksten deutschen Illustrierten der damaligen Zeit während der Revolution 1918/19 wurde bereits von Thomas Mergel festgestellt. Apodiktisch behauptete er weiter: »Mit dem Kapp-Lüttwitz-Putsch war es mit der Verbildlichung der neuen Politik allerdings vorbei – gerade so, als habe dieser die neuen Stars entzaubert. [...] Im Gegensatz zur Politik der Nationalversammlung blieb die Politik der Weimarer Republik für das Publikum von Anfang an gesichtslos«.[667]

Berliner Illustrirte Zeitung

KÖPFE AUS DEM NEUEN REICHSTAG

Abb. 94: Die Reichstagswahl vom 4. Mai 1924 lag gerade einmal eine Woche zurück, da präsentierte die *BIZ* in ihrer Nr. 19 vom 11. Mai 1924 diese Seite (486) mit insgesamt 27 Porträtfotos von 25 Parlamentariern und zwei Parlamentarierinnen. Im nächsten Heft folgte ein zweiter Teil mit 25 Fotos (S. 516). – Sorgfältig achtete man auf die strenge Symmetrie der Seitengestaltung und die Akzentuierung durch ein paar ovale, ebenfalls symmetrisch gesetzte Bildformate. Gegenüber der ästhetisch orientierten Frage nach der Blickrichtung (die Köpfe auf der linken Seite blicken nach rechts, die auf der rechten nach links) trat die Frage der politischen Richtung der Abgebildeten ganz in den Hintergrund.

Auf den ersten Blick scheint diese starke These durch die Befunde unserer Untersuchung bestätigt zu werden. Betrug der Anteil von Fotos mit politischen Inhalten bei der BIZ im Jahr 1919 noch 31,8 Prozent, so sank er bereits 1920 auf 17,1 Prozent und lag im Durchschnitt der Jahre 1920 bis 1932 bei 12,2 Prozent. Allerdings müssen diese Werte durch zwei Beobachtungen relativiert werden. Zum einen sollten Prozentwerte immer auch durch absolute Zahlen ergänzt werden.

667 Mergel, *Propaganda in der Kultur des Schauens*, S. 538f.

Der Politik-Anteil von 1919 kam durch 48 Bilder zustande. 1928 waren es 47 und 1930 sogar 49 – die Anteile betrugen aber nur 16,2 bzw. 14,8 Prozent, weil das Bilderangebot der Illustrierten insgesamt sich mittlerweile rund verdoppelt hatte. Das politische Bild war also bei der *BIZ* nicht verdrängt worden; es hatte nur nicht mit der zunehmenden Präsenz anderer Themen Schritt halten können.

Zum anderen bedarf es noch einer zweiten Korrektur. Unsere Untersuchung beruht auf einer terminlich starren Stichprobe. Im Februar 1919 war gerade die Wahl zur Verfassunggebenden Nationalversammlung vorbei, im September die zum fünften Reichstag; das sorgte auch für eine entsprechende Berichterstattung. 1920, 1924, 1928 und 1932 fielen die Wahltermine auf keine zu unseren Stichproben passenden Termine. Schlägt man jedoch in den zu den Wahlen passenden *BIZ*-Heften nach, findet man jeweils eine beachtliche Menge einschlägiger Bilder.

Hätte sich Thomas Mergel nicht auf die *BIZ*, sondern auf die *WO* bezogen, wäre seine These wesentlich besser zu belegen. Selbst wenn man berücksichtigt, dass die Schwemme von Politiker-Bildern im Frühjahr 1919 bei ihr nicht hatte von Dauer sein können, muss es doch auffallen, wie deutlich nicht nur die Anteile, sondern auch die absoluten Zahlen politischer Bilder in den folgenden Jahren zurückgingen. Im Durchschnitt der Jahre 1920 bis 1932 betrug ihr Anteil nur 8,6 Prozent, und in den Jahren 1924 bis 1929 sogar bloß 6,6 Prozent. Beim Tiefpunkt 1929 waren es bei einem Anteil von 3,1 Prozent gerade noch elf Bilder.

Mit der aktuellen deutschen Politik wollte die Illustrierte aus dem Hugenberg-Imperium in jenen Jahren so gut wie nichts mehr zu tun haben. Das zeigt sich nirgends so deutlich wie bei der nicht nur im Nachhinein als so schicksalhaft empfundenen Reichstagswahl vom 14. September 1930, die genau in die Zeit unserer Herbststichprobe dieses Jahres fiel. Heft 37, das am Tag zuvor erschien, enthielt kein einziges Bild, das auf die anstehende Wahl bezogen war, ja noch nicht einmal eines, das überhaupt guten Gewissens als ›politisch‹ zu klassifizieren wäre. Heft 38 vom 20. September brachte dann nur drei Fotos von der Revolution in Argentinien als einzige politische Bilder. Erst in Heft 39 vom 27. September waren dann zwei kleine Fotos zu finden, die auf die Wahl Bezug nahmen. Thema war aber nur, dass der Sitzungssaal des Reichstags vergrößert werden musste. Viel wichtiger war der Illustrierten, dass Reichspräsident Hindenburg an den Reichswehr-Manövern in Franken teilnahm. Eins der drei Fotos dazu wurde sogar ganzseitig präsentiert.

Wenn auch Thomas Mergels Behauptung bezüglich der *BIZ* nur begrenzt gültig ist, so entwickelt er aus ihr und anderen Beobachtungen doch Überlegungen, die weitere Prüfung verdienen. Sie lassen sich zu einer These der »Distanz zwischen Politik und Gesellschaft« während der Weimarer Republik verdichten: Die deutsche »Politik wich dem öffentlichen Interesse nach Nachrichten jenseits der politischen Agenda aus.«[668] Man wird dies in die hier vorgestellte Unterscheidung zwischen direkten und indirekten politischen Kontexten übersetzen dürfen. Die bereits genannten Werte scheinen Mergel zu widersprechen, ihre Hintergründe müssen also noch näher betrachtet werden.

In unserer Stichprobe wurden 1919 315 Bilder aktiver Politiker erfasst – und kein einziges davon zeigte einen nicht direkt politischen Kontext. In den folgenden Jahren lockerte sich dies zwar, aber nur in ganz bescheidenem Rahmen. Mehr als 2,3 Prozent derartiger Bilder kamen für die Phase bis Ende 1923 nicht zusammen.

Mitte der 1920er-Jahre begann sich dieser Stil zu wandeln. Der Höhepunkt der Veränderung war 1928 erreicht, als bei *BIZ* und *WO* nur noch zwei von drei Bildern aktive Politiker in direkt politischen Kontexten zeigten, ein Drittel dagegen in nicht direkt politischen Zusammenhängen. Nennenswerte Unterschiede ergaben sich dabei zwischen diesen beiden Illustrierten nicht. Ist man hier einer entscheidenden Wandlung der Politik-Präsentation auf der Spur?

Nummer 37

Berliner

Preis des Heftes 20 Pfennig

Illustrirte Zeitung

Verlag Ullstein Berlin SW 68

Abb. 95: Seltene Ausnahme: Hindenburg einmal ganz privat – »Nach der Gamsjagd« unterschrieb die *BIZ* ihr Titelfoto der Nr. 37 vom 9. September 1928, das den Reichspräsidenten mit seinem Sohn zeigte. Außerdem fehlte auch nicht der Hinweis auf zwei weitere Fotos im Heft, die mit »Hindenburgs Urlaubstage« überschrieben waren (alle drei Fotos von Heinrich Schanz).

668 Ebd., S. 549.

Betrachtet man nun die Bilder des Jahres 1928 im Einzelnen, ist ein Befund unübersehbar: die ganz unterschiedliche Darstellung deutscher und ausländischer Politiker. Die wesentlich lockerere, sich nicht auf Politisches im engeren Sinne beschränkende Darstellung betraf ganz überwiegend ausländische Politiker. Bei deutschen Politikern war man viel zurückhaltender. Ganz auffallend war das bei der *WO*. Auf 19 Politiker-Bildern von Ausländern waren nur zehnmal direkte politische Kontexte zu identifizieren. Bei den fünf Bildern mit Deutschen gab es dagegen keine anderen. Bei der *BIZ* war die Tendenz ähnlich: Auf 15 Bildern mit Ausländern gab es achtmal direkte politische Kontexte, bei 22 mit Deutschen dagegen 17mal. Das zeigt ganz klar: Bei deutschen Politikern war noch immer die ernsthafte Darstellung in direkten politischen Kontexten die Regel, bei Ausländern war man dagegen wesentlich beweglicher.

Berliner Illustrirte Zeitung

Bitte recht freundlich!

Eine Bildnisgalerie des Lachens

Abb. 96: Politiker wurden in aller Regel ernst blickend abgebildet. Lachende Gesichter wurden nur selten gezeigt – und wenn, geschah dies auf der letzten Seite eines Heftes, wie hier bei der *BIZ* Nr. 9 vom 26. Februar 1928. Sicherlich war es kein Zufall, dass nur ein deutscher Politiker gezeigt wurde (Reichskanzler Marx, links oben), während man drei Ausländer präsentierte.

Dieser Befund bleibt auch erhalten, wenn man die Jahre 1920 bis 1932 insgesamt betrachtet (unter Einbezug von 1919 wäre das Ergebnis noch drastischer): Von 313 Bildern, auf denen aktive deutsche Politiker zu sehen waren, präsentierten 93,3 Prozent direkte politische Kontexte, von 250 Bildern mit ausländischen aktiven Politikern dagegen nur 80,8 Prozent.

Deutsche Politiker wurden also fast durchweg ernst und in ihren politischen Rollen gezeigt, ein gewisser Human Touch bildete die allergrößte Ausnahme.

Die naheliegende Frage nach den Gründen kann eine inhaltsanalytische Untersuchung nur begrenzt beantworten.[669] Immerhin gibt der beträchtliche Unterschied zwischen der Darstellung deutscher und ausländischer Politiker einen Hinweis. Anscheinend waren die Illustrierten nicht ganz abgeneigt, Politiker auch in nicht direkt politischen Kontexten abzubilden. Die These Thomas Mergels hat also durchaus eine gewisse Plausibilität, dass es die traditionelle deutsche Politik war, die sich diesem Ansatz und den »Herausforderungen der Bildergesellschaft«, wie dies Gerhard Paul weiter ausführt, verweigerte.[670]

Bislang wurden nur die Gegebenheiten bei der *BIZ* und bei der *WO* dargestellt. Wie aber sah es hinsichtlich der Politiker-Darstellung mit den Nationalsozialisten und ihrem *IB* aus? Das Gesamtergebnis ist eindeutig: Beim *IB* gab es so gut wie keine Veränderungen. Er stellte Politiker eigentlich nur in direkt politischen Kontexten dar – ein Durchschnittswert von fast 95 Prozent spricht da für sich. Keine Rede kann davon sein, dass er in nennenswertem Maße versucht hätte, die menschlich-private Seite gerade der nationalsozialistischen Politiker in nicht politischen Kontexten in den Vordergrund zu stellen. Selbstverständlich wurden solche Bilder von Hitler oder Göring veröffentlicht, im Nachhinein wird aber ihre Zahl überschätzt. Auch sie wurden primär als Staatsmänner gezeigt, wenn auch immer wieder mit jovialen Zügen in ihrem Verhalten. In die folgende Tabelle wurden auch Bilder von Joseph Goebbels aufgenommen. Sie zeigt dadurch gleich, welche zahlenmäßigen Unterschiede zwischen den Abbildungen Hitlers und der seiner wichtigsten Mitarbeiter in der Partei-Illustrierten bestanden.

TABELLE 6

Bilder von Hitler, Göring und Goebbels und ihre Kontexte im *IB*

	direkter politischer Kontext	indirekter politischer Kontext	Gesamt
Hitler	266 (95 %)	14 (5 %)	280 (100 %)
Göring	23 (88,5 %)	3 (11,5 %)	26 (100 %)
Goebbels	33 (100 %)	0	33 (100 %)

Die menschlich-private Seite Hitlers wurde im *IB* primär in der Spätphase der Weimarer Republik gezeigt, also nach 1930. Der Politiker Hitler wurde da ›nur‹ auf 86,5 Prozent der ihm gewidmeten *IB*-Bilder gezeigt. In den Vorkriegsjahren stieg dieser Wert dann auf 96,3 Prozent, während des Zweiten Weltkriegs waren 100 Prozent erreicht.

669 Vgl. S. 325 mit einem konkreten Beispiel.
670 Paul, *Visuelles Zeitalter*, S. 179.

Abb. 97: Unsere Stichprobe erfasst nicht den Strategiewechsel der Nationalsozialisten in der Reichspräsidentenwahl 1932: Während das letzte *IB*-Heft vor dem ersten Wahlgang am 13. März (Nr. 10/11 vom 12. März) noch einen todernst, ja fast finster den Betrachter fixierenden Hitler präsentierte, zeigte die Nr. 14 vom 2. April erstmals einen freundlich den Menschen zugewandten Kandidaten. Die genaueren Hintergründe dieser Neuorientierung liegen im Dunkeln (Herz, *Hoffmann & Hitler*, S. 194-196). Allerdings blieb sie punktuell beschränkt. Schon im Herbst 1932 war man zum alten Stil zurückgekehrt.

Diese Entwicklung legt nahe, auch nach den Unterschieden zwischen der Darstellung deutscher und ausländischer Politiker überhaupt in den nationalsozialistischen Vorkriegsjahren zu fragen. Die Differenzen zwischen den drei Illustrierten sind frappant. Während die BIZ noch immer auf rund einem Fünftel ihrer Bilder mit ausländischen Politikern nicht direkt politische Kontexte zeigte (bei deutschen nur 7%), war es bei der *WO* nur jedes zehnte und beim IB nur jedes zwanzigste. Dies spricht dafür, dass es tatsächlich die Politik war, die einem konservativen Bildverständnis anhing, und nicht die Medien, zumindest wenn sie wie die BIZ der gesellschaftlichen Gegenwart gegenüber eine gewisse Aufgeschlossenheit bewahrt hatten. Von einer kurzen Phase in den frühen 1930er-Jahren abgesehen bildeten die Nationalsozialisten mit ihrem IB dabei keine Ausnahme. Dies gilt auch für das Bild Hitlers, auf das später noch genauer einzugehen ist.[671]

671 Vgl. S. 333ff.

Seit dem Frühjahr 1935 war der Spielraum der Bildberichterstattung über deutsche Politiker tatsächlich streng reglementiert. In der Reichspressekonferenz vom 27. April jenes Jahres wurden die Redaktionen in Kenntnis gesetzt, dass zwar die Berichterstattung »im allgemeinen den Forderungen des Propagandaministeriums« entspräche, es aber »nach Ansicht der zuständigen Stellen bei der Bildberichterstattung noch sehr im argen« läge. Zweierlei wurde vor allem kritisiert: Zum einen sei durch Bilder von Mitgliedern der Reichsregierung an gedeckten Tischen »im Volke der völlig unsinnige Eindruck [...] entstanden, als ob die Regierungsmitglieder prassen. Die Bildberichterstattung hat sich infolgedessen in dieser Beziehung umzustellen.« Und zum anderen wären Wohnungen und Häuser der Minister unangemessen wiedergegeben worden: »Geschickte Fotografen haben vielfach lauschige Ecken dieser Wohnungen in geschickter Zusammenstellung der Bevölkerung vor Augen geführt, sodass die Meinung entstehen könnte, dass die Regierungsmitglieder und andere führende Leute in Prunkpalästen wohnen. Dieses ist jedoch keineswegs der Fall und daher sollen auch missverständliche Bilder in Zukunft nicht mehr erscheinen.«[672] In seinen Erinnerungen ergänzte ein Teilnehmer der Konferenz die zitierten Passagen noch um den Zusatz: »Dr. Goebbels habe nicht die Absicht, sich in Zukunft noch eine vorstehend geschilderte, völlig falsche Bild-Berichterstattung gefallen zu lassen.«[673] Wie sehr sich diese Anordnung auch den Fotografen eingeprägt haben muss, zeigt eine entsprechende Bemerkung in den Erinnerungen von Görings Leib-Fotografen zu seinem Vorgehen bei einem Empfang Ende 1940: »Ich hütete mich, zu photographieren, während sie an den Tischen sassen. Denn es bestand der scharfe Befehl, keinen Mann des öffentlichen Lebens mit Messer und Gabel oder einem Glas in der Hand aufzunehmen, noch nicht einmal mit einer Tasse Kaffee oder Tee. (Sie wussten, warum sie es nicht duldeten.)«[674]

Letztlich war es also die nicht unbegründete Angst der Machthaber im NS-Staat, durch privatere Fotos bloßgestellt zu werden, die zu einer rigiden Kontrolle der Motive führte. Die Illustrierten reagierten entsprechend. Etwas größere Freiheiten nahmen sie sich nur gegenüber ausländischen Politikern heraus; deutsche Politiker wurden nur noch in großen Ausnahmen etwas ungezwungener dargestellt.

672 NS-*Presseanweisungen der Vorkriegszeit 1935/1*, S. 244.
673 Sänger, *Politik der Täuschungen*, S. 67.
674 Lange, *Der Reichsmarschall im Kriege*, S. 44.

Berliner Illustrirte Zeitung

Fern den Geschäften

Ferienbilder aus aller Welt

Abb. 98: Wurden deutsche Politiker oder gar Hitler zumindest in den Sommermonaten in den Illustrierten ab und zu privat abgebildet? Ein Blick in die neun *BIZ*-Hefte von Juli und August 1937 zeigt: In sechs Heften gab es überhaupt keine Hitler-Abbildung, in den drei übrigen insgesamt sechs, davon fünf im Zusammenhang mit der Eröffnung der Großen Deutschen Kunstausstellung in München und auch das sechste in offizieller Rolle. Auf der Doppelseite »Fern den Geschäften. Ferienbilder aus aller Welt« (Nr. 33 vom 19. August, S. 1206f.) fehlt er. Einziger abgebildeter deutscher Politiker ist der deutsche Botschafter in Großbritannien, Joachim von Ribbentrop, beim Golfspiel (links unten, in der Mitte). Benito Mussolini dagegen (rechts oben, außen) wurde »im Badedreß« gezeigt und der Hinweis durfte nicht fehlen, dass er sich auf dem »von ihm selbst gesteuerten Flugboot« präsentierte. – Wie viel lockerer sich überhaupt die Spitzenpolitiker Italiens präsentierten, ist am Titelbild des *IB* Nr. 32 vom 11. August 1938 abzulesen. Es zeigt den italienischen Außenminister im Gespräch mit Propagandaminister Dino Alfieri – der Graf allerdings in kurzer Hose und Sandalen mit Fahrrad, weil sich die beiden (so suggeriert zumindest das Foto) zufällig am Strand getroffen hatten.

Schließlich ist wie beim Kaiserreich auch bei der Weimarer Republik zu fragen, ob Präferenzen der Illustrierten zur Darstellung von Politikern bestimmter Richtungen bestanden. Auch hier sind die Befunde weniger eindeutig, als die allgemeine Einschätzung nahelegt. Die BIZ zeigte zwar durchaus eine gewisse Sympathie für Linke und Liberale, wenn man nur einmal die Zahl der Abbildungen mit entsprechenden Politikern als Maßstab nimmt (38 bzw. 25), daneben waren Konservative (19), Zentrumspolitiker (13) und Nationalsozialisten (15) aber nicht völlig bedeutungslos. Umgekehrt präsentierte die *WO* zwar 43 Bilder von Konservativen, aber eben auch 114 Bilder von Sozialdemokraten. Ebenso erwähnenswert scheint der fast völlige Rückzug der *WO* aus der politischen Bildberichterstattung seit Mitte der 1920er-Jahre, zumindest was die deutsche Politik betrifft. Veröffentlichte sie in den ersten fünf Jahren der Republik noch 343 Bilder von aktiven Politikern (davon nur 34 Ausländer), so waren es in den nächsten sechs nur noch 86 (61 Ausländer) und in den letzten drei 62 (37 Ausländer). Dass der *IB* sich weitestgehend auf die bildliche Darstellung seiner eigenen Parteigänger beschränkte, dürfte dagegen wenig überraschen: Von 126 Bildern von aktiven Politikern waren es 112!

Ein Merkmal, das sich besonders gut eignet, über die Zeit verglichen zu werden, ist die Art, in der aktive Politiker abgebildet werden: ob als Einzelperson und gar im Porträt oder in mehr oder minder großen Gruppen. Einen Orientierungspunkt liefert die Studie Elke Grittmanns, die Politikerdarstellungen in den Jahren 2000/2001 untersuchte. Sie analysierte ihren Bildbestand zwar mit leicht abweichendem System, aber ein Wert scheint doch mit unseren Erhebungen vergleichbar. Der von ihr festgestellte Anteil von Einzelporträts an den Politikdarstellungen betrug 36,1 Prozent: Politik wird aktuell über Gesichter vermittelt, wenn auch die Porträtdarstellungen im Durchschnitt viel kleiner gehalten sind als andere Bilder.[675] Der entsprechende Wert für den Gesamtzeitraum beträgt in der untersuchten Stichprobe nur 27,9 Prozent. Das heißt, dass zwar auch schon vor 1945 in erheblichem Maße Politik über Politikerporträts bebildert wurde, aber doch nicht ganz so stark wie Anfang des 21. Jahrhunderts. Kann daraus ein Argument zur Stützung der These eines allgemeinen Trends zur größeren Personalisierung der Politikberichterstattung in den Medien abgeleitet werden? Eine nähere Betrachtung erzwingt überraschende Differenzierungen.

Die Personalisierung von Politik wird heute zumeist negativ bewertet.[676] Dabei sind die empirischen Befunde alles andere als eindeutig, wenn man unter Personalisierung wertneutral nur versteht, »daß politische Realität konstruiert wird unter Bezugnahme auf Personen.«[677] Warum diese Personalisierung geschieht, ist leicht einzusehen: »In der Selbstdarstellung der Politik, bei den Medien und bei der Wählerschaft bzw. dem Publikum dient Personalisierung der Reduktion von Komplexität. Die personalisierende Selbstdarstellung der Politik antwortet auf das Orientierungsbedürfnis der Bürgerinnen und Bürger, kommt damit aber

675 Grittmann, *Politisches Bild*, S. 365f.
676 Vgl. Holtz-Bacha/Lessinger/Hettesheimer, *Personalisierung*, S. 242.
677 Ebd., S. 241.

gleichzeitig den Selektionsroutinen der Medien, insbesondere dem Bilderzwang des Fernsehens entgegen.«[678] Ohne Weiteres wird man nun ›Fernsehen‹ durch ›Illustrierte‹ ersetzen und weiter danach fragen dürfen, wie ausgeprägt denn die Personalisierung der Politik in deutschen Illustrierten vor 1945 war und ob sich bei genauerer Betrachtung spezifische Entwicklungen feststellen lassen – vor allem eben ein Trend zu größerer Personalisierung schon damals.

Um das Ausmaß der Personalisierung von Politik zu messen, wird folgender Weg beschritten: Als Bezugsgröße dient die Zahl der politischen Bilder überhaupt, differenziert nach Illustrierten und Phasen. Zu ihr werden alle Bilder aktiver Politiker in Relation gesetzt, die diese allein im Porträt oder als Ganzfigur zeigen. Auf das gesamte Untersuchungskorpus bezogen beträgt der sich daraus ergebende Wert 28,7 Prozent – er liegt also nur ganz gering über den 27,9 Prozent für die reinen Porträtdarstellungen, was zeigt, wie quantitativ völlig nachrangig die Personenpräsentation in Form von Ganzfiguren war. Die folgende Grafik deckt nun die ganz erheblichen Unterschiede zu verschiedenen Zeiten und in den verschiedenen Illustrierten auf. Es lohnt die Mühe, sie etwas genauer zu studieren.

GRAFIK 11

Personalisierung von Politik – gemessen am Anteil von Einzeldarstellungen aktiver Politiker an politischen Bildern überhaupt (N = 4.815)

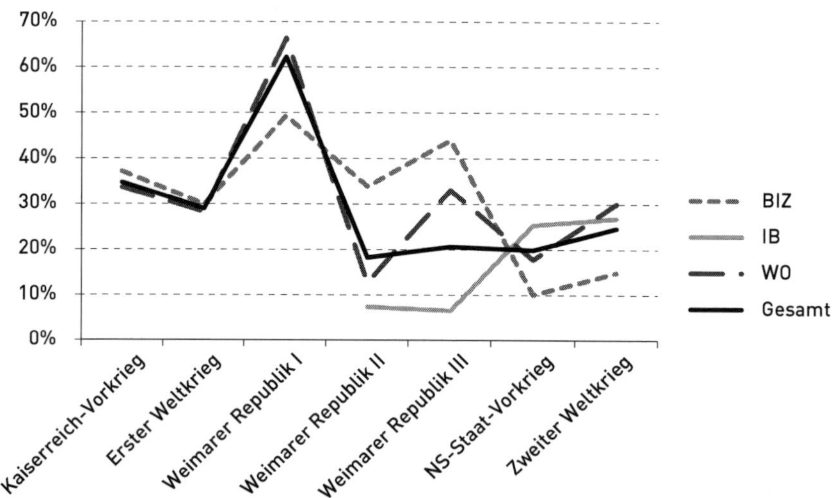

678 Ebd.

Die Befunde sind alles andere als leicht auf eine griffige Formel zu bringen.

1. Am Eindeutigsten waren die Gegebenheiten im Kaiserreich, sowohl in Friedens- wie Kriegsjahren. BIZ und WO ähnelten sich in ihrem Vorgehen sehr: Rund ein Drittel ihrer politischen Bilder zeigten aktive Politiker zumeist in Porträtform. Nicht zuletzt war dies Folge der damaligen Fototechnik, die die Illustrierten in breitem Maße relativ leicht verfügbare Atelieraufnahmen einsetzen ließ.

2. Nach dem Ersten Weltkrieg verfolgten die drei untersuchten Illustrierten hinsichtlich der Politik-Personalisierung so unterschiedliche und so rasch wechselnde Bebilderungsstrategien, dass eine Durchschnittsbildung eigentlich nur in die Irre führt.

3. Hervorzuheben ist zunächst der hohe Personalisierungsgrad in der frühen Weimarer Republik, vor allem bei der WO. Der Grund liegt nahe: Das politische Personal hatte in erheblichem Maße gewechselt und die Illustrierten entsprachen dem Interesse der Leserschaft, die neuen Köpfe wenn auch nur auf flüchtigste Weise ein Stück weit selbst kennenzulernen. Mitte der 1920er-Jahre trat dieses Bemühen völlig in den Hintergrund, wurde allerdings Anfang der 1930er-Jahre wiederbelebt.

4. Der nationalsozialistische IB steuerte in seinen frühen Jahren einen ganz anderen Kurs. Das Herausstellen aktiver Politiker in Form von Porträts oder einzelfigurigen Aufnahmen bildete bei ihm zunächst die absolute Ausnahme. Das ist im nächsten Abschnitt noch näher zu betrachten. Eine deutliche Veränderung ergab sich erst nach der Machtübernahme Hitlers. Die Durchschnittswerte vervierfachten sich nun bei ihm.

5. Verblüffenderweise verlief der Trend in dieser Zeit bei BIZ und WO ganz anders, genau umgekehrt zum IB. Diese beiden Illustrierten fuhren in den nationalsozialistischen Vorkriegsjahren ihrer Politiker-Bilder deutlich herunter – die WO halbierte ihn, bei der BIZ war es sogar nur noch ein Viertel im Vergleich zur späten Republik. Die Hintergründe müssen offen gelassen werden. Auf jeden Fall waren die Gegebenheiten im NS-Staat aber nicht ganz eindeutig-einheitlich, wie dies in der Rückschau gerne unterstellt wird.

Schließlich ist ein letztes zu betonen. Wenn man im Einklang mit politikwissenschaftlichen Überlegungen das Problem weniger in der Personalisierung überhaupt als im »Einzug politik- bzw. rollenfremder Kategorien bei der Personalisierung« sieht,[679] ist hervorzuheben, dass sich die Darstellung aktiver Politiker fast ausschließlich in ganz konventionellen politischen Zusammenhängen vollzog. Ansätze zur Veränderung, die man in aktueller politikwissenschaftlicher

679 Ebd., S. 242.

Terminologie als »Imageorientierung« klassifizieren könnte,[680] waren minimal, blieben zeitlich begrenzt und zeigten sich vor allem bei ausländischen Politikern.

Das führt zur Frage weiter, was denn konkret unter ›ganz konventionellen politischen Zusammenhängen‹ zu verstehen ist. Auch hier mussten wenige, relativ griffige Unterscheidungen genügen, um die Codierarbeit praktikabel zu halten. Zu den am eindeutigsten zu fassenden Bildthemen gehörten Nachrichten zum Amtsbeginn eines Politikers oder zu seinem Amtsende (auch durch Tod oder Ermordung). Insgesamt fiel ein gutes Fünftel aller politischen Bilder mit direktem politischen Kontext in dieses Segment. Dabei muss überraschen, dass viel häufiger über den Beginn als über das Ende einer politischen Tätigkeit berichtet wurde (4:1). In erheblichem Maße war dies zwar durch den Umbruch 1918/19 bedingt (für die frühe Weimarer Republik: 24:1), aber selbst wenn man dies Phase ausklammert, bleibt ein Verhältnis von 2:1 – es wurde doppelt so häufig über den Beginn wie über das Ende einer Politiker-Tätigkeit berichtet.

Ein wichtiges Themenfeld bildete auch die Repräsentation des deutschen Staates – im Reich wie im Ausland. In der Summe stellte es einen Anteil von ungefähr 15 Prozent der Bilder. Die Repräsentation im Inland überwog die im Ausland dabei deutlich (4:1). Allerdings gibt es auch hier einen Sonderfall, die nationalsozialistischen Vorkriegsjahre. Da betrug das Verhältnis sogar 9:1. Lässt man diese Phase außer Betracht, bleibt ein Verhältnis von 2:1. Die Bedeutung von der Staatsrepräsentation gewidmeten Bildern war in den nationalsozialistischen Vorkriegsjahren besonders hoch, am höchsten bei der *BIZ*, aber dicht gefolgt vom *IB*. Der Grund ist einfach: Adolf Hitler war als neuer Kanzler nahezu permanent präsent. Auf dieses spezielle Thema wird noch näher einzugehen sein.[681]

Das eigentliche politische Handeln offizieller Instanzen – als Regierung, als Parlament, in nationalen oder internationalen Konferenzen – wurde daneben vergleichsweise wenig beachtet. Alles in allem entfielen auf diese Bereiche noch nicht einmal 10 Prozent der Bilder. Nennenswerte Unterschiede zwischen einzelnen Phasen oder Illustrierten gab es dabei nicht.

Beim Thema ›Demonstration, Unruhe, Protest‹ sieht das anders aus. Sein Gesamtanteil von 7,4 Prozent wurde in erheblichem Maß durch die Situation der mittleren Republik geprägt, wo ein Spitzenwert von 21,2 Prozent erreicht wurde. Bewirkt wurde dies vor allem durch den Einsatz der Nationalsozialisten und dessen bildliche Darstellung im *IB*. Allerdings stößt hier die quantifizierende Analyse an eine Grenze. Gerade beim Thema nationalsozialistische Agitation

680 Ebd., S. 241.
681 Vgl. S. 333ff.

zeigte sich, dass nicht überzeugend zwischen allgemeiner Agitation einerseits und Demonstration und politischem Protest andererseits getrennt werden konnte. Letztlich muss vor allem beim IB der Weimarer Jahre dafür ein Gesamtwert gebildet werden. In den 1920er-Jahren entfiel die Hälfte der IB-Bilder mit direktem politischem Kontext auf diesen Themenbereich, in den frühen 1930er-Jahren waren es sogar 70 Prozent!

Und schließlich muss noch ein zweites Defizit bei der Differenzierung direkter politischer Kontexte eingestanden werden: Gerade im Kaiserreich (und dann überraschenderweise im Zweiten Weltkrieg) wurde ein erheblicher Teil der Bilder mit direktem politischem Kontext – jeweils um 40 Prozent – als ›sonstige offizielle Darstellung‹ klassifiziert. Hier wäre eine genauere Gliederung wichtig gewesen.

Trotz derartiger Einschränkungen erweist sich die Gliederung politischer Kontexte in direkte und indirekte als genauso praktikabel wie aussagekräftig. Politische Bilder zeigten primär – zu fast 70 Prozent – aktive Politiker und diese noch dominanter – zu über 90 Prozent – in direkten politischen Kontexten. Aber wurde Politik nur von aktiven Politikern gemacht?

Politische Kontexte und ihre Akteure

Bislang standen die aktiven Politiker im Vordergrund und die Frage richtete sich nach den Kontexten, in denen sie gezeigt wurden. Nun ist die Fragerichtung umzudrehen: In welchem Ausmaß wurden politische Kontexte ohne aktive Politiker abgebildet? Schließlich wäre es ein sehr enger Begriff von Politik, wenn nur das von aktiven Politikern Betriebene darunter fallen würde. Die Basisform von Demokratie, die Wahlen, wird ja geradezu per definitionem nicht von aktiven Politikern durchgeführt. Dasselbe gilt für viele Formen von politischem Protest.

Ähnlich wie beim letzten Untersuchungsschritt soll zunächst einmal eine nur ganz einfache Unterscheidung verfolgt werden: Zu welchen Teilen zeigten die untersuchten Illustrierten aktive Politiker in direkten politischen Kontexten auf der einen Seite und wie stand es auf der anderen Seite um die Bebilderung politischer Kontexte ohne politische Akteure auf der anderen Seite? Die deutlichen Veränderungen, die sich dabei im Laufe der Jahre ergaben, zeigt die Grafik 11.

Der für den Gesamtzeitraum ermittelte Durchschnittswert liefert einen guten Orientierungspunkt: Auf rund drei Vierteln der Bilder mit direkten politischen Kontexten waren aktive Politiker die Akteure. Sie fehlten nur auf einem Viertel der Abbildungen. Auf ihnen standen mehr oder minder namenlose Akteure im Vordergrund. Diesem Durchschnitt kamen die Gegebenheiten während des

XIX. Jahrgang
Nr. 8

Berliner
Illustrirte Zeitung

20 Februar 1910
Einzelpreis
10 Pfg.

Verlag Ullstein & Co., Berlin SW. 68.

Abb. 99: Im Februar 1910 gab es in Preußen Massenproteste gegen die von Reichskanzler Bethmann Hollweg geplante, als zu ungenügend empfundene Reform des Dreiklassenwahlrechts. Für die Nr. 8 der *BIZ* vom 20. Februar war dies ein großes Thema. Sie widmete ihr nicht nur die Titelseite (mit einer Zeichnung von Fritz Koch-Gotha), sondern auch die zweite Seite, wo auf drei der vier Fotos die Massenhaftigkeit der Proteste in Berlin vor Augen geführt wurde.

GRAFIK 12

Direkte politische Kontexte und ihre Akteure

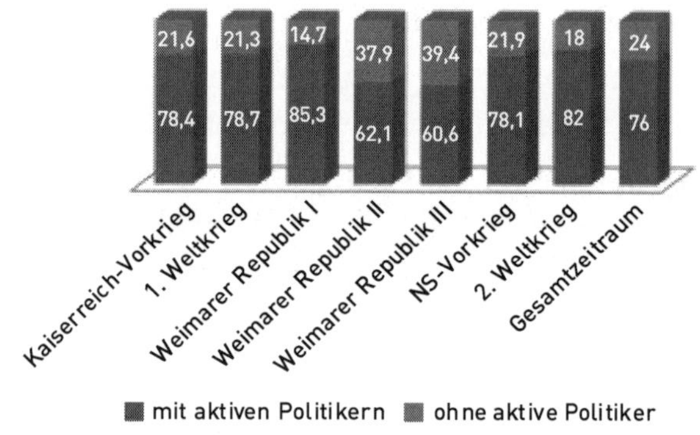

Anteile in Prozent, N = 3.723

Kaiserreichs und während der nationalsozialistischen Vorkriegsjahre am nächsten. Zu allen anderen Zeiten gab es recht deutliche Abweichungen.

Eine größere Dominanz der aktiven Politiker ist in den politisch hoch erregten Jahren unmittelbar nach dem Ersten Weltkrieg und während des Zweiten Weltkriegs zu verzeichnen. Zu diesen Zeiten beherrschten die aktiven Politiker zu über 80 Prozent die Bilder mit direkten politischen Kontexten. Und hinzuzunehmen ist, dass sie gleichzeitig kaum in anderen als direkt politischen Kontexten zu sehen waren. In diesen Zeiten bestimmten politische Bilder im engsten Sinne die Agenda der politischen Bildteile der Illustrierten.

Von Mitte der 1920er-Jahre an und bis zum Ende der Republik sah die Sache ganz anders aus. Diese Veränderung ergab sich zum Teil dadurch, dass aktive Politiker nun häufiger auch in nicht politischen Kontexten gezeigt wurden; das wurde bereits dargestellt. Noch wichtiger war allerdings, dass es nun viel mehr politische Bilder ohne aktive Politiker als Akteure gab.

Dieser Befund gilt jedoch nicht für alle drei untersuchten Illustrierten gleichermaßen. Vielmehr zeigen sich ganz erhebliche Unterschiede. Für die *BIZ* ist alles bisher Gesagte nur begrenzt gültig. Sie zeichnet sich stattdessen durch eine beeindruckende Konstanz in ihrer Bebilderungsstrategie aus. Fast durchweg widmete sie rund drei Viertel (77,5 %) ihrer Bilder mit direkten politischen Kontexten der Darstellung aktiver Politiker. Und gerade in der Weimarer Republik war die Konstanz am größten: In den frühen Jahren waren es 78,5 Prozent, in den mittleren 78,0 und in den späten 79,2!

In ihrem Gesamtdurchschnittswert unterschied sich die *WO* nur minimal von der *BIZ* – 77,5 vs. 78,8 Prozent Anteil bei der Darstellung aktiver Politiker in direkten politischen Kontexten. Wo allerdings bei der *BIZ* große Konstanz herrschte, dominierte bei der *WO* ein eindeutig fallender Trend: von 87,2 Prozent in den frühen Jahren der Republik über 71,7 Prozent in den mittleren Jahren auf 68,2 Prozent in der Endphase. Hinzuzunehmen ist ein zweiter Befund: Bezogen sich diese Werte für die Frühzeit der Republik noch auf 390 Bilder, so waren es am Ende nur noch 85. Der Zusammenhang ist eindeutig: Während die *WO* in den ersten Jahren der Republik die aktiven Politiker noch umfangreich ins Bild setzte – auf die umfangreiche Serie zu den neuen Mitgliedern des Reichstages wurde hingewiesen –, hatte sie sich in ihren letzten Jahren weitgehend von diesem Ansatz verabschiedet. Aktive Politiker wurden nur noch vergleichsweise selten gezeigt. Auf der Mehrzahl der Bilder wurden sie zwar mit direktem politischen Kontext abgebildet, aber auf fast einem Drittel derartiger Bilder fehlten sie. Die *WO* hatte sich in der Spätphase der Weimarer Republik von der Darstellung der traditionellen deutschen Politik weitgehend verabschiedet. Die dargestellten politischen Kontexte bezogen sich in 50 von 85 Fällen auf das Ausland.

GRAFIK 13

Direkte politische Kontexte und ihre Akteure im *IB*

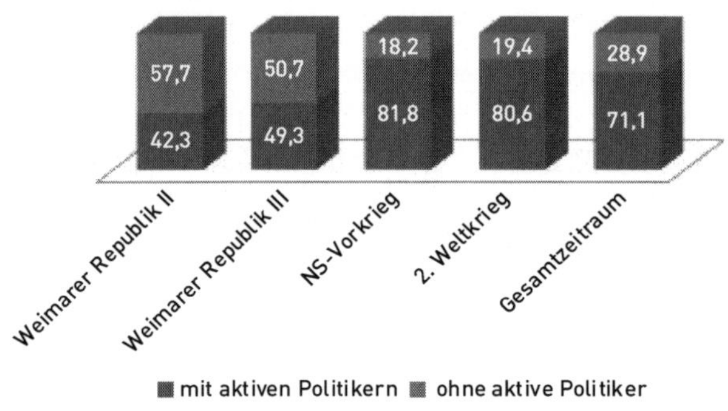

Anteile in Prozent, N = 1.193

Wieder anders waren die Gegebenheiten beim *IB*. Allerdings zeigt sich dies nicht beim Blick auf den Gesamtwert, der sich mit 71,1 Prozent an Bildern mit aktiven Politikern in direkten politischen Kontexten nicht sehr deutlich von den entsprechenden Zahlen von *BIZ* und *WO* (77,5 bzw. 78,8) unterscheidet. Das zum Teil drastisch andere Vorgehen des *IB* enthüllt erst der Blick auf die verschiedenen Phasen: In der Weimarer Republik zeigte der *IB* ein ganz anderes Bild von Politik als die beiden anderen Illustrierten. Dies änderte sich allerdings ziemlich schlagartig, als die NSDAP Staatspartei geworden war. Im NS-Staat gab es nur noch minimale Unterschiede zwischen den drei Illustrierten. Ein Stück weit mag dies auch durch politische Lenkung beeinflusst worden sein. Zum größten Teil wird es allerdings dem allgemeinen Illustrierten-Stil entsprochen haben, wie vor allem die Befunde bei der *BIZ* zeigen.

Ehe nun die Situation beim *IB* während der Weimarer Republik näher zu betrachten ist, bedarf es noch einer Klarstellung zu den NS-Vorkriegsjahren. Die Art der Darstellung durch die Grafik 12 simuliert einen klaren Bruch der *IB*-Bildpolitik zwischen der späten Republik und den NS-Vorkriegsjahren. Dem war aber nicht so. Der Übergang war vergleichsweise fließend. Der entscheidende Bruch vollzog sich nicht zwischen den Jahren 1932 und 1933, sondern 1934/35. Er zeigt sich deutlich, wenn man die Werte von 1934 und 1936 miteinander vergleicht. 1934 brachte der *IB* in den von uns untersuchten Heften 53 politische Bilder mit direkten politischen Kontexten, von denen noch immer 20 (37,7 %) ohne aktive

Politiker als Akteure auskamen. 1936 war deren Zahl mit 19 fast gleich geblieben, allerdings bildeten sie bei mittlerweile 151 Bildern mit direkten politischen Kontexten nur noch einen Anteil von 12,6 Prozent. Politik, das zeigten auch die IB-Bilder, wurde nun eigentlich nur noch von Politikern gemacht.

Aber wie war es zuvor beim IB? Der IB war eine Parteizeitung gewesen, das darf nicht vergessen werden. Als solche hatte er einen ganz klaren Fokus. Politiker des Auslands traten nur ausnahmsweise in seinen Blick und selbst deutsche Politiker, die nicht Nationalsozialisten waren, wurden fast durchweg mit Nicht-Achtung gestraft. Im Zentrum der Bildberichterstattung stand die nationalsozialistische Bewegung. Und diese Bewegung wurde nicht primär durch einzelne Politiker repräsentiert, sondern durch die mehr oder minder anonyme Masse der Parteimitglieder.

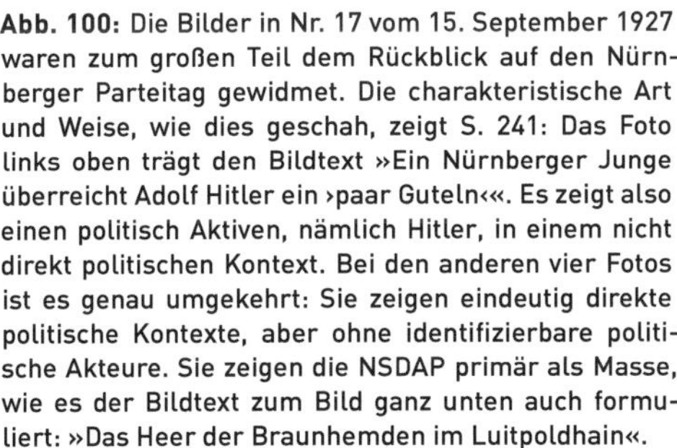

Abb. 100: Die Bilder in Nr. 17 vom 15. September 1927 waren zum großen Teil dem Rückblick auf den Nürnberger Parteitag gewidmet. Die charakteristische Art und Weise, wie dies geschah, zeigt S. 241: Das Foto links oben trägt den Bildtext »Ein Nürnberger Junge überreicht Adolf Hitler ein ›paar Guteln‹«. Es zeigt also einen politisch Aktiven, nämlich Hitler, in einem nicht direkt politischen Kontext. Bei den anderen vier Fotos ist es genau umgekehrt: Sie zeigen eindeutig direkte politische Kontexte, aber ohne identifizierbare politische Akteure. Sie zeigen die NSDAP primär als Masse, wie es der Bildtext zum Bild ganz unten auch formuliert: »Das Heer der Braunhemden im Luitpoldhain«.

Nun kann natürlich eingewandt werden, dass die NSDAP in den ersten Jahren noch gar nicht über genügend aktive Politiker verfügte, um sie in ihrer Illustrierten dominant zu inszenieren. Für 1927 könnte das vielleicht noch gelten. Aber 1930, 1931 und 1932? Tatsächlich ist eine allmähliche Verschiebung der grundsätzlichen Zahlen festzustellen: Überwog 1930 noch die Zahl der Bilder ohne aktive Politiker beträchtlich die derjenigen mit aktiven Politikern, jeweils in direkten politischen Kontexten (37:22), so war 1931 fast Gleichstand erreicht (37:35) und 1932 dominierte erstmals die Darstellung der Aktiven (36:50). Allerdings wird dies bis zu einem gewissen Grad korrigiert, wenn man auch noch die Größenverhältnisse in den Darstellungen mit einbezieht: Hitler und seine engsten Gefolgsleute wurden zwar immer öfter abgebildet, aber zumeist relativ klein im Kreis ihrer Anhänger.

Hitler-Tag in Gera

5.–6. September 1931

Wo unsere Fahnen weh'n, steht Deutschland

Abb. 101: Der »Hitler-Tag in Gera« am 5. und 6. September 1931 war für den *IB* ein so wichtiges Ereignis, dass er sogar zweimal ausführlich darüber berichtete, in seinen Nrn. 38 vom 9. und 39 vom 16. September. Seine Bildwahl war dabei typisch: Hitler selbst war nur auf zwei der acht Fotos zu sehen, davon einigermaßen erkennbar nur auf der linken Seite oben. Als weiterer aktiver Politiker wurde SA-Chef Röhm gezeigt, rechts daneben. Ansonsten dominierte die anonyme Masse der Anhängerschaft (*IB* Nr. 39 vom 16. September 1931, S. 858f.).

Nach der Machtergreifung veränderte sich deshalb die Situation in doppelter Hinsicht. Zum einen wurde das grundsätzliche Zahlenverhältnis immer mehr zugunsten der aktiven NS-Politiker ausgebaut: 1933 34:88, 1935 20:33, 1935 28:121 und 1936 eben, wie schon gesagt, 19:132. Fortan wurde auch beim *IB* eigentlich nur noch von Politikern gemachte Politik ins Bild gesetzt und dies – zum anderen – in einer nun auch ganz von diesen bestimmten Form.

Dass der *IB* bis 1933 eine von anderen Illustrierten deutlich abweichende Politik-Darstellung vertrat, lässt sich schließlich auch durch einen zweiten Befund untermauern. Wenn man eine einfache geografische Unterteilung vornimmt und nur zwischen ›Reich‹ und ›Ausland‹ unterscheidet, ergibt sich, dass auch die politischen Bilder mit direkten politischen Kontexten, die das Ausland betrafen, im *IB* der Weimarer Republik rund zur Hälfte keine aktiven Politiker zeigten. In den

Die Frau als Trägerin des Staates in Italien

Abb. 102: Faschistische Politik – so die zentrale Bild-Botschaft des *IB* – wird von Massen getragen. Das galt nicht nur für Deutschland, sondern auch für Italien. Entsprechend wurden auch in Heft Nr. 37 vom 13. November 1930 (S. 629) in einem Artikel über »Die Frau als Trägerin des Staates in Italien« nicht einzelne aktive Politiker oder Politikerinnen, sondern namenlose Gruppen ins Bild gesetzt.

Vorkriegsjahren war es dann nur noch ein Drittel und während des Zweiten Weltkriegs weniger als ein Fünftel. Auch im Ausland wurde Politik zunehmend von Politikern gemacht, so die Aussage der bildlichen Darstellungen im *IB*.

Das Politische als Assoziation

Unterscheidet man bei der Untersuchung politischer Bilder ganz konsequent die beiden Dimensionen ›Akteure‹ und ›Kontexte‹ mit jeweils zwei Werten, so bleibt neben den bereits behandelten drei Quadranten als vierter Quadrant ein Bereich, der auf den ersten Blick nur noch vage mit Politik zu tun hat: Da finden sich Bilder ohne aktive Politiker und ohne direkte politische Kontexte, die aber trotzdem irgendwie politisch sein sollen. Was ist darunter zu verstehen? Und lohnt sich überhaupt der Blick auf diese Gruppe?

Die zweite Frage ist sicher leichter zu beantworten als die erste. Rein quantitativ ist dieser Quadrant insgesamt gesehen mit 514 Bildern fast doppelt so stark besetzt wie der zweite Quadrant, in dem aktive Politiker in nicht direkt politischen Kontexten zu sehen sind (272). Außerdem sind durchaus interessante Auffälligkeiten zu beobachten.

Zur Orientierung bietet es sich an, die Zahl der Bilder ohne aktive Politiker in nicht direkt politischen Kontexten auf die ihres genauen Gegenstücks, der Bilder mit aktiven Politikern in direkt politischen Kontexten, zu beziehen. In Prozenten ausgedrückt beträgt dieser Wert für den Gesamtzeitraum 18,2. Für einzelne Phasen sind jedoch beträchtliche Abweichungen zu verzeichnen: Für die Vorkriegsjahre des Kaiserreichs liegt er bei 27,1 und erreicht damit sein Maximum, während das Minimum in der frühen Weimarer Republik mit 9,0 erreicht wird. Aber schon in den mittleren Jahren der Republik beträgt der Wert 25,1, um danach wieder fast kontinuierlich zu sinken.

Zu den Spitzenwerten der Vorkriegsjahre des Kaiserreichs und der mittleren Jahre der Republik tragen die untersuchten Illustrierten jedoch ganz unterschiedlich bei. Im Kaiserreich unterschieden sich *BIZ* und *WO* so gut wie gar nicht (27,4 vs. 26,9). Dies gilt im Prinzip für diese beiden Illustrierten auch für die mittleren Jahre der Republik (22,8 vs. 18,3). Ein ganz anderes Bild zeigt dagegen der *IB*; sein Wert liegt rund doppelt so hoch (36,7). Was verbirgt sich inhaltlich dahinter?

Für das Kaiserreich ist das sehr leicht mit dem Begriff ›Hofnachrichten‹ zu beschreiben. Sowohl *BIZ* als auch *WO* räumten den diesbezüglichen Themen beträchtlichen Raum ein – prozentual gesehen ungefähr gleich, in absoluten Zahlen bei der *WO* aufgrund ihres wesentlichen größeren Bildangebots um das Doppelte mehr. Ein Beispiel mag die zentralen Inhalte bereits ausreichend umreißen. Der 1826 geborene Herzog Ernst von Sachsen-Altenburg feierte am 16. September 1906 seinen 80. Geburtstag. Die *WO* feierte dieses Ereignis bereits tags zuvor in ihrer Nr. 37 vom 15. September mit einem umfangreichen, reich bebilderten Artikel.[682] Nun könnte bereits darüber diskutiert werden, ob der 80. Geburtstag des regierenden Fürsten eines deutschen Kleinstaats ein politisches Ereignis und damit sein Bild als ›politisch‹ zu klassifizieren sei. Keine Diskussion sollte jedoch darüber herrschen, dass die anderen Bilder dieses Artikels noch viel weniger ›politisch‹ waren: die seines Bruders; dessen Frau; sowie dessen Kinder und Enkel. Trotzdem fehlt der Bezug zum Politischen nicht ganz. Schließlich stand ja die Frage nach der Zukunft der Dynastie im Hintergrund, denn der Fürst verfügte über keine lebenden Nachkommen. Anfang 1908 gab es tatsächlich den Thronwechsel hin zu seinem Neffen, der zufälligerweise auch in unserer Stichprobe dokumentiert ist.[683]

682 S. 1613-1615. In der *BIZ* Nr. 37 vom 16. September 1906, S. 632, wurde das Ereignis nur mit einem Bild und knappem Bildtext gewürdigt.

683 *BIZ* Nr. 7 vom 16. Februar 1908, S. 107.

Abb. 103: Mit »Spiel im Schloss« war ein zweiseitiger Artikel überschrieben, den die *WO* in ihrer Nr. 39 vom 29. September 1928, S. 1255f., veröffentlichte. Einerseits kann man das Ganze als eine Sammlung netter Kinderbilder betrachten, andererseits steht das Politische als Assoziation durchaus im Hintergrund, wenn »Prinz Faruk, Ägyptens Thronerbe, als Herrenfahrer« im Kinderauto gezeigt wird oder der Kronprinz von Jugoslawien mit seinen Kaninchen.

Nach der Revolution gab es in Deutschland keinen regierenden Adel mehr. Die *WO* konnte sich zwar nicht ganz damit abfinden und versuchte in den frühen 1920er-Jahren alte Traditionen zu bewahren, indem sie beispielsweise eine Seite mit den sechs Kindern des früheren Kronprinzen präsentierte,[684] aber das waren Ausnahmen – genauso wie ihr Versuch, ein Stück des familiären Umfeldes der neuen führenden Politiker mit Bildern von Frau Ebert und Frau Scheidemann vorzustellen.[685]

Letztlich veränderte sich dies auch in der zweiten Hälfte der 1920er-Jahre kaum. Die Differenzen der genannten Prozentwerte haben einen anderen Hintergrund: Nicht die Zahl der Bilder mit eher assoziativem politischen Hintergrund steigt, sondern die des Gegenparts, der Bilder mit aktiven Politkern in direkten politischen Kontexten sinkt, zumindest bei den beiden Illustrierten mit entsprechender Laufzeit. Und das ist auch das Muster, das die große Differenz zwischen *IB*

684 *WO* Nr. 9 vom 28. Februar 1920, S. 243.
685 *WO* Nr. 8 vom 22. Februar 1919, S. 166.

einerseits und *BIZ* und *WO* andererseits erklärt: Der *IB* zeigt viel weniger aktive Politiker in direkten politischen Kontexten als die beiden anderen Illustrierten. Er zeigt auch viel weniger Bilder mit aktiven Politikern in nicht direkt politischen Kontexten. Aber er zeigt viel mehr Politik ohne aktive Politiker. Das wurde bereits herausgearbeitet. Es wird noch einmal besonders deutlich, wenn man die Verteilung der politischen Bilder nur einmal für die zweite Hälfte der 1920er-Jahre bei *BIZ* und *IB* nebeneinander stellt:

TABELLE 7

Politische Bilder bei *BIZ* und *IB* 1924-1929 nach Akteuren und Kontexten (absolute Zahlen)

			Kontextbezug		Gesamt
			direkt	nicht direkt	
BIZ	politischer Akteur	mit aktiven Politikern	92	29	121
		ohne aktive Politiker	26	21	47
	Gesamt		118	50	168
IB	politischer Akteur	mit aktiven Politikern	60	4	64
		ohne aktive Politiker	82	22	104
	Gesamt		142	26	168

Zufälligerweise veröffentlichten *BIZ* und *IB* in den von uns untersuchten Heften exakt gleich viele Bilder mit politischen Inhalten. Den Platz, den sie dabei Bildern ohne aktive Politiker und ohne direkte politische Kontexte einräumten, war fast identisch. Der entscheidende Unterschied lag nicht an dieser Stelle, sondern in den drei anderen Quadranten.

Die hier für den *IB* gezeigte Verteilung für die mittleren Jahre der Weimarer Republik galt auch in den folgenden Jahren, wenn auch in sich abschwächender Form. Die Machtergreifung der Nationalsozialisten bedeutete in dieser Hinsicht keinen gravierenden Abschnitt. Der ist erst mit einer gewissen zeitlichen Verzögerung festzustellen. 1935 veröffentlichte der *IB* noch bei insgesamt 170 politischen Bildern 21 mit nicht direkten politischen Kontexten, 11 mit aktiven Politikern und 10 ohne. 1936 war es von 152 nur noch ein einziges, 1937 von 110 überhaupt keines mehr. Und nur noch sechs von ihnen kamen ohne die Präsentation aktiver Politiker aus.

Politische Bilder ohne Akteure

Es bleibt, kurz auf ein letztes Segment der politischen Bilder einzugehen, das von der bisher genutzten Systematik überhaupt nicht erfasst wurde: die politischen Bilder ohne Akteure. Schon rein quantitativ ist es ziemlich bedeutungslos. Von insgesamt 4.814 politischen Bildern betrifft es nur 305, also nur 6,3 Prozent. Insgesamt gesehen hielt sich die *WO* in dieser Hinsicht am meisten zurück (5,6 %), während beim *IB* diese Art von Bildern etwas häufiger war (7,5 %); die *BIZ* lag mit 6,1 Prozent ziemlich genau am Durchschnitt.

›Ohne Akteur‹ kann zweierlei bedeuten: Entweder zeigt ein Bild überhaupt keine Menschen oder die Personen sind nur als Randfiguren einzustufen. Bilder ohne Menschen wurden wesentlich häufiger gezeigt als solche mit Personen nur als Randfiguren (214:91).

Zur Konkretisierung genügen wenige Beispiele. Über Jahre hinweg stellte die *WO* vor dem Ersten Weltkrieg ihrer Leserschaft die Botschafter des Reichs und ihre Unterkünfte im Ausland vor sowie umgekehrt die ausländischen Vertreter und ihre Dienstsitze im Reich. 1913 beispielsweise wurde in Heft 6 vom 8. Februar zunächst der Neubau der deutschen Botschaft in St. Petersburg präsentiert, dann, in Heft 8 vom 22. Februar, die russische Botschaft in Berlin. Das erste Foto zeigte den Botschafter mit seinem Sohn, die übrigen sechs verschiedene prächtige, menschenleere Räume. Mit dem Ersten Weltkrieg wurde dieses Thema aufgegeben. Bei der *WO* bildeten danach politische Bilder ohne Akteure nur seltene Ausnahmen.

Ähnliches gilt für die *BIZ*, ja in gewisser Weise noch viel mehr als für die *WO*. In insgesamt 14 Jahrgängen ließen sich in den von uns untersuchten Heften überhaupt keine politischen Bilder ohne politische Akteure finden, in 12 weiteren nur eins oder zwei. Der Befund ist eindeutig: Bei der Vorzeige-Illustrierten *BIZ* bedurfte das politische Bild immer eines Gesichts oder eben mehrerer, aber wahrnehmbarer Gesichter.

Selbstverständlich gilt dies insgesamt gesehen auch für den *IB*. Allerdings ist bei ihm eine interessante Entwicklung festzustellen: Während er Ende der 1920er-Jahre noch 10,6 Prozent seiner politischen Bilder ohne Akteure zeigte und Anfang der 1930 sogar 11,8 Prozent, sank dieser Wert in den Vorkriegsjahren auf 6,2 und im Zweiten Weltkrieg auf nur noch 2,2 Prozent. Dies ergänzt in besonderem Maße den früheren Befund, dass der *IB* in der Weimarer Republik sozusagen ein alternatives Politik-Bild präsentierte, bei dem nicht der aktive Politiker im Vordergrund stand, sondern die mehr oder minder anonyme Masse – oder eben nur Symbole und menschenleere Bilder. Ein Spitzenwert war in dieser Hinsicht im Jahr 1930 erreicht: Von 90 erfassten politischen Bildern zeigten nur 25 (27,8 %)

aktive Politiker als Akteure – 65 verzichteten darauf, 17 (18,9 %), indem sie überhaupt keine Menschen zeigten, 48 (53,3 %), indem die politische Masse in den Vordergrund gerückt wurde.

IB Illustrierter Beobachter

Unser Richtfest

Der Umbau

Abb. 104: Das unmittelbar vor der im Nachhinein so bedeutsamen Reichstagswahl erschienene Heft Nr. 37 vom 13. November 1930 zeigt beispielhaft die im *IB* ganz eigene Bild-Politik: Schon auf dem aus mehreren Fotos montierten Titelbild dominiert die unübersehbare Masse der nationalsozialistischen Bewegung, nicht einzelner aktiver Politiker. – In Heft 39 vom 27. November wird diese Strategie auch bei einem Artikel zum Richtfest des Umbaus der Reichsgeschäftsstelle demonstriert (S. 676f.): Hitler und andere Funktionäre sind zwar zu sehen – verhältnismäßig klein auf dem Foto links unten. Die Mehrzahl der Bilder zeigt jedoch Aufnahmen mit Menschen nur als Randfiguren oder ganz ohne sie.

Ähnliches galt auch in den folgenden Jahren, bis 1933. Ab 1934 wurde diese Strategie immer mehr aufgegeben. 1937 fand sich unter 110 politischen *IB*-Bildern kein einziges mehr ohne politischen Akteur und nur noch sechs, die nicht irgendwie aktive Politiker zeigten.

Ein Stück weit kann das bereits als Zusammenfassung dieses Abschnitts betrachtet werden. Es ist nur um wenige Sätze zu ergänzen: Wenn man die gesamten politischen Bilder über die Jahrzehnte mit einigem Abstand betrachtet, ist unübersehbar, dass ihre Inhalte im Wesentlichen von der Darstellung aktiver Politiker in direkten politischen Kontexten gebildet wurde. Rollenwechsel wurden nur selten illustriert, ein eindeutiger Trend hin zur Darstellung von Politikern in anderen als politischen Rollen ist nicht auszumachen. Homestorys und Bilder mit Human Touch bildeten große Ausnahmen im damaligen Illustrierten-Geschäft.

Die einzige nennenswerte Ausnahme bildete der *IB* in seinen frühen Jahren bis etwa 1933/34. Nicht dass ausgerechnet er der menschlichen Seite der Politiker in seinen Bildern besondere Aufmerksamkeit gewidmet hätte. Nein, seine Strategie war eine andere: Er zeigte Politik in erstaunlich breitem Maß nicht als die Aktivität von einzelnen Politikern, sondern von breiten Massen, eben der

NS-Bewegung. Am Anfang mag dabei noch Etliches durch geschickte Bildwahl aufgebauscht worden sein, im Laufe der Jahre, spätestens ab 1930, war dies jedoch nicht mehr nötig, da strömten die Massen tatsächlich Hitler zu. Bestand hatte dieser Ansatz jedoch nicht. Als das Regime fest verankert war, wurde er durch eine ganz traditionelle Politik-Darstellung ersetzt. Politik wurde auch im NS-Staat nur noch von aktiven Politikern gemacht.

Eine ganz besondere Rolle spielte dabei der Parteiführer, Adolf Hitler. Auf sein Bild in den Illustrierten ist im Folgenden genauer einzugehen. Seine Besonderheiten zeigen sich im Vergleich mit seinen Vorgängern als Staatsoberhaupt noch deutlicher.

5.6 Das Bild des Staatsoberhauptes

Das deutsche Staatsoberhaupt vor 1945 war – anders als in der Bundesrepublik – ein politischer Akteur von herausragender Bedeutung. Wie spiegelte sich das in den deutschen Illustrierten? Und vor allem: Welche Unterschiede sind zwischen den nur vier Amtsinhabern festzustellen?

Ein erster Vergleichswert spricht schon für sich: In unseren Stichproben fanden sich 108 Bilder, auf denen Kaiser Wilhelm zu identifizieren war, nur neun mit Friedrich Ebert, dann 56 mit Paul von Hindenburg und schließlich 489 mit Adolf Hitler. Selbstverständlich sind diese Zahlen dadurch zu relativieren, dass Wilhelm länger Kaiser als Ebert Reichspräsident war und für Hitler drei Illustrierte ausgewertet wurden, für Wilhelm aber nur zwei, um nur zwei Beispiele zu nennen, aber die gewaltigen Unterschiede in der Medienpräsenz werden dadurch nicht zum Verschwinden gebracht.

Die Illustrierten beschäftigten sich ganz unterschiedlich mit den Staatsoberhäuptern. Wichtiger als die verschiedenen Illustrierten-Stile sind dabei die Gemeinsamkeiten, die sich nicht zuletzt in verblüffend einheitlichen Konjunkturen der Medienpräsenz artikulieren.

Wilhelm II.

Der 15. Juni 1913 war ein besonderes Datum für die Illustrierten des Kaiserreichs. Genau 25 Jahre zuvor war Kaiser Friedrich nach nur 99 Tagen im Amt an Kehlkopfkrebs gestorben und sein ältester Sohn hatte als Wilhelm II. seine Nachfolge angetreten. Nun war also das 25-jährige Regierungsjubiläum Wilhelms angemessen zu würdigen. Aber was war als angemessen zu betrachten bei einem Kaiser, der mittlerweile als »Medienkaiser« apostrophiert wird?[686]

Abb. 105: Heft 24 der *Berliner Illustrirten* erschien 1913 genau am 15. Juni. Da war es kaum zu umgehen, »zum 25jährigen Regierungsjubiläum des Kaisers« die »neueste Aufnahme des Kaisers vom Hofphotographen T. H. Voigt-Homburg« auf der Titelseite zu präsentieren.

Bei der BIZ hieß dies, zunächst einmal das neueste Porträt-Foto des Kaisers auf der Titelseite zu platzieren. Die zweite Seite war dann einem ganz anderen Thema gewidmet: Sie wurde mit drei Fotos von der Einweihung des neuen Sportstadions in Berlin gefüllt. Danach kehrte man zwar zum Kaiser und seiner Regierung zurück, aber auf sehr spezielle Weise. Seite 3 und 4 versprachen mit großer Überschrift »einige interessante Episoden aus der Regierungszeit des Kaisers«. Es konnte kein Zufall sein, dass als erstes, die obere Hälfte der Seite ganz ausfüllend, ein Foto vom »Besuch des Kaisers bei Bismarck in Friedrichsruh im Jahre 1894« gezeigt wurde. Zentral präsentierte sich dabei der alte, 1890 entlassene Kanzler, rechts davon war der vor ihm stehende junge Kaiser zu sehen, zum Teil vom dunklen Hintergrund schlecht zu unterscheiden. Auch die beiden anderen, wesentlich kleineren Fotos auf dieser Seite waren wenig schmeichelhaft für den Kaiser. Sie zeigten ihn letztlich kaum identifizierbar bei seinen Einzügen in Jerusalem 1898 und Tanger 1905 inmitten orientalischen Gepränges. Diese Linie wurde auf der zweiten Seite des Artikels fortgesetzt. Das obere, zwei

686 Kohlrausch, *Wilhelm II.*

Drittel der Seite füllende Foto zeigte den Kaiser inmitten der menschenreichen Zeremonie zur Eröffnung des Nordostseekanals 1895 und das untere verzichtete gleich ganz auf ihn. Eine unübersehbare Menschenmenge bestaunte da das erste Zeppelin-Luftschiff in Berlin im Jahre 1909. Das Mindeste, was diese Bildauswahl nahelegte, war: Inmitten von Menschenmassen war der Kaiser nur einer von vielen und kaum als etwas Besonderes wahrzunehmen. Dass andere viel wichtiger waren als der Kaiser, machte der nächste Artikel dann ganz augenfällig: Mit 26 Porträtfotos wurde ein Überblick über den »Kreis des Kaisers in den 25 Jahren seiner Regierung« gegeben – beginnend mit den Reichskanzlern und wichtigen Ministern über Militärs und bedeutende Industrielle bis hin zu Wissenschaftlern und Künstlern. Aus der Sicht des Hofes wird nur positiv zu vermerken gewesen sein, dass man auf eindeutig negativ zu bewertende Verbindungen verzichtet hatte. Auf ein Foto des zeitweiligen Kaiser-Intimus Philipp zu Eulenburg wurde verzichtet.[687]

Mit Titelfoto und zwei kaum die Person Wilhelms würdigenden Artikeln war für die BIZ das Thema ›Regierungsjubiläum‹ erledigt. Bei der WO sah das etwas anders aus. Ihr 24. Heft war bereits am 14. Juni 1913 erschienen. Eröffnet wurde es durch ein hymnisches Gedicht: *Durch 25 Jahre. Zum Regierungsjubiläum des Kaisers*. Der Rest des ersten Textblocks wurde mit fünf Artikeln gefüllt, die den Kaiser als alleiniges Subjekt in den Vordergrund rückten: »Unser Kaiser und sein Heer«; »Der Kaiser und die Marine«; »Der Kaiser und die Luftfahrt«; »Der Kaiser und die Dynastie« sowie »Der Kaiser im Familienkreise«. Und fortgesetzt wurde diese Laudatio dann im anschließenden, ausnahmsweise zehn und nicht acht Seiten umfassenden Bildblock mit Fotos vom Kaiser, seinen Kindern, seiner Frau, Vorfahren und Verwandten sowie von Aufnahmen vom Kaiser in verschiedenen Zusammenhängen, wobei nicht nur Einweihungen, sondern auch soziale Fürsorge thematisiert wurden. Auch im 14. Jahr ihres Erscheinens präsentierte sich die WO damit als »Forum für die Bilder des Kaisers und der kaiserlichen Familie«, was ihr von Anfang an »starken Zuspruch« gesichert hatte.[688]

687 Domeier, *Eulenburg-Skandal*.
688 Klapproth, *Die Woche als Zeitschriftentyp*, S. 22.

Dichtung und Wahrheit. Paul Fechters Äußerungen zur Bildpolitik der *Woche* bezüglich Kaiser Wilhelm II.

Nach Paul Fechter war es der Kaiser selbst, der eine wichtige Wende in der Bildpolitik der WO herbeigeführt hatte. Nach seiner Darstellung brachte die WO zunächst nur »seine Umwelt, sein Milieu, alles, was Bezug auf ihn hatte. [...] Den Kaiser selbst zu bringen – an das Wagnis traute sich niemand.« Dies habe sich erst geändert, als eines Tages »auf der Redaktion der ›Woche‹ ein Abgesandter des Hofes« erschienen sei und zunächst »viel Lobendes über das neue Blatt« geäußert habe, das auch der Kaiser »regelmäßig« läse. Allerdings frage man sich, warum immer nur das Umfeld, »und nicht einmal Majestät selbst« gezeigt werde? »Das Publikum würde sich doch sicher dafür interessieren, den Monarchen [...] zu sehen [...], und Majestät selber würde das ebenfalls günstig vermerken.« Darauf habe der »sozialistische Bildredakteur« nur gewartet: »Von dem Tage an brachte die ›Woche‹ vorne und hinten und in der Mitte Bilder aus dem Leben des Kaisers.« Der »antimonarchische Bildredakteur« habe nämlich »mit dem Spürsinn des Hasses« erkannt, »daß nichts so sicher einen Mythos zerstören kann wie das ständige Photographieren und Vorführen seines Trägers.« »Die ›Woche‹ des sehr loyalen August Scherl« habe so »an der Zerstörung der Fundamente der Monarchie wirksame Mitarbeit geleistet.«[689]

Diese Darstellung ist an sich durchaus plausibel, und so wurde sie mehrfach in der Forschung zustimmend zitiert.[690] Aber ist sie auch korrekt? Drei Aspekte sollten bei der Antwort auseinandergehalten werden: Zum Ersten geht es um einen eindeutig verifizierbaren Sachverhalt und dessen Erklärung – die anfängliche Abwesenheit von Kaiser-Bildern und deren spätere Präsenz –; zum Zweiten um die Rolle eines sozialdemokratischen Bildredakteurs; und zum Dritten um die Gültigkeit einer weit ausholenden Hypothese.

Die Durchsicht der Hefte der ersten Jahrgänge hat ein eindeutiges Ergebnis. Zwar dauerte es bis Heft 5 im ersten Jahrgang, bis der erste Artikel – mit großen Porträtfoto – dem Kaiser gewidmet wurde, aber keine Rede kann davon sein, dass zuvor breit seine persönliche Umgebung gezeigt worden wäre. Wilhelm II. war also im Prinzip von Anfang an in der WO präsent. Ein Besuch eines »Abgesandten des Hofes« ist deshalb zwar möglich, aber er

689 Fechter, *Wende der Zeit*, S. 388-390.
690 Lebeck/Dewitz, *Kiosk;* Windt, *Majestätische Bilderflut*, S. 72.

hätte keine gravierenden Veränderungen der Bildpolitik zur Folge gehabt; höchstens bestätigte er die herrschende Praxis.

Die zweite Frage, ob der konservative August Scherl für seine neue Illustrierte tatsächlich einen Mann engagiert hatte, »der Mitglied der sozialdemokratischen Partei und persönlich ein ausgesprochener Gegner der Monarchie war«,[691] ist aufgrund der Quellenlage nicht definitiv zu beantworten. Sehr wahrscheinlich ist die Annahme aber nicht.

Und völlig spekulativ ist der dritte Aspekt. Ob Wilhelm II. durch die vielen Fotos in der WO tatsächlich entmystifiziert wurde und dies letztlich nennenswert zum Untergang der Monarchie beigetragen habe, ist eine Vermutung, die wohl genauso schwer empirisch zu stützen wie zu widerlegen sein dürfte.

Das 25-jährige Regierungsjubiläum war zweifellos von besonderer Bedeutung. Aber wie präsent war Wilhelm II. ansonsten in den beiden Illustrierten? Gleich, ob man bei festen Daten oder nach individuellen Anlässen sucht, in beiden Fällen zeigen sich die schon mit Blick auf die Würdigung des 25-jährigen Regierungsjubiläums unübersehbaren Unterschiede: Während die WO den Kaiser bei jeder sich bietenden Gelegenheit feierte, präsentierte ihn die BIZ gerade so viel, wie nötig war, um nicht als völlig oppositionell disqualifiziert zu werden.

Ganz einfach lässt sich dieser Unterschied schon beim nächstliegenden feststehenden Datum feststellen, dem 27. Januar, dem Geburtstag des Kaisers. Für die WO war es geradezu selbstverständlich, den Innentitel des um diese Zeit erscheinenden Heftes, zumeist die Nr. 4, mit einer Porträtaufnahme des Kaisers zu gestalten und ausdrücklich auf den Geburtstag hinzuweisen.

691 Fechter, *Wende der Zeit*, S. 387.

Nummer 4. Seite 135.

Bilder vom Tage

Zum 27. Januar:
Kaiser Wilhelm II. in der Uniform der Marineinfanterie.

Abb. 106: Jedes Jahr stellte die *Woche* ihren Lesern die »neuste Aufnahme« des Kaisers anlässlich von Wilhelms Geburtstag vor, wie etwa hier am 22. Januar 1910.

Ganz anders war die Praxis der *BIZ*. In aller Regel präsentierte sie kein Kaiser-Bild zu Wilhelms Geburtstag auf der Titelseite – und dies selbst dann, wenn das entsprechende Heft direkt am 26. Januar erschien wie etwa 1907. Da entschied man sich für eine Zeichnung Fritz Koch-Gothas mit dem Titel »Wahltag«; auch im Heft selbst gab es keinerlei Hinweis auf Wilhelms Geburtstag. Selbst zu Wilhelms 50. Geburtstag 1909 gab es kein Titelbild, sondern erst auf der fünften Heftseite nur einen kurzen Artikel mit insgesamt sieben Fotos. Viel wichtiger erschien den Blattmachern damals die Grönland-Expedition Ludvig Mylius-Erichsens, der die Titelseite und eine Fotostrecke auf den Seiten drei und vier eingeräumt worden war. Es bildete eine seltene Ausnahme, wenn – wie bei Nr. 3 vom 21. Januar 1912 – zu Kaisers Geburtstag auf der Titelseite die »neueste Aufnahme des Kaisers mit seinen drei ältesten Enkeln« gezeigt wurde.

Selbstverständlich bedeutete dies nicht, dass die *BIZ* nie Bilder des Kaisers auf ihren Titelseiten platzierte. Im Jahr geschah dies aber nur höchstens vier- bis fünfmal, und nur ausnahmsweise mit großen, repräsentativen Porträtaufnahmen.

Abb. 107: 1906 zeigte die *Berliner Illustrirte* den Kaiser fünfmal auf ihren Titelseiten, aber nie allein. Am 25. Februar musste er sich anlässlich seiner Silberhochzeit die Titelseite mit seiner Frau im wahrsten Sinne des Wortes teilen.

Im Vergleich dazu war Wilhelm auf den Innentiteln der *WO* wesentlich häufiger präsent. 10- bis 12-mal im Jahr konnte man ihn da schon bewundern, allerdings nur selten allein wie anlässlich seiner Geburtstage.

Das Bisherige ist nicht allzu überraschend. Dies ändert sich erst, wenn man sich dem eher Durchschnittlichen nähert, wie es der Idee der Stichprobenziehung zugrunde liegt. Zunächst scheint sich das Bekannte fortzusetzen: In den Jahren 1905 bis 1914 zeigte die *BIZ* in je sechs Heften pro Jahr den Kaiser gerade 21 Mal, die *WO* dagegen 66 Mal. Das ist ein beeindruckender Unterschied. Aber 66 Kaiser-Bilder bedeuten in der *WO* bei 60 ausgewerteten Heften durchschnittlich kaum mehr als ein Bild pro Heft, und das bei durchschnittlich 70 Bildern insgesamt. Für eine ausgesprochen Kaiser-freundliche Illustrierte ist das nicht allzu viel.

Der gravierende Bedeutungsverlust, den Wilhelm als Staatsoberhaupt und gleichzeitiger offizieller Oberbefehlshaber der Streitkräfte während des Ersten Weltkriegs erfuhr, schlägt sich auch in den Illustrierten eindrücklich nieder: In den untersuchten Heften des Jahres 1915 fanden wir kein einziges Bild von Wilhelm, weder in der *BIZ*, noch in der *WO*. In den Jahren 1916 bis 1918 waren es dann insgesamt 13, fünf in der *BIZ* und acht in der *WO*.

XXVI. Jahrgang
Nr. 8
Berliner
Illustrirte Zeitung
25. Februar 1917
Einzelpreis
10 Pfg.
oder 20 Heller
Verlag Ullstein & Co., Berlin SW. 68.
Neueste Aufnahme des Kaisers.

Abb. 108: Demontage Wilhelms II. während des Krieges? Das Titelfoto der *BIZ* 8 vom 25. Februar 1917 – »Neueste Aufnahme des Kaisers« – zeigt einen dick vermummten Kaiser mit undefinierbarem Gesichtsausdruck, der kaum als Hoffnung einflößender Oberster Befehlshaber des kaiserlichen Heeres zu interpretieren war.

Die Radikalität des politischen Umbruchs Ende 1918 ist auch an einem kleinen Indiz ablesbar: Die Würdigung des Geburtstags des – nun: ehemaligen – Kaisers war fortan überhaupt kein Thema mehr. Eine Ausnahme gab es nur 1929, als in der *WO* Nr. 4 vom 26. Januar ein Foto Wilhelms abgedruckt wurde, »der am 27. Januar in Doorn seinen 70. Geburtstag feiert«. Das war ein Anlass, den sogar die BIZ am folgenden Tag mit einer vergleichbaren Aufnahme würdigte.

Schließlich verdient noch ein letztes Datum eine gewisse Aufmerksamkeit, der 4. Juni 1941, Wilhelms Todestag. Im *IB* war keinerlei Hinweis zu finden. Die *WO* zeigte in ihrer Nr. 24 vom 11. Juni ein halbseitiges Foto Wilhelms mit Verweis auf den Anlass, die BIZ brachte in Nr. 25 vom 19. Juni 1941 ein kleines Porträtfoto und daneben, weitaus größer, ein Foto von der Beisetzung des früheren Kaisers im Park von Schloss Doorn, auf dem Arthur Seyß-Inquart, der Reichskommissar für die besetzten Niederlande »als Vertreter des Führers« zu sehen war. Viel mehr Beachtung fand der Anlass in der repräsentativsten Wochenzeitung des NS-Staats. Im *Reich* vom 15. Juni 1941 wurde ihm fast eine Drei-Viertel-Seite eingeräumt. Karl Richard Ganzer lieferte eine recht ausgewogene Würdigung »Zwischen Leistung und Traum. Zum Tode Wilhelms II.«, die durch ein großes, ausdrucksvolles Porträtfoto aus dem Jahr 1939 ergänzt wurde.

Friedrich Ebert

In der detailliert ausgewerteten Stichprobe waren Bilder mit Friedrich Ebert äußerst gering vertreten. In der Zeit seiner Reichspräsidentschaft wurde er in 72 Heften von WO und BIZ gerade einmal fünfmal gezeigt!

Aber wie sah es mit seiner Präsenz ansonsten aus? Den wichtigsten Maßstab dürften die Titelseiten bilden. Die Hefte der BIZ aus dem liberalen Ullstein-Verlag ließen in den ersten Monaten des politischen Umbruchs in dieser Hinsicht viel erwarten. Schon das Titelbild der Nr. 51 vom 22. Dezember 1918 zeigte den »Volksbeauftragten Ebert auf einer Rednertribüne auf dem Pariser Platz beim Einzug der Fronttruppen in Berlin«. Und nur drei Hefte später, auf der Titelseite der Nr. 2 vom 12. Januar 1919, wurde der »Volksbeauftragte Ebert« erneut gezeigt, diesmal »bei einer Ansprache vor dem Reichskanzlerhaus in der Wilhelmstraße in Berlin«. Als Ebert dann am 11. Februar – einem Dienstag – von der Nationalversammlung zum Reichspräsidenten gewählt worden war, folgte zum nächstmöglichen Veröffentlichungszeitpunkt der BIZ, am 23. Februar, auf der Titelseite der Nr. 8 eine repräsentative Porträtzeichnung Eberts.

Abb. 109: Den neu gewählten Reichspräsidenten Ebert stellte die *BIZ* auf der Titelseite ihrer Nr. 8 vom 23. Februar 1919 mit einem Porträt »Für die ›Berliner Illustrirte Zeitung‹ gezeichnet von Prof. Hugo Vogel« vor.

Vielleicht hätte dieser Anfang noch länger Fortsetzung gefunden, wenn der BIZ bei der Nr. 34 vom 24. August 1919 nicht ein folgenschweres Missgeschick unterlaufen wäre. Man dachte sich wohl nicht viel dabei, als man als Titelbild ein aus heutiger Sicht völlig unspektakuläres Strandfoto veröffentlichte, das den Reichspräsidenten neben Reichswehrminister Noske und beide in Badehosen im Wasser zeigte. Vielleicht hatte man sich bei der Bildwahl an ein bereits 1910 veröffentlichtes Bild erinnert, das den damaligen Reichskanzler Bethmann Hollweg und seinen Vorgänger, Bernhard von Bülow, ebenfalls in Badekleidung zeigte – aber das war damals ein Aprilscherz mit einer Fotomontage gewesen. Dieses Mal war das Bild jedoch echt und erschien nicht zum 1. April. Die Wogen der Entrüstung schlugen hoch. Die Würde des Reichspräsidenten schien infrage gestellt.

Über das Ebert-Foto und seine Veröffentlichung ist bereits viel geschrieben, die Verbindungslinien zur zunehmenden Demontage des Reichspräsidenten bis hin zu seinem frühen Tod sind ausführlich nachgezogen worden.[692] Eine direkt zu unterstellende Folge ist noch nachzutragen. Obwohl es an einem direkten Beleg fehlt, ist doch zu vermuten, dass die ganze Aufregung um das Ebert-Bild im Sommer 1919 zu einer besonderen Vorsicht der Redaktion führte. Und die ging letztlich so weit, dass so gut wie gar keine Ebert-Bilder mehr auf den Titelseiten der BIZ erschienen. 1920 zeigte man ihn gerade einmal, auf der Titelseite der Nr. 18 vom 2. Mai – als stillen Zuhörer während einer Rede des energisch gestikulierenden neuen deutschen Außenministers Adolf Köster.

Auch vom Geburtstag des Reichspräsidenten – dem 4. Februar – wurde in den entsprechenden Heften der BIZ keinerlei Aufhebens gemacht. Er fand weder 1920 noch in den folgenden Jahren auch nur die geringste Erwähnung. Aber nicht nur an seinen Geburtstagen wurde Ebert ignoriert, auch ansonsten waren Fotos von ihm in der BIZ Mangelware. 1921 und 1922 war er immerhin noch jeweils einmal auf einer Titelseite zu sehen, 1922 auch noch einmal auf einem weiteren Foto in einem der Hefte.[693] 1923 und 1924 gab es dann für den Reichspräsidenten überhaupt keinen Platz mehr auf einer Titelseite. Und das lag sicherlich nicht daran, dass die Blattmacher deutschen Berühmtheiten keinen Platz auf der Titelseite eingeräumt hätten. Luftschiff-Kapitän Hugo Eckener, der damals begeistert für seine Fahrt nach Amerika gefeiert wurde, bekam diesen Ehrenplatz im Herbst 1924 gleich dreimal eingeräumt.[694] Ebert hatte dafür anscheinend zu wenig zu

692 Mühlhausen, *Weimarer Republik entblößt*, S. 236-243; Albrecht, *Verleumdungskampagne*; Koszyk, *Wie Ebert und Noske baden gingen*.

693 BIZ Nr. 41 vom 9. Oktober 1921, Titelseite; Nr. 12 vom 19. März 1922, S. 222; Nr. 26 vom 25. Juni 1922, Titelseite.

694 BIZ Nr. 36 vom 7. September, Nr. 41 vom 12. Oktober und Nr. 44 vom 30. Oktober 1924.

bieten. Tragischerweise änderte sich das erst 1925 mit seinem überraschenden Tod am 28. Februar. Aber selbst da wurde der verstorbene Reichspräsident nicht direkt mit einem Bild auf der Titelseite gewürdigt. »Eine der letzten Augenblicksaufnahmen auf einem Empfang« wurde in der Nr. 10 vom 8. März nur zwischen anderen Fotos auf der zweiten Seite platziert. Im folgenden Heft vom 8. März gab es dann zwar eine umfangreiche Bildreportage von der Überführung des Sargs und der Bestattung in Heidelberg (bei der auch eine Aufnahme vom Totenbett nicht fehlen durfte), aber auch hier war als Aufmacher auf der Titelseite nur ein Foto des aufgebahrten Sargs gewählt worden.

Wenn schon die der Republik freundlich gegenüberstehende Illustrierte aus dem Ullstein-Verlag der bildlichen Darstellung des Reichspräsidenten so wenig Raum gab, was war dann von der Konkurrenz aus dem Hause Hugenbergs zu erwarten? Am Ende wird die nahe liegende Erwartung zwar bestätigt, aber ganz so leicht sollte man es sich mit dem Urteil doch nicht machen. Nach der Wahl Eberts zum Reichspräsidenten hatte die *WO* in ihrem nächsten Heft sofort ein großformatiges Porträt des neuen Staatsoberhaupts auf ihrem Innentitel platziert und auf der folgenden Seite eine Aufnahme seiner Frau folgen lassen.[695] Wenig später war sogar eine der in der *WO* im Kaiserreich so gängigen Homestorys zu Ebert vorbereitet worden. Man hatte den Berliner Künstler Walter Miehe (1883-1972) zu Ebert geschickt, der nicht nur den Reichspräsidenten am Schreibtisch zeichnete und Skizzen von Frau und Tochter lieferte, sondern auch in Ich-Form wohlwollend und keineswegs gehässig von seinem Besuch berichtete.[696] Ebert selbst verhinderte aber die bereits druckfertige vier Seiten umfassende Veröffentlichung. Auch ein zweiter Anlauf der Redaktion wenig später wurde vom Büro des Reichspräsidenten abschlägig beschieden, weil man befürchtete, dass »in der gegenwärtigen politischen Situation«, wo es um die Annahme des Versailler Vertrags ging, der Artikel »zu einer sehr hässlichen Agitation« ausgenützt werden könnte.[697]

Es liegt nahe, dass die Redaktion der *WO* danach nicht mehr in dieser Richtung initiativ wurde, und erst recht, als es im Sommer 1919 die Aufregung um das Badehosen-Foto in der *BIZ* gab. Wie die Konkurrenz widmete sie weder dem

695 *WO* Nr. 8 vom 22. Februar 1919, S. 165f.

696 »Beim Reichspräsidenten. Wie ich Ebert und seine Familie zeichnete – Hierzu 5 Originalzeichnungen von Walter Miehe«. Druckfahne zur *WO* Nr. 21 vom 24. Mai 1919 in Bundesarchiv Koblenz, NL Hugenberg 80. Die fünf Zeichnungen (nicht jedoch der Artikel-Text) wurden veröffentlicht von Rosel und Georg Ebert, Friedrich Ebert, S. 168-178. Ich danke Walter Mühlhausen für seine Hinweise und Unterstützung.

697 Schreiben des Reichspräsidenten-Büros vom 7. Juni 1919 (Bundesarchiv Koblenz, NL Hugenberg 80): Mühlhausen, *Friedrich Ebert*, S. 782f.

Geburtstag des Reichspräsidenten Aufmerksamkeit, noch setzte sie ein Foto von ihm auf eine ihrer Innentitelseiten. Die einzige Ausnahme gab es erst spät – zu spät, möchte man sagen –, anlässlich von Eberts Tod. Im folgenden Heft schloss sie wie die Konkurrenz eine ausführliche Bildberichterstattung zur Beisetzung an.[698]

Abb. 110: Auf der Innentitelseite ihrer Nr. 10 vom 7. März 1925 veröffentlichte die *Woche* ein würdiges Foto des gerade verstorbenen Reichspräsidenten Ebert.

Dass die Illustrierten von Anfang an kein Interesse am ersten Reichspräsidenten gehabt hätten, lässt sich nach diesen Befunden nicht behaupten. Allerdings verstellten unglückliche Umstände schon früh eine einvernehmliche Zusammenarbeit. Und danach erfolgte vonseiten der Politik keine Korrektur. »Auf dem Feld der Public Relations offenbarten der Reichspräsident und sein Stab lange Zeit erhebliche Defizite.«[699] Dieser Feststellung Walter Mühlhausens ist nichts hinzuzufügen.

Paul von Hindenburg

Im Rückblick ist es nur schwer zu verstehen, wie 1925 ein 77-jähriger früherer kaiserlicher Generalfeldmarschall ohne nennenswerten eigenen Wahlkampf zum

698 WO Nr. 11 vom 14. März 1925, S. 235.
699 Mühlhausen, *Badehosen-Foto*, S. 239.

zweiten Reichspräsidenten der jungen Weimarer Republik gewählt werden konnte.[700] Es wird verständlicher, wenn man sieht, wie sein Mythos bereits während des Ersten Weltkriegs gepflegt wurde. Wird Hindenburg häufig als ›Ersatzkaiser‹ der Republik apostrophiert, so kann man ihn für die Zeit des Ersten Weltkriegs durchaus schon als ›Nebenkaiser‹ betrachten – zumindest, wenn man das Ausmaß seiner bildlichen Präsenz in den beiden auflagenstärksten Illustrierten des Kaiserreichs als Maßstab nimmt. Dies zeichnet sich bereits ab, wenn man nur einmal auf die hier detailliert untersuchte Stichprobe schaut. In den 54 Heften erschien Wilhelm auf 13 Bildern, Hindenburg auf 15.[701]

Die entscheidende Grundlage für den Ruhm Hindenburgs, der erst am 22. August 1914 zum Oberbefehlshaber der in Ostpreußen kämpfenden 8. Armee ernannt worden war, bildeten die Siege seiner Truppen in den beiden großen Schlachten vom 26. bis 30. August und vom 6. bis zum 14. September gegen die russische Narew- bzw. Njemen-Armee. Strategisch dazu beigetragen hatte der Oberbefehlshaber wenig; die entscheidenden Planungen waren von seinem Stabschef Generalmajor Erich Ludendorff und zum Teil sogar schon vom ersten Generalstabsoffizier der 8. Armee, Oberstleutnant Max Hoffmann, ausgearbeitet worden. Beträchtliches Geschick bewies Hindenburg allerdings bei der Vermarktung seiner Erfolge. Schon allein die Benennung der ersten Schlacht nach dem nur am Rande betroffenen Ort Tannenberg war in propagandistischer Hinsicht ein kaum zu überschätzender Glücksgriff. Der ›Sieger von Tannenberg‹ hatte sozusagen die Niederlage des Deutschen Ordens am selben Ort im Jahr 1410 gegen ein polnisch-litauisches Heer wieder wettgemacht. Der Kaiser honorierte ihm diese Erfolge durch die Verleihung des Ordens Pour le Mérite und die Beförderungen zunächst zum Generaloberst sowie schließlich – am 27. November 1914 – zum Generalfeldmarschall.

Verblüffenderweise wurde Hindenburgs Erfolg zunächst gar nicht so sehr herausgestrichen, wenn man die Berichterstattung der *BIZ* und der *WO* näher betrachtet. Die *BIZ* feierte ihn zwar verbal durchaus als »eine der glänzendsten Waffentaten aller Zeiten«,[702] präsentierte jedoch kein Bild des Feldherrn. In der *WO* überging man die Schlacht sogar so gut wie ganz. In Heft 40 vom 3. Oktober – sozusagen passenderweise zu Hindenburgs Geburtstag – wurde nur kommentarlos ein Foto des neuen Generalobersten auf der Innentitelseite präsentiert. Die Erklärung liegt nahe, wenn man das Bilderangebot der beiden Illustrierten zur Kriegführung sichtet: Man war ganz auf die Fortschritte im Westen fixiert.

700 Vgl. ergänzend von Hoegen, *Hindenburg*.
701 *BIZ*: Wilhelm 6, Hindenburg 4, *WO*: Wilhelm 8, Hindenburg 11.
702 *BIZ* Nr. 38 vom 20. September 1914, S. 675.

Erst als dort die Siege ausblieben, besann man sich wieder auf den Erfolg Hindenburgs im Osten.

Schon am 16. Januar 1915 würdigte die *WO* seine Beförderung zum Generalfeldmarschall durch ein neues Foto auf der Innentitelseite. Als drittes präsentierte sie ihn an dieser herausgehobenen Stelle mit einer Zeichnung zu seinem Geburtstag am 2. Oktober 1915.[703] Von der *BIZ* wurde diese Würdigung im Herbst 1915 deutlich übertroffen. Einen Vorgeschmack auf das zu Erwartende lieferte das Titelbild der Ausgabe vom 26. September 1915: Großadmiral Alfred von Tirpitz besuchte Hindenburg in Ostpreußen. Das folgende Heft zeigte Hindenburg zwar nicht auf der Titelseite, aber auf der dritten Seite präsentierte ein Gemälde Hugo Vogels den Generalfeldmarschall gemeinsam mit seinem Stabschef Ludendorff. Die eigentliche Eloge folgte dann auf der vierten Seite: »Das Heldenlied vom Hindenburg. Zum 68. Geburtstag des Generalfeldmarschalls am 2. Oktober« mit Versen von Robert Liebmann und sieben Zeichnungen vom damaligen Star-Zeichner der *BIZ*, Fritz Koch-Gotha.

1916 gab es dann einen weiteren Anlass, um Hindenburg groß herauszustellen, sein 50-jähriges, ›goldenes‹ Militär-Jubiläum: Am 7. April 1866 war er in das preußische Militär eingetreten. Die *WO* gestaltete dazu ihren Innentitel nach einer Originalradierung von Hans Weyl, die *BIZ* lieferte einen Beitrag von Richard Skowronnek, illustriert mit zwei großen Zeichnungen.[704]

Als Hindenburg 1917 dann seinen 70. Geburtstag feierte, hielt sich die *BIZ* zwar verhältnismäßig zurück, sprach ihm jedoch zumindest fast himmlische Weihen zu: Die Titelzeichnung von Fritz Koch-Gotha zu Heft 39 vom 30. September zeigte ausdrücklich »zu Hindenburgs 70. Geburtstag« einen »Alte-Herren-Abend im Himmel«: Friedrich der Große, Blücher und Moltke stießen an, »auf unseren großen Kollegen«. In Heft 41 vom 14. Oktober folgten schließlich nur noch fünf Fotos von Hindenburgs Geburtstagsfeier. Wesentlich mehr Aufmerksamkeit wurde dem Ereignis von der *WO* gewidmet. Ihre Nummer 39 vom 29. September war schon fast eine Hindenburg-Sondernummer: Eingeleitet von einem hymnischen Gedicht Rudolf Herzogs (»Der 70jährige Hindenburg«) folgten mehrere Fotos und schließlich ein umfangreicher Artikel von Felix Neumann zur Biografie des Feldmarschalls, ergänzt um 12 Abbildungen aus allen Altersstufen.[705] Auch hier gab es in der Nummer 41 einen kleinen Nachtrag mit Fotos vom Geburtstag, darunter auf der Innentitelseite: »Der Kaiser im Gespräch mit dem Generalfeldmarschall«.

703 *WO* Nr. 3 vom 16. Januar 1915, S. 81; *WO* Nr. 40 vom 2. Oktober 1915, S. 1415.
704 *WO* Nr. 14 vom 1. April 1916, S. 477; *BIZ* Nr. 15 vom 9. April 1916, S. 213f.
705 *WO* Nr. 39 vom 29. September 1917, S. 1337–1342.

Nach Kriegsende trat der Generalfeldmarschall zwar in den Hintergrund, wurde aber nicht ganz vergessen. Anfang 1920 wurde von der *WO* ein Innentitel präsentiert, wo es zu seinem Foto hieß: »Führende Männer und Frauen bereiten einen Aufruf vor, in dem das deutsche Volk zur Wahl Hindenburgs zum Reichspräsidenten aufgefordert wird.«[706] Und auf dem Innentitel der Nr. 47 vom 22. November 1924 wurde er mit seinen Enkelkindern gezeigt. Auch bei der *BIZ* tauchte der alte Soldat gelegentlich auf, so in Nr. 8 vom 20. Februar 1921, und in Nr. 23 vom 4. Juni 1922.

Als letztes Mittel, um nach dem überraschenden Tod von Reichspräsident Ebert 1925 einen genauso dezidiert demokratischen wie katholischen Reichspräsidenten Wilhelm Marx zu verhindern, wurde von der politischen Rechten für den entscheidenden zweiten Wahlgang der alte Generalfeldmarschall reaktiviert. Hindenburg selbst betrieb zwar so gut wie keinen Wahlkampf, seine Anhänger aber umso mehr. In Maßen galt dies auch für die *WO*. Die Umschlagseite ihres vor der Wahl erscheinenden Heftes wurde mit einer Hindenburg-Porträtzeichnung von Georg Schoebel gestaltet.[707]

Das war zwar eindeutig, aber nicht sehr massiv. Ähnlich verfuhr man nach dem Wahlsieg und den Amtsantritt. In der Nr. 21 folgte ein doppelseitiges Gemälde von Hindenburgs Vereidigung von Felix Schwormstädt und den Innentitel der Nr. 25 zierte die »neueste Aufnahme« des Präsidenten. Allerdings fand der Geburtstag dann keine Erwähnung. Ähnlich war es 1926. Auch da wurde der Geburtstag von der *WO* übergangen. Zuvor war aber ein anderer ›Ehrentag‹ Hindenburgs gewürdigt worden – sein Eintritt in die Armee am 7. April 1866 jährte sich nun bereits zum 60. Mal. Das gab Anlass für ein Titelbild für die Nr. 16. Und auch Hindenburgs Urlaub wurde mit einem Titelbild auf Nr. 37 gewürdigt.

Die Kandidatur Hindenburgs bei der Reichspräsidentenwahl 1925 hatte von der *BIZ* nicht ignoriert werden können. Sie beantwortete diese Herausforderung mit einer ganz speziellen Bild-Text-Lösung.

Dass man sich nicht klar gegen Hindenburg hatte aussprechen wollen, wurde spätestens im Herbst 1925 deutlich, als die Nr. 40 ein Foto Hindenburgs anlässlich seines Geburtstags zierte – wie auch 1926.

706 *WO* Nr. 11 vom 13. März 1920, S. 291.
707 *WO* Nr. 17 vom 25. April 1925.

Abb. 111: Zum zweiten Wahlgang der Reichspräsidentenwahl präsentierte die *BIZ* auf ihrer Nr. 17 vom 26. April 1925 ein Titelbild von meisterhafter Ambivalenz, unterstützt durch die Bildunterschrift »Die beiden Präsidentschaftskandidaten, wie die Welt sie sieht« und die Charakterisierungen »Marx, der erfahrene Staatsmann, erprobt als Führer der deutschen Delegation in London« einerseits und andererseits »Hindenburg, der Generalfeldmarschall«.

Ihren Höhepunkt erreichte die Hindenburg-Verehrung in den beiden Illustrierten dann im Jahr 1927, als der greise Reichspräsident seinen 80. Geburtstag feierte. Die BIZ präsentierte auf der Titelseite eine auf den 12. Juli 1927 datierte Porträtzeichnung Hugo Vogels und schloss daran einen dreiseitigen Bericht Vogels mit dem Titel »Eine Nachmittagsstunde beim Reichspräsidenten«, in dem er die ›private‹ Seite schilderte. Passenderweise veröffentlichte Vogel gleichzeitig auch noch ein ganzes Ullstein-Buch zum Thema *Als ich Hindenburg malte*.

Die WO widmete dem Reichspräsidenten dagegen gleich das ganze Heft ihrer 40. Nummer. Von den 40 redaktionell gestalteten Seiten hatten 31 Hindenburg zum Thema und hinzu kam noch sein Porträt auf dem farbigen Umschlag. Von Reichskanzler a. D. Hans Luther wurde Hindenburg als »Einiger des Volkes« gefeiert (S. 1179f), es gab einen Rückblick auf seine Vorfahren und auf verschiedene Stufen seines Lebens und auch ein Artikel zum »Arbeitstag des Reichspräsidenten« durfte nicht fehlen (S. 1204-1206). Das Ganze war reich illustriert, auch mit mehreren Seiten Farbfotos.

Selbst der IB würdigte den Reichspräsidenten in jenem Jahr in besonderer Weise, indem er den »Tag von Tannenberg« herausstellte und in diesem Zusammenhang den siegreichen Feldherren dreimal zeigte.[708]

708 IB Nr. 18 vom 30. September 1927, S. 259.

Der 80. Geburtstag des Reichspräsidenten war schon ein herausragendes Ereignis und so ist verständlich, dass man von den folgenden Geburtstagen weniger Aufhebens machte. Die *WO* erinnerte nur 1929 mit einem kleinen Foto an Hindenburgs 82. Geburtstag,[709] ansonsten überging sie diesen Anlass. Im Umfeld wurden von ihr 1928 und 1930 allerdings jeweils Bilder veröffentlicht.[710] 1928 würdigte die *BIZ* den Reichspräsidenten noch mit zwei Titelseiten, überging jedoch seinen Geburtstag. In den Jahren 1929, 1930 und 1931 war dieser Anlass völlig von ihren Seiten verschwunden.

Zum ersten Wahlgang der Reichspräsidentenwahl 1932 bezog die *BIZ* verbal überhaupt nicht Stellung. Die bildliche Akzentuierung war eindeutig genug. In Nr. 9 vom 6. März gab es auf der zweiten Seite zwei große Fotografien Hindenburgs, darunter, gemeinsam nur ein Viertel der Seite füllend, Porträtaufnahmen der drei anderen Kandidaten Hitler, Duesterberg und Thälmann. Und noch eindeutiger war die Parteinahme in der Nr. 10 vom 13. März, dem Wahltag. Sie begann bereits auf der Titelseite, die einer »neuen Aufnahme des Reichspräsidenten v. Hindenburg« von Marga Lutteroth vorbehalten war. Auf der zweiten Seite folgten dann drei größere Fotografien der Kandidaten Hitler, Thälmann und Duesterberg »aus ihrer politischen Tätigkeit«. Die dritte Seite war wieder ganz dem amtierenden Reichspräsidenten vorbehalten, während sich die anderen Kandidaten die fünfte Seite teilen musste. Insgesamt waren das fünf reine Bilderseiten zum Thema Reichspräsidentenwahl, von denen drei – einschließlich der Titelseite – den amtierenden Präsidenten herausstellten.

Hindenburg bekam zwar viel mehr Stimmen als jeder seiner Konkurrenten, aber zur absoluten Mehrheit reichte es nicht. Vor dem entscheidenden zweiten Wahlgang verhielt sich die *BIZ* aber nun ganz anders als vor dem ersten. Dies begann schon damit, dass das 13. Heft, das turnusmäßig eigentlich am 3. April hätte erscheinen müssen, bereits auf dem 31. März datiert war, damit es breit mit April-Scherzen füllen konnte. Einen Hinweis auf die anstehende Wahl sucht man darin vergeblich. Und auch das 14. Heft, das dann wieder wie üblich auf Sonntag datiert war – den 10. April, den Wahlsonntag – war ganz anders gestaltet als das 10. zum ersten Wahlgang. Als Titelbild wurde das Foto eines Segelfliegers mit seinem Sohn präsentiert. Und erst auf der zweiten Seite folgte ein größeres Porträtgemälde Hindenburgs mit einem völlig neutralen Text zur rechtlichen

709 *WO* Nr. 40 vom 5. Oktober 1929, S. 1119.

710 *WO* Nr. 39 vom 29. September 1928, S. 1233: »Die Schlesienreise des Reichspräsidenten«; *WO* Nr. 39 vom 27. September 1930, Innentitel: »Der greise General-Feldmarschall in Begleitung des Kriegsministers Groener auf dem ›Kriegsschauplatz‹ in Franken« und auf S. 1142f. weitere Bilder zum Manöver, zum Teil auch mit Hindenburg.

Regelung der Reichspräsidentenwahl. Die Parteinahme zugunsten Hindenburgs bestand nur noch darin, dass auf Abbildungen der Kandidaten Hitler und Thälmann völlig verzichtet wurde. Das Ergebnis der Reichspräsidentenwahl überging die Illustrierte völlig. Ein Bild Hindenburgs präsentierte sie erst wieder im Herbst in Form des Fotos einer Porträtbüste von Ludwig Manzel »Zur Feier des 85. Geburtstags des Reichspräsidenten am 2. Oktober«.[711]

Die Übersicht über das Verhalten der *wo* während der Reichspräsidentenwahl kann wesentlich knapper ausfallen, denn für die Illustrierte aus dem Hugenberg-Imperium schien das Ereignis völlig bedeutungslos zu sein. Den einzigen Hinweis darauf – textlich wie bildlich – gab es in Nr. 10 vom 5. März. Auf S. 288 wurden da »die vier Kandidaten für den ersten Wahlgang der Reichspräsidentenwahl« in genau gleich großen Porträtfotos vorgestellt (wie bei der *BIZ* fand auch bei der *wo* der fünfte Kandidat, Gustav A. Winter, keine Erwähnung). Die Foto-Reihe füllte gerade einmal ein Drittel der Seite. Der zweite Wahlgang wurde überhaupt nicht thematisiert, das Ergebnis auch nicht. Reichspräsident Hindenburg war für die Illustrierte einfach nicht existent; das war schon eine deutliche Stellungnahme. Auch dem 85. Geburtstag Hindenburgs zollte die *wo* nur einen mehr formalen Tribut. Fast zwei Wochen nach dem Ereignis lieferte sie eine Seite mit der Überschrift »Hindenburgs 85. Geburtstag«. Auf den beiden abgedruckten Fotos von einem Aufmarsch und vom Zapfenstreich war auf dem einen Hindenburg kaum, auf dem anderen überhaupt nicht zu sehen.[712]

Dass sich die Partei-Illustrierte *IB* ganz auf ihren Kandidaten Hitler konzentrierte, ist nur der Vollständigkeit halber anzufügen.

Sieht man vom ›Tag von Potsdam‹ ab, dem legendären 21. März 1933, bei dem sich der neue Reichskanzler Adolf Hitler ganz in den Dienst des Reichspräsidenten stellte (was auch bildlich entsprechende Würdigung fand), war Hindenburg während der Kanzlerschaft Hitlers kaum mehr in den Illustrierten präsent, ähnlich zunächst auch 1934. Hindenburgs Tod am 2. August jenes Jahres war dann ein Ereignis, dessen politische Bedeutung auch in entsprechenden Bildermengen seinen Niederschlag fand.

Für die *BIZ* fiel der Tod des Reichspräsidenten sogar in einen Rahmen, den sie seit ihrer Nr. 27 vom 8. Juli 1934 aufgespannt hatte. Ihre Titelseite schmückte damals ein großes Porträtfoto von Hindenburg, und die Textzeile erläuterte: »In diesem Heft beginnt ›Die Russen kommen‹, ein Tatsachenbericht über die Schlacht bei Tannenberg.« In ihrer Nr. 32 vom 12. August widmete sie dann ihren gesamten ersten, 16 Seiten umfassenden Bildteil der Lebensdokumentation des

711 *BIZ* Nr. 39 vom 30. September 1932, S. 1263.
712 *wo* Nr. 42 vom 15. Oktober 1932, S. 1245.

Verstorbenen. Schon am 9. August war eine Sonderausgabe der BIZ mit einem ausführlichen Bildbericht über die verschiedenen Trauerfeierlichkeiten erschienen.

Nummer 32 12. August 1934 43. Jahrgang Preis 20 Pfennig
Berliner Illustrirte Zeitung
Hindenburg †

Abb. 112: Die *BIZ* gestaltete ihre Nr. 32 vom 12. August 1934 als Gedenkausgabe für den verstorbenen Reichspräsidenten. Die Titelseite schmückte »die letzte Aufnahme« Hindenburgs von Heinrich Hoffmann, ein Foto im Stil der Malerei Lenbachs, bei dem innerhalb einer sehr dunklen Fläche nur das ernste Gesicht Hindenburgs den einen hellen Akzent setzte. Den anderen ergab der nur einmal verliehene Stern des Großkreuzes zum Eisernen Kreuz am unteren Bildrand – und unterstrich damit auf subtile Weise die einzigartige Bedeutung des Verstorbenen.

Auch die *WO* beschränkte sich nicht nur auf ausführliche Bildberichterstattungen zu Leben und Beisetzung des Verstorbenen in ihren regulären Ausgaben Nr. 32 vom 11. und 33 vom 18. August. Dazwischen gab es noch eine eigene »Gedenkausgabe« mit einer Art Bild-Biografie.

Im Vergleich dazu agierte der *IB* vergleichsweise zurückhaltend. Sicherlich, in der Nr. 32 vom 11. August wurde auch in Bildern Hindenburgs ausführlich gedacht, und in der Nr. 33 vom 18. August gab es eine äußerst umfangreiche Berichterstattung zu den Trauerfeierlichkeiten. Auf eine Sonderausgabe wurde jedoch verzichtet. Stattdessen wandte der *IB* den Blick nach vorn. Auf seiner Nr. 34 vom 25. August schmückte die Titelseite ein markantes Profilporträt mit der kargen und deshalb umso wuchtigeren Bildzeile: »Der Führer und Reichskanzler«.

Adolf Hitler

Adolf Hitler war als Staatsoberhaupt, als »Führer und Reichskanzler«, auf den Bildern deutscher Illustrierter um ein Vielfaches präsenter als seine Vorgänger.

Zuvor hatten ihn jedoch nur wenige Hefte gezeigt. Von der nicht nationalsozialistischen Presse wurde er in der Weimarer Republik eigentlich nicht wahrgenommen. In unserer Stichprobe taucht er bei *BIZ* und *WO*, d.h. in 156 Heften, genau viermal auf – zweimal 1923/24 im Zusammenhang mit seinem Münchner Putsch und dem anschließenden Hochverratsprozess und zweimal als Kandidat bei der Reichspräsidentenwahl 1932. Doch selbst im *IB* war sein Bild zunächst nicht sehr häufig zu finden: 1927 viermal, 1928 einmal, 1929 dreimal und 1930 sechsmal. Erst 1931/32 trat der Parteichef auch bildlich mehr in den Vordergrund (19 bzw. 13 Bilder).

TABELLE 8

Bilder mit Adolf Hitler in der untersuchten Stichprobe

		Zeitschrift			
		BIZ	*IB*	*WO*	Gesamt
Phase	Weimarer Republik I	1	0	0	1
	Weimarer Republik II	1	8	0	9
	Weimarer Republik III	1	38	1	40
	NS-Staat-Vorkrieg	73	226	68	367
	Zweiter Weltkrieg	15	41	15	71
Gesamt		91	313	84	488

Mit Hitlers Kanzlerschaft sah die Sache ganz anders aus. Nun erlangte der ›Führer‹ eine ungeahnte Medienpräsenz, auch in den Illustrierten. Die Bedeutung, die den Bildern am sich immer stärker entwickelnden ›Hitler-Mythos‹ zukam, wurde bislang erst ansatzweise erforscht: Ian Kershaws einschlägige Studie stützt sich nur auf Textquellen – zeitgenössische Berichte, die im Reich oder auch von Beobachtern außerhalb angefertigt worden waren –; Rudolf Herz untersucht zwar Fotos, aber nur begrenzt im Kontext ihres Einsatzes in Illustrierten.[713] Die hier vorzustellenden Ergebnisse erweitern deren Befunde deshalb erheblich.

Jahrelang war Hitler vor allem für den *IB der* Cover-Star, denn treffender lassen sich die Gegebenheiten kaum zusammenfassen. Nach einem vergleichsweise zurückhaltenden Beginn in den ersten Jahren mit ›nur‹ 17 Titelbildern 1933 und 18 1934 steigerte sich der Hype beim *IB* immer mehr: 1936 prangte Hitler auf 32 Nummern, 1938 gar auf 34! Dies bestätigt schon einmal punktuell Kershaws

713 Kershaw, *Hitler-Mythos*; Herz, *Hoffmann & Hitler*; Herz, *Medienstar*; Bessel, *Charismatisches Führertum*; Thamer, *Hitler-Bild*.

Feststellung, dass 1936 »die Schwelle zur vollen Ausgestaltung des Hitlerkults überschritten« war.[714]

GRAFIK 14

Hitler auf allen Titelseiten des *IB*[715]

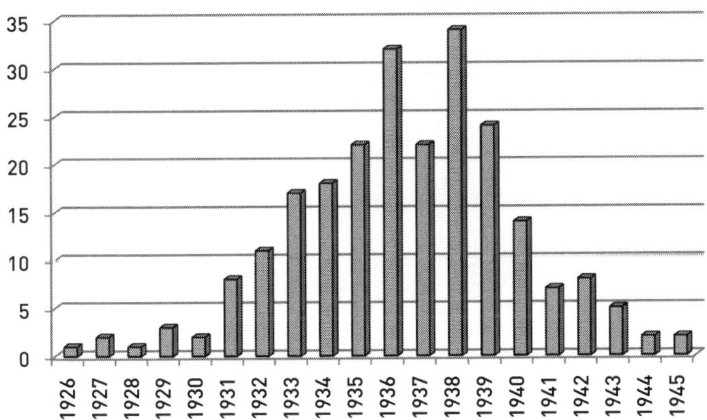

Ganz allein war der Reichskanzler zwar nur relativ selten zu sehen (1936 siebenmal, 1938 sechsmal), aber zumeist blieben die ihn Umgebenden doch nur Randfiguren, namenlose Staffage. Wurden Namen genannt, stand die Parteiprominenz im Vordergrund. Eine besondere Hervorhebung erfuhr dabei noch einmal Hermann Göring 1938. Der wurde in diesem Jahr gleich dreimal in relativ dichter Folge als einziger Begleiter Hitlers gezeigt.[716] 1938 waren zudem außenpolitische Absichten überdeutlich. Dreimal nacheinander wurde im Mai Hitler mit Mussolini abgebildet,[717] und in der zweiten Jahreshälfte gab es sechs Hefte mit Hitler und ausländischen Politikern: drei Italiener, ein Ungar, ein Brite und ein Japaner.

Der Kriegsausbruch 1939 schien zunächst den IB-Einsatz für Hitler noch zu steigern: Auf elf von 17 Heften seit Anfang September stand Hitler im Mittelpunkt der Titelseite. Aber schon in der zweiten Jahreshälfte 1940 war es damit vorbei: War er im ersten Halbjahr noch auf zehn Titelseiten präsent, so in der zweiten Hälfte nur noch auf vieren; und erstmals gab es einen direkten Konkurrenten

714 Kershaw, *Hitler-Mythos*, S. 103.
715 Zusammengestellt nach den Abbildungen bei Herz, *Hoffmann & Hitler*, S. 339-347.
716 IB Nr. 3 vom 20. Januar, Nr. 6 vom 10. Februar und Nr. 17 vom 28. April 1938.
717 IB Nrn. 18-20 vom 5/12./19. Mai 1938.

in der Medienpräsenz: Hermann Göring füllte drei Titelseiten. Schon damals begann das Bild des ›Führers‹ also in den Hintergrund zu treten, begann sein Mythos sich abzuschwächen. Charismatische Autorität, so stimmt Ian Kershaw Max Webers klassischer Analyse zu, bedarf der »Dynamik ständiger Erfolge«,[718] und nach dem Sieg über Frankreich im Mai 1940 gab es bis zum Frühjahr 1941 erst einmal einen gewissen Stillstand.

Die aus der Untersuchung der Titelseiten des *IB* gewonnenen Ergebnisse bestätigen sich voll und ganz, wenn man auch die übrigen Seiten der Illustrierten einbezieht und jeweils die ganzen Jahrgänge auswertet. Mit nur minimalen Abweichungen zeigt Grafik 13 dasselbe Bild wie Grafik 14:

GRAFIK 15

Hitler auf allen Seiten des *IB*[719]

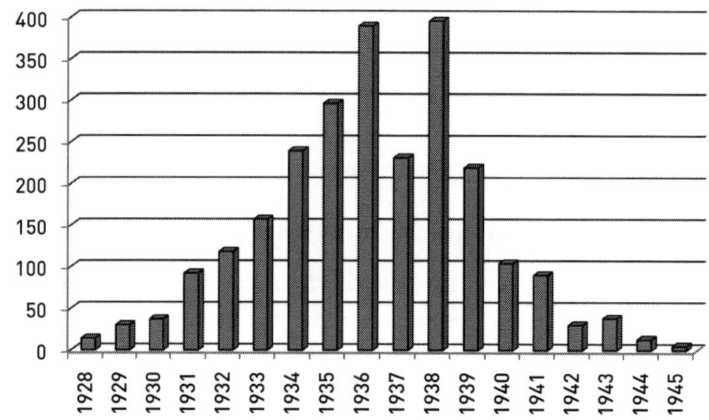

Die Grafik bedarf nur geringen Kommentars. 1928, als der *IB* im Oktober wöchentlich zu erscheinen begann, wurde Hitler insgesamt nur 14mal gezeigt. Das war nicht viel häufiger als die neunmal, in denen Franz von Epp, der Spitzenkandidat der bayerischen NSDAP für die Reichstagswahl in jenem Jahr, Darstellung fand. 1929 hatte Hitler zwar 30 Bild-Auftritte, aber zum einen gab es nun 52 Hefte und zum anderen konzentrierten sich 14 Bilder auf die Zeit des Parteitags. Die meisten Hefte kamen also völlig ohne Hitler-Bilder aus.

718 Kershaw, *Hitler-Mythos*, S. 21.

719 Eigene Erhebungen. Ich danke Simon Strobel für umfangreiche Zuarbeit.

Der Auf- und Ausbau des Hitler-Mythos durch die Bebilderung vollzog sich im *IB* seit Frühjahr 1930. Nachdem das erste Hitler-Foto erst in Nr. 19 vom 10. Mai erschienen war, folgten bis Jahresende noch 36 weitere. Im Durchschnitt war der ›Führer‹ damit in jedem Heft einmal präsent. Bis 1932 hatte man diesen Wert gut verdoppelt, da gab es in 52 Heften 118 Hitler-Bilder. Mit Hitlers Kanzlerschaft begann dann ein Stück seiner Allgegenwart, zumindest was die Bebilderung im *IB* angeht. Kaum zu überbietende Höhepunkte bildeten die Jahre 1936 und 1938. Mit 389 bzw. 395 Abbildungen wurde er in jedem Heft dieser innen- wie außenpolitisch so ereignisreichen Jahre durchschnittlich sieben Mal gezeigt. Außerdem kommt noch hinzu, dass auch die ihm gewidmeten Formate immer größer wurden: Waren 1934 noch 70 von 239 der ihm gewidmeten Bilder mindestens eine halbe Seite groß (29 %), so waren es 1938 162 von 395 (41 %). An Hitler konnte niemand mehr vorbeisehen, wenn er in den *IB* schaute.

Der Platz, der seinen Bildern gewidmet wurde, musste an anderer Stelle eingespart werden. Und tatsächlich muss man annehmen, dass Hitler-Bilder im *IB* ein Stück weit jenes Feld besetzten, das in weniger politischen Illustrierten den Stars aus Film und Sport zugestanden wurde. Unsere Stichprobe bietet dazu folgende Werte: In den nationalsozialistischen Vorkriegsjahren entfielen beim *IB* fast zwei Drittel aller großformatigen, mehr als eine halbe Seite einnehmenden Bilder auf Bilder mit politischen Inhalten; und auf 77 von 181 war Hitler zu sehen. Die *BIZ* brachte dagegen gleichzeitig nur insgesamt 74 großformatige politische Bilder, von denen 21 Hitler zeigten. Ihren 69 großen Bildern aus den Bereichen Buntes, Film und Sport standen beim *IB* nur 27 vergleichbare gegenüber.

All dies vollzog sich nicht gleichsam hinter dem Rücken Hitlers, sondern wurde von ihm mit großer Aufmerksamkeit verfolgt. 1935 wurde sogar eine tägliche Bildvorlage für ihn eingerichtet, die auch die Abbildungen seiner Person gebührend zu berücksichtigen hatte.[720] Zu Beginn des Krieges wurde damit sogar eine Genehmigungspflicht verbunden, die die weitere Entwicklung wesentlich bestimmt haben dürfte. Was sich nämlich bereits bei den Titelbildern andeutete, zeigt sich auch bei der Betrachtung der ganzen Hefte: Schon mit dem Jahr 1940 wurde es immer schwieriger, den Hitler-Mythos mit immer neuen Bildern abzusichern – also lange vor den großen Niederlagen der Wehrmacht im Jahr 1943. Ein Stück weit wird dazu beigetragen haben, dass Hitler selbst in erstaunlichem Maße die Zirkulation seiner Bilder kontrollieren wollte. Wie sich die neue Praxis genau vollzog, ist nicht mehr ganz eindeutig zu bestimmen, weil wohl gleich eine ganze Reihe von Anordnungen erlassen wurde. Am 28. Januar 1940 gab der

720 Sachsse, *Erziehung zum Wegsehen*, S. 37.

Reichspressechef bekannt, dass »Bilder vom Führer künftig nur noch gebracht werden dürfen, wenn sie von der Adjudantur des Führers ausdrücklich freigegeben worden sind [...]«.[721] Am 29. Januar 1940 wurde dann sogar der Befehl verbreitet, »daß jedes neue Führerbild vor der Veröffentlichung in Zukunft dem Führer selbst vorgelegt wird. Auch Photo-Hoffmann hat in Zukunft keine Ausnahme-Stellung mehr.«[722] Gleichzeitig ließ der Pressechef jedoch verlautbaren, »dass die Vorlage der Führerbilder beim Bildpressereferat des Ministeriums zu erfolgen hat.«[723] Ob das Bildpressereferat nun nur die Eingangsstelle war oder doch schon genehmigte oder die Genehmigung erst durch die Adjudantur oder am Ende gar durch Hitler selbst erfolgte, war wohl für Außenstehende schon damals kaum zu durchschauen. Jedenfalls musste der mit diesem Vorgehen verbundene Aufwand jeden Illustrierten-Gestalter schon einmal erheblich bremsen. Und zu umgehen war das Verfahren wohl kaum, denn am 18. Juni 1940 wurde in der Reichspressekonferenz noch einmal ausdrücklich »daran erinnert, daß Führer-Bilder nur dann gebracht werden dürfen, wenn sie vom Führer selbst genehmigt sind und über die zugelassenen Bildagenturen laufen«.[724]

Hinzu kam, dass sich der zunehmend auf seine Feldherrentätigkeit konzentrierende Reichskanzler immer seltener in der Öffentlichkeit präsentierte, sodass sich der Nachschub an neuen Bildern verringerte. 1944 war der nur wenige Jahre zuvor beinahe Omnipräsente dann selbst aus der Partei-Illustrierten fast ganz verschwunden. In 52, wenn auch nur noch 12 Seiten schwachen Heften wurde er nur noch insgesamt 13mal gezeigt – allein drei Fotos gab es dabei in Nr. 32 vom 10. August, um auch optisch zu demonstrieren, dass Hitler das Attentat vom 20. Juli überlebt hatte.

Ohne Zweifel wurde Hitler im Laufe der Jahre im *IB* in vielerlei Rollen abgebildet, in direkten und weniger direkten politischen Kontexten. Bei dieser Fülle ist es nicht immer leicht, eine eindeutige Zuordnung zu treffen. Gleichwohl muss bei genauerer Betrachtung der ihm gewidmeten Bilder feststellt werden, dass seine Darstellung in direkt politischen Kontexten bei Weitem überwiegt. Sicherlich gab es dabei Nuancen, sind ganz offizielle Rollen von weniger offiziellen Auftritten zu unterscheiden, aber genauso eindeutig ist auch die gegenteilige Feststellung: Hitler in dezidiert nicht politischen Kontexten, als Privatmensch, wurde nur in allergrößten Ausnahmefällen im *IB* abgebildet. Hier wird der Rückblick

721 Zit. ebd., S. 262.
722 Hagemann, *Presselenkung*, S. 95, A. 313. Diese Formulierung wurde am 18. Juni 1940 noch einmal bestätigt: zit. Wulf, *Presse und Funk*, S. 107.
723 Zit. Sachsse, *Erziehung zum Wegsehen*, S. 262.
724 Zit. Wulf, *Presse und Funk*, S. 107.

wohl vor allem von den einschlägigen, von Heinrich Hoffmann herausgegebenen Bildbänden geprägt, die von 1932 bis 1937 erschienen: *Hitler wie ihn keiner kennt* (1932), *Jugend um Hitler* (1934), *Hitler in seinen Bergen* (1934) und *Hitler abseits vom Alltag* (1937).[725] Interessanterweise erlebten diese Bändchen alle Großauflagen von mehr als 200.000 Stück, das früheste aber die mit Abstand größte mit mehr als 400.000 Stück.[726] Zu ergänzen wären diese Veröffentlichungen zudem noch durch die damals sehr populären Cigaretten-Bilderalben, in denen ebenfalls das Bild eines volkstümlichen Hitler verbreitet wurde.[727] In den Illustrierten wurde diese Vorgabe aber nur ganz begrenzt aufgegriffen. Am 18. Juli 1934 gab es in der auch für die Illustrierten verbindlichen Reichspressekonferenz eine eindeutige Vorgabe: »Besondere Vorsicht wird in der Bildberichterstattung den Zeitungen zur Pflicht gemacht. Nachrichten über das Privatleben des Führers sind immer unerwünscht gewesen und dürfen nun nicht dadurch umgangen werden, daß Bilder gebracht werden.«[728] Bilder aus dem Privatleben Hitlers waren damit im Prinzip tabu. Die einzige Neuerung im Vergleich zur traditionellen Darstellung deutscher Politiker war damit das Herausstellen der menschlichen Seite des Staatsmannes – der aber immer ein Staatsmann zu bleiben hatte. Die Vermutung von Rudolf Herz, dass sich das propagandistisch vermittelte Führerbild schon 1936 noch weiter zu wandeln begann, ist wahrscheinlich, bedürfte aber noch genauerer Untersuchung: »Der Führer entrückte allmählich den Volksgenossen, zeigte sich häufiger auf dem diplomatischen Parkett, trat distanzierter und abgeschirmter auf und wurde zunehmend monumentaler dargestellt.«[729] Dies wurde durch die akribische Illustrierten-Analyse von Wenke Nitz bestätigt: Die Inszenierung Hitlers »als so genannter ›Volkskanzler‹, der mit der Bevölkerung in engem Kontakt stand [...] wurde seit 1936 immer weniger aktiviert.«[730]

725 Vgl. Herz, *Hoffmann & Hitler*, S. 242ff.
726 Ebd., S. 244.
727 Henning, *Hitler-Porträts*.
728 *NS-Presseanweisungen* 1934, S. 279.
729 Herz, *Medienstar*, S. 62.
730 Nitz, *Führer und Duce*, S. 258, ähnlich S. 260.

Abb. 113: In den allermeisten Fällen wurde Hitler in den Illustrierten als politischer, allem Privaten entkleideter »Führer aller Deutschen« präsentiert – wie hier auf der Titelseite des *IB* Nr. 38 vom 22. September 1938. Die Aufnahme stammt nicht von Heinrich Hoffmann, sondern von dem SS-Fotografen Friedrich Franz Bauer (1903 - 1972).

Abb. 114: Nur selten zeigte der *IB* den ›Führer‹ in wirklich privat wirkenden Zusammenhängen; zumeist wurde Offizielles nur mit etwas Privatem verschönert. Das Titelbild der Nr. 8 vom 20. Februar 1936 zeigt die Ambivalenz sehr anschaulich: Dass hier ein Stück privates Interesse des Reichskanzlers am Sport demonstriert werden sollte, ist offensichtlich, denn »Christl Cranz (links) und Käthe Grasegger (rechts), die bei den IV. Olympischen Winterspielen die erste Gold- und die erste Silbermedaille erkämpften«, wurden ausdrücklich »beim Besuch in der Münchener Wohnung des Führers« von Heinrich Hoffmann fotografiert – andererseits präsentiert sich der sehr förmlich in Parteiuniform.

Wohl nirgends lässt sich die von der nationalsozialistischen Propaganda beabsichtigte programmatische Differenz zwischen der Partei-Illustrierten IB und der letztlich nur noch vordergründig bürgerlichen BIZ deutlicher ablesen als an der Gestaltung der Titelseiten. In den Jahren 1935 bis 1938, in denen der IB Hitler 110 Mal an dieser herausgehobenen Stelle präsentierte, beschränkte sich die BIZ auf 21 Mal! Es wird denn auch kaum aufgefallen sein, dass es 1941 bloß vier Titelbilder waren, die Hitler zeigten. Ab 1942 gab es dann nur noch jeweils eine Titelseite mit einem Hitler-Bild, jeweils anlässlich seines Geburtstags; ansonsten war der ›Führer‹ als optisches Aushängeschild verschwunden.

Leider lassen sich bei der WO keine ähnlich präzisen Aussagen machen. Das hängt weniger daran, dass es bis 1942 dauerte, bis sie ihre vorherige Gewohnheit aufgab, neben dem eigentlichen Titelbild auf dem kartonierten Umschlag auch noch einen eigenen Innentitel zu drucken, sondern vor allem an der ungleichmäßigen Überlieferung: Manchmal wurden bei Bibliotheksexemplaren die Umschläge entfernt, manchmal nicht. Zumindest für 1935 kann jedoch eine genaue Vergleichszahl geliefert werden: In jenem Jahr setzte der IB 22 Mal ein Bild mit Hitler auf seine Titelseite. Bei der BIZ geschah es sechs Mal, bei der WO viermal auf dem Außenumschlag und viermal auf dem Innentitel. Und auch für 1943 ist eine genaue Aussage möglich: Beim IB gab es noch fünf Titelbilder mit Hitler, bei der BIZ eins, bei der WO keins.

Abb. 115: Die *WO* verwendete Hitler-Bilder nur zurückhaltend zur Gestaltung ihrer Umschläge und Innentitel. 1933 näherte sie sich sehr zurückhaltend. Auf dem ersten Innentitel erschien der neue Reichskanzler bei Nr. 13 vom 1. April, aber nur klein im Zusammenhang der Regierungserklärung am ›Tag vom Potsdam‹. In Nr. 16 vom 22. April, zu seinem Geburtstag am 20. April, folgte die zweite Darstellung, dieses Mal an seinem Arbeitstisch in der Reichskanzlei, aber ohne Hinweis auf dieses Ereignis. Es dauerte dann bis zur Nr. 38 vom 23. September, bis sein Bild auch auf dem farbigen Umschlag erschien, hier als Kohle-Porträtzeichnung Klaus Richters vor einem in Rötel gezeichneten, eine riesige Hakenkreuzfahne schwenkenden SA-Mann. – Sondernummern der Illustrierten wurden in unsere Untersuchung einbezogen, wenn sie zwar als solche bezeichnet, aber innerhalb der normalen Heftzählung geführt wurden.

Bei BIZ und WO wurde darauf verzichtet, analog zum IB wirklich alle Hitler-Abbildungen in allen 1933 bis 1944 bzw. 1945 erschienenen Heften herauszusuchen. Die Werte unserer Stichprobe dürften aussagekräftig genug sein:

GRAFIK 16

Abbildungen Hitlers in jeweils 6 Heften von *BIZ*, *IB* und *WO*

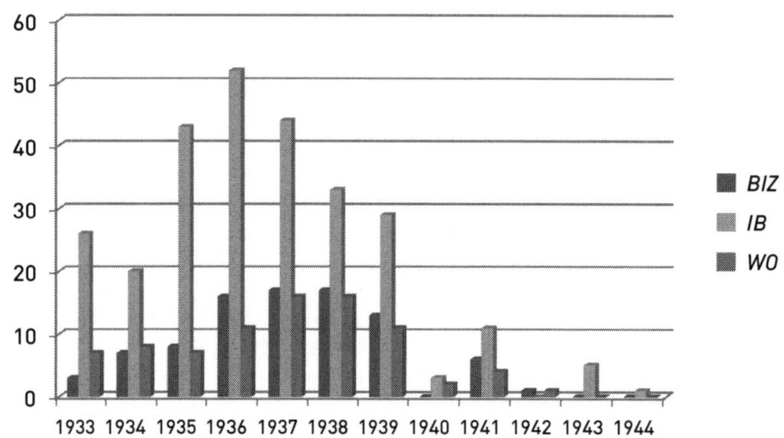

Die beiden Hauptbefunde sind eindeutig: Die Gegebenheiten bei *BIZ* und *WO* ähneln sich untereinander genauso, wie ihr Abstand zum *IB* ausgeprägt ist. Auffallen muss darüber hinaus der drastische Rückgang der Hitler-Bilder schon 1940 – also lange vor der Kriegswende 1943 –, der sich bereits beim *IB* zeigte. Selbstverständlich trug dazu bei, dass seit 1939 keine NSDAP-Parteitage mehr abgehalten wurden, bis dahin wichtige Berichtsanlässe für alle drei Illustrierten während unserer Herbst-Stichprobe, bei denen auch der Parteichef gebührend herausgestellt wurde. Im Herbst 1939 wurde dies noch einigermaßen durch die häufigen Berichte von Hitler-Besuchen an der Front kompensiert, ähnlich 1941, wenn auch deutlich geringer. Über weitere Gründe kann nur spekuliert werden. Die bereits erwähnte, seit 1940 geltende Genehmigungspflicht aller Hitler-Bilder durch ihn selbst gehört sicher dazu. Weil Propagandaminister Goebbels die Bedeutung der Hitler-Bilder in den Illustrierten für ihre Leserschaft klar gewesen sein muss und er sicherlich entsprechend gedrängt haben wird, ist die Zurückhaltung Hitlers umso erstaunlicher. Aber auch im Bereich von Medien und Propaganda hat der Diktator seine Vorstellungen wohl durchgesetzt.

Es bleibt, noch einen Blick auf einen ganz speziellen Berichtsanlass zu werfen, die Würdigung von ›Führers Geburtstag‹ um den 20. April herum – ein Anlass, bei dem es nahe liegt, Parallelen zur Würdigung von ›Kaisers Geburtstag‹ zu ziehen. Auch bei ›Führers Geburtstag‹ lieferte der *IB* Vorgaben, hinter denen *BIZ* und *WO* weit zurückblieben. Allerdings bedurfte dies doch eines überraschend langen Vorlaufs. 1927 war der Geburtstag des Parteichefs in der Partei-Illustrierten noch völlig übergangen worden. 1928 und 1929 fand er dann erstmals Erwähnung, jeweils zwar mit Bild und hymnischem Gedicht, aber noch nicht auf den ersten Seiten. 1930 fehlte erneut ein Hinweis, 1931 fielen die entsprechenden Hefte wegen Verbot aus und 1932 herrschten die Reichspräsidentenwahlen vor. Noch 1933 gab es nur ein kleines würdigendes Gedicht. Erst 1934 begann, was dann bis zur Einstellung der Illustrierten gelten sollte: ein Hitler-Bild auf der Titelseite und weitere Bilder auf den anschließenden Seiten.

Abb. 116: Nur vordergründig hielt sich der *IB* 1936 bei der bildlichen Würdigung von Hitlers Geburtstag zurück: Seine Nr. 16 vom 16. April brachte zwar das nun schon obligatorische Hitler-Foto auf der Titelseite, dann aber nur zwei Seiten, die noch dazu etwas kryptisch bloß mit »Der Führer kommt!« überschrieben waren, mit jubelnden Menschen, aber ohne Hitler-Bilder. Eine kleine Notiz auf der rechten Seite gab Aufschluss über die Zurückhaltung: Der *IB* brachte zum 20. April ein Sonderheft mit dem Titel *Adolf Hitler, ein Mann und sein Volk* heraus, »das auf 96 Bilderseiten das Werk des Führers von seinen Anfängen bis zum Sieg von 1936« schildert. Mit Vierfarben-Kunstblatt kostete das ganze 1,50 Reichsmark.

Wohl um allzu große Monotonie zu vermeiden, wurden 1937 und 1938 nur umfangreiche Rückblicke auf den eigentlichen Geburtstag präsentiert. 1939 – anlässlich des 50. Geburtstags – bestimmte das Thema dann sogar zwei IB-Hefte, und 1940 präsentierte man das Heft mit einem ganz außergewöhnlichen farbigen Umschlag mit Hitler-Bild, ähnlich auch 1941. In den an Umfang deutlich reduzierten Heften der Jahre 1942 bis 1944 war dann nur noch Platz für ein entsprechend gestaltetes Titelbild.

Die BIZ präsentierte durchweg seit 1933 um Hitlers Geburtstag herum vor allem sein Bild auf der Titelseite; seit 1942 waren es, wie bereits erwähnt, die jeweils einzigen Hitler-Bilder auf der Titelseite im gesamten Jahrgang. Ganz im Gegensatz zum IB gab es weitere Bilder in den Heften nur ausnahmsweise.

Abb. 117: In ihrer Nr. 16 vom 16. April 1936 wartete die *BIZ* mit einer besonderen Titelseitengestaltung auf: Sie nahm zwar ausdrücklich auf Hitlers Geburtstag Bezug, zeigte jedoch kein Bild von ihm, sondern von einem schreibenden Jungen. Auf den Heften lässt sich sein Brief ohne Weiteres lesen: »Mein Führer! Zu Deinem heutigen Geburtstage, wünsche ich Dir alles Gute und daß Du uns noch recht lange erhalten bleibst. Zu Deinem Wahlsieg gratuliere ich Dir, ich habe bis um 12 Uhr den Ergebnissen gelauscht. So verbleibe ich Dein treuer Pimpf. Horst Warnecke«.

Während sich die WO im Kaiserreich als absolut kaisertreu gezeigt hatte und jährlich Kaisers Geburtstag ausdrücklich würdigte, zeigte sie sich bei Hitler erstaunlich zurückhaltend. In Nr. 16 vom 21. April 1934 gab es zwar erstmals den ausdrücklichen Hinweis bei einem Hitler-Foto auf dem Innentitel »zum 20. April, an dem der Führer seinen 45. Geburtstag begeht«, aber das war auch schon alles. Dass man in der Redaktion ganz eigene Akzente setzen wollte, zeigte sich dann so recht im folgenden Jahr 1935. In Nr. 16 vom 17. April sucht man vergebens nach einem Hitler-Bild auf Umschlag oder Innentitel. Erst auf der zweiten Seite findet sich dann oben ein Bild mit einem Zeitung lesenden Hitler und dem knappen Vermerk: »Am 20. April begeht der Führer seinen 46. Geburtstag.« Das zentrale Ereignis für das Heft, dem 5 ½ Bildseiten gewidmet wurden, war dagegen die pompöse Hochzeit des preußischen Ministerpräsidenten Hermann Göring mit der Schauspielerin Emma Sonnemann am 10. April.

Diese Hochzeit des damals zweiten Mannes im NS-Staat war sicherlich ein hochpolitisches Ereignis. Ein Stück weit fiel ihre Bebilderung aber auch unter die für Illustrierte so typische Sparte ›Buntes‹. Völlig trennscharf wird man das nicht entscheiden können, aber die jeweiligen Größenordnungen sind abschätzbar und genauere inhaltliche Betrachtungen nuancieren das gewonnene Bild. Dies gilt erst recht, wenn man sich dem direkten Umfeld der Bilder mit eindeutig politischen Inhalten zuwendet.

5.7 Das direkte Umfeld politischer Bilder. Karikaturen, Soziales, Militär und Krieg als Bildinhalte

Dass zum Großbereich Politik nicht nur Bilder mit direkt politischen Inhalten zu zählen sind, wurde bereits zu Beginn dieses Kapitels klargestellt. Karikaturen, definiert als mehr oder minder boshafte politische Zeichnungen, hätten ohne Weiteres bereits bei den Bildern mit direkt politischen Inhalten behandelt werden können.[731] Ihr politischer Gehalt liegt ja bereits in ihrer Bestimmung. Es wurde darauf verzichtet, weil es sich um eine schon durch die Technik klar umgrenzte Bildgattung handelt, die noch dazu nur zu genau umgrenzten Zeiten in größerem Maß kultiviert wurde. Ähnliches gilt für den Krieg, den man durchaus als Fortsetzung der Politik mit anderen Mitteln betrachten kann. Auch Bilder mit militärischen oder kriegerischen Inhalten wären inhaltlich problemlos unter die mit direkt politischen Inhalten zu fassen gewesen. Allerdings wäre dieser Bereich dann für die verschiedenen Kriegsjahre derart aufgebläht worden, dass zur besseren Überschaubarkeit doch wieder Unterscheidungen hätten eingeführt werden müssen. Nicht ganz so eindeutig sind die Zusammenhänge bei den Bildern mit sozialen Inhalten. Ihr Politisches erschließt sich in der Regel erst bei genauerer Betrachtung. Dann jedoch zeigen sich bei ihnen die auffälligsten Veränderungen.

Grafik 9 gab bereits einen Überblick über die Größe der drei Bereiche zu verschiedenen Zeiten. Nun ist auf ihre Inhalte und deren Veränderungen einzugehen.

Karikaturen

Im Vergleich zu unpolitischen Witzzeichnungen spielten politische Zeichnungen, hier vereinfacht als Karikaturen definiert, zumeist keine nennenswerte Rolle bei der Illustrierten-Bebilderung: »Die deutsche Presse vor 1933 hat so gut wie keine politischen Karikaturen veröffentlicht, und die deutsche Presse nach 1933 auch

731 Knieper, *Die politische Karikatur.*

nicht«, wurde bereits vor Jahrzehnten zusammengefasst.[732] Von dieser Regel gibt es nur wenige, dafür aber umso aussagekräftiger Ausnahmen. Sie lassen sich in zwei Aussagen zusammenfassen: Zum einen wurde die Karikatur vor allem von sich als politisch verstehenden Illustrierten eingesetzt – im *IB* allein wurden 60 Prozent der von uns identifizierten Karikaturen veröffentlicht (193 von 323). Und zum anderen bedurfte es besonderer politischer Umstände, damit sie auch in weniger politischen Illustrierten Einsatz fand.

Im Kaiserreich wurden in den Illustrierten im Prinzip überhaupt keine Karikaturen veröffentlicht. In den von uns untersuchten Heften aus insgesamt 14 Jahren fand sich nur ein einziges Beispiel. Zu Beginn des Ersten Weltkriegs präsentierte die *BIZ* eine Karikatur des britischen Kriegsministers Kitchener.[733] In der Weimarer Republik öffneten sich *BIZ* und *WO* zwar stärker der Karikatur, aber die zeitliche Verteilung ist charakteristisch: Von 30 in der *WO* veröffentlichten politischen Zeichnungen erschienen 28 in den Krisenjahren der Republik bis 1923, davon allein 20 zum Höhepunkt der Krise 1923. Und von diesen waren alle dem Einmarsch französischer Truppen ins Ruhrgebiet gewidmet.

Bei der *BIZ* sah es ähnlich aus: 14 von 16 Karikaturen wurden bis 1924 veröffentlicht – und jene sechs des Jahres 1924 galten der französischen Politik der Vergangenheit.[734]

Ständig präsent waren die Karikaturen dagegen im *IB*. Aber auch hier muss man genau sein: solange er sich als dezidierte Partei-Illustrierte verstand.[735] Das wechselnde Selbstverständnis lässt sich nirgends so gut ablesen wie beim Einsatz der Karikaturen. Von 1928 bis zum Frühjahr 1933 waren sie in allen Heften präsent (insgesamt 160 Beispiele). Dann verschwanden sie über Jahre hin fast vollständig. Lässt man das Frühjahr 1933 außer Acht, so gab es in allen Vorkriegsjahren in den von uns untersuchten Heften gerade einmal zwei Ausnahmen.

Geliefert wurden die *IB*-Karikaturen vor allem von ein paar Stamm-Zeichnern, sofern sich das über Kürzel und Namensnennungen nachvollziehen lässt. Gerade in den ersten Jahren bis einschließlich 1929 erschien die Mehrzahl der politischen Zeichnungen aber ohne jeden Hinweis (21 von 37). Der zentrale Zeichner wurde bereits vorgestellt: Mjölnir alias Herbert Schweitzer.[736] Viel vertreten waren neben ihm auch ›KP‹ und ›TES‹, allerdings war es bislang noch nicht möglich, diese Kürzel konkreten Zeichnern zuzuordnen. Bei ›Beno‹ könnte es sich um Benno

732 Ferber, *Zeichner der Zeit*, S. 333.
733 *BIZ* Nr. 37 vom 13. September 1914, S. 672.
734 *BIZ* Nr. 9 vom 2. März 1924, S. 179.
735 Vgl. auch Schmersahl, *Die Demokratie ist weiblich*.
736 Vgl. S. 231.

von Arent (1898-1956) handeln, den späteren Reichsbühnenbildner. Diese vier lieferten 92 von 93 Karikaturen, die einen Hinweis auf ihren Gestalter geben.

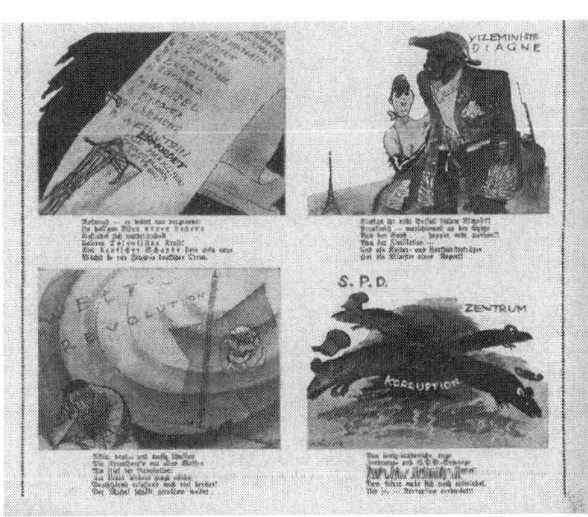

Abb. 118: Fast regelmäßig stellte der *IB* eine halbe Seite den Karikaturen Mjölnirs zur Verfügung, hier in seiner Nr. 7 vom 14. Februar 1931, S. 151. Mjölnir agitierte eigentlich gegen alles: den Bolschewismus, das Weimarer System, die Juden – und manchmal, wie in diesem Beispiel – gegen alles zugleich. Statt Juden traf sein Spott anlässlich der Berufung des Sengalesen Diagno zum französischen Vizeminister hier nur die Schwarzen.

Ihre weiteste Verbreitung erreichten die Karikaturen im Zweiten Weltkrieg, auch dies ein wichtiger Unterschied zum Ersten Weltkrieg. Die *BIZ* veröffentlichte während dieser Zeit 23 ihrer 41 von uns festgestellten politischen Zeichnungen, die *WO* 57 von 89, der *IB* allerdings nur 33 von 193. Dabei ist eine beträchtliche Ballung festzustellen: 50 der 113 Karikaturen aus der Zeit von Herbst 1939 bis Frühjahr 1945 erschienen bereits 1939/40.

Eine gewisse Aufmerksamkeit verdienen vor allem die Karikaturen der *WO* während des Zweiten Weltkriegs, denn hier wird die einschlägige Neu-Einrichtung der Nationalsozialisten deutlich greifbar. Wenige Tage vor Kriegsbeginn hatte die Abteilung Auslandspresse des Propagandaministeriums mit dem Lübecker Korrespondenzbüro Interpress die Gründung eines eigenen Karikaturendienstes Die politische Zeichnung – Interpress vereinbart.[737] Ausdrückliches Ziel war, »die bisher in Deutschland im Gegensatz zu anderen Ländern noch wenig bekannte und gepflegte politische Karikatur ihrer propagandistischen Bedeutung entsprechend zu aktivieren.«[738] Der Karikaturendienst bestand als nachgeordnete Stelle des Ministeriums bis März 1943. Mit dem 1. April wurde er in eine reichseigene Dienststelle mit Namen ›Die politische Zeichnung/DPZ‹ umgewandelt.

Zeitweise soll Interpress mit rund 30 Zeichnern zusammengearbeitet und »90 Prozent der gesamten deutschen politischen Karikaturen« erfasst haben.[739] Das ist vielleicht etwas hochgegriffen, denn die in der *BIZ* und im *IB* veröffentlichten Karikaturen sind nicht mit Interpress in Verbindung zu bringen, aber

737 Päge, *Karikaturen*, S. 139, der weitgehend auf Villinger, *Vermittlung von Karikaturen*, aufbaut.
738 So der damalige Leiter des Dienstes: Villinger, *Vermittlung von Karikaturen*, Sp. 2257.
739 Päge, *Karikaturen*, S. 141.

bei der *WO* sind es immerhin 75 Prozent. Allerdings muss man genau sein. Die Bezeichnung ›Interpress‹ taucht nur bei 19 von 43 Namen auf. In den übrigen Fällen handelt es sich um Zeichner, die auch – und zum Teil an herausgehobener Stelle – für Interpress arbeiteten, aber ohne Hinweis auf diese Einrichtung. Gänzlich verwirrend ist die Lage bei ›Brinkmann‹. Gerhard Brinkmann (1913-1990) war bei Interpress als Betreuer der Zeichner tätig,[740] war aber auch selbst ein produktiver Karikaturist – weit über das Kriegsende hinaus.[741] Eindeutig können ihm neun Zeichnungen zugewiesen werden. Daneben gab es aber auch noch einen Georg Brinkmann (ebenfalls neun Fälle) und 14 müssen unklar bleiben, weil bei ihnen nur von ›Brinkmann‹ oder ›G. Brinkmann‹ die Rede ist. Bei diesen insgesamt 34 Karikaturen taucht neben dem Namen nur zehnmal der Hinweis auf Interpress auf.

Die im Zweiten Weltkrieg veröffentlichten Karikaturen unterschieden sich inhaltlich stark von jenen der Weimarer Republik. Im *IB* dominierte in den Jahren der Republik auch der gezeichnete Kampf gegen das ›System‹, untermischt mit antimarxistischer und antisemitischer Hetze. Im Zweiten Weltkrieg war das Vergangenheit, selbst die antisemitische Karikatur war fast ganz verschwunden. Ganz im Vordergrund stand 1940/41 die gezeichnete Diskreditierung der Briten. Diese Fokussierung trat in den folgenden Jahren in den Hintergrund. Antiamerikanische und antisowjetische Karikaturen traten ein Stück weit an ihren Platz. Das meiste wurde jedoch mit ganz anderen Bildarten gefüllt. Karikaturen waren 1942/43 ziemlich bedeutungslos geworden.

Nur 1944 gab es eine gewisse Gegenbewegung. Da erlangte die Figur des ›Kohlenklau‹ eine erhebliche Verbreitung. Ende 1942 war eine Propaganda-Aktion zur Einsparung von Brennstoffen begonnen worden. Wilhelm Hohnhausen hatte mit seiner Stuttgarter Werbeagentur die Karikatur eines Kohlendiebes geschaffen, der durch Energieverschwendung der ›Volksgemeinschaft‹ Kohlen stiehlt.[742] Die entsprechend betexteten Zeichnungen wurden nicht nur in vielen Tageszeitungen abgedruckt, sondern immer wieder auch in den von uns untersuchten Illustrierten. Dass sie zum Teil fast gleichzeitig erschienen, belegt einmal mehr den gelenkten Einsatz dieser Karikaturen. Thematisch ist mit ihnen jedoch schon die Grenze zum Sozialen erreicht, ja überschritten: ›Kohlenklau‹ ist ein politisch stigmatisierter A-Sozialer.

740 Päge, *Karikaturen*, S. 141.
741 https://de.wikipedia.org/wiki/Gerhard_Brinkmann [30.05.2018].
742 https://de.wikipedia.org/wiki/Kohlenklau [30.05.2018].

Abb. 119: »Aus Kohlenklau's Rechenbuch – Seite 7« wurde nicht nur in der *WO* Nr. 7 vom 16. und im *IB* Nr. 7 vom 17. Februar, sondern auch in *BIZ* Nr. 9 vom 2. März 1944 veröffentlicht. – Die Karikatur ist klar definiert politisch diffamierend: Wer unachtsam unnötig Kohle verbraucht, schädigt die Rüstungsindustrie und ist damit ein ›Volksschädling‹. Bei genauerem Hinsehen zeigt sich aber auch, dass es im Kern um Energiesparen durch vernünftiges Verhalten geht.

Soziales

Der Blick auf gesellschaftliche Zustände ist nur selten völlig neutral, sondern verfolgt zumeist eine mehr oder minder politische Absicht. Dies gilt für Fotografen oder Zeichner genauso wie für Textautoren. Im Wesentlichen wird man eher gesellschaftskritische von grundsätzlich affirmativen, das Gegebene positiv bewertenden Positionen unterscheiden dürfen. Weil diese Bewertung jedoch sehr schwierig ist, wenn man sich auf die Bilder selbst beschränkt, wurde darauf verzichtet, sie im Detail quantifizierbar vorzunehmen. Infolgedessen kann in dieser Hinsicht nur ein ungefährer, die auffälligsten Trends beschreibender Überblick gegeben werden.

Eindeutigere Angaben können dagegen in verschiedenen anderen Hinsichten gemacht werden. Bilder mit sozialen Themen wurden in den Illustrierten nie sehr häufig präsentiert, aber dafür mit beachtlicher Regelmäßigkeit. Über die Jahre hin schwankte ihr Anteil bei allen drei untersuchten Zeitschriften recht gering um einen 5-Prozent-Wert. Nur im Zweiten Weltkrieg war er bei *IB* und *WO* deutlich höher und lag etwa beim Doppelten.

In den Friedensjahren des Kaiserreichs setzten *BIZ* und *WO* ganz unterschiedliche geografische Schwerpunkte: In der *BIZ* waren mehr als drei Viertel der sozialen Themen gewidmeten Bilder im Ausland zu lokalisieren und dabei wiederum mehr als jedes Dritte in der USA. In der *WO* war dieser Anteil höchstens halb so hoch und man blickte vor allem auf das benachbarte Österreich. Mit dem Ersten Weltkrieg wurden diese geografischen Unterschiede zunehmend eingeebnet. Zudem trat bei beiden Illustrierten der Blick auf die eigene Gesellschaft in den Vordergrund, der *IB* teilte später diese Perspektive.

Berliner Illustrirte Zeitung

BESSERUNGS-GEFÄNGNISSE

Berliner Illustrirte Zeitung

Zuchthaus Straubing
in Bayern / Eine moderne Strafanstalt

Abb. 120: Der Blick auf die USA war in der *BIZ* regelmäßig mit positivem Vorzeichen versehen. In ihrer Nr. 39 vom 28. September 1913 präsentierte sie einen Artikel von »M. Pr.« zu dem »Reformgefängnis in Elmira im Staate New York«, der zusammen mit sieben großen Fotos mehr als zwei ganze Seiten füllte (S. 757-759, hier die Seite 757). Die 1.200 Häftlinge lebten in einem »riesigen schloßartigen Bau« in Zellen mit »Bett, Tisch, Schränkchen und Ventilator« und wurden in verschiedener Weise unterrichtet.

Abb. 121: Ob sich Chefredakteur Kurt Korff 1928 noch an die von ihm 1913 verantwortete *BIZ*-Ausgabe erinnerte? In Nr. 9 vom 26. Februar 1928 wurde jedenfalls über das »Zuchthaus Straubing in Bayern« ein umfangreicher Artikel über »eine moderne Strafanstalt« veröffentlicht, der durchaus als Ergänzung und dezidierter Hinweis auf das auch in Deutschland Erreichte gelesen werden kann. Die in Straubing anscheinend herrschende vorbildliche Ordnung schlug sich selbst im Layout nieder (S. 363-366, hier die erste Seite. Keine Angaben zum Autor des Textes und dem [oder den] Fotografen).

Selbstverständlich verschwand der Blick auf die sozialen Verhältnisse im Ausland nicht ganz aus den Illustrierten. Im Vergleich zur Vorkriegszeit fällt jedoch ein deutlich negativer Akzent auf, der vor allem die *WO* prägte. Immer wieder beschäftigte sie sich mit den Verhältnissen in Sowjetrussland und später auch in den USA, und in der Regel war es Problematisches, was man zu zeigen hatte: auf der einen Seite waren es die Folgen des Mangels, auf der anderen die des Überflusses.[743] In derartigen Artikeln war die Intention jedoch nicht immer direkt den Bildern zu entnehmen. Entsprechend formulierte Bildtexte hatten

743 »Aus dem hungernden Moskau«. In: *WO* Nr. 37 vom 17. September 1921, S. 818; »Aus den russischen Hungergebieten«. In: *WO* Nr. 39 vom 30. September 1921, S. 860f.; »Geld spielt keine Rolle – aber haben muß man es. Bilder aus amerikanischen Luxusbädern«. In: *WO* Nr. 9 vom 28. Februar 1931, S. 280-282.

den Blick zu leiten, die dazugehörigen Artikel den Rahmen der Interpretation abzustecken. Auf diesen Zusammenhang und die Schwierigkeiten seiner Analyse ist am Ende dieses Kapitels näher einzugehen.

Die sozialen Probleme im Deutschland der Weimarer Republik sind breit erforscht, die Kritik an ihrer beschränkten Wahrnehmung durch die Illustrierten ist groß.[744] Das ist hier auch gar nicht grundsätzlich zu korrigieren. Mit Blick auf das konkrete Bildmaterial sollen nur ergänzend zwei bislang eher übersehene Aspekte näher beschrieben werden, die zudem zumeist in engem Zusammenhang stehen. Zum einen dreht es sich um die tatsächlich behandelten Themen und zum anderen um die Art ihrer Behandlung. Aus zeitgenössischer Sicht gehörte zu den zentralen sozialen Themen der frühen Weimarer Republik die Rückkehr der deutschen Kriegsgefangenen.[745] Von der *WO* wurde es so häufig aufgegriffen, dass sich auch in unserer Stichprobe regelmäßig Beispiel finden.[746] Hier wie in anderen Fällen steht jedoch weniger das Problem als solches im Vordergrund als seine positive Bewältigung. Man kann nun darüber streiten, ob eine solche Darstellungsweise den tatsächlichen Gegebenheiten angemessen sei. Eine eindeutige Bewertung würde jedoch nicht nur voraussetzen, dass man über das ›tatsächlich‹ Einigkeit erzielen könnte, sondern auch über die darauf aufbauende angemessene Verhaltensstrategie.

Dasselbe gilt für die Krisenjahre der späten Republik. Vor allem die aus der Massenarbeitslosigkeit entstehenden Probleme wurden wahrgenommen und bebildert – ob in angemessenem Maße, ist eine ganz andere Frage. Eindeutig ist dagegen, dass bei allen drei untersuchten Illustrierten in der Tendenz eine ganz einheitliche Aussage dominierte: die Möglichkeit der positiven Krisenbewältigung. Selbst in der Motivwahl gab es erstaunliche Ähnlichkeiten: Präsentierte die *BIZ* 1931 die Frankfurter Erwerbslosen-Küche, so zeigte der *IB* 1932 die Kölner SA-Küche.[747] Ähnliches gilt für den im Juni 1931 eingeführten freiwilligen Arbeitsdienst.[748]

Gleichzeitig wurde aber auch auf ein zukunftweisendes Problem hingewiesen, das damals nicht sehr drängte, heute aber tatsächlich die vorausgesagte Bedeutung erlangt hat: den demografischen Wandel.

744 Uka, *Pressefotografie*; ders., *Bildjournalismus*.
745 Vgl. auch Dussel, *Bilder aus revolutionären Zeiten*.
746 *WO* Nr. 37 vom 13. September 1919; *WO* Nr. 7 vom 14. Februar 1920; *WO* Nr. 9 vom 3. März 1923.
747 *BIZ* Nr. 39 vom 27. September 1931, S. 1547f. bzw. *IB* Nr. 39 vom 24. September 1932, S. 927.
748 *IB* Nr. 8 vom 21. Februar 1931, S. 172 bzw. *BIZ* Nr. 38 vom 25. September 1932, S. 1230.

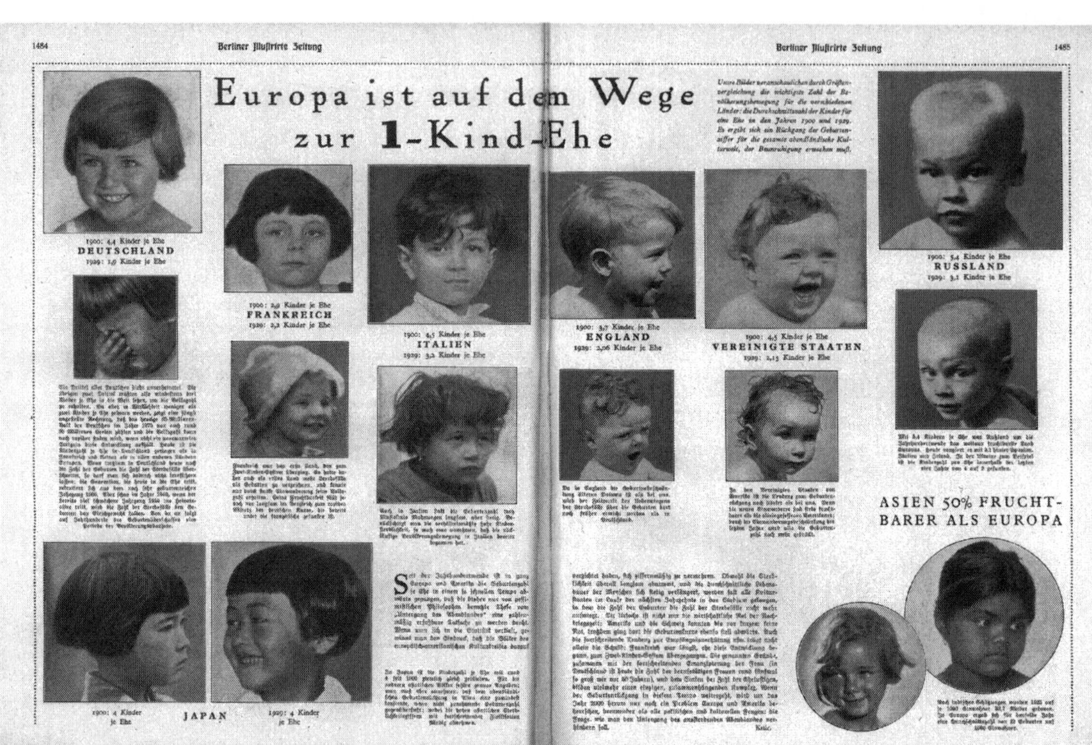

1484 Berliner Illustrirte Zeitung

Berliner Illustrirte Zeitung 1485

Europa ist auf dem Wege zur 1-Kind-Ehe

1900: 4,4 Kinder je Ehe
DEUTSCHLAND
1929: 1,9 Kinder je Ehe

1900: 2,9 Kinder je Ehe
FRANKREICH
1929: 2,3 Kinder je Ehe

1900: 4,5 Kinder je Ehe
ITALIEN
1929: 3,2 Kinder je Ehe

1900: 3,7 Kinder je Ehe
ENGLAND
1929: 2,06 Kinder je Ehe

1900: 4,5 Kinder je Ehe
VEREINIGTE STAATEN
1929: 2,15 Kinder je Ehe

1900: 5,4 Kinder je Ehe
RUSSLAND
1929: 3,1 Kinder je Ehe

ASIEN 50% FRUCHTBARER ALS EUROPA

1900: 4 Kinder je Ehe
JAPAN
1929: 4 Kinder je Ehe

Abb. 122: Mit 16 Kleinkinderporträts in unterschiedlichen Größen versuchte die *BIZ* in ihrer Nr. 37 vom 13. September 1931, S. 1484f., das komplexe Problem des demografischen Wandels zu illustrieren. Am Beispiel Deutschlands (Bilder ganz links oben) wurde vorausgesagt, »daß das heutige 65-Millionen-Volk der Deutschen im Jahre 1975 nur noch rund 50 Millionen Seelen zählen und die Volkszahl dann noch rapider sinken wird, wenn nicht ein unerwartetes Ereignis diese Entwicklung aufhält.« Die beiden Fotos ganz links unten sollten dagegen durch ihre unterschiedliche Größe das zentrale Problem für die Zukunft visualisieren: »Asien 50% fruchtbarer als Europa«, oder, wie es der von »Kstlr.« verfasste Text in seinem letzten Satz mit deutlich kulturpessimistischen Akzent formulierte: »Wenn der Geburtenrückgang in diesem Tempo weitergeht, wird um das Jahr 2000 herum nur noch ein Problem Europa und Amerika beherrschen, brennender als alle politischen und kulturellen Fragen: die Frage, wie man den Untergang des aussterbenden Abendlandes verhindern soll.«

Dass Bilder mit sozialen Themen regelmäßig einen konkreten politischen Hintergrund haben und deshalb ohne Weiteres als ›politisch‹ im weiteren Sinne betrachtet werden müssen, zeigt sich nirgends so deutlich wie in den Illustrierten während des NS-Staats und vor allem während des Zweiten Weltkriegs. Ja, angesichts der konkreten Befunde wird man sogar behaupten können, dass gerade in diesem Bereich die eigentlichen politischen Intentionen visualisiert wurden.

Punktuell kann in unseren Stichproben ein Beispiel ganz direkter nationalsozialistischer Einflussnahme nachgewiesen werden. Am 17. September 1936 erging die Direktive, dass die Propaganda-Aktion gegen den Bolschewismus auch von den Illustrierten unterstützt werden sollte.[749] Zumindest *IB* und *WO* reagierten prompt,

749 Hagemann, *Presselenkung*, S. 95f., A. 315.

wenn auch unterschiedlich radikal. Die *WO* begann in ihrer Nr. 39 vom 23. September, S. 24-29, unter dem Titel »Der Junker vom Winterpalais« einen von Reinhold Gierhard verfassten »erschütternden Tatsachenbericht vom Bolschewistenaufstand 1917«. Der war zwar zweifellos antibolschewistisch orientiert, aber eher in den gedämpften Farben eines historischen Romans gehalten. Und genauso wirkten die historischen Fotos auf den ersten beiden Seiten. Da fuhr der *IB* in seiner Nr. 39 vom 24. September viel schwereres Geschütz auf. Auf einer Doppelseite (1602f.) präsentierte er unter der reißerischen Überschrift: »Bolschewismus stellt Weltbeglückung in Aussicht« sechs »Bilder aus dem Sowjet-Paradies«, die als gleichsam unbestechliche fotografische Dokumente vor allem das »namenlose Kinderelend« als »eines der Kennzeichen Sowjetrußlands« vor Augen führen sollten.

Über die Wirkung auf die Leserschaft im Detail kann selbstverständlich keine Aussage gemacht werden. Für die Propagandisten selbst scheint der Erfolg aber so offensichtlich gewesen zu sein, dass dieser Weg gerade während des Zweiten Weltkriegs weiter beschritten wurde. Es wird kein Zufall sein, dass in allen drei Illustrierten in jenen Jahren mehr Bilder zu sozialen als zu im engeren Sinne politischen Themen veröffentlicht wurden. Auffällig sind zudem die deutlichen Unterschiede in der Präsentationsform: Während im Bereich der engeren Politik von insgesamt 336 Bildern 86 – also fast genau ein Viertel – nur als isolierte Bildnachricht präsentiert wurden und 116 (rund ein Drittel) im Rahmen längerer, mehr als eine Seite umfassende Bildberichte, sieht es im Bereich der Bilder mit sozialen Themen ganz anders aus. 20 von 409 einschlägigen Bildern als Bildnachrichten bilden hier eine verschwindende Minderheit von kaum 5 Prozent. Die Masse von 278 Bildern (fast 70 %) wurde dagegen im Rahmen umfangreicherer Berichte veröffentlicht. Durchweg ging es weniger um den konkreten Inhalt, sozusagen die Nachricht als solche, sondern mehr um die Vermittlung von Stimmungen und Emotionen. Entsprechend gab es hier auch relativ viel Raum für von nur einem Fotografen erstellte Reportagen. Auch Fotografinnen fanden hier ihren Platz, überraschenderweise vor allem beim *IB*. Zu nennen wären hier neben der wohl am meisten gedruckten Inge Mantler Inge Müller, Ilse Steinhoff und Hilde Zenker – alles Namen, zu denen nur wenige Informationen zu finden sind.[750]

Die Bilder hatten dabei drei ganz grundsätzliche Botschaften zu transportieren: 1. Der Gegner ist hinterhältig, brutal und mitleidlos. Dieser Aspekt wurde vor allem, aber nicht nur, im *IB* behandelt. An den Pranger wurden polnische Juden, aber auch Briten und Sowjets gestellt. 2. Die Verhältnisse bei Deutschlands

750 Vgl. beispielhaft den Fall Hilde Zenkers (1909-1999): http://www.tagesspiegel.de/kultur/fotografie-die-schwarz-weiss-seherin/1630216.html [30.05.2018].

Verbündeten, vor allem Italien, sind vorbildlich. 3. Die deutsche Volksgemeinschaft kann durch den Krieg nicht erschüttert werden, Frauen und Mädchen sind dort zur Stelle, wo es an Männern fehlt. Diese Mischung von Aussage und Appell formulierte die *wo* bereits zu Kriegsbeginn in einem Bildbericht mit dem Titel: »Sie tun ihre Pflicht! Deutsche Frauen und Mädchen helfen, wo sie können«.[751] Eine Fülle von vergleichbaren Artikeln schloss sich in den folgenden Jahren an.

Illustrierter Beobachter

Das ›Taubenschießen‹ von Denchawai

PEITSCHEN, ERSCHIESSEN, HÄNGEN – ENGLANDS PRAKTISCHE HUMANITÄT

Illustrierter Beobachter

Der Duce rief

Junge Faschistinnen im Dienste des Imperiums

Abb. 123: [links] Welchen verschlungenen Pfaden die nationalsozialistische Propaganda manchmal folgte, zeigt diese *IB*-Seite aus der Nr. 7 vom 15. Februar 1940 (S. 154). Wahrscheinlich wird bei jedem Betrachter erste Aufmerksamkeit vor allem durch die Zeichnung einer Auspeitschung und das Foto (unten) einer Hinrichtung am Galgen geweckt. Die seltsame Überschrift »Das ›Taubenschießen‹ von Denchawai« muss dies noch verstärken. Die entscheidende Orientierung, die ironisch verpackte Kritik an England, liefert ihre Unterzeile »Peitschen, Erschießen, Hängen [...] Englands praktische Humanität«. Die wenigen Artikelzeilen rechts oben erläutern dann den tatsächlich skandalösen Vorfall, der sich eigentlich am 13. Juni 1906 ereignet hatte und über den zeitgenössisch unter anderem die französische Illustrierte *L'Illustration* am 28. Juli 1906 berichtete. Zwei der *IB*-Fotos (oben und unten) wurden bereits damals veröffentlicht. Das dritte ist damit wohl auch in diesem Kontext. Einen Hinweis auf diese Herkunft gibt es nicht. »Aufnahmen: Wolfg. Schade« soll vielleicht bedeuten, dass sich die Fotos im Besitz dieses Bildredakteurs befanden. Die Zeichnung, die als eigentlicher Blickfang diente, wurde von Josef Lazarus angefertigt.[752]

Abb. 124: [rechts] Es kann kein Zufall gewesen sein, dass der *IB* in seiner Nr. 38 vom 19. September 1940, S. 960, einen kleinen Bildbericht mit fünf Fotos von Ilse Steinhoff (1909-1974) und dem Titel »Der Duce rief. Junge Faschistinnen im Dienste des Imperiums« präsentierte und im winzigen Artikeltext darauf hinwies, dass »hunderttausende junger Italienerinnen [...] heute einsatzbereit an der Front ihrer Heimat [stehen]«. Im nächsten Heft gab es nämlich die konsequente Fortsetzung.

751 *wo* Nr. 37 vom 13. September 1939, S. 9.
752 Vgl. S. 236.

Der Blick auf soziale Aspekte im Ausland erreichte 1941 seine größte Intensität; da waren ihnen rund zwei Drittel der einschlägigen Bilder gewidmet. Danach erfolgte eine zunehmende, ab 1944 fast ausschließliche Konzentration auf die deutschen Verhältnisse. Selbst heikle Themen suchte man zur Stärkung der Widerstandskraft der deutschen Bevölkerung zu instrumentalisieren. Die Gefahr durch Luftangriffe war 1943 in deutschen Großstädten so groß geworden, dass man die Kinder evakuierte – bildlich wurde daraus ein alle begeisternder großer Ausflug.[753]

Aber ganz überzeugt scheinen Propagandisten und Illustrierten-Gestalter nicht vom Erfolg derartiger Berichte gewesen zu sein. Ein weiterer Befund ist nämlich bemerkenswert: der gravierende Bedeutungsverlust des gesamten Themenkreises im Kriegsverlauf. Wurden sozialen Themen in den Jahren 1940 und 1941 noch jeweils um die 10 Prozent aller Bilder gewidmet, so waren es in den Jahren 1942 und 1943 nur noch um die 7 Prozent und 1944 schließlich weniger als 5 Prozent. Ähnliches ist übrigens für den Bereich der im engeren Sinne politischen Bilder festzustellen. Je länger der Krieg dauerte, desto mehr konzentrierte sich die Bildberichterstattung auf das Militärische selbst – oder sie wich ganz im Gegenteil auf inhaltlich dezidiert politikferne Bereiche aus.

Militär und Krieg

Dass während des Ersten und des Zweiten Weltkriegs viel mehr Bilder zum Thema ›Militär‹ und ›Krieg‹ in deutschen Illustrierten veröffentlicht wurden als während der Friedensjahre, wird niemanden überraschen. Zu dieser Feststellung bedarf es keiner aufwändigen Quantifizierung. Überraschender dürfte schon sein, wie viele einschlägige Bilder auch zu Friedenszeiten gezeigt wurden, und noch mehr, dass es während der Kriege doch verhältnismäßig wenige waren. Außerdem unterschieden sich die Gegebenheiten in den beiden Weltkriegen zum Teil erheblich. All das ist nun näher zu betrachten.

Begonnen sei mit einem Blick auf das Bild des Militärischen in deutschen Friedenszeiten. Dass das Militär im Kaiserreich große Bedeutung besaß, spiegeln auch die Illustrierten-Bilder jener Zeit wider. Neben rund 1.000 Bildern mit politischen Inhalten im engeren Sinne wurden in unserer Stichprobe aus den Jahren vor dem Ersten Weltkrieg rund 500 Bilder zum Thema Militär gezählt. Wahrscheinlich

753 »Umsorgt und geborgen. Ankunft im neuen Quartier. Bildbericht für den ›*IB*‹ von Inge Mantler«. In: *IB* Nr. 37 vom 16. September 1943, S. 2f.

wird man diese Relation nicht völlig auf die ganzen Jahresangebote verallgemeinern dürfen, weil im September regelmäßig große Manöver in Deutschland, aber auch im benachbarten Ausland abgehalten wurden, über die von *BIZ* und *WO* gleichermaßen breit berichtet wurde. Allerdings gab es auch zu anderen Zeiten genügend Themen militärischen Inhalts. So konnten die Armeen anderer Länder, neues technisches Gerät oder personelle Veränderungen ins Bild gesetzt werden.

Kaiser-Manöver 1912.

1. Uebergang von Infanterie der roten Partei über die Elbe bei Woritz.

2. Das Motorboot im Dienst der Armee.

3. Husaren durchqueren mit ihren Pferden die Elbe.

4. Rote Kavallerie in Deckung zwischen zwei Hügeln, vor dem Angriff.

Der Kaiser (×) im Gespräch mit dem König von Sachsen während der Manöver.

Der sächsische Kronprinz mit General von Carlowitz auf dem Manöverfeld bei Oschatz.

Der Kaiser mit seinem militärischen Gefolge auf der Fahrt über die Elbe.

Manövergäste: 1. Graf Zeppelin. 2. Oberst Wille. 3. Schweiz. Generalstabschef v. Sprecher v. Bernegg. 4. Prinz Kyrill von Bulgarien. 5. Der Kronprinz von Bulgarien.

Kaiser-Manöver 1912.

Abb. 125: Die *WO* informierte ihre Leserschaft regelmäßig breit in Wort und Bild über die jährlichen Kaiser-Manöver. 1912 brachte sie in ihrer Nr. 38 vom 21. September nicht nur einen ausführlichen Artikel, in dem zwei Karten die genauen Aufstellungen und grundsätzlichen Bewegungen der teilnehmenden Truppen vor Augen führten, im Bildteil gab es zudem zwei Seiten (1586f.) mit mehr oder minder aussagekräftigen Fotos. Auf zwei von ihnen war auch der Kaiser abgebildet, aber ohne Hinweis eigentlich kaum zu identifizieren.

Angesichts von rund 200 Bildern von Manövern muss es erstaunen, dass nur ein Bruchteil davon tatsächlichem Kriegsgeschehen gewidmet war, und auch dies nur in weitestem Sinne, also hauptsächlich unter Einbezug von Porträtfotos von Befehlshabern. Berichtet wurde über den russisch-japanischen Krieg 1904/05 vor allem von der *BIZ* (in der Stichprobe von 1905 13 Bilder, bei der *WO* nur 3); über die russische Revolution 1905/06 nur von der *WO* (4 Bilder 1906) und über die Kämpfe der Franzosen in Marokko 1907/08 von *WO* (8) und *BIZ* (1). Selbstverständlich kann eine Stichprobe hier nicht zur Basis von Aussagen über die gesamte Berichterstattung zu den jeweiligen Konflikten gemacht werden.

Aber die Vermutung liegt doch nahe, dass die Darstellung der gespielten Kriege in Manövern für die Illustrierten wesentlich attraktiver war als die von realen Kämpfen –, die noch dazu vergleichsweise weit entfernt stattfanden und die Übermittlung von Bildern vor besondere Probleme stellten.

Frankreichs Kriegsgelüste gegen Italien

Abb. 126: Dass ein neuer Krieg kommen würde, war für den *IB* schon Anfang der 1930er-Jahre eine ebenso sichere Sache wie seine Urheber. In seiner Nr. 38 vom 20. September, S. 642f. und S. 648f., nahm er die spätere Konstellation vorweg, allerdings mit umgekehrten Vorzeichen.

Nach dem Ersten Weltkrieg sank der Anteil der Bilder mit militärisch-kriegerischen Inhalten zwar, aber nicht so deutlich, wie vielleicht erwartet wird. Kann für das Kaiserreich der Vorkriegszeit die Relation zwischen politischen Bildern im engeren Sinne und militärischen Bildern mit rund 10:5 bestimmt werden, so betrug sie in der Weimarer Republik ungefähr 10:3. Allerdings verdeckt dieser Durchschnittswert erhebliche Differenzen zwischen den untersuchten Illustrierten und im Laufe der Zeit. Bei der BIZ bildeten Bilder mit militärisch-kriegerischen Inhalten nämlich jahrelang eine ziemliche Ausnahme. Mitte der 1920er-Jahre lag ihr Anteil nur bei etwa 2 Prozent. Erst in den frühen 1930er-Jahren verdoppelte sich dieser Wert.

Bei der *WO* besaßen Bilder von Militärischem und Krieg durchweg viel höheren Stellenwert als bei der BIZ; ihr Anteil lag immer über 5 Prozent. Noch bedeutsamer wird dies dadurch, dass in der zweiten Hälfte der 1920er-Jahre die Zahl der Bilder mit militärischen und kriegerischen Inhalten kaum geringer war als die mit zivil-politischen (128 vs. 142). Die *WO* berichtete nicht nur viel intensiver über internationale kriegerische Konflikte: Zum griechisch-türkischen Krieg beispielsweise veröffentlichte die *BIZ* in unseren Stichproben nur ein einziges Foto, die *WO* dagegen acht. Auch den Aktivitäten von Reichswehr und Marine widmete sie viel größere Aufmerksamkeit als die *BIZ*; seit 1924 bildeten die Herbstmanöver der Reichswehr ein wiederkehrendes Thema, fast wie im Kaiserreich. Kritische Vergleiche mit dem Rüstungsstand der Nachbarländer konnten dabei nicht ausbleiben.[754]

War dieser kritische Blick auf die anderen in der *WO* nur eine Zugabe zu viel neutralerer Berichterstattung, so stand er beim *IB* ganz im Zentrum der Agitation, deren Tonlage nur vordergründig zwischen heftigen Vorwürfen – »Der Schwindel der Abrüstung« – und Besorgnis – »Scheitert die Flottenkonferenz?« – schwankte.[755] 1932 war die Perspektive jedenfalls klar: Seit dem 2. Februar gab es nur »Abrüstungs-Theater in Genf«.[756] Viel breitere, und in dieser Form ganz neue Beachtung fanden jedoch dann im Herbst die Reichswehr-Manöver – ein Thema, dessen sich auch die anderen Illustrierten intensiv annahmen.[757]

Angesichts von Hitlers Fixierung auf den Krieg als Lösung von Deutschlands Problemen leuchtet es ein, dass seit 1933 auch die Illustrierten als Mittel der Kriegsvorbereitung eingesetzt wurden.[758] Allerdings verliefen die Entwicklungen nicht ganz so einheitlich-zielgerichtet, wie es sich darstellt, wenn man diesen Aspekt isoliert und nicht die gesamten Illustrierten-Kontexte betrachtet. Als erstes muss auffallen, dass bereits für 1932 ein ganz neues Interesse an kriegerisch-militärischen Bildern zu verzeichnen ist. Mit einem Anteil am Gesamtbilderangebot von fast 11 Prozent wurde erstmals seit Ende des Ersten Weltkriegs wieder an die Werte vor dem Krieg angeknüpft und auch gleichzeitig ein Rekordwert erreicht, der erst 1937 mit 12 Prozent übertroffen wurde. Eine Ursache ist darin zu sehen, dass die im September 1931 ausgelöste Mandschurei-Krise auch im Frühjahr 1932 noch mit heftigen Kämpfen zwischen Japan und China andauerte und ein großes Bild-Echo in den Illustrierten fand. Mindestens ebenso groß war jedoch im Herbst das eben erwähnte Interesse an den Manövern der Reichswehr.

1933 war das Interesse an der Bebilderung der Reichsmanöver deutlich zurückgegangen, 1934 war es eigentlich nicht mehr vorhanden: Im selben Zeitraum, in dem 1932 noch 33 einschlägige Bilder präsentiert wurden, waren es 1934 nur noch

754 F. W. Fell, »... Aber die Andern!«. In: *WO* Nr. 37 vom 15. September 1928, S. 1189-1192.
755 *IB* Nr. 18 vom 30. September 1927, S. 250, bzw. Nr. 9 vom 1. März 1930, S. 130-132.
756 *IB* Nr. 8 vom 20. Februar 1932, S. 172f.
757 V. a. *IB* Nr. 39 vom 24. September 1932, S. 912f., und Nr. 40 vom 1. Oktober 1932, S. 936f.; *WO* Nr. 40 vom 30. September 1932, S. 1190f.; *BIZ* Nr. 37 vom 18. September 1932, S. 1226.
758 Unger, *Illustrierte*.

zwei. Da sich auch die internationale Situation beruhigte, ging die Zahl der Bilder mit militärisch-kriegerischem Inhalt stark zurück. Dies begann sich im Herbst 1935 zu ändern. Wieder bot zum einen die Weltlage entsprechende Berichtsanlässe: Am 2. Oktober 1935 erklärte Italien Abessinien (dem heutigen Äthiopien) den Krieg und begann am folgenden Tag mit dem Einmarsch seiner Truppen aus seinen benachbarten Kolonien Somaliland und Eritrea. Der Abessinien-Krieg war im Juni 1936 kaum beendet, da sorgten die Militärrevolte in Spanisch-Marokko am 17. Juli 1936 und der daran anschließende spanische Bürgerkrieg für die nächsten Bildberichtsanlässe. Hinzu kam als weiterer gewichtiger Anlass rund ein Jahr später der Ausbruch des zweiten japanisch-chinesischen Krieges. Weil mittlerweile die Bildberichterstattung wesentlich besser organisiert war als vor dem Ersten Weltkrieg, fehlte es auch nicht an exklusiven Beiträgen, vor allem in der BIZ.[759] Es folgte nun, im Herbst 1937, die zunehmende Einstimmung der deutschen Bevölkerung auf einen Krieg, an dem auch sie wieder beteiligt wäre. Die zentrale Regie ist dabei kaum zu übersehen. Ende September berichteten beispielsweise alle drei Illustrierten breit über einen simulierten Luftangriff auf Berlin.[760]

Diese Linie wurde 1938/39 aber nicht fortgesetzt, zumindest soweit man dies auf der Basis einer Stichprobenuntersuchung behaupten kann. Im Vordergrund stand die Berichterstattung über die Konflikte in China und Spanien.[761] Militärisches aus dem eigenen Land wurde daneben nur knapp behandelt. Die WO, die 1937 in den Untersuchungszeiträumen Manövern und Übungen noch 28 Bilder gewidmet hatte, überging diese Themen 1938 und 1939 völlig. Stattdessen ging sie im Frühjahr 1938 ausführlich auf das Dreikaiserjahr 1888 und die letzte deutsche Offensive im Ersten Weltkrieg 1918 ein. Selbst der IB hielt sich 1938 auffallend zurück. Größeren Raum nahmen nur zwei Bildberichte ein, die ebenfalls bei der Vergangenheit einsetzten, jedoch den Bogen bis zur Gegenwart spannten und für den Kriegsfall größeren Erfolg versprachen: Filmisch sollte diese Einstimmung durch die von der Reichspropagandaleitung der NSDAP vorbereiteten Quasi-Dokumentation *Das Schwert des Friedens* bewirkt werden, faktisch durch die Etablierung der neuen Kriegsakademie für Stabsoffiziere.[762]

759 Franz Roth, »Mit den ersten Stoßtrupps in Irun«. In: BIZ Nr. 38 vom 17. September 1936, S. 1494f; Walther Bosshard, »Der 14. August in Schanghai«. In: BIZ Nr. 37 vom 16. September 1937, S. 1346.

760 BIZ Nr. 38 vom 23. September 1937, S. 1380f. (9 Fotos); IB 39 vom 30. September 1937, S. 1459f (7 Bilder); WO 39 vom 29. September 1937, S. 15-17 (15 Bilder). Unger, *Illustrierte*, S. 205-207.

761 Walter Boßhard (!), »China mobilisiert die Heimat«. In: BIZ 37 vom 15. September 1938, S. 1390; Friedrich Strindberg, »Wanderndes Feuer eröffnet die 3. Ebro-Schlacht«. In: BIZ Nr. 38 vom 22. September 1938, S. 1434f.

762 IB Nr. 38 vom 22. September 1938, S. 1406f. bzw. IB Nr. 37 vom 15. September 1938, S. 1336f.

Die hinter dem bislang Beschriebenen stehenden Werte können zu zwei großen Reihen zusammengefügt werden: zum einen zum Anteil der militärisch-kriegerischen Bilder am Gesamtangebot der Illustrierten und zum anderen zum Anteil jener Bilder, die das Militär in Deutschland thematisieren. Setzt man sie grafisch um, zeigen sich eindeutige Befunde.

GRAFIK 17

Die Anteile von militärisch-kriegerischen Bildern überhaupt und von militärischen Bildern aus Deutschland am Gesamtangebot in Friedensjahren

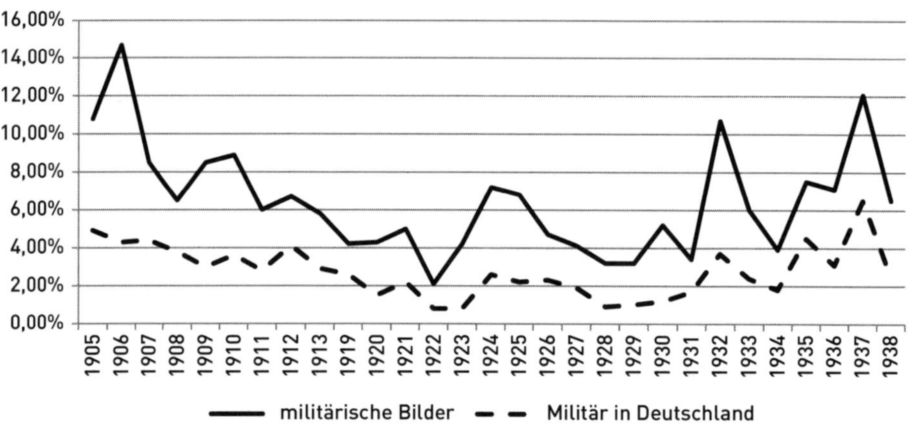

Die Bildberichterstattung der deutschen Illustrierten zu Militär- und Kriegsthemen nahm während der nationalsozialistischen Vorkriegsjahre eindeutig zu. Dass die nationalsozialistische Propaganda daran ein besonderes Interesse besaß, ist auch gar nicht zu bestreiten. Zwei Umstände spielten ihr jedoch in die Hände: Zum einen gab es mehrere internationale Konflikte, über die nicht zuletzt aufgrund erheblich verbesserter Informationsstrukturen wesentlich intensiver berichtet werden konnte; und zum anderen konnte man beim Umfang der Berichterstattung über die eigene Rüstung durchaus an das vor dem Ersten Weltkrieg Übliche anknüpfen. Dass in beiderlei Hinsicht die Akzente in nationalsozialistischem Sinne gesetzt wurden, liegt nahe. Ihre Wirkung dürfte aber umso größer gewesen sein, als sie in den damaligen Kontexten weitaus weniger auffällig waren, als dies aus heutiger Sicht und ohne Berücksichtigung damaliger Kontexte zu vermuten ist.

Bei der Betrachtung der beiden Weltkriegs-Phasen mag auf den ersten Blick verblüffen, dass in unserer Untersuchung für den Ersten Weltkrieg nur 2.121 Bilder erfasst wurden, für den Zweiten dagegen 4.654. Berücksichtigt man jedoch, dass der Zweite Weltkrieg erheblich länger dauerte als der Erste (fast sechs im Vergleich zu 4 ½ Jahren) und zudem eine dritte Illustrierte ausgewertet wurde, relativiert sich die Differenz erheblich. Ein viel wichtigerer Unterschied zeigt sich, wenn man nun die Anteile von militärisch-kriegerischen Bildern am jeweiligen Gesamtangebot miteinander vergleicht: Im Ersten Weltkrieg waren es 56,5 Prozent, im Zweiten nur 34,5 Prozent. Dieser Unterschied bleibt auch im Wesentlichen erhalten, wenn man sich die einzelnen Illustrierten ansieht: Bei der *BIZ* betrug der Wert für den Ersten Weltkrieg 54,8 Prozent, bei der *WO* 57,3 Prozent. Im Zweiten Weltkrieg lagen *BIZ* und *IB* fast gleichauf mit 37,3 bzw. 37,0 Prozent, während sich die *WO* auf 29 Prozent beschränkte. Im Umkehrschluss bedeutet dies, dass während des Ersten Weltkriegs fast die Hälfte der Bilder inhaltlich nichts mit dem Krieg zu tun hatten, im Zweiten Weltkrieg waren es sogar fast zwei Drittel. Darauf ist selbstverständlich noch näher einzugehen. Doch zunächst sind in diesem Abschnitt die inhaltlich direkt auf den Krieg bezogenen Bilder genauer zu untersuchen.

Wie wichtig es ist, auch vergleichsweise kurze Phasen wie den Ersten Weltkrieg nicht von vornherein als homogene Einheiten zu betrachten, sondern sorgfältig nach zeitlichen Entwicklungen zu schauen, zeigt bereits der Blick auf die Anteile militärischer Bild-Themen in den verschiedenen Jahren. Der Trend ist ziemlich eindeutig, und dies in beiden Illustrierten gleichermaßen: Während es 1914 und 1915 kaum ein anderes Thema neben dem Militärischen gab (Anteile von 74 bzw. 71 %), hatte es bis 1918 viel von seiner Bedeutung eingebüßt, war zwar immer noch wichtig, aber nicht alles dominierend (38 %).

Eigentlich ließe sich statt von ›Bildern‹ auch immer nur von ›Fotos‹ sprechen, denn in beiden Kriegen war der Anteil nicht fotografischer Abbildungen in den deutschen Illustrierten minimal. Trotz des Einsatzes zahlreicher Zeichner während des Zweiten Weltkrieges lag der Anteil des Gezeichneten noch unter den 5 Prozent des während des Ersten Weltkriegs in dieser Form Veröffentlichten. Während also die Fotografie weiterhin das Feld beherrschte, veränderte sich ihr Stil erheblich: Waren für den Ersten Weltkrieg nur rund 40 Prozent der Fotos als nicht inszenierte Ereignisfotos zu klassifizieren, so waren es im Zweiten Weltkrieg über 80 Prozent.

Diese Veränderung beruhte zum Teil auf der weiter entwickelten Fototechnik, war aber auch mit inhaltlichen Entscheidungen verbunden: Im Ersten Weltkrieg stand ganz die Würdigung einzelner Soldaten, und dabei vor allem: Offiziere, im Vordergrund. Bei der *WO* entfiel auf diesen Aspekt mehr als die Hälfte aller Bilder, genau 57,1 Prozent! Bei der *BIZ* waren es zwar ›nur‹ 24,1 Prozent, aber das war immer noch mehr als das Dreifache dessen, was sie im Zweiten Weltkrieg in dieser Hinsicht veröffentlichte (6,9 %). Die *WO* lag da gleichzeitig bei 10,3 Prozent, der *IB* bei 14,7 Prozent.

Die Masse der Personenbilder brachte die *WO* im Ersten Weltkrieg auf ganz einfache Weise zusammen. Ihre Seite »Inhaber« bzw. »Ritter des Eisernen Kreuzes I. Klasse« begann zumindest zahlenmäßig immer mehr ihre Bildberichterstattung zum Thema Krieg zu dominieren. 1916 entfiel darauf die Hälfte ihrer Bilder und 1917 und 1918 waren es sogar etwa zwei Drittel. Nimmt man auch noch die anderen von ihr präsentierten Personenbilder hinzu, so waren in diesen beiden letzten Kriegsjahren vier Fünftel ihrer Kriegsbilder Personendarstellungen. Zeichnungen waren nur wenige darunter. Und die Fotos waren durchweg gestellt. Zu berücksichtigen ist allerdings das kleine Format der allermeisten Porträtfotos: Nur jedes Fünfte von ihnen war größer als eine Viertelseite.

Nach welchem System die abgebildeten EK I-Träger ausgewählt wurden, wurde nirgends thematisiert. Schließlich konnte bei ihrem System ja bei mehr als 200.000 EK I-Verleihungen nur etwa jeder tausendste Ausgezeichnete berücksichtigt werden.

Abb. 127: In Nr. 4 vom 23. Januar 1915, S. 118, präsentierte die *WO* erstmals eine Seite mit »Inhabern des Eisernen Kreuzes I. Klasse«. Das scheint viel Anklang gefunden zu haben. Weitere derartige Seiten folgten zunächst unregelmäßig, aber in immer dichterer Folge. Bald verfügte man über genug Material, um Heft für Heft eine Seite mit in der Regel 16 kleinen Porträtfotos neuer »Ritter des Eisernen Kreuzes I. Klasse«, wie dann formuliert wurde, zeigen zu können (hier Nr. 29 vom 15. Juli 1916, S. 1020). Sorgfältig wurde stets auf das Layout geachtet. Ovale und rechteckige Bildformen wurden zu strengen Mustern gruppiert. Typisch war auch die Reihung nach Rangordnung und die nur begrenzte Berücksichtigung von Mannschaften, hier zwei von 16 Fotos, rechts unten. Immerhin: Es gab eine einheitliche Bildgröße, Rangunterschiede wurden nivelliert.

Wesentlich höher waren die Ansprüche bei der *BIZ*, um im Ersten Weltkrieg einen ausgezeichneten Soldaten im Bild zu präsentieren: Sie beschränkte sich im Wesentlichen auf Ritter des Pour le Mérite, eines Ordens, der nur wenig mehr als 800 Mal verliehen wurde, und statutenmäßig nur an Offiziere. Mannschaften und Unteroffiziere waren bei ihr deshalb als Einzelne nicht bildwürdig. Bei der *WO* war das deutlich anders. Selbstverständlich dominierten auch bei ihr Bilder von ausgezeichneten Offizieren, aber rund ein Viertel der abgebildeten EK I-Träger waren niedere Dienstgrade.

Im Zweiten Weltkrieg war diese Akzentsetzung bei der *WO* noch viel auffälliger, soweit man unsere Befunde aufgrund der niedrigen Fallzahlen verallgemeinern darf. 15 Bildern, die Auszeichnungen von einfachen Soldaten und Unteroffizieren gewidmet waren, standen bei der *WO* nur drei Offiziersbilder gegenüber. Gleichzeitig zeigten *BIZ* und *IB* drei bzw. fünf ausgezeichnete Nicht-Offiziere und 24 bzw. 18 ausgezeichnete Offiziere.

Das ist sicherlich eine interessante Beobachtung, die einmal mehr für den recht eigenwilligen bildpolitischen Kurs der *WO* im Zweiten Weltkrieg spricht. Insgesamt bedeutsamer dürfte jedoch der dramatische Rückgang der reinen Porträts im Zweiten Weltkrieg sein. Im Ersten Weltkrieg entfielen noch 461 von 1.198 Bilder zum Thema ›Militär‹ auf diese Bildgattung (38,5 %), im Zweiten Weltkrieg waren es gerade einmal 59 von 1.606 (3,7 %). Das war nur noch ein Zehntel! Nicht mehr das Porträt des Einzelnen zählte, sondern – ja was?

Erinnert man sich an den Aufwand, den die Nationalsozialisten mit dem Aufbau ihrer Propaganda-Truppen trieben, so muss man eine Menge von Bildern zu Kampfhandlungen erwarten. Und tatsächlich war der Anteil derartiger Darstellungen auch fast viermal so hoch wie im Ersten Weltkrieg. Allerdings blieb er mit 12 Prozent doch recht bescheiden und übertraf nur knapp den Anteil der reinen Personendarstellungen (10,6 %).

Im Ersten Weltkrieg wurden in deutschen Illustrierten so gut wie keine Bilder von Kampfhandlungen veröffentlicht. Dass in unserer Stichprobe überhaupt ein Anteil von 3,5 Prozent zusammenkam, ist vor allem darauf zurückzuführen, dass 1917 ein gewisser Wandel bei der *BIZ* eingetreten war. In diesem Jahr allein wurde die Hälfte aller derartigen Bilder gezeigt; 18 in der *BIZ*, aber nur 3 in der *WO*.

Zugegebenermaßen sind Kampfhandlungen selbst nur schwer zu fotografieren und nicht immer sind diesbezügliche Bilder ganz eindeutig zu identifizieren. Es besteht durchaus eine Grauzone zwischen ihnen und Bildern, die Kriegstechnik ins Bild setzen, militärische Erfolge oder Zerstörungen. Aber selbst wenn man diese Differenzierungen außer Acht lässt und alles Derartige zusammenfasst, erhält man für den Ersten Weltkrieg nur einen Anteil von 20,7 Prozent. Es bleibt ein weiter Abstand zu den Personenbildern mit 46,8 Prozent.

Abb. 128: Kampfhandlungen fotografisch überzeugend zu dokumentieren ist nicht einfach, zumal zu Zeiten als die Fototechnik noch relativ unterentwickelt war. Sehr gut ist dies am unteren der beiden abgebildeten Fotos zu studieren. Seine besondere Bedeutung wird zwar durch den Bildtext hervorgehoben – »Eine seltene photographische Aufnahme: Honved-Husaren bei einem Sturmangriff« –, ist dem Bild selbst aber nicht zu entnehmen: Das Tun der fünf oder sechs schemenhaft durch einen Winterwald hetzenden Gestalten ist kaum zu erraten, Waffen sind nicht wahrzunehmen, auch keine Feinde. Da begnügte man sich doch besser mit der Abbildung eines Generals nahe der Front wie im Bild oben, zumal er als »Führer der siegreichen Donauarmee und Eroberer von Brailu« vorgestellt werden konnte (*BIZ* Nr. 7 vom 18. Februar 1917, S. 92).

Im Zweiten Weltkrieg sah das etwas anders aus. Die Anteile von Bildern mit Kampfhandlungen als Inhalt (12,0 %), Kriegstechnik (9,2), Erfolgen (8,8) oder Zerstörungen (7,2) summierten sich zu einem Gesamtanteil von 37,2 Prozent. Naheliegenderweise waren Bilder zum Thema ›kriegerischer Erfolg‹ besonders zahlreich im Herbst 1939 vertreten und dabei wiederum vor allem beim *IB* (27 vs. 6 bei *BIZ* und 7 bei *WO*). Allerdings relativiert sich das besondere Engagement des *IB* bei genauerer Betrachtung: 16 seiner Abbildungen sind Landkarten, auf denen tageweise das Vorrücken der deutschen Truppen eingezeichnet ist.

Das Jahr, in dem die Darstellung militärischer Erfolge in den unterschiedlichsten Facetten am meisten im Vordergrund stand, war 1942. Allerdings gab es auch hier beträchtliche Unterschiede zwischen den drei untersuchten Illustrierten: Während *BIZ* und *IB* mit 54,8 bzw. 53,4 Prozent Anteil mehr als die Hälfte ihrer militärischen Bilder diesem Themenkreis widmeten, betrug der Anteil bei der *WO* nur 28,8 Prozent. In diesem Jahr hatten bei der *BIZ*, vor allem aber beim *IB* Bilder von Kampfhandlungen herausragenden Anteil.

ILLUSTRIERTER BEOBACHTER

TIEF-
ANGRIFF
wird abgeschlagen

Abb. 129: Die fotografische Dokumentation von Kampfhandlungen bildete auch im Zweiten Weltkrieg ein Problem. In Heft 38 vom 17. September 1942 lieferte der *IB* auf seiner fünften Seite eine Fotoreportage von »Kriegsberichter Hoffmann« – sechs Fotos, bei denen nur die Bildtexte die dazugehörige Geschichte erzählen. Ob der Angriff aber tatsächlich stattfand, ist den Bildern nicht zu entnehmen. Das sowjetische Flugzeug kann eigentlich nicht als solches identifiziert werden.

Zumeist entstammten die Bilder aber einem anderen Themenkreis, den man ganz pauschal mit ›Soldatendasein im Krieg‹ jenseits von Kampfhandlungen umschreiben kann. Im Ersten Weltkrieg umfasste ihr Anteil 19,7 Prozent und war damit nur wenig kleiner als die Summe all dessen, was direkt mit Kampfhandlungen in Verbindung gebracht werden kann (20,7 %). Im Zweiten Weltkrieg betrug er sogar 31,9 Prozent.

Bemerkenswert sind vor allem drastische Veränderungen während des Ersten Weltkrieges. Zu Beginn des Krieges, 1914 und 1915, war dem Thema ›Soldatendasein‹ in all seinen Facetten rund ein Drittel der Kriegsbilder gewidmet. Dann wurde es zunehmend von Personendarstellungen verdrängt, vor allem bei der *WO*, aber auch bei der *BIZ*. Im Zweiten Weltkrieg ist nichts Vergleichbares festzustellen. Hier behielten diese genreartigen Bilder fast gleichmäßig ihren hohen Stellenwert.

In beiden Kriegen immer wieder gezeigte Motive bildeten die Unterkünfte der Soldaten, ihre Verpflegung, handwerkliche Tätigkeiten (vor allem Einsätze der Pioniere) und die Gestaltung ihrer Erholungsstunden. Pittoreske Motive lieferte im Ersten Weltkrieg des Öfteren der Stellungskrieg in den Alpen, im Zweiten Weltkrieg dagegen der Alltag in Fliegerlagern und die Einsätze in Nordafrika.

Abb. 130: Im Winter 1941/42, als das deutsche Heer durch den russischen Winter in schwere Bedrängnis geriet, sollte eine Bildreportage von Kriegsberichter Klose im *IB* Nr. 7 vom 12. Februar 1942 (7. Seite) zeigen, dass die Luftwaffe trotz aller Widernisse einsatzbereit war. Die vom Layout her etwas verwirrend gestaltete Bilderzählung musste durch nummerierte Bildtexte strukturiert werden.

Schließlich bleibt noch, danach zu fragen, inwieweit auch den Opfern der Kriege Bilder gewidmet waren – ganz direkt Verwundeten und Gefallenen, aber auch Opfern in der Zivilbevölkerung. Nach den bereits genannten Prozentzahlen für all die anderen Themen ist klar, dass hier nicht viel zu erwarten ist. In der Summe wurden ihnen im Ersten Weltkrieg 5,8 Prozent der Bilder gewidmet, im Zweiten Weltkrieg 8,8 Prozent. Das war jeweils in etwa so viel, wie allein dem Aspekt ›Kriegstechnik‹ zugestanden wurde (6,9 bzw. 9,2 %).

Tatsächlich ergeben sich in diesen propagandistisch so heiklen Bereichen zwischen den beiden Weltkriegen keine nennenswerten Veränderungen. Im Ersten Weltkrieg wurden zu Beginn ein paarmal Bilder von Soldatengräbern veröffentlicht; nach 1915 wurde völlig darauf verzichtet. Der Tod der Soldaten und das Leid der Zivilbevölkerung waren damit für das deutsche Illustrierten-Publikum so gut wie unsichtbar. Das war gerade in französischen Illustrierten ganz anders. Allerdings war Frankreich auch angegriffen worden und der Krieg an der Westfront fand primär auf seinem Staatsgebiet statt.[763]

Auch im Zweiten Weltkrieg gab es ein paar Bilder von Gräbern deutscher Soldaten gleich zu seinem Beginn. Aber davon wurde schnell Abstand genommen: Wenn überhaupt, wurden nur getötete Feinde gezeigt.

763 Eisermann, *Pressephotographie*, S. 272.

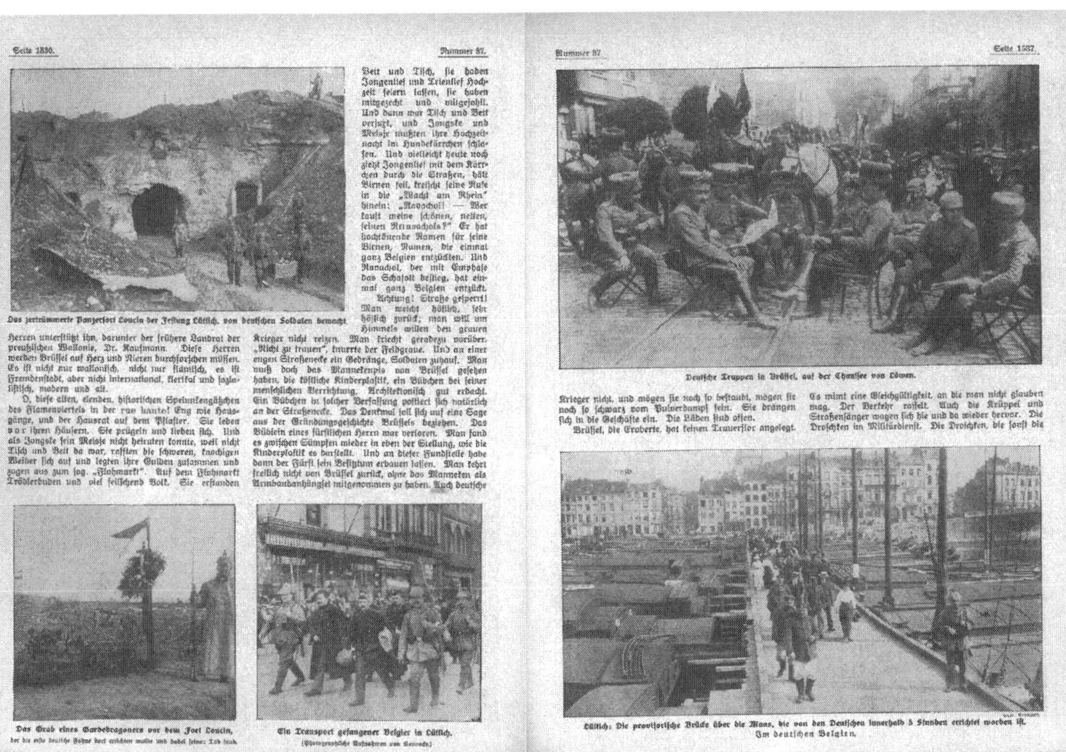

Seite 1536. Nummer 37.

Das zertrümmerte Panzerfort Loncin der Festung Lüttich, von deutschen Soldaten bewacht.

Herren unterstützt ihn, darunter der frühere Landrat der preußischen Wallonie, Dr. Kaufmann. Diese Herren werden Brüssel auf Herz und Nieren durchforschen müssen. Es ist nicht nur wallonisch, nicht nur flämisch, es ist Fremdenstadt, aber nicht international, klerikal und sozialistisch, modern und alt.

O, diese alten, elenden, historischen Spelunkengäßchen des Flamenviertels in der rue haute! Eng wie Hausgänge, und der Hausrat auf dem Pflaster. Sie leben vor ihren Häusern. Sie prügeln und lieben sich. Und als Jongske sein Meisje nicht heiraten konnte, weil nicht Tisch und Bett da war, rafften die schweren, knochigen Weiber sich auf und legten ihre Gulden zusammen und zogen aus zum sog. „Flohmarkt". Auf dem Flohmarkt Trödlerbuden und viel feilschend Volk. Sie erstanden Bett und Tisch, sie haben Jongenlief und Trienlief Hochzeit feiern lassen, sie haben mitgezecht und mitgejohlt. Und dann war Tisch und Bett verjuxt, und Jongske und Meisje mußten ihre Hochzeitnacht im Hundekärrchen schlafen. Und vielleicht heute noch zieht Jongenlief mit dem Kärrchen durch die Straßen, hält Birnen feil, kreischt seine Rufe in die „Wacht am Rhein" hinein: „Ravachol! — Wer kauft meine schönen, netten, feinen Ravachols?" Er hat hochtönende Namen für seine Birnen, Namen, die einmal ganz Belgien entzückten. Und Ravachol, der mit Emphase das Schafott bestieg, hat einmal ganz Belgien entzückt.

Achtung! Straße gesperrt! Man weicht höflich, sehr höflich zurück; man will um Himmels willen den grauen Krieger nicht reizen. Man kriecht geradezu vorüber. „Nicht zu trauen", knurrte der Feldgraue. Und an einer engen Straßenecke ein Gedränge, Soldaten zuhauf. Man muß doch das Mannekenpis von Brüssel gesehen haben, die köstliche Kinderplastik, ein Bübchen bei seiner menschlichen Verrichtung. Architektonisch gut erdacht. Ein Bübchen in solcher Verfassung postiert sich natürlich an der Straßenecke. Das Denkmal soll sich auf eine Sage aus der Gründungsgeschichte Brüssels beziehen. Das Büblein eines fürstlichen Herren war verloren. Man fand es zwischen Sümpfen wieder in eben der Stellung, wie die Kinderplastik es darstellt. Und an dieser Fundstelle habe dann der Fürst sein Besitztum erbauen lassen. Man kehrt freilich nicht von Brüssel zurück, ohne das Manneken als Armbandanhängsel mitgenommen zu haben. Auch deutsche

Das Grab eines Gardedragoners vor dem Fort Loncin,
der die erste deutsche Fahne dort errichten wollte und dabei seinen Tod fand.

Ein Transport gefangener Belgier in Lüttich.
(Photographische Aufnahmen von Sennecke.)

Nummer 37 Seite 1537.

Deutsche Truppen in Brüssel, auf der Chaussee von Löwen.

Krieger nicht, und mögen sie noch so bestaubt, mögen sie noch so schwarz vom Pulverdampf sein. Sie drängen sich in die Geschäfte ein. Die Läden sind offen.

Brüssel, die Eroberte, hat keinen Trauerflor angelegt. Es mimt eine Gleichgültigkeit, an die man nicht glauben mag. Der Verkehr rasselt. Auch die Krüppel und Straßensänger wagen sich hie und da wieder hervor. Die Droschken im Militärdienst. Die Droschken, die sonst die

Lüttich: Die provisorische Brücke über die Maas, die von den Deutschen innerhalb 5 Stunden errichtet worden ist.
Im deutschen Belgien.

Abb. 131: Unter dem Titel »Im deutschen Belgien« veröffentlichte die *WO* in ihrer Nr. 37 vom 12. September 1914 einen längeren, von Nanny Lambrecht verfassten Artikel (S. 1535-1538), dessen fünf von der Agentur Sennecke erworbenen Fotos das Spektrum der damaligen Kriegsfotografie weitgehend abdecken: Links oben ein zerstörtes belgisches Fort als Dokument deutschen Erfolgs, genauso wie die von deutschen Soldaten bewachten Gefangenen (linke Seite unten rechts). Links daneben das seltene Foto eines Grabs. Im Format viel größer dann die beiden Abbildungen auf der daneben liegenden rechten Seite: deutsche Soldaten ganz entspannt in Brüssel (oben) und Demonstration deutscher Leistungsfähigkeit im Bild darunter: »Die provisorische Brücke über die Maas, die von den Truppen innerhalb von 5 Stunden errichtet worden ist.« (S. 1536f.).

Verwundete wurden zwar in beiden Kriegen jeweils rund viermal häufiger abgebildet als Tote, ihnen gewidmete Bilder bekamen aber doch nur Anteile von 1,8 bzw. 2,0 Prozent eingeräumt. Vor allem zu Beginn des Ersten Weltkriegs dominierten dabei zwei Aspekte: ›Deutsche Soldaten helfen verwundeten Feinden‹ sowie ›Die deutschen Verwundeten werden gut versorgt‹. Ähnlich sah es zunächst im Zweiten Weltkrieg aus. Allerdings scheint das Thema dann völlig verschwunden zu sein. 1941 und 1942 fanden wir keine Bilder dazu. Erst 1943 tauchte es wieder auf.

Auch der vom Krieg betroffenen Zivilbevölkerung wurde in beiden Kriegen von den Illustrierten nur wenig Beachtung geschenkt. Noch dazu war es eher die Ausnahme, dass ihr Leid thematisiert wurde. Und wenn, dann war es nur das Leid, das ihr durch den Feind zugefügt worden war.

Am Morgen nach der Abwehrschlacht

Abb. 132: Allergrößte Ausnahmen in den deutschen Illustrierten des Zweiten Weltkriegs bildeten Seiten wie die hier abgebildete aus dem *IB* Nr. 7 vom 17. Februar 1944 (3. Seite) mit dem Titel »Am Morgen nach der Abwehrschlacht«. Links unten ist ein Gefallener zwar deutlich zu sehen, im Bildtext wird er jedoch keines Wortes gewürdigt.

Bolschewisten,
Ermordet
von Bolschewisten!

Abb. 133: Ab und zu geriet auch das Leid der Zivilbevölkerung in den Blick der Illustrierten, wie hier in *BIZ* Nr. 9 vom 5. März 1942, S. 123, bei einer Reportage durch »Kriegsberichter Lessmann«. Allerdings war es nie ein Leid, das Deutsche verursacht hatten, sondern immer ein vom Feind zugefügtes.

Aus dieser Perspektive war es nur konsequent, dass der Krieg weniger als Schädigung der Zivilbevölkerung ins Bild gesetzt wurde, sondern umgekehrt als ihr Nutzen – durch Befreiung von feindlicher Schreckensherrschaft. Ansatzweise war dies schon im Ersten Weltkrieg geschehen, war da aber mangels Gelegenheiten auf wenige Ausnahmen beschränkt geblieben. Eine solche Gelegenheit ergab sich beispielsweise, als die deutschen Truppen im Herbst 1917 die Düna-Front in Lettland durchbrachen und in Riga einzogen.[764] Das propagandistische Potenzial derartiger Ereignisse wurde allerdings nur begrenzt ausgeschöpft. Im Zweiten Weltkrieg sah das ganz anders aus. Vor allem im Sommer und Herbst 1941 bot sich immer wieder Gelegenheit, den deutschen Vormarsch in der Sowjetunion als Befreiung darzustellen und entsprechend dankbare Zivilisten zu zeigen.

764 *WO* Nr. 38 vom 22. September 1917, S. 1297; *BIZ* Nr. 38 vom 23. September 1917, S. 474-476.

Abb. 134: Zwei ganze Seiten (980f.) wurden in *BIZ* Nr. 38 vom 18. September 1941 den sechs Fotos von PK-Berichter Mittelstaedt eingeräumt, um der Leserschaft Eindrücke vom »Fest des Dankes in der vom bolschewistischen Terror befreiten ukrainischen Stadt Schitomir« vor Augen zu führen.

Derartige Gelegenheiten wurden im Verlauf des Krieges aber immer seltener. In seiner Endphase war es deshalb zumeist die deutsche Zivilbevölkerung, die als freudige Unterstützer der Wehrmacht gezeigt wurde.

Was ist nun das Wichtigste des über die militärisch-kriegerischen Bilder in den beiden Weltkriegen Gesagten, das am Ende noch einmal besondere Hervorhebung verdient? Inhaltlich wird man es in der weitaus größeren Vielfalt der ganz überwiegend aus dem Moment heraus gestalteten und nicht statisch inszenierten Bildthemen während des Zweiten Weltkriegs sehen dürften. In dieser Hinsicht hatten die nationalsozialistischen Propagandisten und die von ihnen zugelassenen Illustrierten-Gestalter viel aus den Defiziten des Ersten Weltkriegs gelernt. Dass auch von ihnen keine unverzerrte Darstellung der Kriegswirklichkeit zu erwarten war, bedarf keiner Diskussion. Dieser Anspruch ist zwar wohl überhaupt nicht zu verwirklichen, und schon gar nicht von einer Krieg führenden Nation. Trotzdem sind unterschiedlich große Gestaltungsspielräume je nach politischem System zu erwarten. Im NS-Staat waren sie sicher minimal. Internationale Vergleiche wären hier sicher erhellend.

Mindestens ebenso gewichtig wie die inhaltlichen Modifikationen dürfte jedoch die formale Veränderung während des Zweiten Weltkriegs sein, die deutliche Reduzierung der Bilder mit kriegerisch-militärischen Themen innerhalb des Gesamtangebots. Sie blieben zwar wichtig, dominierten jedoch weitaus weniger als im Ersten Weltkrieg. Die damit verbundene Strategie enthüllt sich erst, wenn man die Inhalte der übrigen Bilder analysiert. Darauf ist allerdings erst im nächsten Kapitel und in der abschließenden Zusammenfassung einzugehen. Hier ist zuerst noch der Blick auf die Bilder durch die Untersuchung der sie umgebenden Texte zu ergänzen.

5.8 Die Bilder und ihre politischen Kon-Texte

»Die Photographie allein ist stumm und geduldig. [...] Das Photo erlangt erst Bedeutung durch seine Bildlegende. Erst das kommentiert publizierte Bild entwickelt seine dynamische Kraft, wird Propagandist im Guten wie im Bösen«, ruft Dieter Vorsteher zu Recht in Erinnerung.[765] Bilder und Texte sind in Illustrierten eigentlich untrennbar miteinander verbunden. Im vorliegenden Zusammenhang bedeutet das zweierlei: Zum einen ist es tatsächlich so, dass nur eine verschwindende Minderheit von Bildern ganz ohne begleitenden Artikel oder zumindest kurzen Bildtext veröffentlicht wurde. Die Größenordnung bewegt sich im 1- bis 2-Prozent-Bereich. Zum anderen kann selbst eine Untersuchung wie die unsere, die ausdrücklich die Bilder in den Vordergrund rückt, nicht ganz vom Einbezug der Texte absehen. Viele Inhalte wären gar nicht näher zu bestimmen, wenn die dazugehörigen Texte nicht berücksichtigt werden dürften. Aber es geht ja nicht nur um die Inhalte allein. Die politische Bedeutung, die einer Abbildung durch den Betrachter beigelegt werden soll, wird häufig erst durch den Kon-Text vermittelt, sei es in Form der unmittelbaren Bildlegende, sei es durch den Artikel, in dessen Zusammenhang sie veröffentlicht wurde (oder auch durch beide). Aber geschieht das tatsächlich so häufig oder eher selten – vielleicht nur zu bestimmten Zeiten und in bestimmten Illustrierten? Diese Fragen sind im Folgenden zu beantworten.

765 Dieter Vorsteher, Vorwort. In: Ranke, *Deutsche Geschichte*, S. 8.

Textqualitäten

Am 19. Februar 1942 veröffentlichte der IB in seiner Nr. 8 auf der dritten Seite zwei großformatige »PK-Zeichnungen von Kriegsberichter Schulz« unter der Überschrift »Vier deutsche Panzer gegen eine englische Division«. Die dazu gesetzten Zeilen lauteten:

> »›Iwan der Schreckliche‹ kann nicht mehr! Bei den anfänglich noch wechselvollen Kämpfen in der Cyrenaika haben die Truppen der Achse sich meist gegen vielfache Übermacht ungewöhnlich erfolgreich geschlagen. Schwere englische Panzerwagen [...]
> [...] wurden in harten, oft von einzelnen Soldaten geführten Kämpfen außer Gefecht gesetzt und säumen heute die Wüstenstraßen. Ein besonders Bravourstück vollbrachten vier deutsche Panzer am Sidi El Regzegh, die sich einer ganzen englisch-neuseeländischen Division stellten und diesen starken Feindverband so lange erfolgreich bekämpften, bis Verstärkung eintraf.«

Ob dies nun als zweigeteilter Bildtext oder als spezielle Form von Artikel zu verstehen ist, kann hier offen gelassen werden. Es geht um die Frage der intendierten Bewertung und ihrer Qualifikation, denn sicherlich wurde hier nicht nur sachliche Information – wie lückenhaft auch immer[766] – vermittelt. Sollte man es sich nicht einfach machen und direkt nach der propagandistischen Qualität von Texten fragen? Das liegt im Falle des NS-Staats ja durchaus nahe, der sich nicht scheute, ein eigenes einschlägiges Ministerium zu unterhalten. Aber wie sieht es zu anderen Zeiten aus – und in anderen Ländern, wenn man an eine grundsätzliche Vergleichbarkeit der Befunde denkt? Wo endet sachliche Information und wo beginnt Propaganda? Annette Vowinckel ist zuzustimmen, dass keine wirklich befriedigende, umfassende und eindeutige Unterscheidung zwischen Propaganda, Informationspolitik und Public Relations möglich ist.[767]

Bei dem zitierten Beispiel sollte man sich immerhin darauf verständigen können, dass der Text mehr als nur sachliche Information präsentierte. Seine primäre Absicht bestand in der Aufwertung deutscher militärischer Leistung. Es sollte also möglich sein, zumindest grundsätzlich zwischen rein sachlichen Texten und solchen mit politisch wertenden Beimengungen zu unterscheiden (was sicherlich bei knappen Bildtexten viel leichter ist als bei längeren Artikeln) und in einem zweiten Schritt die politische Qualität dieser Beimengungen zu bestimmen. Das Vor-

766 Allein schon der Wikipedia-Artikel zum Kontext der Operation Crusader der Alliierten (zu der ganze Bücher erschienen sind) gibt einen Eindruck von der Komplexität der Ereignisse. (https://de.wikipedia.org/wiki/Operation_Crusader [30.05.2018]).

767 Vowinckel, *Agenten der Bilder*, S. 143.

handensein einer gewissen Grauzone, eines Bereichs schwierig zu entscheidender Fälle, sollte dabei nicht gegen das Prinzip als solches sprechen. Entscheidend sind die Größenordnungen: Wie häufig sind wertende Beimengungen feststellbar, wie nennenswert sind die Unterschiede zu verschiedenen Zeiten und in verschiedenen Illustrierten? Handelt es sich um die Regel oder um minimale Ausnahmen oder um irgendetwas dazwischen, bei dem es zudem viele Zweifelsfälle gibt?

Berliner Illustrirte Zeitung

DIE SCHWARZE GEFAHR

in Südafrika. Von Colin Ross.

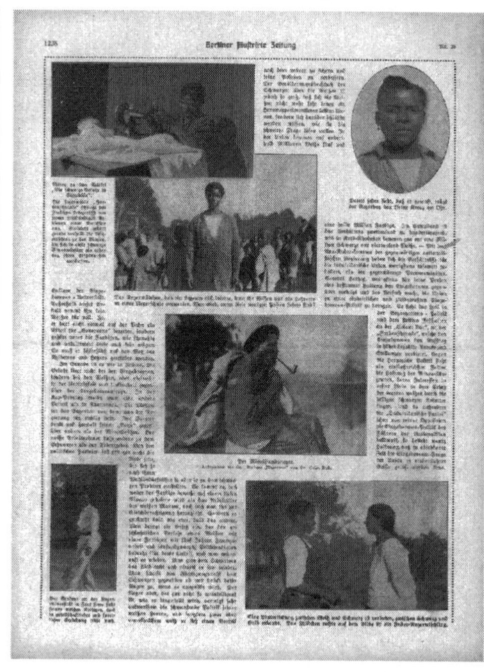

Berliner Illustrirte Zeitung

Abb. 135: Geradezu paradigmatisch lässt sich an einem in der *BIZ* Nr. 39 vom 26. September 1926, S. 1237f., veröffentlichten Artikel die Ambivalenz vieler Illustrierten-Bildberichte verdeutlichen – nicht nur, was die Mehrdeutigkeit des Textes betrifft, sondern auch, was die Spannung zwischen Text und Bildern angeht. Mit dem Blick auf die Überschrift scheint schon alles klar zu sein: »Die schwarze Gefahr in Südafrika«, geschrieben und fotografiert von Colin Ross, einem seinerzeit sehr bekannten Reisejournalisten, der sich in den 1930er-Jahren eindeutig zum Nationalsozialismus bekannte. Ist da etwas anders zu erwarten als rassistische Polemik? Betrachtet man zuerst die Fotos näher (wie das wohl auch damals die meisten gemacht haben dürften), lässt sich Denunziatorisches kaum entdecken. Dasselbe gilt für die Bildtexte. Und auch der Artikel ist im Grunde sachlich gehalten und liefert eine Menge konkreter Fakten. Das eigentliche Problem sieht Ross nicht bei den Schwarzen (die er manchmal als solche und manchmal als »Neger« bezeichnet), sondern bei den Weißen, und zwar in ihrer »Uneinigkeit und Unklarheit gegenüber der Eingeborenenfrage«. Eine eigene Antwort dazu formuliert er nicht. Lesern und Betrachtern bleibt überlassen, welche Position sie zu den angesprochenen Problemen beziehen.

Information und Beeinflussung durch Bild- und Artikeltexte

Fast genau drei Viertel der in den Jahren 1905 bis 1945 veröffentlichten und von uns ausgewerteten rund 7.800 Bilder mit politischen Inhalten, die im Kontext von Artikeln präsentiert wurden, waren mit ganz sachlichen Bildtexten versehen und auch die Artikel selbst waren sachlich gehalten. Wichtiger als diese Gesamtaussage ist allerdings der Blick auf die einzelnen Illustrierten zu verschiedenen Zeiten. Da zeigen sich dann gewaltige Unterschiede. Und was zu vermuten ist, bestätigt sich voll und ganz: Der *IB* suchte mit seinen Texten viel stärker zu beeinflussen als *BIZ* und *WO*, und letztere zeigten im NS-Staat ein ganz anderes Verhalten als in Kaiserreich und Weimarer Republik.

Im Kaiserreich – und das gilt sowohl für die Friedenszeit bis 1914 wie für die Kriegsjahre – waren über ganz sachliche Aussagen hinausgehende Bildtexte bei *BIZ* wie *WO* eine verschwindende Minderheit: Bei fast 2.000 Bildern im Zusammenhang mit Artikeln fanden wir gerade einmal 15 Stück – wobei bereits ein Bildtext im Ersten Weltkrieg wie »Unsere tapferen Flieger: Gruppe von Fliegern, die sämtlich das eiserne Kreuz erhalten haben«[768] wegen des Adjektivs »tapfer« als nicht ganz sachlich und als militärisch-aufwertend klassifiziert wurde. Mit 63 war die Zahl der Bilder mit sachlichem Bildtext, die im Kontext eines offensichtlich auf Beeinflussung ausgerichteten Artikels standen, nur wenig größer. Dieses Ergebnis ist ganz eindeutig, selbst wenn man in Rechnung stellt, dass der Schwerpunkt der Analyse auf der Untersuchung der Bilder lag und die Artikel nur eher kursorisch gelesen wurden, sodass vielleicht die eine oder andere Nuance übersehen wurde. Und es passt zur Beschreibung der deutschen Propaganda im Ersten Weltkrieg, die »weniger auf die aggressive Verunglimpfung des Gegners gerichtet« war als auf die Hervorhebung der »eigenen geistig-moralischen und militärischen Überlegenheit«.[769]

Als einfaches, für weitere Vergleiche gut geeignetes Maß bietet es sich nun an, den Umfang jener Gruppe von Bildern zu bestimmen, bei denen weder Bildtexte noch Artikel über ganz sachliche Aussagen hinausgehende Beimengungen enthielten. Bei *BIZ* und *WO* während des Kaiserreichs, einschließlich der Kriegsjahre, waren das 1.921 von 1.999 Bildern, also 96 Prozent.

In der Weimarer Republik sank dieser Wert bei den beiden Traditions-Illustrierten auf 90 Prozent, weil vor allem in ihren frühen Jahren einige Bilder mit nicht ganz sachlichen Bildtexten in eher agitatorischen Artikeln veröffentlicht wurden. Weitere, noch viel deutlichere Rückgänge gab es dann während der NS-Jahre. In den Vorkriegsjahren betrug der Anteil der Bilder mit ganz sachlichen Kon-Texten noch 78 Prozent, im Zweiten Weltkrieg sogar nur 60 Prozent. Umgekehrt bedeutet dies, dass nun zwei Fünftel der Bilder in wertend-agitatori-

768 *BIZ* Nr. 38 vom 20. September 1914, S. 674.
769 Korte, *Mobilmachung des Bildes*, S. 49, S. 53; Paul, *Visuelles Zeitalter*, S. 87.

scher Weise betextet waren – zum allergrößten Teil gleichermaßen durch die Bild- wie durch die Artikeltexte. Damit unterschieden sich *BIZ* und *WO* nur noch graduell von der Partei-Illustrierten *IB*. Statt 40 Prozent der Bilder in mehr oder minder propagandistische Kontexte zu rücken, waren es bei ihm während des Zweiten Weltkriegs 42. In den Jahren zuvor waren es 30 im Vergleich zu 22 Prozent gewesen. Anders als *BIZ* und *WO* hatte der *IB* damit viel von seiner frühen polemischen Schärfe abgebaut. Vor allem in der Spätphase der Weimarer Republik erschien der größte Teil seiner Bilder in überwiegend propagandistischen Text-Zusammenhängen – 76 Prozent! In seinen ersten Jahren hatte er sich noch mit 53 Prozent begnügt.

GRAFIK 18

Bilder mit politischen Inhalten in wertenden Kontexten

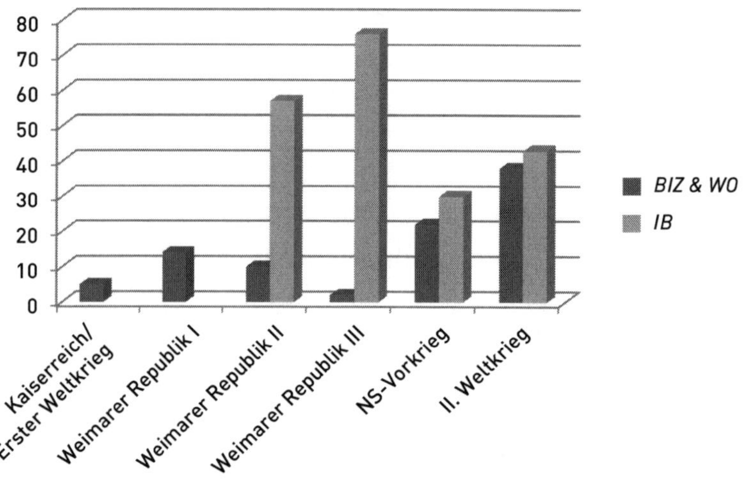

Anteile in Prozent, N = 7.715

Nur sehr selten wurde dabei die Wertung nur über den Bildtext vermittelt. In der Regel geschah es über den Artikel, dem dann höchstens noch entsprechend formulierte Bildtexte zur Seite traten. Es gehört zu den überraschenden Befunden dieser Untersuchung, dass den Bildtexten als solchen kaum Beeinflussungsabsichten entnommen werden konnten. Dies zeigt sich ganz besonders, wenn man die Bildtexte der reinen Nachrichtenbilder mit politischen Inhalten genauer betrachtet, also jener Bilder, denen ein weiterer Artikelkontext fehlt. Mit mehr als 3.000 Bildern handelt es sich immerhin um eine beträchtliche Zahl.

Berliner Illustrirte Zeitung. 291

Abb. 136: Es passt zum grundsätzlich ganz sachlichen Grundton der deutschen Bildberichterstattung während des Ersten Weltkriegs, dass gerade die *BIZ* in durchaus nennenswertem Ausmaß Bilder aus französischen und britischen Zeitschriften veröffentlichte. Berücksichtigt man, dass in mehr als der Hälfte der Abbildungen überhaupt keine Quelle angegeben wurde, so ist es schon beachtlich, dass 34 von 385 Abbildungen mit Quellenangaben in der *BIZ* einem Feindstaaten-Medium entnommen worden waren; bei der *WO* war es gleichzeitig nur ein einziges von 611! – In ihrer Nr. 37 vom 15. September 1918, S. 291, stellte die *BIZ* drei Fotos als Nachrichtenbilder ohne dazugehörigen Artikel mit rein informativen Bildtexten zusammen: »Deutsche Motorradfahrer-Maschinengewehr-Abteilung. Phot. Bild- und Film-Amt«, »Ein englischer Tankschuppen hinter der Westfront. Englische Photographie« und »Fortschaffung eroberter englischer Tanks« (ohne Quellenangabe). Das war eine ganz sachliche Gegenüberstellung. Eine eindeutige Interpretation der Bildinhalte war nicht vorgegeben. Es blieb jedem Betrachter überlassen, seine Schlüsse zu ziehen und sein Urteil über die Kampfkraft beider Seiten zu fällen.

Zwei Drittel der Bildtexte von Nachrichtenbildern, denen deutlich beeinflussende Absichten unterstellt werden können, entstammen der NS-Zeit und von den zuvor veröffentlichten wurden wiederum zwei Drittel im *IB* gefunden; beides passt zu den bereits vorgestellten Befunden. Nicht diese Bruchwerte sind jedoch das Unerwartete, sondern die Bezugsgröße: Nur bei 280 von insgesamt 3.218 Nachrichtenbildern im Politikbereich ließen sich wertende Bildtextanteile feststellen, also bei weniger als 9 Prozent. Selbst im Zweiten Weltkrieg betrug dieser Wert nur 23 Prozent. Die Schlussfolgerung ist eindeutig: Auch in Zeiten mit beträchtlichen Indoktrinationsabsichten waren es nicht die zumeist recht knappen Bildtexte, die primär zur Beeinflussung der Bildbetrachtung eingesetzt wurden, sondern eher die Artikeltexte – wenn man nicht nur auf den Eindruck der Bilder selbst vertraute.

Zentrale Themen der politischen Wertung

Insgesamt wurden im Bereich der politischen Bilder 2.472 Abbildungen ermittelt, die im Kontext von mehr oder minder wertend-agitatorischen Artikeln präsentiert wurden oder mit entsprechenden Bildtexten versehen waren. Vor 1933 hielten sich *BIZ* und *WO* dabei jedoch derart zurück, dass angesichts der geringen Fallzahlen nur wenige differenzierte und tragfähige Aussagen möglich sind. In den 28 Untersuchungsjahren von 1905 bis 1932 ließen sich in den beiden Illustrierten nur 235 einschlägig betextete Bilder ermitteln, in den 12 Jahren des NS-Staats waren es dagegen 881.

Die mit Blick auf den Gesamtzeitraum mit Abstand am häufigsten vertretene Wertung bestand in der Aufwertung der eigenen politischen Position – mit nur geringer Schwankung um den Durchschnitt von 29 Prozent bei allen drei Illustrierten: Die *BIZ* wich mit 24,2 Prozent etwas nach unten ab, der *IB* mit 30,9 Prozent nach oben, die *WO* erreichte mit 28,7 Prozent fast exakt den Durchschnittswert. Und bei allen drei Illustrierten wurde dieser Akzent am deutlichsten in den nationalsozialistischen Vorkriegsjahren gesetzt. Zwischen 1933 und 1939 wurde fast genau die Hälfte (49 %) aller Bilder im Kontext von wertenden Artikeln oder Bildtexten von Ausdrücken des Stolzes auf das politisch Erreichte präsentiert. Der Höhepunkt war bereits 1935/36 erreicht; da waren es mehr als zwei Drittel. Gleichzeitig war die antimarxistische Agitation, die 1933 noch einen Schwerpunkt gebildet und anteilmäßig sogar die eigene Aufwertung übertroffen hatte (42,6 vs. 35,9 %), stark in den Hintergrund getreten, sodass sich nur ein Vorkriegs-Durchschnittswert von 21,3 Prozent ergibt. Völlig bedeutungslos waren gleichzeitig Bilder, die durch ihre Kontexte Kapitalismuskritik vermitteln sollten (1,5 %).

Punktuell gewann das Thema ›Kapitalismuskritik‹ nur 1940 an Bedeutung, und zwar verbunden mit der Herabsetzung Großbritanniens als Kriegsgegner. Mehr als die Hälfte (53,3 %) aller politischen Bilder mit wertenden Kontexten sollten in jenem Jahr in dieser Richtung wirken. Zu berücksichtigen ist allerdings auch, dass es sich dabei nur um 48 der von uns untersuchten 944 Bilder jenes Jahres handelte.

Im Zweiten Weltkrieg wurden die Akzente insgesamt etwas anders gesetzt als in den Vorkriegsjahren. An die Stelle der politischen Aufwertung trat naheliegenderweise die militärische Aufwertung – auch dies bei allen drei Illustrierten, aber mit doch recht auffallenden Unterschieden. Bei der *WO* stand auch im Krieg noch die politische Aufwertung im Vordergrund (22,9 %) und die militärische folgte erst an dritter Stelle (18,8 %), noch hinter anti-britischen und anti-amerikanischen Wertungen (20,7 %). Im Gegensatz dazu war beim *IB* die Hervorhebung der eigenen militärischen Leistung am wichtigsten (37,2 %), während die allgemein politische Aufwertung (15,9 %) und die anti-britisch/anti-amerikanische Agitation (13,8 %) erst mit deutlichem Abstand folgten. Auch die *BIZ* hob die eigenen militärischen Leistungen am meisten hervor (27,5 %). Sie ergänzte dies jedoch auch noch durch die dezidierte Abwertung der militärischen Leistungen der Gegner (19,9 %) – ein Thema, das weder beim *IB* (7,6 %) noch bei der *WO* (3,3 %) eine nennenswerte Rolle spielte.

Ebenso bemerkenswert ist, dass diese verbale Hervorhebung der eigenen militärischen Leistungsfähigkeit vor allem in der Endphase des Krieges stattfand, 1944/45 – angesichts der aussichtslosen Lage genügte es nicht mehr, einfach Bilder mit sachlichen Texten zu präsentieren, wenn die Kampfmoral in der Bevölkerung gestärkt werden sollte. Da musste schon mit deutlichen Worten die Siegeszuversicht beschworen werden.

11 Männer
1676 Luftsiege

Abb. 137: Im September 1944 war es schon schwierig, von deutschen Kriegserfolgen zu berichten. Der *BIZ* gelang es in Nr. 38 vom 21. September dennoch durch die Fokussierung auf einzelne Leistungen. Auf S. 447 präsentierte sie »11 Männer 1676 Luftsiege« und versuchte so, mit den Bildern hochdekorierter Jagdflieger Zuversicht zu vermitteln.

Schließlich darf selbstverständlich die Frage nach rassistischen und speziell antisemitischen Wertungen nicht fehlen. Überraschende Antwort: Von ihrer Größenordnung her wären sie eigentlich kaum der Erwähnung wert. Bei *BIZ* und *WO* fanden sich unter 1.116 Bildern, die irgendwie wertend kontextualisiert wurden, nur 32 (2,9 %) mit allgemein rassistischem Akzent und bloß drei weitere (0,3 %) mit antisemitischer Orientierung – im gesamten Zeitraum von 1905 bis 1945! Nimmt man hinzu, dass unter den 32 Bildern, die vor allem Schwarze irgendwie negativ thematisierten, sich auch die neun Bilder des bereits vorgestellten, durchaus ambivalent angelegten Artikels »Schwarze Gefahr« befanden, ist der Schluss eindeutig, dass Derartiges in *BIZ* und *WO* nie nennenswertes Bild-Thema war, auch während der NS-Zeit nicht.

Ganz anders sieht das im *IB* aus. 116 von 119 antisemitisch kontextualisierten Bildern fanden sich in der Partei-Illustrierten. Mit einem Anteil von 8,6 Prozent rangierte das Thema aber gleichwohl mit deutlichem Abstand erst an vierter Stelle seiner wertenden Bildbeeinflussungen – deutlich hinter politischer Aufwertung (30,9 %), militärischer Aufwertung (15,4 %) und Antimarxismus (14,2 %). Auffällig ist daneben das Kampagnenartige bei der Präsentation antisemitisch akzentuierter Bildkontexte: 1939, 1941 und 1942 war das Thema verhältnismäßig breit im *IB* vertreten, 1940 und 1943 bis 1945 dagegen überhaupt nicht.

ILLUSTRIERTER BEOBACHTER

Drei Köpfe der englischen Judenfinanz

Wer beherrscht England?

EIN BLICK IN DIE HERRENSCHICHT DES EMPIRE

ILLUSTRIERTER BEOBACHTER

Abb. 138: Die umfangreichste Agitation zum Thema ›Antisemitismus‹ im Jahr 1942 präsentierte der *IB* in einer langen Artikelserie unter dem Titel »Wer beherrscht England? Ein Blick in die Herrenschicht des Empire«. Von Nr. 3 vom 15. Januar (4. und 5. Seite, hier abgebildet) bis Nr. 15 vom 9. April versuchte man in insgesamt 12 Folgen von je ein bis zwei Seiten Umfang, die »wahren Herrscher in England: das internationale Geldjudentum« zu entlarven. Das Material stammte von Wilfried Eulers großer Zusammenstellung *Das Eindringen jüdischen Blutes in die englische Oberschicht*, die 1941 in Band 6 der *Forschungen zur Judenfrage* (S. 104-252) veröffentlicht worden war.

Dies führt weiter zu der Frage nach den Gegebenheiten beim *IB* in den Jahren zuvor. Deutlich ist dabei zwischen den Jahren bis 1933 und denen danach zu unterscheiden. In der Weimarer Republik fehlte es dem *IB* nie an Bildern, die der Judenhetze dienten. Allerdings sollte man hier doch genauer formulieren: die die verbale Judenhetze unterstützten. Auch ohne genaue Quantifizierung ist eindeutig, dass der Großteil der antisemitischen Agitation über Texte verlief und nur ausnahmsweise Bilder unterstützend zu Rate gezogen wurden.

Und ab 1933? Da wurde selbst im Parteiblatt der Antisemitismus in Wort und Bild auf ein Minimum heruntergefahren. Selbstverständlich kann auf der Basis einer Stichprobe keine zuverlässige Aussage über völliges Fehlen im Gesamtzeitraum gemacht werden. Aber es ist schon auffällig, dass in fünf von sechs nationalsozialistischen Vorkriegsjahren keinerlei Bilder mit antisemitisch wertenden Kontexten in unseren Stichproben gefunden wurden. Dass sie durchaus vorgekommen sein mögen, zeigt das sechste Jahr. 1936 erfasste unser Untersuchungszeitraum den Beginn einer Artikelreihe über Georg Ritter von Schönerer, den »Vater des politischen Antisemitismus«.[770]

Am Ende dieses Abschnitts und auch gleich des gesamten Kapitels können die wichtigsten Befunde zu mehreren Thesen verdichtet werden. Wie zuletzt am Beispiel antisemitisch kontextualisierter Bilder gezeigt wurde, setzte die nationalsozialistische Propaganda die verschiedenen Illustrierten durchaus bewusst ganz unterschiedlich ein: Die der Ideologie fern stehende Leserschaft von *BIZ* und *WO* wurde nur rudimentär mit dem Thema ›Antisemitismus‹ konfrontiert. Im *IB* sah dies zwar etwas anders aus, aber nur zeitweise. Jahrelang agitierte selbst die Partei-Illustrierte in dieser Hinsicht eher zurückhaltend.

Unübersehbar ist, dass im NS-Staat der Anteil politischer Bilder in eindeutig wertenden Zusammenhängen in *BIZ* und *WO* im Vergleich zu den Jahren zuvor beträchtlich anstieg; auch sie wurden vom nationalsozialistischen Propaganda-Apparat vereinnahmt. Aber wenn es um die Art der politischen Wertungen im Kontext der Bilder ging, standen bei ihnen eher unverfängliche Themen im Vordergrund, Themen, die auf Zustimmung bei einem Großteil der Leserschaft rechnen konnten: der Stolz auf eigene Leistungen, das wiedergewonnene Ansehen in der Welt, die militärischen Erfolge. Gerade im Zweiten Weltkrieg wird dies aber auch bei anderen kriegführenden Nationen nicht anders gewesen sein; das bedürfte genauerer vergleichender Untersuchung. Sie unterschieden sich damit nur wenig vom *IB*, der nach der ›Machtergreifung‹ sein agitatorisches Potenzial drastisch hatte reduzieren müssen. Nicht Abgrenzung stand mehr bei ihm im Vordergrund, sondern Integration.

Nicht nur der Anteil politischer Bilder in eindeutig wertenden Zusammenhängen, sondern auch der Anteil der Bilder mit politischen Inhalten überhaupt stieg während der Zeit des NS-Staats, zumindest im Vergleich mit den voran-

770 »Elmar Vinibert von Rudolf, Georg Ritter von Schönerer. Der Vater des politischen Antisemitismus. Von einem, der ihn selbst erlebt hat«. In: *IB* Nr. 9 vom 27. Februar 1936, S. 286 - 289, sowie sechs weitere Folgen auf der Basis des gleichnamigen, gleichzeitig bei Eher erschienenen Buches.

gegangenen Jahren der Weimarer Republik. Beschränkt man sich aber auf *BIZ* und *WO* und bezieht auch das Kaiserreich mit ein, so könnte ein anderer Schluss gezogen werden. Kehrte man nach 1933 strukturell, nicht in den konkreten Inhalten, zur im Kaiserreich begonnenen Tradition zurück und war die relative Zurückhaltung in politischen Dingen während der Weimarer Republik eher eine Ausnahme? Oder ist eher der strukturelle (wie inhaltliche) Bruch zwischen Weimarer Republik und NS-Staat zu akzentuieren? Die Antwort wird erleichtert, wenn man sich nicht auf die Analyse der Bilder mit politischen Inhalten beschränkt, sondern auch die übrigen Bilder mit einbezieht und das Gesamtangebot der Illustrierten untersucht.

6. Die Bilder und ihre Inhalte II. Der Spagat zwischen kultureller Bildung und Unterhaltung

In den deutschen Illustrierten des frühen 20. Jahrhunderts waren Bilder mit politischen Inhalten zwar weit verbreitet, aber alles andere als dominant. Nur Kriegszeiten bildeten eine charakteristische Ausnahme. Ansonsten wurden weitaus häufiger Bilder mit kulturell-bildenden oder unterhaltenden Inhalten gezeigt. Zur Orientierung stellt die folgende Grafik die wichtigsten Ergebnisse vor.

GRAFIK 19

Anteile der Hauptthemen im Zeitverlauf

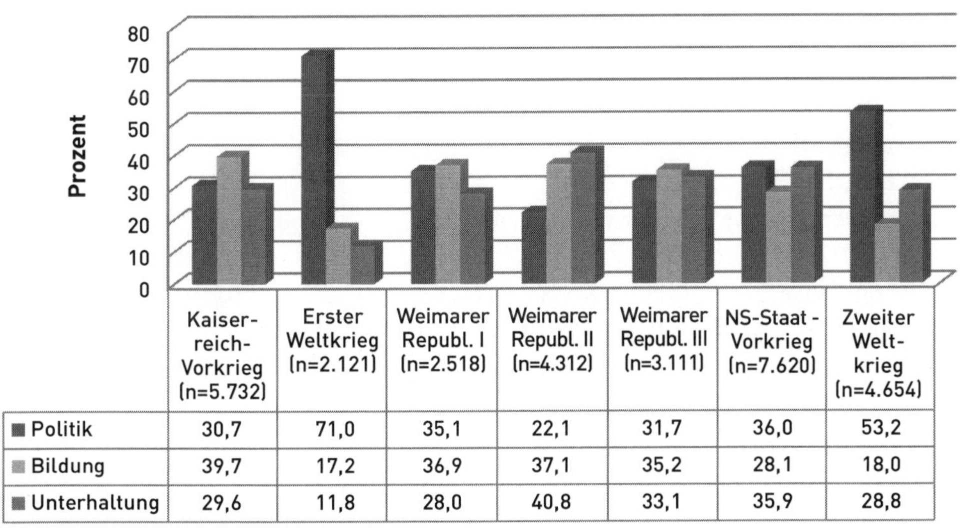

	Kaiserreich-Vorkrieg (n=5.732)	Erster Weltkrieg (n=2.121)	Weimarer Republ. I (n=2.518)	Weimarer Republ. II (n=4.312)	Weimarer Republ. III (n=3.111)	NS-Staat - Vorkrieg (n=7.620)	Zweiter Weltkrieg (n=4.654)
Politik	30,7	71,0	35,1	22,1	31,7	36,0	53,2
Bildung	39,7	17,2	36,9	37,1	35,2	28,1	18,0
Unterhaltung	29,6	11,8	28,0	40,8	33,1	35,9	28,8

n = 30.068

In den Vorkriegsjahren des Kaiserreichs standen die als Medium neuen Illustrierten noch durchaus in der Tradition der älteren illustrierten Familien- und Unterhaltungszeitschriften: Bilder, die dem Bereich ›Bildung‹ und ›Kultur‹ zugeordnet werden können, bildeten die größte Gruppe. Ihr eigentlich Neues, die Bilder zur politischen Information, war zwar wichtig, stand aber nicht ganz im Vordergrund. Beachtliche Bedeutung besaßen daneben aber auch primär unterhaltende Bilder. Im Ersten Weltkrieg änderte sich diese Konstellation grundlegend: Nun stand das politisch-militärische Bild in einer Weise im Vordergrund, wie es in dieser Form nie mehr Wiederholung finden sollte. Bildung und Kultur sowie Unterhaltung waren daneben als eigenständige Themen so gut wie bedeutungslos.

In der Weimarer Republik erfolgte zunächst im Prinzip eine Rückkehr zu den Gegebenheiten des Kaiserreichs. Allerdings verlor die Politik nach Überwindung der Krisen zu Beginn stark an Bedeutung; eindeutiger Gewinner war die Unterhaltung. Daneben behauptete sich der Bereich von Bildung und Kultur insgesamt gesehen auf ziemlich hohem Niveau. In der Spätphase gewann das politische Bild zwar Bedeutung zurück, Unterhaltendes und Bildendes stand jedoch weiterhin im Vordergrund.

Dies änderte sich erst in den Vorkriegsjahren des NS-Staates. Politisches wurde vermehrt thematisiert und trat an die erste Stelle, Bildung und Hochkultur verloren an Bedeutung. Der Unterhaltungsanteil blieb dagegen insgesamt gesehen so gut wie stabil. Im Zweiten Weltkrieg ähnelte die Gewichtung grundsätzlich der im Ersten: Politisch-militärische Bilder dominierten, während Bilder zu Bildung und Hochkultur genauso wie die zur Unterhaltung nur mit deutlichem Abstand folgten. Doch sollte ein wichtiger Unterschied nicht übersehen werden: Die Dominanz der politisch-militärischen Bilder war weitaus geringer als im Ersten Weltkrieg und das Gewicht des rein Unterhaltenden entsprechend größer.

Diese Charakterisierung erhält umso mehr Gewicht, als durch die Durchschnittswerte nicht völlig unterschiedliche Gegebenheiten bei den drei untersuchten Illustrierten nivelliert werden. Alle drei Illustrierten zeigen vielmehr weitgehend dieselben Trends. Selbstverständlich sind spezifische Unterschiede in Rechnung zu stellen: Die *WO* legte durchweg höheres Gewicht auf Bilder zu Bildung und Kultur als die *BIZ* und der *IB*. Der wiederum stellte den meisten Raum der politischen Information zur Verfügung, während der Akzent bei der *BIZ* auf der Unterhaltung lag – ihr räumte sie seit Mitte der 1920er-Jahre mehr als 40 Prozent ihrer Bilder ein und in den 1930er-Jahren dann fast 50 Prozent. Aber auf der Basis dieser unterschiedlichen Konstellationen weisen dann alle drei Illustrierten fast durchweg dieselben Auf- und Abwärtsbewegungen auf.

Nur zwei Abweichungen scheinen hier erwähnenswert. Der *IB* der Nationalsozialisten war während der Weimarer Republik primär ein Kampfblatt, bei dem politische Information – in seinem Sinne – im Vordergrund stand und Unterhaltung keine nennenswerte Rolle spielte. Dieses Ungleichgewicht wurde in den Vorkriegsjahren des NS-Staats dann reduziert, indem der Anteil der politischen Bilder verringert und der der Unterhaltung vergrößert, ja verdoppelt wurde (von 14,5 auf 29,3 %).

Die zweite Abweichung von den allgemeinen Trends ist bei der *WO* festzustellen, und ebenfalls im Vergleich von Weimarer Republik und NS-Vorkriegsjahren. Auch bei ihr wurde der Anteil der Bildern zur Bildung und Hochkultur gesenkt und der von Bildern zur politischen Information gesteigert, aber beides geschah nicht in dem Maße, dass der Unterhaltungsbereich dadurch entscheidend profitiert hätte. Die *WO* blieb auch in den nationalsozialistischen Vorkriegsjahren eine Illustrierte, in der Bilder zu Bildung und Kultur zum Teil größeres Gewicht besaßen als die zur politischen Information und erst recht als die zur Unterhaltung.

Die Überzeugungskraft der bislang vorgestellten Befunde hängt nun weitgehend davon ab, inwieweit die zugrundeliegenden Zuordnungen transparent und nachvollziehbar gemacht werden können. Welche Bilder wurden dem Bereich ›Bildung und Kultur‹ zugeschlagen und welche dem der Unterhaltung? Darum soll es als nächstes gehen. Begonnen sei mit dem Bereich von Bildung und Kultur.

6.1 Bildung und Kultur

Das Großthema ›Bildung und Kultur‹ entstand durch eine Zusammenfassung von vier Kategorien der zugrundeliegenden Bildinhaltsanalyse: den Kategorien ›Kunst und Kultur‹ (ohne Theater), ›Theater‹, ›Landschafts- und Stadtansichten‹ sowie ›Technik, Wissenschaft, Wirtschaft‹. Über die Inhalte dieser Kategorien dürfte in ihren Kernbereichen weitgehend intuitiv Einverständnis zu erzielen sein. Beispiele werden dies im Folgenden vertiefen. Als erstes folgt aber wieder ein Überblick.

Die Verteilung von mehr als 9.000 Bildern auf die vier Kategorien ›Kunst und Kultur‹, ›Theater‹, ›Landschaft- oder Stadtansichten‹ sowie ›Technik, Wissenschaft, Wirtschaft‹ und deren Veränderungen im Laufe der Zeit zeigt die folgende Grafik.

Während der Bereich ›Landschafts- und Stadtansichten‹ über die Jahre hinweg – mit Ausnahme des Ersten Weltkriegs – in seinem Umfang weitgehend stabil blieb, zeigen sich bei den drei anderen Bereichen erhebliche Veränderungen. Sie verweisen im Prinzip auf genau gegenläufige Entwicklungen: Während die Bilder zu den Themen ›Technik, Wissenschaft, Wirtschaft‹ im Großbereich

GRAFIK 20

Anteile der Kategorien der Dimension ›Bildung und Kultur‹ im Zeitverlauf

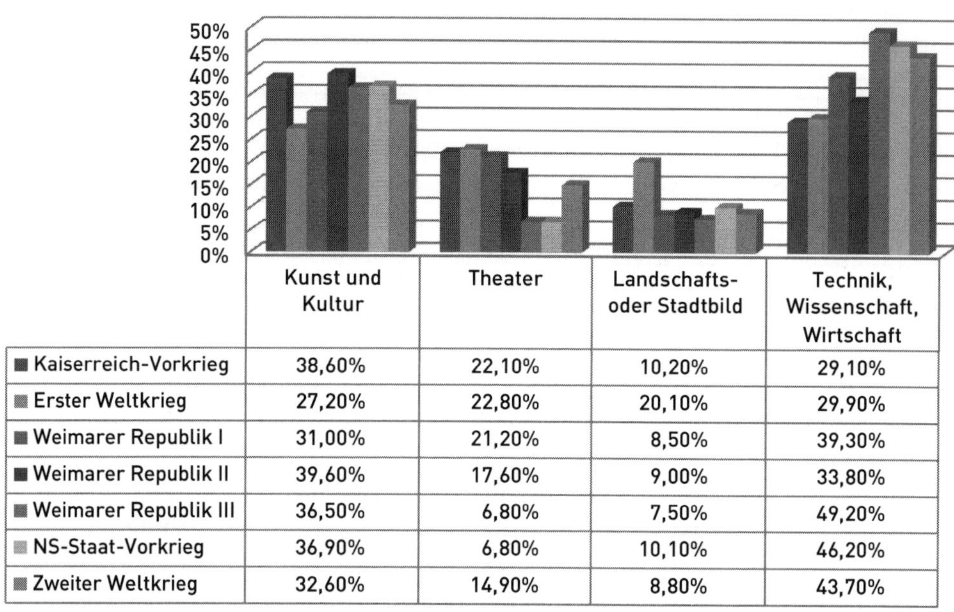

	Kunst und Kultur	Theater	Landschafts- oder Stadtbild	Technik, Wissenschaft, Wirtschaft
Kaiserreich-Vorkrieg	38,60%	22,10%	10,20%	29,10%
Erster Weltkrieg	27,20%	22,80%	20,10%	29,90%
Weimarer Republik I	31,00%	21,20%	8,50%	39,30%
Weimarer Republik II	39,60%	17,60%	9,00%	33,80%
Weimarer Republik III	36,50%	6,80%	7,50%	49,20%
NS-Staat-Vorkrieg	36,90%	6,80%	10,10%	46,20%
Zweiter Weltkrieg	32,60%	14,90%	8,80%	43,70%

n = 9.244; KR: 2.276; 1. WK: 364; WR I: 929; WR II: 1.600; WR III: 1.094; NS: 2.143; 2. WK: 838

›Bildung und Kultur‹ fast durchweg immer größeren Stellenwert erlangten, verloren die zu ›Kunst und Kultur‹ sowie zum ›Theater‹ zunehmend an Bedeutung.

Vor dem Hintergrund der übergeordneten Entwicklungen, wie sie in Grafik 19 vorgestellt wurden, ergibt sich damit ein ganz eindeutiger Befund: Das Hauptthema ›Bildung und Kultur‹, das in den Jahren vor dem Ersten Weltkrieg die Bildwelten deutscher Illustrierter dominierte, verlor im Laufe der Jahrzehnte nicht nur erheblich an Bedeutung, es veränderte auch beträchtlich sein Profil. Die traditionellen Themen der Hochkultur traten in den Hintergrund, während Technisch-Wissenschaftlich-Ökonomisches an Gewicht gewann. Gleichzeitig lässt sich schon hier an vielen Stellen ein Trend zum Unterhaltenderen konstatieren, wie er besonders am Beispiel des Theaters noch thematisiert wird.

Kunst und Kultur

Im Zentrum des »deutschen Deutungsmusters« von Bildung und Kultur stand die Kunst: »Die Einstellung zur Kunst als einem Medium der ›Bildung‹ ist quasireligiös«, stellte denn auch Georg Bollenbeck fest.[771] Und was im 19. Jahrhundert entwickelt wurde, wirkte auch im frühen 20. Jahrhundert noch nach, bis in die Illustrierten hinein. Literatur und Musik, Bildende Kunst und Theater waren Themen, die deshalb breite Beachtung fanden. Bild-freundlich waren sie jedoch nicht gleichermaßen. Sicherlich konnte an Geburts- oder Todestage von Dichtern und Komponisten durch Porträt-Aufnahmen erinnert werden und ab und zu waren auch größere thematische Zusammenstellungen möglich,[772] aber letztlich hatten im Bild-Medium ›Illustrierte‹ Bildende Kunst und Theater einen großen Vorteil gegenüber Literatur und Musik. Theater war sogar so wichtig, dass es in einem eigenen, dem folgenden, Abschnitt gesonderte Behandlung verdient.

Welche Bedeutung die Größen der Malerei auch für Illustrierte im Kaiserreich besaßen, ist schon an den Heften des ersten untersuchten Jahrgangs abzulesen. Eines ihrer zentralen Themen bildete der Tod eines der berühmtesten Maler seiner Zeit, Adolph von Menzel, am 9. Februar 1905. Während in den kurz darauf erschienenen Heften noch sein schlechter Gesundheitszustand thematisiert worden war, folgten dann eine Woche später ausführliche Berichte über den Künstler und sein Schaffen sowie über seine Beerdigung.[773] Insgesamt kamen so 21 Bilder zusammen. Doch auch über Lebende wurde während des Kaiserreichs breit berichtet – etwa über den heute in Vergessenheit geratenen, aber damals als Präsident der Berliner Akademie der Künste fungierenden Arthur Kampf genauso wie über die süddeutsche Größe Hans Thoma, anlässlich seines 70. Geburtstags.[774] Insgesamt unterschieden sich BIZ und WO in dieser Hinsicht kaum. Kunst und Kultur wurden von beiden im Prinzip genauso ausführlich bebildert wie politische Themen im engeren Sinne (16,9 vs. 17,5 %).

Nach dem Ersten Weltkrieg wandelte sich die Präsentation der Bildenden Kunst deutlich. In der Weimarer Republik ging es zum Teil um Ausstellungen oder Museen,[775] viel häufiger war jedoch der Einsatz von Gemälde-Abbildungen zur Auflockerung allzu großer Textflächen. Für die BIZ wurde es geradezu zur Regel, in die erste Seite ihres Fortsetzungsromans irgendein Gemälde zu setzen. Ein gewisser Bildungs-Anspruch war damit zwar noch vorhanden, im Vergleich

771 Bollenbeck, *Bildung und Kultur*, S. 214.

772 »Klavierkünstler der Gegenwart«. In: WO Nr. 39 vom 27. September 1919, S. 1088-1091; »Die Jungen. Die neue Bühnendichter-Generation Deutschlands«. In: BIZ Nr. 9 vom 28. Februar 1926, S. 285f.

773 WO Nr. 6 vom 11. Februar 1905, S. 241f.; WO Nr. 7 vom 18. Februar 1905, S. 277-283; BIZ Nr. 7 vom 12. Februar 1905, S. 97; BIZ Nr. 8 vom 19. Februar 1905, S. 115f. Vgl. S. 273.

774 Kampf: BIZ Nr. 9 vom 28. Februar 1909, S. 145-147 mit sechs Gemäldewiedergaben; Thoma: WO Nr. 39 vom 25. September 1909, S. 1663-1668, mit 12 Werkreproduktionen.

775 »Aus deutschen Museen: Bilder aus der Kunsthalle Hamburg«. In: BIZ Nr. 8 vom 20. Februar 1927, S. 315-317; »Picasso-Ausstellung in München«. In: WO Nr. 36 vom 9. September 1922, S. 841; »Manet-Ausstellung in Berlin«. In: WO Nr. 7 vom 18. Februar 1928, S. 199f.

zum vor dem Ersten Weltkrieg Üblichen jedoch auf ein Minimum reduziert. Es bedürfte detaillierter Analyse, festzustellen, welche Künstler und Kunstrichtungen vor allem dem breiten Publikum vorgestellt wurden. Kursorische Durchsicht vermittelt den Eindruck, dass darunter relativ viel Zeit- und Sozialkritisches zu finden war, während auf jeden Fall Ungegenständliches fehlte.

Nr. 7 Berliner Illustrirte Zeitung 199

„Dante vor der Untergrundbahn".
Gemälde von Albert Guillaume.

Der Demütige und die Sängerin

ROMAN VON FELIX HOLLAENDER

17. Fortsetzung. Copyright 1924 by Ullstein A. G. Nachdruck verboten.

Allen neu hinzutretenden Abonnenten werden die in Heft 42—49 erschienenen Kapitel dieses Romans in einem Sonderabdruck gegen Voreinsendung von 10 Pfennigen auf Verlangen portofrei nachgeliefert.

Toni sah Kreuzer sehr kritisch und prüfend an, ehe sie fortfuhr: „Kreuzer, Sie sind unbezahlbar — dennoch sollten Sie Ammengeschichten nicht wieder aufwärmen. Es ist auch vollkommen falsch, daß der Künstler den Gehalt seiner Zeit ausschöpfen müßte. Wenn irgendeine Kunst, so ist Musik zeitlos — geht über die Zeit hinaus —, wendet sich nur an das Gefühl, das immer und ewig gleich bleibt. Eure neue Musik kommt aus dem Hirn und findet den Weg lediglich zum Verstande einiger, die mit ihren zerrissenen Nerven den Zusammenhang mit sich selbst verloren haben. Nein, mein Lieber, den Schwindel mache ich nicht mit. Will man Gefühl in seine Bestandteile auflösen — in das Geheimnis dringen? Ich pfeife auf diese modernen Könner — Mozart, Bach, Beethoven waren mit höherem Wissen begabt — kamen aus dem Himmelreich — kündeten eine Botschaft, deren Frömmigkeit und Einfalt von heute — von gestern und von morgen ist. Was rede ich für dummes Zeug! Kann man einen Menschen überhaupt bekehren? Lassen Sie uns von Ihrer Oper sprechen. Wie heißt sie?"

„Die Freundin des Johann von Leyden."

„Schon unmöglich. Der Titel ist viel zu lang."

„Man könnte das Werk auch schlechthin ‚Die Freundin' nennen."

Sie schüttelte mißbilligend den Kopf.

„Wenn Sie so schnell Kompromisse machen, glaubt man Ihnen überhaupt nichts mehr. Von euch Jungen fordert man in erster Linie Gesinnung."

Kreuzer sah sie flehentlich an.

„Bitte verspotten Sie mich nicht!"

„Wie ist der Inhalt?"

„Er läßt sich in ein paar Worten erzählen: Johann von Leyden gerät durch eine Frau auf abschüssige Bahn, fälscht und verwässert seine Lehre, bis das empörte Volk ihn zum Tode verurteilt. Aber auch seine Geliebte bricht unter ihrer Schuld zusammen — sie hat aus einem Heiligen einen Narren gemacht und klagt sich nun selbst auf offenem Markte des Mordes an. Dies ist der Höhepunkt der Oper."

„Also zuerst verführt sie ihn — und dann erwacht das Gewissen — sehr hübsch — und diese Bestie soll ich darstellen? Ach, Kreuzer, was haben Sie sich für einen romantischen Stoff gewählt? Das hätten Sie viel einfacher haben können. Vielleicht wäre ich sogar in der Lage gewesen, Ihnen ein dankbares Sujet zu liefern. Ich habe ja auch über gewisse Dinge nachgedacht. Sie klagt sich vor versammelter Menge an

Abb. 139: Für die *BIZ* war es in der Weimarer Republik die Regel, auf der ersten Seite ihres Fortsetzungsromans ohne inhaltlichen Bezug dazu ein Gemälde abzubilden. In Nr. 7 vom 15. Februar 1925, S. 199, war es eines des französischen Malers und Karikaturisten Albert Guillaume (1873 - 1942) mit dem Titel *Dante vor der Untergrundbahn*.

Berliner Illustrirte Zeitung

Der Mann im Sattel

Roman von Werner Scheff

Abb. 140: Erheblicher Beachtung erfreute sich bei der *BIZ* Otto Dix (1891 - 1969), auf den man 1924 allgemein aufmerksam zu werden begann. Sie veröffentlichte in diesem Jahr allein drei Reproduktionen seiner Gemälde, hier *Der Dichter in der Nacht* (Nr. 33 vom 17. August 1924, S. 935).[776]

Große Bedeutung hatten neben der Kunst im bürgerlichen Kulturverständnis auch die Geisteswissenschaften, wogegen Naturwissenschaften ein eher minderer Status zukam.[777] Dieser Unterscheidung ist hier näherungsweise zu entsprechen, indem der Bereich der Naturwissenschaften in einem eigenen Abschnitt im Zusammenhang mit Technik und Wirtschaft betrachtet wird. Außerdem wird hier wie an manch anderer Stelle deutlich, dass zu differenzierteren Aussagen die Bildinhalte wesentlich genauer kategorisiert werden müssten, als es in dieser Untersuchung möglich war, wo es um die überblicksmäßige Erfassung einer großen Bildgesamtheit ging.

Sucht man nach der wissenschaftlichen Sensation, die das größte Interesse der Illustrierten fand, so wird man zumindest bei der *wo* schnell fündig: Es war die Entdeckung der Grabkammer des ägyptischen Pharaos Tutanchamun. Die Graböffnung war zwar schon am 16. Februar 1923 erfolgt, die Arbeiten zogen sich jedoch noch über Monate und Jahre dahin, sodass vor allem im Frühjahr 1924 wochenlang – und exklusiv! – darüber berichtet werden konnte. Nach mehr als einem halben Dutzend zum Teil längeren und zum Teil sogar mit farbigen Abbil-

776 In Nr. 40 vom 5. Oktober, S. 1159, folgte *Der Sammler* und in Nr. 46 vom 16. November, S. 1351, *Meine Tochter*.
777 Bollenbeck, *Bildung und Kultur*, S. 209ff.

dungen versehenen Beiträgen erschien sogar ein eigenes 62-Seiten-Sonderheft.[778] Noch 1926/27 wurde dies ein Stück weit fortgesetzt.[779]

Nomadenbesuch am Fürstenhof

Sven-Hedin-Expeditionsbilder aus der Mongolei

Abb. 141: Auch im *IB* zählten ethnologische Bildberichte zu den regelmäßig wiederkehrenden Themen. In seiner Nr. 37 vom 15. September 1934, S. 1488f., zeigte er auf einer Doppelseite sechs nicht genauer datierte Fotos, die – so der Untertitel – während der 1927 begonnenen Asien-Expedition Sven Hedins entstanden waren.

Mag sein, dass das Interesse, das diese archäologische Entdeckung fand, die Suche nach ähnlichen Themen inspirierte und eine Wendung hin zum Kunstgeschichtlich-Ethnologischen auslöste, bei dem dann im Laufe der Zeit aber das Ethnologisch-Exotische in Form immer üppigerer Reisereportagen das Übergewicht gewann.[780] Auffallend ist jedenfalls wie schnell dieser Themenbereich seit Mitte der 1920er-Jahre in der *WO* an Bedeutung gewann und schließlich auch auf die *BIZ* und den *IB* übergriff.[781]

778 Ab *WO* Nr. 8 vom 23. Februar 1924.

779 *WO* Nr. 8 vom 20. Februar 1926, S. 173-176; Nr. 7 vom 12. Februar 1927, S. 170f.

780 Stahr, *Fotojournalismus*.

781 »Die Stadt Hamurabis«. In: *WO* Nr. 38 vom 18. September 1926, S. 934-936; »Im Lande Tamerlans«. In: *WO* Nr. 37 vom 10. September 1927, S. 1101-03; »Kultbilder der Südsee«. In: *WO* Nr. 39 vom 24. September 1927, S. 1150; »Heinz Herr, Am Tor Asiens«. In: *WO* Nr. 38 vom 22. September 1928, S. 1216-1218; »Griechische Gräber in Lagunen«. In: *WO* Nr. 39 vom 28. September 1929, S. 1109f.; »Aus den Trümmern Alt-Mexikos«. In: *WO* Nr. 8 vom 21. Februar 1931, S. 252-254; »Neue Bilder aus Abessinien«. In: *WO* Nr. 37 vom 11. September 1935, S. 10f.; »Carl Rathjens, Ein neuer Angriff auf das Geheimnis der Königin von

Neben das Interesse an fremden Völkern und Kulturen konnte seit Anfang der 1930er-Jahre dann zwanglos ein neues Interesse am eigenen Volk, seiner Geschichte und seinen kulturellen Traditionen treten, durchaus im Einklang mit den Prioritäten der neuen Machthaber, aber ohne sich zwangsläufig dem rassistischen Diskurs anschließen zu müssen.[782]

SIEBENBÜRGEN

Geschichte und Gegenwart eines deutschen Stammes in der Ferne

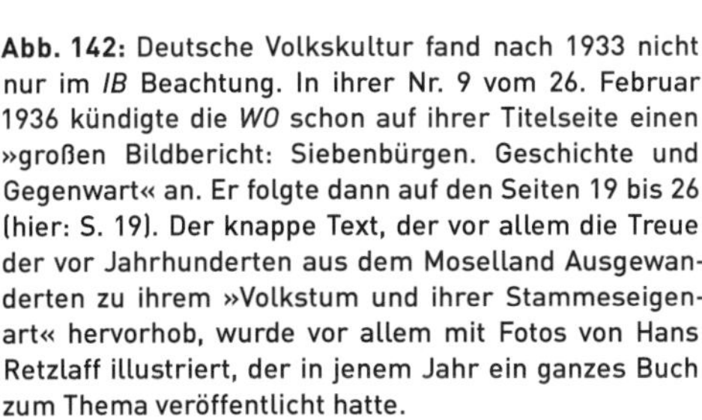

Abb. 142: Deutsche Volkskultur fand nach 1933 nicht nur im *IB* Beachtung. In ihrer Nr. 9 vom 26. Februar 1936 kündigte die *WO* schon auf ihrer Titelseite einen »großen Bildbericht: Siebenbürgen. Geschichte und Gegenwart« an. Er folgte dann auf den Seiten 19 bis 26 (hier: S. 19). Der knappe Text, der vor allem die Treue der vor Jahrhunderten aus dem Moselland Ausgewanderten zu ihrem »Volkstum und ihrer Stammeseigenart« hervorhob, wurde vor allem mit Fotos von Hans Retzlaff illustriert, der in jenem Jahr ein ganzes Buch zum Thema veröffentlicht hatte.

Theater

Selbstverständlich hätte der gesamte Komplex ›Theater‹ der Kategorie ›Kunst und Kultur‹ zugeschlagen werden können, ist das traditionelle Theater doch als eine der zentralen Institutionen bürgerlicher Hochkultur zu betrachten. Das wird hier auch gar nicht infrage gestellt. Guten Gewissens sind beide Kategorien einfach addierbar, um zu einem tatsächlich umfassenden Kunst- und Kultur-Ensemble zu gelangen. Aus zwei Gründen wurde dagegen eine Aufteilung vorgenommen. Zum einen macht jede auch noch so flüchtige Durchsicht alter Illustrierter deutlich, dass das

Saba«. In: *WO* Nr. 37 vom 9. September 1936, S. 19-24; »E.v.S., Das Geheimnis der Osterinsel. Neue Forschungen«. In: *BIZ* Nr. 37 vom 13. September 1925, S. 1165f.; »Colin Ross, Vom Kral ins Auto«. In: *BIZ* Nr. 9 vom 27. Februar 1927, S. 355f.; »Der Kalif zieht zur Moschee«. In: *IB* Nr. 38 vom 23. September 1933, S. 1246-1248; »Die Menschen des Ur-Nils erzählen«. In: *BIZ* Nr. 8 vom 25. Februar 1934, S. 231-233; »Hugo Adolf Bernatzik, Wie Adam und Eva«. In: *BIZ* Nr. 38 vom 23. September 1937, S. 1384f.

782 »Ausgrabungen aus Trier«. In: *WO* Nr. 7 vom 18. Februar 1933, S. 203-205.

Theaterwesen bis in die Weimarer Republik hinein einen derart großen Anteil an der Bildberichterstattung besaß, dass dies aus heutiger Sicht nur verblüffen kann. In den Vorkriegsjahren des Kaiserreichs veröffentlichte die *WO* in der untersuchten Stichprobe 367 Bilder zum Theater, zu allen anderen Aspekten von Kunst und Kultur 622 – das bedeutete einen Theater-Anteil von 37 Prozent an der Summe; mit 35 Prozent war der entsprechende Anteil bei der *BIZ* nur geringfügig geringer.

Nummer 39. Seite 1659.

Mitternacht rückt näher, und doch ist es so hell, daß man ohne Licht sehr gut schreiben kann. Auf dem Vorschiff ist jetzt alles ruhig. Gut verpflegt liegen unsere lang- und kurzhaarigen deutschen Zughunde friedlich nebeneinander. Ab und zu legt sich einer behaglich knurrend auf die andere Seite, nicht ahnend, daß mancher von ihnen wohl bald in Pfotenschuhen und „Kleidse" stecken wird, zum Schutz gegen die Kälte. Wie viele werden die Probe bestehen?

Das malerisch schöne Svolvaer und Lødingen haben wir schon hinter uns gelassen. Das Außergewöhnliche der taghellen Nacht hat viele munter gehalten, die nun, zum Teil mit Gläsern bewaffnet, die immer schöner und gewaltiger sich zeigende Natur bewundern, die mächtigen Berge mit Gletschern oder Schneekuppen. Morgen werden wir in Tromsö sein und mit den schon dort anwesenden Mitgliedern unserer Vorexpedition zusammentreffen. Dann das Letzte noch schnell geordnet, und in einigen Tagen können wir wohl auf unserm Schiff die Anker lichten zur letzten Fahrt nach der nordischen Eiswüste.

Wir alle sind voll Zuversicht und hoffen auf gutes Gelingen dieser Generalprobe. Manches Mitglied hat schon schwere Gefahren glücklich überstanden, und auch bei mir ist die Strandung mit dem Riesensegler „Preußen" noch in frischer Erinnerung.

Bilder aus aller Welt.

Frau Franziska Bender-Schäfer, die eine Reihe von Jahren mit großem Erfolg als Altistin an der Dresdner Hofoper wirkte, ist für die Königliche Hofoper in Berlin verpflichtet worden. Der bedeutenden Künstlerin, die man in Dresden nur ungern scheiden sieht, geht ein großer Ruf voraus.

Eine weitere Bereicherung erfuhr die Berliner Hofoper durch das Engagement der Fräulein Marianne Alfermann. Fräulein Alfermann war bisher am Stadttheater in Mainz tätig und wurde vom Generalintendanten Grafen von Hülsen-Haeseler auf 5 Jahre als Koloratursängerin für die Königliche Oper verpflichtet, nachdem sie dreimal mit schönem Erfolg in Berlin gastiert hatte. Die jugendliche Künstlerin, die [illegible] Mitglied in Berlin mehrere Mal [illegible] ist, verfügt über bemerkenswerte Gewandtheit im Spiel, zierliche Leichtigkeit des Tons und hat [illegible] eine anmutige, gewinnende Erscheinung.

Putbus, der liebliche kleine Ort und die Residenz der Fürsten zu Putbus auf der von so vielen deutschen Ostseefreunden hochgeschätzten Insel Rügen, war unlängst der Schauplatz eines sehr gelungenen [illegible], dem das Fürstenpaar

Franziska Bender-Schäfer. Marianne Alfermann.
Zwei neue Mitglieder der Berliner Hofoper. – [illegible]

Abb. 143: Zur Theaterberichterstattung im Kaiserreich zählte nicht nur die Information über neue Werke und Inszenierungen, sondern auch über wichtige Neuverpflichtungen einzelner Künstler, vor allem in Berlin. Die Qualität der Bildwiedergaben entsprach dabei nicht immer dem gewählten Format. Die Altistin Franziska Bender-Schäfer (links) war eigentlich kaum zu erkennen (*WO* Nr. 39 vom 28. September 1912, S. 1659).

Zum anderen wird bei genauerer Betrachtung aber auch schnell deutlich, dass sich hinter der Theater-Bebilderung sehr Uneinheitliches verbarg. Wenn in der *WO* 1909 ein großer Bericht über deutsche Opernkapellmeister veröffentlicht und mit 23 Fotos illustriert wurde,[783] so entsprach dies ohne Weiteres einem bildungsbürgerlichen Begriff von Kultur. Andererseits muss man aber auch zur Kenntnis nehmen, dass die *WO* im selben Jahr 1909 zwei Nummern vor dem Beitrag mit den Opernkapellmeistern einen großen, einfach mit »Die Operette« überschriebenen Artikel präsentiert hatte, den sogar »28 photographische Aufnahmen« begleiteten – Porträts aktueller Komponisten, aber vor allem Fotos von Sängern und besonders Sängerinnen in verschiedenen Rollenkostümen.[784] Manches spricht dafür, diesen Artikel und seine Bilder eher dem Bereich ›Unterhaltung‹ zuzuschlagen.

783 *WO* Nr. 9 vom 27. Februar 1909, S. 371-375.
784 *WO* Nr. 7 vom 13. Februar 1909, S. 284-291.

Allerdings würde dies einem recht bürgerlich-elitären Verständnis entspringen, das damals sicher weiter verbreitet war als heute. Für breite Schichten dürfte zeitgenössisch auch die Operette außerhalb ihres Unterhaltungsbereichs gelegen haben. Das Beispiel zeigt jedoch, wie bei spezielleren Fragestellungen genauer zu differenzieren wäre.

Auffällig ist nun, dass sich nach dem Ersten Weltkrieg die Prioritäten bei *BIZ* und *WO* ganz unterschiedlich entwickelten. Während bei der allgemein als eher konservativ eingeschätzten *WO* die Theaterberichterstattung in den Hintergrund trat, ist bei der *BIZ* genau das Gegenteil festzustellen: Bilder vom Theater wurden wichtiger. Bis in die zweite Hälfte der 1920er-Jahre war der Anteil der Theaterbilder an einer umfassenderen Kunst-und-Kultur-Einheit bei ihr von 35 auf 45 Prozent gewachsen. Bei der *WO* war er gleichzeitig auf 23 Prozent gesunken. Das größere Engagement der *BIZ* zeigte sich vor allem in den regelmäßigen Rubriken »Von den Bühnen« und »Aus den Theatern«. In großer Zahl wurden darin Einzelaufnahmen präsentiert. Ein Trend zu mehr Unterhaltendem ist dabei allerdings nicht ohne Weiteres auszumachen.

Berliner Illustrirte Zeitung 1231

AUS DEN THEATERN

Abb. 144: Wie bei der *WO* im Kaiserreich, so dominierte auch bei der *BIZ* in der Weimarer Republik der Blick auf die Berliner Theater-Verhältnisse. In Nr. 38 vom 20. September 1925, S. 1231, bezogen sich alle vier Fotos auf Aufführungen Berliner Theater – drei Schauspiele und eine Operette (rechts unten: Cordy Millowitsch und Richard Tauber in *Eine Nacht in Venedig*).

In den 1930er-Jahren verlor die Theaterbebilderung dann insgesamt dramatisch an Bedeutung. Bei der *BIZ* fiel ihr Anteil zunächst von 45 auf 23 Prozent, bei der *WO* von 16 auf 14. In den nationalsozialistischen Vorkriegsjahren änderte sich daran nichts Wesentliches. Immerhin: Bilder zum Theater blieben in BIZ und WO weitaus präsenter als im IB, der sich in dieser Hinsicht nur wenig verändert hatte. Theaterbilder sucht man in ihm während der Weimarer Republik fast vergeblich, nach 1933 findet man sie kaum häufiger.

Im Zweiten Weltkrieg schien sich dann ein ganz anderes Bild zu bieten. Im Gesamtbereich Kunst und Kultur nahmen bei der BIZ die Theaterbilder einen Anteil von mehr als 50 Prozent ein, beim IB waren es immerhin fast 30 Prozent. Nur die WO verharrte bei 17 Prozent. Die Erklärung zeigt sich bei näherer Betrachtung der Bildinhalte. Bei der BIZ erhielt mit fortschreitender Kriegsdauer neben dem Theater die Bebilderung von Kleinkunst und Varieté immer größere Bedeutung – unterhaltende Themen, die zuvor so gut wie keine Rolle spielten. Formal geschah dies fast durchweg nur noch durch ganze Bildserien. Die früher so häufigen Nachrichtenbilder zum Theater bildeten zuletzt allergrößte Ausnahmen.

Die WO öffnete sich zwar diesem formalen, aber nicht dem inhaltlichen Trend. Zumindest von der untersuchten Stichprobe wird nahegelegt, dass sie die Theaterberichterstattung ganz einstellte, als nichts mehr vom traditionellen Theater zu berichten war. Dem neuen Trend war Ende 1943 als letztes noch eine Seite mit vier Fotos zu varietéartigen Auftritten der Frauen eines Theaterzuges gewidmet;[785] 1944 fehlten Bilder zum Thema ›Theater‹ dann ganz.

Eine Frau stand auch im Mittelpunkt des letzten Artikels, der in der Stichprobe vom IB dem Theater gewidmet wurde – eine Tänzerin, die im Frühjahr 1945 wohl als Laborantin arbeitete. Vordergründig sollte der Artikel ihren Einsatz im Krieg zeigen, hintergründig schwang wohl der Wunsch mit, die schönen Beine einer jungen Frau zu zeigen.[786]

Landschafts- und Stadtansichten

Landschafts- und Städtebilder waren über die Jahrzehnte hinweg ein nahezu konstanter Faktor in den Illustrierten, um ihre Leserschaft mit in-, aber auch mit ausländischen Gegebenheiten vertraut zu machen. Die Illustrierten verfolgten dabei jedoch ganz unterschiedliche Strategien. Die BIZ widmete sich diesem Bereich in viel geringerem Maße als die WO und selbst als der IB, dafür aber mit eindeutigem Schwerpunkt: Sie öffnete ihrer Leserschaft ein Fenster zur Welt.

785 »Eine Fuhre Freude«. In: *WO* Nr. 37 vom 15. September 1943, S. 16.
786 »Aus Gretchen wurde ... Faust«. In: *IB* Nr. 5 vom 1. Februar 1945, S. 6.

Mitte der 1920er-Jahre zeigte sie vor allem einschlägige Bilder aus den USA, in den NS-Vorkriegsjahren rückten dann Afrika und China an die erste Stelle.

In der *WO* waren Stadt- oder Landschaftsansichten vor allem im Kaiserreich sehr beliebt und wurden deutlich häufiger eingesetzt als in der *BIZ*. Die beliebtesten ausländischen Motive in den Jahren vor dem Ersten Weltkrieg lieferten bei ihr die Schweizer Berge – ein Thema, das ab Mitte der 1920er-Jahre dann nicht nur bei ihr völlig aus der Stichprobe verschwand.

Neben dem Blick auf das Fremde hatte auch der auf die Schönheiten des eigenen Landes seinen festen Platz.

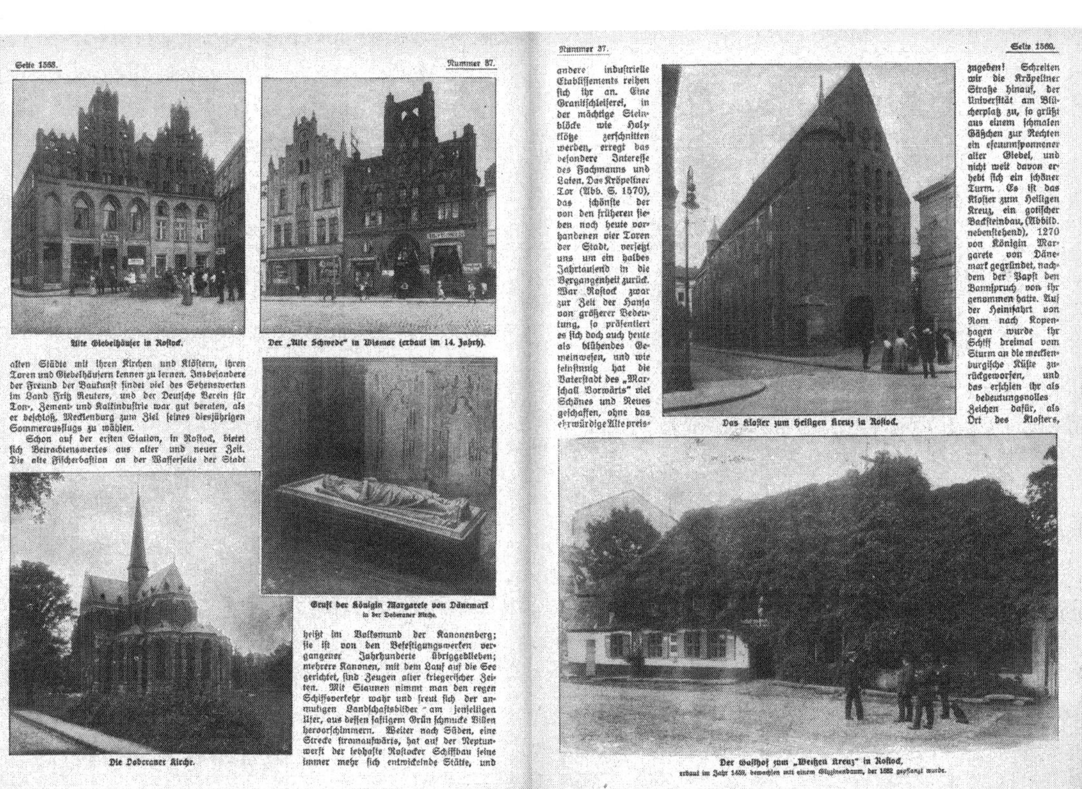

Seite 1568. Nummer 37.

Alte Giebelhäuser in Rostock.

Der „Alte Schwede" in Wismar (erbaut im 14. Jahrh).

alten Städte mit ihren Kirchen und Klöstern, ihren Toren und Giebelhäusern kennen zu lernen. Insbesondere der Freund der Baukunst findet viel des Sehenswerten im Land Fritz Reuters, und der Deutsche Verein für Ton-, Zement- und Kalkindustrie war gut beraten, als er beschloß, Mecklenburg zum Ziel seines diesjährigen Sommerausflugs zu wählen.

Schon auf der ersten Station, in Rostock, bietet sich Betrachtenswertes aus alter und neuer Zeit. Die alte Fischerbastion an der Wasserseite der Stadt

Gruft der Königin Margarete von Dänemark in der Doberaner Kirche.

heißt im Volksmund der Kanonenberg; sie ist von den Befestigungswerken vergangener Jahrhunderte übriggeblieben; mehrere Kanonen, mit dem Lauf auf die See gerichtet, sind Zeugen alter kriegerischer Zeiten. Mit Staunen nimmt man den regen Schiffsverkehr wahr und freut sich der anmutigen Landschaftsbilder am jenseitigen Ufer, aus dessen saftigem Grün schmucke Villen hervorschimmern. Weiter nach Süden, eine Strecke stromaufwärts, hat auf der Neptunwerft der lebhafte Rostocker Schiffbau seine immer mehr sich entwickelnde Stätte, und

Die Doberaner Kirche.

Nummer 37. Seite 1569.

andere industrielle Etablissements reihen sich ihr an. Eine Granitschleiferei, in der mächtige Steinblöcke wie Holzklötze zerschnitten werden, erregt das besondere Interesse des Fachmanns und Laien. Das Kröpeliner Tor (Abb. S. 1570), das schönste der von den früheren sieben noch heute vorhandenen vier Toren der Stadt, versetzt uns um ein halbes Jahrtausend in die Vergangenheit zurück. War Rostock zwar zur Zeit der Hansa von größerer Bedeutung, so präsentiert es sich doch auch heute als blühendes Gemeinwesen, und wie feinsinnig hat die Vaterstadt des „Marschall Vorwärts" viel Schönes und Neues geschaffen, ohne das ehrwürdige Alte preiszugeben! Schreiten wir die Kröpeliner Straße hinauf, der Universität am Blücherplatz zu, so grüßt aus einem schmalen Gäßchen zur Rechten ein efeuumsponnener alter Giebel, und nicht weit davon erhebt sich ein schöner Turm. Es ist das Kloster zum Heiligen Kreuz, ein gotischer Backsteinbau, (Abbild. nebenstehend), 1270 von Königin Margarete von Dänemark gegründet, nachdem der Papst den Bannspruch von ihr genommen hatte. Auf der Heimfahrt von Rom nach Kopenhagen wurde ihr Schiff dreimal vom Sturm an die mecklenburgische Küste zurückgeworfen, und das erschien ihr als bedeutungsvolles Zeichen dafür, als Ort des Klosters,

Das Kloster zum Heiligen Kreuz in Rostock.

Der Gasthof zum „Weißen Kreuz" in Rostock, erbaut im Jahr 1459, bewachsen mit einem Glyzinenbaum, der 1882 gepflanzt wurde.

Abb. 145: Paradebeispiele zum Thema ›Kulturelle Bildung‹ liefern die umfangreichen und reich bebilderten Städte- und Landschaftsporträts, die die *WO* vor allem im Kaiserreich regelmäßig veröffentlichte. In Nr. 37 vom 14. September 1912, S. 1567-1570 (hier die mittlere Doppelseite), berichtete etwa J. Gubitz über »Altes und Neues aus Mecklenburg«, illustriert mit »9 Spezialaufnahmen für die ›Woche‹«, und sparte dabei nicht mit historischem Spezialwissen.

Große Faszination übten auf die Leserschaft wohl Luftbilder aus, die fast schon eine eigene Untergattung bildeten. Die Aufnahmen entstanden nur zum Teil aus den damals noch nicht sehr weit entwickelten Flugzeugen heraus, wie etwa bei dem großen Artikel »Mit dem Aeroplan über den Simplon«, mit 12 Abbildungen, vor allem Fotografien von Anton Krenn.[787] Mindestens ebenso häufig waren Ballon-Aufnahmen, mit denen sich vor allem der in Baden-Baden lebende Hugo Kühn (1881-1944) profilierte.[788]

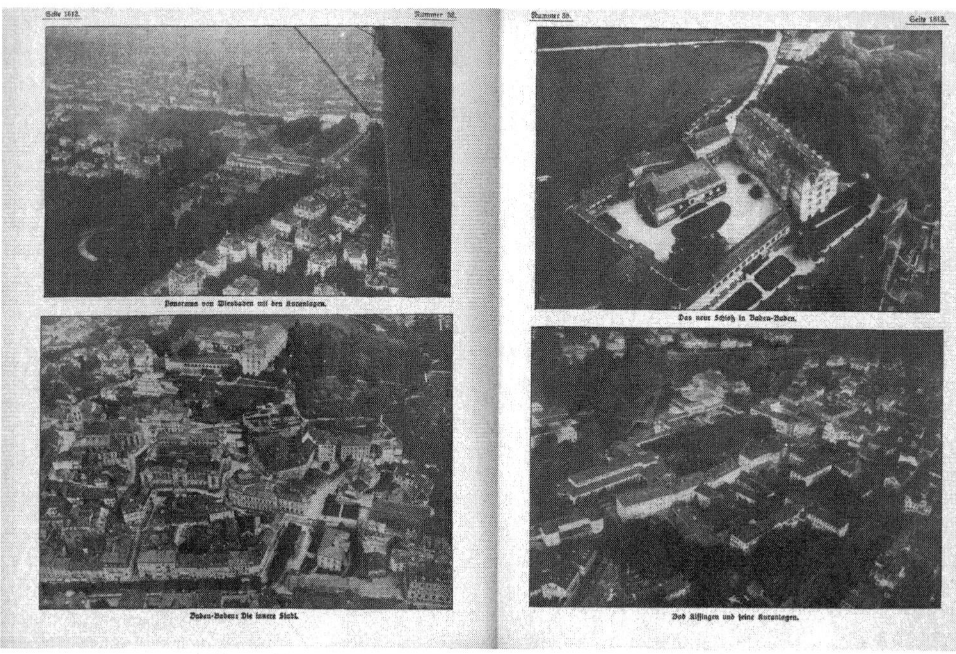

Abb. 146: Mit nur minimalen Bildunterschriften und kurzen Artikeln veröffentlichte die *WO* in den Jahren vor dem Ersten Weltkrieg ihre Reihe »Deutsche Ballonaufnahmen«, hier mit einem kurzen Text von Walter Tiedemann, »Drei Weltbäder« (*WO* Nr. 38 vom 21. September 1912, S. 1611-1614) mit 6 Fotos von Hugo Kühn (S. 1612f.). In *WO* Nr. 8 vom 21. Februar 1914, S. 331-333, lieferte Kühn ebenfalls 6 Fotos zu einem kurzen Text von Richard Schröder über Magdeburg.

Auch beim *IB* durften Stadt- und Landschaftsansichten nicht fehlen. Während der späten Weimarer Republik und in den nationalsozialistischen Vorkriegsjahren überbot man damit sogar noch die *WO*. Selbstverständlich konnte damit auch Politisches transportiert werden, wie etwa beim Porträt »Braunau am Inn«,[789] wo ein Foto von Hitlers Geburtshaus nicht fehlen durfte, oder einem großen Ar-

787 *WO* Nr. 38 vom 17. September 1910, S. 1616-1622.
788 https://www.photo-kuehn.net/unser-geschichte [30.05.2018].
789 *IB* Nr. 38 vom 21. September 1929, S. 484.

tikel zu »Horst Wessels Heimat«.[790] Häufiger standen aber auch bei der Partei-Illustrierten die Landschaften oder Städte selbst im Vordergrund. Es wird dabei wenig überraschen, dass es zunächst deutsche Städte und Landschaften waren, die bevorzugt vorgestellt wurden. Erst nach 1933 erfolgte da eine gewisse Umorientierung, ging man auch breiter auf Exotischeres ein.[791]

Technik, Wirtschaft, Wissenschaft

Der Bereich ›Technik, Wirtschaft, (Natur)Wissenschaft‹ ist sicher nur mit Mühe mit einem traditionellen Kultur-Begriff in Einklang zu bringen. Anders sieht dies aus, wenn man die Komponente ›Bildung‹ hinzunimmt und die Abgrenzung zu den anderen Dimensionen ›Unterhaltung‹ und ›Politik‹ in den Vordergrund rückt. Artikel wie der von Hans Dominik (1872-1945),[792] einem der meistveröffentlichten Autoren in der *WO*, über die »Sicherheit des Eisenbahnbetriebes« mit 12 Fotos der damals üblichen technischen Anlagen in der *WO*,[793] der von Alfred Dambitsch über die neue Generation der »Wirtschaftsführer in Rheinland und Westfalen« (mit 13 Porträtfotos illustriert) in der *BIZ*,[794] oder der von Rudolf Elmayer-Vestenbrugg im *IB* in mehreren Teilen veröffentlichte über die »Rätsel des Mondes«,[795] in dem vor allem die ziemlich esoterische Welteislehre Hanns Hörbigers vorgestellt wurde, markieren die große Spannbreite des hier Versammelten – nicht nur bezüglich der Themenwahl, sondern auch hinsichtlich der inhaltlichen Solidität. Nebenbei illustrieren diese drei Beispiele aber auch gleich, was als wichtiges formales Merkmal in diesem Bereich zu betrachten ist: Isolierte Bildnachrichten waren ziemlich selten; zumeist – insgesamt gesehen in über 80 Prozent der Fälle – erfolgte die Präsentation der Abbildungen in größeren Bildreihen.

790 *IB* Nr. 39 vom 30. September 1933, S. 1281-1283.

791 »Fluglinie Mexiko City-Guatemala«. In: *IB* Nr. 38 vom 17. September 1936, S. 1552-1554; »Luftaufnahmen Afrikas«. In: *IB* Nr. 9 vom 3. März 1938, S. 270f.

792 https://de.wikipedia.org/wiki/Hans_Dominik [30.05.2018].

793 *WO* Nr. 38 vom 23. September 1905, S. 1660-1665.

794 *BIZ* Nr. 38 vom 17. September 1922, S. 729-732. Die Fotos befinden sich alle auf den Seiten 729f., der Text fließt auf den beiden folgenden Seiten weiter und um Bilder mit ganz anderen Themen herum.

795 *IB* Nr. 7 vom 13. Februar 1936, S. 206-211; Nr. 8 vom 20. Februar 1936, S. 252-259; Nr. 9 vom 27. Februar 1936, S. 296-304. Vgl. zu Elmayer-Vestenbrugg und seiner publizistischen Tätigkeit im NS-Staat das ihm gewidmete Stichwort im Österreichischen Biographischen Lexikon ab 1815: http://www.biographien.ac.at/oebl/oebl_E/Elmayer-Vestenbrugg_Rudolf_1881_1970.xml [30.05.2018].

Besieger des Todes

Abb. 147: Wissenschaft war vor allem dann ein Illustrierten-Thema, wenn sie sich unter packendem Titel gut bebildern ließ: Unter dem Titel »Besieger des Todes« veröffentlichte die *BIZ* in ihrer Nr. 7 vom 15. Februar 1925, S. 221-224, acht Porträts berühmter Ärzte. Wie häufig war das Layout ganz bildbestimmt. Der Text von Prof. Dr. Rudolf Lennhoff, einem damals bekannten Berliner Mediziner, begann auf der hier abgebildeten Seite und wurde dann auf den drei folgenden Seiten in kleinen Häppchen um Bilder zu ganz anderen Themen herum platziert.

Für die WO war der Themenbereich im Kaiserreich zwar wichtiger als bei der BIZ, er rangierte aber auch bei ihr an der Zahl der ihm gewidmeten Bilder gemessen recht deutlich hinter dem Kunst-und-Kultur-Bereich. In der Weimarer Republik änderte sich dies grundlegend. Auch auf dem Feld von Bildung und Kultur erfolgte bei den Illustrierten eine gewisse Modernisierung, öffnete man sich stärker technisch-wirtschaftlichen Themen.[796]

Ihre größte Verbreitung erfuhren die Bilder dieses Bereichs im Jahr 1929. In BIZ und WO räumte man ihnen damals jeweils einen Anteil von rund einem Viertel ein – mehr als Kunst und Kultur einschließlich Theater, und weitaus mehr als der Politik, die in der BIZ kaum ein Zehntel erreichte und bei der WO gar nur 3 Prozent. Bei beiden Illustrierten ist dabei ein eindeutiger inhaltlicher Schwerpunkt auszumachen: die fliegerischen Leistungen des Luftschiffs »Graf Zeppelin«, seine sogenannte »Weltfahrt« zwischen dem 1. August und dem 4. September. Die BIZ widmete ihr in ihrer Nr. 37 vom 15. September auf S. 1609 bis S. 1613 insgesamt 19 Abbildungen, bei der WO war die gleiche, einen Tag zuvor herausgekommene Nummer eigentlich ganz dem Thema gewidmet: der Bildteil, die verschiedenen Artikel und selbst die Novelle. Nur der Fortsetzungsroman passte nicht ganz. Man behalf sich, indem in die vier Textseiten eine Seite

796 Deilmann, *Bild und Bildung*.

eingeschoben wurde, die drei mehr oder minder skurrile Flugfantasien aus dem 19. Jahrhundert abbildeten. Selbst der *IB* konnte an diesem Thema nicht vorbeigehen und widmete ihm – ebenfalls in Nr. 37 vom 14. September – eine Seite, S. 462, mit vier Abbildungen.

Die Woche
Nummer 39 Berlin, 29. September 1928 30. Jahrgang
DER ERSTE FLUG DES NEUEN ZEPPELIN

Abb. 148: Das Motiv, das in der zweiten Hälfte der 1920er-Jahre wahrscheinlich die meisten Bilder mit technischen Inhalten lieferte, bildeten die gewaltigen Luftschiffe in der Tradition des Grafen Zeppelin, die seit 1924 die Werft in Friedrichshafen verließen. Hier dient ein Bild vom »ersten Flug des neuen Zeppelin« LZ 127 »Graf Zeppelin« für die *WO* Nr. 39 vom 29. September 1928 zur Gestaltung des Innentitels. Auf den Seiten 1234f. folgten dazu sechs Fotos, auf einem unpaginierten Anhang nach dem hinteren Werbeteil zwei weitere Seiten mit drei Zeichnungen.[797]

Der gesamte Bereich ›Technik, Wirtschaft, Wissenschaft‹ spielte beim *IB* einerseits eine nicht ganz so große Rolle wie bei *BIZ* und *WO* – 1929 lag sein Anteil bei den Bildern nur bei 13 Prozent –, aber andererseits besetzte er doch insofern einen herausragenden Platz, als nur die Politik häufiger bebildert wurde. Zumindest zum Teil wartete die Partei-Illustrierte dabei auch in den folgenden Jahren mit sehr sachlich informierenden Text-Bild-Kombinationen auf.[798]

Selbstverständlich kann dies nicht von jedem derartigen Artikel im *IB* behauptet werden. »Die Warenhausjuden und ihr System« war ein eindeutig agitatorisches Pamphlet.[799] Allerdings gilt es hier wieder einmal darauf hinzuweisen, dass es sich um die Untersuchung der Bebilderung handelt. Die Fotos von Georg und Alfred Tietz oder Markus Schmoll zeigten sachlich die Wirtschaftsführer. Selbst die Bildtexte waren ohne politische Aussage. Die wurde nur über den Artikeltext

797 Vgl. Dussel, *Mythos Zeppelin*.
798 »Der Hochofen. Ein wichtiges Kapitel aus der deutschen Schwerindustrie«. In: *IB* Nr. 37 vom 12. September 1931, S. 810-812; »Die Gießerei«. In: *IB* Nr. 38 vom 19. September 1931, S. 836f.
799 *IB* Nr. 3 vom 11. Februar 1928, S. 30f.

transportiert. Orientiert man sich nun nur an den Bildern, so sind sie in diesem Falle eindeutig dem Bereich ›Wirtschaft‹ zuzuordnen.[800]

Anzumerken ist schließlich noch, dass in beiden Weltkriegen das Gewicht der Bilder zum Thema ›Technik, Wirtschaft, Wissenschaft‹ faktisch wesentlich höher war, als dies Grafik 20 nahelegt, denn eigentlich könnte hierbei auch der gesamte Bereich ›Kriegstechnik‹ einbezogen werden. Hier wurde allerdings der Aspekt des Militärischen in den Vordergrund gerückt und sein Anteil in dessen Zusammenhang berücksichtigt.

Am Ende dieses Abschnitts sind noch einmal die beiden zentralen Befunde in Erinnerung zu rufen, die bereits einleitend hervorgehoben wurden. Zum einen ergab die Detailbetrachtung eine grundsätzliche Verschiebung der Prioritäten im Laufe der Jahre: Bilder zu Themen der traditionellen Hochkultur (einschließlich Theater), die vor dem Ersten Weltkrieg bei Weitem dominierten, wurden immer seltener gebracht; im Gegenzug gewannen Abbildungen an Bedeutung, die dem Feld ›Technik, Wirtschaft, Wissenschaft‹ zuzuordnen sind. Dieser Zugewinn reichte jedoch nicht aus, um dem übergeordneten Trend entgegenzuwirken. Zum anderen bleibt nämlich in Erinnerung zu behalten, dass der im Kaiserreich nicht zu übersehende Bildungsanspruch der Illustrierten während der Weimarer Republik immer mehr verloren ging und spätestens im Zweiten Weltkrieg kaum noch Bedeutung besaß. Die Unterhaltungsmaxime überwog zunehmend. Dieser Bereich ist nun näher zu betrachten.

6.2 Unterhaltung

Es ist ein aussichtsloses Unterfangen, ›Unterhaltung‹ an sich theoretisch für jeden überzeugend definieren zu wollen. Mit Werner Faulstich wird man sich wahrscheinlich mit einer »integrativen Arbeitsdefinition« begnügen müssen: »Unterhaltung ist die anstrengungslose Nutzung geschichtlich unterschiedlich formatierter Erlebnisangebote, um im je spezifisch kulturell-gesellschaftlichen Kontext disponible Zeit genüsslich auszufüllen«.[801] Was nun tatsächlich ›anstrengungslos‹ und ›genüsslich‹ konsumiert wurde, mag im Einzelnen unterschiedlich gewesen sein; dass Illustrierte entsprechend ›formatierte Erlebnisangebote‹ bereit stellten, die zumindest von einem Großteil ihrer Betrachter in diesem Sinne interpretiert wurden, ist jedoch kaum infrage zu stellen: Da gab es »Bilder aus aller Welt«, »Bunte

800 Vgl. S. 378.
801 Faulstich, *›Unterhaltung‹ als Schlüsselkategorie*, S. 14.

Seiten« oder einfach nur »Humor« – immer auf möglichst anstrengungslosen, genüsslichen Konsum angelegt. ›Genüsslicher‹ Konsum darf dabei zudem nicht zu eng ausgelegt werden. Auch Spannung und Schrecken haben im Bereich der Unterhaltung ihren Platz; der Erfolg von Kriminalromanen und Horrorfilmen wäre ansonsten wohl kaum zu erklären. Die Bildwelt im Großbereich ›Unterhaltung‹ ist damit ziemlich heterogen, wird aber doch durch die Gemeinsamkeit zusammengehalten, nicht irgendein hochkulturell geprägtes Bildungswollen zu transportieren, sondern ohne weiteren Anspruch nur zur Entspannung und Ablenkung beizutragen; politische Intentionen waren zwar nicht auszuschließen, standen aber zumeist nicht im Vordergrund. Unterhaltung jenseits von Bildung und Politik war aber im öffentlichen Diskurs lange Zeit regelrecht verdächtig und keinesfalls als eigener Wert anerkannt, obwohl die soziale Praxis gleichzeitig ihren eigenen Regeln gehorchte. Wann genau sich ›Unterhaltung‹ als eigener kultureller Wert zu etablieren begann, ist erst ansatzweise erforscht. Kein Zweifel kann aber daran bestehen, dass im 20. Jahrhundert eindeutig vom »Aufstieg der Unterhaltung zum absolut vorherrschenden Gebrauchswert« gesprochen werden kann.[802] Ein Stück weit trugen dazu auch die Illustrierten mit ihren Bildern bei.

Auch dem Großthema ›Unterhaltung‹ wurden in dieser Untersuchung fast 10.000 Bilder zugeordnet. Allerdings verteilen sie sich nicht nur auf vier Kategorien wie bei ›Bildung und Kultur‹, sondern gleich auf elf. Sechs von ihnen dürften bei der inhaltlichen Bestimmung keine größeren Probleme bereiten. Hierzu bedarf es nur weniger Ergänzungen. Zum Thema ›Film‹ wurden nicht nur Szenenfotos aus Filmen, sondern auch alles mit der Filmproduktion Zusammenhängende gezählt; analog wurde es bei den Kategorien ›Mode‹ und ›Sport‹ gehandhabt. Bei Tierbildern mussten selbstverständlich vor allem Tiere zu sehen sein, aber es durfte auch schon einmal ein Mensch dabei sein, etwa ein Dompteur bei Fotos einer Tigerdressur.[803] Auch bei den Themen ›Unfälle/Unglücke‹ und ›Verbrechen‹, auf die gleich noch ausführlicher eingegangen werden muss, wurden immer auch Bilder zu den verschiedensten Kontexten wie etwa Rettungsmaßnahmen bzw. Verbrechensaufklärung mit einbezogen; Bilder zum Strafvollzug wurden jedoch als politisch informierend klassifiziert.

Die folgende Tabelle 9 stellt die Werte für diese Kategorien aufgeschlüsselt nach Phasen zusammen. Sie zeigt mehrere wichtige Ergebnisse. In den Friedens- wie Kriegsjahren des Kaiserreichs wurden unterhaltende Bilder primär durch die Kategorien ›Buntes‹ und ›Mode‹ geliefert. Hierdurch kamen bis zu 50 Prozent

802 Maase, *Grenzenloses Vergnügen*, S. 33.
803 *WO* Nr. 7 vom 15. Februar 1930, S. 197–199.

der einschlägigen Abbildungen zusammen. Humor- und Witzzeichnungen waren demgegenüber ziemlich nachrangig, wenn auch im Ersten Weltkrieg ihre Bedeutung etwas zunahm. Im NS-Staat und vor allem in seinen Kriegsjahren sah das ganz anders aus. Humor war kriegswichtig geworden; entsprechende Zeichnungen lieferten mehr als die Hälfte zum Hauptthema ›Unterhaltung‹. ›Buntes‹ und erst recht ›Mode‹ waren dagegen in den Hintergrund getreten.

TABELLE 9

Die Kategorien des Hauptthemas ›Unterhaltung‹ im Zeitverlauf

	Kaiserreich / Vorkrieg	Erster Weltkrieg	Weimarer Republik I	Weimarer Republik II	Weimarer Republik III	NS-Staat-Vorkrieg	Zweiter Weltkrieg
Buntes	646	86	210	624	305	704	201
	38,1%	34,0%	29,8%	35,4%	29,6%	25,7%	15,0%
Film	21	16	28	92	50	226	194
	1,2%	6,3%	4,0%	5,2%	4,8%	8,3%	14,5%
Humor	40	9	79	126	35	110	119
	2,4%	3,6%	11,2%	7,2%	3,4%	4,0%	8,9%
Mode	252	29	36	93	65	90	22
	14,9%	11,5%	5,1%	5,3%	6,3%	3,3%	1,6%
Sport	190	20	136	351	145	518	94
	11,2%	7,9%	19,3%	19,9%	14,1%	18,9%	7,0%
Sonstiges	157	33	33	32	36	37	12
	9,3%	13,0%	4,7%	1,8%	3,5%	1,4%	,9%
Tiere	132	13	67	173	104	157	83
	7,8%	5,1%	9,5%	9,8%	10,1%	5,7%	6,2%
Unfall, Unglück	118	6	39	85	106	201	16
	7,0%	2,4%	5,5%	4,8%	10,3%	7,3%	1,2%
Verbrechen	56	1	33	83	74	52	43
	3,3%	0,4%	4,7%	4,7%	7,2%	1,9%	3,2%
Witz	80	32	44	101	111	628	509
	4,7%	12,6%	6,2%	5,7%	10,8%	22,9%	38,0%
Witz, militärisch	3	8	0	1	0	14	48
	0,2%	3,2%	0,0%	0,1%	0,0%	0,5%	3,6%
Gesamt	1.695	253	705	1.761	1.031	2.737	1.341
	100,0%	100,0%	100,0%	100,0%	100,0%	100,0%	100,0%

Diese Befunde verdeutlicht die folgende Grafik, bei der im Vergleich zur Tabelle ein paar Zusammenfassungen vorgenommen wurden, eindrücklich.[804]

804 ›Witz‹ = ›Humor‹ + ›Witz‹ + ›Witz, militärisch‹; ›Buntes‹ = ›Buntes‹ + ›Mode‹ + ›Sonstiges‹ + ›Tiere‹; ›Unglücke und Verbrechen‹ = ›Unfall, Unglück‹ + ›Verbrechen‹.

GRAFIK 21

Anteile der Kategorien des Hauptthemas ›Unterhaltung‹ im Zeitverlauf

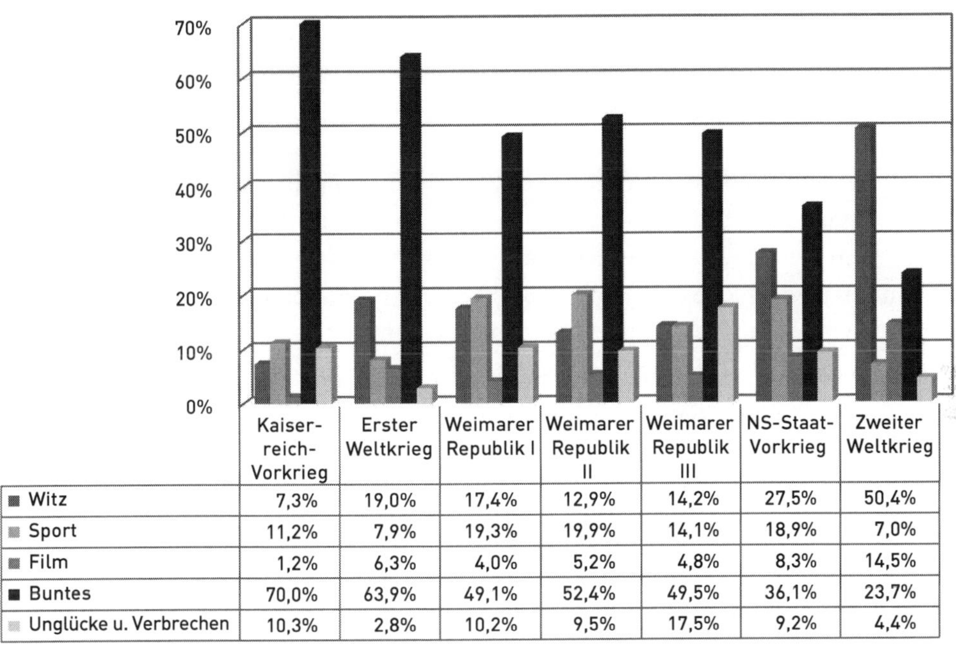

	Kaiserreich-Vorkrieg	Erster Weltkrieg	Weimarer Republik I	Weimarer Republik II	Weimarer Republik III	NS-Staat-Vorkrieg	Zweiter Weltkrieg
Witz	7,3%	19,0%	17,4%	12,9%	14,2%	27,5%	50,4%
Sport	11,2%	7,9%	19,3%	19,9%	14,1%	18,9%	7,0%
Film	1,2%	6,3%	4,0%	5,2%	4,8%	8,3%	14,5%
Buntes	70,0%	63,9%	49,1%	52,4%	49,5%	36,1%	23,7%
Unglücke u. Verbrechen	10,3%	2,8%	10,2%	9,5%	17,5%	9,2%	4,4%

n = 9.523

Humor und Witz

Zu den gravierendsten strukturellen Veränderungen, die die Illustrierten im Laufe der Jahrzehnte erfuhren, zählt die drastische Vermehrung aller möglichen Formen von humorvollen Zeichnungen, und dies ganz besonders während des NS-Staats. Während in den Vorkriegsjahren des Kaiserreichs Derartiges auf einen Anteil von 7,3 Prozent der unterhaltenden Bilder und von nur 2,2 Prozent der Bilder insgesamt beschränkt blieb, sah dies in den Vorkriegsjahren des NS-Staats ganz anders aus. Hier war ihr Anteil bei den unterhaltenden Bildern auf 27,5 Prozent gewachsen und weil auch der ganze Unterhaltungsbereich vergrößert worden war, lieferten Humorzeichnungen nun fast jedes zehnte Bild am Gesamtkorpus (9,9 %).

Auf den ersten Blick wird überraschen, dass bei der Codierung zwischen den Kategorien ›Humor‹ und ›Witz‹ unterschieden wurde, und dies, obwohl in manchen Fällen dieselben Illustratoren für die jeweiligen Zeichnungen zuständig waren. Seinen Grund findet dies in einer zumindest bis in die Weimarer Republik hinein recht klaren formalen Unterscheidung: Als ›Witz‹ wurden die typischen Witzzeichnungen klassifiziert, die regelmäßig in eigenen Rubriken oder gar auf ganzen Seiten ohne größeren verbindenden Text veröffentlicht wurden. Über Jahrzehnte hinweg war vor allem Paul Simmel bei der BIZ dafür ein Aushängeschild.[805] Gerade Simmel lieferte aber immer wieder auch Illustrationen zu humorvollen Geschichten mit eigenem Text, wie etwa 1927 zu »Hahn & Co, Öle u. Fette en gros, machen einen Ausflug«.[806] Dieser übergreifende Text unterschied humorvolle Zeichnungen aber auch von mehrteiligen Witzen wie etwa den Vater-und-Sohn-Geschichten E. O. Plauens oder Barlogs »Schreckensteinern«, die durchaus als Comic Strips bezeichnet werden können.[807] Es muss jedoch zugegeben werden, dass diese anhand von Kaiserreich und Weimarer Republik gewonnene Unterscheidung im NS-Staat zunehmend schwieriger vorzunehmen war, weil immer häufiger ganze Witzseiten thematisch zusammenhängend, aber aus Einzelwitzen und ohne verbindenden Text gestaltet wurden.

Abb. 149: Die *BIZ* beschäftigte zwar eine ganze Reihe von Witzzeichnern. In aller Regel war es jedoch einem einzigen vorbehalten, seit Mitte der 1930er-Jahre die wichtige letzte Seite jedes Heftes unter einem Gesamtthema zu gestalten. Bei Nr. 8 vom 24. Februar 1938 war es Hans Kossatz.[808]

Auch die im Vorfeld der Untersuchung festgelegte Unterscheidung zwischen Witzen ganz allgemeiner Natur und Witzen mit militärischem Inhalt erwies sich letztlich als relativ bedeutungslos. Wie zu erwarten war, fehlten letztere

805 Vgl. S. 217ff.
806 BIZ Nr. 37 vom 11. September 1927, S. 1499-1501.
807 Vgl. S. 221.
808 Vgl. S. 222.

zu Friedenszeiten fast völlig. Während der Kriegsjahre waren sie zwar häufiger anzutreffen, erlangten aber nie nennenswerte Bedeutung.

Wichtiger als diese Unterscheidungen sind jedenfalls die sie übergreifenden grundlegenden Befunde, die nicht nur gravierende Unterschiede zwischen den verschiedenen Illustrierten markieren, sondern auch auf deutliche Weise Änderungen der politischen Rahmenbedingungen reflektieren.

Zum Verkaufserfolg der BIZ trug sicher bei, dass sie schon früh die Bedeutung von gezeichnetem Humor und Witz für ihre Leser erkannt hatte. Über die Jahrzehnte hin widmete sie im Durchschnitt jedes achte ihrer Bilder diesem Bereich! Noch wichtiger ist dabei die Veränderung, die im Laufe der Zeit festzustellen ist: Hatte man im Kaiserreich (zu Friedens- und Kriegszeiten) den Humor- und Witzbildern nur einen Anteil von fast konstant 7 Prozent am gesamten Bilderangebot eingeräumt und erhöhte man ihn in der Weimarer Republik bloß leicht auf knapp neun Prozent, so setzte man im NS-Staat mit nunmehr über 18 Prozent ganz neue Prioritäten. Die Zäsur bildet dabei nicht – wie in manch anderen Fällen auch – das Jahr 1933. Erst 1935 ging man zu einer Art Humor-Offensive über. In diesem Jahr wurde es allmählich zur Regel, die gesamte letzte Seite gezeichneten Witzen vorzubehalten. Insgesamt war nicht zuletzt deshalb jedes fünfte Bild der BIZ eine Witzzeichnung. Fortan entstammte die letzte Seite konsequent diesem Bereich – auch als die Hefte nur noch 12 Seiten umfassten.

Dass gezeichnete Witze unerlässlich waren, wenn eine Illustrierte wirklich große Verkaufszahlen erreichen wollte, sah man auch beim *IB* ein und änderte die eigene Strategie radikal, als man von einer Illustrierten von System-Verneinern zu der der Staatspartei geworden war. Bis 1933 hatte die Illustrierte eigentlich nur mit mehr oder minder bissigen politischen Karikaturen aufgewartet; unpolitische Witze sucht man in ihr in jenen Jahren fast vergeblich. 1933 änderte sich das schlagartig. Karikaturen verschwanden und zumeist harmlose Witze zogen ein. In der Vorkriegszeit geschah dies noch vergleichsweise moderat; mit einem Anteil von 5,5 Prozent blieb man recht deutlich hinter den 9 Prozent der BIZ zurück. Der verordneten Kriegswichtigkeit von Unterhaltung verschloss man sich jedoch nicht. In den Kriegsjahren wurde der Anteil auf 14,4 Prozent ausgeweitet. Schon kurz vor Kriegsbeginn hatte man das Vorbild BIZ auch ganz konkret kopiert und die letzte Seite komplett den Witzzeichnungen eingeräumt; in ihrem Falle wurden sie allerdings von nur einem Zeichner geliefert, von Emmerich Huber.[809]

809 Vgl. S. 239.

Auch die *WO* konnte zuerst dem Zeitgeist, dann dem Druck der offiziellen Propaganda nicht widerstehen. Lange Jahre hatte sie sich völlig jeder Form von Humor und Witz, sei es in Text- oder Bildform, verweigert. Erst nach dem Ersten Weltkrieg öffnete sie sich zurückhaltend diesen Genres. Die Anwerbung von Fritz Koch-Gotha setzte hier eine deutliche Zäsur.[810] Fortan offerierte auch sie ihrer Leserschaft einigermaßen regelmäßig humorvolle Zeichnungen – zu erheblichen Teilen sogar farbig gedruckt –, aber doch nur in Maßen, mit einem Anteil von 3 bis 4 Prozent am gesamten redaktionellen Bilderangebot. Dabei konnte es in den NS-Jahren nicht bleiben. In den Vorkriegsjahren wurde dieser Wert verdoppelt, während des Zweiten Weltkriegs verdreifacht. Einerseits fügte man sich damit in den allgemeinen Trend ein, immer mehr anspruchslose Unterhaltung zu präsentieren, andererseits blieb man aber doch im Vergleich zum *IB* oder gar der *BIZ* relativ zurückhaltend.

Ohne entsprechenden Hinweis aus dem Propagandaministerium werden diese Veränderungen wohl kaum vollzogen worden sein. Vor allem bei der Gestaltung der Heftrückseite liegt diese Vermutung nahe. Traditionell war diese Seite der *WO* der Werbung vorbehalten. In den Vorkriegsjahren wurde hier regelmäßig »Scherls Reiseführer« mit Hotel-Anzeigen präsentiert. Mit Nr. 28 vom 12. Juli 1939 wurde dieser Platz erstmals dem »Humor der Woche« eingeräumt (»Woche« allerdings noch nicht mit dem Titel-Schriftzug der Illustrierten gestaltet). Wenige Wochen zuvor war diese Entscheidung auch beim *IB* gefallen. Fortan galt die Regelung für alle drei Illustrierten, bis zu ihrer jeweiligen Einstellung: Die letzte Seite blieb dem Humor vorbehalten. Bei der *BIZ* und beim *IB* war das am Ende allerdings 1 von 12 Seiten, bei der *WO* nur 1 von 24.

Angesichts der Masse an veröffentlichten Witzzeichnungen bedürfte es einer eigenen Untersuchung, ihre ideologischen Gehalte und deren Veränderungen im Laufe der Jahrzehnte genauer zu bestimmen. Auf der Basis der hier näher betrachteten Beiträge Emmerich Hubers ist jedoch zu vermuten, dass im NS-Staat vergleichsweise vorsichtig vorgegangen wurde und so recht politische Witze weitestgehend fehlten.[811] Zwar wurden die Zeitumstände durchaus immer wieder reflektiert, aber letztlich stand eine bewusst politikfreie Sicht auf die kleinen Alltagsprobleme im Vordergrund. Die primäre Funktion entspannende Unterhaltung zu gewähren, sollte nicht durch zu viel Indoktrination gefährdet werden.

810 Vgl. S. 224.
811 Vgl. S. 239.

Sport

Die wachsende Bedeutung des Sports für die deutsche Gesellschaft schon während des Kaiserreichs spiegelt auch die Illustrierten-Bebilderung wider. Bereits in den Vorkriegsjahren lieferte er einen beachtlichen Anteil ihres Unterhaltungsmaterials, gut 10 Prozent. Nach dem Ersten Weltkrieg war es dann fast das Doppelte – und weil die Illustrierten gleichzeitig mehr Unterhaltung boten, bedeutete dies auf das Gesamtangebot bezogen fast eine Verdreifachung. Dies gilt auch für die ansonsten eher kulturbeflissene *WO*. Beim *IB* versuchte man sich gleichzeitig zurückzuhalten. Die Partei-Illustrierte räumte dem Thema wesentlich geringeren Stellenwert ein. Damit war es nach der ›Machtergreifung‹ jedoch vorbei. Im Vergleich zur Spätzeit der Weimarer Republik wuchs der Anteil der Sportbilder in den nationalsozialistischen Vorkriegsjahren von knapp 3 auf fast 8 Prozent. Unterschiede zur *BIZ* gab es damit nicht mehr; die *WO* ließ man sogar weit hinter sich. Im Olympia-Jahr 1936 war im *IB* sogar jedes fünfte Bild dem Sport gewidmet (109 von 517); bei der *BIZ* waren es nur 14, bei der *WO* 12 Prozent.

Die Anlage der Stichprobe sorgt dafür, das keine wirklich repräsentativen Aussagen über die Inhalte der Bildberichterstattung zum Thema ›Sport‹ und die Entwicklungstrends gemacht werden können; durch die Beschränkung auf jeweils drei Untersuchungswochen im frühen Frühjahr und im Frühherbst erhält der Wintersport ein überproportionales Gewicht. Aber eigentlich ist schon dies ein bemerkenswerter Befund: Es dauert lange, bis in den Ende Februar, Anfang März erscheinenden Heften überhaupt über etwas anderes als Wintersport berichtet wurde. Beliebtes Thema waren dabei die damals eine Zeit lang ausgetragenen ›Nordischen Spiele‹ in Stockholm. In der Weimarer Republik verbreiterte sich dann das Spektrum, in den NS-Jahren dominierte aber erneut der Wintersport, und dies nicht nur 1936 während der IV. Olympischen Winterspiele, die damals in Garmisch-Partenkirchen ausgetragen wurden.[812]

Aus heutiger Perspektive muss überraschen, wie gering lange Zeit das Interesse am Fußball war. Das erste Bild dazu in der untersuchten Stichprobe wurde

812 Vgl. Abb. 167, S. 472. In seiner Nr. 8 vom 20. Februar 1936 lieferte der *IB* einen insgesamt 17-seitigen Bericht, bei dem allein 13 Seiten (S. 228 - 240) dazu dienten, die Ergebnisse aller Wettbewerbe in Tabellenform und die Sieger in Fotos zu präsentieren. Außerdem galten dem Thema die Titelseite und ein weiterer Zwei-Seiten-Bericht. Insgesamt waren dem Sport damit 20 von 48 Seiten des Heftes gewidmet. Rechnet man die neun Seiten für Werbung ab, war das mehr als die Hälfte des redaktionellen Teils. Bei der am gleichen Tag erscheinenden *BIZ* galten den Winterspielen 10 (einschließlich der Rückseite mit Witzen) von 28 Seiten (zuzüglich 12 Seiten Werbung), das war nur wenig mehr als ein Drittel.

erst 1914 veröffentlicht.[813] In den 1920er-Jahren folgten dann noch ganze drei einzelne Fotos. Der erste längere Artikel mit vier Fotos erschien sogar erst 1931.[814]

Abb. 150: Eines der ersten Fotos zum Thema ›Fußball‹ – genau gesagt: das zweite –, das in der untersuchten Stichprobe zu finden war, wurde von der *BIZ* in ihrer Nr. 39 vom 25. September 1921 auf S. 596 veröffentlicht. Es zeigt eine Momentaufnahme »aus dem großen Fußball-Städtekampf der besten deutschen Mannschaft Nürnberg-Fürth gegen eine repräsentative Berliner Mannschaft in Berlin, deren Sieg (2:0) großes Aufsehen erregte«, wie es im Bildtext heißt. Die Bildqualität ist zwar erschreckend schlecht, aber immerhin wird nicht nur der Moment des 1:0 dokumentiert, sondern auch die damalige Praxis des Zuschauens: Das Publikum stand so dicht gedrängt bis an den Spielfeldrand, dass eigentlich die Spielfeldmarkierungen nicht mehr zu sehen sind.

Aber wenn nicht Fußball, was dann? Groß in Mode kamen in den 1920er-Jahren verschiedene Zuschauer-Sportarten, vor allem das Boxen. Es ist durchaus symptomatisch, dass eine großformatige Zeichnung von Willibald Krain 1920 mit »Idole von heute: Der Box-Champion« überschrieben war.[815] Hans Breitensträter, Franz Diener und später Max Schmeling waren Größen der Zeit, deren Bilder immer wieder den Weg in die Illustrierten fanden.

Sehr häufige Bildmotive lieferten aber auch die diversen Renn-Veranstaltungen: Autorennen, 6-Tage-Rennen, Pferderennen. 1927 wurde »Eishockey, der neue große Sport« auf einer Titelseite der BIZ verkündet,[816] aber auch Schwimmen wurde erstaunlich häufig bebildert. Letztlich bedürfte es genauerer Untersuchung, welche Sportarten wirklich im Vordergrund standen und welche Veränderungen sich dabei ergaben. Kursorische Durchsicht vermittelt jedenfalls eine beeindruckende Vielfalt.

813 BIZ Nr. 9 vom 1. März 1914, S. 146.
814 »Kurt Doerry, Ist Fußballspielen Begabungssache?« In: *WO* Nr. 7 vom 14. Februar 1931, S. 223f.
815 BIZ Nr. 39 vom 19. September 1920, S. 450.
816 BIZ Nr. 8 vom 20. Februar 1927.

Berliner Illustrirte Zeitung

UM DEN MEISTERTITEL

BREITENSTRÄTERS PUNKTSIEG ÜBER SAMSON-KÖRNER

Abb. 151: Der Kampf um die deutsche Box-Meisterschaft im Schwergewicht am 11. September 1925 in der Berliner Kaiserdamm Arena war für die *BIZ* ein wichtiges Bild-Thema. Schwierigkeiten hatte sie allerdings mit der Aktualität. Auf der letzten Seite ihrer am 13. September erscheinenden Nr. 37 beschrieb sie noch »Die Faust des Meisters« und gab zwei Bilder der Kontrahenten dazu – da musste der Leserschaft das Ergebnis längst bekannt sein. Erst in der Nr. 39 vom 27. September konnten dann auf einer ganzen Seite die Bilder zum Kampf »Um den Meistertitel« folgen (S. 1237).

Vor allem für das Jahr 1936, das Jahr der Olympischen Spiele in Deutschland, kann eine Stichprobe keinen angemessenen Eindruck von der Sportberichterstattung vermitteln. Seltsam wäre es schon, wenn die *BIZ* den Winterspielen in drei Frühjahrsheften 42 Bilder widmete, den Sommerspielen in den Früh-herbst-Heften aber nur vier. Ähnlich extrem liegen die Werte beim *IB* auseinander (97:12). Zum einen lagen die Winterspiele (6.-16. Februar) nahezu optimal für die ausgewählten Frühjahrshefte, während die Sommerspiele (1.-16. August) für die Herbst-Hefte zu früh terminiert waren. Zum anderen lagerten beide Illustrierten den Hauptteil ihrer Berichterstattung über die Sommerspiele aus ihren regulären Heften aus: Die *BIZ* veröffentlichte zwei umfangreiche Sonderhefte (im Vorfeld ein »Olympia-Sonderheft«, danach als Zusammenfassung »Die 16 olympischen Tage«), der *IB* erweiterte seine Hefte ab Nr. 32 vom 6. August um unpaginierte 8-Seiten-Anhänge, die ab Nr. 33 mit »Olympia-Tagebuch des *IB*« überschrieben waren.

Während im Ersten Weltkrieg Sport als Bildthema in den Jahren 1914/15 fast völlig verschwand und erst nach und nach wiederentdeckt wurde, war der Verlauf im Zweiten Weltkrieg genau umgekehrt. 1940/41 zeigten die Illustrierten kaum Veränderungen im Vergleich zu den nach-olympischen Vorjahren, ab 1942 trat der Sport dann völlig in den Hintergrund.

Film

Wie wichtig waren Film und Kino für die deutschen Illustrierten, vor allem in der Weimarer Republik, als beide eine Blüte erlebten? Mit Blick auf die Publikumspresse insgesamt spricht Patrick Rössler von der »Allgegenwart von aktuellen Filmfotos«; in den von ihm vor allem untersuchten, in den 1920er-Jahren weit verbreiteten Magazinen sei »der Film tatsächlich in nahezu jedem dieser Hefte als Thema angesprochen« worden.[817] Dass man Magazine und Illustrierte aber nicht ohne Weiteres gleichsetzen kann, dass man Magazine im Vergleich zu den traditionelleren Illustrierten eher als avantgardistische Special-Interest-Blätter einstufen muss, zeigt sich selten so deutlich wie beim Thema ›Film‹. Im Gegensatz zu den Magazinen war der Film für die Illustrierten eher ein Randthema, und wenn sie darauf eingingen, geschah dies in ganz anderer Weise als in den Magazinen.

Dass der Film im Kaiserreich noch nichts war, was von den Illustrierten in nennenswertem Maße zur Kenntnis genommen wurde, und dass das in der Weimarer Republik und vor allem im NS-Staat etwas anders ausfiel, ist eindeutig. Allerdings muss es wohl doch verblüffen, dass selbst in der Weimarer Republik noch dreimal mehr Bilder zum Theater als zum Film veröffentlicht wurden, wenn man die Befunde dieser Untersuchung verallgemeinern darf. Erst im NS-Staat überwogen dann die Zahlen des Films. Zudem gilt dies nur für das Gesamtkorpus und verdeckt erhebliche Unterschiede zwischen den Illustrierten.

In der zweiten Hälfte der 1920er-Jahre, als der deutsche Film große Triumphe feierte und viel Publikum in die Kinos zog, widmete die *WO* gerade einmal 1,2 Prozent ihres gesamten Bildangebots diesem Thema, 25 von 2.154 Bildern. Auch in den folgenden Jahren hatte die *WO* nie viel für den Film übrig – obwohl sie im Hugenberg-Konzern entstand, zu dem auch der größte deutsche Filmproduzent, die UFA, gehörte. Die *BIZ* lieferte zwar mehr als das Dreifache an Film-Bildern wie die *WO*, aber 3,8 Prozent waren denn doch nicht sehr viel, wenn man im Vergleich sieht, dass sie dem Theater gleichzeitig 10,3 Prozent einräumte. Den ganz unterschiedlichen Stellenwert der beiden Themen kann man auch bei ihrer Verteilung auf die Hefte ablesen: In den Jahren 1924 bis 1929 waren in 36 ausgewerteten *BIZ*-Nummern 32 mal Bilder zum Thema ›Theater‹ zu finden und dabei beschränkte man sich bloß zweimal auf ein einziges Bild. Zum Film präsentierte man dagegen gleichzeitig nur 22 mal Bilder, wobei man sich aber achtmal auf ein Bild beschränkte. Selbst in den 1930er-Jahren änderte sich dies bei der *BIZ* nicht, der Bildanteil zum Thema

817 Rössler, *Geronnener Augenblick*, S. 190, S. 202.

›Film‹ fiel sogar eher. Eine deutliche Veränderung gab es erst während des Zweiten Weltkriegs: Da überrundete der Film als Bildthema das Theater eindeutig.

Beim *IB* war Film vor 1933 eigentlich überhaupt kein Thema. Dies änderte sich erst 1933, da zog die Partei-Illustrierte mit der *BIZ* gleich. Deutliche Unterschiede gab es dann wieder während des Zweiten Weltkriegs. Da wurde das Thema ›Film‹ der *BIZ* überlassen, während es aus dem *IB* wieder fast ganz heraus fiel. Nur dann und wann war noch Platz für den Hinweis auf ein paar Propagandafilme, zuletzt auf das Durchhalte-Epos *Kolberg*.[818]

Was aber bebilderten die Illustrierten, wenn sie sich dem Thema Film zuwandten? In der Literatur findet man den Hinweis auf die »breite Verwendung von Filmstandbildern in der Publikumspresse«, was – durchaus plausibel – als »cross-mediale Symbiose« interpretiert wird.[819] Aber erneut dürfen die Unterschiede zwischen den diversen Printmedien nicht übersehen werden. Selbstverständlich druckten auch Illustrierte Standfotos oder neueste Porträtaufnahmen der Filmstars, aber viel seltener als man das erwartet. Überraschenderweise waren vor allem die Titelseiten fast völlig frei davon. Am 10. Januar 1927 beispielsweise wurde Fritz Langs *Metropolis* uraufgeführt, aus heutiger Sicht eines der Schlüsselwerke der deutschen Filmgeschichte der 1920er-Jahre. Von der *BIZ* wurde dieses Ereignis überhaupt nicht wahrgenommen. Auch ansonsten war man bei der Ullstein-Illustrierten recht zurückhaltend. Von ihren 52 Titelseiten des Jahres 1927 standen gerade einmal drei im Zusammenhang mit Film, wenn man das Thema weit fasst: Nr. 2 vom 9. Januar zeigte das Ehepaar Jannings »beim Abendspaziergang vor ihrem Haus in Hollywood, wo der Künstler jetzt tätig ist«; Nr. 6 vom 6. Februar brachte zwar ein Standbild von »Henny Porten in ihrem neuesten Film«, aber das war alles andere als schmeichelhaft und wurde auch mit »Sieg über die Eitelkeit« vorgestellt. In Nr. 38 vom 18. September bebilderte sie schließlich jenes Thema, das jahrzehntelang bevorzugt im Fokus der Illustrierten stand: Unter dem Titel »Der Film-Feldherr« gab es einen Blick auf ein Making-of – »eine Massen-Szene, die vom Regisseur, Robert Brenon, durch Radio und Lautsprecher geleitet wird«. Möglicherweise handelte es sich um den Film *Sorrel and Son*, der von Herbert – nicht »Robert« – Brenon (1880-1958) gedreht und am 13. November 1927 uraufgeführt wurde.

Was die Illustrierten – und höchstwahrscheinlich auch ihre Leserschaft – mindestens so sehr interessierte wie neue Filme oder aktuelle Starfotos, war der Blick hinter die Kulissen, die Information darüber, wie die Illusionen der bewegten

818 *IB* Nr. 7 vom 15. Februar 1945, S. 11.
819 Rössler, *Geronnener Augenblick*, S. 190.

Bilder hervorgerufen wurden. Anfangs konnte man noch mit einfachsten Informationen aufwarten und ausdrücklich »Erklärungen« von Trickaufnahmen bebildern.[820] Später musste man da mehr ins Detail gehen. Der im untersuchten Korpus mit den meisten Fotos zum Thema ›Film‹ bebilderte Bericht – insgesamt 21 – war unter dem Titel »Verzicht auf Ruhm« der Synchronisationsarbeit in deutschen Ateliers gewidmet.[821]

Was für die *BIZ* galt, galt auch für die *WO*. Ende der 1920er-, Anfang der 1930er-Jahre bildeten dem Entstehen von Filmen gewidmete Berichte einen Schwerpunkt im ansonsten nicht sehr intensiv beobachteten Bereich.[822] Und selbst der *IB* machte keine Ausnahme: Ob Ernst Udet in den Bergen, die Synchronisation des damaligen US-Kinderstars Shirley Temple oder Heinz Rühmann bei den Dreharbeiten – stets wurde der Filmherstellung mehr Raum gewidmet als den Filmen selbst.[823]

Film

Dreh-Bilder aus Kalifornien

Abb. 152: Auch der *IB* unterhielt seine Leserschaft gerne mit Einblicken in die Filmproduktion. In seiner Nr. 38 vom 22. September 1934, S. 1562f., widmete er sechs Fotos »einigen besonders interessanten Szenen, die der Kinobesucher nicht zu sehen bekommt.« Rechts oben beispielsweise »tropischer Urwald – in Hollywood aufgebaut«. Leider verzichtete der Artikel auf Quellenangaben.

820 »Hinter den Kulissen des Kinematographen«. In: *BIZ* Nr. 9 vom 27. Februar 1910, S. 141-143, mit 12 Fotos. Die Fotos 10 bis 12 laufen unter dem Stichwort »Erklärung der Aufnahme ›Der Traum der Modistin‹« mit längeren erläuternden Bildtexten.

821 *BIZ* Nr. 8 vom 23. Februar 1939, S. 264f.

822 »Kameraleute bei der Arbeit«: *WO* Nr. 8 vom 25. Februar 1928, S. 249f.; »Der Film lernt sprechen«: *WO* Nr. 9 vom 2. März 1929, S. 235f.; »Im Haus ohne Fenster. Tonfilmaufnahmen in Neubabelsberg«: *WO* Nr. 7 vom 15. Februar 1930, S. 193-195 (Text von Kurt Siodmak, acht farbige Zeichnungen von Peter Anton Gekle).

823 »Wunder des Fliegens«: *IB* Nr. 39 vom 22. September 1934, S. 1567f.; »Jetzt bist du synchron, Carmen. Ein Shirley-Temple-Film wird ins Deutsche übertragen«: *IB* 9 vom 27. Februar 1936, S. 318f.; »Heinz Rühmann bei Filmaufnahmen«: *IB* Nr. 9 vom 3. März 1938, S. 294f.

Seit Herbst 1937 war so etwas eigentlich nicht mehr möglich. In ihrer Nr. 36 vom 9. September 1937 hatte die BIZ unter dem Titel »Der Kampf ums Matterhorn« Fotos zur Entstehung eines neuen Louis-Trenker-Films veröffentlicht. Auf S. 1312 zeigten zwei Aufnahmen einmal, wie höchst dramatisch ein Seil reißt und der Bergsteiger abstürzt; und gleich darunter, wie er vom Sprungtuch aufgefangen wird. Schon am folgenden Tag wurde Derartiges vom Propagandaministerium verboten: »Dieser Raub der Illusionen wird schärfstens mißbilligt. Die deutsche Presse soll derartigen Raub der Illusionen unterlassen.«[824]

Zwar kann die »Diffusion der Standbilder aus den Kinoproduktionen der Studios« in die Printmedien überhaupt als »frühe Form medialer Selbstreferenzialität« betrachtet werden, bei der die Medien sich ihre Motive wechselseitig selbst erzeugen,[825] doch gilt es, gravierende Unterschiede zwischen den verschiedenen Gattungen im Auge zu behalten: Illustrierte waren keine avantgardistischen Magazine und schon gar keine Filmzeitschriften. Sicherlich: Nach dem Ende des Ersten Weltkriegs bezogen sich die Illustrierten in rund der Hälfte der Fälle auf Film und Kino, wenn sie ihre Bilder aus anderen Medien entnahmen. Aber das heißt auch, dass die andere Hälfte aus anderen Medien entstammte: vor allem aus Zeitungen und anderen Illustrierten, aber auch aus Büchern (die dann zumeist in den zum eigenen Konzern gehörenden Verlagen erschienen waren). Noch wichtiger ist jedoch die Berücksichtigung der Größenordnung. Einzelne Beispiele, wo Filme und Filmstars in Illustrierten vorgestellt wurden, lassen sich immer wieder finden. Aber selbst in den 1930er-Jahren, in denen der Film beachtliche öffentliche Bedeutung besaß, lieferte Derartiges kaum 2 Prozent der in den Illustrierten veröffentlichten Bilder.

›Buntes‹ und anderes Unterhaltsame

Wenn es bei den Bereichen ›Witz‹, ›Sport‹ und ›Film‹ über die Jahre gesehen deutliche Zuwächse bei den Bildanteilen gab, so muss es irgendwo auch entsprechende Verluste geben. Sie sind in jenem Bereich zu verorten, der eigentlich am besten pauschal als ›Buntes‹ zu bezeichnen wäre. Inhaltsanalytisch umfasst er aber vier Kategorien, die nur der besseren Übersichtlichkeit willen zusammengefasst wurden: ›Buntes‹ im engeren Sinne, ›Mode‹, ›Tiere‹ und die unvermeidliche Restkategorie ›Sonstiges‹.

824 *NS-Presseanweisungen der Vorkriegszeit*, Bd. 1937/3, S. 735.
825 Rössler, *Geronnener Augenblick*, S. 201.

›Buntes‹ ist die sicherlich inhaltlich heterogenste Kategorie im Bereich ›Unterhaltung‹. Nur ein, wenn auch recht großer, Teilbereich ist klar umrissen; er wird von den Illustrationen zu fiktionalen Texten gebildet, die vor allem von der *wo* in den 1920er-Jahren veröffentlicht wurden. Daneben ist die Fülle der in dieser Kategorie erfassten Abbildungen im wahrsten Sinne des Wortes unbeschreiblich, wenn man es auf eine inhaltliche Definition anlegt. Letztlich sind nur illustrierende Beispiele möglich: Sie reichen von Illustrationen eines Artikels zum 400-jährigen Bestehen von Auerbachs Keller in Leipzig[826] über die Präsentation von Hochseilartisten im Zirkus Krone[827] oder Fantasie-Zeichnungen zu Kolonien auf der Venus als Wunschtraum der Menschen[828] bis hin zu Fotos von Zaubertricks[829] oder dem Reichskongress der Zauberer.[830] Alles in allem findet hier das Unterhaltende jenseits direkter Witze in seiner reinsten Form zusammen. Im Frühjahrs-Teil der Stichprobe besaß dabei in Friedenszeiten vor allem das Thema ›Fasching‹ bei allen drei Illustrierten eine gewisse Bedeutung und lieferte einen Bildanteil von etwa 10 Prozent. Inhaltlich sind dabei vielleicht zwei Beobachtungen der Anmerkung wert: Zum einen wurden die meisten Bilder nicht von Umzügen und Festwagen geliefert, sondern von Ballveranstaltungen und Kostümierten; und zum anderen dauerte es einige Zeit, bis der rheinische Karneval ähnliche Beachtung fand wie der Münchner Fasching. Vor dem Ersten Weltkrieg besaß darüber hinaus die Bildberichterstattung aus Nizza vor allem in der *wo* eine gewisse Bedeutung – ein deutlicher Hinweis darauf, dass man bei Scherl auch an eine begüterte Leserschaft dachte, die es sich leisten konnte, die ›fünfte‹ Jahreszeit am Mittelmeer zu verbringen.

Unterstützt wird dies durch die Gegebenheiten bei einem weiteren Thema. Zu den Themen, mit denen sich die *wo* von Anfang an bei ihren Abbildungen am meisten profilierte, zählte die Mode. Und worum es ihr dabei vor allem ging, wurde schon im allerersten Heft von 1899 deutlich gemacht: die Kleidung der weiblichen Mitglieder der Oberschicht.[831] Vor dem Ersten Weltkrieg war ihr im Prinzip in jedem Heft ein reich bebilderter Beitrag gewidmet.[832] Ohne Zweifel war dies auch ein Feld, bei dem Bilder wirklich anschaulicher waren als noch so

826 *wo* Nr. 9 vom 1. März 1930, S. 243f.
827 *IB* Nr. 8 vom 24. Februar 1944, S. 6.
828 *wo* Nr. 8 vom 24. Februar 1934, S. 217-221.
829 *BIZ* Nr. 39 vom 24. September 1905, S. 642.
830 *wo* Nr. 39 vom 29. September 1934, S. 1096-1098.
831 Emma Reichen, »Die Mode bei Hofe. Hierzu sechs Abbildungen nach Originalzeichnungen und Photographien«. In: *wo* Nr. 1 vom 18. März 1899, S. 26d.
832 Beispielsweise im Frühjahr 1909: in Nr. 7 vom 13. Februar, S. 298-301: »Die moderne Gesellschaftstoilette«; in Nr. 8 vom 20. Februar, S. 342-344: »Vom kleinen Damenschuh«; Nr. 9 vom 27. Februar, S. 381-384: »Neue Pariser Hutmoden«.

ausführliche verbale Beschreibungen. Entsprechend entwickelte sich auch die Berichterstattung. Schon bald gab es fast nur noch Fotografien, die bloß von knappem Text umgeben waren.

Seite 376. Nummer 9.

oder gibt ihnen auch ein vollständiges Samtfutter. Hier ist der Rand des gelblichen Strohdeckels aus schwarzem Samtband. Auf der flachen Form breiten sich rosa und grüne Tüllrüschen aus. Sie harmonieren in der Farbe mit dem an Originalität nicht hinter diesem „Winterhut“ zurückstehenden Kleid, einem Nachmittagsanzug in Gestalt einer Jackenkleidnachahmung, an dem wir die neuste Form der „Jacken“ studieren können. Wenn die Schneider ihren Willen durchsetzen, wird in absehbarer Zeit an Stelle unserer Hüftenlosigkeit eine wie hier sichtbar werdende, stark betonte Hüftlinie treten. Die Jacken werden wie an diesem Kleid in Form der russischen Blusenkittel gegürtelt, so daß die stark angekrausten Schöße aus steifen Stoffen hohl von der Gestalt abstehen. Der Stoff dieses Kleides, das in „wirklichen Jackenkleidern“ schon ähnliche Begleitmodelle besitzt, ist grün und rosa changierender Taft. — Weniger stark tritt die Neigung zur Betonung der Hüften an dem nachgeahmten Jackenkleid auf Abb. 1 hervor, ebenfalls einem Nachmittagsgewand der eingangs erwähnten Art. Die um die Schultern geschmiegte Schaldrapierung des Mieders, die Stufenanordnung des Rockes, mildert hier die Gegensätze von allzu starker Stoffülle in der Mitte des Körpers und der Enge um Füße und Hals. Der Stoff ist weißer, steifer Taft, die Fransen Silber. Auch die große, wie eine Blume am Mieder befestigte Louis-Seize-Schleife ist aus Silber. Sie vertritt gleichfalls eine Lieblingspielerei unserer augenblicklichen Mode. Das sind die überall angebrachten

2. Jackenkleid mit abstehenden Schößen.

3. Mantelartiges Empfangskleid.

4. Nachmittagskleid aus weiß. Seidenkrepp.

Nummer 9. Seite 377.

5. Nachmittagskleid aus feinem Silbertuch.

6. Gesellschaftskleid aus rosa Atlas mit Netztunika. Kopfschmuck aus schwarzen Reiherfedern.

Abb. 153: »Neue Gesellschaftsmode« war ein genau vier Druckseiten umfassender Artikel überschrieben, den die *WO* in ihrer Nr. 9 vom 2. März 1912 veröffentlichte (S. 375-379). Insgesamt 13 Fotos wurden von einer knappen Seite Text kommentiert (hier die mittleren Seiten 376f.).

Der Erste Weltkrieg bedeutete einen tiefen Einschnitt. Mode trat bei der *WO* in den Hintergrund und verharrte dort auch in der Weimarer Republik. Auch in der NS-Zeit änderte sich daran nichts. Fast gegenläufig war dagegen die Entwicklung bei der *BIZ*. Hier wurde das Thema nach dem Ersten Weltkrieg zunehmend bebildert, in den nationalsozialistischen Vorkriegsjahren dann sogar deutlich häufiger als bei der *WO* (2,4 vs. 1,1 %). Allerdings hatte sich die Zielrichtung verschoben. Wo früher ganz die zustimmende Berichterstattung über aktuelle Mode-Trends im Vordergrund gestanden hatte, mischte sich nun eine gewisse, häufig kaum merkliche kritische Distanz ein, vor allem wenn Amerikanisches präsentiert wurde.

Abb. 154: Anstatt als »Stadt des Films« wurde Hollywood in diesem Artikel als »Die Stadt der Hosen!« apostrophiert (*BIZ* Nr. 8 vom 25. Februar 1937, S. 237). Die fünf von Associated Press übernommenen Fotos zeigen modisch gekleidete Amerikanerinnen in den unterschiedlichsten Hosen. Als ganz neutrale Information wollten die Blattgestalter diese Zusammenstellung aber nicht verstanden wissen. Der knappe Sieben-Zeilen-Kommentar artikuliert mit der Formulierung »die seltsamen Moden« durchaus einen gewissen Vorbehalt.

Eine solche Zurückhaltung war dem *IB* fremd. Wenn er schon einmal Mode präsentierte, dann geschah dies eindeutig im Dienste antiamerikanischer Propaganda.[833]

Ein nie sehr weit verbreitetes, aber immer präsentes Motiv lieferten Tiere. Nur selten wurde ihnen ein isoliertes Bild als Nachricht gewidmet, zumeist wurden die Abbildungen in mehr oder minder umfangreichen Artikeln mit ganzen Bildreihen positioniert. Sicherlich gerät man dabei manchmal ins Zweifeln, ob die Kategorie nicht doch besser im Bereich ›Bildung und Kultur‹ unterzubringen wäre – etwa wenn die *WO* 1907 einen 4-Seiten-Beitrag »Aus der Welt der Käfer« überschrieb und mit insgesamt 14 Fotos bebilderte, oder zwei Hefte später auf ebenfalls vier Seiten sieben Fotos von Andrew Pitcairn-Knowles zu einer Ziegenschau präsentierte; allerdings folgte dann im Frühjahr 1908 eine Reportage über Elefantenjagd in Indien.[834] Eindeutig auf Unterhaltung ausgerichtet waren daneben auch die immer wieder eingesetzten Tierkinder-Bilder.[835] Selbst der *IB*

833 »Plem-Plem. Amerikanische Hutmoden des Sommers 1944«. In: *IB* Nr. 37 vom 14. September 1944, S. 11 (vier aus *Life* übernommene Fotos).

834 *WO* Nr. 37 vom 14. September 1907, S. 1639-1642; *WO* Nr. 39 vom 28. September 1907, S. 1728-1731; *WO* Nr. 8 vom 22. Februar 1908, S. 337-342.

835 Etwa *BIZ* Nr. 9 vom 27. Februar 1921, S. 120; *BIZ* Nr. 38 vom 18. September 1921, S. 582f.

verschloss sich diesen Themen nach 1933 nicht, nachdem er sich in der Weimarer Republik darin noch sehr zurückgehalten hatte.

Der quantitativ insgesamt bedeutungslosen Kategorie ›Sonstiges‹ wurden schließlich vor allem logoartige Grafiken zugeordnet. Ihr vergleichsweise häufiger Einsatz in den Friedens- wie Kriegsjahren des Kaiserreichs führte dort zu recht hohen Werten.

Nach diesem Überblick fällt es leicht, die in Grafik 21 sichtbar werdenden Verluste des Bereichs näher zu lokalisieren. Die Rückgänge nach dem Ersten Weltkrieg sind primär auf die Reduzierung der Mode-Bilder in der *WO* sowie auf ihren gleichzeitigen weitgehenden Verzicht auf logoartige Abbildungen zurückzuführen. Nach 1933 war es dann eine ziemlich gleichmäßige Reduzierung all der eher traditionellen Themen zugunsten der moderneren Themen ›Film‹, ›Sport‹ und ›Witz‹, was sich im Prinzip auch nach Ausbruch des Zweiten Weltkriegs fortsetzte. Nun war angesichts immer geringerer Seitenzahlen vor allem für künstlerische Illustrationen oder Bilder als reine Gestaltungselemente kein Platz mehr vorhanden.

Verbrechen, Unglücke und Unfälle

Schließlich ist auch noch danach zu fragen, welchen Stellenwert die Darstellung von Schockierendem und Tragischen, von menschlichem Leid durch Verbrechen, Unglücke oder Unfälle in den Illustrierten einnahm. Suchten sie durch entsprechende Bilder, Aufsehen zu erregen? Tatsächlich scheint gerade die *BIZ* auf diese Art begonnen zu haben. 1892, in ihrem ersten vollständigen Erscheinungsjahr, setzte sie derart auf »Raubmorde, Attentate, Unterschlagungen« als Reizthemen, »daß sie 7 von 52 Titelbildern füllen und 17 % der Innenbilder ausmachen«. Sehr erfolgreich war dies nicht. Unter den Ullsteins als neuen Besitzern wurde die Spekulation auf »Sensationsgelüste« reduziert. Im Jahr 1901 waren die 1892 so auffallenden Bilder »mit 2,75 Prozent in den Hintergrund getreten«.[836] Inwieweit änderte sich dies in an anschließenden Jahren, vor allem nach dem Ersten Weltkrieg, als Ende der 1920er-, Anfang der 1930er-Jahre die »Auswüchse der Sensations-Berichterstattung« diskutiert wurden?[837] Die Antwort auf diese Fragen erhält umso größere Bedeutung, wenn sie sich nicht nur um die Analyse punktueller Aufregungen bemüht, sondern langfristige Trends beobachtet.

836 Büssemeyer, *Deutsche illustrierte Presse*, S. 9, 28f.
837 Dovifat, *Auswüchse;* Tribukait, *Gefährliche Sensationen*.

Welcher von den beiden zentralen Befunden ist nun wichtiger: dass sich die Anteile von mit Verbrechen beschäftigten Bildern von den Vorkriegsjahren des Kaiserreichs bis zum Ende der Weimarer Republik mehr als verdoppelte? Oder dass selbst 1931 (dem Jahr mit den meisten Verbrechensbildern in der Stichprobe) ihr Anteil am Gesamtangebot nur bei 4,9 Prozent lag – im Vergleich zu einem Spitzenwert von 3,6 Prozent im Jahr 1907? Keine Rede kann übrigens davon sein, dass gerade die BIZ nach 1895 »das Thema Verbrechen bis zum Ersten Weltkrieg fallen gelassen« hätte.[838] Nahezu regelmäßig berichtete sie bis zum Ersten Weltkrieg über Gewaltverbrechen und deren strafrechtliche Verfolgung – vom Mordprozess gegen den amerikanischen Millionär Thaw im Frühjahr 1907 bis zu dem gegen den früheren Reichstagsabgeordneten Mathias von Brudzewo-Mielzynski im Frühjahr 1914.[839]

Diese beiden Beispiele zeigen bereits, dass beim Thema ›Visualisierung von Verbrechen‹ nicht nur an Bilder von Verbrechen selbst zu denken ist (die naheliegenderweise bis heute so gut wie gar nicht geliefert werden können), sondern der Rahmen weiter gespannt werden muss: Zu berücksichtigen sind auch Bilder zum Aspekt der Verbrechensaufklärung, der Strafprozesse und des Strafvollzugs einschließlich derer zu historischen Fällen. Unübersehbar sind dabei nicht nur Grenzen des Zeigbaren, sondern auch Veränderungen beim Gezeigten. Opfer von Gewalttaten, vor allem Bilder von Leichen, wurden eigentlich nie gezeigt, höchstens in noch zu ihren Lebzeiten aufgenommenen Fotos oder danach angefertigten Darstellungen.[840] Weit verbreitet war dagegen die Abbildung von Tätern, die in der Regel keineswegs irgendwelchen Verbrecher-Stereotypen entsprachen.[841] Insofern ist es auch fraglich, ob 1930 ein entsprechendes Bild des Massenmörders Peter Kürten in der Boulevardpresse als »visuelle Normalisierung« tatsächlich eine »Provokation« dargestellt hat.[842] Gängig war daneben auch die Bildbericht-

838 Tribukait, *Gefährliche Sensationen*, S. 328. – Tribukaits Aussage beruht auf einer ungenügenden Materialbasis. Die Jahrgänge 1910 bis 1923 scheint sie überhaupt nicht durchgesehen zu haben, die übrigen nur für einzelne Monate (Tribukait, *Gefährliche Sensationen*, S. 328, A. 14; S. 340, A. 63).

839 BIZ Nr. 8 vom 24. Februar 1907, S. 118f., bzw. BIZ Nr. 8 vom 22. Februar 1914, S. 131.

840 Auf ihrer Titelseite der Nr. 37 vom 11. September 1922 präsentierte die BIZ eine Zeichnung des »deutschen Forschungsreisenden Wilhelm Filchner, der auf einer Expedition in Tibet nach einer englischen Meldung zusammen mit einem Engländer und einem Amerikaner von Eingeborenen ermordet worden ist«, vor dem stilisierten Palast des Dalai Lama in Lhasa. Die Meldung erwies sich später als falsch. Filchner kehrte im Juni 1928 nach Deutschland zurück.

841 WO Nr. 38 vom 21. September 1907 behandelte »die Ermordung des Grafen Paul Komarowsky in Venedig«, die sich »mehr und mehr zu einem Sensationsdrama« gestaltete (S. 1654) und lieferte auf S. 1662 nicht nur Fotos des Ermordeten und seiner Frau, sondern auch des Mörders bei seiner Verhaftung und der seiner mutmaßlichen Anstifter. – BIZ Nr. 9 vom 3. März 1912, S. 167, zeigt das Foto eines biederen Bürgers in Anzug und Krawatte mit dem Text »Der Raubmörder Trenckler, der den Berliner Juwelier Schulze, dessen Ehefrau und Tochter ermordete und jetzt unter Aufsehen erregenden Umständen verhaftet wurde«.

842 Tribukait, *Gefährliche Sensationen*, S. 256.

erstattung aus den Strafprozessen. Kontrovers diskutiert wurde sie allerdings erst, als an die Stelle der traditionellen Zeichnungen Fotos treten sollten.[843] Ein neuer Akzent wurde in der Weimarer Republik dann insoweit gesetzt, als neben die beiden traditionellen Verbrechens-Visualisierungen – Täterbilder und Prozessberichterstattung – nun auch zunehmend die Methoden der Verbrechensaufklärung sowie der Strafvollzug Aufmerksamkeit fanden.[844]

In dieser Perspektive verändert sich dann auch die Sicht auf die Gegebenheiten in der BIZ des Jahres 1931 als dem absolut einschlägigsten Spitzenjahr: Von 273 in sechs Heften der BIZ erfassten Abbildungen entfielen 25 auf die Kategorie ›Verbrechen‹, also fast jede zehnte.[845] Bei näherer Betrachtung ist dies allerdings erheblich zu relativieren. 12 Fotos illustrierten einen Artikel zu damals modernen Methoden der Verbrechensaufklärung und weitere acht – eine Fotoreportage von Felix H. Man – waren dem Kampf der finnischen Polizei gegen Alkohol-Schmuggel gewidmet.[846] Nur die letzten fünf erfüllen das Klischee des Sensationalismus. Unter der ausnehmend fett gedruckten Überschrift »Straßenschlacht in New York« wurde mit drei zusammen eine ganze Seite füllenden Fotos aus »Fox tönende Wochenschau« über die Verfolgung von »drei Banditen, die einen Bankboten überfallen und erschossen hatten«, berichtet. Bei der anschließenden Verfolgungsjagd »wurden sechs Personen durch Schüsse getötet und 11 schwer verletzt«.[847] Der verantwortliche Redakteur zögerte nicht, dieses Spektakel auf der daneben liegenden Seite durch zwei Bilder eines tödlichen Unfalls bei einem Fußballspiel im schottischen Glasgow zu ergänzen. Der Celtic-Torhüter hatte sich einem Ranger-Stürmer so unglücklich entgegengeworfen, »daß er eine schwere Schädelverletzung erlitt, der er nach einigen Stunden erlag«.[848] Wurde der Schrecken auf diesen beiden Seiten mehr durch die Texte als durch die Bilder vermittelt, so war es bei den beiden Fotos im nächsten Heft der BIZ zum »furchtbaren Eisenbahn-Attentat bei Biatorbagy (Ungarn)« eher umgekehrt: Die beiden von der *New York Times* gelieferten Fotos zeigten unübersehbar die Trümmer des durch Sprengstoff zur Entgleisung gebrachten Zuges, der danach fast 30 Meter tief in eine Schlucht gestürzt war und 25 Todesopfer gefordert hatte.[849]

843 Ebd., S. 232ff.
844 C. Popp, »Aufklärung von Verbrechen mit Hilfe des Chemikers und Mikroskopikers«. In: BIZ Nr. 39 vom 26. September 1926, S. 1267-1269; »Täter gesucht«. In: WO Nr. 39 vom 28. September 1929, S. 1103-1105; »Aufklärung von Verbrechen«. In: BIZ Nr. 9 vom 28. Februar 1931, S. 326f. – Zum Thema Strafvollzug, dessen Bilder unter ›Soziales‹ codiert wurden, vgl. Abb. 120/121, S. 350.
845 Beim IB waren es gleichzeitig 5 von 378, bei der WO gar nur 2 von 408!
846 BIZ Nr. 9 vom 28. Februar 1931, S. 326f.; BIZ Nr. 37 vom 13. September 1931, S. 1488f.
847 BIZ Nr. 38 vom 20. September 1931, S. 1542.
848 Ebd., S. 1543.
849 BIZ Nr. 39 vom 27. September 1931, S. 1573.

Wie sich die Strategien der Illustrierten in Sachen Verbrechensbebilderung entwickelt hätten, wenn 1933 den Nationalsozialisten nicht die Macht übertragen worden wäre, ist eine nur spekulativ zu beantwortende Frage. Die tatsächlichen Gegebenheiten können dagegen untersucht werden – und darauf ist auch nicht zu verzichten, weil die »ideologischen Vorgaben die Visualisierung von Verbrechen im Nationalsozialismus weitgehend« ausschlossen.[850] Dies ist zwar an sich korrekt, bedarf aber einer wichtigen Präzisierung: Ausgeschlossen war eigentlich nur die Visualisierung von Verbrechen im eigenen Land, weil es die nicht geben durfte. Im Kontrast dazu ließen sich jedoch drei andere Aspekte sehr wohl darstellen und propagandistisch auswerten: das Verbrechen im Ausland und dabei speziell die Verbrechen an Deutschen sowie dann während des Zweiten Weltkriegs die deutsche Herrschaft als Verbrechen bekämpfende Ordnungsstiftung. Dies war auch das Neue im Vergleich zum Ersten Weltkrieg, denn schon damals galt, was später auch die Nationalsozialisten propagierten: Im kriegführenden Deutschland gab es keine Verbrechen, weshalb auch zwangsläufig entsprechende Illustrierten-Bilder fehlen mussten.

Die entblößte Menschenseele

VOR DEN SCHRANKEN AMERIKANISCHER GERICHTE

Abb. 155: Der Blick auf die USA war immer von ambivalenten Kommentaren begleitet. Als die *WO* in ihrer Nr. 7 vom 16. Februar 1935, S. 211, vier Fotos amerikanischer Gerichtsreporter vorstellte, lobte sie im Artikeltext einerseits deren Findigkeit, kritisierte aber andererseits »die Rücksichtslosigkeit, mit der [sie] die privatesten Gefühle an die Öffentlichkeit« zerrten.

Dass es in der späten Weimarer Republik in den Illustrierten Ansätze gab, mehr sensationalistische, katastrophenhaltigere Bilder zu veröffentlichen, ist

850 Tribukait, *Gefährliche Sensationen*, S. 336.

nicht nur bei der Visualisierung von Verbrechen festzustellen, sondern auch bei der Bebilderung von Unglücken und Unfällen. Dies gilt nicht bloß für die Zahl der Anlässe, sondern auch für die Intensität der Bildberichterstattung. Deutlich wird dies beispielsweise beim Vergleich der Behandlung von zwei Schiffsunglücken. Am 21. Februar 1907 wurde die britische Fähre ›Berlin‹ gegen die nördliche Mole von Hoek van Holland geworfen. Bei dem Unglück kamen 128 Menschen ums Leben.[851] Bebildert wurde die Katastrophe in der *BIZ* mit drei, in der *WO* mit sechs Fotos.[852] Als am 22. Januar 1930 die ›Monte Cervantes‹ vor Feuerland unterging, wobei bis auf den Kapitän alle Passagiere und Besatzungsmitglieder gerettet werden konnten,[853] zeigte die *BIZ* dazu ebenfalls drei Bilder, die *WO* aber nun 13 Fotos und Karten; seit dem Unglück waren mittlerweile gut fünf Wochen vergangen.[854]

Noch mehr muss allerdings etwas anderes auffallen: das fast völlige Verschwinden derartiger Bilder während der beiden Weltkriege. Angesichts der Katastrophe der Kriege selbst hatten andere Unglücke anscheinend völlig in den Hintergrund zu treten. Für beide Kriege wurde nur ein Anteil an Bildern der Kategorie ›Unglücke, Unfälle‹ von jeweils 0,3 Prozent am Gesamtangebot festgestellt.[855]

6.3 Das Privatleben von Prominenten

Jede Person des öffentlichen Lebens hat auch ihre privaten Seiten. In aktuellen Medien hat deren Bebilderung eine große Bedeutung. Wie sah es damit aber in den deutschen Illustrierten in den ersten Jahrzehnten des 20. Jahrhunderts aus? Vor allem muss im Rahmen dieser Untersuchung interessieren: Wem galt das größere Interesse – dem Privatleben von Politikern oder dem von anderen Berühmtheiten der Zeit, vor allem der neuen Stars aus Sport oder Film? Lassen sich am Ende vielleicht sogar Entwicklungen aufweisen, die gewisse Abhängigkeiten nahelegen, die Übernahme von Modellen aus einem Bereich in einen anderen? In dieser Hinsicht jeweils ganz genaue Zahlen vorzulegen, ist leider nicht möglich, denn dazu gab es im Detail der Bildcodierung an manchen Stellen zu viele Probleme. Einige Trends lassen sich aber trotzdem deutlich ausmachen.

851 https://de.wikipedia.org/wiki/Berlin_(Schiff,_1894) [30.05.2018].
852 *BIZ* Nr. 9 vom 3. März 1907, S. 135; *WO* Nr. 9 vom 2. März 1907, S. 362, 364f.
853 https://de.wikipedia.org/wiki/Monte_Cervantes_(Schiff,_1928) [30.05.2018].
854 *BIZ* Nr. 9 vom 28. Februar 1930, S. 330; Johannes Franze, »Die Tragödie des M.S. ›Monte Cervantes‹. Der Bordphotograph knipste alle Akte des Dramas«. In: *WO* Nr. 9 vom 1. März 1930, S. 237-240.
855 6 von 2.121 bzw. 16 von 4.654 Bildern.

Ziemlich klar waren die Verhältnisse bei den aktiven Politikern, auf die ja bereits eingegangen wurde: Sie wurden insgesamt gesehen in über 90 Prozent der Fälle in ihrer Rolle als Politiker abgebildet; etwas größere Beachtung fanden die privaten Seiten ihres Lebens nur in den Vorkriegsjahren des Kaiserreichs und in der zweiten Hälfte der 1920er-Jahre.[856] Wie sah es dagegen in anderen Bereichen aus – beim Theater und der Kunst einerseits, bei Film und Sport andererseits? Einmal mehr zeigt sich, wie wichtig es ist, für die Beantwortung derartiger Fragen nicht nur ein paar Beispiele aus einer Illustrierten zusammenzusuchen, sondern aus mehreren Blättern systematische Stichproben zu ziehen. Einzelbeispiele für die Bebilderung der privaten Seiten berühmter Persönlichkeiten lassen sich nämlich zuhauf finden. Schon 1905 veröffentlichte etwa die *WO* ein Foto des Malers »Professor Hans Thoma in der Sommerfrische«, oder 1910 gleich eine ganze Serie zum berühmtesten Sänger seiner Zeit – Enrico Caruso mit seinen beiden Söhnen; im Kreis seiner Freunde; in seinem Auto; als Fotograf.[857] Aber was sagt das tatsächlich aus? Auf breiterer Basis lassen sich zunächst einmal für die Vorkriegsjahre des Kaiserreichs drei dezidierte Feststellungen treffen:

1. Fotos aus dem Privatleben einer Berühmtheit zu präsentieren, war eine Spezialität der *WO*. Die *BIZ* brachte Derartiges nur in allergrößten Ausnahmefällen.

2. Für die *WO* war jedoch nicht Berühmtheit gleich Berühmtheit. Der Sport und seine Stars wurden von ihr kaum wahrgenommen, der Film noch viel weniger. Viel interessierter war man bei ihr am Theater und der Kunst; die beiden genannten Beispiele sind in dieser Hinsicht also durchaus typisch.

3. Bleibt schließlich die Frage, wem mehr Aufmerksamkeit galt – dem Privatleben von Politikern oder von Künstlern? Bei der *BIZ* ist die Antwort vor dem geschilderten Hintergrund eindeutig: Wenn überhaupt, so war es das Privatleben von Politikern, das von ihr bebildert wurde. Bei der *WO* ist dieser Unterschied dagegen nicht festzustellen. Ob politische oder Bühnengröße – stets wurde der Leserschaft bis zu einem gewissen Grad auch ein Blick auf ihr Privatleben ermöglicht.

Die Weimarer Republik brachte in vielerlei Hinsicht erhebliche Neuerungen bei den beiden Illustrierten. Am wichtigsten war sicherlich die neue Bedeutung von Sport und Film. Und genauso eindeutig waren die Prioritäten: Viel größeres Interesse als am Privatleben der neuen Filmstars hatte man in beiden Illustrierten an dem der Sportidole. Inhaltlich zeichnen sich dabei zwei Schwerpunkte ab. Zum einen beschäftigte man sich mit dem Alltag erfolgreicher Sportler, der

856 Vgl. S. 293.
857 *WO* Nr. 36 vom 9. September 1905, S. 1585; *WO* Nr. 38 vom 17. September 1910, S. 1613f.

häufig wenig glamourös war;[858] zum anderen schaute man aber auch gerne gerade auf diejenigen, deren Erfolg sich bis ins Privatleben auswirkte, wie etwa bei Box-Weltmeister Max Schmeling.[859] Im Bereich von Theater und Kunst gingen die beiden Illustrierten dagegen unterschiedliche Wege. Während die BIZ das Privatleben auch von Künstlern für sich als Bildthema entdeckte, übte sich die WO in wesentlich größerer Zurückhaltung als während des Kaiserreichs.

Abb. 156: Herausragende Größen des deutschen Kulturlebens einmal ganz privat – Richard Strauß spielt in einer Gartenwirtschaft Karten; Carl Zuckmayer tollt mit seinen Hunden vor seinem Sommerhaus herum; Gerhard Hauptmann sitzt einem Porträtisten zu Hause Modell (*BIZ* Nr. 37 vom 13. September 1931, S. 1487).

Beim IB waren die Verhältnisse während der Weimarer Republik ganz eindeutig. Wenn überhaupt, dann gab es höchstens ein paar privatere Bilder von Politikern. Andere Personen interessierten wenig und aus den Bereichen von Film und Sport schon gar nicht. Dass Ernst Vierkötter, der Rekordschwimmer, gleich in der zweiten Nummer des IB in seinem Beruf als Bäcker gezeigt wurde,[860] war ein Versuch, der nicht weiter verfolgt wurde. Interessanterweise gab es in dieser Hinsicht auch nach 1933 keine nennenswerten Veränderungen. Privatere Ansichten zeigte man – wenn überhaupt – nur von Politikern. Alle anderen wurden auf diese Weise eigentlich nicht ins Bild gesetzt.

858 Vgl. etwa den Bericht über das Leben einiger Teilnehmer an den Olympischen Spielen in Amsterdam 1928 in WO Nr. 38 vom 22. September 1928, S. 1228–1230.

859 »Weltmeister-Karrieren. Max Schmeling in seinem neuen Heim in Bad Saarow (Mark)«. In: BIZ 8 vom 22. Februar 1931, S. 290.

860 IB Nr. 2 vom 1. September 1926, S. 3.

Wahrscheinlich war dieser Trend beim *IB* ein Stück weit weltanschaulich motiviert: Man wollte sich in dieser Hinsicht wohl von amerikanischen Ansätzen distanzieren. Vielleicht finden sich dazu auch noch programmatische Äußerungen. Es muss jedenfalls auffallen, dass auch *BIZ* und vor allem *WO* auf diese Linie einschwenkten und mit Bildern zum Privatleben von Berühmtheiten sehr sparsam umgingen.

Die große Linie der Entwicklung lässt sich damit recht eindeutig zusammenfassen. Die *WO* hatte zunächst durchaus auf die Zugkraft von Homestorys gesetzt. Interesse zeigte sie dabei nur an Politikern, Künstlern und Künstlerinnen. In der Weimarer Republik verlor man dann das Interesse an der republikanischen Politik und ihren Vertretern. Die neuen Stars aus Film und Sport bildeten keinen Ersatz. Am ehesten zeigten sich noch bei der *BIZ* in den 1920er-Jahren verstärkt Ansätze dazu, Berühmtheiten auch in privateren Zusammenhängen abzubilden. Allerdings waren diese Ansätze nicht sehr ausgeprägt und fanden nach 1933 keine Fortsetzung.

6.4 Unpolitische Bilder mit politischen Kon-Texten

Von den Inhalten her primär als bildend oder unterhaltend eingestufte Bilder erwiesen sich auch bei näherer Betrachtung nur in ganz bestimmten Zusammenhängen und bis zu einem gewissen, nicht allzu großen Grad als politisch. Dieser Befund ändert sich nicht, wenn man nun auch die Kon-Texte in Form von unmittelbaren Bild- und übergeordneten Artikel-Texten miteinbezieht. Politik wurde auch in dieser Hinsicht primär mit politischen Bildern gemacht. Eine gleichsam beiläufige Politisierung unpolitischer Bilder findet sich nur minimal, und wenn, dann eben doch unter charakteristischen Umständen.

Um den ganz allgemeinen Rahmen abzustecken, genügen wenige Zahlen. Politische Kontextualisierungen wurden insgesamt zwar bei rund jedem zehnten der 30.000 untersuchten Bilder festgestellt, sie verteilten sich aber sehr ungleichmäßig: Bei den mehr als 11.000 Bildern mit politischen Inhalten war es gut jedes fünfte,[861] während es bei den jeweils rund 9.500 bildenden oder unterhaltenden Bildern deutlich weniger waren – bei den bildenden fast genau jedes zwanzigste, bei den unterhaltenden weniger als jedes dreißigste. Diese ungleiche Verteilung setzt sich fort, wenn man die Illustrierten in den verschiedenen Phasen betrachtet.

861 Vgl. S. 375.

Wie die Tabellen 10 und 11 zeigen, wurden bildende oder unterhaltende Bilder in BIZ und WO während des Kaiserreichs und in der Weimarer Republik eigentlich nie durch ihre Kon-Texte politisiert. Die Tabellen enthalten die absoluten Fallzahlen; bezogen auf die jeweiligen Gesamtzahlen an bildenden oder unterhaltenden Bildern bewegen sich die Anteile im 1- bis 2-Prozent-Bereich.

Schon auf den ersten Blick sieht das beim IB ganz anders aus. 124 Bilder mit politisierenden Kon-Texten bilden bei seinen nicht sehr üppigen, 404 bildenden Bildern in der Weimarer Republik immerhin einen Anteil von rund 30 Prozent, bei der Unterhaltung sind es mit 59 von 251 immer noch fast ein Viertel. Der Befund ist also eindeutig: Während man davon ausgehen kann, dass die allermeisten Bilder mit nicht politischen Inhalten, die in BIZ und WO während Kaiserreich und Weimarer Republik veröffentlicht wurden, auch durch ihre Kon-Texte nicht politisiert wurden, stellt sich das beim IB ganz anders dar. Jedes dritte bis vierte inhaltlich nicht politische Bild wurde bei ihm mit politischen Aussagen betextet. Allerdings gilt das nur für die sogenannte ›Kampfzeit‹, die Phase vor der Kanzlerschaft Hitlers.

Dinge, die der Jude nicht macht

Wie eine Straße entsteht

Abb. 157: Selten liegt sie Spannung zwischen nicht politischen Bildinhalten und politischer Kon-Textualisierung so offen, wie bei diesem Artikel, den der *IB* in seiner Nr. 37 vom 13. September 1930, S. 631, veröffentlichte: Die sechs Fotos (zu denen kein Fotograf genannt wird) zeigen verschiedene Arbeiten beim Straßenbau, in den Bildtexten sachlich beschrieben. Seine politische Pointe erhält das Ganze nur durch seine Überschrift und einen völlig ideologischen Text, der einmal mehr die Koinzidenz von Bolschewismus und Judentum beschwört – das »Sowjetparadies«, wo der Arbeiter »verrecken« darf, »während Alljuda in Palästen schwelgt und praßt«.

TABELLE 10

Bildende Bilder mit politischen Kon-Texten

	BIZ	*IB*	*WO*	Gesamt
Kaiserreich-Vorkrieg	15	-	1	16
Erster Weltkrieg	5	-	17	22
Weimarer Republik I	1	-	11	12
Weimarer Republik II	4	55	8	67
Weimarer Republik III	7	69	22	98
NS-Staat-Vorkrieg	21	101	75	197
Zweiter Weltkrieg	24	37	34	95
Gesamt	77	262	168	507

TABELLE 11

Unterhaltende Bilder mit politischen Kon-Texten

	BIZ	*IB*	*WO*	Gesamt
Kaiserreich-Vorkrieg	6	-	11	17
Erster Weltkrieg	4	-	1	5
Weimarer Republik I	5	-	0	5
Weimarer Republik II	3	32	11	46
Weimarer Republik III	3	27	2	32
NS-Staat-Vorkrieg	28	35	24	87
Zweiter Weltkrieg	40	43	10	93
Gesamt	89	137	59	285

Nach 1933 veränderten sich diese Gegebenheiten bei den drei Illustrierten nahezu dramatisch, aber in unterschiedlichen Richtungen. Bei *BIZ* und *WO* hielt auch bei bildenden und unterhaltenden Bildern eine gewisse Politisierung Einzug – zunächst nur sehr schwach bei den unterhaltenden, etwas deutlicher bei den bildenden Bildern; nach 1939 dann in beiderlei Richtung stärker. Bei der *BIZ* wuchs in den nationalsozialistischen Vorkriegsjahren der Anteil politisierter bildender Bilder zunächst nur leicht auf 3,5 Prozent; erst in den Kriegsjahren wurden dann 12 Prozent erreicht. Bei den unterhaltenden Bildern blieb man dagegen dahinter zurück. In den Vorkriegsjahren bildeten die 28 politisierten Unterhaltungsbilder in der übergeordneten Gesamtheit nur einen kleinen Anteil von 2,4 Prozent. In den Kriegsjahren verdreifachte er sich auf 7,0 Prozent. Die *WO* zeigt ein nur leicht abweichendes Bild. Bei den bildenden Bildern ist nur ein Anstieg von 6,4 auf 8,2 Prozent zu verzeichnen, bei den unterhaltenden von 2,4 auf 2,8 Prozent.

So konnte es nicht weitergehen!

Das war eine schlechte Küche
Früher kam es vor, daß in einem einzigen dunklen Katenraum zwei Familien nebeneinander ihre Kochstellen hatten. Da waren Zank und Streit an der Tagesordnung

Links
Hier konnte niemand gut schlafen
In eine breite Fensternische war ein winzig kleines Fenster eingesetzt — von anderen Baufehlern des Schlafraumes ganz zu schweigen. Folglich mußten die Luft stickig und die Betten stockig werden

So aber sieht eine gute Küche aus!
Mit den einfachsten Mitteln, derb-solide und formschön, mit Licht und Luft werden die neuen Küchen zurecht gebaut. Denn die Forderung „Schönheit der Arbeit" gilt auch für die Hausfrau, von deren segensvollem Schaffen das Glück jeder Familie abhängt

Es war ein schlechter Gerümpelboden ...
Auf Gütern wie in Fabrikstätten gab es allzuoft Gerümpelböden, die wirtschaftlich schlecht, weil nur zu einem geringen Teil ausgenutzt waren. Aber man beließ sie in solchem Zustand, weil man die Zwecklosigkeit des Raumes gar nicht bedachte

... Es wurde ein hübscher Gemeinschaftsraum
Es gehörten auch hier überraschend wenig Geldmittel, vor allen Dingen ein wirklich offener und gesunder Menschenverstand dazu, um aus dem Gerümpelboden einen Gemeinschaftsraum zu schaffen, in dem die Gefolgschaft des Betriebes nun gern zusammenkommt

Ein Museum der Dürftigkeit
Selbst diese uralte „Leute-Kate" hätte sich wohl noch vor 30, 40 Jahren zurechtbauen lassen. Ihr jetziger Verfallzustand macht es heute unmöglich. So hat man sie als trauriges „Museum der Dürftigkeit" belassen

Unten: So entstehen schöne Dorfstraßen
Gewiß, es fehlen noch die Gärten mit Bäumen, Gebüschen und Blumen. Aber sie werden bald den hübschen neuen Landarbeiterhäusern nachwachsen

Rechts. Das nennt man „Entschandelung"
Meist sind es ganz einfache und billige Mittel, mit denen solch eine scheußliche Kate „entschandelt" und zu einem hübschen Haus umgeschaffen werden kann. Mit Begeisterung geht die Dorfjugend ans Werk, zu dem sie planvoll durch das Amt für Schönheit der Arbeit angesetzt worden ist

Abb. 158: Einen komplexen Bildbericht mit verschiedensten Inhalten, aber einer eindeutigen politischen Aussage lieferte Margret Stueber, der in der *WO* Nr. 8 vom 19. Februar 1936 auf sechs ganzen Seiten (S. 19-24, hier die S. 20f.) veröffentlicht wurde. Unter dem Titel »Wir räumen auf! Der Landarbeiter kommt zu seinem Recht« sollen die Fotos – zum Teil im Vorher-Nachher-Stil – den neuen Aufbruch zeigen, der von den Nationalsozialisten initiiert wurde und der so augenfällig die Lebensverhältnisse der Menschen verbesserte. Die meisten von ihnen wurden zwar dem Themenbereich ›Soziales‹ zugeordnet, es finden sich aber auch Bilder zum Thema ›Ortsansicht‹ oder ›Volkskunst‹.

Beim *IB* ist dagegen eine deutliche Entpolitisierung des Bildungs- und Unterhaltungsbereichs festzustellen. Lag der Anteil politisierter Bildungs- und Unterhaltungsbilder in den Jahren der Weimarer Republik noch bei gut 30 bzw. fast 25 Prozent, so erreichte er in den Vorkriegsjahren bei der Bildung nur 13, bei der Unterhaltung kaum noch 5 Prozent. Während des Krieges wurde das Ausmaß der Politisierung zwar wieder verstärkt – bei den bildenden Bildern auf gut 16 Prozent, bei den unterhaltenden auf 11 Prozent –, aber auch das blieb deutlich unter den Werten der Weimarer Republik. Bemerkenswert erscheint beim *IB* zudem eine gewisse Gegenläufigkeit der Entwicklung bei bildenden und unterhaltenden Bildern. Die Politisierung bildender Bilder wurde gleich 1933 fast völlig aufgegeben und dies wurde 1934 beibehalten. 1935/36 kehrte man dagegen mit Anteilen von um 20 Prozent fast wieder zu den Verhältnissen früherer Jahre zurück. Im Zweiten Weltkrieg wurde dies erneut zurückgenommen. Erst 1944/45 wurde wieder politisiert, und nun energischer als je zuvor.

Die Intendanten haben das Wort

Aufgaben des Rundfunks im Dritten Reich

Abb. 159: In seiner Nr. 9 vom 27. Februar 1936, S. 315f., veröffentlichte der *IB* Fotos der 12 Intendanten des deutschen Rundfunks mit ihren Aussagen zu den »Aufgaben des Rundfunks im Dritten Reich«. Die meisten Porträts sind genauso zivil wie die Statements unpolitisch. Es gibt jedoch Ausnahmen. Drei Intendanten ließen sich in Partei-Uniform ablichten und Dr. Glasmeier, der Intendant des Reichssenders Köln, formulierte lapidar: »Der Rundfunk hat den Willen des Führers zu erfüllen.«

Bei den unterhaltenden Bildern bildete beim IB die eindeutige Grenze zu den neuen Verhältnissen nicht das Jahr 1933, sondern das Jahr 1935: Während man 1933/34 noch fast nahtlos an die späte Republik anknüpfte, steuerte man ab 1935 einen ganz anderen Kurs: Unterhaltende Bilder wurden von Politisierung möglichst frei gehalten. Dies änderte sich erst wieder genau mit Kriegsbeginn. Aber auch da lassen sich leicht zwei Höhepunkte ausmachen: gleich zu Beginn und 1944. Dazwischen war man auch in dieser Phase in Sachen Politisierung von primär Unterhaltendem sehr zurückhaltend.

Bleibt noch, darauf einzugehen, in welcher Richtung bildende und unterhaltende Bilder in den NS-Jahren durch Kon-Texte politisiert wurden. Bei den bildenden Bildern lassen sich zwei deutliche Schwerpunkte ausmachen. Mehr als die Hälfte der Bilder lässt sich auf dem Konto ›allgemeine politische Aufwertung der eigenen Position‹ verbuchen; hier ging es primär darum, die durch den Nationalsozialismus erreichte neue Leistungsfähigkeit gebührend herauszustellen.

Affen-theater

Abb. 160: Auf den ersten Blick mögen die vier Fotos mit den dressierten Äffchen, die der *IB* in seiner Nr. 38 vom 22. September 1934 unter der Überschrift »Affentheater« auf S. 1564 veröffentlichte, ganz niedlich wirken. Genauere Betrachtung macht deutlich, was die Bildtexte akzentuieren: »Traurige Gestalten, die Freude bereiten sollen«. Den für manchen vielleicht verblüffenden politischen Akzent setzt dann der Artikel: »Es ist ein besonderes Verdienst der nationalsozialistischen Bewegung, mit Nachdruck für menschenwürdige Tierbehandlung einzutreten und Auswüchse zu beseitigen.«

Dazu boten sich vor allem Bilder aus dem Bereich von Technik und Wirtschaft an. Mit deutlichem Abstand folgte als zweites Thema eine zunächst schwache, im Zweiten Weltkrieg dann sehr dezidierte Polemik gegen Großbritannien und die USA. Alles andere war von völlig nachrangiger Bedeutung, einschließlich des Antisemitismus.

Das Antisemitismus-Thema verdient etwas nähere Betrachtung. Zum einen wurden wirklich alle primär bildenden Bilder, die antisemitisch kontextualisiert wurden, im *IB* gefunden. Und zum anderen ist auch bei ihm eine bedeutsame Veränderung festzustellen: Am stärksten herrschte seine antisemitische Kontextualisierung in seinen ersten Jahren. Schon Anfang der 1930er-Jahre wurde sie deutlich zurückgefahren, erst recht nach der ›Machtergreifung‹. Diese Art der Politisierung sprach wohl zu wenige Leser an. Ausreichend deutlich ist dies bereits mit dem Blick auf alle durch ihre Kon-Texte irgendwie politisierten Bilder im *IB* aufzuzeigen: Ende der 1920er-Jahre erhielten 23,6 Prozent von ihnen einen antisemitischen Akzent – Anfang der 1930er-Jahre waren es nur noch 6,4, nach 1933 dann 5,6 Prozent. Umgekehrt wuchs das positiv-aufwertende Moment der eigenen Position von 13,7 über 32,2 auf 47,7 Prozent.

Im Unterschied zum Bereich der bildenden Bilder lässt sich in dem der Unterhaltung kein wirklich dominantes Thema ausmachen. Die größte Bedeutung hatte wohl noch eine gewisse allgemeine politische Aufwertung der eigenen Position, aber selbst das ist nur bei wenig mehr als jedem fünften Bild mit politisierendem Kon-Text auszumachen. Andere Themen wie Antisemitismus oder Rassismus allgemein waren noch seltener – so selten, dass man kaum eine direkte Forcierung dahinter vermuten kann. Zugegebenermaßen fand sich auch einiges nur schwer zu Kategorisierende darunter. Der Verlegenheits-Wert ›Sonstiges‹ wurde vergleichsweise häufig vergeben. Ob sich hier mehr analytischer Aufwand wirklich lohnen würde, muss jedoch bezweifelt werden. Die Zahl der dadurch betroffenen Bilder ist gemessen am Gesamtkorpus und den eindeutigen Fällen so klein, dass keine umstürzenden Befunde zu erwarten sind.

Was bleibt als Zwischenfazit festzuhalten? Kein Zweifel sollte daran bestehen, dass es sinnvoll ist, bei den Bildinhalten zwischen Politischem und Nicht-Politischem zu unterscheiden. Genauso deutlich sollte es aber auch geworden sein, dass Bilder und Kon-Texte nicht völlig voneinander zu trennen sind und diese Kon-Texte durchaus zu politischen Zwecken genutzt wurden. Den eindeutigsten Fall liefert der *IB* in der Weimarer Republik. Im NS-Staat wurden auch die bis dahin in ihren bildenden und unterhaltenden Teilen fast völlig politikfreien Illustrierten politisiert, vor allem während des Zweiten Weltkriegs – allerdings in weitaus geringerem Maße, als wahrscheinlich vermutet wird. Die politische Indoktrination wurde nach wie vor ganz überwiegend von eindeutig politischen Bildern transportiert. Ob sie auf diesem Weg auch am stärksten wirkte, ist eine ganz andere Frage, die mit dem Material dieser Untersuchung nicht beantwortet werden kann.

Antworten sollen dagegen im Folgenden noch auf zwei Fragen gegeben werden, die sich primär auf Bildinhalte jenseits der bisherigen Unterscheidung von Politischem und Nicht-Politischem richten: zum einen auf die Darstellung von Sachen und Personen, Männern und Frauen; zum anderen auf die Visualisierung von Nahem und Fernem, das heißt von Deutschland und der Welt.

6.5 Bilder mit und ohne Menschen, von Männern und Frauen

Die philosophische Frage, ob Bilder immer etwas zeigen müssen, wird sich wahrscheinlich kein Illustrierten-Macher je gestellt haben. Viel bedeutsamer war (und ist) in der Praxis die Frage danach, was sie denn zeigen sollen. Und hier ist die allgemeinste Antwort eigentlich zwangsläufig: Menschen und ihre Umwelt. Spannend wird es erst, wenn es um Konkreteres geht: Für wie wichtig werden Bilder ohne

Menschen gehalten und wenn man Menschen zeigt – welche sollen es sein und wie werden sie abgebildet? Die komplexen Prozesse der konkreten Bildauswahl können hier nicht nachverfolgt werden. Nur die Ergebnisse liegen vor. Aus ihrer langen zeitlichen Reihe sind aber doch ein paar Rückschlüsse auf den Kompromiss zwischen Gestalter-Intentionen und Betrachter-Interessen zu ziehen.

Bilder mit und ohne Menschen

Gibt es über die Jahrzehnte in den Illustrierten einen Trend zu immer mehr Bildern, die Menschen zeigen? Blickt man tatsächlich auf alle Bilder, so ist das nicht zu bestreiten. Allerdings trägt dazu die Gattung der Witzzeichnungen erheblich bei. Lässt man sie und den gesamten Bereich der Wiedergabe von künstlerischen Produkten, also Gemälden und Literatur-Illustrationen, dagegen außer Acht und beschränkt sich auf Fotos und Sachzeichnungen, sieht die Sache etwas anders aus. Im Prinzip lässt sich dann fast genau das Gegenteil behaupten: Der Anteil von Bildern ohne oder fast ohne Menschen nahm im Laufe der Jahre eher zu als ab. Bei der *BIZ* betrug er in den Vorkriegsjahren des Kaiserreichs 12,7 Prozent, dagegen in den Jahren vor dem Zweiten Weltkrieg 20,3 Prozent; für die *WO* lauten die entsprechenden Werte 22,2 bzw. 24,2 Prozent. Im Umkehrschluss bedeutet dies: Schon im Kaiserreich – also seit den Anfängen der Gattung ›Illustrierte‹ – war die übergroße Zahl der Bilder der Darstellung von Menschen gewidmet. Diese Dominanz nahm im Laufe der Jahre aber nicht zu, sie verringerte sich tendenziell.

Vor diesem Hintergrund sind auch die einschlägigen Werte interessant, die eine bereits erwähnte Untersuchung des Bildmaterials von in Deutschland vertretenen Nachrichtenagenturen zum Jahr 1997 erbrachte. Hier reichte die Spanne im Anteil von Personenaufnahmen von 71 Prozent bei dpa bis 91 Prozent bei Reuters.[862] Alle möglichen Formen von Sach- (einschließlich Tier-)Aufnahmen spielten daneben nur eine nachgeordnete Rolle. Personalisierung im Sinne von Personenabbildung wird nicht nur von der Fotografie begünstigt, sie entspricht auch der Logik von Bildmedien und wurde demzufolge in ihnen von Anfang an konsequent eingesetzt.

Dem Löwenanteil der Illustrierten-Bilder, daran sei noch einmal erinnert, lagen Fotografien zugrunde (im untersuchten Korpus fast 25.000 von 30.000). Fast immer zeigten sie Menschen – in einem Drittel der Fälle als Porträt oder Einzelfigur und in fast der Hälfte zu zweien oder mehreren. Schließlich gab es auch noch ei-

862 Fechter/Wilke, *Produktion von Nachrichtenbildern*, S. 106.

nen Grenzbereich, in dem zwar beispielsweise Landschaften oder Stadtansichten im Vordergrund standen, aber trotzdem Personen am Rande auftauchen konnten. Derartige Bilder brachten es auf einen Anteil von 5 Prozent. Ganz ohne Menschen blieben am Ende nur 17 Prozent aller Fotos. Den Spitzenwert in dieser Hinsicht lieferte die *WO* gegen Ende der Weimarer Republik mit 25 Prozent. Das Minimum lieferte dagegen die *BIZ* schon vor dem Ersten Weltkrieg mit kaum 9 Prozent.

Gab es entsprechende Unterschiede auch in der Art, wie die Personen abgebildet wurden? Hier sind sogar ganz eindeutige Trends auszumachen. Sie lassen sich in zwei klare Befunde zusammenfassen: Zum einen ging der Trend weg von der Einzelperson und hin zum Gruppenbild. Am deutlichsten ist diese Entwicklung bei der *BIZ* festzustellen. Im Kaiserreich bestanden fast 47 Prozent aller Fotos aus Porträts oder anderen Aufnahmen von Einzelpersonen, in den nationalsozialistischen Vorkriegsjahren waren es gerade noch 30, im Zweiten Weltkrieg weniger als 25 Prozent. Zum anderen verlor das Porträtfoto als Darstellungsform noch mehr an Bedeutung. Besaß es im Kaiserreich bei der *BIZ* noch einen Anteil von mehr als 26 Prozent, lag er im Zweiten Weltkrieg unter 5 Prozent (bei der *WO* 28 bzw. 10 %). Sicherlich ist dies ein Stück weit darauf zurückzuführen, dass im Kaiserreich das sorgfältig inszenierte Porträtfoto aus dem Atelier leichter verfügbar war als vieles andere, und sich dies im Laufe der Zeit erheblich veränderte. Insgesamt wird daran jedoch auch ein Rückgang der Bedeutung des Individuums ablesbar sein. Der Einzelne verlor an Gewicht gegenüber der Gruppe.

Selbst bei nicht künstlerischen Zeichnungen bildeten Menschen das bevorzugte Motiv. Allerdings lag bei ihnen der Anteil menschenleerer Bilder etwas höher als bei den Fotos, insgesamt gesehen bei etwa einem Drittel. Während bei den Fotos die Schwankungen im Laufe der Zeit aber vergleichsweise gering waren, sind bei den Zeichnungen ausgeprägte Schwankungen zu verzeichnen. Nach dem Ersten Weltkrieg, die gesamten 1920er-Jahre hindurch, lag der Anteil völlig menschenleerer Zeichnungen bei fast 40 Prozent, während er ansonsten deutlich darunter blieb. Zu beträchtlichem Anteil ist dies darauf zurückzuführen, dass in jenen Jahren immer wieder Artikel veröffentlicht wurden, die sich mit zukünftigen Entwicklungen beschäftigten. Und zur Illustration wurden eben Zeichnungen hinzugefügt.[863]

Was die Bilder zeigten, wenn nicht Menschen im Vordergrund standen, war bei den Illustrierten extrem unterschiedlich. Bis weit in die Weimarer Republik hinein hatten bei der *WO* Landschafts- und Stadtansichten große Bedeutung, daneben aber auch technische und wissenschaftliche Abbildungen. Die *BIZ* zeigte

863 Z. B. F. Paulsen, »Sind deutsche Wolkenkratzer möglich?« In: *BIZ* Nr. 7 vom 13. Februar 1921, S. 90f. (mit sechs Entwürfen deutscher Architekten); Hans Dominik, »Der Weltverkehrsluftschiffhafen«. In: *WO* Nr. 37 vom 14. September 1929, S. 1047-1050 (mit Zeichnungen von A.B. Henninger, zumeist farbig gedruckt).

dagegen verhältnismäßig gerne Tiere. Im Ersten Weltkrieg stand dann technisches Gerät im Vordergrund, bei der BIZ lieferte es 60 Prozent aller Motive. Sachbilder aus Technik und Wissenschaft standen später auch beim IB im Vordergrund, daneben bildeten Landschafts- und Stadtansichten einen weiteren Schwerpunkt. Im Zweiten Weltkrieg rückten dann das Militärische und seine Technik wieder unübersehbar an die erste Stelle.

Bilder von Männern – Bilder von Frauen

Wie häufig wurden Männer, wie häufig Frauen abgebildet? Und: Sind Unterschiede in der Art ihrer Darstellung festzustellen? Das sind die Themen, um die es als nächstes gehen soll. Zur Beantwortung der ersten Frage wurden nur jene Bilder zu Rate gezogen, auf denen die Personen eindeutig zu erkennen waren.[864] Das waren genau 20.052 Stück. Auf zwei Dritteln von ihnen waren nur Männer zu sehen, auf einem Drittel auch Frauen. Beträchtliche Unterschiede zeigen sich jedoch zwischen den drei Illustrierten: BIZ und WO lagen insgesamt gesehen ganz eng beieinander. Bei ihnen zeigten jeweils um 63 Prozent der Personenbilder nur Männer. Ganz anders sah es beim IB aus. Bei der Illustrierten der NSDAP fehlte auf drei Vierteln aller Bilder das weibliche Geschlecht. Und darin gab es auch im Laufe der Zeit keine nennenswerten Änderungen. Frauen spielten in ihr keine größere Rolle. Das hatte ja auch schon die Betrachtung der Titelseiten gezeigt, wo sie sogar nur auf 15 von 110 Titelbildern auftauchten.

Bei der BIZ und bei der WO war das etwas anders, und bei diesen beiden Illustrierten gab es in dieser Hinsicht zudem deutliche Veränderungen im Laufe der Jahre. Genau gesagt, gab es nur bei der WO deutliche Veränderungen, denn die BIZ blieb recht konstant. Bei der WO zeichnete sich dagegen ein eindeutiger Trend ab: Im Kaiserreich hatte sie der Abbildung von Frauen erheblichen Raum gewidmet – sie wurden auf rund 45 Prozent aller Personenbilder gezeigt. In der Weimarer Republik und den nationalsozialistischen Vorkriegsjahren sank dieser Anteil das erste Mal; WO und BIZ unterschieden sich in jenen Jahren im Ausmaß der Frauenabbildungen kaum noch. Im Zweiten Weltkrieg erfolgte dann die zweite Reduzierung: Letztlich waren Frauen nur noch auf 30 Prozent der Personenbilder präsent. Leider lassen sich keine genau passenden Vergleichszahlen finden, etwa aus Illustrierten der Bundesrepublik. Man kann zur Einschätzung nur auf einen Näherungswert zurückgreifen. Für das erste Halbjahr 1976 wurden fünf westdeut-

864 Witze und Humor blieben unberücksichtigt.

sche Presse-Erzeugnisse untersucht, unter denen sich auch der *Stern* befand. Gefragt wurde danach, inwieweit in der gesamten Berichterstattung – textlich wie bildlich – Männer und Frauen vorkamen. Für die Frauen betrug die errechnete Quote 36,4 Prozent. Außerdem wurde festgestellt, dass es dabei einen eindeutigen inhaltlichen Schwerpunkt gab: Mit Abstand die meisten dieser Beiträge – 27 Prozent – waren der Rubrik ›Humor‹ zuzuordnen; mit weitem Abstand (und einem Anteil von 16 %) folgte die Rubrik ›Kultur und Unterhaltung‹.[865]

Vor diesem Hintergrund wird es kaum überraschen, dass auch vor 1945 die Frauenanteile bei der Bebilderung der verschiedenen Themenfelder sehr unterschiedlich waren: Am größten waren sie im Unterhaltungsbereich, am kleinsten bei politischen Bildern. Diese Verteilung galt bei allen drei Illustrierten gleichermaßen, beim *IB* nur mit jeweils noch niedrigeren Anteilen als bei *BIZ* und *WO*. Auffällig waren vor allem die Gegebenheiten bei der *WO* in den Friedensjahren des Kaiserreichs. Im Bereich der Unterhaltung (erinnert sei an die vielen Mode-Fotos) lag der Frauenanteil zwar bei fast 70 Prozent, aber selbst bei den politischen Bildern wurde noch ein 30-Prozent-Wert überschritten, was einen Spitzenwert im gesamten Untersuchungszeitraum bedeutet. Dieses Ergebnis passt sehr gut zu einer Untersuchung, die speziell der Frauendarstellung in der *WO* gewidmet ist, und die der Illustrierten für das Kaiserreich trotz ihrer konservativen Grundeinstellung ein gewisses emanzipatorisches Potenzial bestätigt, was danach immer mehr verloren ging.[866]

Nun ist die Feststellung, dass Frauen auf Personenbildern gezeigt worden wären, schon sehr allgemein. Schließlich kann es sich ja auch um Gruppen handeln, in denen Frauen eher als Randfiguren auftreten, oder um Paare, bei denen der Mann die Hauptperson bildet. Aussagekräftiger ist es deshalb auf jeden Fall, wenn man sich jenen Personenbildern zuwendet, auf denen ein Mann oder eine Frau allein abgebildet ist. Und da sinkt der Frauenanteil noch einmal deutlich. 8.489 Bilder zeigten nur eine Person – und bloß 2.414 Mal war es eine Frau. Das bedeutet nur einen Anteil von 28,4 Prozent.

Aber vielleicht ist dieses ›nur‹ zu relativieren, wenn erneut Vergleichswerte aus den 1990er-Jahren herangezogen werden. Leider wurde damals nach Frauen als ›Handlungsträgerinnen‹ in Bildern gefragt und dies nicht genauer inhaltlich bestimmt. Sicher werden aber darunter zumindest alle Bilder gefallen sein, die eine Frau als Einzelperson zeigten. Und das war bei dpa und AP bei jedem sechsten Bild, bei Reuters bloß bei jedem neunten Foto der Fall – was Anteilen zwischen 11 und 16 Prozent entspricht.[867] Selbst beim *IB*, bei dem Frauenbilder die geringste

865 Schmerl, *Öffentliche Inszenierung*, S. 14, 17.
866 Schlingmann, *Woche*.
867 Fechter/Wilke, *Produktion von Nachrichtenbildern*, S. 108.

Rolle spielten, lag dieser Anteil in der Regel höher, er schwankte zwischen 16 und 21 Prozent. Und bei *BIZ* und *WO* lagen die Anteile fast durchweg noch wesentlich höher. Bei der *WO* erreichten sie im Kaiserreich und in der zweiten Hälfte der 1920er-Jahre sogar Spitzenwerte von über 40 Prozent. Bemerkenswert erscheint bei diesen beiden Illustrierten auch der extreme Unterschied zwischen Erstem und Zweitem Weltkrieg. Im Ersten Weltkrieg war bei der *BIZ* gerade einmal auf 7,5 Prozent ihrer Bilder mit einer einzelnen Person eine Frau zu sehen, bei der *WO* waren es 14,5 Prozent. Für den Zweiten Weltkrieg lauten die entsprechenden Werte 32 bzw. 23 Prozent. Selbst der *IB* lag mit 21 Prozent nur wenig darunter, was gleichzeitig bei ihm einen Höchstwert bedeutete. Angesichts der straffen Lenkung der Illustrierten gerade im Zweiten Weltkrieg ist der Schluss eindeutig, dass den Frauen als Zielpublikum eine ganz neue Bedeutung zugemessen wurde.

Differenziert man nun die Personendarstellung in die beiden Grundtypen ›Porträt‹ und ›ganzfigurige Präsentation‹, ergibt sich auch hier der schon so häufig nachgewiesene Befund: Während bei den primär als intellektuell betrachteten Männern vor allem Ansichten von Gesicht und Kopf im Vordergrund standen, wurde bei den Frauen viel mehr Gewicht auf die Darstellung der gesamten körperlichen Erscheinung und ihrer Attraktivität gelegt.[868] Die in der folgenden Tabelle zusammengestellten Werte zeigen auch statistisch, dass dies kein Zufall war, sondern mit größter Absicht, wenn auch sicherlich unbewusst, geschah.

TABELLE 12

Die Art der Darstellung von Männern und Frauen

		Männer	Frauen	Gesamt
	Porträt	3.265 (53,8 %)	807 (33,5 %)	4.072
	Einzelfigur	2.808 (46,2 %)	1.604 (66,5 %)	4.412
Gesamt		6.073 (100,0 %)	2.411 (100 %)	8.484

Ein verblüffendes Ergebnis zeigt sich dagegen in einem anderen Aspekt: bei der Nennung der Namen der dargestellten Personen. Bei Porträts von Männern wurde so gut wie immer auch der Name genannt. Bei Frauen geschah dies zwar deutlich seltener, aller immer noch in der weitaus größten Zahl der Fälle. Wurden Männer und Frauen aber als ganze Figuren dargestellt, sah das ganz anders aus. Nun wurden häufiger keine Namen genannt, und bei den Männern sogar noch etwas öfter als bei den Frauen.

868 Dussel, *Pressebilder*, S. 296f.; Archer/Iritani/Kimes/Barrios, *Männer-Köpfe, Frauen-Körper*.

GRAFIK 22

Namensnennungen bei Personenabbildungen

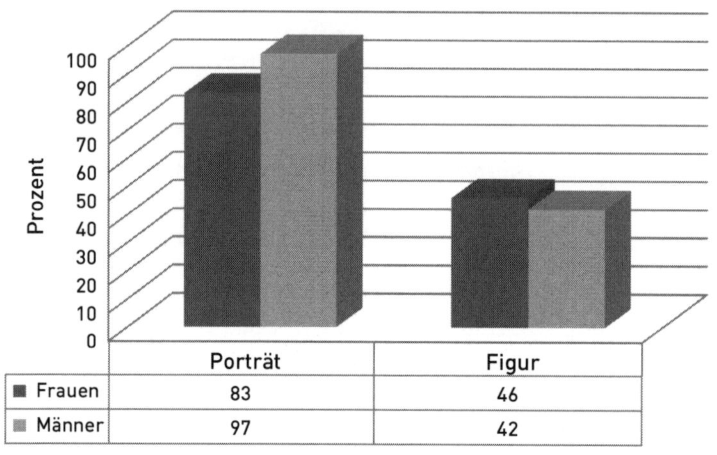

	Porträt	Figur
Frauen	83	46
Männer	97	42

n = 8.484

Wie lässt sich das erklären? Einen Hinweis erhält man, wenn man die Gegebenheiten zu verschiedenen Zeiten betrachtet. Im Kaiserreich waren noch erheblich mehr Frauen ohne Namen präsentiert worden als Männer (52 vs. 38 %). Zu erheblichem Teil war dies auf die häufigen Modefotos zurückzuführen. Die Modelle blieben durchweg namenlos. Im Ersten Weltkrieg wurde dann damit begonnen, verstärkt Bilder von Einzelpersonen ohne Namen zu präsentieren. Und dieser Trend setzte sich über die Weimarer Republik und die nationalsozialistischen Vorkriegsjahre bis in den Zweiten Weltkrieg immer stärker durch. Waren im Kaiserreich bloß 45 Prozent aller Bilder mit nur einer ganzfigurig dargestellten Person namenlos geblieben, so waren es im Zweiten Weltkrieg 72 Prozent. Gleichzeitig wurden kontinuierlich viel mehr Männer als Frauen gezeigt (während im Kaiserreich die Frauen sogar noch leicht dominiert hatten). Was gezeigt werden sollte, war also mehr der Typ als das Individuum, mehr der Mensch in einer konkreten Rolle als die besondere Persönlichkeit. Das bahnte sich im Ersten Weltkrieg an und fand im Zweiten Weltkrieg seinen Höhepunkt.

Schließlich ist noch auf einen letzten Aspekt beim Thema ›Frauendarstellung‹ einzugehen, das Bild der nackten oder fast nackten Frau. ›Sex sells‹ war kein Schlagwort, das für die Illustrierten schon in der ersten Hälfte des 20. Jahrhunderts Geltung hatte, lässt sich gleich vornweg feststellen und damit die Forschung bestätigen, die herausarbeitete, dass es stattdessen die »illustrierten Magazine mit ihrer jüngeren und aufgeschlosseneren Zielgruppe« waren, die die »Verbreitung der Aktfotografie in jener Zeit maßgeblich befördert« haben.[869] Die vor diesem Hintergrund viel traditionelleren Illustrierten waren für die ganze Familie gedacht, und da wurde möglicherweise Anstoß Erregendes so weit wie möglich vermieden. Noch weniger als auf ›Crime‹ wurde auf ›Sex‹ als verkaufssteigerndes Moment gesetzt. Das war schon bei der Titelseitengestaltung aufgefallen, und es bestätigt sich auch bei der Durchsicht der Heftinneren. Bei 6.958 Bildern, auf denen auch Frauen zu sehen waren, präsentierten nur 25 mehr Nacktheit, als ohne damalige Schamgrenzen deutlich zu verletzen möglich war.

Die relativ größte Freizügigkeit zeigte dabei noch die BIZ, in der 17 der 25 Beispiele zu finden waren. Bei der WO waren es nur sieben, beim IB ein einziges. Nackte weibliche Brüste waren dabei eigentlich nur mit ethnografischem Blick zu zeigen, als Darstellung mehr oder minder unschuldiger ›Eingeborener‹. Dies gilt für die beiden einzigen derartigen Fotos aus den Jahren des Kaiserreichs (wo die nackten Brüste durch den Bildausschnitt nur angedeutet waren) genauso wie für die meisten der 23 weiteren, die seit 1925 in den untersuchten Heften veröffentlicht wurden.[870] Aber auch ansonsten kommen sie kaum vor.[871]

Nummer 34 26. August 1937

46. Jahrgang Preis 20 Pfennig

Berliner Illustrirte Zeitung

Auf der Suche nach dem „Weissen Gott“.

Abb. 161: Die nackte Brust einer Frau auf einer Titelseite zu zeigen, war für Illustrierte vor 1945 eigentlich unmöglich; im Untersuchungskorpus fand sich kein einziges Beispiel. Im Umfeld bildete die *BIZ* Nr. 34 vom 26. August 1937 eine extreme Ausnahme. Sie war möglich, weil die Nacktheit als die ›natürliche‹ einer schwarzen »Eingeborenen« gezeigt wurde und man bei der *BIZ* in den NS-Jahren wesentlich freizügiger eingestellt war als in den Jahren und Jahrzehnten zuvor. Vielleicht spielte auch eine Rolle, dass der Fotograf, André de la Varre, Amerikaner war.

869 Rössler, *Schönheit*, S. 10.

870 BIZ Nr. 38 vom 17. September 1911, S. 734; BIZ Nr. 7 vom 18. Februar 1937, S. 203; BIZ Nr. 8 vom 24. Februar 1938, S. 248f; BIZ Nr. 9 vom 2. März 1939, S. 302f.

871 Stahr, *Fotojournalismus*, S. 135.

Es gehörte sicherlich zu den Aktualisierungsbemühungen der *WO* seit 1924, dass sich während der zweiten Hälfte der 1920er-Jahre in ihr verschiedene Fotos mit mehr Nacktheit fanden. Allerdings scheint man damit nicht so recht zufrieden gewesen zu sein. In den nächsten Jahren wurde dies deutlich reduziert, jahrelang waren überhaupt keine Akt-Andeutungen in den untersuchten *WO*-Heften zu finden. Die letzten beiden Beispiele aus den Jahren 1938 und 1939 passen zum einen zum bereits Gesagten – das eine Foto entstand im Kontext der Berichterstattung über Bali[872] –, und zum anderen illustrieren sie die zweite Möglichkeit, einigermaßen unverfänglich weibliche Nacktheit zeigen zu können: im Kontext der Kunstherstellung. Wenn eine Künstlerin einen Akt modelliert, kann das Modell dazu sogar frontal in ganzer Nacktheit gezeigt werden. Aus heutiger Sicht erscheint dieses Foto auch deshalb als besonders auffallend, als es auch noch zwei Türkinnen zeigt und im Bildtext darauf hingewiesen wird, »daß ihre Mütter, durch das Gesetz des Islam gebunden, sich nur verschleiert in der Öffentlichkeit zeigen durften.«[873]

Fast makaber mutet es schon an, dass die einzige Aktdarstellung, die im *IB* gefunden wurde, Ende 1944 erschienen war – nach sechs Bildseiten mit Kriegsfotos und dynamischen Zeichnungen unter dem passenden Titel »Härter denn je« folgte nach dem Fortsetzungsroman eine Bildseite mit dem Titel: »Die Henni vom Ballett«, die sich nun zwar im Kriegseinsatz befände, aber immer noch Zeit zum Besuch der Kunstschule und zum Aktzeichnen habe.[874]

Vom Thema ›Aktfoto‹ aus liegt der Schritt zur Frage nach dem Akt in der Kunst überhaupt eigentlich nahe. Systematisch kann sie jedoch nicht beantwortet werden, weil die Bildinhalte der reproduzierten Gemälde nicht untersucht wurden. Punktuelle Befunde zeigen jedoch, dass man hier wesentlich großzügiger gewesen zu sein scheint als bei den Fotos, zumindest in nationalsozialistischen Zeiten. 1938 beispielsweise zeigte die *BIZ* die *Europa* Werner Peiners – ein Gemälde, bei dem das mythologische Thema dem Maler Gelegenheit gibt, eine nackte Frau nordischen Typs zentral ins Bild zu setzen. Und wieder einmal ist der Bildtext nicht ganz eindeutig in seiner Stoßrichtung. War der unübersehbare Hinweis, dass sich das künstlerisch an sich nicht sehr beeindruckende Gemälde »im Besitz von Generalfeldmarschall Hermann Göring« befände, als Aufwertung des Gemäldes oder als Abwertung des Besitzers zu verstehen?[875]

872 *WO* Nr. 39 vom 28. September 1938, S. 25.
873 *WO* Nr. 7 vom 15. Februar 1939, S. 23.
874 *IB* Nr. 39 vom 28. September 1944, S. 11.
875 *BIZ* Nr. 8 vom 24. Februar 1938, S. 254.

6.6 Das Nahe und das Ferne. Was von der Welt bebildert wurde

Die meisten der in deutschen Illustrierten veröffentlichten Bilder waren irgendwie auf das Deutsche Reich bezogen – so wird man zumindest annehmen und dies für einen einfach zu ermittelnden Sachverhalt halten. Aber wenn man die Bilder näher betrachtet, stellt man fest, dass zunächst eine Menge Entscheidungen darüber getroffen werden müssen, was damit eigentlich gemeint sein soll. Ist die Frage nach der Lokalisierung bei jedem Bild sinnvoll zu stellen? Bei einem Logo? Bei einem Witz? Bei einer Roman-Illustration? Bei der Reproduktion eines Gemäldes? Sicher könnte man dies im einen oder anderen konkreten Fall bejahen, in den meisten Fällen wird man es aber eher verneinen. Um die Codierarbeit zu erleichtern, wurden alle diese Bildgattungen nicht berücksichtigt. Das betraf 3.872 der 30.068 Bilder. Des Öfteren kann man weiterhin zwar vermuten, dass ein Bild in Deutschland entstand, aber sicher ist das nicht immer. Wenn 1931 ein Artikel über die Kunst des Kletterns mit neun Fotos zur Klettertechnik im Gebirge illustriert wurde,[876] so konnten die selbstverständlich in den deutschen Alpen entstanden sein. Aber vielleicht waren es doch die in Österreich? Oder die in der Schweiz? Statt aufwändiger Recherchen gab es für solche Fälle den Wert ›unklar‹. Er wurde 1.555 Mal vergeben. Und schließlich gibt es nicht nur die beiden ganz eindeutigen Fälle, dass Deutsche (oder deutsche Sachverhalte) in Deutschland bzw. Ausländer (oder ausländische Sachverhalte) im Ausland abgebildet werden. Wie war mit Deutschen im Ausland und umgekehrt mit Ausländern im Reich zu verfahren? In diesen beiden Fällen war die Lösung recht einfach: Sie wurden zunächst einmal separat erfasst. Sie waren allerdings nicht sehr häufig. Deutsche im Ausland wurden 1.456 Mal gezeigt, Ausländer im Reich dagegen nur 738 Mal. Diese Reihe von Fragen könnte noch um einige verlängert werden. Quantifizierende Untersuchungen – und erst recht von so diffizilen Gegenständen wie Bildern – beruhen auf einer Vielzahl von im Detail zu treffenden Festlegungen, die nicht immer völlig selbstverständlich sind, letztlich aber die Ergebnisse der konkreten Analyse nicht verfälschen sollten. Es mag deshalb genügen, in diesem Zusammenhang nur noch ein letztes Beispiel anzuführen: Was sollte überhaupt als Gebiet des Deutschen Reiches gelten? Es liegt nahe, dies nach dem jeweiligen Gebietsstand zu definieren. Aber wie war dann mit den Gebietsabtretungen nach dem Ersten Weltkrieg umzugehen? Vorsichtshalber wurden sie mit einem eigenen Wert erfasst. Das Ergebnis war überraschend: Selbst wenn man die verloren gegangenen Kolonien mit einbezieht, wurden nur 31 derar-

876 *WO* Nr. 38 vom 19. September 1931, S. 1238f.

tige Bilder identifiziert. 20 davon wurden 1932 veröffentlicht. Sie galten zum einen den politischen Spannungen im von Litauen beanspruchten Memelland und zum anderen Erinnerungen an das frühere Deutsch-Südwestafrika.[877]

Konzentriert man sich nun auf die beiden ganz eindeutigen Fälle der Lokalisierung – ›Deutsche im Deutschen Reich‹ gegenüber ›Ausländern im Ausland‹ –, so überwiegt der Anteil von 52 Prozent für erstere den von 39 Prozent für letztere nicht gerade sehr deutlich. Schließlich gibt es ja auch noch einen Anteil von 9 Prozent für die beiden Zwischengruppen ›Deutsche im Ausland‹ und ›Ausländer in Deutschland‹. Und da hängt es von der Fragestellung ab, ob man mehr den Deutschland- oder mehr den Auslandsbezug betont.

Differenziert man diesen Befund nach Zeitschriften und Phasen, sind mehrere Unterschiede berichtenswert. Vom Durchschnittsverhältnis von 52:39 zugunsten der Berichterstattung aus dem Reich wich der *IB* mit 62:27 sehr deutlich ab. Die *BIZ* wandte sich demgegenüber mit 45:45 am meisten dem Ausland zu. Den mit Abstand höchsten eindeutigen Auslandsbezug gab es bei ihr in den Friedensjahren des Kaiserreichs. Da bezogen sich fast 51 Prozent ihrer Bilder rein auf Ausländisches, während Deutschem nur 41 galten. Umgekehrt ist der Tiefstwert für das Ausland mit 41,5 Prozent überraschenderweise in der Weimarer Republik festzustellen. Die *WO* kam den allgemeinen Werten insgesamt am nächsten.

Bei der Untersuchung der Nachrichtenbilder des Jahres 1997 war eine fast identische Aufgliederung vorgenommen worden. Hier zeigten sich vor allem gravierende Unterschiede abhängig vom Sitz der Bildagenturen: Während bei der britischen Reuters nur 8 Prozent des Bildangebots ein ›Geschehen im Inland ohne ausländischen Bezug‹, dagegen 83 Prozent ein ›Geschehen im Ausland ohne deutschen Bezug‹ aufwiesen, lauteten die entsprechenden Werte für die deutsche dpa 53 bzw. 24 Prozent – und lagen damit erstaunlich nahe beim hier ermittelten Durchschnittsverhältnis von 52:39.[878]

Bilder vom Ausland waren in den deutschen Illustrierten also gar nicht so selten. Welche Länder standen aber nun im Fokus und womit? Und welche Regionen wurden andererseits weniger oder kaum beachtet?

877 Memelland: *BIZ* Nr. 7 vom 21. Februar 1932, S. 176; *IB* Nr. 10 vom 12. März 1932, S. 220f.; *WO* Nr. 9 vom 27. Februar 1932, S. 279. Deutsch-Südwestafrika: *WO* Nr. 9 vom 27. Februar 1932, S. 273-275.
878 Fechter/Wilke, *Produktion von Nachrichtenbildern*, S. 103.

Die unterschiedliche Bedeutung der Erdteile und einzelner Länder

Als Ausgangspunkt für differenziertere Betrachtungen mag ein Blick darauf dienen, in welchem Ausmaß die verschiedenen Kontinente auf den Illustrierten-Bildern insgesamt Darstellung fanden. Das folgende Kreisdiagramm enthält aber nicht nur fünf, sondern sieben Segmente: fünf für die Kontinente sowie eines für jene – gar nicht so seltenen – Bilder, die nur ganz allgemein auf der Hochsee oder spezieller in den Regionen des Nord- oder des Südpols zu lokalisieren waren, sowie schließlich eines für die Bilder, deren Örtlichkeit nicht näher zu bestimmen war – außer, dass sie sicher nicht aus dem Deutschen Reich stammten.

Wie so häufig in dieser Untersuchung ist der Gesamtbefund mehr oder minder zu erwarten: die Dominanz auf Europa gerichteter Bilder, die nur wenig Platz ließ für den Rest der Welt, in dem wiederum Amerika und Asien – wenn auch mit erheblichem Abstand – die meiste Aufmerksamkeit auf sich zogen. Erneut ergeben sich die Erkenntnisgewinne erst aus Vergleichen und aus differenzierender Betrachtung, und hier nicht nur nach den verschiedenen Phasen des Untersuchungszeitraums, sondern auch nach den verschiedenen Illustrierten.

GRAFIK 23

Die Herkunft der Bilder aus dem Ausland nach Kontinenten

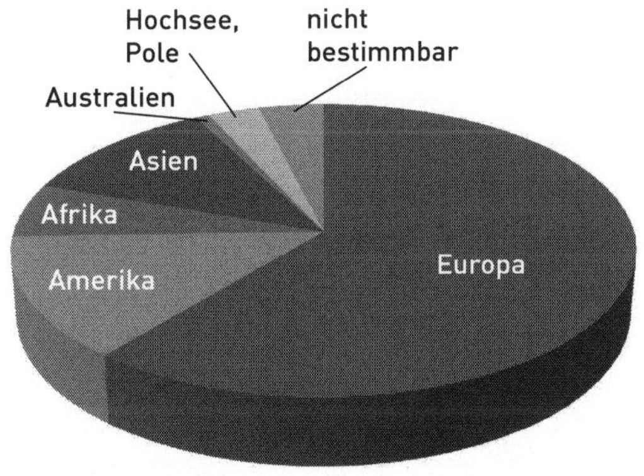

Anteile in Prozent, N = 11.919)

Begonnen sei mit einem Vergleich, zu dem erneut das Agenturangebot des Jahres 1997 herangezogen werden kann.[879] In der folgenden Tabelle sind die Werte dieser Untersuchung denen der hier vorgenommenen gegenübergestellt:

TABELLE 13
Ereignisregionen (in Prozent)

	Europa	Amerika	Asien	Afrika	Australien	Pole, Hochsee	offen
Illustrierte 1905-1945	61	13,5	12	6	1	3	3,5
dpa 1997	42	33	11	14	-	-	-
AP 1997	39	34	12	15	-	-	-
Reuters 1997	35	35	14	15	1	-	-

1997: ›Naher Osten und Nordafrika‹ sowie ›übriges Afrika‹

Das zentrale Ergebnis nach zwei Weltkriegen ist unübersehbar: der Bedeutungsverlust Europas und der gleichzeitige Zugewinn Amerikas, vor allem durch die Berichterstattung über die USA. Ein Stück weit war diese Entwicklung schon nach dem Ersten Weltkrieg abzusehen.

Der neue Fixpunkt – die USA

Nach dem Ersten Weltkrieg, in der ihr so gut wie keine Bilder gewidmet worden waren, übernahmen die USA den Spitzenplatz in der Auslandsbildberichterstattung der deutschen Illustrierten. Allerdings muss man genau sein, weil sich in ihrer Stellung zu dieser neuen Großmacht nicht nur die Geister, sondern auch die Illustrierten schieden. Während für die eher konservative *WO* im Kaiserreich das Ausmaß der Bildberichterstattung aus den USA auf einem Niveau mit der etwa zur Schweiz oder Italiens vergleichbar war (5-6 %), konnte sie bei der *BIZ* mit Frankreich konkurrieren (jeweils um 15 %). Nach dem Ersten Weltkrieg war die Situation jedoch eindeutig. In zwei der drei untersuchten Illustrierten dominierten die Bilder zu den USA eindeutig. Nur der *IB* hatte gewisse Anlaufschwierigkeiten: Während der Weimarer Republik rangierten Bilder aus den USA mit einem Anteil von 9,1 Prozent bei ihm nur an vierter Stelle hinter Italien (12,6), Großbritannien (11,7) und Frankreich (10,3). Erst in den Vorkriegsjahren

879 Fechter/Wilke, *Produktion von Nachrichtenbildern*, S. 105 (Prozentwerte umgerechnet auf Bilder ohne ›Deutschland West‹ und ›Deutschland Ost‹).

änderte sich dies auch beim *IB* grundlegend. Mit 15,9 Prozent Anteil bildeten nun die Bilder aus den USA unbestritten die Nr. 1 vor Italien (mit immer noch 12,3 %), während Großbritannien (3,8) und Frankreich (5,1) weit zurückgefallen waren.

Das Bild der USA veränderte sich im Laufe der Jahrzehnte zwar, aber nicht ganz so erheblich, wie es die Daten der quantifizierenden Inhaltsanalyse nahe legen. Sie legen nämlich nahe, dass im Kaiserreich noch fast die Hälfte der die USA irgendwie thematisierenden Bilder dem Bereich ›Bildung und Kultur‹ zuzuordnen war und der Unterhaltung kaum ein Viertel galt, während es in der Weimarer Republik genau umgekehrt aussah, da entstammte sogar mehr als die Hälfte der Bilder aus dem Unterhaltungsbereich. Bei genauerer Betrachtung reduziert sich die Kluft zwischen ›Bildung‹ und ›Unterhaltung‹ im Kaiserreich jedoch erheblich: Der überraschend hohe Wert für primär kulturell orientierte Bilder beruht vor allem auf Bildern aus den Bereichen ›Technik, Wirtschaft, Wissenschaft‹ einerseits und ›Theater‹ andererseits. In beiden Fällen war jedoch der Unterhaltungswert etlicher Bilder jedoch beträchtlich – so etwa, wenn auf drei Fotos Julian Eltinge gezeigt wird, »ein amerikanischer Bühnenstern, der gegenwärtig in einer neuen Operette Triumphe feiert«, und zwar einmal als seriös gekleideter Mann und zweimal in Frauenkleidern mit faszinierend weiblicher Anmutung;[880] oder wenn die *WO* auf zwei Seiten fünf Fotos von den »vom ›Berliner Lokal-Anzeiger‹ veranstalteten Flugvorführungen Orville Wrights in Berlin« präsentierte und so nicht nur noch einmal auf die Großveranstaltung der im selben Verlag erscheinenden Zeitung hinwies, sondern auch gleich für ihr eigenes Sonderheft *Aviatik* Werbung machen konnte, das »in elegantem Umschlag« für eine Mark zu haben war.[881]

Die Vermutung liegt nahe, dass Scherl damit auch auf ein Projekt der Ullsteins aus dem vorangegangenen Jahr geantwortet hatte. 1908 war Autofahren noch etwas Besonderes und seine Möglichkeit auf langen Strecken noch längst nicht erprobt. Die *BIZ* plante denn auch, dem Großprojekt »Im Auto um die Erde« gleich eine mehrteilige Berichterstattung zu widmen. Schon der erste Artikel musste Aufmerksamkeit finden, bot er doch »Bilder aus dem Goldland Klondike«, das erst seit 1896 in den Blick der Öffentlichkeit geraten war. Und ganz nebenbei hoffte auch der Ullstein-Verlag insgesamt davon zu profitieren, seine *B.Z. am Mittag* mit einem Protoswagen bei der Fahrt beteiligt war, die von Berlin über Paris und New York zurück nach Berlin führte. Allerdings scheint man die Tücken des Nachrichtentransports unterschätzt zu haben. Auf den vielverspre-

880 *BIZ* Nr. 8 vom 19. Februar 1911, S. 144.
881 *WO* Nr. 37 vom 11. September 1909, S. 1565f.

chend mit »I.« begonnenen ersten Artikel vom 16. Februar 1908 folgte noch nicht einmal ein »II.«. Erst ein halbes Jahr später konnte das Thema erneut aufgegriffen werden, nun aber mit einem besonderen Triumph: »Nach einer Autowettfahrt von fast 20.000 Kilometern« war am 24. Juli der deutsche Wagen – und das heißt: der der Ullsteins – als erster wieder in Berlin eingetroffen.[882]

Trotz dieser Relativierung ist nicht zu bestreiten, dass das primär unterhaltende Bild aus den USA in der Weimarer Republik einen weitaus größeren Stellenwert erhielt als im Kaiserreich. Dies zeigt sich bereits, wenn man nur einmal die Themen mustert, die die *BIZ* in jenen Jahren auf ihre Titelseite rückte. Immerhin galten den USA 13 von 94 untersuchten Titelbildern, also jedes siebte. 1924 wurde ein Elefantenwagen für Kinder in Miami gezeigt, 1926 die Filmstars Douglas Fairbanks, Mary Pickford und Harold Lloyd bei einem Pferderennen und 1930 der Boxer Jack Sharkey als möglicher Gegner Max Schmelings, um nur drei Beispiele zu nennen.[883] Film, Sport und Buntes im weitesten Sinne lieferten neun von 13 Bildern, die vier übrigen können zwar der Kategorie ›Technik, Wirtschaft, Wissenschaft‹ zugeschlagen werden, haben jedoch eine erhebliche Unterhaltungsqualität. Dies gilt sowohl beim Foto einer Riesen-Kamera zur Aufnahme einer Sonnenfinsternis als auch bei dem des in New York gelandeten gewaltigen Wasserflugzeugs Do X.[884]

882 *BIZ* Nr. 7 vom 16. Februar 1908, S. 105-107; *BIZ* Nr. 31 vom 2. August 1908, S. 549 (Titelseite) und S. 563f.
883 *BIZ* Nr. 9 vom 2. März 1924; Nr. 9 vom 28. Februar 1926; Nr. 9 vom 28. Februar 1930.
884 *BIZ* Nr. 7 vom 15. Februar 1925 bzw. Nr. 38 vom 20. September 1931.

Berliner Illustrirte Zeitung

AMERIKANISCHE REKLAME

EXPLOSIONSUNGLÜCK in MÜNCHEN

RÖMER, HERRLICHEN ZEITEN FÜHRE ICH EUCH ENTGEGEN!

Abb. 162: Ein schönes Beispiel dafür, wie wichtig es ist, einzelne Bilder nicht aus ihrem Kontext zu reißen, wenn man die Ambivalenz ihrer damaligen Aussage erfassen will, bilden die Seiten 226 und 227 aus Nr. 8 der *BIZ* vom 21. Februar 1926. Auf der linken Seite wurden zwei Beispiele für »amerikanische Reklame« präsentiert, die nach dem beigefügten Artikel durchaus positiv bewertet wurde. Auf der Seite daneben waren unter der Schlagzeile »Römer, herrlichen Zeiten führe ich euch entgegen!« ohne weiteren Text »sechs Posen Mussolinis« arrangiert. Sollte sie der Betrachter als Pendant zur amerikanischen Reklame auffassen? Wurden sie ähnlich positiv bewertet? Oder gab es nicht doch gegen beides einen gewissen Vorbehalt, indem zwischen die beiden Artikel noch eine Bildnachricht zu einem »Explosionsunglück in München« gequetscht wurde? War das alles Zufall oder verfolgte der zuständige Gestalter eine bestimmte Absicht?

Diese Befunde verändern sich kaum, wenn man nicht nur die Titelseiten, sondern die ganzen Hefte, und nicht nur die *BIZ*, sondern auch den *IB* und die *WO* in den Zwischenkriegsjahren betrachtet. Politische Bilder wurden so gut wie gar nicht präsentiert. Auch Kulturelles in eher traditioneller Hinsicht hatte wenig Gewicht. Dies ändert sich erst, wenn man den Begriff weitet und, wie in dieser Untersuchung geschehen, auch technisch-wirtschaftliche Aspekte mit einbezieht. Bilder dazu waren in allen drei Illustrierten recht breit präsent. Die Palette der Themen war dabei bunt, aber Schwerpunkte waren doch unübersehbar: Neben der amerikanischen Wirtschaft im Allgemeinen ging es immer wieder um Autos und das Fliegen, wobei neben den Flugzeugen auch noch die Zeppeline eine beträchtliche Aufmerksamkeit fanden. Nach seinem Rekordflug vom 20./21. Mai 1927 war vor allem Charles Lindbergh eine Größe, die immer wieder der Illustrierten-Leserschaft im Bild vorgeführt wurde. Zeitgenössisch dürfte in Deutschland aber der Ruhm des Luftschiff-Kapitäns Hugo Eckener kaum geringer gewesen sein. Seine Atlantik-Überquerung 1928 und die Weltumrundung 1929 sorgten für ein riesiges mediales Echo – und nicht zuletzt, weil eine deutsche technische Leistung auch in Amerika größte Aufmerksamkeit fand.[885]

So sehr die USA im Fokus waren, so wenig Raum blieb für das übrige Amerika; alles in allem betrug das Bildverhältnis rund 4:1. Aufmerksamkeit fanden Süd- und Mittelamerika vor allem dann, wenn es von besonderen Unglücken zu berichten galt oder mehr oder minder exotische Expeditionsberichte zur Verfügung standen.[886]

Erbfeind Frankreich?

Dass die Dominanz europäischer Bilder im Kaiserreich rund 20 Prozentpunkte größer war als während der Weimarer Republik und den nationalsozialistischen Vorkriegsjahren (70:50), war zum größten Teil darauf zurückzuführen, dass Frankreich aus dem Fokus der Bildberichterstattung rückte. Vor dem Ersten Weltkrieg war es das Land, dem mit Abstand die meisten Bilder gewidmet wurden. Darin unterschieden sich *WO* und *BIZ* nur wenig. Und im Ersten Weltkrieg stieg sein 15-Prozent-Anteil sogar noch leicht an. Allerdings wurde es nun von der Bildberichterstattung über das Russische Reich überrundet.

Was vor dem Ersten Weltkrieg im Zentrum des deutschen Illustrierten-Interesses stand, war neben der französischen Kultur die französische Mode, auch wenn diese etwas analytische Trennung gewisse Probleme bereiten mag. Vor allem die *WO* profilierte sich, wie bereits erwähnt, mit einer ausführlichen Mode-Berichterstattung – einem Bereich, wo das Bild geradezu unverzichtbar war. Es verging vor dem Ersten Weltkrieg kein Jahr, in dem von Scherls Illustrierter nicht ausführlich von der »Pariser Modesaison«, »neuen Balltoiletten« oder »Pariser Herbsthüten« berichtet und dies mit einer Fülle von Fotos illustriert wurde.[887]

885 Dussel, *Mythos Zeppelin*; *WO* Nr. 37 vom 14. September 1929, S. 1027-1038, 1046 (insgesamt 37 Abbildungen, davon 32 Fotos); *BIZ* Nr. 37 vom 15. September 1929, S. 1609-1613 (19 Fotos); *IB* Nr. 37 vom 14. September 1929, S. 462 (4 Fotos).

886 Unglücke: »Erdbeben in Ecuador«. In: *BIZ* Nr. 38 vom 22. September 1938, S. 1433; »Tod und Verderben suchen Chile heim«. In: *WO* Nr. 7 vom 15. Februar 1939, S. 4f. Expeditionsberichte: »Abenteuer auf einer Argentinienreise unseres Mitarbeiters Willi Ruge«. In: *BIZ* Nr. 37 vom 12. September 1935, S. 1333-1335; »Deutsche Forscher im bolivianischen Urwald«. In: *BIZ* Nr. 8 vom 20. Februar 1941, S. 206f.

887 Etwa *WO* Nr. 37 vom 16. September 1905, S. 1623-1626: »Pariser Modesaison« mit sieben Fotos von »Reutlinger«, womit wohl nur das von den beiden Deutschen Charles und Émile Reutlinger gegründete Pariser Atelier bezeichnet ist; *WO* Nr. 7 vom 17. Februar 1906, S. 302-304: »neue Balltoiletten«

Die BIZ blieb dahinter weit zurück. Ähnlich sah es auf dem Feld von Kunst und Kultur aus, nur bei beim Theater zeigte die BIZ mehr Initiative. Bei genauerer Betrachtung der Bilder verwischen sich jedoch in den meisten Fällen die Grenzen zwischen ›Theater‹ und ›Mode‹, vor allem wenn es sich um Personenaufnahmen von französischen Schauspielerinnen handelte.[888] Ob man nun die Mode als Teil von Kultur betrachten möchte oder lieber die dem Theater zugeordneten Bilder als Unterhaltung bewertet, wird wohl Ermessenssache sein. Auf jeden Fall sind die diesbezüglichen Bilder deutlich von politischen Bildern zu unterscheiden.

Die ganz zentrale Veränderung im Vergleich von Kaiserreich und Weimarer Republik ist unübersehbar: Wenn in den von der *WO* aus den Friedensjahren des Kaiserreichs untersuchten Heften 29,2 Prozent der Bilder dem Bereich ›Mode‹ und nur 9,6 Prozent dem der Politik zugeordnet wurden, so galt für die Weimarer Republik fast genau das umgekehrte Verhältnis: 30,0 zu 8,8 Prozent. Auch bei der BIZ dominierte in der Weimarer Republik nun die Bildberichterstattung zur französischen Politik bei Weitem die über die Mode. Beim *IB* war letztere – wenig überraschend – überhaupt kein Thema.

Es lässt sich also zusammenfassen: Im Fokus der Auslands-Bildberichterstattung stand in den Vorkriegsjahren des Kaiserreichs Nachbarland Frankreich, von dem der Leserschaft vor allem seine Mode, aber auch seine Kultur allgemein nahe gebracht wurde. Auch im Ersten Weltkrieg wurden sehr viele Bilder zu Frankreich präsentiert, allerdings stand jetzt ganz das militärische Geschehen im Vordergrund. Ein ganz neues Tableau präsentierte sich dagegen in der Zwischenkriegszeit: Nicht nur war das Interesse an Frankreich deutlich zurückgegangen – von einem Anteil von genau 15 Prozent an allen irgendwie auf das Ausland bezogenen Bildern auf nur noch 6,2 Prozent während der Weimarer Republik bzw. 5,5 Prozent in den nationalsozialistischen Vorkriegsjahren; kulturelle Themen im weitesten Sinne hatten dabei völlig an Bedeutung verloren, gezeigt wurden zunächst vor allem Bilder aus den Bereichen ›Politik‹ und ›Militär‹. Der Grund dafür ist recht einfach auszumachen. Anfang der 1920er-Jahre fanden die Reparationsverhandlungen breites Interesse und der Einmarsch französischer Truppen im Rheinland, aber auch andernorts, im Jahr 1923 wurde breit fotografisch dokumentiert.[889] Erst Anfang der 1930er-Jahre war wieder mehr Platz für andere, in gewisser Weise an alte Zeiten anknüpfende Themen, etwa wenn die BIZ ausführlich über einen Schön-

mit fünf Fotos, ebenfalls von »Reutlinger«; *WO* Nr. 39 vom 26. September 1908, S. 1709-1711: »Pariser Herbsthüte« mit neun Fotos, dieses Mal von Henri Manuel.

888 *WO* Nr. 7 vom 16. Februar 1907, S. 295-298: »Pariser Schauspielerinnen« mit sechs Fotos, erneut von »Reutlinger«; *WO* Nr. 8 vom 21. Februar 1914, S. 319-322: »Französische Schauspielerinnen im Salonstück« mit zehn Fotos, dieses Mal von »Félix«.

889 Sowohl in der BIZ als auch in der *WO* in jeweils allen drei untersuchten Heften im Frühjahr 1923.

heitswettbewerb in Paris berichtete oder die *WO* ein »Fest des Kleides in der Pariser Oper« feierte – zwei Anlässe, bei denen Fotos geradezu unverzichtbar waren.[890]

Vom Nebenschauplatz ins Rampenlicht – Italien

Vor dem Ersten Weltkrieg (und erst recht im Ersten Weltkrieg) galt Italien in den deutschen Illustrierten zwar mehr Aufmerksamkeit als etwa Belgien, den Niederlanden oder Spanien, der Abstand zu Frankreich, Großbritannien oder Österreich war jedoch gewaltig. Mit 4,8 Prozent Anteil vor dem Ersten Weltkrieg (und 1,9 Prozent im Ersten Weltkrieg) rangierte es etwa auf der Stufe der Schweiz (4,2 bzw. 2,2 %) bei den Ausländisches thematisierenden Bildern. Das Verhältnis änderte sich seit der Weimarer Republik erheblich. Vom *IB* wurde dies nur begrenzt vorangetrieben. Er widmete dem Lande Mussolinis zwar die größte Aufmerksamkeit in seiner Auslands-Bildberichterstattung, in absoluten Zahlen wurde er jedoch während der Weimarer Republik darin bei Weitem von der *BIZ* und der *WO* übertroffen. In den nationalsozialistischen Vorkriegsjahren sah das dann ganz anders aus: Italien-Bilder waren in allen drei Illustrierten fast gleichmäßig präsent. Nur die USA waren noch häufiger vertreten, sogar im *IB*.

Typisch war nun, dass im NS-Staat nicht nur politische Bilder im Vordergrund standen (das hatte auch schon in der Weimarer Republik gegolten), sondern dass auch die Bilder mit bildend-kulturellen oder unterhaltenden Inhalten deutlich politisch kontextualisiert wurden. Deutlich gemacht sei dies an Beispielen aus dem Jahr 1937, in dem mit 99 Bildern in den untersuchten Heften mit Abstand am meisten Bilder mit Italien-Bezug veröffentlicht wurden. Der Anlass war naheliegend: Mussolinis großer Deutschland-Besuch vom 25. bis 29. September, auch von Heinrich Hoffmann mit einem eigenen Bildband gewürdigt.[891] Die Illustrierten nutzten dies aber vor allem für eine umfängliche Voraus-Berichterstattung. Zum einen wurde breit über das politische Werden Mussolinis berichtet. Die *BIZ* stellte Mussolini nicht nur als »Schmied des Imperiums« vor, sondern lieferte auch noch etliche Bilder aus seiner »Kampfzeit«; fast identisch berichtete die *WO* über das »Werden« Mussolinis, griff allerdings auf eigenes Bildmaterial zurück.[892] Ergänzt wurde dies bei ihr durch einen weiteren, auch Landschafts- und Stadtansichten einbeziehenden Artikel zum »neuen Italien«, was im *IB* noch durch einen Artikel

890 *BIZ* Nr. 7 vom 16. Februar 1930, S. 279; *WO* Nr. 9 vom 28. Februar 1931, S. 287f.
891 Heinrich Hoffmann, *Mussolini erlebt Deutschland*. Mit einem Geleitwort von Reichspressechef Dr. Otto Dietrich. München 1937.
892 *BIZ* Nr. 37 vom 16. September 1937, S. 1347-1349; *WO* Nr. 38 vom 22. September 1937, S. 20-23.

zu Marcello Piacentini, dem »Baumeister des Duce« akzentuiert wurde, sowie mit einem Artikel zum Leben des berühmtesten italienischen Opernkomponisten, Guiseppe Verdi.[893] Im Vergleich dazu war der *IB* fast schon zurückhaltend, wenn er erst Ende September einen knappen Bericht mit Fotos »aus der Heimat des Duce« und einen etwas ausführlicheren zu »15 Jahre faschistisches Italien« nachreichte.[894]

Abb. 163: Mit einem großformatigen Porträt Mussolinis auf der Titelseite ihrer Nr. 37 vom 16. September 1937 stimmte die *BIZ* ihre Leserschaft auf ein »Ereignis von Weltbedeutung« ein: »Benito Mussolini, der Gast des Führers und des deutschen Volkes«. Fotograf: Ernst Sandau.

Im Zweiten Weltkrieg verlor Italien zwar etwas an Bedeutung, rangierte aber nach wie vor an dritter Stelle und nur verhältnismäßig knapp hinter den beiden Ländern, denen aufgrund der Kriegsführung die meiste Aufmerksamkeit galt: der Sowjetunion und Polen. Selbstverständlich stand auch bei Italien das Militärische im Vordergrund, aber daneben blieb immer noch Platz, um andere Interessen zu bedienen. Anfang 1941 konnte dies eine recht breite Berichterstattung über die kriegsbedingt ziemlich reduzierte (und im Nachhinein annullierte) Ski-Weltmeisterschaft in Cortina d'Ampezzo sein,[895] im Frühjahr 1944 die Erinnerung an ein berühmtes, ganz traditionelles Kulturgut, die Glasbläserei im venezianischen Murano.[896]

893 *WO* 38 vom 22. September 1937, S. 24-26 bzw. S. 31f. (Verdi); *IB* Nr. 38 vom 23. September 1937, S. 1416f.
894 *IB* Nr. 39 vom 30. September 1937, S. 1455f. und S. 1462.
895 Vor allem *BIZ* 8 vom 20. Februar 1941, S. 222f.; *WO* 7 vom 12. Februar 1941, S. 5; *IB* Nr. 9 vom 27. Februar 1941, S. 260.
896 *WO* Nr. 8 vom 23. Februar 1944, S. 18f.

Der Reiz des Exotischen? Afrika und Asien

Sicherlich wurde mit den Reisereportagen Walter Bosshards, Hugo Bernatziks, Harald Lechenpergs oder Wolfgang Webers in den 1930er-Jahren eine neue Phase des fotografischen Berichtens begonnen. Dies darf jedoch nicht vergessen lassen, dass das Genre seit dem Kaiserreich äußerst populär war: Wer hatte damals schon die Möglichkeit, selbst afrikanische oder asiatische Länder zu bereisen?[897] Den Illustrierten bot sich damit ein weites Feld, auf dem sie sich gerne ausbreiteten und mit mehr oder minder großem Bildungsanspruch ihre Artikel präsentierten. Zum Teil wurden die Texte mit Agenturfotos bebildert,[898] aber schon früh waren durchaus Foto-Bild-Einheiten aus einer Hand zu finden.[899]

Bei den gut 700 Bildern der untersuchten Stichprobe, die einen Bezug zu Afrika aufweisen, fällt auf, dass durchweg mehr als die Hälfte (den Zweiten Weltkrieg einmal außer Acht gelassen) in Kontexten präsentiert wurde, die durchaus als bildungsorientiert zu beschreiben sind. Die Veränderungen zeigen sich in der zweiten Hälfte: Während die Illustrierten sich vor dem Ersten Weltkrieg bemühten, auch politische Information zu vermitteln und Unterhaltendes kaum eine Rolle spielte, wurden die Prioritäten in der Weimarer Republik fast genau umgekehrt gesetzt. Sicherlich dominierte vor dem Ersten Weltkrieg der koloniale Blick der überlegenen Europäer auf die ›Eingeborenen‹ des afrikanischen Kontinents, aber Sozialkritisches fehlte dabei nicht.[900] Letzteres war nach dem Ersten Weltkrieg nicht zu finden. Stattdessen wurde die koloniale Perspektive von einer größeren ethnografischen Faszination durchsetzt.

897 Pohl, *Welt für jedermann*.
898 Carl Georg Schillings, »Transportmittel in den Kolonien«. In: *WO* Nr. 7 vom 17. Februar 1906, S. 289-294.
899 (Rudolf) von Schutzbar-Milchling, »Marokko. Eine Schilderung von Land und Leuten. Hierzu 8 Aufnahmen des Verfassers und 6 Aufnahmen von F. Navarro«. In: *WO* Nr. 38 vom 21. September 1907, S. 1671-1676.
900 Dr. A. Bernstein, »Der Sklavenhandel der Gegenwart«. In: *BIZ* Nr. 37 vom 16. September 1906, S. 635-637.

Seite 1606. Nummer 38.

fruchtbare Ebene von Metidja und ihre Weingelände, berührt Arba, steigt die Kabylenhöhen hinauf, von denen sich Ausblicke in wilde Täler und die Schluchten von Djemaa und Hamiden eröffnen, und biegt nach dem Kleinen Atlas ab, erreicht dann den Gipfel des Salamody (741 Meter), erhebt sich bis zu 1000 Meter und senkt sich herab bis Tablat und Aumale als erste Etappe der Reise.

Hinter Aumale verändert sich nach und nach die Landschaft. Auf meilenweite üppige Vegetation, wohlbebautes Flachland und große Wälder folgen lange Wüstenstrecken, wo nichts anderes zu sehen ist als dürre Grasbüschel. Dann folgt die zweite Etappe: Sidi Aissa. Von diesem kleinen Ort bis Bou-Saada durcheilt das Auto eine öde und traurige Region, die trotzdem der Erhabenheit nicht entbehrt.

Fernhin am Horizont tauchen dann die Dünen und Salzsümpfe auf, der Chott-el-Hodna, den lange Bergketten umgeben, überströmt von einer Beleuchtung, wie sie wohl einzig in der Welt nur an dieser Stelle zu beobachten ist.

Eine algerische Weberin.

das wirklich eine Perle der Wüste genannt zu werden verspricht. Bou-Saada liegt ungefähr 250 Kilometer südlich von der Stadt Algier und ist von dort mittels eines vorzüglich eingerichteten Automobilverkehrs in einem Tag bequem zu erreichen. Der Weg führt durch die

Der Friedhof von Bou-Saada.

Nummer 38. Seite 1607.

In einem Garten des Palmenhains.

Endlich wird Bou-Saada erreicht. Ein kleines morgenländisches Städtchen, anmutig an dem Abhang eines Hügels gelagert, seine weißen Häuser bis zum Ufer des L'Oued verstreuend, umgeben von hohen Palmen und Fruchtbäumen aller Art.

Der amphitheatralische Aufbau von Bou-Saada gewährt vollständig den Eindruck einer Wüstenstadt. Ein Gang durch die kleinen engen Straßen führt zu den beiden Moscheen von Oulad-Attig und El-Mekka, von wo der Blick hinüberschweift nach dem Terrassengebirge. Alle Häuser sind aus gestampfter Erde errichtet, die in der Sonne trocknete. Die Einteilung im Innern ist überall die gleiche: zuerst die Eintrittshalle mit Bänken (ebenfalls aus gestampfter Erde), dann ein kleiner, offener Hof, in dessen einer Ecke der irdene Wasserkrug bis zum Rand in den Boden versenkt ist, und daran anschließend zwei oder drei Zimmer. — Das arabische Viertel ist hauptsächlich von jüdischen Kaufleuten und eingeborenen Handwerkern bewohnt, und neben den Butiken der Schuhmacher und Silberarbeiter sieht man Stände mit Lebensmitteln, hinter die man zu flüchten pflegt, wenn eine Herde Kamele mit schweren Schritten vorüberzieht. Sehr originell mutet der Stadtteil an, der für die Tänzerinnen von Oulad-Naïl reserviert ist. Hier finden allabendlich Vorführungen statt. Nach antikem Geschmack schreitet eine

Aufbruch einer Karawane.

Abb. 164: Des Öfteren gingen Bildungs-, Unterhaltungs- und Wirtschaftsinteressen beim Blick auf ferne Länder Hand in Hand – wie etwa in Nr. 38 der *WO* vom 21. September 1912, wo Jules Marchand, der »Leiter des Vereins zur Förderung des Fremdenverkehrs in Algerien«, auf vier Seiten mit sieben Fotos die Oase Bou-Saada vorstellte (hier S. 1606f.).

Das Interesse an Asien entwickelte sich langsam. Im Kaiserreich wurde der Kontinent nur wenig mehr mit Bildern gewürdigt als Afrika. Im Fokus standen damals vor allem Japan und sein politisches System. Dem Kabinettswechsel 1911 beispielsweise widmete die *WO* einen umfangreichen Artikel mit 12 Fotos.[901] Nach dem Ersten Weltkrieg traten dann die Ereignisse in China in den Vordergrund: zunächst der Bürgerkrieg, dann der chinesisch-japanische Krieg seit 1931. Entsprechend wurde die Berichterstattung von militärisch-politischen Bildern dominiert.

Neben Japan und China fanden nur noch Indien und die Türkei eine gewisse Beachtung als politische Einheiten. Beim übrigen Asien dominierte der ethnografische Blick auf die mehr oder minder staunend wahrgenommenen kulturellen Eigenheiten.[902]

901 *WO* Nr. 38 vom 23. September 1911, S. 1609-1611.

902 »Im Lande Tamerlans«. In: *WO* Nr. 37 vom 10. September 1927, S. 1101-1103; »Bei den Nomaden Zentralasiens«. In: *BIZ* Nr. 9 vom 28. Februar 1929, S. 325f.; »Nomadenbesuch am Fürstenhof«. In: *IB* Nr. 37 vom 15. September 1934, S. 1488-1490 (vgl. Abb. 141, S. 388).

NEUIGKEITEN DER WOCHE

DIE BLUTIGEN KÄMPFE IN SCHANGHAI

Abb. 165: Die *WO* profilierte sich in den frühen 1930er-Jahren mit einer umfangreichen Bildberichterstattung über die Verhältnisse in China. Mit der Nr. 8 vom 20. Februar 1932 widmete sie ihnen sogar ein Sonderheft, worin es nicht an drastischen Fotos fehlte, hier die Umschlag-Vorderseite und S. 225.

Deutsche im Ausland – Ausländer im Reich

Bei den Themen ›Deutsche im Ausland‹ und ›Ausländer im Reich‹, die aufgrund ihrer verhältnismäßig geringen Fallzahlen am Ende nur noch knapp gestreift werden sollen, ist es zudem sinnvoll, sich bei der Betrachtung auf die Friedenszeiten zu beschränken. Es dürfte einleuchten, dass in Kriegszeiten nur sehr wenige Ausländer im Reich unterwegs waren, während andererseits die Deutschen im Ausland nur unter sehr eingeschränkter Perspektive ins Bild rückten. Als Extrem ist etwa das Jahr 1939 anzuführen. Von 121 Bildern, die in den untersuchten Heften Deutsche im Ausland zeigten, erschienen 116 in den September-Nummern und alle hatten den gerade aktuellen Polen-Feldzug zum Thema.

Allerdings schließt eine solche Beschränkung bei ›Deutsche im Ausland‹ 872 von 1.456 Bildern aus (60 %) und es bleiben nur noch 584. Das ergibt für viele Länder bloß äußerst bescheidene Zahlen, die noch dazu auf spezifische Anlässe hin befragt werden müssen. Dass die Schweiz etwa in der Weimarer Republik mit 14,7 Prozent Anteil einen Spitzenplatz einnahm, der von keinem anderen Land auch nur annähernd erreicht wurde (auf dem zweiten Platz folgte Frankreich mit 8,3 %), war vor allem den Berichten über deutsche Wintersportler zuzuschreiben, die sich gerade anlässlich der Olympischen Winterspiele 1928 in St. Moritz häuften. 1929 waren es dann zwei Ereignisse, bei denen über Deutsche im Ausland breit berichtet wurde: Im Frühjahr war es die *BIZ*, die mit einem großen Artikel über die deutsche Zentralasien-Expedition Emil Trinklers aufwartete,[903] und im Herbst war es die Weltreise des Luftschiffs Graf Zeppelin, die große mediale Aufmerksamkeit erfuhr.[904]

Auch bei ›Ausländer im Reich‹ müssen solche Besonderheiten berücksichtigt werden. Das wichtigste Beispiel wären in dieser Hinsicht die Olympischen Spiele 1936 in Garmisch-Partenkirchen bzw. Berlin. In ihrem Kontext sind 97 der 109 hier einschlägigen Bilder zu sehen.

Dass ein erheblicher Teil der Bilder, die während der Weimarer Republik Franzosen im Reich zeigten, 1923 im Zuge der Rheinland-Besetzung gezeigt wurden (17 von insgesamt 28), wurde bereits erwähnt. Auch der hohe Anteil von Bildern von Briten im Reich während der nationalsozialistischen Vorkriegsjahre findet eine gleichsam punktuelle Erklärung: Die Treffen des britischen Premierministers Chamberlain mit dem deutschen Kanzler im September 1938 waren ein von allen drei Illustrierten breit dokumentiertes Ereignis (24 von 49 Bildern).

Etwas anders sieht es mit den Österreichern im Reich aus, die während der Weimarer Republik gezeigt wurden. Ihr Anteil war mit 16,8 Prozent der größte im Nationenvergleich, vor Frankreich mit 15,1 und den USA mit 12,4 Prozent. Hier gab es keinen einzelnen Anlass, wohl aber einen thematischen Schwerpunkt: 15 der 31 Fotos entstammten dem Theaterbereich, etwa anlässlich eines Gastspiels der gebürtigen tschechischen Sopranistin Maria Jeritza oder eines Auftritts des Schauspielers Hans Thimig.[905]

Dass Japanern im Reich während der Vorkriegsjahre des Kaiserreichs mit 4,8 Prozent der einschlägigen Bilder ein scheinbar recht hoher Anteil eingeräumt wurde, etwa im Vergleich zu Italienern, denen nur 3,7 Prozent galten, sollte schließlich als nicht allzu beachtenswert eingestuft werden: Konkret handelte es sich nur um neun (bzw. sieben) Fotos, die in drei Illustrierten innerhalb fast eines Jahrzehnts veröffentlicht wurden.

903 *BIZ* Nr. 7 vom 17. Februar 1929, S. 275 - 277, 7 Fotos Walter Bosshards.
904 *WO* Nr. 37 vom 14. September 1929, S. 1033f., S. 1046; *BIZ* Nr. 37 vom 15. September 1929 , S. 1609f.
905 *WO* Nr. 7 vom 19. Februar 1921, S. 158 (Jeritza); *BIZ* Nr. 37 vom 9. September 1928, S. 1575.

7. Die Bilder und die Vielfalt der Berichtsanlässe

Von Patrick Rössler

Eine freiheitliche und demokratische Gesellschaftsordnung verlangt eine Medienlandschaft, in der die unterschiedlichen Stimmen im politischen und sozialen Diskurs angemessen zu Wort kommen. Die Forderung nach Vielfalt gehört deswegen zu den unverzichtbaren Ansprüchen an das Mediensystem in einem plural verfassten Gemeinwesen.[906] Die Pressefreiheit gilt dafür als Grundvoraussetzung, denn aus einem umfänglich wahrgenommenen Recht auf freie Meinungsäußerung sollte auch ein vielfältiges Medienangebot resultieren. Was aber, wenn diese politische Rahmenbedingung nicht, nicht immer oder nur eingeschränkt existiert, so wie immer wieder im Deutschland der ersten Hälfte des 20. Jahrhunderts? Und wenn es nicht um die Vielfalt von Meinungen geht, sondern um eine inhaltlich-thematische Vielfalt im Allgemeinen? Und schließlich: Wie verhält es sich dabei mit Bildern, die – anders als sprachlich abgefasste Texte – nicht beliebig verfügbar, schwerer zu produzieren und komplizierter zu verarbeiten sind? Das hier untersuchte Bildmaterial kann auch hierauf einige Antworten geben.

7.1 Was bedeutet Vielfalt?

So unumstritten der normative Anspruch auf ›Vielfalt‹ erscheint, so komplex erweist sich dieses Konzept bei näherer Betrachtung. Denn tatsächlich stellt Vielfalt nur den einen Pol eines Kontinuums dar, dessen Gegenstück man als Fokussierung bezeichnen kann. Es sei betont, dass beide Zustände sowohl funktionale

906 Vgl. McQuail, *Mass communication theory*, S. 71.

als auch dysfunktionale Konsequenzen nach sich ziehen können:[907] Einerseits resultiert aus der demokratietheoretisch erwünschten Vielfalt möglicherweise eine Fragmentierung und Atomisierung des Publikums; und andererseits trägt die Uniformität eines Medienangebots bei starker Fokussierung auch zur sozialen Integration bei, wenn auf diese Weise eine Verständigung über die zentralen Themen des öffentlichen Interesses hergestellt wird. Ob man dann die freien Artikulationschancen oder die drohende Kakophonie betont, eine diskursförderliche Konsonanz oder eine zensurähnliche Über-Integration diagnostiziert – das hängt oft von normativen Überlegungen ab.

Aus empirischer Sicht lässt sich zu jedem gegebenen Zeitpunkt und für jedes interessierende Merkmal[908] eine spezifische Balance zwischen Vielfalt und Fokussierung identifizieren, die einem Punkt zwischen den beiden Polen dieses Kontinuums entspricht. Dieser Punkt (der oft mit statistischen Kennziffern wie dem Herfindahl-Hirschman-Index als Entropiemaß beschrieben wird) selbst ist zunächst wertfrei – er markiert lediglich, wie sich die angetroffenen Stichprobenelemente auf eine vorgegebene Anzahl von Kategorien verteilen. So lässt sich beispielsweise bestimmen, ob ein Medienangebot die verschiedenen Genres gleichmäßig bedient.[909] Die Problematik dieser Vorgehensweise ist evident, denn sie unterstellt zweierlei: Zum einen, dass das Spektrum an Kategorien eindeutig definierbar ist und tatsächlich gleichwertige, klar voneinander abgrenzbare Vorgaben umfasst; und zum anderen, dass eine möglichst gleichmäßige Verteilung auch das angestrebte Optimum darstellt. Beides kann bezweifelt werden, und gerade der letzte Punkt wirft erhebliche Fragen auf, denn je nach (normativ zu begründendem) Referenzmaßstab ist nicht zwingend erwünscht, dass die Berichterstattung beispielsweise genauso viele Katastrophenberichte wie politische Meldungen enthält (›open diversity‹). Realistischer ist oft die Annäherung an eine qualifizierte Verteilung (›reflective diversity‹), aber hier stellt sich sofort die Frage, wer diesen Referenzmaßstab (›Nachfrage‹) bestimmt, nach dem sich das Angebot richten sollte.[910] Aus diesem Grund liegt im Folgenden eine andere Strategie zur Bestimmung von Vielfalt bzw. Fokussierung zugrunde, nämlich der Grad der Überschneidung von Medienangeboten auf der Mikroebene von

907 Vgl. Rössler, *Vielzahl = Vielfalt = Fragmentierung?*

908 Vielfalt kann sich hier auf unterschiedliche Dimensionen beziehen: von Meinungen, Themen und Akteuren über Bilder bis hin zu repräsentierten Genres, journalistischen Darstellungsformen und den Besitzverhältnissen im Mediensystem; vgl. Rössler, *Media Content Diversity*, mit einer Systematik und zahlreichen Literaturverweisen.

909 Vgl. z. B. Schulz/Ihle, *Wettbewerb und Vielfalt*, anhand von Daten zum deutschen Fernsehmarkt zwischen 1992 und 2001.

910 Vgl. van der Wurff, *Media markets*; McQuail/van Cuilenburg, *Diversity as a media policy goal*.

Berichtsanlässen und Bildern.[911] Also: In welchem Umfang wird im selben Zeitraum über dasselbe Geschehen berichtet, und inwieweit kommen dabei dieselben Bilder zum Einsatz?

Aber dies wirft eine andere Grundfrage der Vielfaltsforschung auf, nämlich die nach der Gleichheit und Verschiedenheit von Erhebungseinheiten, in diesem Fall Berichtsanlässen und Bildern. Was ist ›dasselbe‹, und wann spricht man von einer Abweichung? Auch dieser auf den ersten Blick triviale Sachverhalt stellt sich bei näherer Betrachtung als alles andere als trivial dar: Ein Bericht über einen Banküberfall in Dresden ähnelt insofern einer Reportage über einen Einbruch in Köln, als es sich beide Male um *Verbrechen* handelt; im Rahmen einer klassischen Themencodierung würde also beides als ›gleich‹ behandelt und in der Konsequenz wären zwei Zeitungen, von denen die eine das Dresdner und die andere das Kölner Geschehen berichtet, *nicht* vielfältig. Dies geht freilich an der Wirklichkeit vorbei, denn hinsichtlich des einzelnen Anlasses wird über vollkommen unterschiedliche Sachverhalte berichtet. Deswegen greifen die Auswertungen dieses Kapitels nicht nur auf die bisher verwendeten Themencodierungen zurück, sondern legen zudem für jeden Erhebungszeitpunkt einen speziell definierten Satz an Berichtsanlässen zugrunde, für die die Berücksichtigung in einem, zwei oder allen drei Medien gemessen wird; dabei werden (aufgrund der seinerzeit langsameren redaktionellen Abläufe) alle Erhebungszeitpunkte eines Frühjahrs bzw. eines Herbstes zu einem Messzeitpunkt zusammengefasst.

Im Falle der reinen Bildverwertung stellt sich die Problematik etwas anders dar.[912] Im Gegensatz zur Sprache als Grundlage journalistischer Texte, die jedem Journalisten zur Verfügung steht und die sich deswegen auf prinzipiell jeden thematischen Gegenstand beziehen kann, sind Bilder an den Besitz einer materiellen Vorlage (Foto, Zeichnung usw.) gebunden. Diese Vorlage war zwar nicht frei und nicht beliebig verfügbar; andererseits konnten aber unterschiedliche Fotografen oder Zeichner von demselben Geschehen zwar keine absolut identischen, aber dennoch relativ ähnliche Abbildungen generieren. Während zwei hundertprozentig identische Bilder in unterschiedlichen Illustrierten etwas über die Vermarktungspraxis von Agenturen und die Selektionsstrategien in Redaktionen aussagen, ist für den Leser (bzw. Betrachter) vermutlich auch ein Foto ›gleich‹, das von einer leicht verschobenen Position oder mit einem leicht veränderten Bildausschnitt geschossen wurde, ebenso wie eine stilistisch andere Zeichnung von demselben Geschehen. Aus diesem Grund unterscheidet die Codierung hier zwischen einer

911 Vgl. Rössler, *Vielfalt und Fokussierung des Zeitgeschehens*.
912 Vgl. Rössler, *Visuelle Codierung und Vielfalts-Analysen auf Mikroebene*.

›absoluten‹ (d. h. 1:1 identischen) und einer ›relativen‹ Übereinstimmung, bei der dasselbe Motiv nur unwesentlich anders dargestellt ist.

Schließlich sei darauf hingewiesen, dass sich über den langen Untersuchungszeitraum, der der vorliegenden Erhebung zugrunde liegt, auch die gesellschaftlichen und medienrechtlichen Rahmenbedingungen wandelten, vor deren Hintergrund jeweils Vielfalt zu beurteilen ist. Da die eingangs erläuterte Logik zunächst nur für plurale Gesellschaften gilt, in denen Vielfalt tatsächlich als Ausdruck einer grundsätzlich offenen Wertorientierung begriffen werden kann, könnte man beim vorliegenden Sample lediglich für die Phasen der Weimarer Republik unterstellen, dass die politisch-soziale Situation das Eintreten von Vielfalt begünstigt hatte.[913]

Allerdings steht Vielfalt in einem Spannungsverhältnis zu anderen Werten – wie etwa der ›Einigkeit‹ – und ist deswegen weder bei totalitären Regimes noch in Krisensituationen wie einem militärischen Konflikt sonderlich willkommen, denn der breite politische Diskurs zu einer Fülle von Themen erschwert die Kommunikationskontrolle erheblich.[914] Dies bedeutet freilich nicht zwangsläufig, dass das Mediensystem unter solchen Bedingungen zwingend durch einen Mangel an Vielfalt gekennzeichnet sein muss. Bernd Sösemann plädierte für eine differenziertere Betrachtung, denn »in der Diktatur lassen sich mit einer täglichen, thematisch breit gefächerten, zielgruppenorientierten und regierungskonformen journalistischen Berichterstattung die Machtverhältnisse vor einem großen Publikum eindringlich legitimieren.«[915] Es scheint also nicht die Abwesenheit von Vielfalt, sondern eher deren gezielte Herstellung innerhalb unsichtbarer Grenzen zu sein, die eine wirkungsvolle propagandistische Medienlenkung ermöglicht – eine ›Vielfalt in der Gleichschaltung‹, deren Mechanismen beispielsweise bereits anhand des Lifestyle-Magazins *die neue linie* (1929 - 1943) verdeutlicht werden konnten.[916]

Empirische Vielfaltsanalysen auf der Mikroebene sind für historische Zeitpunkte bislang kaum verfügbar – einzig eine Fallstudie zu Ereignissen und Berichtsanlässen von Thüringer Tageszeitungen in den Jahren 1936 bis 1938 konnte nachweisen, dass im Schnitt nur 18 Prozent der Anlässe von allen drei untersuchten Zeitungen derselben Region berichtet wurden.[917] Selbst wenn man diese Artikel mit ihrer Länge gewichtet, waren es bloß 36 Prozent der Berichterstattung, die auf gemeinsame Ereignisse zurückgingen – oder umgekehrt bezogen sich zwei Drittel der

913 Vgl. hier und im Folgenden Rössler/Pohl, *Wie gleichgeschaltet war die Tagespresse?*
914 Vgl. Ishikawa/Maramatsu, *Why measure diversity?*
915 Sösemann, *Perspektiven einer »Neuen Zeitungsgeschichte«*, S. 447.
916 Rössler, *Das Bauhaus am Kiosk.*
917 Rössler/Pohl, *Wie gleichgeschaltet war die Tagespresse?*

Medienberichte auf Vorgänge, die nur in einer oder zwei der Zeitungen vertreten waren, und die Exklusivanteile konnten ungewichtet bis zu einem Drittel der Anlässe ausmachen – diese Anteile entsprechen etwa den Werten, die auch bei Vielfaltsanalysen für heutige Tageszeitungen in einem ähnlichen Verbreitungsgebiet ermittelt wurden.[918] Die Fokussierung im NS-Staat ist selbstverständlich nennenswert, aber deutlich von den hohen Übereinstimmungswerten entfernt, die man bei einer perfekten Gleichschaltung der Tagespresse erwarten würde.

Die somit doch beträchtliche externe Themenvielfalt (bei gleichzeitiger Fokussierung in einzelnen Themenbereichen wie etwa der internationalen Politik) schloss in dieser Studie auch parteinahe Medien ein; selbst in einem offensichtlich und konsequent totalitären System ließ sich Vielfalt als pure Verschiedenheit der Medieninhalte empirisch nachweisen. Schließlich war auch der Agentur-Output im Deutschen Reich, der den Presseorganen einen reichen Input an Meldungen eröffnete, staatlich kontrolliert, weshalb eine auf den Meldungen des Deutschen Nachrichtenbüros gründende Themenvielfalt durchaus zulässig und dem System nicht abträglich war. Für den betreffenden Zeitraum schien das Paradoxon der ›Themenvielfalt in der Gleichschaltung‹ kaum geeignet, die bis ins Detail durchdachte Presselenkung des NS-Regimes zu bezeugen, weil es nicht die Auswirkungen der inhaltlichen Einflussnahme auf die Medien widerspiegelt. »Es verdeckt vielmehr,« so das Fazit der Studie, »wie ideologisch geprägte Vorgaben die Aufbereitung der jeweiligen Berichtsanlässe durch die Schriftleiter und Redaktionen beeinflussten. Denn die zentrale Gefahr für das Regime hätte in einem investigativen Journalismus bestanden, der entweder instrumentalisiert (d. h. gelenkt) oder unterbunden werden musste.«[919]

Die vorliegende Erhebung ermöglicht es nun, über das eben referierte Pilotprojekt hinaus die Dynamiken im Wechselspiel von Vielfalt und Fokussierung auf der Mikroebene von Berichtsanlässen im Zeitverlauf zu betrachten und damit zu beleuchten, ob diese Balance systematisch mit den politisch-sozialen Rahmenbedingungen der Medienproduktion zusammenhängt: In welchem Umfang überschnitten sich die Berichtsanlässe für Bildjournalismus zwischen *WO*, *BIZ* und *IB* in den sieben Phasen des Zeitraums vom Kaiserreich bis in den Zweiten Weltkrieg? Mit der Illustrierten-Presse als Grundlage ist es außerdem möglich, die Vielfalt auf Ebene der abgedruckten Bilder zu ermitteln: Inwieweit griff die visuelle Sozialisation durch *WO*, *BIZ* und *IB* auf einen gemeinsamen Bildervorrat zurück?

918 Vgl. Rössler, *Vielfalt und Fokussierung des Zeitgeschehens*.
919 Rössler/Pohl, *Wie gleichgeschaltet war die Tagespresse?* S. 191.

7.2 Vielfalt auf der Mikroebene historischer Bildberichterstattung

Bilder stehen, wie bereits mehrfach gesagt, in Illustrierten nicht für sich, sondern sind in thematische Kontexte eingebunden, die sich aus dem spezifischen Motiv nur selten zweifelsfrei erschließen lassen. Der Händedruck zwischen Politikern – aus dem Foto selbst ist kaum zu entnehmen, bei welchem Anlass es aufgenommen wurde; ein Schlachtfeld im Morgengrauen – auch hier gibt das Bild selbst wenig Hinweise, wann und wo sich die Szenerie abgespielt hat. Aus diesem Grund hat es sich bewährt, eine Vielfaltsanalyse von Bildern mehrstufig anzulegen, und zunächst die Vielfalt auf der Ebene der Berichtsanlässe zu bestimmen. Wendet man sich dann den Bildern zu, die diese Anlässe illustrieren, ist zu unterscheiden zwischen der absoluten (gleiche Bilder) und der relativen Übereinstimmung (ähnliche Bilder; Grafik 24).

GRAFIK 24
Logik der Vielfaltsanalysen

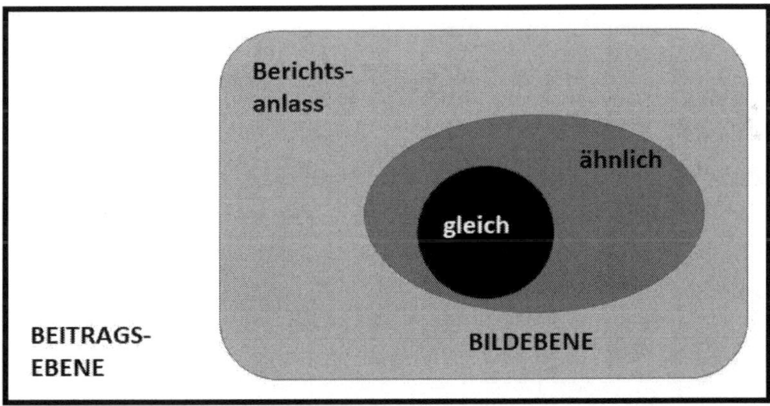

Die nachfolgenden Auswertungen wenden sich dementsprechend zunächst der Beitragsebene zu, wo die illustrierten Berichtsanlässe für jeden Halbjahreszeitraum in einer eigenen Liste erfasst und anschließend für jedes Medium codiert wurden. Berichtsanlässe wurden aufgrund der Überschrift(en) und des jeweils ersten Absatzes des Artikels ermittelt; Kontexteinheit war bei Unklarheiten stets der gesamte Artikel. Mithilfe der Aggregierungsfunktion wurden die erhobenen

Daten auf der Ebene der Berichtsanlässe der Beiträge zusammengefasst[920] und für jeden Anlass festgehalten, ob und in welchem Umfang jedes der drei Medien *WO*, *BIZ* und *IB* über diesen Anlass berichtete. Aus diesem transponierten Datensatz wurde anschließend berechnet, wie viele und welche Art von Anlässen von allen drei, zwei oder nur von einer Illustrierten beachtet wurden. Da jede Vielfaltsberechnung maßgeblich von der Zahl der Vergleichsobjekte abhängt, wird in dem Auswertungsbericht unterschieden zwischen der Phase bis einschließlich 1926, in der nur zwei Medien in die Vergleiche eingehen konnten (*WO* und *BIZ*), und der Phase ab 1927, in der alle drei Illustrierten betrachtet werden.[921] Außerdem wurden für jedes Medium Exklusiv- und Überschneidungsanteile mit jedem anderen berechnet, die sich in Relation auf das jeweils eigene Spektrum der Berichterstattung beziehen.

Anschließend wurde die Übereinstimmung auf Bildebene berechnet. Dazu wurden zunächst jene Fälle identifiziert, in denen eine absolute Übereinstimmung vorgefunden wurde, d.h. ein identisches Bild in (mindestens) zwei der Illustrierten anzutreffen war. Die (durchaus überschaubare) Zahl absoluter Übereinstimmungen wurde außerdem fallbezogen hinsichtlich Auffälligkeiten und typischer Merkmale analysiert. In einem zweiten Schritt wurde der Anteil relativer Übereinstimmungen berechnet, der sich dann aber stets auf die überhaupt gemeinsamen Berichtsanlässe beziehen musste (nur in dieser Konstellation können Übereinstimmungen überhaupt auftreten). Alle Ergebnisse wurden außerdem nach den in den bisherigen Analysen bereits ausgewiesenen Konstrukten aufgebrochen – d.h. nach den einzelnen Untersuchungsphasen, aber auch nach Medienfunktionen und dabei insbesondere nach dem Stellenwert politischer Bilder. Als Gewichtungsfaktoren wurden die Größe und die Anzahl der Bilder verwendet.

7.3 Vielfalt von Berichtsanlässen auf der Beitragsebene

Von den insgesamt 30.068 in der Studie erhobenen Bildern waren 26.734 (oder 89 %) für die Vielfaltsanalysen einschlägig; 3.334 Motive wurden ausgeschieden, weil es sich um den anderen Anbietern nicht zugängliches Material (Überschriften-

920 Aufgrund der Anlage der Gesamtstudie fließen in die Analysen nur bebilderte Berichtsanlässe ein; da es sich bei den untersuchten Medien um Illustrierte handelt, die Beiträge grundsätzlich bebildern, fiel jedoch weniger als 1 Prozent der Beiträge aus der Stichprobe heraus.

921 Aufgrund der schmalen Datenbasis der in diesem Jahr zunächst nur sporadisch erschienenen Ausgaben wurde der Jahrgang 1926 des *IB* aus diesen Analysen ausgeschlossen.

gestaltungen, Witze usw.) handelte oder den Gründungsjahrgang 1926 des *IB* betraf. Alle weiteren Auswertungen beruhen auf diesem reduzierten Satz von Bildern, der sich auf insgesamt 9.136 Berichtsanlässe bezog (vgl. Grafik 25). Umgekehrt lässt sich damit grob zusammenfassen, dass jeder Berichtsanlass im Untersuchungszeitraum mit etwa drei Bildern in der Berichterstattung aller Illustrierten vertreten war. Den Maximalwert von 250 (!) Abbildungen erreichte die *WO*, als in den Frühjahrsausgaben 1919 Abgeordnete der deutschen Nationalversammlung in einzelnen Porträtfotos vorgestellt wurden. An diesem Beispiel lässt sich auch sehr schön die oben angesprochene Problematik der Definition eines Berichtsanlasses verdeutlichen: Natürlich hätte man genauso jedes einzelne Porträtfoto aufgrund seines Entstehungszusammenhangs als unabhängiges Motiv verstehen und demzufolge »Mitglied der NV Kreft«, »Mitglied der NV Ohler«, »Mitglied der NV Bäumer« usw. als jeweils einzelnen Berichtsanlass auffassen können. Stattdessen wurde entschieden, all diese Porträts dem einen Anlass ›Mitglieder der Nationalversammlung‹ zuzuordnen.

Von der Gesamtheit aller Berichtsanlässe berücksichtigte die *WO* 5.020 (also über die Hälfte), die *BIZ* 3.507 (38,4 %) und der *IB* 1.268 (13,9 %). Aufgeteilt in die beiden Analysephasen bis 1926 (ohne *IB*) und ab 1927 (mit *IB*) ergibt sich allerdings ein zutreffenderes Bild: Im ersten Zeitraum konstituierten *WO* und *BIZ* einen gemeinsamen Ereignisraum von 4.485 illustrierten Berichtsanlässen; zwei Drittel hiervon vermittelte die *WO* in ihren Bildberichten, die *BIZ* aber nur knapp 40 Prozent. Der Vielfaltsbeitrag der *WO* ist damit bis 1926 deutlich höher einzuschätzen als der der *BIZ*. Für den zweiten Zeitraum ebnen sich diese Unterschiede nahezu ein (43,0 vs. 37,4 %), während das Spektrum der Berichterstattung des *IB* nur ein gutes Viertel aller thematisierten Anlässe umfasst (27,3 %). Die beiden bürgerlichen Illustrierten deckten also in ihrer Berichterstattung ein deutlich breiteres Spektrum an Anlässen ab als der parteigebundene *IB*.

Diese Analysen nehmen keine Gewichtung der einzelnen Berichtsanlässe vor, jeder kurze Bildbericht fließt in gleichem Umfang ein wie eine mehrseitige Bildstrecke. Da andere Vielfaltsstudien auf der Mikroebene, wie bereits erwähnt, allerdings schlüssig nachweisen konnten, dass es gerade die Themen von größerer Bedeutung (und damit auch einer höheren Zahl berücksichtigter Bilder) sind, die von allen Medien übereinstimmend berichtet werden, wurden die dargestellten Anteile in einer zweiten Analyse mit dem Umfang der Bildberichterstattung gewichtet.[922] Im ersten Teilzeitraum erhöhen sich die Anteilswerte erwartungsge-

922 Diese Vorgehensweise unterstellt, dass die aufsummierten kategorialen Größenwerte pro Bild einen validen Indikator für den Umfang darstellen, in dem ein Berichtsanlass thematisiert wurde; trotz der

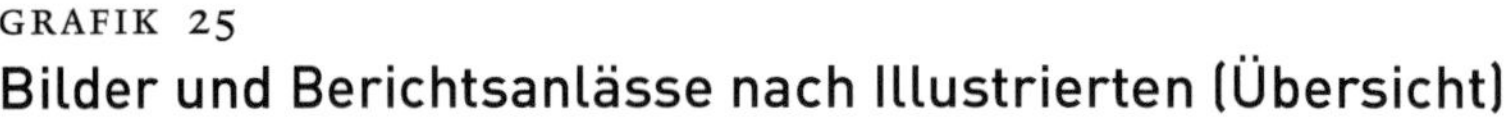

GRAFIK 25

Bilder und Berichtsanlässe nach Illustrierten (Übersicht)

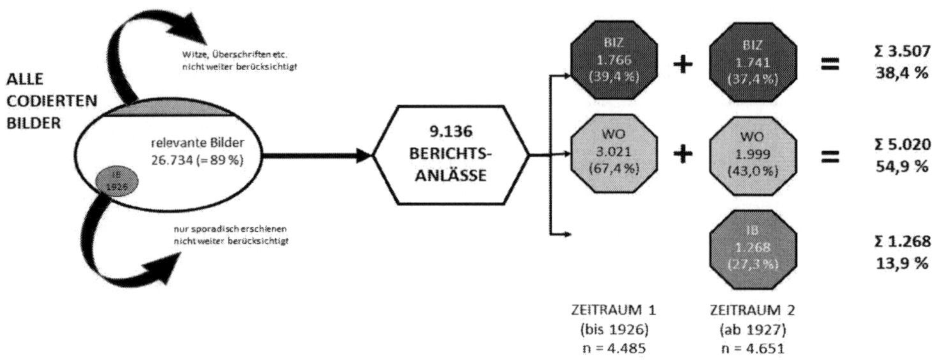

mäß auf 39,9 Prozent (*BIZ*) und 75,1 Prozent (*WO*); für den zweiten Zeitraum ab 1927 geschieht dies analog (*BIZ*: 41,2 % / *WO*: 46,9 % / *IB*: 37,8 %). Im letzteren Fall gilt somit, dass der Raum, den die drei Illustrierten für eine visuelle Berichterstattung absteckten, von jedem Medium zu in etwa 40 Prozent abgedeckt wurde.

Mit Blick auf das Interesse der vorliegenden Studie an politischen Bildern stellt sich die Frage, ob die geschilderten Größenordnungen auch dann erhalten bleiben, wenn man sich auf die Betrachtung von Berichtsanlässen mit dezidiert politischem (oder militärischem) Akzent konzentriert.[923] Dies trifft auf 3.068 der Berichtsanlässe (33,6 %) zu. D. h. fast genau ein Drittel der angetroffenen Anlässe wurde mit einem Hauptbild illustriert, das eine politische (1.678, 18,4 %) oder militärische (1.390, 15,2 %) Motivik aufwies (vgl. Grafik 26). Eine Aufspaltung in die Teilzeiträume ergibt für den Vergleich von *BIZ* und *WO* (bis 1926) keine substanziellen Unterschiede in den proportionalen Anteilen an der Berichterstattung – im Gegenteil: Mit 67,4 Prozent erreicht die *WO* sogar exakt denselben Wert wie in der Gesamtstichprobe, und auch der nur um knapp 4 Prozent erhöhte Anteil bei der *BIZ* legt die Schlussfolgerung nahe, dass das Themenfeld Politik bis 1926 keine Sonderstellung im Vergleich zu den anderen journalistischen Gebieten besaß, die in den Illustrierten angesprochen wurden. Die Vielfalt der Bildberichterstattung ist,

Messfehler aufgrund der Rundung bei der Codierung sollten die relativen Gewichte ein vergleichsweise korrektes Bild ergeben.

923 Ein Berichtsanlass wurde in der Aggregation dann als politisch bzw. militärisch angesehen, wenn das zentrale oder Aufmacherbild mit der Thematik des Motivs ›Politik‹ bzw. ›Militär/Krieg‹ verschlüsselt wurde (vgl. Kategorie v29 im Codebuch).

mit Blick auf die ihr zugrunde liegenden Berichtsanlässe, hier fast ebenso groß wie wenn es um Kultur, Katastrophen oder Sport geht. Erst mit dem Einbezug des *IB* nach 1927 verschiebt sich dieses Bild etwas; als parteigebundenes Medium zwangsläufig eher an politischen Sachverhalten interessiert, überrundete er auf diesem Gebiet nun seine Wettbewerber, als er 620 politische oder militärische Berichtsanlässe aufgriff (*BIZ*: 538 / *WO*: 577). Der *IB* deckte damit annähernd 40 Prozent des von allen drei Illustrierten aufgespannten Ereignisspektrums ab, die bürgerliche Presse folgte danach mit etwas geringeren Anteilswerten.

GRAFIK 26

Berichtsanlässe mit politischem oder militärischem Hintergrund (Übersicht)

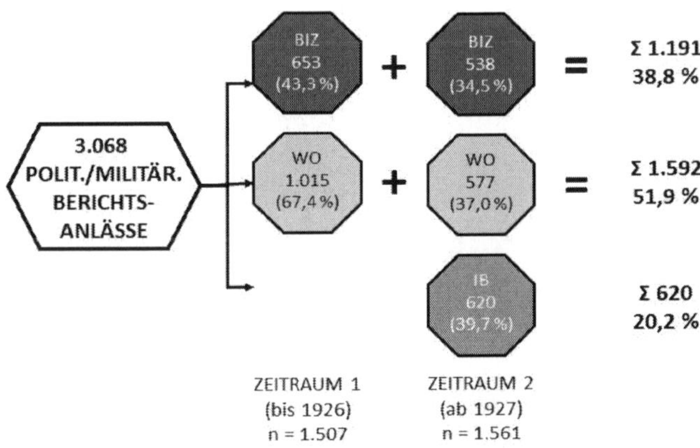

Nach dieser allgemeineren Betrachtung auf der Ebene aller Berichtsanlässe soll es im Folgenden genauer um die Überschneidung der Bildberichterstattung gehen – also das Ausmaß, in dem derselbe Berichtsanlass von mehreren Medien aufgegriffen wurde, oder eben nur von einem und damit ›exklusiv‹ hinsichtlich der untersuchten Zeitschriftenstichprobe blieb. Im ersten Teilzeitraum bis 1926 waren, weil mit der *WO* und der *BIZ* nur zwei Anbieter verglichen werden, die Überschneidungen relativ leicht aus den oben bereits ausgewiesenen Anteilen zu berechnen, denn es gibt für einen Anlass nur drei Optionen: Entweder berichten sowohl *WO* als auch *BIZ* darüber (Fokussierung), oder nur jeweils eine der Illustrierten, die dann mit diesem Anlass einen Vielfaltsbeitrag auf der Mikroebene leistet. Etwas komplexer wird die Lage ab 1927, da mit dem zusätzlichen Angebot des *IB* nun insgesamt sieben mögliche Überschneidungskombinationen entstanden: neben den drei Exklusiv-Varianten als individueller Vielfaltsbeitrag und der Beachtung durch alle drei Medien als Fall größter Fokussierung noch die drei möglichen Kombinationen von jeweils zwei der Illustrierten. Hier würde man vermuten, dass für den Abgleich der bürgerlichen Illustrierten BIZ und WO ein höherer Deckungsgrad besteht als zwischen ihnen und dem parteigebundenen IB. Darüber hinaus lassen sich die jeweils bilateralen Überschneidungen auch aus Sicht von jeweils einer der drei Zeitschriften betrachten, womit sich die Frage beantworten lässt, welche Anteile der Medienleistung dieses Anbieters durch die Alternativangebote ebenfalls erbracht wurden. Die nachfolgende Darstellung behandelt die beiden Teilzeiträume separat, weil sich die Zahl der einbezogenen Vergleichsobjekte substanziell auf die Berechnung, Auswertung und Darstellung der Befunde auswirkt.

Berichtsanlässe bis 1926

Im Zeitraum zwischen 1905 und 1926 standen mit der BIZ und der WO zwei klassisch-bürgerliche Illustrierte für die Ermittlung der Vielfalt bei den Anlässen für die Bildberichte zur Verfügung. Bereits die ersten Analysen fördern eher unerwartete, von bisherigen Vielfaltsstudien abweichende Befunde zu Tage (vgl. Grafik 27): Der Überschneidungsbereich zwischen BIZ und WO fällt anlassbezogen mit 7 Prozent erstaunlich gering aus. Dies bedeutet mit anderen Worten, dass von den insgesamt 4.485 verschiedenen Berichtsanlässen, über die die beiden Blätter in diesem Zeitraum berichteten, nur 302 (oder etwa jeder Vierzehnte) von beiden Periodika aufgegriffen wurden. Dieser Anteil schwankt zwar zwischen den einzelnen Phasen leicht von 5 bis 8 Prozent, was aber an dem grundsätzlichen Befund nichts ändert – Leser der BIZ wurden mit einem fast vollständig anderen Ereignishintergrund konfrontiert als die der WO und umgekehrt. Dies berücksichtigt bereits, dass die Berichtsanlässe für jeweils einen Drei-Wochen-Zeitraum im Frühjahr bzw. Herbst zusammengefasst wurden, um einen kleinen Versatz zwischen den Erscheinungsterminen der beiden Illustrierten auszugleichen. Man mag immer noch einwenden, dass möglicherweise der ein oder andere Anlass aus dem ersten Heft der Stichprobe vom jeweils anderen Medium in der Vorwoche berichtet worden sein könnte und deswegen nicht erfasst wird; oder analog bei den dritten Heften Berichte jeweils im nicht mehr berücksichtigten Folgeheft stehen könnten. Aber selbst diese Fehlertoleranz konzediert, wird der tatsächliche Überschneidungsbereich sicher nicht mehr als 10 Prozent ausmachen, womit beide Redaktionen ihre Inhalte im Ergebnis weitgehend unabhängig voneinander ausgewählt haben.

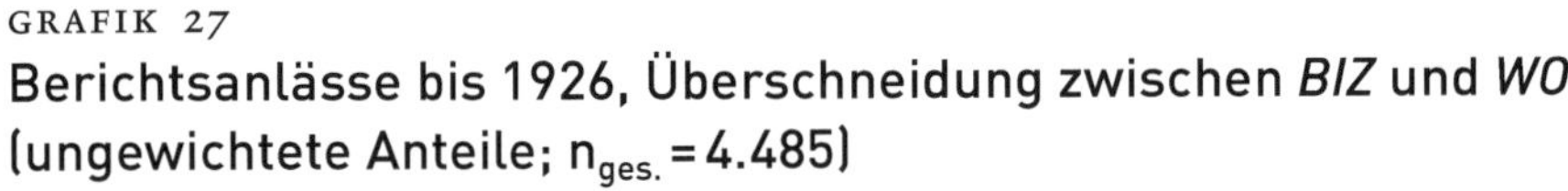

GRAFIK 27

Berichtsanlässe bis 1926, Überschneidung zwischen *BIZ* und *WO* (ungewichtete Anteile; $n_{ges.}$ = 4.485)

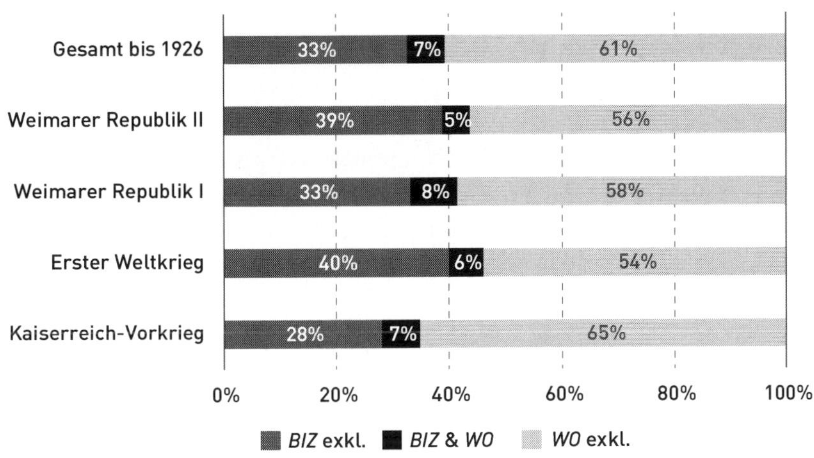

Aus diesen Befunden auf der Ebene von Berichtsanlässen ergeben sich unmittelbare Konsequenzen für das abgedruckte Spektrum der Bilder. Denn wenn bereits die der Berichterstattung zugrundeliegenden Anlässe weitgehend verschieden sind, dann ergibt sich daraus zwangsläufig, dass auch die gezeigten Bilder unterschiedlich sein *müssen*, weil es kaum gemeinsame inhaltliche Kontexte gibt.

Aber weshalb sind diese Werte so deutlich geringer als die Überschneidungsanteile, wie sie bislang in Vielfaltsstudien auf der Mikroebene zu finden waren? Eine vorläufige Antwort auf diese Frage findet sich möglicherweise im besonderen journalistischen Programm, das der *wöchentlichen* Illustrierten-Presse zugrunde liegt: Im Gegensatz zu den bislang primär untersuchten *tagesaktuellen* Medien (zunächst die Tageszeitung, später auch der Hörfunk und das Fernsehen), die allesamt darauf abzielen, das Gegenwartsgeschehen innerhalb ihrer kurz getakteten Periodizität abzudecken und sich dabei an klassischen Relevanzkriterien wie den journalistischen Nachrichtenwerten zu orientieren, funktionierte die illustrierte Presse anders. Wenn ihre Ausgaben alle sieben Tage erscheinen, ist die Berichterstattung alleine schon aufgrund der damals noch aufwändigeren Herstellungsprozesse etwas veraltet – und da die Primärinformation bereits durch die Tageszeitungen vermittelt wurde, stand man nicht zwangsläufig unter dem Druck, die laufenden Ereignisse nochmals minutiös zu rekapitulieren. Und so ergibt sich für die Tagespresse, deren journalistische Programme und Selektionsmechanismen durch weitgehend geteilte Relevanzkriterien bestimmt werden, logischerweise ein relativ größerer Anteil an Übereinstimmungen in den Berichtsanlässen als für die Illustrierten-Presse, die in ihrer Themenauswahl freier erscheint und auch gerne ›zeitlosere‹ Inhalte präsentiert. Hinzu kommt, dass (anders als die als Texte verbreiteten Agenturberichte) die Verfügbarkeit von Bildern rein logistisch eingeschränkt war. Zwar berichten Zeitgenossen von den großen Mengen an unverlangt eingesandten Fotos an die Redaktionen, aber anders als bei umformulierbaren schriftlichen Berichten konnte man für Fotos aufgrund ihrer Objekthaftigkeit leichter Exklusivität vereinbaren. Insbesondere galt dies für die Bildstrecken, die fest angestellte Fotoreporter für ihre Redaktionen anfertigten und die der Konkurrenz selbstverständlich nicht zur Verfügung standen.

Ein frühes Beispiel für eine Form der Überschneidung zwischen *BIZ* und *WO* stellt die Berichterstattung über Cooks Nordpol-Expedition im Herbst 1909 dar (vgl. Abb. 166). Sie verdeutlicht gleichzeitig aber auch, wie unterschiedlich die tatsächliche publizistische Leistung doch sein kann, die sich hinter einer gemeinsamen Berücksichtigung eines Anlasses im selben Ausgabenblock verbirgt. Die *BIZ* räumte dem Hinweis auf dieses Ereignis sogar die Titelseite ein, brachte dann aber nur wenige Zeilen Text, die noch dazu zum Teil durch Abbildungen ›aufgelockert‹ wurden, die nichts mit dem Berichteten zu tun hatten (eine seinerzeit übliche redaktionelle Praxis, wie an anderer Stelle bereits erwähnt). Zum Cook-Thema gehören lediglich die beiden Fotos auf der rechten Seite, die die Menschenmassen zur Begrüßung Cooks in Kopenhagen zeigen und »die Leiden der Berühmtheit«, wenn man sich erst einen Weg durch die Menge bahnen muss. Anders die Illustrationsstrategie der *WO*, die nicht nur eine Doppelseite mit Fotos präsentierte, sondern davon getrennt zudem eine Karte mit Cooks Weg zum Nordpol, begleitet von einem längeren Lesestück zur Expedition. Die inhaltlichen Nuancen werden von der quantitativen Vielfaltsanalyse insofern eingeebnet, als beide Artikel unter dem gemeinsamen Berichtsanlass ›Cooks Rückkehr‹ firmieren.

Der grundsätzliche Befund eines eher geringen Anteils solcher Überschneidungen verändert sich nur graduell, wertet man nicht die reine Anzahl der Berichtsanlässe aus, sondern gewichtet diese mit dem Umfang der Berichterstattung über das jeweilige Ereignis (vgl. Grafik 28). Nun fließen längere Bildberichte stärker in die Analyse ein; und vor dem Hintergrund, dass eine ausführlichere Beachtung ein gutes Indiz für die höhere Tragweite eines Berichtsanlasses darstellt, erscheint es

Berliner Illustrirte Zeitung

Dr. Cooks Nordpolfahrt.

Berliner Illustrirte Zeitung

Dr. Cook und die Mitglieder der Schweizerisch-Deutschen Grönland-Expedition an Bord des „Hans Egede" auf der Heimreise.

Ankunft und Begrüßung des Forschungsreisenden Dr. Frederick A. Cook (×) in Kopenhagen.

Die Eroberung des Nordpols.

Dr. Frederick A. Cook und Kommandeur Hovgaard im Wagen.

Polarkarte

Die Eroberung des Nordpols.

Abb. 166: Berichtsanlass ›Cook-Expedition‹ 1909. Oben: bebilderter Artikel in der *BIZ* Nr. 37 vom 12. September 1909, S. 674f. Die vier Abbildungen auf der linken Seite sind anderen Themen gewidmet. Unten: In der *WO* Nr. 37 vom 11. September 1909 war nicht nur ein mit einer Karte illustrierter Artikel (S. 1556f.) erschienen, sie widmete der Expedition auch die hier abgebildeten beiden Bildseiten (S.1562f.). Ihr Foto rechts oben, das Cook (links) mit dem Chef des dänischen Marinekabinetts auf der Fahrt ins königliche Schloss Kopenhagen zeigt, wurde von der im Prinzip gleichzeitig erscheinenden *BIZ* an den Seiten beschnitten für die Gestaltung ihrer Titelseite genutzt. Nur sie gab als Quelle »B.I.G.« an, die Berliner Illustrationsgesellschaft.

auch als plausibel, dass damit eine übereinstimmende Auswahl steigt.[924] Durch diese Auswertungen tritt nun deutlicher zutage, dass der Konsens über bestimmte Berichtsanlässe während des Ersten Weltkriegs im Vergleich geringer war, dafür aber *BIZ* und *WO* annähernd ähnlich viele Berichtsanlässe zum gemeinsamen Ereigniskosmos beisteuerten. Überhaupt war bei der ungewichteten Betrachtung das Spektrum der von der *WO* eingebrachten Anlässe deutlich größer, was sich nun etwas einebnet, wohl weil die *BIZ* etwas ausführlicher über den einzelnen Anlass berichtete. Mit 17 Prozent fällt der gewichtete Überschneidungsbereich in der frühen Phase der Weimarer Republik am höchsten aus – vielleicht bewirkten die drängenden Probleme der unmittelbaren Nachkriegszeit hier eine gewisse Fokussierung in der Berichterstattung.

GRAFIK 28

Berichtsanlässe bis 1926, Überschneidung zwischen *BIZ* und *WO* (gewichtet mit der Relevanz des Anlasses; $n_{ges.}$ = 4.485)

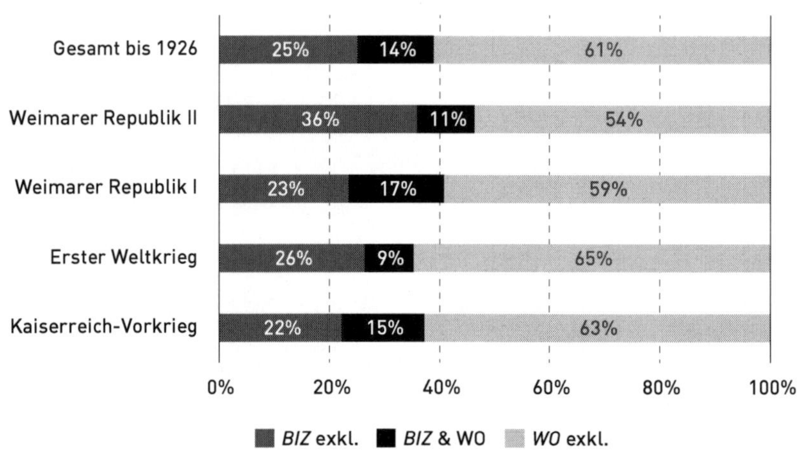

Auch wenn die Vermutung naheliegt, dass der Bereich der ›harten‹ Berichterstattung über politisches und militärisches Geschehen vielleicht für ein höheres Maß an Übereinstimmungen prädestiniert sein könnte – die empirischen Daten bestätigen dies nur begrenzt (vgl. Grafik 29). Tatsächlich erhöht sich (ungewichtet) der Überschneidungsanteil auf insgesamt 11 Prozent der 1.507 einschlägi-

924 Zu beachten ist allerdings, dass bei dieser Analysestrategie gewisse Methodenartefakte nicht auszuschließen sind, da Berichtsanlässe im Überschneidungsbereich per Definition von zwei Medien berücksichtigt wurden und ihr Umfang alleine deswegen ansteigt; ein Teil der erhöhten Überschneidungswerte erklärt sich durch diesen Effekt.

gen Berichtsanlässe, mit den üblichen geringfügigen Schwankungen und dem geringsten Wert wieder im Ersten Weltkrieg (8 %). Also genau hier, wo man aufgrund der stärksten Kommunikationskontrolle vermuten würde, dass auch die Berichterstattung am ähnlichsten ausfällt, scheinen sich die Redaktionen doch deutlich in ihrer Auswahlpraxis unterscheiden. Dies mag daran liegen, dass für die militärischen Sujets, die hier dominieren, oft und leicht funktionale Äquivalente vorliegen, die hier allerdings als unterschiedliche Berichtsanlässe codiert wurden. Tatsächlich kann man aus Lesersicht aber die berechtigte Frage stellen, ob der Bericht über einen anderen Frontabschnitt oder ein anderes Scharmützel tatsächlich einen Beitrag zur Angebotsvielfalt leistet, oder ob nicht doch eigentlich dasselbe berichtet wird, nur aus unterschiedlichem Anlass. In der Gesamtschau ist dennoch festzuhalten, dass der Bereich der politischen Inhalte durch eine höhere Themenfokussierung als die Gesamtberichterstattung gekennzeichnet ist, auch wenn sich beides auf eher niedrigem Niveau abspielt.

GRAFIK 29

Politische oder militärische Berichtsanlässe bis 1926, Überschneidung zwischen *BIZ* und *WO* (ungewichtete Anteile; $n_{ges.}$ = 1.507)

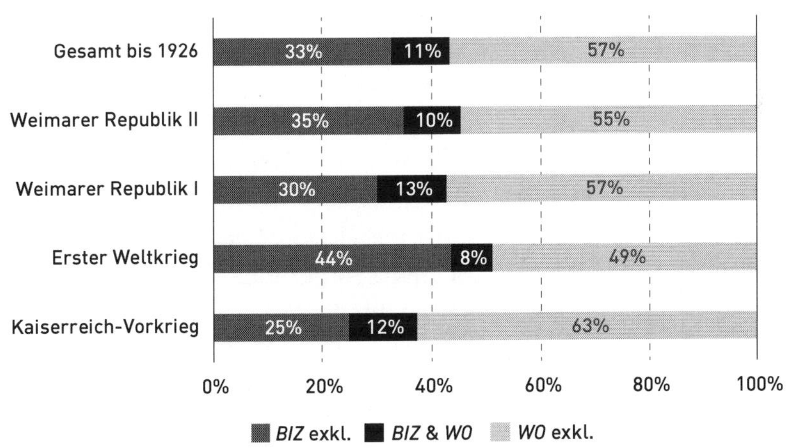

Die vertiefte Analyse jener 302 Anlässe mit Bildüberschneidungen in der Zeit bis 1926 liefert nur wenige Anhaltspunkte für Auffälligkeiten: Tatsächlich handelt es sich zu 99 Prozent um Fotos, verglichen mit einem Anteil von ansonsten 94 Prozent an allen Illustrierten-Bildern dieses Samples. Wie anzunehmen war, eignen sich die leicht reproduzierbaren fotografischen Abbildungen tendenziell eher, um auch in anderen Medien berücksichtigt zu werden, als die stärker durch eine Bildautorenschaft geprägten Zeichnungen und Illustrationen. Außerdem sind Überschneidungen dann besonders wahrscheinlich, wenn eines der Medien den betreffenden Anlass als Titelgeschichte publiziert hatte (13 vs. 2 %), was ebenfalls ein Indikator für Relevanz darstellt.

GRAFIK 30

Berichtsanlässe bis 1926, Überschneidung jeweils aus Sicht der *BIZ* und *WO* (ungewichtet), gesamt und nur Anlässe mit politischem oder militärischem Hintergrund

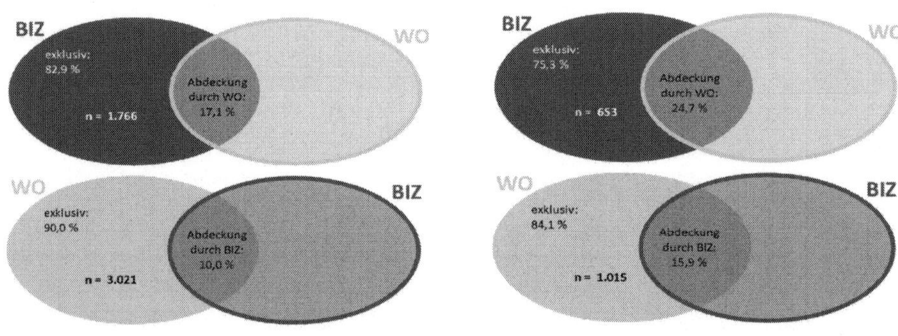

Anlässe gesamt

nur mit politischem oder militärischem Hintergrund

Eine essenzielle Auswertungsstrategie für Vielfaltsanalysen besteht darin, nicht nur die Anteilswerte an der Gesamtverteilung zu betrachten, sondern jeweils aus Sicht des einzelnen Mediums die Abdeckungswerte zu berechnen. Die Frage lautet dann nämlich, welchen Teil der medialen Leistung einer Illustrierten, ausgedrückt durch die bebilderten Berichtsanlässe, von dem bzw. den Wettbewerber(n) ebenfalls erbracht wird (vgl. Grafik 30). Betrachtet man zunächst alle Anlässe insgesamt (linker Teil des Schaubilds), so lässt sich aus Sicht der *BIZ* formulieren, dass sie über rund 83 Prozent ihrer Anlässe exklusiv berichtete, und der Leser 17 Prozent dessen, was er in der *BIZ* vorfand, auch in der *WO* zur Kenntnis nehmen konnte. Die *WO* hingegen wies einen Exklusivitätsanteil von 90 Prozent auf, auch aufgrund der im Vergleich höheren Anzahl an Berichtsanlässen überhaupt. Diese Werte reduzieren sich für beide Medien gleichermaßen, betrachtet man lediglich die politischen oder militärischen Anlässe; nun waren nur noch rund 75 Prozent (*BIZ*) bzw. 84 Prozent (*WO*) originäre Themen, die sich nicht auch beim Wettbewerber finden ließen.

GRAFIK 31

Berichtsanlässe bis 1926, Exklusivanteile jeweils aus Sicht der *BIZ* und *WO* (ungewichtet), gesamt und nur Anlässe mit politischem oder militärischem Hintergrund

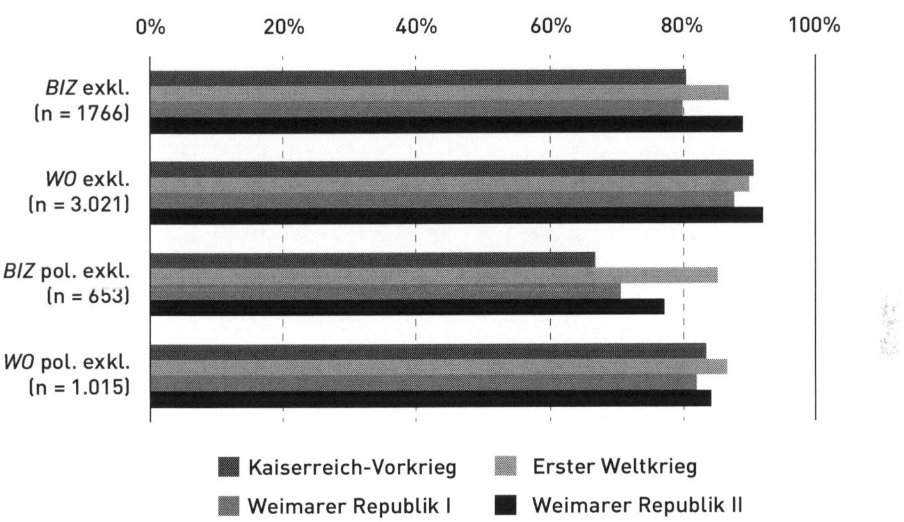

Diese Werte waren entlang der einzelnen Phasen des Untersuchungszeitraumes manchen Schwankungen unterworfen (vgl. Grafik 31), ohne dass hier aber eine bestimmte Regelmäßigkeit erkennbar würde. Am ehesten fällt die größere Volatilität der Anteilswerte für die politischen Anlässe in der *BIZ* auf, wo die redaktionelle Auswahl deutlicher zwischen einem geringeren und einem höheren Vielfaltsbeitrag schwankt als bei der *WO* oder in der gesamten Bildberichterstattung, aber eine Erklärung dieses beobachteten Phänomens fällt schwer und darf angesichts möglicher Idiosynkrasien aufgrund der Auswahl der Sample Points nicht überbewertet werden.

Berichtsanlässe ab 1927

Die Beschreibung der Vielfaltsbeiträge ist für die Zeit ab 1927 etwas komplizierter, weil mit dem *IB* ein weiterer Wettbewerber in das Sample eintritt und damit nicht nur der Vergleich von zwei, sondern von drei Bildangeboten erforderlich wird. Dies erhöht die Zahl möglicher Vergleichskonstellationen wie gesagt auf sieben. Eine Grundauswertung der 4.651 ermittelten Berichtsanlässe dieses Zeitraums schreibt grosso modo die Erkenntnislage aus der Zeit bis 1926 fort (vgl. Grafik 32): Einem relativ kleinen Konsensbereich von rund 6 Prozent an Anlässen, über die mindestens zwei oder alle drei Medien berichten, stehen exorbitante Exklusivbereiche zwischen 24 Prozent (*IB*) und 38 Prozent (*WO*) der Berichtsanlässe gegenüber. Der Überschneidungsbereich zwischen den bürgerlichen Medien *BIZ* und *WO* ist dabei größer als der jeweils mit dem parteigebundenen Organ *IB* (2 vs. je 1 %), aber diese Unterschiede verharren auf so geringem Niveau, dass man hier bestenfalls von Tendenzen sprechen sollte. An dieser Stelle gibt es weder starke Indizien dafür, dass sich der *IB* in seinem Umgang mit Anlässen für Bildberichte grundsätzlich anders verhalten hätte als seine Konkurrenten, noch dass diese sich vom *IB* abgesetzt hätten; lediglich der etwas geringere Exklusivanteil des *IB* deutet auf eine im Umfang geringere Berichterstattung mit weniger thematisierten Anlässen hin.

GRAFIK 32

Berichtsanlässe ab 1927, Überschneidung zwischen *BIZ*, *WO* und *IB* (ungewichtete Anteile; n = 4.651)

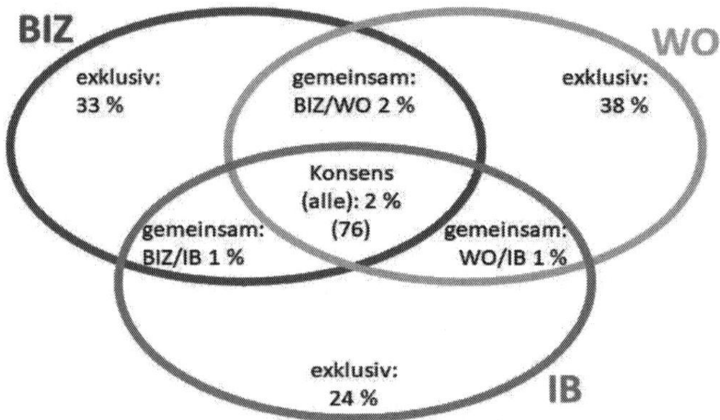

Nur 76 Anlässe (2 %) finden sich in allen drei Medien wieder – ein Wert, den man angesichts der ab 1933 eingeleiteten Gleichschaltungsbestrebungen und den Maßnahmen zur Presselenkung (wie etwa die Verpflichtung auf bestimmte Themen) so nicht erwartet hätte. Allerdings ist richtig, dass sich 51 dieser Überschneidungen in der Phase des NS-Staats vor dem Krieg antreffen lassen (vgl. Tab. 14), dafür allerdings nur sieben während des Zweiten Weltkrieges. Hier erreicht der *IB* seinen größten Exklusivanteil (29,1 %). Bis zum Ende des Untersuchungszeitraums reduzieren sich die Fälle dramatisch, in denen *BIZ* und *WO* über einen Anlass berichten, der *IB* hingegen nicht (0,7 %, gegenüber 2,4 - 3,4 % zuvor).

Beide bürgerlichen Blätter weisen im Vergleich stets geringere Überschneidungen mit dem *IB* auf – das Spektrum der Bildberichterstattung ist zwischen ihnen zumindest tendenziell ähnlicher als die Gemeinsamkeiten mit dem Parteiblatt. Aber alle diese Befunde werden nach wie vor von dem (schon vor 1926 anzutreffenden) hohen Exklusivanteil aller Illustrierten überschattet.

TABELLE 14

Berichtsanlässe ab 1927, Überschneidung zwischen *BIZ*, *WO* und *IB* nach Phasen (Anzahl & ungewichtete Anteile)

				Überschneidungen				
	BIZ exkl.	*WO* exkl.	*IB* exkl.	*BIZ-WO*	*BIZ-IB*	*WO-IB*	alle	Gesamt
Weimarer Republik II	304	302	131	19	11	4	8	779
	39,0 %	38,8 %	16,8 %	2,4 %	1,4 %	0,5 %	1,0 %	99,9 %
Weimarer Republik III	256	366	184	29	2	6	10	853
	30,0 %	42,9 %	21,6 %	3,4 %	0,2 %	0,7 %	1,2 %	100 %
NS-Staat-Vorkrieg	589	641	430	52	21	34	51	1.818
	32,4 %	35,3 %	23,7 %	2,9 %	1,2 %	1,9 %	2,8 %	100,2 %
Zweiter Weltkrieg	366	452	349	7	9	11	7	1.201
	30,5 %	37,6 %	29,1 %	0,6 %	0,7 %	0,9 %	0,6 %	100 %
ab 1927 gesamt	1.515	1.761	1.094	107	43	55	76	4.651
	32,6 %	37,9 %	23,5 %	2,3 %	0,9 %	1,2 %	1,6 %	100 %

Ein prägnantes Beispiel für diese übereinstimmenden Berichtsanlässe in der Berichterstattung vor dem Zweiten Weltkrieg bildet das propagandistische Großereignis der Olympischen Winterspiele 1936 in Garmisch-Partenkirchen: Die Eröffnung durch Reichskanzler Hitler, die in den Frühjahrs-Analysezeitraum der Studie fiel, wurde selbstverständlich von allen drei Medien in ausführlicher Breite gewürdigt (vgl. Abb. 167) – was sicherlich auch in einer nicht gleichgeschalteten Presse geschehen wäre. Das Spektrum der Aufmacherbilder reicht vom stimmungsvollen Führerporträt im Schneetreiben (*WO*) bis zum Blick über dessen Schulter auf das Geschehen der Eröffnungsfeier, das von *IB* und *BIZ* durch ein relativ ähnliches Fotomotiv (vgl. den nächsten Abschnitt) dokumentiert wurde.

Führt man auch im zweiten Untersuchungszeitraum dieselben Gewichtungsfaktoren aufgrund des Umfangs der Bildberichterstattung ein wie im ersten, dann wiederholt sich das bekannte Muster (vgl. Grafik 33): Der Überschneidungsanteil wächst auf rund 17 Prozent an, mit 8 Prozent der gewichteten Anlässe im Konsensbereich aller Organe; die Exklusivanteile reduzieren sich, bleiben aber in ihren Relationen weitgehend erhalten.

DIE WOCHE

Berliner Illustrirte Zeitung

Olympia-Bericht / Neuer Roman

DIE IV. OLYMPISCHEN WINTERSPIELE DURCH DEN FÜHRER ERÖFFNET:

60000 beim Einmarsch der Nationen im größten Skistadion der Welt

Abb. 167: Berichtsanlass ›Olympia-Eröffnung‹, 1936. Wie schwierig es ist, die Bildberichterstattung in den NS-Jahren auf einen einfachen Nenner zu bringen, zeigen die hier gezeigten Beispiele. Auf dem von Hanns Hubmann aufgenommenen Foto der *WO* (Nr. 7 vom 12. Februar 1936, S. 1 [oben links]) ist Hitler kaum zu erkennen. Und was noch interessanter ist: Das Bild diente erst zur Gestaltung des Innentitels. Auf der eigentlichen Umschlagvorderseite prangte mit der Bildzeile »Regierungsjubiläum eines indischen Fürsten« ein Foto des alten Maharadscha von Baroda auf einem riesigen, kostbaren Thron. Hatte man bei dieser Bilderauswahl nur auf die Fotoqualität gesetzt oder wollte man mehr zum Ausdruck bringen? Die Fragen setzen sich bei *BIZ* und *IB* fort. Als einzige hatte die *BIZ* bei ihrer Nr. 7 vom 13. Februar 1936 ein Foto (nun Heinrich Hofmanns) mit Hitler auf die Titelseite gesetzt (oben rechts). Der gleichzeitig erscheinende *IB* (hier: S. 186f.) offerierte zwar die größere Bildstrecke, reservierte aber die Titelseite einem Bild mit Robert Ley, dem Führer der Deutschen Arbeitsfront, und Karl Ritter von Halt, dem Präsidenten des Olympischen Komitees (Mitte/unten). War nicht beides dem Anlass angemessen – jenseits politischer Anweisungen?

GRAFIK 33

Berichtsanlässe ab 1927, Überschneidung zwischen *BIZ*, *WO* und *IB* (gewichtete Anteile; n = 4.651)

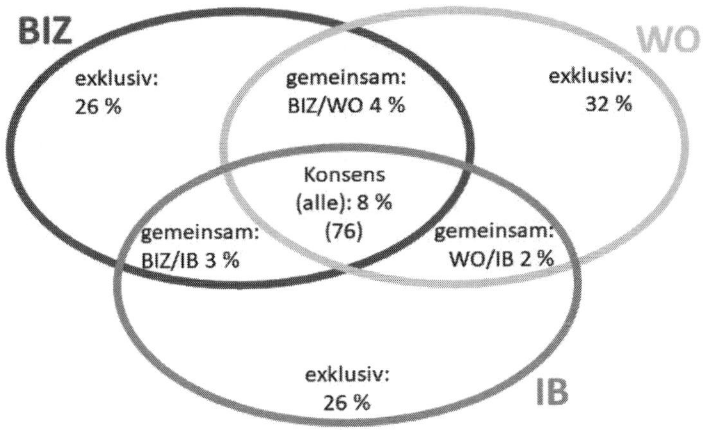

TABELLE 15

Berichtsanlässe ab 1927, Überschneidung zwischen *BIZ*, *WO* und *IB* nach Phasen (gewichtete Anteile)

	Überschneidungen							
	BIZ exkl.	*WO* exkl.	*IB* exkl.	*BIZ-WO*	*BIZ-IB*	*WO-IB*	alle	Gesamt
Weimarer Republik II	29,2 %	35,8 %	18,5 %	6,4 %	3,2 %	0,7 %	6,2 %	100 %
Weimarer Republik III	24,5 %	37,1 %	26,0 %	7,0 %	1,0 %	0,9 %	3,5 %	100 %
NS-Staat-Vorkrieg	23,0 %	28,4 %	25,1 %	4,2 %	2,9 %	3,7 %	12,8 %	100 %
Zweiter Weltkrieg	30,0 %	32,2 %	31,0 %	1,5 %	2,1 %	1,3 %	2,0 %	100 %
ab 1927 gesamt	25,9 %	31,9 %	25,8 %	4,4 %	2,4 %	2,1 %	7,5 %	100 %

Im Vergleich der Phasen (Tab. 15) ist der höchste Grad an Fokussierung im NS-Staat vor dem Krieg zu verzeichnen – fast 24 Prozent der gewichteten Berichtsanlässe waren nun nicht mehr exklusiv, der Spitzenwert aller Analysen. Mit anderen Worten bezog sich knapp ein Viertel der mit Bildberichterstattung bedruckten Fläche auf Anlässe, über die von mehr als einem der drei Medien berichtet wurden; aber nach wie vor war der Rest, also gut drei Viertel, exklusiv nur in einer der Zeitschriften zu finden. Dies sind sicher nicht die Relationen, die man in Zeiten einer medialen Gleichschaltung erwarten würde. Noch stärker als im

Fall der strenger regulierten Tagespresse[925] schien sich hier also die Gelegenheit zu bieten, durch die Auswahl eigener Gegenstände ein eigenes Profil zu erhalten.

Im Großen und Ganzen bestätigt sich dieser Eindruck selbst dann, wenn man ausschließlich die Bildberichterstattung über politische oder militärische Ereignisse in den Blick nimmt (vgl. Grafik 34). Die Konsens- und Überschneidungsbereiche bewegen sich in denselben Größenordnungen, weshalb man sicher nicht davon sprechen kann, dass gerade diesem Gebiet ein besonderes Augenmerk der Redaktionen oder der Machthaber gegolten hätte. Sehr wohl fällt freilich auf, dass hier der größte Vielfaltsbeitrag – verstanden lediglich als Berichterstattung über Anlässe, die andere nicht beachten – vom *IB* kommt. Er alleine liefert 34 Prozent der Berichtsanlässe des Samples, was weitgehend der Tatsache geschuldet ist, dass die parteigebundene Illustrierte auch in Relation häufiger politische Inhalte berücksichtigt, während *BIZ* und *WO* doch stärkere Vielfaltsbeiträge auf nicht politischen bzw. nicht militärischen Gebieten zu leisten scheinen.

GRAFIK 34

Politische oder militärische Berichtsanlässe ab 1927, Überschneidung zwischen *BIZ*, *WO* und *IB* (ungewichtete Anteile; n = 1.561)

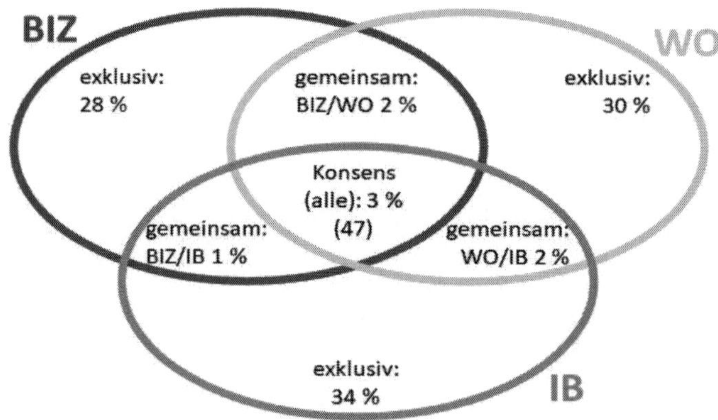

Es sei außerdem bemerkt, dass diese hohen Vielfaltsbeiträge des *IB* nicht auf die Zeit der NS-Herrschaft beschränkt sind (vgl. Tab. 16); gerade in der Endphase der Weimarer Republik trug der *IB* fast die Hälfte (46 %) der Anlässe für politische Bildberichterstattung bei, während sich die *BIZ* auffallend stark aus diesem Seg-

925 Vgl. Rössler/Pohl, *Wie gleichgeschaltet war die Tagespresse?*

ment zurückzog (17 %). Im Laufe der NS-Zeit und dann im Zweiten Weltkrieg glichen sich die Verhältnisse wieder an und es bestätigt sich weiterhin, dass *WO* und *BIZ* eher einen gemeinsamen politischen Themenvorrat bedienten als jeweils mit dem *IB*, einschließlich der bereits anhand des Gesamt-Themensamples konstatierten, tendenziell stärkeren Fokussierung in der unmittelbaren Vorkriegsphase.

TABELLE 16

Politische oder militärische Berichtsanlässe ab 1927, Überschneidung zwischen *BIZ*, *WO* und *IB* nach Phasen (Anzahl & ungewichtete Anteile)

	Überschneidungen							
	BIZ exkl.	*WO* exkl.	*IB* exkl.	*BIZ-WO*	*BIZ-IB*	*WO-IB*	alle	Gesamt
Weimarer Republik II	51	41	62	4	4	1	3	166
	30,7 %	24,7 %	37,3 %	2,4 %	2,4 %	0,6 %	1,8 %	99,9 %
Weimarer Republik III	35	54	93	9	2	3	6	202
	17,3 %	26,7 %	46,0 %	4,5 %	1,0 %	1,5 %	3,0 %	100 %
NS-Staat-Vorkrieg	137	171	152	15	10	13	33	531
	25,8 %	32,2 %	28,6 %	2,8 %	1,9 %	2,4 %	6,2 %	99,9 %
Zweiter Weltkrieg	212	206	220	6	6	7	5	662
	32,0 %	31,1 %	33,2 %	0,9 %	0,9 %	1,1 %	0,8 %	100 %
ab 1927 gesamt	435	472	527	34	22	24	47	1.561
	27,9 %	30,2 %	33,8 %	2,2 %	1,4 %	1,5 %	3,0 %	100 %

Auch für den zweiten Teil des Analysezeitraumes soll beleuchtet werden, wie sich die Vielfalts- und Substitutionsbeiträge jeweils aus der Sicht eines Mediums darstellen (vgl. Grafik 35). Der eher ernüchternde erste Befund lautet, dass sich jedes der drei Medien – also der *IB* ebenso wie die *BIZ* und die *WO* – ab 1927 durch einen unerwartet hohen Vielfaltsbeitrag auszeichnet, der einhellig um die 87 Prozent liegt. Bei marginalen Unterschieden ist also festzuhalten, dass im Schnitt sieben von acht Anlässen, über die eines der Medien in den drei Frühjahrs- oder den drei Herbstausgaben mit Bildern berichtet, *nicht* ebenfalls von einem der beiden Wettbewerber aufgegriffen wurden. Auch für diese Periode gibt es demnach Anzeichen, dass die Leser der einzelnen Zeitschriften in jeweils eigenen Bildwelten gelebt haben dürften; zumindest haben die Illustrierten nur wenig dazu beigetragen, durch eine übereinstimmende Auswahl von Anlässen für Bildberichte zu einem geteilten Ereignishorizont zu finden. Auf dem eingangs des Kapitels dargestellten Kontinuum ist deswegen jedes der drei Organe auf annähernd demselben Punkt nahe dem Pol ›Vielfalt‹ zu verorten; ob dieser rein quantitativ-verteilungsorientierte Befund nun funktional oder dysfunktional (als Fragmentierung) zu interpretieren ist, lässt sich an dieser Stelle nicht klären, denn dazu wären entsprechende Befragungsdaten erforderlich, die die historische Publikumsforschung leider nicht bereithält.

GRAFIK 35
**Berichtsanlässe ab 1927,
Überschneidung jeweils aus Sicht einer Illustrierten (ungewichtet)**

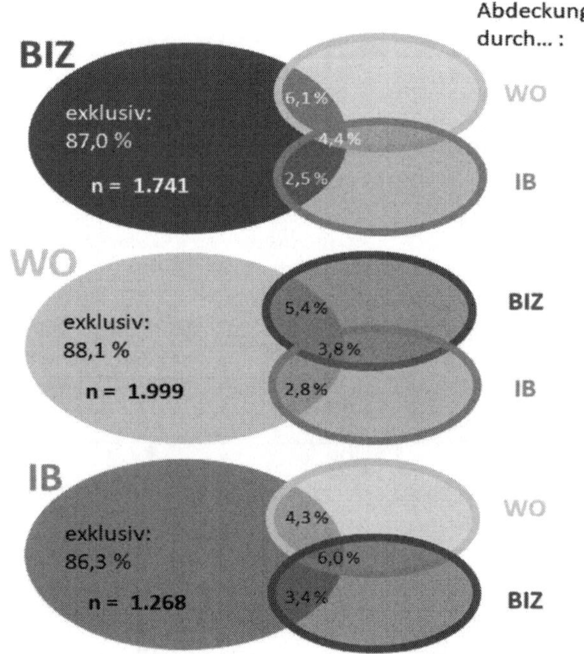

In der Einzelbetrachtung kann man festhalten, dass sich die Substitutionsleistung durch ein einzelnes der beiden anderen Medien auf maximal um die 10 Prozent beläuft: Beispielsweise konnte die Thematisierungsleistung der drei *BIZ*-Ausgaben einer Frühjahrs- oder Herbstperiode durchschnittlich zu 10,5 Prozent von den entsprechenden *WO*-Ausgaben substituiert werden, aber nur zu 6,9 Prozent durch die *IB*-Ausgaben desselben Zeitraums. Grundsätzlich ist festzuhalten, dass es dem *IB* jeweils nur in geringerem Umfang gelang, die Berichtsanlässe der bürgerlichen Medien abzudecken, was aber bei dem parteinahen Organ auch nicht verwundert; die Differenzen sind aber im überschaubaren Prozentbereich. Umgekehrt konnten in der Konsequenz sowohl *BIZ* als auch *WO* den *IB* in ähnlichem Umfang ersetzen, wobei die etwas höhere Überschneidung der beiden in dieser Funktion

(6,0 %) vermutlich der verpflichtenden Berichterstattung unter dem NS-Regime geschuldet ist. Zumindest liegt bei einer Detailbetrachtung der Anteilswert in der Vorkriegsphase des NS-Staates etwas höher (s.u., Umkehrschluss aus Grafik 37).

GRAFIK 36

Politische oder militärische Berichtsanlässe ab 1927, Überschneidung jeweils aus Sicht einer Illustrierten (ungewichtet)

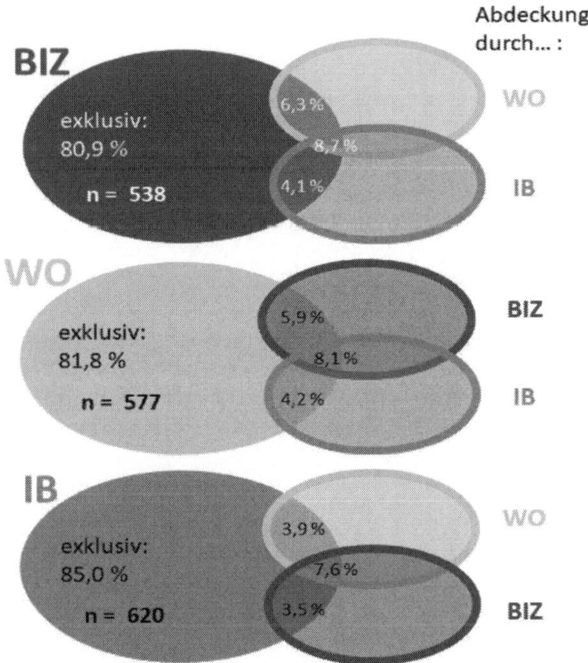

Erneut resultieren aus der Betrachtung nur jener Berichtsanlässe mit politischem oder militärischem Hintergrund interessante Erkenntnisse (vgl. Grafik 36): Die Abdeckungsbereiche durch die Wettbewerber erhöhen sich für die bürgerlichen Blätter auf eine Substitutionsleistung von jeweils rund 15 Prozent, während sie für den *IB* bei gut 10 Prozent verharrt. In der Konsequenz sinken die Exklusivanteile von *BIZ* und *IB* um rund 6 Prozentpunkte auf jeweils gut 80 Prozent ab, der *IB* kann seinen ursprünglichen Anteil nahezu halten (85 %). Auch wenn dies keine erdrutschartigen Verschiebungen im Vergleich zum gesamten Ereignisspektrum darstellen, so bleibt der Trend ungebrochen, dass Anlässe für Bildberichte zwischen den Illustrierten im Bereich des Politischen eher übereinstimmen als auf anderen

Gebieten. Dass der *IB* als dezidiert parteigebundenes Organ hier aus seiner eigenen Perspektive schwerer durch andere Periodika zu ersetzen ist als die traditionell breit orientierten Publikums-Illustrierten, liegt auf der Hand.

GRAFIK 37

Berichtsanlässe ab 1927, Exklusivanteile jeweils aus Sicht einer Illustrierten (ungewichtet), gesamt und nur Anlässe mit politischem oder militärischem Hintergrund

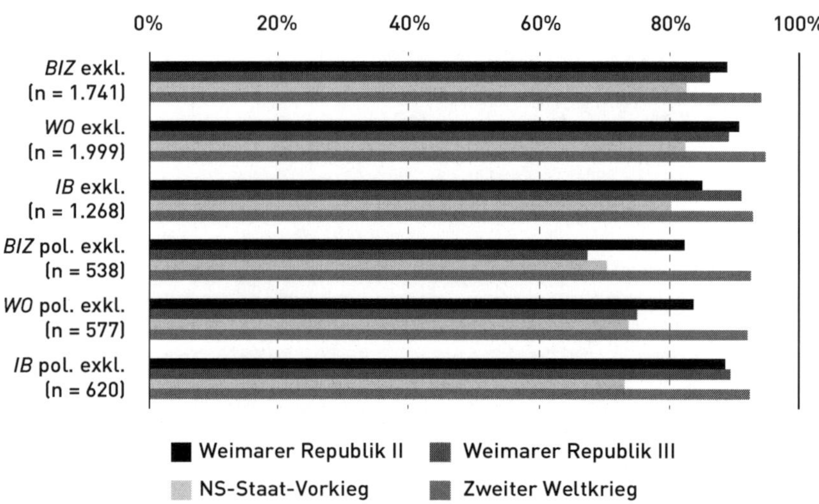

Schließlich sei auch diese Befundlage nochmals nach den vier Untersuchungsphasen ab 1927 betrachtet. Zu diesem Zweck wurden in der Gegenüberstellung nur die Exklusivanteile ausgewiesen, die jeweils eine der drei Illustrierten innerhalb des von ihr berichteten Anlassspektrums besitzt, und die nicht durch die beiden je anderen Zeitschriften kompensiert werden können (vgl. Grafik 37). Betrachtet man zunächst das Gesamtbild (oberer Teil der Grafik), so bestätigt sich, dass ausgerechnet im Zweiten Weltkrieg der Vielfaltsbeitrag jedes einzelnen Blatts am größten war. Dies korrespondiert mit der an früherer Stelle bereits ausgeführten Zuwendung zu unterhaltsamen und zerstreuenden Inhalten, die in dieser Funktion eine gewisse Beliebigkeit aufweisen (können). Bemerkenswert ist freilich, dass dieser Trend keineswegs abbricht, wenn man nur die politischen und militärischen Beiträge untersucht – der ungebrochen hohe Exklusivanteil jeder der drei Illustrierten zeigt, dass die vom Regime vorgegebene redaktionelle Linie durch ganz unterschiedliche Berichtsanlässe ausgefüllt wurde, die wechselseitig als funktionale Äquivalente wahrgenommen wurden – ob der Bildreporter eine Division an der West- oder an der Ostfront begleitete, machte vermutlich weder für den Leser in der Heimat noch für den Redakteur einen erheblichen Unterschied, aber im Sinne der vorliegenden Analysen dokumentiert sich damit eine Diversifizierung der Bildberichterstattung auch in Zeiten rigider Kommunikationskontrolle.

Obwohl die Anteilswerte für alle Medien in der Phase des NS-Staates vor dem Krieg am niedrigsten liegen, dokumentieren die jeweils erreichten, über 70 Prozent Exklusivanteile immer noch einen beträchtlichen Grad der ›Vielfalt in der Gleichschaltung‹. Auch wenn die Breite der Berichtsanlässe in der späten Weimarer Republik etwas höher lag, bestätigt dies doch den in anderem Zusammenhang ausgeführten Befund, dass auf dem Zeitschriftensektor und zumal bei unpolitischem Geschehen die Presselenkung nur ausnahmsweise in die Detailsteuerung eingriff. Zwar wurden auch den Schriftleitern der nicht tagesaktuellen periodischen Presse zu bestimmten Anlässen Themenvorgaben gemacht, aber die Breite der Berichterstattung erfolgte dennoch anlassbezogen und mit ganz unterschiedlichen Ergebnissen des redaktionellen Selektionsprozesses, wie die Befunde hier auf einer in diesem Umfang bislang noch nicht verfügbaren Datenbasis belegen.

7.4 Visuelle Vielfalt auf der Bildebene

Vor dem Hintergrund dieser Ergebnisse auf der Mikroebene der einzelnen Berichtsanlässe lässt sich bereits absehen, dass die Bildervielfalt in den untersuchten Illustrierten ebenfalls ganz erheblich ausfallen *muss*: Wenn, so die bisherigen Erkenntnisse, die Bildberichterstattung der Illustrierten auf zumeist unterschiedliche Anlässe zurückging, so ergibt sich daraus schon fast zwangsläufig, dass die Redaktionen zu deren Bebilderung auch unterschiedliches Material verwendeten. Zwar weisen manche Bildmotive (Limousinen, die vor dem Reichstag vorfahren; Schauspieler beim Empfang usw.) eine gewisse Beliebigkeit auf und könnten theoretisch in unterschiedlichen Kontexten eingesetzt werden; de facto arbeiteten Bildredaktionen jedoch anders. Das in großer Regelmäßigkeit an sie herangetragene Material, Bildstrecken wie einzelne Zeichnungen und Fotos, wurde zu einem bestimmten Anlass produziert und entweder zu dessen Illustration verwendet oder nicht.[926]

Außerdem ist zu berücksichtigen, dass insbesondere der *BIZ*-Verlag Ullstein, aber auch die anderen Verlagshäuser Bildarchive einrichteten, in denen sie die eingehenden Abzüge sammelten und für eine ggf. weitere Verwendung aufbe-

926 Vgl. Kutsch/Fröhlich/Sterling: *Bilderdienste in der Weimarer Republik.*

wahrten.[927] Es ist deshalb gut möglich, dass einzelne Fotos auch jenseits ihres aktuellen Entstehungszusammenhangs anderweitig eingesetzt wurden, etwa bei den beliebten Querschnittsthemen (»Haarmode gestern und heute«, »Schöne Frauen aus allen Ländern« usw.) oder bei Jubiläen und anderen Anlässen. Solche zeitverzögerten Einsätze konnten hier nicht erfasst werden. Die Dokumentation großräumigerer Nutzungen ist mit Stichproben nicht leistbar. Allerdings dürfte man auch von einer Big-Data-Anwendung nicht erwarten, dass sie große Mengen an Überschneidungen zu Tage fördert; bereits die Analyse der ikonischen Schlüsselbilder zeigt, dass diese – von wenigen Ausnahmen wie etwa den allgegenwärtigen Flugzeugen, die am 11. September 2001 in das New Yorker World Trade Center stürzten – oft in ihrer Entstehungszeit nur sporadisch aufgegriffen wurden und die Kanonisierung erst später (und nicht zwingend in der periodischen Presse, sondern genauso in Büchern und/oder Ausstellungen) erfolgte.[928]

Im vorliegenden Datensatz – und nun ist von der Ebene der Berichtsanlässe wieder zu den 30.068 erhobenen Einzelbildern zurückzukehren – waren ›gleiche‹ Bilder im Sinne von wirklich identischen Mehrfachabdrucken (vgl. Abb. 168) genau in 202 Fällen anzutreffen; d. h. 101 Motive traten jeweils zweimal auf. In weiteren 325 Fällen wurde eine relative Übereinstimmung codiert, weil sich die jeweiligen Motive stark ähnelten (vgl. Abb. 169).

Wieder in der Schule: Die deutsche Olympiasiegerin im Florettfechten, Helene Mayer, mit ihren Mitschülerinnen auf dem Wege ins Lyzeum in Frankfurt a. M.

Abb. 168: Bildmotiv ›Olympiasiegerin Helene Mayer als Schülerin‹, 1928. Dasselbe Motiv wurde mit nur leicht variiertem Bildausschnitt in *BIZ* Nr. 38 vom 16. September 1928, S. 1614, und *WO* Nr. 38 vom 22. September 1928, S. 1229, abgedruckt. Allerdings waren die Kontexte ganz verschiedene: Bei der *BIZ* gab es weder einen textlichen noch bildlichen inhaltlichen Kontext, es handelte sich um ein reines, als solches etwas zweifelhaftes ›Nachrichten‹-Bild. Bei der *WO* war es in einen längeren Artikel von Dr. Erik Krünes mit dem Titel »Sie haben nur die Lorbeeren« eingebettet, der das ›zivile‹ Leben herausragender Sportlerinnen und Sportler thematisierte.

927 Vgl. Weise, *Ullstein Bild*.
928 Vgl. Paul, *Das Jahrhundert der Bilder*.

Die erwähnten absoluten Zahlen hören sich zwar nach viel an, machen aber insgesamt nicht mehr als gut 1,5 Prozent des Untersuchungssamples aus. Die doppelte Verwertung identischer oder ähnlicher Bilder war in den Illustrierten während der ersten Hälfte des 20. Jahrhunderts also nicht mehr als ein Randphänomen, und keinesfalls eine häufiger anzutreffende Praxis der Redaktionen. Im Vergleich der Medien fällt auf, dass *BIZ* und *WO* deutlich häufiger von diesen Überschneidungen betroffen waren als der *IB*. Ein Teil dieses Phänomens lässt sich fraglos durch die Stichprobenauswahl erklären, denn wie bereits mehrfach erwähnt, waren bis zur Gründung des *IB* nur Überschneidungen zwischen *BIZ* und *WO* möglich. Unter den 12.132 Einzelbildern bis einschließlich 1926 waren 141 Motive (entspricht 282 Bildern), die sowohl in der *BIZ* als auch in der *WO* berücksichtigt wurden; in einem Fall druckte zusätzlich die *WO* zwei ähnliche Bilder ab.

Aber auch nach 1927 entfiel ein erheblicher Teil der identifizierten Bildüberschneidungen auf die Berichterstattung von *BIZ* und *WO* (vgl. Tab. 17); der *IB* hatte deutlich weniger Bilder mit den beiden anderen Blättern gemeinsam. An dieser Stelle lässt sich nicht ermitteln, ob dies an unterschiedlichen Zulieferungspraxen der Agenturen oder unterschiedlichen Selektionskriterien der Bildredakteure lag. Sehr wohl zeigt freilich die etwas detailliertere Aufteilung in die sieben Phasen des Untersuchungszeitraums (Tab. 18), dass gerade in der Zeit des NS-Staates vor dem Krieg eine auffällige Häufung von ähnlichen Motiven innerhalb des Samples vorliegt (31,9 %). Hier fanden eventuell die Presseanweisungen oder andere Maßnahmen der Medienlenkung durch das Regime ihren Niederschlag. Ansonsten konzentriert sich nahezu ein Drittel aller Überschneidungsfunde auf die Vorkriegsjahre im Kaiserreich – ein Indiz dafür, dass zu jener Zeit die Vielfalt auch noch rein technisch eingeschränkt war und die später von den Feuilletons beklagte Bilderflut noch nicht eingesetzt hatte. Und erneut werden in den beiden Phasen mit kriegerischen Auseinandersetzungen eher weniger übereinstimmende Bilder angetroffen als in Friedenszeiten.

Die Beisetzung der Königin von Belgien

Vom Tage

Trauer in Brüssel

Abb. 169: Bildmotiv ›Beerdigung Königin Astrid‹, 1935. Die Beerdigung der belgischen Königin am 3. September 1935 in Brüssel war einer der wenigen Berichtsanlässe in den 1930er-Jahren, über den alle drei untersuchten Illustrierten berichteten. Am aufwändigsten geschah dies in der *WO* Nr. 37 vom 11. September 1935, S. 5 (links), wo man dem Ereignis eine ganze Seite mit drei Fotos einräumte. Drei Fotos präsentierte man auch im *IB* Nr. 37 vom 12. September 1935, S. 1440 (Mitte), allerdings nicht ganz so raumgreifend wie in der *WO*. Es blieb Platz für drei Fotos von einem SA-Wettkampf. In der *BIZ* Nr. 37 vom selben Tag (rechts) gab es auf S. 1328 nur ein einziges Foto. Sein Motiv – der verletzte König hinter dem Sarg der toten Königin – kehrt nun in den beiden anderen Berichten aus unterschiedlichen Perspektiven wieder – keine Bildidentität, aber eben Motivähnlichkeit.

Als einzige waren übrigens die *WO*-Leser ein Stück weit über den Hintergrund des Todes informiert: Der 33-jährige König am Steuer seines Wagens war am 29. August 1935 mit seiner 29-jährigen Frau am Ufer des Vierwaldstädtersees unterwegs gewesen, als er aus nie geklärten Gründen von der Straße abkam. Er selbst wurde verletzt, Königin Astrid verstarb an der Unfallstelle. Unmittelbar nach dem Unfall wurden von einem jungen Schweizer Fotos aufgenommen (https://www.journal21.ch/die-tragoedie-von-kuessnacht [30.05.2018]). Eins davon wurde in der *WO* Nr. 36 vom 4. September, S. 2, veröffentlicht.

TABELLE 17

Mehrfach angetroffene Fotomotive (ähnlich oder identisch) im Gesamtdatensatz (n = 30.068), unterschieden nach abdruckenden Medien (Anzahl & Prozentanteile)

	Motiv identisch		Motiv ähnlich		Überschneidungen insgesamt	
BIZ	90	44,6 %	139	42,8 %	229	43,5 %
IB	18	8,9 %	60	18,5 %	78	14,8 %
WO	94	46,5 %	126	38,8 %	220	41,7 %
Gesamt	202	100,0 %	325	100,0 %	527	100,0 %

Basis: Einzelbildcodierungen, d. h. mehrfach angetroffene Motive gehen mehrfach ein

TABELLE 18

Bildüberschneidungen zwischen den Medien (ähnliche oder identische Fotomotive) im Datensatz nach 1927 (n = 17.936; Anzahl)

	BIZ	*WO*	*IB*
BIZ	2*		
WO	51	2*	
IB	33	26	3*

* mehrfache Verwendung desselben Bildes im gleichen Medium (z. B. Porträt)

TABELLE 19

Mehrfach angetroffene Fotomotive (ähnlich oder identisch) im Gesamtdatensatz (n = 30.068), unterschieden nach Untersuchungsphasen (Anzahl & Prozentanteile)

	Motiv identisch		Motiv ähnlich		Überschneidungen insgesamt	
Kaiserreich-Vorkrieg	58	28,7 %	99	30,5 %	157	29,8 %
Erster Weltkrieg	36	17,8 %	21	6,5 %	57	10,8 %
Weimarer Republik I	34	16,8 %	21	6,5 %	55	10,4 %
Weimarer Republik II	30	14,9 %	35	10,8 %	65	12,3 %
Weimarer Republik III	14	6,9 %	25	7,7 %	39	7,4 %
NS-Staat-Vorkrieg	18	8,9 %	104	31,9 %	122	23,1 %
Zweiter Weltkrieg	12	5,9 %	20	6,3 %	32	6,1 %
Gesamt	202	100,0 %	325	100,0 %	527	100,0 %

Basis: Einzelbildcodierungen, d. h. mehrfach angetroffene Motive gehen mehrfach ein

Der Blick auf die Themen der Überschneidungsmotive im Vergleich zur übrigen Bildberichterstattung (vgl. Grafik 38) zeitigt zunächst ein überraschendes Hauptergebnis: Anscheinend sind es klar überproportional häufig politische Motive, die Gegenstand der identischen (35 %) oder ähnlichen (50 %) Doppelverwertungen von Bildern sind. Möglicherweise lag es für die Zeitgenossen näher, in diesem traditionell als relevant aufgefassten Bereich bestimmte Schlüsselbilder zu identifizieren und zu wiederholen. Genauso dürfte der Druck zur Berichterstattung über wesentliche politische Ereignisse dazu geführt haben, dass man auch dann berichtete, wenn nur wenig Bildmaterial zur Verfügung stand oder man sich die Motive mit anderen Blättern teilen musste. Weniger oder gar keine Überschneidungen traten hingegen in den ›weicheren‹ Sujets wie Mode und Theater oder Tiere, Humor und Witz auf – hier existierten hinreichend funktionale Äquivalente, um sich von den Wettbewerbern zu unterschieden.

GRAFIK 38

Themen der mehrfach angetroffenen Fotomotive (ähnlich oder identisch) im Vergleich zu allen codierten Bildern (n = 30.068, Prozentanteile)

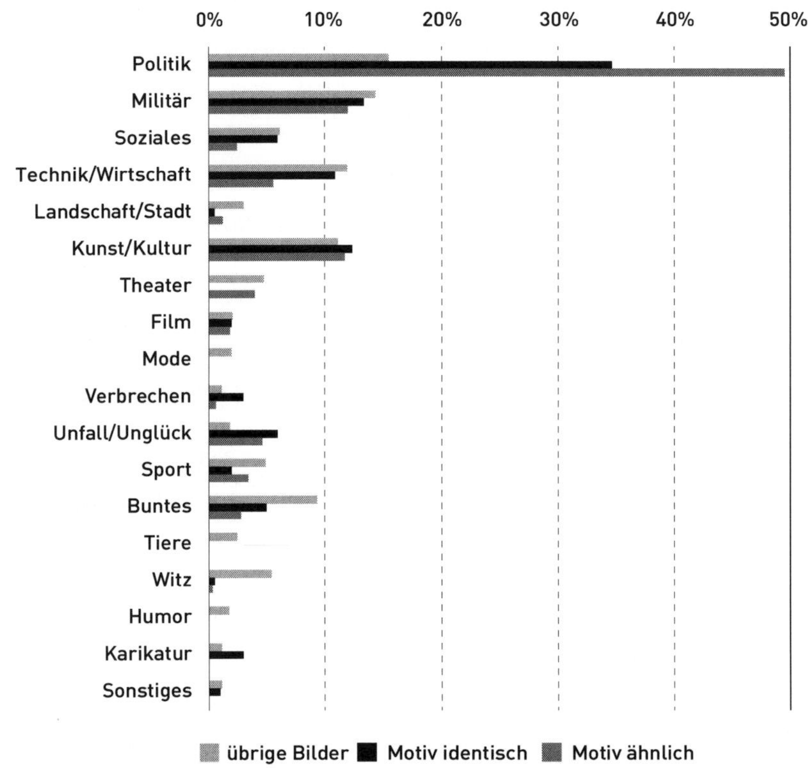

Basis: Einzelbildcodierungen, d. h. mehrfach angetroffene Motive gehen mehrfach ein

Schließlich sei ein abschließender, kursorischer Blick auf die verschiedenen Beschreibungsdimensionen für die Bildberichterstattung in den Illustrierten geworfen, die selbstverständlich auch für die gedoppelten Bilder mit erhoben wurden (vgl. ausgewählte Beispiele in Tab. 20). So zeigt sich, dass sich ähnliche Motive häufiger auf den Titelseiten fanden und der Abdruck deutlich größer war als bei den übrigen Bildern, was erneut belegt, dass Dopplungen wohl eher vorkamen, je relevanter das Sujet eingeschätzt wurde. Zwar ist das Sample insgesamt durch einen erheblichen Überhang an Fotografien als visuelle Elemente in der Illustrierten-Presse gekennzeichnet (81,5 %) aber dieser Trend verstärkt sich für die identischen und die ähnlichen Bildpaare nochmals erheblich (91,1 und 98,2 %). Im Gegensatz hierzu sind Zeichnungen, Witze und Grafiken im Überschneidungsbereich deutlich unterrepräsentiert. Gerade die identisch wiederholten Bilder zeichnen sich durch einen hohen Anteil propagandistischer Inhalte aus, und ebenfalls überproportional häufig kommen hier Gruppenbilder als Motive vor, während ähnliche Bilder besonders häufig Porträts zeigen. Schließlich gibt es Hinweise, dass die Bilder im Konsensbereich eher kürzeren Bildstrecken entstammen.

TABELLE 20

Beschreibungsdimensionen für mehrfach angetroffene Fotomotive (ähnlich oder identisch) im Vergleich zu allen codierten Bildern (n = 30.068, Prozentanteile)

	Motiv identisch (n = 202)		Motiv ähnlich (n = 325)		übrige Bilder (n = 29.541)	
Abdruck auf Titelseite	3	1,5 %	9	2,8 %	436	1,5 %
½ Seite und größer	29	14,4 %	61	18,7 %	2.781	9,4 %
Foto	184	91,1 %	319	98,2 %	24.087	81,5 %
Zeichnung, Witz, Grafik usw.	18	9,0 %	6	1,8 %	4.795	16,3 %
pol. Bild: Propaganda	15	15,3 %	11	6,9 %	2.416	12,6 %
Motiv: Porträt	33	17,2 %	106	32,8 %	3.933	15,3 %
Motiv: Gruppenbild	96	50,0 %	145	44,9 %	8.786	34,2 %
ø Reihenumfang	5,28	(n = 134)	6,19	(n = 178)	8,35	(n = 22.159)

Basis: Einzelbildcodierungen, d. h. mehrfach angetroffene Motive gehen mehrfach ein

In der Gesamtschau zeichnet die Betrachtung der Vielfalt auf der Mikroebene sowohl einzelner Anlässe für die Bildberichterstattung als auch der spezifischer Bilder ein ebenso eindeutiges wie unerwartetes Bild: Die Überschneidungen innerhalb eines Frühjahrs- bzw. Herbstzeitraums der vorliegenden Stichprobe bleiben – selbst bei stärkerer Gewichtung umfangreicher Beiträge und in der Phase ausdrücklicher Kommunikationskontrolle unter dem NS-Regime – stets unter 25 Prozent des untersuchten Materials. Anders ausgedrückt haben die drei untersuchten Illustrierten *BIZ*, *WO* und *IB* weite Anteile dessen, was sie in ihren Bildstrecken berücksichtigten, exklusiv berichtet (zumindest hinsichtlich der beiden Wettbewerber). In der Konsequenz drängt sich die Annahme auf, dass die Leser von jedem dieser Organe mit einer jeweils eigenen Bildwelt konfrontiert wurden; offen bleibt an dieser Stelle allerdings die Frage, ob sich diese unterschiedlichen Visualisierungen auf der Mikroebene dann nicht doch zu Bild-Prototypen verdichten.[929] Also: Wenn *BIZ* und *WO* über unterschiedliche Filme berichten und dazu Schauspielerporträts abbilden, so sind diese (obwohl sie unterschiedliche Personen zeigen) doch in einem ähnlichen Stil. Oder noch prägnanter im Fall der Kriegsberichterstattung: Bilder von Schlachtfeldern, egal wo sie aufgenommen wurden (= unterschiedlicher Berichtsanlass), bleiben letztlich eben doch – Bilder von Schlachtfeldern, selbst wenn der Überschneidungsanteil gerade in Kriegszeiten besonders gering ausfällt. Dies konzediert, sei dennoch betont, dass die Berechnung der Überschneidungen auf Anlassebene eine aussagekräftigere Analysestrategie für Bildvielfalt darstellt als die aktuell häufig angetroffene, unreflektierte Berechnung von Entropiemaßen über die Kategorien einer Themenkategorie, die implizit eine Gleichverteilung als Idealzustand unterstellt.[930]

Auf der noch spezifischeren Ebene des einzelnen Bildes schließlich reduzieren sich die Überschneidungen – d.h. identische oder ähnliche Abbildungen, die in mehr als einer Illustrierten verwendet werden – naturgemäß weiter, auf weniger als 1 Prozent der codierten Bilder. Selbst wenn während der Epoche des NS-Staats vor dem Zweiten Weltkrieg eine gewisse Konzentration dieser Fälle zu beobachten ist, so kann man sicher nicht von einer ›vereinheitlichten‹ oder ›einförmigen‹ Bildverwendung unter Bedingungen der medialen Gleichschaltung sprechen. Damit unterscheidet diese sich erheblich von den bewegten Bildern der Wochenschauen, für die Èric Vuillard kürzlich konstatierte, »es sind Filme, Nachrichten- oder Propagandafilme, die uns diese Geschichte vorführen, sie haben unser persönliches Verständnis geprägt; und alles was wir denken, entspringt diesem homogenen Folienhintergrund.«[931] Der bunte Beitragsmix der Illustrierten-Presse lieferte hingegen eine breite motivische Vielfalt, zudem ist unter den wiederkehrenden Bildern kein auffälliger Anteil propagandistischer Motive. Dass eine ganze Reportage in zwei oder gar allen drei Zeitschriften vorkäme, konnte in der Stichprobe kein einziges Mal angetroffen werden.

929 Vgl. Geise/Rössler, *Standardisierte Bildinhaltsanalyse*.
930 Vgl. zuletzt Arnold/Wagner, *Leistungen des Lokaljournalismus*, S. 190 & Tab. 9, S. 198.
931 Vuillard, *Die Tagesordnung*, S. 100.

8. Politik in Bildern, Politik mit Bildern. Zusammenfassende Überlegungen

In welchem Verhältnis stehen Politik und Medien zueinander? Wie bei jeder so allgemein formulierten Frage gibt es auch hier ganz unterschiedliche, ja gerade entgegengesetzte Antworten. Für die einen ist völlig klar, dass die Politik die Medien instrumentalisiert, für die anderen sind im Gegenteil die Medien die Aktiven, wird die Politik von ihnen geformt. Allerdings treffen diese auf den ersten Blick so gegensätzlichen Positionen nicht wirklich aufeinander, sondern stehen insofern nebeneinander, als sie sich regelmäßig auf ganz unterschiedliche Gegebenheiten in Zeit und Raum beziehen.

Das zentrale Beispiel, um die Macht der Politik über die Medien zu demonstrieren, bildet traditionell die NS-Diktatur. In zahllosen Studien wurde schon früh herausgearbeitet, sowie umfassend die Nationalsozialisten ihren Zugriff auf die Medien organisierten und wie erfolgreich sie dabei insgesamt gesehen waren. Wird auf der anderen Seite die Herrschaft der Medien beschworen, die »Mediokratie« oder spezieller die »Telekratie« des Fernsehens,[932] liegt dem nicht der Blick auf die Vergangenheit, sondern die Beschreibung der Gegenwart Ende des 20., Anfang des 21. Jahrhunderts zugrunde. Und auch dies geschieht nicht gerade mit globaler Perspektive. Um die Verhältnisse im posttotalitären Russland oder China geht es dabei nicht: Im Blickpunkt stehen die Gegebenheiten und Perspektiven in liberalen, medienökonomisch weitgehend deregulierten Demokratien.

Zeigt allein dies schon ein zentrales Problem der einleitend gestellten Frage, so kommen weitere hinzu. Wo bleiben im angenommenen Wechselspiel von Politik und Medien die Menschen als Regierte bzw. Nutzer? Sind sie tatsächlich nur als passive Objekte zu betrachten, die sich willenlos den Absichten von Politik und Medien fügen? Oder verfügen sie nicht zumindest über eine gewisse Entscheidungs- und Handlungsfreiheit? Muss die dyadische Gegenüberstellung nicht

932 Hecker/Rupp, *Auf dem Weg zur Telekratie*; Meyer, *Mediokratie*.

zur triadischen Struktur erweitert werden, um so überhaupt erst in den Blick zu bekommen, ob Regierte und Mediennutzer nur passive, vernachlässigbare Masse oder vielleicht doch als eigenständige Akteure zu berücksichtigen sind? Und was heißt schon ›die‹ Politik und ›die‹ Medien, selbst wenn man auch noch nach ›den‹ Nutzern fragt? Sind nicht in jeder Hinsicht vielfältige Differenzierungen nötig, die es am Ende verhindern, von ›der‹ Logik des politischen Systems, ›der‹ Medienlogik oder gar ›der‹ Logik der Nutzer auszugehen?

Bei allen Vorteilen, die methodischen Zweifeln zuzusprechen sind, muss jedoch vor Übertreibungen gewarnt werden. Gerade die Frage nach ›der‹ Medienlogik, nach den »assumptions and processes for constructing messages within a particular medium«, die die US-amerikanischen Sozialwissenschaftler David L. Altheide und Robert P. Snow schon vor Jahrzehnten erstmals stellten und bis heute wiederholen,[933] hat tatsächlich nichts von ihrer zentralen Bedeutung verloren. Sie erinnert nämlich daran, dass es nicht nur darum gehen kann, immer mehr über immer mehr Details des Medienangebots zu erfahren, sondern dass auch die dieses Angebot prägenden Strukturen erforscht werden müssen: »*How* something is communicated is prior to *what* is communicated«.[934]

Altheide/Snow haben viel Zustimmung, aber auch erheblichen Widerspruch erfahren;[935] darauf, wie auf die weitverzweigte Diskussion um das damit eng zusammenhängende Konzept der Medialisierung braucht hier nicht weiter eingegangen zu werden.[936] Stattdessen ist vor diesem Hintergrund nach den Erträgen der vorangegangenen Untersuchung zu fragen, nach den Antworten, die die hier ermittelten Befunde nahe legen, wenn man nicht ganz allgemein nach dem Verhältnis von Politik und Medien fragt, sondern fokussiert nach den spezifischen Gegebenheiten im Deutschen Kaiserreich, in der Weimarer Republik und im NS-Staat, und dabei noch spezieller die Aufmerksamkeit auf das Medium der Illustrierten und ihre Bilderangebote richtet.

8.1 Bildstrukturen als Forschungsschwerpunkt

Die wichtigste methodische Entscheidung, die dieser Untersuchung zugrunde lag, bestand in der Abwendung von der Betrachtung nur eines gleichwie inhalt-

933 Altheide/Snow, *Media Logic*; Altheide, *Media Logic and Political Communication* (das Zitat hier S. 294).
934 Altheide/Snow, *Toward a Theory*, S. 195 [Hervorh. i. Orig.].
935 Vgl. als knappe Einführung: Hepp, *Medienkultur*, S. 41ff.; sowie Meyen/Thieroff/Strenger, *Mass media logic*.
936 Vgl. mit ausdrücklichen historischen Bezugnahmen die Einleitungen zu Arnold u. a., *Von der Politisierung der Medien*, und Bösch, *Medialisierung*.

lich bestimmten Teils der Bildangebote, am Ende gar der Beschränkung auf einzelne ›Schlüsselbilder‹ oder ›Ikonen‹, und der Konzentration auf die Analyse des Gesamtangebots und seiner zentralen Strukturen. Ihren Grund findet diese Entscheidung sowohl in den fundamentalen Produktions- als auch Rezeptionsprozessen der Illustrierten (wie überhaupt aller auf Periodizität angelegten Massenmedien). Niemand kann ernsthaft davon ausgehen, dass jede Illustrierte Woche für Woche völlig neu erfunden wurde. Stattdessen musste auf diverse Routinen zurückgegriffen werden, um die Regelmäßigkeit des Erscheinens zu einigermaßen vertretbaren Kosten zu gewährleisten. Das konkrete Angebot musste aber auch deshalb gewisse wiedererkennbare Formen und Inhalte aufweisen, um von den beiden großen Adressatengruppen akzeptiert zu werden – nicht nur von der Käufer- und Leserschaft auf der einen Seite, sondern auch von der Anzeigen schaltenden Wirtschaft auf der anderen, die mit ihren Aufträgen erst die Rentabilität des gesamten Geschäfts trotz niedriger Einzelpreise sicherte.

Selbstverständlich bestanden (und bestehen) Illustrierte nicht nur aus Bildern. Um der Multimodalität der Illustrierten ganz gerecht zu werden,[937] dürften nicht nur die redaktionellen Bilder und die von ihnen geprägten Bildseiten untersucht werden. Einbezogen werden müssten auch die beiden anderen großen Bestandteile jeder Illustrierten: die mit Werbung gefüllten Seiten und die Seiten mit Fortsetzungsromanen und anderem Fiktionalen, aber auch mit Sachtexten. Ihre Bedeutung – gemessen am jeweiligen Umfang – war allerdings erheblichen Schwankungen unterworfen, wie nur zwei Beispiele schlaglichtartig verdeutlichen: 1928 umfasste das Standardheft der *BIZ* 48 Seiten. Rund ein Drittel davon waren Bildseiten, ein Sechstel wurde mit Roman- sowie anderen Texten gefüllt und die zweite Hälfte mit Werbung. 1943, als Goebbels den »totalen Krieg« ausrief, waren die Hefte auf nur noch 12 Seiten geschrumpft. Sieben Bildseiten dominierten nun das Angebot, vier Seiten wurden für den Roman und Ähnliches zur Verfügung gestellt, für Werbung und Rätsel blieben nur noch eine Seite. Das zeigt zum einen, dass die Texte eine wichtige Rolle in den Illustrierten spielten und gerade die Fortsetzungsromane in Kriegszeiten noch wichtiger waren als in Friedensjahren. Für ihre genauere Untersuchung kann hier nur geworben werden. Zum anderen sollte aber auch die Werbung näher erforscht werden.[938] Nicht zu übersehen ist nämlich, dass gerade die Bilder in den Werbeanzeigen während der Weimarer Republik – und damit zur Zeit ihres größten Verkaufserfolges – erheblich zum Illustrierten-Charakter der *BIZ* (und später dann auch des *IB*) beitrugen.

937 Bucher, *Mehr als Text mit Bild*; ders., *Pictorial Turn*.
938 Wichtige Vorarbeit durch Kropf, *Anzeigenwerbung*.

Es bildete nämlich die große Ausnahme, dass Redaktionelles und Werbung so klar voneinander getrennt waren wie zumeist in der *wo*. Und es dürfte kein Zufall sein, dass auch bei ihr dieses Modell schließlich aufgegeben wurde. Standard war vielmehr, dass die Anzeigen einen bestimmten Platz innerhalb des redaktionellen Teils erhielten: Strikt getrennt von den Bildseiten am Anfang und am Ende der Hefte, aber sorgfältig in den textdominierten Mittelteil eingemischt. Gerade großformatige, im Extrem ganzseitige, großzügig bebilderte Anzeigen trugen so dazu bei, dass die Hefte eine durchgängige Illustrationsanmutung erhielten, obwohl der redaktionelle Beitrag dazu vergleichsweise gering und vor allem auf Anfang und Ende beschränkt war. Das Arrangement der Anzeigen in den Heften und ihre spezifische, auch bildmäßige Gestaltung zu untersuchen, bildet jedoch eine ganz eigene Aufgabe, deren Ausführung noch aussteht.

Abb. 170: Eine Doppelseite der *BIZ* (Nr. 37 vom 15. September 1938, S. 1402f.) zeigt beispielhaft, wie die langen Textpassagen des Fortsetzungsromans auf für den Verlag einfache Weise ›illustriert‹ wurden – durch Einfügung bebilderter Werbung. In diesem Fall wurde gleich mehrfach für Abwechslung gesorgt: durch unterschiedliche Formate; die Gegenüberstellung von Foto und Grafik; sowie mehr oder weniger Text. Die sechste Fortsetzung des Romans *Du spielst gefährlich, weiße Frau!* von Hans Rudolf Berndorff begann übrigens schon auf S. 1394. Die knapp fünf Seiten Text (in denen es drei redaktionelle Einfügungen gab) wurden durch fünf Seiten Werbung erweitert. Auffällig ist auch der fast durchgängige Kontrast zwischen den in Antiqua gesetzten Werbetexten und der Frakturschrift des redaktionellen Teils.

Die Untersuchung der Strukturen der redaktionell verantworteten Bildangebote liefert gleichwohl einen wichtigen Beitrag auf dem Weg zu einer wirklich umfassenden Betrachtung. Ihre Befunde vermögen nicht nur die Ergebnisse bisheriger Forschungen in einen neuen Rahmen zu stellen, sondern auch etliche weiterführende Perspektiven freizulegen. Die Themen ›Politik‹ und ›politisches Bild‹ spielen dabei eine zentrale Rolle. Selbstverständlich lassen sie sich ohne weitere Kontextualisierung erörtern, kann beispielsweise nur nach den inhaltlichen Schwerpunkten der politischen Bildberichterstattung der BIZ in den Jahren 1910 und 1930 gefragt werden. In den hier jeweils sechs untersuchten Heften wäre das Untersuchungskorpus nahezu gleich groß. Eine ganz neue Perspektive eröffnet sich, wenn es in Relation zum Gesamtangebot gesetzt wird. Die 61 politischen Bilder des Jahres 1910 bildeten fast genau ein Drittel der redaktionell verantworteten Präsentation von 187 Bildern in der Ullstein-Illustrierten. 1930 zeigte derselbe Chefredakteur mit 63 politischen Bildern fast genau dasselbe Angebot wie 20 Jahre zuvor. Allerdings beinhalteten die Hefte nun insgesamt 332 Bilder; das Angebot an politischen Bildern war damit auf weniger als ein Fünftel reduziert. Der Umfang der politischen Berichterstattung war gleich geblieben, aber sein Stellenwert im Gesamtgefüge hatte sich erheblich verändert. Das zeigt schon allein eine sich auf bloße Quantitäten beschränkende Betrachtung.

8.2 Illustrierte als Produkte der Aushandlung

Politik spielte in den deutschen Illustrierten des frühen 20. Jahrhunderts bis 1945 schon rein quantitativ zumeist eine beträchtliche, zu manchen Zeiten sogar eine große Rolle. Ihre ganze Bedeutung erschließt sich jedoch erst bei einer umfassenden Betrachtung, die nicht nur die Illustrierten selbst berücksichtigt, sondern auch den Stellenwert, der dem Medium vonseiten der Politik wie auch vom Publikum eingeräumt wurde.

Die Illustrierten standen sicherlich nicht immer ganz im Zentrum des medienpolitischen Interesses. Dass sie andererseits aus staatlicher Perspektive aber auch nicht völlig bedeutungslos waren, zeigt ein Befund mit aller wünschenswerten Klarheit: Sowohl im Ersten als auch im Zweiten Weltkrieg wurde sogar in Zeiten größter Materialknappheit nicht daran gedacht, die Produktion der Illustrierten ganz einzustellen. Zwar gab es Anweisungen, was Umfang und Auflage anging, und Ende des Zweiten Weltkriegs war die Auswahl an Titeln auf das absolute Minimum begrenzt, aber der letzte, radikalste Schritt wurde in beiden Kriegen nie vollzogen: das Erscheinen der Illustrierten völlig zu verhindern. Offensichtlich lag es im Interesse der Krieg führenden Regime, die Bevölkerung kontinuierlich mit diesem Medium zu versorgen.

Die Illustrierten mussten ihrer Leserschaft nicht aufgezwungen werden, weder zu Friedens-, noch zu Kriegszeiten, weder in der Demokratie, noch in der Diktatur. Von den Vorkriegsjahren im Kaiserreich bis zum Ende des Zweiten Weltkriegs fanden sie immer mehr Käufer, gehörten sie mit Rundfunk und Film zu den modernen Medien, die sich immer größerer Nachfrage erfreuten. Im Zweiten Weltkrieg war die Nachfrage gerade nach der *BIZ* nachweislich größer als das Angebot, konnten gar nicht alle Kaufwilligen die Illustrierte erhalten.[939] Offensichtlich bestand ein Interesse breiter Schichten der Bevölkerung daran, dieses Medium zu erhalten. In genau diesem Interesse bestand das Motiv für die Regierungen, auch in für sie extremen Zeiten die Illustrierten-Produktion zu gewährleisten: Sie verfügten über ein Sprachrohr, mit dem sie ihre Vorstellungen der Bevölkerung mitteilen konnten.

Statt unschärfer von ›Medium‹ dezidiert von ›Sprachrohr‹ zu sprechen, dient dazu, ein dadurch nahegelegtes Missverständnis zu thematisieren. Die Illustrierten – wie übrigens alle anderen Massenmedien auch – waren eben keine Art Werkzeug, das völlig passiv nur dazu diente, politisch gewünschte Botschaften einem möglichst großen Empfängerkreis mitzuteilen. Ihre Instrumentalisierung fand in der Akzeptanz durch das Publikum seine Grenze. Wie der Rundfunk ein Programm bieten musste, das die Hörer zum Einschalten der Radios motivierte, so waren die Illustrierten-Macher darauf angewiesen, dass ihre Produkte gekauft wurden. Bis zu einem gewissen Grad hatten sie auf die Interessen ihrer Leserschaft Rücksicht zu nehmen und sich gleichzeitig von ihren Wettbewerbern zu unterschieden, um mit einem eigenständigen Profil wahrgenommen zu werden. Die Illustrierten-Angebote sind damit nicht als bloßes passives ›Sprachrohr‹, sondern als Produkte komplexer Aushandlungsprozesse zu betrachten: zwischen politischen Vorgaben, journalistischen Überlegungen und Leserinteressen, aber auch zwischen ökonomischen und publizistischen Möglichkeiten.[940] Der einzelne, spezielle Inhalt spielte dabei eine fast zu vernachlässigende Rolle. Viel wichtiger waren stattdessen die unterschiedlichsten Strukturen inhaltlicher wie formaler Art. Sie erst lieferten die Anhaltspunkte für die konkrete, in der Regel routinemäßige Kaufentscheidung für eine Illustrierte überhaupt und das spezifische Angebot im Detail. Dass bestimmte Strukturen bei der Leserschaft gut ankamen, wurde auch von den Illustrierten-Machern wahrgenommen. Das

939 Vgl. S. 78.
940 Bussemer, *Propaganda und Populärkultur*.

erklärt, warum das Modell der *BIZ* vielfach nachgeahmt wurde – und nicht zuletzt vom *IB* der NSDAP.

Diese Strukturen waren allerdings nicht völlig starr, sie waren bis zu einem gewissen Grad veränderbar. In Zeiten relativer medienpolitischer Deregulation wie den Vorkriegsjahren des Kaiserreichs und der Weimarer Republik verfügten die Illustrierten-Gestalter hier über beträchtliche Spielräume, die sie mehr oder minder nutzten. Der Relaunch der *WO* 1923/24 bietet hierfür das extremste Beispiel. Während des Ersten Weltkriegs und im NS-Staat wurden dann durch politische Instanzen nicht nur Grenzen gezogen, sondern zunehmend auch Inhalte vorgegeben. Der Grad der Veränderbarkeit der formalen und inhaltlichen Angebotsstrukturen war in seinem Ausmaß jedoch nie vorhersagbar, sondern nur im Versuch-und-Irrtum-Verfahren zu ermitteln. Das Auf und Ab der Auflagenzahlen jenseits allgemeiner ökonomischer Krisen spricht in dieser Hinsicht eine beredte Sprache.

8.3 Politik in Bildern

Bestand die wichtigste methodische Entscheidung dieser Untersuchung darin, sich den Strukturen der Bildangebote insgesamt zu widmen und nicht nur einzelnen Bildern, ihren Inhalten und Produzenten, so war eine zweite kaum weniger wichtig: die Definition des politischen Bildes. Hier wurde der Ansatz der Politikwissenschaft und der historischen Politikforschung, zwischen ›der‹ Politik und ›dem‹ Politischen zu unterscheiden, insofern aufgegriffen, als gar nicht erst versucht wurde, von vornherein den Begriff des politischen Bildes genauso eindeutig wie umfassend zu bestimmen. Stattdessen wurde der Weg eingeschlagen, sich dem Phänomen auf verschiedene Weise deskriptiv zu nähern. Als sehr ertragreich erwies sich der Ansatz, zum einen auf der Akteursebene zwischen politischen Bildern mit und politischen Bildern ohne aktive Politiker zu unterscheiden und zum anderen zwischen direkt politischen und nicht direkt politischen Kontexten zu differenzieren. ›Die‹ Politik, so wird sich danach behaupten lassen, wird sich vor allem in Bildern mit aktiven Politikern in direkt politischen Kontexten niedergeschlagen haben, ›das‹ Politische dagegen in den drei anderen der durch die Kombination dieser Merkmale definierten Bereichen.

Die Illustrierten füllten die auf diese Weise vorgegebenen vier Felder politischer Bilder in ganz unterschiedlicher Weise. Zumeist stand eine ganz traditionelle Sicht im Vordergrund: Abgebildet wurden aktive Politiker in direkt politischen Kontexten – etwa vor oder nach Konferenzen oder während Staatsbesuchen.

Ansätze, aktive Politiker auch in nicht politischen Kontexten zu präsentieren, beispielsweise zu Hause oder im Urlaub, blieben eng begrenzt; genauso stand es um die Versuche, Politisches ohne aktive Politiker darzustellen.

Überraschen mussten in dieser Hinsicht vor allem die Befunde beim *IB*. Ein paar Jahre lang glaubte man dort, bis in die letzten Details hinein demonstrieren zu müssen, dass man eine nationalsozialistische Partei-Illustrierte gestaltete. Selbst die Kreuzworträtsel blieben nicht verschont.

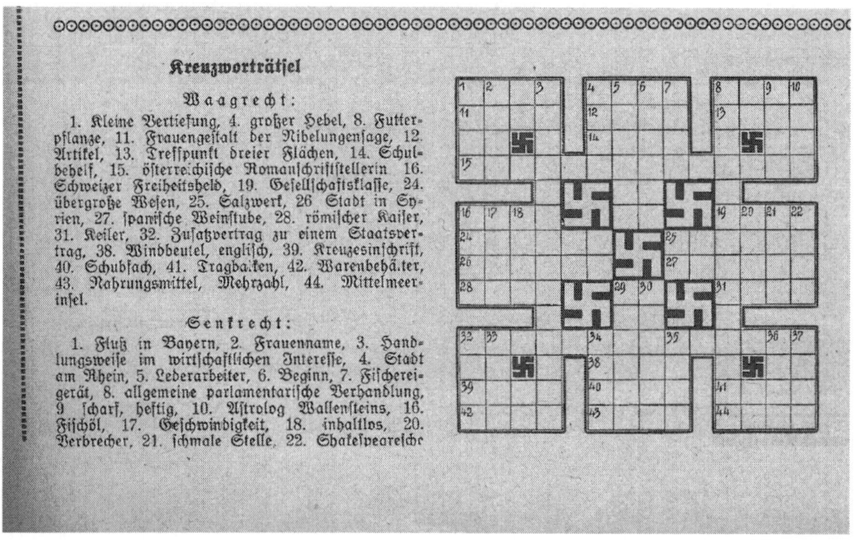

Kreuzworträtsel

Waagrecht:

1. Kleine Vertiefung, 4. großer Hebel, 8. Futterpflanze, 11. Frauengestalt der Nibelungensage, 12. Artikel, 13. Treffpunkt dreier Flächen, 14. Schulbehelf, 15. österreichische Romanschriftstellerin 16. Schweizer Freiheitsheld, 19. Gesellschaftsklasse, 24. übergroße Wesen, 25. Salzwerk, 26 Stadt in Syrien, 27. spanische Weinstube, 28. römischer Kaiser, 31. Keiler, 32. Zusatzvertrag zu einem Staatsvertrag, 38. Windbeutel, englisch, 39. Kreuzesinschrift, 40. Schubfach, 41. Tragbalken, 42. Warenbehälter, 43. Nahrungsmittel, Mehrzahl, 44. Mittelmeerinsel.

Senkrecht:

1. Fluß in Bayern, 2. Frauenname, 3. Handlungsweise im wirtschaftlichen Interesse, 4. Stadt am Rhein, 5. Lederarbeiter, 6. Beginn, 7. Fischereigerät, 8. allgemeine parlamentarische Verhandlung, 9 scharf, heftig, 10. Astrolog Wallensteins, 16. Fischöl, 17. Geschwindigkeit, 18. inhaltlos, 20. Verbrecher, 21. schmale Stelle, 22. Shakespearesche

Abb. 171: Bis in die letzten Kleinigkeiten hinein machte der *IB* vor 1933 klar, dass er die Illustrierte der NSDAP war: Zumindest in der Grafik waren fast alle Kreuzworträtsel vom Parteiemblem geprägt (hier Nr. 7 vom 13. Februar 1932, S. 163).

Die völlig unübersehbaren Indoktrinationsversuche der Frühzeit mit extrem polemischen Karikaturen und Sonderbarkeiten wie dem eben gezeigten Kreuzworträtsel mit Hakenkreuz-Emblemen wurden aufgegeben, sobald die NSDAP Regierungspartei geworden war und die Auflagensteigerungen der ersten Monate von deutlichen Verlusten abgelöst wurden. Fortan agierte man zurückhaltender. Politik wurde zwar nach wie vor in beträchtlichen Dosen präsentiert, aber daneben wurde auf politik-freie Zonen geachtet: Auch in der Partei-Illustrierten setzte die »Integrationspropaganda« der Vorkriegsjahre auf eine »Kombination von Unterhaltungsangeboten und Aufbaurhetorik«.[941]

Zu den interessantesten Befunden der Inhaltsanalyse zählt, dass man beim *IB* zudem auch den bis dahin sehr spezifischen Stil der Politik-Darstellung aufgab.

941 Bussemer, *Propaganda und Populärkultur*, S. 17.

Politik wurde zwar auch in den ersten Jahren des *IB* ganz überwiegend in direkt politischen Kontexten präsentiert, aber bei den abgebildeten Akteuren gab es eine erstaunliche Vielfalt. Rund die Hälfte der Bilder zeigte mehr oder minder namenlose Aktivisten. Zum einen mag das daran gelegen haben, dass man noch gar nicht über ausreichend viele bekannte Politiker verfügte, um von ihnen genügend Bilder veröffentlichen zu können; positiv gewendet kann zum anderen aber auch behauptet werden, dass so die Kraft der nationalsozialistischen Bewegung als solche visualisiert wurde.

Überraschenderweise wurde dieses doch auf den ersten Blick sehr plausible Konzept vom *IB* 1934/35 aufgegeben, übernahm man im Wesentlichen das sehr traditionelle Bild von Politik, wie es die kommerziellen Illustrierten wie die *BIZ* in der Weimarer Republik vertreten hatten: Politik als die Aktivität von Staatsmännern und hochrangigen Parteivertretern in eindeutig politischen Kontexten.

Besonders deutlich wird dies beispielsweise beim Blick auf die Art, wie die Verhandlungen zum Münchner Abkommen vom 29. September 1938 bildpublizistisch flankiert wurden. Zwar fehlte es nicht an Versuchen, die »Not der Sudetendeutschen« aufrüttelnd ins Bild zu setzen,[942] insgesamt war die Berichterstattung jedoch viel stärker von Bildern Hitlers und ausländischer Staatsmänner geprägt. Den dadurch favorisierten Interpretationsrahmen formulierte die *WO* expressis verbis in ihrem das Münchner Abkommen herausstellenden Heft: »Männer machen Geschichte«.[943]

Solange keine entsprechenden Textquellen gefunden worden sind, können über die Gründe für den Strategiewechsel beim *IB* nur Vermutungen angestellt werden. Auffallen muss, dass gerade 1934/35 der Höhenflug der Verkaufszahlen sein Ende fand und man sicherlich nach Ursachen und Möglichkeiten zu ihrer Beseitigung suchte.[944] War es gerade das traditionelle Bild deutscher Politik, das die Leserschaft im *IB* vermisste? Wollte man mehr bildliche Information über die verantwortlichen deutschen Staatsmänner und nicht so viel von irgendwelchen Namenlosen? Eine solche Annahme könnte an die Überlegungen von Thomas Mergel zu den spezifischen deutschen Vorstellungen während der Weimarer Republik anknüpfen. Dafür spräche weiterhin, dass es der *IB* als Partei-Illustrierte dann als seine Aufgabe sah, primär das Bild Hitlers als des allein ausschlag-

942 *IB* Nr. 38 vom 22. September 1938, S. 1379 (vgl. Unger, *Illustrierte*, S. 223-227); *BIZ* Nr. 38 vom 22. September 1938, Titelseite: »Deutsche im Leid« und Nr. 39 vom 29. September 1938, S. 1474: »Der Terror im Sudetenland«; *WO* Nr. 39 vom 28. September 1938, S. 4: »Terror«.

943 *WO* Nr. 40 vom 5. Oktober 1938, S. 2.

944 Vgl. S. 115.

gebenden ›Führers‹ in den Mittelpunkt zu stellen und so seinen Beitrag zur Ausgestaltung des Führer-Mythos zu leisten.

Der Führer-Mythos, das Führer-Image, wurde in den Illustrierten schon nach Kurzem auf wenige Facetten beschränkt. Gefragt war spätestens seit 1937/38 nur noch Hitler als Staatsmann, dann auch – und vor allem – als Feldherr. Die Versuche, Hitler als ›Volkskanzler‹, als Mann aus dem Volk und eng mit seinem Volk Verbundenen darzustellen, wurden völlig aufgegeben. Dazu gehörten auch alle Anläufe, Einblicke in sein mehr oder minder vermeintliches Privatleben zu geben. Das Interesse größerer Bevölkerungsteile an derartigen Informationen war zwar vorhanden, wie die lang anhaltenden Verkaufserfolge der einschlägigen frühen Hoffmann-Publikationen belegen, aber es wurde nicht durch neue Veröffentlichungen befriedigt. Nur zeitweise, zwischen 1932 und 1936, gab es damit Ansätze, den Stil der Darstellung deutscher Politiker zu modifizieren, die Fixierung auf die politische Rolle und die damit verbundenen Tätigkeiten durch den Blick auf privat-persönliche Umfelder zu erweitern, dem Hitler-Bild eine menschliche Note, einen ›human touch‹, zu verleihen.

Der ganz auf die Politiker-Rolle fixierte Stil der Darstellung aktiver Politiker besaß jedoch keine lange Tradition. Er bestimmte nur das Bilderangebot der Illustrierten in der Weimarer Republik. Im Kaiserreich hatte gerade die *WO* einen ganz anderen Weg beschritten und sicherlich auch wegen ihren ausführlichen, reich bebilderten Human-touch-Storys zu führenden Politikern ihrer großen Verkaufserfolge erzielt. Nach dem Ersten Weltkrieg gab sie diesen Ansatz auf. Man wird vermuten dürfen, dass dies im Kontext ihrer zunehmenden Distanzierung von der aktuellen deutschen Politik geschah, die in der konservativen Ausrichtung ihres Verlags begründet war.

Verblüffenderweise wurde das Rezept der *WO* aber auch von der Konkurrenz nicht aufgegriffen. Eine Erklärung dazu fällt beim jetzigen Kenntnisstand schwer. Es bedarf intensiver international vergleichender Forschung, um festzustellen, wie ›deutsch‹ tatsächlich das von den deutschen Illustrierten vertretene Modell der Politik-Darstellung war. Die kursorische Durchsicht englischer und französischer Illustrierter der damaligen Zeit legt nahe, dass es sich eher um ein europäisches Modell gehandelt haben dürfte. Möglicherweise war die *WO* im Kaiserreich nur ihrer Zeit voraus gewesen, waren Illustrierten-Gestalter und Publikum in Europa erst Jahrzehnte später in der Lage, die Praktiken US-amerikanischer Illustrierter in größerem Umfang zu übernehmen.

›Politisches‹, so wurde weiter angenommen, war nicht nur in politischen Bildern im engeren Sinne enthalten, bei denen wiederum die Bilder von aktiven Politikern und direkt politischen Kontexten den Kernbereich ausmachten.

Darum herum lagerte sich ein mehr oder minder breites Umfeld, das ebenfalls als ›politisch‹ bewertet werden kann. Hier wurde es unter die Rubriken ›Militär‹, ›Soziales‹ und ›Karikatur‹ gefasst. Karikaturen wurden während der Weimarer Republik fast ausschließlich vom *IB* eingesetzt und hatten nur ein Ziel: den Gegner zu diffamieren. Als es im NS-Staat keine nennenswerten Gegner mehr gab, wurden sie funktionslos. Dies änderte sich erst im Zweiten Weltkrieg. Da wurden sie erneut eingesetzt, nun außenpolitisch orientiert.

Bilder mit militärisch-kriegerischen Inhalten besitzen immer auch politische Implikationen. Naheliegenderweise sind dabei vier Bereiche zu unterscheiden, die sich zum einen durch die Trennung von Kriegs- und Friedenszeiten, zum anderen durch die zwischen anderen Staaten und dem eigenen Staat ergeben. Die Bildberichterstattung über das deutsche Militär der Jahre 1935 bis 1938 ist im Rückblick vor allem als Mittel der Kriegsvorbereitung zu betrachten.[945] Bestätigt wird diese Position durch den Vergleich mit den Gegebenheiten in der Weimarer Republik. Nimmt man jedoch das Kaiserreich als Maßstab, das vielen damaligen Illustrierten-Lesern noch in deutlicher Erinnerung gewesen sein dürfte, sieht die Sache etwas anders aus. Für sie musste die Darstellung der neuen militärischen Stärke Deutschlands an die Traditionen vor dem Ersten Weltkrieg anknüpfen.

Dass in den beiden Weltkriegen die militärisch-kriegerische Berichterstattung auch in den Illustrierten dominierte, wird nicht überraschen. Auffällig sind dagegen die inhaltlichen Veränderungen, vor allem bedingt durch technische, aber auch organisatorische Neuerungen der Bildproduktion. Militärische Leistung wurde im Ersten Weltkrieg in erheblichem Maße durch Porträtfotos von für ihre Tapferkeit ausgezeichneten Soldaten illustriert; im Zweiten Weltkrieg spielte dies nur noch eine Nebenrolle. Im Vordergrund standen nun dagegen soldatische Aktivitäten abbildende Aufnahmen, die von den Fotografen der Propagandakompanien geliefert wurden. Bilder von direkten Kampfhandlungen waren dabei aber nach wie vor eine Ausnahme.

Auch Bilder mit sozialen Themen weisen regelmäßig einen konkreten politischen Hintergrund auf. Fehlt es an politischer Lenkung, besitzen die Illustrierten hier einen recht großen Spielraum, der nicht zuletzt auch zu einer gewissen Vieldeutigkeit der Bildaussagen führt. Es gehörte zu den Zielen der Lenkung im NS-Staat, gerade diese Vieldeutigkeit zu reduzieren und die eigenen politischen Intentionen möglichst unmissverständlich deutlich zu machen.

Doch auch hier gab es Grenzen, die von den Publikumsinteressen gezogen wurden. Deutlich wie selten anders wird dies am Beispiel des Antisemitismus,

945 Unger, *Illustrierte*.

der zentralen ideologischen Komponente des Nationalsozialismus. Im *IB* wurde er so lange unübersehbar propagiert, bis die Partei an der Macht war. Als man die Macht aber errungen hatte, wurde sehr schnell deutlich, dass dieses Thema alles andere als massenwirksam war, weshalb schnell radikal darauf verzichtet wurde. Erst während des Krieges wurde diese Zurückhaltung ein Stück weit aufgegeben. Allerdings ließ man selbst da eine gewisse Auswahl: Während der *IB* wieder Antisemitisches in Wort und Bild präsentierte, blieben *BIZ* und *WO* weitgehend frei davon. Dass es sich bei dieser Aufgabenteilung um keine Ausnahme handelte, sondern die inhaltliche und formale Vielfalt illustrierter Zeitschriften gerade hinsichtlich der Visualisierung des Politischen im NS-Staat viel größer war, als die ältere, vom Totalitarismusansatz geprägte Presseforschung vermuten lässt, zeigen nicht nur neuere Studien,[946] sondern ja auch die Ergebnisse der vorliegenden Untersuchung.

Auf eine methodologisch bedingte Grenze der Untersuchung muss an dieser Stelle jedoch hingewiesen werden: Es kann zwar festgestellt werden, dass *BIZ* und *WO* von antisemitischer Hetze weitgehend frei blieben, inwieweit sie ohne nationalsozialistische Reglementierung jüdische Themen positiv behandelt hätten, muss jedoch offen gelassen werden. Oder grundsätzlicher formuliert: Aus welchen Gründen Themen nicht behandelt – bebildert – wurden, darüber kann auf der Basis des gedruckten Materials nur spekuliert werden.

Aber auch eine weitere Frage muss unbeantwortet bleiben: Es kann zwar kein Zweifel daran bestehen, dass im NS-Staat Aussagen politischer Bilder so weit als möglich kontrolliert wurden, aber inwieweit die gewünschten Effekte tatsächlich eintraten, ist weit weniger sicher. Ganz wirkungslos waren die Propaganda-Bemühungen wohl kaum, aber andererseits dürfen Ziele und Wirklichkeit auch nicht umstandslos gleichgesetzt werden. An ihre Allmacht glaubten die nationalsozialistischen Propagandisten selbst nicht, zumindest die intelligenteren unter ihnen. Sie wussten, dass für die meisten Menschen Politik nicht alles war, dass auch noch andere Bedürfnisse befriedigt werden mussten.

8.4 Bildinhalte jenseits der Politik

So wichtig das politische Bild für die Gestaltung der deutschen Illustrierten war, so selten nahm es doch eine wirklich dominante Position ein. In den untersuchten 41 Jahrgängen war es genau achtmal der Fall, dass sein Anteil mehr als die Hälfte

946 Rössler, *Wir zerstreuten uns zu Tode.*

des Bildaufkommens ausmachte: während des Ersten Weltkriegs von 1915 bis 1918 sowie 1919 und in drei Jahren des Zweiten Weltkriegs. In allen übrigen Jahren dominierten die beiden anderen großen Bildbereiche, die kulturell-bildenden und die unterhaltenden Bilder.

Angesichts der Bildangebote heutiger Illustrierter gehört es sicher zu den überraschendsten Befunden dieser Untersuchung, welche Bedeutung dem Bereich des Kulturell-Bildenden in den Illustrierten des frühen 20. Jahrhunderts zukam. Die *WO* bezeichnete sich zwar als »moderne illustrierte Zeitschrift«, aber sie stand insofern in der Tradition der Familienzeitschriften des 19. Jahrhunderts, als sie der Belehrung ihrer Leserschaft durch Texte und Bilder erhebliches Gewicht beimaß. Auch die *BIZ* teilte diesen Ansatz, wenn auch nicht ganz so ausgeprägt.

Nach dem Ersten Weltkrieg wurden die Gewichte beträchtlich verschoben. In den frühen 1920er-Jahren schien sich zwar noch einmal eine Rückkehr zu den bildungsbetonten Konzepten des Kaiserreichs anzubahnen, aber nach der Überwindung der Hyperinflation wurden die Weichen ganz neu gestellt. Wie gravierend die Bildangebote bei *BIZ* und *WO* umgestaltet wurden, zeigt sich besonders deutlich, wenn man die Gegebenheiten zweier Jahre miteinander vergleicht, in denen das politische Bild extrem geringe Bedeutung besaß. 1909 wie 1926 lag sein Anteil fast gleich hoch und nur wenig über 20 Prozent, das eine mal bei 21,1, das andere Mal bei 21,2 Prozent. Auch das Bildangebot, auf das sich diese Prozentzahlen beziehen, war fast gleich groß, 1909 veröffentlichten die beiden Illustrierten in den jeweils sechs untersuchten Heften 530 Bilder, 1926 waren es 572. Der entscheidende Unterschied zwischen den beiden Jahren lag in der Gewichtung der beiden anderen Bereiche: Während 1909 das kulturell-bildende Bild noch mit 49,1 zu 29,8 Prozent über das unterhaltende Bild dominierte, war die Relation 1926 fast genau umgekehrt: 32,3 zu 46,5. In beiden Fällen unterschieden sich *BIZ* und *WO* so minimal, dass von einem allgemeinen Trend auszugehen ist.[947] Angesichts der damaligen Verkaufserfolge der *BIZ* ist eindeutig, dass sie die Interessen der Leserschaft am klarsten erkannt und die Weichen am eindeutigsten in diese Richtung gestellt hatte. In den Jahren 1925 bis 1928 waren die Illustrierten so unterhaltungsbetont, wie man es von der Hochphase der ›Goldenen Zwanziger‹ eigentlich erwartet. Genauso erwartungsgemäß war das politische Bild daneben fast bedeutungslos. Eher überraschen muss dagegen der doch noch immer recht bedeutende Anteil des Kulturell-Bildenden.

947 1909: *BIZ* 43,4 % Bildung / 33,7 % Unterhaltung / 22,9 % Politik – *WO* 51,6 / 28,0 / 20,3. 1926: *BIZ* 34,0 / 45,5 / 20,6 – *WO* 33,3 / 49,3 / 17,3.

Als die Nationalsozialisten die Macht übernahmen und das politische Bild in den Vordergrund rückten, war eindeutig, zu wessen Lasten dies geschah: Kulturell-Bildendes trat in den Hintergrund, während der Stellenwert des Unterhaltenden kaum angetastet wurde. An dieser Stelle wird der Aushandlungscharakter der Illustrierten-Gestaltung deutlich wie selten: Das politische System hatte zwar die Macht ergriffen und setzte seinen politischen Anspruch grundsätzlich durch, aber es hatte doch eine gewisse Rücksicht zu nehmen, wenn die von ihm gesteuerten Illustrierten noch Käufer finden sollten: Der allmählich gewachsene Anspruch an Unterhaltung musste befriedigt werden. Reduzierbar war nur das kulturell-bildende Element.

Aber selbst in dieser Hinsicht waren die Spielräume relativ begrenzt, wenn man sich von einzelnen Inhalten abwendet und die zentralen Strukturen betrachtet. Dass die Illustrierten schon vergleichsweise traditionsreiche Produkte waren, die mit festgefügten Erwartungen zu rechnen hatten, die nicht ohne Weiteres enttäuscht werden durften, zeigt der Vergleich mit einer wesentlich jüngeren Konkurrenz: den Wochenschauen. Die Wochenschau als filmisches Aktualitäten-Angebot hatte sich erst während der Weimarer Republik etabliert. Soweit es die aus der nationalsozialistischen Vorkriegszeit erhaltenen Kopien zu beurteilen zulassen, war nach der ›Machtergreifung‹ die Prioritätensetzung eindeutig: Im weitesten Sinne verstanden Politisches stand zwar an der Spitze der Sujets, aber Unterhaltendes hatte mit rund 40 Prozent Anteil erhebliches Gewicht. Bildend-Kulturelles war dagegen mit kaum 7 Prozent Anteil völlig bedeutungslos.[948] Im Krieg konnten dann radikal neue Strukturen durchgesetzt werden: Politisch-Militärisches war nun so dominant, dass für Unterhaltendes weniger als 5, für Bildend-Kulturelles kaum noch 4 Prozent Anteil blieben.[949] Im Vergleich dazu blieben die Illustrierten geradezu bildungsbürgerlichen Traditionen verhaftet. Zwar war im Übergang von der späten Weimarer Republik auf die nationalsozialistischen Vorkriegsjahre der Anteil bildend-kultureller Bilder um 20 Prozent reduziert worden, betrug aber noch immer 28 Prozent. Und selbst im Krieg blieb es bei 18 Prozent.

An dieser Stelle wird zudem deutlich, dass die nationalsozialistische Lenkung doch innerhalb der von ihr vorgegebenen Rahmenbedingungen durchaus auf eine gewisse Angebotsvielfalt achtete. Sehr schön ist das beispielsweise an den

948 Berechnet nach Bartels, *Wochenschau im Dritten Reich*, S. 277, 280, 322, 325. Die Werte beziehen sich auf die Deulig- und UFA-Wochenschauen, von denen etwa die Hälfte der Kopien erhalten ist. Als ›Unterhaltung‹ wurden Bartels' Kategorien ›Sport‹, ›Unterhaltung‹ und ›Auslandsberichterstattung mit unterhaltendem Charakter‹ gezählt, als ›Bildend-Kulturelles‹ ›Wissenschaft/Technik‹, ›Kultur‹, ›Städte/Landschaftsbilder‹ und ›Religion‹; alles übrige galt als ›politisch‹.

949 Ebd., S. 424, 427.

Gegebenheiten des Jahres 1940 zu zeigen. Das Primat des Politischen stand nicht zur Disposition, wurde wohl angesichts des gerade begonnen Krieges auch von der Leserschaft nicht infrage gestellt. Die drei Illustrierten unterschieden sich in dieser Hinsicht so gut wie überhaupt nicht. Beim *IB* lag der Anteil politisch-militärischer Bilder bei 50,8 Prozent, bei der *BIZ* mit 50,7 Prozent nur minimal dahinter und auch die 47,5 Prozent bei der *WO* bedeuteten keine große Abweichung. Bei der weiteren Heftgestaltung gab es dagegen erhebliche Spielräume: Die *BIZ* setzte ganz auf Unterhaltung. Auf sie entfielen 46,1 Prozent ihrer Bilder. Für Kulturell-Bildendes blieben daneben nur noch verschwindend geringe 3,2 Prozent – elf von 345 Bildern in sechs Heften.[950] *IB* und *WO* gestanden der Unterhaltung dagegen einen weitaus geringeren Raum zu: beim *IB* waren es 29,7, bei der *WO* 34,4 Prozent. Umgekehrt hatte das Kulturell-Bildende größeres Gewicht: beim *IB* 19,6, bei der *WO* 18,1 Prozent.

Ohne Zweifel wollte gerade die *WO* noch Reste ihres früheren bildungsbürgerlichen Anspruchs bewahren. Um mit einem Beispiel beim eben genannten Jahr 1940 zu bleiben: Am 19. Februar 1940 feierte der schwedische Forschungsreisende Sven Hedin seinen 75. Geburtstag. Von der *BIZ* wurde der Anlass ganz übergangen. Der *IB* widmete ihm eine Seite mit fünf Fotos, allerdings beschränkte er sich auf knappe Bildtexte und verzichtete auf jeden Artikel.[951] Die *WO* brachte dagegen nur vier relativ kleine Fotos und dazu eine mehr als eine Seite Text umfassende Würdigung.[952]

Dieser Ansatz wurde von der *WO* in den folgenden Jahren konsequent ausgebaut. Bis 1943/44 verdoppelte sie den Anteil kulturell-bildender Bilder in ihrem Angebot auf über 35 Prozent, während der unterhaltender Bilder auf ein knappes Viertel zurückgefahren wurde. Damit fand sie im März 1944 immerhin noch über 300.000 Käufer – das war zwar nur ein Bruchteil dessen, was gleichzeitig die ganz an Unterhaltung orientierte *BIZ* erreichte (2,6 Millionen) oder auch der Partei-*IB* (1,9 Millionen), aber doch deutlich mehr, als sie selbst in der späten Weimarer Republik absetzen konnte.[953]

950 Bei genauerer Betrachtung würden sogar nur noch vier Bilder bleiben, denn sechs Bilder sind heiterem Theaterspiel gewidmet und ein siebtes zeigt einen Rad fahrenden Henry Ford zu seinem 77. Geburtstag.

951 »Der Forscher Sven Hedin 75 Jahre alt«. In: *IB* Nr. 7 vom 15. Februar 1940, S. 152.

952 Rolf Reissmann, »Zwischen Sand und Schnee. Ein Forscherleben in Asien. Zum 75. Geburtstag Sven Hedins«. In: *WO* Nr. 7 vom 14. Februar 1940, S. 14, 19.

953 Die Daten zum Stichtag 1. März 1944 nach Schmidt, *Presse in Fesseln*, S. 216.

8.5 Die Illustrierten in der Medienkonkurrenz

Jede Illustrierte stand mit ihren Bildern stets in einer doppelten Konkurrenz: Zum einen verlor ihr ursprüngliches Alleinstellungsmerkmal als Medium – das aktuelle Bild – immer mehr an Geltung, weil einerseits die Zeitungen in ihren Ausgaben selbst mit noch aktuelleren und in ihren wöchentlichen illustrierten Beilagen mit zwar nur gleich aktuellen, aber dafür für die Zeitungsbesitzer kostenlosen Bildern auftraten. Und andererseits boten die Wochenschauen etwas ganz Neues, nämlich bewegte Bilder. Neben diesen neuen Herausforderungen blieb – zum anderen – die alte bestehen: sich nach wie vor gegen die innermediale Konkurrenz zu behaupten, anders zu sein als die anderen Illustrierten.

Das untersuchte Bildmaterial zeigt, wie die Illustrierten in beiderlei Hinsicht antworteten. Solange die Illustrierten gleichsam das Monopol auf die aktuelle Bildberichterstattung besaßen, hatte das isolierte Nachrichtenbild erheblichen Stellenwert in ihrem Angebot: Wie sahen die neuen Minister aus, die das Land regierten oder die führenden Abgeordneten? Womit konnten die Gebrüder Wright fliegen oder wie sah die Frau aus, die als erste den Ärmelkanal durchschwamm? Mit entsprechenden Bildern konnten primäre Informationsbedürfnisse der Leserschaft befriedigt werden. Was die *wo* paradigmatisch unter der Überschrift »Bilder der Woche« zusammengefasst hatte, verlor jedoch nach dem Ersten Weltkrieg und der Überwindung der Hyperinflation umso mehr an Bedeutung, je mehr die viel häufiger erscheinenden Zeitungen mit eigenen Bild-Angeboten aufwarteten. Das einzelne aktuelle Bild büßte für die Leserschaft der Illustrierten die alte Anziehungskraft ein. Die Illustrierten mussten auf neue Angebote setzen. Zum Aushängeschild wurden nun die Bildserien, wenn möglich aufgenommen von Fotografen, deren Namen eigene Bekanntheit besaßen, und in einem Stil präsentiert, der auch gleich mit dem modernen Medium ›Film‹ konkurrieren konnte. Auf einen begleitenden Text in Form größerer Artikel konnten die neuen Fotoreportagen immer mehr verzichten; prägnante Bildtexte genügten zur Stiftung filmähnlicher Zusammenhänge.

Das alles ist mehr oder minder bekannt und wurde durch die vorliegende Untersuchung nur besser untermauert. Völlig neu sind jedoch die Werte, die zur Messung der Vielfalt im Bereich der Illustrierten selbst vorgelegt werden konnten. Die Unterstellung, Illustrierte hätten sowieso immer nur über dasselbe berichtet, konnte auf mehreren Ebenen eindrücklich widerlegt werden. Das beginnt bereits bei dem strengsten Kriterium, der Bildidentität. Selbst in jenen Jahren, als das Bildangebot aufgrund fototechnischer und organisatorischer Unvollkommenheiten noch nicht so vielfältig war wie später, war es ausgesprochen selten, dass ein identisches Bild in den beiden untersuchten Illustrierten *BIZ* und *WO* präsentiert wurde. Zwischen 1905 und 1923 geschah dies bei über 10.000 Abbildungen nur in 64 Fällen – betroffen waren also nur 1,2 Prozent der Bilder. In den 1930er- und 1940er-Jahren, als Technik und Organisation große Fortschritte gemacht hatten und bei nun drei Illustrierten über 15.000 Bilder ausgewertet wurden, war dies sogar nur noch 22mal der Fall, betraf also bloß 0,3 Prozent der Abbildungen. In diesen Größenordnungen bewegen sich auch die Werte, wenn man das Kriterium etwas abschwächt und nicht nach völliger Identität, sondern nur nach deutlicher Ähnlichkeit der Abbildungen fragt.

Doch selbst wenn man die Ebene wechselt und sich nicht mit einzelnen Bildern, sondern den übergeordneten Berichtsanlässen beschäftigt, treten keine dramatischen Verschiebungen auf. Die Angebote der Illustrierten waren von erstaunlicher Unterschiedlichkeit, sowohl in Zeiten relativer pressepolitischer Freizügigkeit als auch in denen mehr oder minder straffer Lenkung. Bis 1926 entfielen nur 7 Prozent der Bilder auf Berichtsanlässe, über die von *BIZ* und *WO* gleichermaßen berichtet wurde – 93 Prozent entfielen auf andere Themen! Gewichtet man die Anlässe durch Einbezug des Umfangs, in dem über sie berichtet wurde, oder beschränkt man sich auf Anlässe politischen und militärischen Inhalts, verschieben sich die Relationen graduell, aber letztlich nur leicht: Der Grundbefund, dass *BIZ* und *WO* eigentlich ganz unterschiedliche Bildwelten präsentierten, bleibt erhalten, auch wenn der Überschneidungsbereich nun auf 10 bis 15 Prozent ansteigt.

Nun lässt sich dies mit dem Hinweis auf die konkurrenzkapitalistische Situation zwischen den beiden Großverlagen Ullstein und Scherl in Kaiserreich und Weimarer Republik einigermaßen plausibel erklären. Aber wie sieht es mit den Gegebenheiten nach 1933 aus, als die Nationalsozialisten der Presse immer rigidere Vorgaben machten? Schon für die Jahre ab 1927 wurden drei Illustrierte miteinander verglichen, darunter auch das Parteiblatt *IB*. Nicht zu erwarten war das Ergebnis, dass nur 2 Prozent aller erfassten Anlässe von allen drei Illustrierten gleichermaßen bebildert wurden; genügt als Kriterium die Behandlung in zwei Illustrierten, so erhöht sich dieser Wert nur um weitere 4 Prozent. Über 94 Prozent der Anlässe wurde dagegen bloß in einer Illustrierten berichtet. Verblüffenderweise verändern sich die Zahlen nur minimal, wenn man sich auf politische oder militärische Berichtsanlässe beschränkt: 8 Prozent Gemeinsamkeiten stehen 92 Prozent exklusiv berichtete Anlässe gegenüber!

Selbstverständlich verbirgt sich auf den Wegen zur Ermittlung dieser Werte eine ganze Reihe von schwierigen Entscheidungen, die im Einzelfall auch hätten ganz anders ausfallen können – insbesondere die Beschränkung auf nur drei aufeinanderfolgende Ausgaben innerhalb eines Frühjahrs- oder Herbstzeitraumes. Der hier ermittelte Grundbefund erstaunlicher Themenvielfalt selbst in Zeiten straffer Themenlenkung würde sich jedoch selbst bei einer Vollerhebung kaum infrage stellen lassen.

8.6 Illustrierte als zentrales Element der neuen Massenkultur

Die Untersuchungen der gravierenden hochkulturellen Veränderungen, die sich in den ersten Jahrzehnten des 20. Jahrhunderts vollzogen, füllen ganze Bibliotheken. Blickt man aber auf die gesamte Gesellschaft und ihre allgemeine kulturelle Verfassung, verlieren der Siegeszug der Abstraktion in den Bildenden Künsten, die Hinterfragung der traditionellen Tonalität in der Musik und die tiefgreifenden Wandlungen der Literatur einiges an Bedeutung. Als wirklich zentral wird man etwas anderes betrachten müssen: den »Aufstieg der Massenkultur«, den »Triumph der Massenunterhaltung«, aufbauend auf einer neuen »bürgerlich-proletarischen Gemengelage«.[954]

Wichtige Elemente dieser »Massenkultur«, die sich »nicht nur von der traditionellen Arbeiterkultur, sondern genauso von der überkommenen bürgerlichen Kultur« unterschied, gleichzeitig aber doch auf der einen Seite genauso »Bildungsgüter, die bislang Statussymbole einer dünnen Oberschicht gewesen waren«, breitesten Bevölkerungsgruppen zugänglich machte, wie sie andererseits »populäre Unterhaltungsangebote [...] in das gehobene Milieu der ›Gebildeten‹« eindringen ließ,[955] fanden bereits einige Aufmerksamkeit: an erster Stelle das Kino, dann aber auch der Sport, die Unterhaltungsmusik und die Unterhaltungsliteratur.[956] Illustrierte wurden in diesem Zusammenhang nicht beachtet.

Dies muss umso mehr verwundern, wenn man sich nur noch einmal die beiden bereits im zweiten Kapitel vorgestellten Grundbefunde vor Augen ruft: die millionenfache Verbreitung der Illustrierten vor allem seit der Überwindung der Hyperinflation 1923 auf der Basis ihres Verkaufspreises, der sich gerade im Vergleich zu den Kosten von Kinoeintritten als sehr günstig erwies. Sicher gab es bei letzteren beträchtliche Unterschiede zwischen Stadt und Land, aber auch zwischen einfachem Vorstadtkino und luxuriösem Innenstadt-Filmpalast, aber ein Mittelwert ist schon aussagekräftig: Der Durchschnittspreis einer Kinokarte

954 Maase, *Grenzenloses Vergnügen*; Abrams, *Triumph of Mass Entertainment*; »Gemengelage«: Winkler, *Schein der Normalität*, S. 145.
955 Winkler, *Schein der Normalität*, S. 144f.
956 Als Überblick: Maase, *Grenzenloses Vergnügen*.

stieg von 69 Pfennig für 1925 und 1926 auf 84 Pfennig für 1930.[957] Im Vergleich dazu waren die 20 Pfennig für die meisten Illustrierten durchaus eine Alternative. Faktisch wird es sich wohl in der Regel noch nicht einmal um eine Alternative gehandelt haben, sondern mehr um eine Ergänzung.

Mit der *Arbeiter-Illustrierten Zeitung* und der *Illustrierten Reichsbannerzeitung* gab es zwar auch Versuche der organisierten Arbeiterbewegung, das eigene Milieu auch im Bereich der Illustrierten mit einem spezifischen Angebot zu versorgen, insgesamt wird man jedoch davon ausgehen können, dass nicht bürgerliche Schichten auch ›bürgerliche‹ Illustrierte in erheblichem Maße kauften – wie sonst hätte gerade die BIZ ihre Millionenauflagen erzielen können?

›Bürgerlich‹ und ›nicht bürgerlich‹ sind jedoch Etiketten, die nur begrenzt auf die Bildinhalte der Illustrierten angewandt werden können. In dieser Untersuchung wurde stattdessen den Begriffen ›Bildung und Kultur‹ sowie ›Unterhaltung‹ der Vorzug gegeben. Charakteristisch für den gesamten Untersuchungszeitraum war nun aber nicht das Gegeneinander von eher bürgerlich zu verstehender Bildung und Kultur und nicht bürgerlicher Unterhaltung, sondern deren Nebeneinander und immer stärkere Durchmischung. Sucht man nach jenen neuen Massenkommunikationsmitteln, die »sharp cultural class barriers« zu untergraben halfen,[958] so wird man in Zukunft nicht immer nur an Kino und Film denken dürfen, sondern wird auch die Illustrierten mit einbeziehen müssen. Hier standen die Erinnerung an große Dichter und Komponisten oder die Berichte über wichtige Theater-Uraufführungen neben denen über große Sportereignisse, neue Filmproduktionen und allerlei Klatsch und Tratsch – und dies zunehmend in attraktiver Bildform und mit immer stärker begrenzter Betextung. Klassenbewusstsein war damit kaum noch zu entwickeln. Auch die Illustrierten trugen dazu bei »in creating an individualist mentality and diverted energy from seeking fundamental change«.[959] Das musste sich auch gezielt politisch nutzen lassen.

8.7 Politik mit Bildern

Dass sich die Bildangebote deutscher Illustrierter in jenen Zeiten, in denen die Illustrierten-Produktion erheblicher politischer Lenkung unterworfen war, also während des Ersten Weltkriegs und in der NS-Diktatur, deutlich von denen anderer Jahre unterschieden, ist wenig überraschend und bedarf kaum aufwändi-

957 Dussel, *Wie teuer war ein Magazin?*, S. 26.
958 Abrams, *Triumph of Mass Entertainment*, S. 279.
959 Ebd., S. 293.

ger empirischer Untersuchung. Wichtiger sind Antworten auf die Fragen, worin sie sich unterschieden, welche Entwicklungen dabei auszumachen und worauf diese zurückzuführen sind.

Die zentralen Befunde müssen auf den ersten Blick irritieren. Am meisten dürften noch die Ergebnisse zum Ersten Weltkrieg den Erwartungen entsprechen: Der nächstliegende Bereich für direkte Beeinflussungsversuche der Leserschaft im Sinne der Regierung – das politisch-militärische Bild im engeren Sinne – hatte den mit Abstand größten Umfang, bestimmte rund 70 Prozent des Illustrierten-Angebots. Kulturelle Bildung und Unterhaltung traten daneben als Themen völlig in den Hintergrund.

Zu den Lehren, die die Nationalsozialisten aus der deutschen Niederlage im Ersten Weltkrieg gezogen hatten, zählte nicht nur eine besondere Wertschätzung der Propaganda, sondern auch die Einsicht in die Notwendigkeit von deren strategischer Dosierung. Sie durfte nicht überhand nehmen, anderes musste hinzutreten. Und was das andere zu sein hatte, war gerade für Propagandaminister Goebbels eindeutig: Unterhaltung. In seinem Tagebuch hielt er den Grundgedanken immer wieder fest: »Unser Volk bei guter Laune zu erhalten, das ist auch kriegswichtig. Wir haben das während des Weltkrieges versäumt und mußten das mit einer grauenhaften Katastrophe bezahlen. Dies Beispiel darf sich unter keinen Umständen wiederholen.«[960]

Im Falle der Illustrierten hieß das, dass zwar an der zentralen Bedeutung des sorgfältig überwachten direkt politischen Bildes nicht gerüttelt wurde, aber dass verhältnismäßig breiter Raum für Unterhaltendes bereitgestellt wurde. Eine besondere Rolle spielte dabei speziell der gezeichnete Witz. Lag sein Anteil am gesamten Bilderangebot während des Ersten Weltkriegs bei nur 1,5 Prozent und wuchs er während der Weimarer Republik bloß auf 3,6 Prozent, so wurden in den nationalsozialistischen Vorkriegsjahren bereits 8,2 und in den Kriegsjahren sogar 10,9 Prozent erreicht. Die Rückseite der Illustrierten blieb auch dann fast durchweg dem gezeichneten Witz vorbehalten, als die Hefte nur noch wenige Seiten umfassten. Hier bestätigte sich nachdrücklich, dass heitere Entspannung als kriegswichtig betrachtet wurde.

Die dahinter stehende zentrale Überlegung verkündete Propagandaminister Goebbels wahrscheinlich nie offener als in einem Leitartikel in der Wochenzeitung *Das Reich*, der am 15. Juni 1941, eine Woche vor dem deutschen Überfall auf

960 Eintrag vom 26. Februar 1942, in: Fröhlich, *Goebbels-Tagebücher*. II/3, S. 377. Vgl. auch den Eintrag vom 1. Januar 1942, in: ebd., S. 35.

die Sowjetunion, veröffentlicht wurde.[961] Direkt war der Artikel zwar auf die Programmgestaltung des Rundfunks bezogen, seine Maximen waren jedoch auch für Presse und Film gültig. Für Goebbels war eindeutig: »Wir gebrauchen [!] zum Kriegführen ein Volk, das sich seine gute Laune bewahrt.« Angesichts der bereits herrschenden und sich nun noch weiter verschärfenden Anforderungen an die Bevölkerung musste ein gewisser Ausgleich geschaffen werden: »Unser Volk ist heute in einer Weise in die Kriegsarbeit eingespannt, daß es mit Recht verlangen kann, in seinen seltenen Mußestunden Entspannung zu erhalten, von der Schwere des Alltags abgelenkt zu werden und in einer leichten und gefälligen Unterhaltung ein gewisses Gegengewicht zu den harten Anforderungen der Zeit zu finden.«

Für Goebbels war Unterhaltung nicht nur »staatspolitisch wichtig«, er betrachtete sie als »sogar kriegsentscheidend«, wie er in den folgenden Monaten immer wieder seinem Tagebuch anvertraute.[962] »Die gute Laune ist ein Kriegsartikel«, hielt er so am 27. Februar 1942 fest und bezog dies nicht auf das Rundfunkprogramm, sondern auf die Filmproduktion, wo gerade begonnen wurde, »die von mir aufgestellten Tendenzen zu verfolgen und Unterhaltungsfilme für die breiten Massen zu schaffen. Die sind im Augenblick am allernotwendigsten.«[963] Schon wenige Tage später griff er das Thema erneut auf: »In dieser Zeit stärkster Anspannungen sollen Film und Rundfunk dem Volke Entspannung geben. Die gute Laune muß erhalten bleiben. Denn ein Krieg von diesen Ausmaßen kann nur mit Optimismus gewonnen werden.«[964]

Dass Goebbels sich vor allem auf Rundfunk und Film bezog und Illustrierte nie Erwähnung fanden, dürfte sich daraus erklären, dass er zu dieser Zeit eine umfassende Reorganisation des Rundfunks vorantrieb[965] und auch beim Film entsprechende Weichen zu stellen suchte. Das Illustrierten-Angebot lag dagegen wohl schon ganz auf seiner Linie. Eine gewisse Rolle könnte darüber hinaus gespielt haben, dass seine Weisungsbefugnis im Pressebereich durch verschiedene Konkurrenten begrenzter war und er sich lieber mit jenen Bereichen beschäftigte, in denen er mehr bewirken konnte. Auf jeden Fall wird man aber unterstellen dürfen, dass für ihn auch für die Illustrierten-Gestaltung galt, was er für Rundfunk und Film postulierte.

Die Vermutung liegt nun nahe, dass es sich um eine spezifische Form von Unterhaltung gehandelt haben müsse, die dem Volk da serviert wurde – in besonders

961 Joseph Goebbels, Der Rundfunk im Kriege. In: *Das Reich* Nr. 24 vom 15. Juni 1941. Zur Rundfunkprogrammgestaltung im Zweiten Weltkrieg vgl. Dussel, *Hörfunk in Deutschland*, S. 198ff.
962 Zitate aus Eintrag vom 8. Februar 1942. In: Fröhlich, *Goebbels-Tagebücher*. II/3, S. 274.
963 Ebd., S. 382.
964 Ebd., S. 408-
965 Dussel, *Hörfunk in Deutschland*, S. 67f. und S. 203ff.

heimtückischer, unterschwelliger, kaum wahrnehmbarer, aber desto wirksamerer Weise von nationalsozialistischer Ideologie durchtränkt. Sie wird gestützt durch einschlägige Formulierungen des Propagandaministers, etwa wenn er Anfang 1941 vor der Reichsfilmkammer ausführte: »Nicht das ist die beste Propaganda, bei der die eigentlichen Elemente der Propaganda immer sichtbar zutage treten, sondern das ist die beste Propaganda, die sozusagen unsichtbar wirkt, das ganze öffentliche Leben durchdringt, ohne daß das öffentliche Leben überhaupt von der Initiative der Propaganda irgendeine Kenntnis hat.«[966]

Tatsächlich werden sich in den verschiedensten Massenmedien entsprechende Belege für diesen Ansatz finden lassen: die eine oder andere antisemitische Spitze, die Betonung nationaler Leistungsfähigkeit, die Karikierung der Gegner.[967] Vom Antisemitismus abgesehen wird man Vergleichbares aber nicht nur damals auch bei anderen kriegführenden Mächten finden. Wichtiger ist der Befund, dass Derartiges bei den Unterhaltungsangeboten nicht im Vordergrund stand, dass es sich in den meisten Fällen tatsächlich inhaltlich um Harmlos-Unpolitisches handelte, das in anderen zeithistorischen Kontexten völlig unbeachtet bliebe.

Zentral für das Verständnis des nationalsozialistischen Propagandakonzeptes ist die Unterscheidung zwischen politischen Inhalten und politischer Funktion – und dies nicht nur bei den hier untersuchten Illustrierten-Bildern, sondern eben auch bei Musik, Theater und Film, ja weiten Bereichen der Alltagskultur. Auf inhaltlicher Ebene wurde recht deutlich Politisches von Unpolitischem getrennt. Politisches war dabei recht traditionell gefasst: Das war das Handeln des ›Führers‹ und seiner Paladine, die Wehrmacht mit ihren Erfolgen, die immer leistungsfähigere Volksgemeinschaft. Selbstverständlich wurde da sorgfältig ausgewählt, inszeniert und überhöht. Das war das Geschäft nationalsozialistischer Propaganda in einem eng verstandenen Sinn.

Viele NS-Propagandisten, und allen voran ihr Chef, waren sich jedoch darüber klar, dass damit nicht alles und jeder zu erreichen war. Wie Goebbels in seinem *Reich*-Artikel ausgeführt hatte, musste neben die Anspannung – auch ideologischer Art – notwendigerweise Entspannung treten, bedurften breite Schichten der Bevölkerung zumindest zeitweise weitgehend ideologiefreier Bereiche, um in den übrigen Zeiten im Sinne des Regimes Leistung zu erbringen. Dies zu ge-

966 Rede anlässlich der Kriegstagung der Reichsfilmkammer am 15. Juli 1941. In: Albrecht, *Film*, S. 70-97, Zitat S. 76f. So auch schon in seiner Rede auf der ersten Jahrestagung der Reichsfilmkammer am 5. März 1937. In: ebd., S. 32-60, hier S. 48f.

967 Die inhaltliche Grenzziehung ist schwierig. Eine spezifische Position in Fragen von Autorität und Geschlechterrollen beispielsweise kann durchaus als ›politisch‹ betrachtet werden, aber ist sie deshalb als nationalsozialistische Propaganda einzustufen? Vgl. als konkretes Beispiel die Analyse des Films *Die Feuerzangenbowle*: Lowry, *Politik und Unterhaltung*.

währen, entsprang also durchaus politischem Kalkül: Unpolitische Inhalte wurden zu politischen Zwecken instrumentalisiert. Schon vor Jahrzehnten stellte Gerd Albrecht dies als Ergebnis seiner Filmanalysen heraus: »Selbst der ganz eindeutig seinem Inhalt nach unpolitische Film wurde insofern Bestandteil einer insgesamt politisch ausgerichteten Propaganda, sollte nämlich die Probleme, mit denen der einzelne wie der Staat zu kämpfen hatte, vergessen lassen. In diesem Sinne sind nun allerdings alle Filme, die damals hergestellt wurden, politisch – ob nun nach ihrem Inhalt offensichtlich, oder ob nach ihrer Aufgabe mehr indirekt«.[968]

Neben Film und Rundfunk waren die Illustrierten wie kein anders Massenmedium geeignet, durch ihre Inhalte die beiden Hauptziele nationalsozialistischer Propaganda in der Bevölkerung der Verwirklichung nahe zu bringen: einerseits sorgfältig gelenkte politische Information zu vermitteln, aber andererseits durch politikferne Unterhaltung zentralen Publikumsinteressen zu entsprechen und dadurch zumindest indirekt den nationalsozialistischen Zielen zu dienen. Einzuräumen, dass erhebliche Teile des Bilderangebots der Illustrierten – einschließlich der Partei-Illustrierten – in den NS-Jahren in nennenswertem Maß ideologiefrei auf Unterhaltung ausgerichtet und deshalb inhaltlich unpolitisch waren, heißt deshalb nicht, dass sie keine politische Funktion besaßen. Gerade im Zweiten Weltkrieg war die politische Funktionalisierung unübersehbar.

Die Funktion der Unterhaltung erschöpfte sich jedoch nicht darin, Ablenkung und Entspannung zu liefern. Es gab noch ein zweites Ziel, wofür die Nationalsozialisten »weitgehende inhaltliche Zugeständnisse an die Rezipienten und damit eine beinahe totale Entpolitisierung ihrer Propaganda in Kauf nahmen« – »die formale kommunikative Vorherrschaft, die Fähigkeit, die Themen der öffentlichen Kommunikation zu bestimmen«.[969] Indem ein geschickter Mix aus Politik und Propaganda einerseits und viel Unterhaltung andererseits geboten wurde, sorgte man zunächst einmal für die Nutzung der Medien überhaupt – der Illustrierten wie des Rundfunks und des Films. Das Kalkül war, dass es dann nicht bei der Nutzung des Unterhaltenden blieb, sondern dass im Sinne der heute immer wieder diskutierten ›Mitnahmeeffekte‹ auch anderes wahr- und aufgenommen wurde. Aufgrund der nahezu totalen Kontrolle des Regimes konnten dies nur systemkonforme wie -stabilisierende Inhalte ein – ein eigentlich perfektes System.

An dieser Stelle zu enden, hieße zwar, eine wichtige Differenzierung innerhalb der Propagandastrategie der Nationalsozialisten vorgenommen, aber nur

968 Albrecht, *Film*, unpaginiertes Vorwort, 6./7. Seite.
969 Bussemer, *Propaganda und Unterhaltung*, S. 80; ders., *Propaganda und Populärkultur*.

den Blick auf die Kommunikatoren, die für die Angebotsgestaltung Verantwortlichen, und deren Interessen gerichtet zu haben. Die Frage nach der Rolle des Publikums, nach seinen Spielräumen im Umgang mit dem Angebotenen und damit dessen möglichen Wirkungen bliebe völlig unbeantwortet. Deshalb bedarf es einer Ergänzung.

8.8 Lesernutzen und Propagandawirkung

Die vom Uses-and-Gratifications-Approach geleitete aktuelle kommunikationswissenschaftliche Forschung liefert keine Vergleichsdaten, die für diese Untersuchung unmittelbar zu Rate gezogen werden könnten, dazu ist sie viel zu sehr auf das Medium ›Fernsehen‹ (und neuerdings: das Internet) ausgerichtet.[970] Außerdem bestehen für die historische Forschung wenig Chancen, in breiterem Umfang Quellen zu erschließen, die aussagekräftige Informationen zu den Motiven früherer Illustrierten-Nutzung und den dadurch gewährten Gratifikationen vermitteln könnten. Trotz dieser Defizite lassen sich Hinweise zusammentragen, die zu einem verbesserten Verständnis der hier ermittelten Befunde zu führen vermögen.

Zu den zentralen kommunikationswissenschaftlichen Einsichten zählt, dass zwar sicherlich einerseits von einer gewissen Aktivität der Medienrezipienten ausgegangen werden kann, dass diese andererseits jedoch nicht überschätzt werden darf. Sie ist vielmehr von verschiedenen Faktoren abhängig. Wichtig ist in diesem Zusammenhang die Unterscheidung zwischen überwiegend ritualisiertem und instrumentellem bzw. begrifflich schärfer: habitualisiertem und intentionalem Mediengebrauch.[971] Während instrumentelle Mediennutzung »mit der Suche nach bestimmten Medieninhalten aus Gründen der Information verknüpft« ist, führt die ritualisierte Form »zu einem habituellen Medienkonsum zum Zeitvertreib und zur Ablenkung. Sie beinhaltet höhere Nutzungsfrequenzen und eine höhere Affinität zum Medium. Ritualisierte Mediennutzung verweist auf die Mediennützlichkeit, wie etwa die Zeit totzuschlagen, und darüber hinaus auf ein weniger aktives und zielgerichtetes Verhalten.« Was nun auf den ersten Blick wenig sympathisch klingt, könnte unter spezifischen Umständen jedoch beson-

970 Zum allgemeinen Überblick: Rubin, *Uses-and-Gratifications-Perspektive*; Ruggiero, *Uses and Gratifications Theory*. Auf Deutschland bezogen: Koch, *Macht der Gewohnheit*. Als weitgespannter problemorientierter Überblick zur kommunikationswissenschaftlichen Mediennutzungsforschung: Meyen, *Mediennutzung*.
971 Rubin, *Uses-and-Gratifications-Perspektive*, S. 142f.; Ruggiero, *Uses and Gratifications Theory*, S. 10. Koch, *Macht der Gewohnheit*, S. 57f.

dere Bedeutung erlangen. Festgestellt wurde nämlich, dass »die instrumentelle oder ritualisierte Nutzung eines Mediums zu unterschiedlichen Ergebnissen führt. Instrumentelle Orientierungen scheinen stärkere Effekte zu erzeugen als ritualisierte Orientierungen, weil die instrumentelle Nutzung eine ausgeprägtere Mediennutzungsmotivation impliziert und eine höhere Involviertheit mit dem Medium.« Umgekehrt gibt es Hinweise darauf, dass eine mehr ritualisierte Mediennutzung dafür sorgt, dass die Mediennutzer eher »vom Medieneinfluss unberührt« bleiben. Viel Material gibt es dazu jedoch noch nicht: »Die Erforschung der Auswirkungen einer habituellen Fernsehnutzung steht noch am Anfang«, wurde noch vor wenigen Jahren festgestellt.[972]

Können diese primär aus der Beobachtung von Fernsehzuschauern des späten 20. Jahrhunderts entwickelten Überlegungen nicht auch auf die Leserschaft deutscher Illustrierter des frühen 20. Jahrhunderts übertragen werden? Erwarben die meisten nicht eher gewohnheitsmäßig – ›habituell‹ – eine Illustrierte? Alle Indizien sprechen dagegen, sich den durchschnittlichen Illustrierten-Käufer oder die durchschnittliche Käuferin als eine Person vorzustellen, die Woche für Woche nicht nur rational darüber eine Entscheidung fällt, ob sie eine Illustrierte kauft oder nicht, sondern dies auch noch durch die Überlegung ergänzt, welche genau es denn sein soll. Derartige Fälle sind zwar einzuräumen. In der Mehrzahl wird aber die grundsätzliche Struktur des Angebots in ihrer inhaltlichen und formalen Qualität eine Grundentscheidung bewirkt haben, die dann mehr oder minder regelmäßig fortgeführt wurde. Was dann in den Illustrierten konkret wahrgenommen wurde, wie intensiv man die Bilder betrachtete und die Texte las und welche Gedanken man sich darüber machte – darüber kann heute höchstens spekuliert werden. Inwieweit die mit den politischen Teilen verknüpften Absichten in Erfüllung gingen, muss offen gelassen werden. Sicherlich ist nicht jeder Einfluss zu bestreiten, allerdings sollten die Möglichkeiten direkter Wirkung durch strikte politische Lenkung der Produktion auch nicht überschätzt werden. Dass man daneben aber über gelungene Witze lachte und sich an den Unterhaltungsbeiträgen erfreute, ist anzunehmen.

Festgestellt wurde nämlich auch, dass soziale und psychologische Umstände den Mediengebrauch erheblich beeinflussen. Reduzierte Lebenszufriedenheit und Angst tragen besonders zu einem eskapistischen Nutzungsverhalten bei.[973] Die Übertragbarkeit auf historische Gegebenheiten liegt nahe. Mit seinem dezidierten Einsatz für mehr Unterhaltung in den Massenmedien dürfte Propagan-

972 Koch, *Macht der Gewohnheit*, S. 208.
973 Rubin, *Uses-and-Gratifications-Perspektive*, S. 144.

daminister Goebbels im Zweiten Weltkrieg intuitiv richtig auf die Bedürfnisse der deutschen Bevölkerung reagiert haben.

Während des Zweiten Weltkriegs wurde nicht nur die Produktion der Illustrierten aufrechterhalten, ihre Zweitnutzung durch die Soldaten an der Front wurde aktiv gefördert. Die letzte Seite der *BIZ* endete seit Ende Januar 1942 regelmäßig mit der Aufforderung »[...] und nun schicken Sie dieses Heft an die Front!«; auf der Titelseite des *IB* wurde gleichzeitig der traditionelle Kasten mit Hinweisen auf den Heftinhalt durch den Aufdruck ersetzt: »Mit herzlichen Heimatgrüßen an die Front von: [...]« (mit freiem Raum für den Absender); und die *WO* beendete ihre zweite Seite mit einem seitenbreiten Abschnitt: »DIE WOCHE mit herzlichen Heimatgrüßen an die Front! Abs.: [...]«. Die Versendung der Illustrierten muss tatsächlich umfangreich stattgefunden haben, wie nicht zuletzt die zahlreichen Hinweise in Feldpostbriefen bestätigen.[974]

Die intensive Auswertung dieser Quelle erlaubt aber nicht nur die Feststellung, dass Illustrierte versendet wurden, aus ihnen lässt sich auch ein Stück weit der konkrete Mediengebrauch und die spezielle Funktion der Medien rekonstruieren – selbstverständlich immer nur für Einzelfälle und keineswegs der Forderung nach Repräsentativität genügend, dafür jedoch in einer Nuanciertheit, die sich jeder quantifizierenden Erhebung entzieht. Für Knut Hickethier, der schon seit Jahrzehnten den medienbiografischen Ansatz in der Rezeptionsgeschichte vertritt, sind es ganz im Sinne dieser Untersuchung nicht die konkreten Inhalte der Illustrierten-Bilder, die den Soldaten an der Front beschäftigen und deren er bedarf. Es ist »ihre Anordnung, ihr Layout im Medium (und über das Abonnement)«, das Vertrautheit signalisiert. Das gewährt »eine Art von Halt«. Und »diese Funktion wird dadurch unterstützt, dass sich an der Illustrierten in ihrer medialen Form wenig geändert hat. Die Welt zuhause scheint noch in Ordnung, wenn die mediale Form noch dieselbe geblieben ist, wenn die mediale Reproduktion der Welt weiter besteht.«[975]

»Je länger der Krieg dauerte, umso weniger wurde [...] offensichtlich den massenmedialen Bildern getraut«, aber für ihre Betrachter war das gar nicht das Ausschlaggebende. Illustrierte wie die öffentlichen Medien überhaupt dienten immer mehr »dazu, durch ihre bloße Existenz und ihr regelmäßiges Erscheinen den Eindruck eines (noch) gesicherten Alltags und damit von ›Normalität‹ zu erzeugen.«[976]

974 Vgl. etwa die über das Internet leicht zugängliche und gut erschlossene Feldpostsammlung der Museumsstiftung Post und Telekommunikation: http://www.museumsstiftung.de/briefsammlung/feldpost-zweiter-weltkrieg/feldpost.html [30.05.2018].

975 Hickethier, *Drang nach Menschen*, S. 116f.

976 Ebd., S. 128f.

Die Motive zur Illustrierten-Nutzung waren in Friedenszeiten wahrscheinlich vielfältiger als in Kriegszeiten, aber sicher behaupten lässt sich dies nicht. Auf jeden Fall dürften sie jedoch immer stärker von den Strukturen des Angebots abgehangen haben als von einzelnen, spezifischen Inhalten. Dies begründet, dass nicht immer nur einzelne Inhalte und Themen, und seien sie auch noch so hervorstechend, untersucht werden dürfen, sondern auch die breiteren innermedialen Zusammenhänge.

8.9 Perspektiven

Jede Untersuchung beantwortet zwar einige Fragen, aber am Ende muss sie doch vieles offen lassen, weil sich immer neue genauso wichtige wie interessante Fragehorizonte abzeichnen. Die wichtigsten Perspektiven seien kurz angedeutet. Dass bei den Illustrierten nicht nur die redaktionell verantworteten Bereiche untersucht werden sollten, sondern auch die Werbeteile, wurde bereits angesprochen. Jenseits der Beschreibung ökonomischer Aspekte sind hierdurch wichtige Impulse gerade für Layout-Veränderungen aufzudecken. Darüber hinaus sind weitere strukturanalytische Untersuchungen in vier Richtungen naheliegend. Zum ersten wäre die Verallgemeinerbarkeit des hier Ermittelten breiter abzusichern. Zu denken ist dabei weniger an die Durchsicht von noch mehr Ausgaben der hier bearbeiteten drei Illustrierten, sondern mehr an die konkurrierender Blätter wie der *Münchner Illustrierten Presse*, der *Kölnischen Illustrierten Zeitung*, der *Hamburger Illustrierten*, des *Illustrierten Blatts* (Frankfurt)[977] oder der *Arbeiter-Illustrierten Zeitung* (AIZ).

Zum Zweiten sollte der Untersuchungszeitraum verlängert werden. Mit dem Ende des Zweiten Weltkriegs wurden zwar die traditionellen deutschen Illustrierten-Titel eingestellt, aber das bedeutete nicht das Ende des Mediums ›Illustrierte‹ überhaupt. Schon im Juli 1945 erschien bereits *heute*, »eine neue illustrierte Zeitschrift für Deutschland« (so ihr Untertitel), im Auftrag der amerikanischen Militärregierung. Bald darauf folgten deutsche Illustrierte wie *Quick* und *Stern* und erreichten vergleichsweise schnell Millionenauflagen. Schon zeitgenössisch wurde vermutet, dass gerade »der außerordentliche Erfolg der Illustrierten ›Quick‹ ... wohl nicht zuletzt darauf zurückzuführen« sei, »daß sie schon im äußeren Erscheinungsbild, im Druck, in der Wahl der Titelbilder und in der inhaltlichen Zusammenstellung den Spitzen-Illustrierten der Vorkriegszeit (›Berliner‹ und ›Münchener‹ [sic!]) auffällig ähnelt«. Und wenn es weiter hieß: »Ja, dieses

977 Vgl. Rössler, *Das neue Sehen*.

sogenannte ›Druckbild‹ der Illustrierten dürfte sogar entscheidender sein als das Titelbild«, wird genau das bestätigt, was auch hier behauptet wurde – die grundsätzliche Bedeutung der Form der Illustrierten für die Kaufentscheidung.[978]

Die Glanzzeiten von Illustrierten wie der *Quick* sind zwar vorbei, aber völlig bedeutungslos sind sie deshalb noch lange nicht geworden. Eine umfassende Untersuchung, die das hier Vorgelegte in ähnlicher Weise fortsetzen wollte, hat allerdings zwei gravierende Probleme zu bewältigen: Zum einen muss sie viel größere Materialmengen in den Griff bekommen, weil die Hefte schnell Stärken von 200 bis 300 Seiten erreichten; und zum anderen ist der rapide Wandel des gesamten Medienensembles angemessen zu berücksichtigen. Neben die Illustrierten traten immer mehr und zunehmend stärker nachgefragte Bild-Medien. Schon traditionsreich war ja die Konkurrenz der Zeitungen, genauso auch die von immer mehr spezialisierten Bild-Zeitschriften. Neu war jedoch das Fernsehen, das seit 1969 auch in Farbe zu senden begann und spätestens mit der Zulassung privat-kommerzieller Programmanbieter in besonderem Maße auf Unterhaltung setzte. Und schließlich folgte auch noch das Internet mit seiner überhaupt nicht mehr zu überblickenden Fülle von Angeboten jeglicher Art.

Zum Dritten ist schließlich daran zu denken, die nationale Perspektive zu ergänzen und in den internationalen Vergleich einzutreten. Gerade für die hier untersuchte Frühzeit der Illustrierten sind spannende Ergebnisse zu erwarten, wenn man den Vergleich in zwei Richtungen betreibt. Die eine Richtung wäre europäisch orientiert. Strukturmuster, wie sie bei der *BIZ* und der *WO* zu finden sind, würden durch den Vergleich mit den Angeboten etwa der von 1842 bis 2003 erscheinenden britischen *Illustrated London News* und der fast gleichaltrigen, aber nicht ganz so langlebigen französischen *L'Illustration* (1843-1944) entweder als deutsche Besonderheit oder als Teil eines europäischen Stils bestimmt werden können. Die Besonderheiten des europäischen Stils würden als solche deutlich, wenn in der zweiten Variante ein transatlantischer Vergleich vorgenommen würde. Am leichtesten wäre dies möglich, wenn auf das seit 1850 erscheinende *Harper's Magazine* zurückgegriffen würde, das wie die beiden genannten europäischen Illustrierten durch umfassende Digitalisierung relativ leicht zugänglich ist.[979]

Schließlich wäre es viertens auch lohnend, den Blick auf jene Medien des ›neuen‹ Bildjournalismus zu richten, der sich gegen Ende der 1920er-Jahre im

978 Huebner, *Illustrierte Presse*, S. 422f.

979 Ein Rückgriff auf die Papierausgaben wird sich gleichwohl nicht ganz umgehen lassen – zum einen, weil noch nicht alles digitalisiert wurde; zum anderen aber auch, weil bei der Digitalisierung die Bildqualität so wenig Beachtung fand, dass viele Digitalisate für Bildanalysen kaum zu verwenden sind.

Zuge der Bewegung rund um das ›Neue Sehen‹ herausbildete und nicht nur die Bildsprache vieler Illustrierten veränderte. In seinem Fahrwasser etablierten sich darüber hinaus innovative und erfolgreiche Zeitschriftenkonzepte, die sich zwar oft auf das Vorbild der BIZ beriefen, dem deutschen Vorreiter aber in mancherlei Hinsicht den Rang abliefen.[980] Zunächst die französische *VU*, dann die britische *Picture Post* und darauf die amerikanische *Life* pflegten diesen modernen Stil, der in Deutschland etwa von der *Neuen Jugend* oder später während des Zweiten Weltkriegs durch den BIZ-Ableger *Signal* aufgegriffen wurde. Das Instrument zu deren Analyse müsste freilich ästhetische Kategorien stärker in den Blick nehmen – *politische* Bilder, und das lässt sich schon jetzt prognostizieren, wären abermals nur ein Genre unter mehreren, das hier der Betrachtung harrt.

980 Vgl. Dewitz/Lebeck, *Kiosk*.

9. Anhang

9.1 Die Materialgrundlage

Die Illustrierten erschienen in den untersuchten Jahrzehnten mit einer geradezu selbstverständlichen Regelmäßigkeit. Wenn es einmal Unterbrechungen gab, verwiesen sie auf ganz besondere Notstände. Sie häuften sich zu Beginn der Weimarer Republik. Bei der *WO* trat der erste Anfang Januar 1919 ein. Im zweiten Heft wurde er folgendermaßen erläutert: »Infolge der Kämpfe, die sich in voriger Woche im Berliner Zeitungsviertel abspielten und eine Lahmlegung unseres gesamten Betriebes herbeiführten, konnte Nr. 2 der ›Woche‹ nicht terminmäßig ausgegeben werden. Sie erscheint jetzt mit dem Datum vom 18. Januar. Die nächste Nummer erscheint als Nr. 3/4 am 25. Januar.«

Nur einmal wurden die Illustrierten von einem Streik getroffen. Bei der *BIZ* erschien 1922 mit der Nummer 28/29 erstmals eine Doppelnummer, auch doppelt datiert mit »9. und 16. Juli«. Ein Eindruck auf der Titelseite machte außerdem klar: »Erhöhte Papierpreise, erhöhte Löhne, erhöhter Verkaufspreis«. Die *WO* war genauso betroffen. Bei ihr erschienen mit den Nummern 27/28 und 29/30 gleich zwei Doppelnummern, datiert mit 15. bzw. 29. Juli.

Die nächste Turbulenz packte die Illustrierten rund ein Jahr später, als die Hyperinflation ihrem Höhepunkt zustrebte. Die *WO* musste dreimal Doppelnummern herausgeben: am 30. August 1923 (Nr. 33/34), am 8. September (Nr. 35/36) und am 8. Dezember (Nr. 48/49). Die *BIZ* konnte sich auf eine beschränken: die Nr. 46/47 vom 25. November.

Die Konstruktion der Stichprobe wurde durch diese Unregelmäßigkeiten nicht beeinflusst. Basis der quantitativen Bildanalyse bildeten jeweils sechs Hefte der drei Illustrierten *BIZ*, *WO* und *IB* aus jedem Jahr ihres Erscheinens im Zeitraum von 1905 bis 1945. Grundsätzlich waren es drei aufeinander folgende Nummern von Mitte Februar bis Anfang März und drei von Mitte September bis Anfang

Oktober, also zumeist die Nummern 7, 8 und 9 bzw. 37, 38 und 39. Nach Möglichkeit wurde mit den originalen Papierausgaben gearbeitet. Nur bei wenigen Jahrgängen der *WO* musste auf Mikrofilme zurückgegriffen werden. Weil im Zweifelsfall dem Papier aufgrund der besseren Bildqualität der Vorzug vor dem Mikrofilm gegeben wurde, gab es bei den Zeitpunkten nur eine Abweichung bei den gewählten Zeitpunkten: 1945 wurden die Hefte 5, 6 und 7 ausgewertet. Insgesamt kamen 587 Hefte zusammen. Für die drei Illustrierten gilt:

Die *BIZ* erschien in den Jahren 1905 bis Frühjahr 1945 durchgängig, sodass 40,5 Jahrgänge mit 243 Heften einbezogen werden konnten. Fast alle Hefte lagen vollständig und in Papierform vor. Nur bei den Frühjahrsheften 1939 fehlten die Innenteile zwischen den Bildblöcken. Redaktionelle Bilder sind dadurch nur wenige verlorengegangen, vor allem ein paar Witzzeichnungen.

Der *IB* erschien nur in den Jahren 1926 bis 1945 und erst ab 6. Oktober 1928 wöchentlich. Aus den Jahren 1926, 1927 und 1928 wurden deshalb nur insgesamt neun Hefte einbezogen: Von den nur fünf unregelmäßig erschienenen Heften des Jahres 1926 die Nr. 2 vom 1. September; 1927, als es einen regelmäßigen zweiwöchigen Turnus gab, die Nummern 3 und 4 sowie 17 und 18 vom 15. und 28. Februar bzw. 15. und 30. September; 1928 die Nummern 3 und 4 sowie 18 und 19 vom 11. und 25. Februar bzw. 8. und 22. September. Schließlich fehlt die Nr. 9 vom 27. Februar 1932, weil sie verboten worden war. Insgesamt ergab das 107 Hefte, alle vollständig und in Papierform.

Leichte Abstriche an Zugänglichkeit und Vollständigkeit der Hefte mussten einzig bei der *WO* in Kauf genommen werden. Allerdings konnte auf alle im Untersuchungszeitraum erschienenen Hefte zugegriffen werden. Da die Illustrierte schon Anfang September 1944 eingestellt wurde, waren es sechs weniger als bei der *BIZ*, also bloß 237 Stück.

Auch bei der *WO* waren – zum Teil mit etwas mehr Mühe als bei den anderen beiden Zeitschriften – die allermeisten Hefte in Papierform nutzbar. Nur sechs Jahrgänge (1906, 1908, 1937, 1940, 1941 und 1942) standen bloß mikroverfilmt zur Verfügung. Die Mikroverfilmung bedeutet einzig eine Minderung an Bildqualität, nicht jedoch zwangsläufig einen Abstrich an der Vollständigkeit. Die hängt ganz von der Vollständigkeit der Vorlagen ab. Und hier mussten unterschiedliche Bibliotheksgepflogenheiten in Kauf genommen werden, die letztlich ein Stück weit durch die Aufmachung der *WO* selbst bedingt waren. Durchweg erschien die Illustrierte mit einem Umschlag aus Karton oder festerem Papier, der nicht in die Paginierung einbezogen war. Da die Umschlagvorderseite bis Ende 1923 einheitlich nur mit einer speziellen Sieben gestaltet war und die drei übrigen Seiten regelmäßig Werbung enthielten, wurde bei der Erstellung von Bibliotheksexemplaren in jenen Jahren durchweg auf den Umschlag verzichtet. Für die vorliegende Untersuchung bildet dies keinen Verlust. Leider wurde beim Binden der Mannheimer UB-Exemplare auch auf den Umschlag verzichtet, als die Vorderseite seit Ende 1923 individuell gestaltet wurde. Dieses Binde-System wurde erst 1930 aufgegeben. Für die Jahre 1924 bis 1929 konnten deshalb nur einzelne Vorderseitenbebilderungen einbezogen werden.

Zu dieser kleinen Einbuße tritt eine zweite hinzu. Wohl um den redaktionellen Teil stärker von den Anzeigen zu trennen, wurde über viele Jahre hinweg der Anzeigenteil mit einer eigenen Paginierung versehen; dieses System wurde erst 1935 aufgegeben. Und weil gleichzeitig zeitweise der erste Teil der Anzeigen vor dem redaktionell gestalteten Heft platziert wurde und der zweite Teil dahinter, konnte auch da beim Binden gespart werden. Regelmäßig wurde nur der jahrgangsweise durchpaginierte redaktionelle Teil aufbewahrt und gebunden. Von den Anzeigenseiten blieben damit immer nur Teile erhalten. Aus diesen Teilen (und einzelnen zugänglichen kompletten Heften) ist aber zu ersehen, dass die Anzeigenteile nicht immer völlig mit Anzeigen gefüllt waren, sondern zum Teil doch auch redaktionell gestaltet werden mussten. Für die Redaktion Bedeutungsvolles wurde darin zwar nicht untergebracht, aber die eine oder andere Illustration konnte schon dabei sein – etwa wenn ein End-Stück Belletristik illustriert oder eine halbe Seite mit Witzen durch eine Witzzeichnung aufgelockert wurde. Alles in allem mögen durch diese Aufbewahrungspraxis vielleicht 200 Abbildungen in der Untersuchung unberücksichtigt geblieben sein. Nimmt man die fehlenden Vorderseitenbebilderungen hinzu, wird man zu rund 250 Bildern kommen, zumeist Zeichnungen. In Anbetracht der Gesamtzahl von fast 15.000 bei der *WO* untersuchten Abbildungen wird man dies insgesamt vernachlässigen dürfen. Zu berücksichtigen ist dies nur in Spezialfällen, etwa bei der Bewertung der Zahl der Zeichnungen in der *WO*, vor allem in den 1920er-Jahren.

Wenn auch die quantitative Bildanalyse den Kern der vorliegenden Untersuchung bildet, so reicht die Materialgrundlage insgesamt doch weit über die besonders intensiv und standardisiert untersuchten 587 Hefte hinaus. Nach Möglichkeit wurden bei allen drei Illustrierten die gesamten Jahrgänge des Untersuchungszeitraums mehr oder minder intensiv durchgesehen, nicht zuletzt, um einen Eindruck von der Repräsentativität der ausgewählten Hefte für den Stil des Gesamtangebots zu gewinnen. Besondere Aufmerksamkeit galt darüber hinaus den Heften zu den Geburtstagen der jeweiligen Staatsoberhäupter.

Zudem wurden nicht nur einige der frühesten Jahrgänge von *BIZ* und *WO* durchgesehen, sondern auch alle Gelegenheiten genutzt, um Einblicke in die Bildangebote anderer deutscher Illustrierter während des Untersuchungszeitraums zu erlangen. Größere Bestände standen vor allem von *Die Deutsche Illustrierte*, *Münchner Illustrierte Presse*, *Westdeutsche Wochenschau* und *Illustrierte Reichsbanner Zeitung* zur Verfügung.

9.2 Die Auswertungsmethode

Von Anfang an wurde damit gerechnet, dass bei einer Untersuchung, die 40 Jahrgänge von zwei bis drei Illustrierten mit einbezieht, um die 25.000 Bilder auszuwerten sein würden; am Ende waren es knapp über 30.000. Damit schieden hermeneutisch-kunstwissenschaftliche Methoden, die sich ganz auf einzelne Werke konzentrieren, von vornherein aus. Das hat ohne Zweifel gewisse Erkenntnisverluste zur Folge. Allerdings scheint dies umso eher annehmbar, als nur die wenigsten der damals veröffentlichten Illustrierten-Bilder höheren ästhetischen Ansprüchen genügten. Das meiste war Massenware, von dem sich nur wenig besonders Gestaltete positiv absetzte. Unter sozial- und kulturgeschichtlichem Aspekt verdienen jedoch gerade die Strukturen des Massenhaften Aufmerksamkeit und wenn die Analyse den Stellenwert des Besonderen genauer zu kennzeichnen vermag, so kann dies als beachtlicher Nebeneffekt betrachtet werden.

Zur Methode der die traditionsreiche quantitative Text-Inhaltsanalyse abwandelnden Bild-Analyse gibt es mittlerweile eine ganze Reihe von Literatur und erste Studien, auf die hier nur pauschal verwiesen sei.[i] Da die mit ihr hier gewonnenen Ergebnisse bereits vorgestellt wurden, ist hier nur ausführlicher auf die ihnen zugrundeliegenden Voraus-Entscheidungen einzugehen. Welche Bildinhalte wurden geprüft und wie wurde codiert?

Den mit den konkreten Codierarbeiten betrauten Hilfskräften lag das im Anschluss abgedruckte Codebuch vor, das in vielem den Festlegungen folgte, auf deren Basis bereits die Bebilderung Karlsruher Zeitungen in der Weimarer Republik untersucht worden war.[ii] Angesichts des breiteren Untersuchungszeitraums, der Eigenheiten des neuen Materials und der modifizierten Fragestellung hatte es jedoch erweitert werden müssen.[iii] Die Praktikabilität war in einem ausführlichen Pretest auf der Basis von mehr als 1.000 Abbildungen geprüft worden. Viele der Variablen sind eindeutig und lassen bei der Codierung keinen Spielraum – wie etwa bei der Frage, ob sich das zu codierende Bild auf

i Rössler, *Bildinhaltsanalyse*.
ii Dussel, *Pressebilder*.
iii Auf einen Abdruck des Codebuchs wird hier verzichtet. Interessierte können es jedoch auf der Website des Halem Verlages einsehen und als pdf downloaden: https://doi.org/10.1453/9783869624143_CODEBUCH.

der Titelseite befindet oder nicht (Variable 7). Bei anderen wurde bewusst eine gewisse Unschärfe in Kauf genommen. Auf die Frage nach der Größe der Abbildung (Variable 9) beispielsweise hätte auch eine Antwort in Quadratzentimeter oder gar Quadratmillimeter gefordert werden können. Da der zu erwartende Aufwand des genauen Ausmessens und Ausrechnens gerade bei nicht rechteckigen Bildern aber in keinem Verhältnis zum möglichen Erkenntnisgewinn im Vergleich zu einer groben Schätzung stand, wurde die einfachere Lösung gewählt.

Es bleiben jedoch Variablen, bei denen der Entscheidungsspielraum zwar verringert, aber nicht eliminiert werden konnte. Dies gilt vor allem für die für diese Untersuchung zentrale Variable 29 ›Thematik des Motivs‹ und speziell für ihre Werte ›Politik‹ und ›Militär/Krieg‹. Die Frage, was ein politisches Bild sei, war nicht von vornherein umfassend zu beantworten. Hier konnten nur Annäherungen erfolgen, die Platz für Sonder- und Zweifelsfälle ließen. Allerdings ist zu überlegen, ob es denn wirklich schon die Voraussetzung einer Untersuchung bilden muss, einen bestimmten Gegenstand – wie hier das politische Bild – vollständig zu bestimmen. Kann man nicht auch die Untersuchung nutzen, um auf dem Weg der Gegenstandsbestimmung ein Stück voranzukommen? Ausgegangen wurde bei den der Untersuchung zugrundeliegenden Überlegungen von der Annahme, dass im Kern zwischen politischen und nicht politischen Bildern zu trennen sei, wenn die Begriffe überhaupt eine sinnvolle Verwendung haben sollen. Jeder wird intuitiv bestimmte Bilder als ›politisch‹ von ›unpolitischen‹ Bildern unterscheiden. Erst bei näherer Betrachtung werden sich Grauzonen öffnen, die die Zuordnung zur einen oder anderen Seite denkbar erscheinen lassen. Das Vorhandensein der Grauzone sollte aber nicht die Berechtigung der grundsätzlichen Unterscheidung infrage stellen. Im Gegenteil kann die nähere Bestimmung und Vermessung des Zwischenbereichs, dieser Grauzone, als besondere Herausforderung begriffen werden. Die zentralen Überlegungen zur Klassifikation politischer Bilder wurden vorgestellt.[iv]

Weit über die Themen ›Politik‹ und ›Militär‹ hinaus weist eine Schwierigkeit, die besonderer Erwähnung bedarf. Viele Bilder erhalten den bedeutsameren Teil ihrer Aussage erst durch ihren Bildtext. Dies gilt nicht nur für präzisierende Identifikationen oder Lokalisierungen im Allgemeinen, die das Bild einer vornehm gekleideten Frau zu dem der bestimmten Prinzessin X. oder das einer Brücke zu dem eines Neubaus in Y. machen. Relativ häufig entstand das zu einer bestimmten Gelegenheit gedruckte Foto gar nicht zu diesem Anlass, sondern wurde nur illustrierend aus dem Archiv beigesteuert. Bei den Themen ›Unglück/Unfall‹ und

iv Vgl. S. 279.

›Verbrechen‹ war dies häufig, aber auch bei politischen Bildern mit speziellen Kontexten wie Amtsbeginn oder Amtsende. In der Regel wurde da auf irgendwelche Porträtfotos oder -zeichnungen zurückgegriffen, die gerade verfügbar waren. Diese Praxis macht es schwierig, die tatsächliche Aktualität der abgebildeten Fotos zu bestimmen. Selbst die Unterscheidung bei der Bestimmung des Bildkontextes ›Nachrichtenbild‹ oder ›Kurzer Artikel mit Bild(ern)‹ war in der Praxis schwieriger, als im Voraus vermutet.

Diese Beispiele, die sich um weitere ergänzen ließen, zeigen, dass bei der Auswertung und Interpretation mancher Befunde eine gewisse Vorsicht abgebracht ist. Das Eingeständnis, dass die vom Datenverarbeitungsprogramm ermittelten Zahlen eine Genauigkeit suggerieren, die durch die Qualität der zugrundeliegenden Datenerhebung nicht immer gedeckt ist (darauf ist im folgenden Abschnitt noch näher einzugehen), spricht nicht gegen die Methode als solche, sondern fordert nur entsprechende Reflexion. Durch die vergleichsweise grobe Kategorisierung wurden viele inhaltliche Unterschiede eingeebnet, die je nach Fragestellung eigentlich genauerer Betrachtung bedürften. Die Leistung der Untersuchung besteht zum einen darin, Größenordnungen zur jeweiligen Merkmalsverteilung bereitzustellen, und zum anderen Hinweise zur Auswahl gegebenenfalls mit anderen Methoden genauer zu analysierender Einzelfälle zu liefern.

9.3 Reliabilitätstests (Patrick Rössler)

Die Qualität in der Durchführung der standardisierten Inhaltsanalyse wurde mithilfe zweier Reliabilitätstests eingeschätzt: zum einen durch einen Intercoder-Reliabilitätstest, für den jeweils zwei Ausgaben aller drei Illustrierten des Jahres 1929 von allen fünf CodiererInnen A bis E bearbeitet wurden; und zum anderen durch einen Intracoder-Reliabilitätstest, für den jede/r Codierer/in aus dem von ihm/ihr bearbeiteten Jahr zwischen 1925 und 1929 die Codierung von zwei Heften am Ende der Bearbeitungsphase wiederholte. Für den Test wurden Ausgaben aus der zweiten Hälfte der 1920er-Jahre gewählt, weil hier sowohl Ausgaben von allen Zeitschriften vorlagen, als auch die Maßnahmen zur Kommunikationskontrolle durch das NS-Regime noch nicht griffen; der *IB*, der nicht zu allen Messzeitpunkten verfügbar war, wurde in diesem Test nicht berücksichtigt. Von den Reliabilitätstests ausgeschlossen wurden gezeichnete Witze, illustrative Verzierungen und Humorseiten mit unstrukturierten Bildelementen. Bei der Auswertung wurde in zwei Schritten zunächst jeweils die Identifikationsreliabilität für die zentrale Analyse-Einheit (das jeweilige Bild) berechnet, und im Anschluss daran die einfachen Übereinstimmungskoeffizienten nach Holsti für formale und inhaltliche Variablen. Bei allen Reliabilitätsberechnungen ist zu bedenken, dass die Kategorien zwar auf Ebene des einzelnen Bildes verschlüsselt und deswegen verglichen werden; allerdings haben die Codierer manche Merkmale bei Bildreihen zu einem Thema auf das Thema insgesamt bezogen, sodass ein Fehler dabei mehrere Folgefehler auf der Bildebene nach sich zog (etwa wenn beim Thema ›Buntes‹ statt ›Soziales‹ identifiziert und für alle dazugehörigen Bilder festgehalten wurde; oder noch auffälliger bei der Bilderzahl in Bildreihen, die für jedes Bild als Kontrollvariable festgehalten wurde und dementsprechend so viele Abweichungen verursacht, wie die Reihe Bilder hat).

9.4 Intracoder-Reliabilitätstest

Identifikationsreliabilität

Die Identifikation der Analyse-Einheit ›Bild‹ ist nicht immer so simpel, wie sie auf den ersten Blick erscheint. Dies hängt zum Teil mit der Layout-Praxis der Illustrierten-Redaktionen zusammen, zum Teil mit der gerade bei gezeichneten Illustrationen offeneren Abbildungsgestaltung, bei der es mitunter Grenzfälle gibt, welches Motiv ein eigenes Bild darstellt, und welches ein Komposit. Zur Erleichterung der Codierung wurden Hilfsvariablen eingeführt (wie etwa die Zahl der Bilder in einer Bildreihe und die jeweilige Position des Einzelbildes in dieser Reihe), die im Rahmen der Reliabilitätsberechnung dazu dienen konnten, die individuell von einem Codierer bzw. einer Codiererin identifizierten Bilder mit denen seiner KollegInnen abzugleichen.

In den sechs von jedem Codierer bzw. jeder Codiererin bearbeiteten Ausgaben des Jahres 1929 fanden sich abschließend 257 untersuchungsrelevante Analyse-Einheiten (vgl. Tab. 21). Jenseits vereinzelter Abweichungen bei den Hilfsvariablen, die an dieser Stelle nicht interessieren,[v] wurden in diesem Korpus insgesamt fünf Fehlidentifikationen angetroffen: in drei Fällen erkannte jeweils ein Codierer bzw. eine Codiererin ein Bild mehr als seine KollegInnen, in zwei Fällen erkannte jeweils ein Codierer bzw. eine Codiererin ein Bild weniger. Bezogen auf die insgesamt verlangten 257 korrekten Identifikationen bedeutet das, dass 98,1% dieser Vorgänge von allen CodiererInnen zu 100 Prozent korrekt ausge-

v Beispielsweise gab es Abweichungen bei der Berücksichtigung von Titelbildern bei der Zählung einer Bildreihe, was sich aber nicht auf die korrekte Identifikation der einzelnen Analyse-Einheiten niederschlug.

führt wurden; gemeinsam mit den fünf nur teilweise übereinstimmenden Handlungen resultiert daraus ein Gesamtkoeffizient von .992 für die Intercodierer-Identifikationsreliabilität. Somit ist davon auszugehen, dass das einzelne Bild als Analyse-Einheit von den CodiererInnen weitestgehend zuverlässig erkannt und bearbeitet wurde.

TABELLE 21

Berechnung der Intercoder-Reliabilität – Grunddaten für die Bildidentifikation

Woche	*BIZ*	*IB*	*WO*	Gesamt
7/1929	38	34	58	130
8/1929	38	33	56	127
Gesamt	76	67	114	**257**

Reliabilitätstest für formale und inhaltliche Variablen

Mithin liegen pro Codierer bzw. Codiererin 257 Verschlüsselungen pro Kategorie vor, für die eine vergleichende Reliabilitätsberechnung zwischen allen Codierern und Codiererinnen durchgeführt werden kann. Tabelle 22 enthält die Ergebnisse dieses Vergleichs und weist neben der absoluten Zahl an Bildern, für die eine komplette Übereinstimmung aller Codierer vorliegt, den Reliabilitätskoeffizienten nach Holsti aus. Insbesondere die formalen Kategorien, bei denen lediglich das Vorliegen eines manifesten Merkmals festgehalten werden musste, erreichen hier die zu erwartenden hohen Koeffizienten nahe 1.[vi] Die Größenfeststellung beruht auf relativen Schätzungen, die laut Test gerade im geringen Bereich (mehr oder weniger als 1/8 Seite) nicht zuverlässig trennscharf waren, weshalb die betreffenden Kategorien für die Auswertung zusammengefasst wurden.[vii] Ähnliches war für die Kategorie ›Tagesaktualität‹ zu konstatieren, wo die Unterscheidung zwischen ›ohne konkretes Datum‹ und keiner Tagesaktualität nicht möglich war und nachträglich aufgegeben wurde, woraus annehmbare Übereinstimmungswerte resultierten. Analog wurde bei den Bildkontexten (Zusammenfassung ›Kurzer Artikel mit Bildern‹ und ›Bild als Nachricht‹) und der Bild/Text-Relation (›Text marginal‹ und ›Bild dominiert‹) verfahren.

vi Beim Datum wird dieser Wert lediglich wegen eines Kopierfehlers eines Codierers bzw. einer Codiererin nicht erreicht.

vii Mit derselben Modifikation in den Testdaten werden hohe Werte über .90 erzielt.

Die Werte für die eher komplex zu ermittelnden inhaltlichen Bewertungen der Bildlegende oder die Vielzahl möglicher Quellen bewegen sich am unteren Rand der Toleranzgrenze, sind aber gerade noch zu akzeptieren. Über die Codierung der Propagandavariablen sagen die hohen Reliabilitätswerte nur wenig aus, denn diese Kategorie musste sehr selten angewendet werden. Die Identifikationsreliabilität, die nur auf der Zahl erkannter Fälle beruht, ist aufgrund der geringen Fallzahl nicht sehr aussagekräftig, aber legt nahe, einschlägige Beiträge einer näheren qualitativen Betrachtung zu unterziehen. Gleiches gilt für die Rollenwahrnehmungen von politischen Akteuren.

In der Themenkategorie ergeben sich Differenzen primär durch die schwierige Abgrenzung zwischen ›Buntes‹ einerseits und ›Kunst/Kultur‹ andererseits; auch andere Bereiche der Soft-News (›Unfall‹, ›Technik‹, ›Sport‹, ›Tiere‹) liegen mitunter quer zu den übrigen Kategorien, wenn etwa ein neuer Zug entgleist oder über die Pferde eines Galopprennens berichtet wird. Eine Zusammenfassung erhöht auch hier die Reliabilität wesentlich, und gerade die Politik als wichtigste Kategorie erreicht selbst bei harter Berechnung einen völlig zufriedenstellenden Wert von .89 (bei 42 Identifikationsfällen). Das Konzept der Medienreferenz wurde von einigen Codierern bzw. Codiererinnen mit Blick auf die (durchaus regelmäßige) Filmberichterstattung nicht angewendet; da die Themenkategorie eine entsprechende Vorgabe aber explizit vorsieht, konnte dies in den Daten nachcodiert werden

Intercoder-Reliabilitätstest

Der Intercoder-Reliabilitätstest prüft anhand der Codierungen desselben Codierers bzw. derselben Codiererin, ob sich die Codierweise im Erhebungsprozess durch Reifung verändert. Hinsichtlich der Identifikationsreliabilität für die Bilder stellt sich ein sehr zufriedenstellender Befund ein: Auf 1001 von allen Codierern und Codiererinnen insgesamt zu erkennende Analyse-Einheiten kommen nur 5 Fehlidentifikationen (99,5% Zuverlässigkeit). Es ist daher davon auszugehen, dass die Codiererinnen und Codierer innerhalb der Untersuchungseinheiten der drei Illustrierten tatsächlich alle Bildinhalte bearbeitet haben. Dieser Befund ist deswegen wichtig, weil wesentliche Teile der Argumentation darauf abzielen, zunächst deskriptive Daten zur Bildverwendung in unterschiedlichen historischen Perioden und Zusammenhängen zu präsentieren. Es ist davon auszugehen, dass die Datengrundlage für diese eher strukturanalytischen Betrachtungen sehr zuverlässig ermittelt wurde. Unstimmigkeiten betrafen unter anderem die Frage, ob Kompositbilder als eine oder zwei Analyse-Einheiten zu behandeln sind, womit auch bei einer Entscheidung für eine gemeinsame Codierung keine Information verloren geht.

Die individuellen Reliabilitätswerte (Tab. 23) zeigen durchschnittliche Test-Retest-Übereinstimmungen zwischen 0,75 und 1,0, nur vereinzelt darunter. Aus der Verteilung lässt sich kein Muster ableiten, wonach bestimmte Kategorien jenseits des bereits Gesagten besonders schwierig gewesen wären. Die verschiedenen Codierer bzw. Codiererinnen erzielten im Mittel relativ ähnliche Werte, sodass nur ein geringes Gefälle zu beobachten ist, das innerhalb der üblichen Korridore liegt (.87 bis .93). Allerdings resultieren die hohen Übereinstimmungswerte auch daraus, dass eine Reihe von Kategorien in dem jeweils individuell ermittelten Testmaterial – wie üblich – nicht vorkamen, also einheitlich nicht codiert wurde. Betrachtet man dementsprechend nur die qualifizierten Codierungen, d. h. all jene Fälle, bei denen ein Codierfall vorlag, der beurteilt werden musste (Tab. 24), dann relativieren sich diese Werte doch deutlich. Gerade für die ›seltenen‹ Ausprägungen in der Berichterstattung gilt deswegen umso mehr, dass sie im Rahmen der Analysen verstärkt einer tieferen qualitativen Auswertung zugeführt werden müssen.

TABELLE 22

Berechnung der Intercoder-Reliabilität – Grunddaten für die Bildidentifikation

Variable	Zahl 100%iger Übereinstimmungen	Koeffizient nach Holsti	bedingte Reliabilität N	bedingte Reliabilität Holsti
Seitenzahl	250	0,980		
Datum	219	0,941		
Position	183	0,858		
Titelseite	256	0,998		
Verweis	256	0,998		
Größe	127	0,753		
Tagesaktualität	129	0,721		
Bildkontext	114	0,739		
Bild-Text-Relation	119	0,740		
Technik	214	0,898		
Bildform	186	0,850		
Farbigkeit	254	0,995		
Quelle	118	0,728		
Legendenqualität	133	0,747		
Propaganda	211	0,907	46	.478
Propagandaart			44	.492
Personen	175	0,834		
Aufnahmestil	115	0,747		
Namensnennung	218	0,935		
Frauen	200	0,874		
Lokalisierung	141	0,774		
Ausland	182	0,839		
Thema	107	0,691	PO: 42	.888
pol. Akteur allgemein	221	0,923	45	.567
pol. Akteur speziell	242	0,967	25	.664
Kontextbezug	206	0,902	94	.732
spez. pol. Kontext	228	0,935	30	.447
Bildthema ›Militär‹	237	0,960		
Medienbezug	226	0,949	31	.574

TABELLE 23

Ergebnisse des Intracodierer-Reliabilitätstests (*BIZ / WO*, je 2 Ausg. Frühjahr, Anzahl übereinstimmender Codierungen und relativer Anteil)

Variable	Codierer A		Codierer B		Codierer C		Codierer D		Codierer E		Gesamt
	(1925; N = 205)		(1926; N = 174)		(1927; N = 202)		(1928; N = 230)		(1929; N = 190)		MW
Titelseite		1,000		1,000		1,000		1,000	188	0,989	0,998
Verweis		1,000		1,000		1,000	227	0,987		1,000	0,997
Größe	161	0,785	97	0,557	163	0,807	197	0,857	148	0,779	0,757
Tagesaktualität	136	0,663	77	0,443	193	0,955	162	0,704	173	0,911	0,735
Bildkontext	112	0,546	143	0,822	176	0,871	215	0,935	163	0,858	0,806
Bild/Text	148	0,722	126	0,724	167	0,827	219	0,952	79	0,416	0,728
Bildreihe	187	0,912	165	0,948	184	0,911	223	0,970	184	0,968	0,942
Bildzahl	185	0,902	167	0,960	178	0,881	219	0,952	174	0,916	0,922
Position	185	0,902	163	0,937	179	0,886	214	0,930	179	0,942	0,920
Technik	179	0,873	163	0,937	199	0,985	228	0,991	181	0,953	0,948
Bildform	165	0,805	159	0,914	184	0,911	211	0,917	159	0,837	0,877
Farbigkeit		1,000		1,000		1,000		1,000		1,000	1,000
Quelle	191	0,932	165	0,948	196	0,970	221	0,961	165	0,868	0,936
Legendenqual.	152	0,741	160	0,920	171	0,847	176	0,765	173	0,911	0,837
Propaganda	1,0*	1,000	1,0*	1,000	1,0*	1,000	224	0,974	189	0,995	0,994
Propagandaart	1,0*	1,000	1,0*	1,000	1,0*	1,000	223	0,970	189	0,995	0,993
Personen	163	0,795	153	0,879	190	0,941	219	0,952	159	0,837	0,881
Aufnahmestil	175	0,854	130	0,747	183	0,906	210	0,913	139	0,732	0,830
Namensnennung	182	0,888	156	0,897	189	0,936	217	0,943	182	0,958	0,924
Frauen	189	0,922	156	0,897	188	0,931	216	0,939	179	0,942	0,926
Lokalisierung	155	0,756	147	0,845	189	0,936	206	0,896	145	0,763	0,839
Ausland	189	0,922	151	0,868	194	0,960	221	0,961	166	0,874	0,917
Thema	130	0,634	138	0,793	166	0,822	185	0,804	155	0,816	0,774

Variable	Codierer A		Codierer B		Codierer C		Codierer D		Codierer E		Gesamt
	(1925; N = 205)		(1926; N = 174)		(1927; N = 202)		(1928; N = 230)		(1929; N = 190)		MW
pol. Akteur allg.	201	0,980	167	0,960	197	0,975	228	0,991	184	0,968	0,975
pol. Akteur spez.	201	0,980	166	0,954	198	0,980	225	0,978	173	0,911	0,961
Kontextbezug	162	0,790	127	0,730	176	0,871	210	0,913	160	0,842	0,829
spez. pol. Kontext		1,000	165	0,948	200	0,990	219	0,952	174	0,916	0,961
Medienbezug	201	0,980	167	0,960	198	0,980	219	0,952	186	0,979	0,970
Gesamt		0,867		0,878		0,930		0,932		0,880	0,899

TABELLE 24

Ergebnisse des Intracodierer-Reliabilitätstests (nur qualifizierte Codierungen, Anzahl und Anteil Übereinstimmungen)

	Codierer A (1925)		Codierer B (1926)		Codierer C (1927)		Codierer D (1928)		Codierer E (1929)		Gesamt
pol. Akteur allgemein	4	0,250	20	0,650	16	0,688	34	0,941	21	0,714	0,649
pol. Akteur speziell	4	0,250	16	0,500	12	0,666	25	0,800	24	0,292	0,502
Kontextbezug	110	0,609	104	0,548	96	0,729	99	0,798	107	0,720	0,681
spez. pol. Kontext	1	1,000	13	0,308	10	0,800	19	0,421	16	0,000	0,506
Gesamt		0,527		0,501		0,721		0,740		0,431	0,584

9.5 Bildnachweis

Vorlagen für sämtliche Abbildungen aus IB und WO: Universitätsbibliothek Mannheim.
Für Abbildungen 4 und 7: Handbuch der Zeitungswissenschaften.
Für Abbildungen 16 und 59: Ullstein-Bild, Berlin.
Für sämtliche anderen Abbildungen: Archiv des Autors.

9.6 Literaturverzeichnis

Verzeichnet werden nur die vollständigen bibliografischen Angaben aller in den Anmerkungen genannten Kurztitel. Nicht noch einmal aufgeführt werden die Angaben zu zeitgenössischen Illustrierten-Artikeln und Internethinweise.

BIZ	*Berliner Illustrirte Zeitung* 14(1905) - 54(1945)
IB	*Illustrierter Beobachter* 1(1926) - 20(1945)
WO	*Die Woche* 7(1905) - 46(1944)

ABEL, KARL-DIETRICH: *Presselenkung im NS-Staat. Eine Studie zur Geschichte der Publizistik in der nationalsozialistischen Zeit.* Berlin 1968

ABRAMS, LYNN: From Control to Commerzialization. The Triumph of Mass Entertainment in Germany 1900-1925? In: *German History* 8 (1990), S. 278 - 293

ALA-*Zeitungskatalog 1925*. Hrsg. von der Ala Anzeigen-Aktiengesellschaft. 50. Aufl. Berlin o. J.

ALBIG, WILLIAM: The Content of Radio Programms, 1925-1935. In: *Social Forces* 18 (1937/38), S. 338-349

ALBRECHT, NIELS H. M.: *Die Macht einer Verleumdungskampagne. Antidemokratische Agitationen der Presse und Justiz gegen die Weimarer Republik und ihren ersten Reichspräsidenten. Friedrich Ebert vom »Badebild« bis zum Magdeburger Prozeß.* Diss. Universität Bremen 2002

ALTHEIDE, DAVID L.; ROBERT P. SNOW: *Media Logic.* Beverly Hills 1979

ALTHEIDE, DAVID L.; ROBERT P. SNOW: Toward a Theory of Mediation. In: JAMES A. ANDERSSON (Hrsg.): *Communication Yearbook* 11 (1988), S. 194 - 223

ALTHEIDE, DAVID L.: Media Logic and Political Communication. In: *Political Communication* 21 (2004), S. 293 - 296

ARANI, MIRIAM Y.: Die Fotografien der Propagandakompanien der deutschen Wehrmacht als Quellen zu den Ereignissen im besetzten Polen 1939-1945. In: *Zeitschrift für Ostmitteleuropa-Forschung* 60 (2011), S. 1-49

ARCHER, DANE; BONITA IRITANI; DEBRA KIMES; MICHAEL BARRIOS: Männer-Köpfe, Frauen-Körper. Studien zur unterschiedlichen Abbildung von Frauen und Männern auf Pressefotos. In: CHRISTIANE SCHMERL (Hrsg.): *In die Presse geraten. Darstellung von Frauen in der Presse und Frauenarbeit in den Medien*. Köln, Wien 1985, S. 53-75

ARNOLD, KLAUS; CHRISTOPH CLASSEN; SUSANNE KINNEBROCK; EDGAR LERSCH; HANS-ULRICH WAGNER (Hrsg.): *Von der Politisierung der Medien zur Medialisierung des Politischen? Zum Verhältnis von Medien, Öffentlichkeiten und Politik im 20. Jahrhundert*. Leipzig 2010

ARNOLD, KLAUS; ANNA-LENA WAGNER: Die Leistungen des Lokaljournalismus. Eine empirische Studie zur Qualität der Lokalberichterstattung in Zeitungen und Onlineangeboten. In: *Publizistik* 63 (2018), S. 177-206

BARENTS, ELS; W. H. ROOBOL: *Dr. Erich Salomon, 1886-1944. Aus dem Leben eines Fotografen*. München 1981

BARKHAUSEN, HANS: *Filmpropaganda für Deutschland. Im Ersten und Zweiten Weltkrieg*. Hildesheim 1982

BARTELS, ULRIKE: *Die Wochenschau im Dritten Reich. Entwicklung und Funktion eines Massenmediums unter besonderer Berücksichtigung völkisch-nationaler Inhalte*. Frankfurt/M. 2004

BARTH, DIETER: Das Familienblatt. Ein Phänomen der Unterhaltungspresse des 19. Jahrhunderts. In: *Archiv für Geschichte des Buchwesens* 1975, S. 121-316

BAUSINGER, HERMANN: Ist der Ruf erst ruiniert ... Zur Karriere der Unterhaltung. In: BOSSHART, LOUIS; WOLFGANG HOFFMANN-RIEM: *Medienlust*, S. 15-27

BECKERS, MARION; ELISABETH MOORTGAT: *Yva. Photographien 1925-1938*. Tübingen 2001

BENJAMIN, WALTER: Nichts gegen die ›Illustrierte‹. In: BENJAMIN, WALTER: *Gesammelte Schriften Bd. IV.1: Kleine Prosa. Baudelaire-Übertragungen*. Hrsg. von Rolf Tiedemann und Hermann Schweppenhäuser. Frankfurt/M. 1972, S. 448f.

BENZ, WOLFGANG: Stichwort »Diebow, Hans (Johannes) Wilhelm Hermann [Pseudonyme: Hans Helmuth Pars, Totila]«. In: BENZ, WOLFGANG (Hrsg.): *Handbuch des Antisemitismus. Judenfeindschaft in Geschichte und Gegenwart*. Bd. 2/1. Berlin 2009, S. 170f.

BESSEL, RICHARD: Charismatisches Führertum? Hitlers Image in der deutschen Bevölkerung. In: LOIPERDINGER/HERZ/POHLMANN: *Führerbilder*, S. 14-26

BETSCHER, SILKE: Bildsprache. Möglichkeiten und Grenzen einer visuellen Diskursanalyse. In: EDER u.a.: *Bilder in historischen Diskursen*, S. 173 - 194

BOBERACH, HEINZ (Hrsg.): *Meldungen aus dem Reich. Die geheimen Lageberichte des Sicherheitsdienstes der SS 1938-1945*. Herrsching 1984

BOLLENBECK, GEORG: *Bildung und Kultur. Glanz und Elend eines deutschen Deutungsmusters*. Frankfurt/M., Leipzig 1994

BOMHOFF, KATRIN; CAROLA JÜLLIG; CHRISTOPHER JÜTTE (Hrsg.): *Die Erfindung der Pressefotografie aus der Sammlung Ullstein 1894-1945*. Berlin 2017

BÖSCH, FRANK (Hrsg.): *Medialisierung und Demokratie im 20. Jahrhundert*. Göttingen 2006

BOSSHART, LOUIS; WOLFGANG HOFFMANN-RIEM (Hrsg.): *Medienlust und Mediennutz. Unterhaltung als öffentliche Kommunikation*. München 1994

BRANDT, BETTINA: »Politik« im Bild? Überlegungen zum Verhältnis von Begriff und Bild. In: WILLIBALD STEINMETZ (Hrsg.): *»Politik«. Situationen eines Wortgebrauchs im Europa der Neuzeit*. Frankfurt/M., New York 2007, S. 41 - 71

BRAUNGART, WOLFGANG: *Ästhetik der Politik, Ästhetik des Politischen. Ein Versuch in Thesen*. Göttingen 2012

BRUNS, BRIGITTE: Neuzeitliche Fotografie im Dienste nationalsozialistischer Ideologie. Der Fotograf Heinrich Hoffmann und sein Unternehmen. In: DIETHARD KERBS; WALTER UKA; BRIGITTE WALZ-RICHTER (Hrsg.): *Die Gleichschaltung der Bilder. Zur Geschichte der Pressefotografie 1930-36*. Berlin 1983, S. 172 - 182

BUCHER, HANS-JÜRGEN: Mehr als Text mit Bild. Zur Multimodalität der illustrierten Zeitungen und Zeitschriften im 19. Jahrhundert. In: IGL/MENZEL: *Illustrierte Zeitschriften um 1900*, S. 25 - 73

BUCHER, HANS-JÜRGEN: Ein ›Pictorial Turn‹ im 19. Jahrhundert? Überlegungen zu einer multimodalen Mediengeschichte am Beispiel der illustrierten Zeitungen. In: STEPHANIE GEISE u. a. (Hrsg.): *Historische Perspektiven auf den Iconic Turn. Die Entwicklung der öffentlichen visuellen Kommunikation*. Köln 2016, S. 280 - 317

BUSCH, WILHELM M.: Erinnerungen an Berliner Pressezeichner. Scheurich, Matejko, Koch-Gotha. In: *Illustration 63. Zeitschrift für Buchillustration* 21 (1984), S. 98 - 104

BUSSEMER, THYMIAN: *Propaganda und Populärkultur. Konstruierte Erlebniswelten im Nationalsozialismus*. Wiesbaden 2000

BUSSEMER, THYMIAN: »Nach einem dreifachen Sieg-Heil auf dem Führer ging man zum gemütlichen Teil über«. Propaganda und Unterhaltung im

Nationalsozialismus. Zu den historischen Wurzeln eines nur vermeintlich neuen Phänomens. In: CHRISTIAN SCHICHA; CARSTEN BROSDA (Hrsg.): *Politikvermittlung in Unterhaltungsformaten. Medieninszenierungen zwischen Popularität und Populismus*. Münster 2002, S. 73-87

BÜSSEMEYER, MARIANNE: *Deutsche illustrierte Presse. Ein soziologischer Versuch*. Diss. Universität Heidelberg 1929

DAHM, VOLKER: Anfänge und Ideologie der Reichskulturkammer. Die »Berufsgemeinschaft« als Instrument kulturpolitischer Steuerung und sozialer Reglementierung. In: *Vierteljahreshefte für Zeitgeschichte* 34 (1986), S. 53-84

DANZER, KRISTINA: 1925-1932. Vom Ethnologen zum Bildjournalisten. In: ESKILDSEN: *Weber*, S. 13-18

DEILMANN, ASTRID: *Bild und Bildung. Fotografische Wissenschafts- und Technikberichterstattung in populären Illustrierten der Weimarer Republik (1919-1932)*. Osnabrück 2004

DEUTSCHE FOTOGRAFIE: *Macht eines Mediums 1870-1970*. Köln 1997

DEUTSCHER VERLAG 1934-1941. O.O., o.J. (Berlin 1941).

DEWITZ, BODO VON; ROBERT LEBECK (Hrsg.): *Kiosk. Eine Geschichte der Fotoreportage. 1839-1973*. Göttingen 2001

DIEHL, PAULA: Reichsparteitag. Der Massenkörper als visuelles Versprechen der ›Volksgemeinschaft‹. In: PAUL: *Jahrhundert der Bilder*, Bd. 1, S. 470-479

DOERING-MANTEUFFEL, SABINE VON; JOSEF MANCAL; WOLFGANG WÜST (Hrsg.): *Pressewesen der Aufklärung. Periodische Schriften im Alten Reich*. Berlin 2001

DOMEIER, NORMAN: *Der Eulenberg-Skandal. Eine politische Kulturgeschichte des Kaiserreichs*. Frankfurt/M., New York 2010

DOMEIER, NORMAN: Geheime Fotos. Die Kooperation von Associated Press und NS-Regime (1942-1945). In: *Zeithistorische Forschungen* 14 (2017), H. 2, S. 199-230

DÖRNER, ANDREAS: *Politainment. Politik in der medialen Erlebnisgesellschaft*. Frankfurt/M. 2001

DOVIFAT, EMIL: *Auswüchse der Sensations-Berichterstattung*. Stuttgart 1930

DRECHSEL, BENJAMIN: *Politik im Bild. Wie politische Bilder entstehen und wie digitale Bildarchive arbeiten*. Frankfurt/M. u. a. 2005

DRECHSEL, BENJAMIN: Was ist ein politisches Bild? Einige Überlegungen zur Entwicklung der Politikwissenschaft als Bildwissenschaft. In: *Moderne. Kulturwissenschaftliches Jahrbuch* 2 (2006), S. 106-120

DUSSEL, KONRAD: *Hörfunk in Deutschland. Politik, Programm, Publikum (1923-1960)*. Potsdam 2002

DUSSEL, KONRAD: Mythos Zeppelin. In: *Damals* 40 (2008), H. 10, S. 64 - 67

DUSSEL, KONRAD: *Deutsche Tagespresse im 19. und 20. Jahrhundert*. 2. erw. Aufl. Berlin/München 2011

DUSSEL, KONRAD: *Pressebilder in der Weimarer Republik: Entgrenzung der Information*. Berlin 2012

DUSSEL, KONRAD: Strategien eines Marktführers. Die Titelseiten der *Berliner Illustrirten Zeitung* 1891 bis 1945. In: FRANK DUERR; ERNST SEIDL (Hrsg.): *Aufmacher. Titelstorys deutscher Zeitschriften*. Tübingen 2014, S. 134 - 141

DUSSEL, KONRAD: Wie teuer war ein Magazin? Daten zur Ökonomie der Freizeit in der Weimarer Republik. In: LEISKAU; RÖSSLER; TRABERT: *Deutsche illustrierte Presse*, S. 25 - 36

DUSSEL, KONRAD: Getrennte Welten? Illustrierte Zeitungsbeilagen in der Weimarer Republik als Mittel soziokultureller Segregation. In: LEISKAU; RÖSSLER; TRABERT: *Deutsche illustrierte Presse*, S. 211 - 230

DUSSEL, KONRAD: Bilder aus revolutionären Zeiten. Die Bildnachrichten der ›Berliner Illustrirten Zeitung‹ und der Hamburger Illustrierten 1918/19. In: HANS-JÖRG CZECH; OLAF MATTHES; ORTWIN PELC (Hrsg.): *Revolution! Revolution?* Hamburg 1918/19. Kiel, Hamburg 2018, S. 186 - 203

DUSSEL, KONRAD; PATRICK RÖSSLER: Die Bilder in der BIZ. In: KATRIN BOMHOFF; CAROLA JÜLLIG; CHRISTOPHER JÜTTE (Red.): *Die Erfindung der Pressefotografie aus der Sammlung Ullstein 1894-1945*. Berlin 2017, S. 50 - 57

DÜWELL, NORA: *Die Standesgerichtsbarkeit der Presse im Nationalsozialismus. Das Bezirksgericht der Presse in München*. Berlin u. a. 2008

EBERT, ROSEL; EBERT, GEORG: *Friedrich Ebert. Lebensräume. Dezember 1905 bis Oktober 1919*. Berlin 2010.

ECO, UMBERTO: *Apokalyptiker und Integrierte. Zur kritischen Kritik der Massenkultur*. Frankfurt/M. 1986.

EDER, FRANZ X.; OLIVER KÜHSCHELM; CHRISTINA LINSBOTH (Hrsg.): *Bilder in historischen Diskursen*. Wiesbaden 2014

EISERMANN, THILO: *Pressephotographie und Informationskontrolle im Ersten Weltkrieg. Deutschland und Frankreich im Vergleich*. Hamburg 2000

ERLINGER, HANS-DIETER: *Neue Medien, Edutainment, Medienkompetenz*. München 1997

ERMAN, HANS: *August Scherl. Dämonie und Erfolg in Wilhelminischer Zeit*. Berlin 1954

ESKILDSEN, UTE (Hrsg.): *»Fliegen sie sofort nach ...«. Wolfgang Weber – Reportagen, Fotografie und Film 1925 bis 1977*. Göttingen 2004

FAULSTICH, WERNER: »Unterhaltung« als Schlüsselkategorie von Kulturwissenschaft. Begriffe, Probleme, Stand der Forschung, Positionsbestimmung. In: FAULSTICH, WERNER (Hrsg.): *Unterhaltungskultur.* München, Paderborn 2006, S. 70ff.

FECHTER, ANJA; JÜRGEN WILKE: Produktion von Nachrichtenbildern. Eine Untersuchung der Bilderdienste der Nachrichtenagenturen. In: JÜRGEN WILKE (Hrsg.): *Nachrichtenproduktion im Mediensystem. Von den Sport- und Bilderdiensten bis zum Internet.* Köln u. a. 1998, S. 55-119

FECHTER, PAUL: *An der Wende der Zeit. Menschen und Begegnungen.* Gütersloh 1949

FELSKE, KARL: *75 Jahre Verband Deutscher Lesezirkel 1908 bis 1983.* Düsseldorf 1983

FERBER, CHRISTIAN: *Berliner Illustrirte Zeitung. Zeitbild, Chronik, Moritat für jedermann. 1892-1945.* Berlin 1985

FERBER, CHRISTIAN: *Zeichner der Zeit. Pressegraphik in zehn Jahrzehnte.* Frankfurt/M., Berlin 1984

FISCHER, HEINZ-DIETRICH: *Pressekonzentration und Zensurpraxis im Ersten Weltkrieg. Texte und Quellen.* Berlin 1973

FLECKNER, UWE; MARTIN WARNKE; HENDRIK ZIEGLER (Hrsg.): *Handbuch der politischen Ikonographie.* 2 Bde. München 2011

FRANK, GUSTAV: »aus einem düstern trotz gegen das Wissen«. Oder: Von der Illustrierten ZeitSchrift zum beschrifteten RaumBild. In: IGL; MENZEL: *Illustrierte Zeitschriften um 1900*, S. 171-218

FRANK, GUSTAV; MADLEEN PODEWSKI; STEFAN SCHERER: Kultur-Zeit-Schrift. Literatur- und Kulturzeitschriften als ›Kleine Archive‹. In: *Internationales Archiv für Sozialgeschichte der deutschen Literatur* 34 (2009), S. 1-45

FREI, NORBERT; JOHANNES SCHMITZ: *Journalismus im Dritten Reich.* München 1989.

FREYBURG, JOACHIM; HANS WALLENBERG (Hrsg.): *Hundert Jahre Ullstein 1877-1977.* Bd. 2. Berlin 1977

FRÖHLICH, ELKE (Hrsg.): *Die Tagebücher von Joseph Goebbels. Teil I: Aufzeichnungen 1923-1941. Teil II: Diktate 1941-1945.* München 1987ff.

FÜHRER, KARL CHRISTIAN: Pleasure, Practicality and Propaganda. Popular Magazines in Nazi Germany 1933-1939. In: PAMELA E. SWETT; COREY ROSS; FABRICE D'ALMEIDA (Hrsg.): *Pleasure and Power in Nazi Germany.* Basingstoke 2011, S. 132-153

FULDA, BERNHARD: Die vielen Gesichter des Hans Schweizer. Politische Karikaturen als historische Quelle. In: GERHARD PAUL (Hrsg.): *Visual History. Ein Studienbuch.* Göttingen 2006, S. 206-224

GEBHARDT, HARTWIG: Illustrierte Zeitschriften in Deutschland am Ende des 19. Jahrhunderts. Zur Geschichte einer wenig erforschten Pressegattung. In: *Buchhandelsgeschichte* 1983/2, B 41 - B 65

GEISE, STEPHANIE; PATRICK RÖSSLER: Standardisierte Bildinhaltsanalyse. In: WIEBKE MÖHRING; DANIELA SCHLUTZ (Hrsg.): *Handbuch standardisierte Erhebungsverfahren in der Kommunikationswissenschaft*. Wiesbaden 2013, S. 307 - 326

GÖRLICH, CHRISTOPHER: *NSDAP Mitglied Nr. 2. Hermann Esser und der Fremdenverkehr im Nationalsozialismus*. Norderstedt 2015

GRAF, ANDREAS: *Die Ursprünge der modernen Medienindustrie: Familien- und Unterhaltungszeitschriften der Kaiserzeit (1870-1918)*. http://www.zeitschriften.ablit. de/graf/g1.pdf [30.05.2018]. (zuerst in GEORG JÄGER [Hrsg.]: *Geschichte des deutschen Buchhandels im 19. und 20. Jahrhundert. Bd. 1: Das Kaiserreich 1871-1918, Teil 2*. Frankfurt/M. 2003, S. 409 - 522)

GRITTMANN, ELKE: *Das politische Bild. Fotojournalismus und Pressefotografie in Theorie und Praxis*. Köln 2007

GRITTMANN, ELKE; KATHARINA LOBINGER: Quantitative Bildinhaltsanalyse. In: THOMAS PETERSEN; CLEMENS SCHWENDER (Hrsg.): *Die Entschlüsselung der Bilder. Methoden zur Erforschung visueller Kommunikation. Ein Handbuch*. Köln 2011, S. 145 - 161

GUNDLACH, FRANZ C. (Hrsg.): *Martin Munkacsi*. Göttingen 2005

GÜLKER, BERND A.: *Die Verzerrte Moderne. Die Karikatur als populäre Kunstkritik in deutschen satirischen Zeitschriften*. Münster 2001

GÜNTHER, GEORG: ›Das erste nationalsozialistische Lustspiel‹. ›Konjunktur‹ (1933) von Dietrich Loder als zeitgeschichtliches Dokument. In: *Archiv für Kulturgeschichte* 89 (2007), S. 167 - 190

HAGEMANN, JÜRGEN: *Die Presselenkung im Dritten Reich*. Bonn 1970

HAGEMANN, WALTER: *Publizistik im Dritten Reich. Ein Beitrag zur Methodik der Massenführung*. Hamburg 1948.

HALE, ORON J.: *Presse in der Zwangsjacke 1933-1945*. Düsseldorf 1965

HALFBRODT, DIRK: *Philipp Kester – Fotojournalist*. München 2003

HAMANN, CHRISTOPH: *Bilderwelten und Weltbilder. Fotos, die Geschichte(n) mach(t)en*. Berlin 2001

Handbuch der deutschen Tagespresse. Hrsg. vom Deutschen Institut für Zeitungskunde. 4. Auflage, Berlin 1932; 5. Auflage, Berlin 1934

Handbuch österreichischer Autorinnen und Autoren jüdischer Herkunft. 18. bis 20. Jahrhundert. Hrsg. von der Österreichischen Nationalbibliothek. München 2002.

HARDT, HANNO: Pictures for the Masses. Photography and the Rise of Popular Magazines in Weimar Germany. In: *Communication Theory* 8 (1998), S. 6 - 29

HECKER, WOLFGANG; HANS KARL RUPP (Hrsg.): *Auf dem Weg zur Telekratie? Perspektiven einer Mediengesellschaft.* Konstanz 1997

HEFFEN, ANNEGRET: *Der Reichskunstwart – Kulturpolitik in den Jahren 1920-1933. Zu den Bemühungen in eine offizielle Reichskunstpolitik in der Weimarer Republik.* Essen 1986

HEIDE, WALTHER (Hrsg.): *Handbuch der Zeitungswissenschaft.* Bd. 1 (mehr nicht erschienen). Leipzig 1940

HENNING, EIKE: Hitler-Porträts abseits des Regierungsalltags. Einer von uns und für uns? In: LOIPERDINGER; HERZ; POHLMANN: *Führerbilder,* S. 27 - 50

HEPP, ANDREAS: *Medienkultur: Die Kultur mediatisierter Welten.* Wiesbaden 2011

HERZ, RUDOLF: *Hoffmann & Hitler. Fotographie als Medium des Führer-Mythos.* München 1994

HERZ, RUDOLF: Vom Medienstar zum propagandistischen Problemfall. Zu den Hitlerbildern Heinrich Hoffmanns. In: LOIPERDINGER; HERZ; POHLMANN: *Führerbilder,* S. 51 - 64

HICKETHIER, KNUT: »Der Drang nach Menschen, Unterhaltung, Erleben ist so groß in einem«. Mediensituationen im Zweiten Weltkrieg. In: WERNER FAULSTICH; MATTHIAS KARMASIN (Hrsg.): *Krieg – Medien – Kultur. Neue Forschungsansätze.* München 2007, S. 105 - 130

HOEGEN, JESKO VON: Hindenburg. Die Visualisierung des Retter-Mythos. In: PAUL: *Jahrhundert der Bilder,* Bd. 1, S. 412 - 419

HOLTZ-BACHA, CHRISTINA; EVA-MARIA LESSINGER; MERLE HETTESHEIMER: *Personalisierung als Strategie der Wahlwerbung.* In: KURT IMHOF; PETER SCHULZ (Hrsg.): *Die Veröffentlichung des Privaten – Die Privatisierung des Öffentlichen.* Opladen, Wiesbaden 1998, S. 240 - 250

HOLZER, ANTON: »Mit der Kamera am Feind«. Deutsche Kriegsfotografen im Zweiten Weltkrieg. In: HANS-MICHAEL KOETZLE (Hrsg.): *Augen auf! 100 Jahre Leica.* Heidelberg, Berlin 2014, S. 144 - 157

HOLZER, ANTON: *Rasende Reporter. Eine Kulturgeschichte des Fotojournalismus. Fotografie, Presse und Gesellschaft in Österreich 1890 bis 1945.* Darmstadt 2014

HUBMANN, HANNS: *Augenzeuge. 1933-1945.* München/Berlin 1980

HUBMANN, HANNS: *Die Hitler-Zeit 1933- 1945. Bilder zur Zeitgeschichte.* München 1984

HUEBNER, ERICH: Die illustrierte Presse in Deutschland. In: *Frankfurter Hefte* 5 (1950), S. 418 - 425

HÜGEL, HANS-OTTO: Stichwort »Unterhaltung«. In: HÜGEL, HANS-OTTO (Hrsg.): *Handbuch Populäre Kultur. Begriffe, Theorien und Diskussionen.* Stuttgart, Weimar 2003, S. 73 - 82

IGL, NATALIA; JULIA MENZEL (Hrsg.): *Illustrierte Zeitschriften um 1900. Mediale Eigenlogik, Multimodalität und Metaisierung*. Bielefeld 2016

ISHIKAWA, SAKAE; YASUKO MARAMATSU: Why measure diversity? In: SAKAE ISHIKAWA (Hrsg.): *Quality assessment of television*. Luton 1996, S. 199 - 202

JAEGER, ROLAND: Fotografie in Anzeigen der illustrierten Presse am Beispiel von ›die Woche‹. In: LEISKAU; RÖSSLER; TRABERT: *Deutsche illustrierte Presse*, S. 419 - 453

KAINDL, KURT: *Harald P. Lechenperg. Pionier des Fotojournalismus 1929-1937*. Salzburg 1990

KALTENHÄUSER, BETTINA: *Abstimmung am Kiosk. Der Einfluss der Titelseitengestaltung politischer Publikumszeitschriften auf die Einzelverkaufsauflage*. Wiesbaden 2005

KANTER, HEIKE: *Ikonische Macht. Zur sozialen Gestaltung von Pressebildern*. Opladen 2016

KAUFHOLD, ENNO: Die Berliner Illustrirte – Synonym des deutschen Bildjournalismus. In: EDDA FELS (Hrsg.): *125 Jahre Ullstein. Presse- und Verlagsgeschichte im Zeichen der Eule*. Berlin 2002, S. 40 - 45

KAUFMANN, RANDY: Fünf Jahre Dephot (Deutscher Photodienst). Die Fotoagentur Dephot/Degephot in der Berliner Illustrierten Zeitung (BIZ) 1929 bis 1934. Eine Bibliografie. In: *Fotogeschichte* 28 (2008), H. 107, S. 23 - 33

KELLER, ULRICH: Der Weltkrieg der Bilder. Organisation, Zensur und Ästhetik der Bildreportage 1914-1918. In: *Fotogeschichte* 33 (2013), H. 130, S. 5 - 50

KELLER, ULRICH: Verdun 1916. Die Schlacht der Bildreportagen. In: *Fotogeschichte* 33 (2013), H. 130, S. 51 - 84

KELLER, ULRICH: Fotografie und Begehren. Der Triumph der Bildreportage im Medienwettbewerb der Zwischenkriegszeit. In: ANNELIE RAMSBROCK; ANNETTE VOWINCKEL; MALTE ZIERENBERG (Hrsg.): *Fotografien im 20. Jahrhundert. Verbreitung und Vermittlung*. Göttingen 2013, S. 129 - 174

KELLER, ULRICH: Fotofälschung. In: FLECKNER; WARNKE; ZIEGLER: *Handbuch der politischen Ikonographie*. Bd. 1, S. 360 - 365

KEMPNER, ROBERT M. W.: Hitler und die Zerstörung des Hauses Ullstein. Dokumente und Vernehmungen. In: FREYBURG; WALLENBERG: *Hundert Jahre Ullstein*, Bd. 3, S. 267-292.

KERBS, DIETHARD: Die Fotografen der Revolution 1918/19 in Berlin. In: *Revolution und Fotografie*, S. 135 - 154

KERBS, DIETHARD: Die Epoche der Bildagenturen. Zur Geschichte der Pressefotografie in Berlin von 1900 bis 1933. In: KERBS, DIETHARD; WALTER UKA; BRIGITTE WALZ-RICHTER, S. 32-72

KERBS, DIETHARD: John Graudenz 1884-1942. In: KERBS, DIETHARD; WALTER UKA; BRIGITTE WALZ-RICHTER, S.74-76

KERBS, DIETHARD: Revolution und Fotografie. In: *Revolution und Fotografie*, S. 15-25

KERBS, DIETHARD: Willy Römer, 1887-1979, als Fotograf der Revolution in Berlin. In: *Revolution und Fotografie*, S. 155-173

KERBS, DIETHARD: Zur Geschichte der Berliner Pressefotographie im ersten Drittel des zwanzigsten Jahrhunderts. In: KERBS, DIETHARD; WALTER UKA (Hrsg.): *Fotographie und Bildpublizistik in der Weimarer Republik*. Bönen 2004, S. 29-48

KERBS, DIETHARD; WALTER UKA; BRIGITTE WALZ-RICHTER (Hrsg.): *Die Gleichschaltung der Bilder. Zur Geschichte der Pressefotografie 1930-36*. Berlin 1983

KERSHAW, IAN: *Der Hitler-Mythos. Führerkult und Volksmeinung*. Stuttgart 1999.

KIRCHNER, HANS-MARTIN: Wirtschaftliche Grundlagen des Zeitschriftenverlages im 19. Jahrhundert. In: JOACHIM KIRCHNER: *Das deutsche Zeitschriftenwesen. Seine Geschichte und seine Probleme. Teil II: Vom Wiener Kongress bis zum Ausgange des 19. Jahrhunderts*. Wiesbaden 1962, S. 379-476

KITCH, CAROLYN: *The Girl on the Magazine Cover. The Origins of Visual Stereotypes in American Mass Media*. London 2001

KLAPPROTH, GEORG: *Die Woche als Zeitschriftentyp im Wandel der Zeit*. Diss. Berlin 1941.

KLEMPERER, VICTOR: *Leben sammeln, nicht fragen wozu und warum. Tagebücher 1925-1932. 2 Bände*. Berlin 1996

KNIEPER, THOMAS: *Die politische Karikatur. Eine journalistische Darstellungsform und ihre Produzenten*. Köln 2002

KNOCH, HABBO: Living Pictures: Photojournalism in Germany, 1900 to the 1930s. In: KARL CHRISTIAN FÜHRER; COREY ROSS (Hrsg.): *Mass Media, Culture and Society in Twentieth-Century Germany*. Houndmills u.a. 2006, S. 217-233

KNÖFERLE, KARL: *Die Fotoreportage in Deutschland von 1925 bis 1935. Eine empirische Studie zur Geschichte der illustrierten Presse in der Periode der Durchsetzung des Fotojournalismus*. Diss. Eichstätt-Ingolstadt 2013

KOCH, THOMAS: *Macht der Gewohnheit? Der Einfluss der Habitualisierung auf die Fernsehnutzung*. Wiesbaden 2010

KOCH, URSULA E.: Politische Bildzensur in Deutschland bis 1914. In: *Jahrbuch für Kommunikationsgeschichte* 16 (2014), S. 109-170

KOETZLE, HANS-MICHAEL: *Das Lexikon der Fotografen. 1900 bis heute.* München 2002

KOETZLE, HANS-MICHAEL (Hrsg.): *Augen auf! 100 Jahre Leica.* Heidelberg/Berlin 2014

KOHLRAUSCH, MARTIN: Wilhelm II. als Medienkaiser. In: SABROW: *Macht der Bilder*, S. 51-70.

KORFF, KURT: Die ›Berliner Illustrirte‹. In: MAX OSBORN (Hrsg.): *50 Jahre Ullstein.* Berlin 1927, S. 279-302

KORTE, HELMUT: Die Mobilmachung des Bildes – Medien im Ersten Weltkrieg. In: MATTHIAS KAMASIN; WERNER FAULSTICH (Hrsg.): *Krieg – Medien – Kultur. Neue Forschungsansätze.* München 2007, S. 35-66

KOSSATZ, HANS: *Offengestanden, so war das mit mir. Die illustrierte Beichte.* Berlin 1969

KOSZYK, KURT: *Deutsche Presse 1914-1945. Geschichte der deutschen Presse, Teil III.* Berlin 1972

KOSZYK, KURT: *Deutsche Pressepolitik im Ersten Weltkrieg.* Düsseldorf 1968

KOSZYK, KURT: Wie Ebert und Noske baden gingen – oder … was passiert, wenn ein Chefredakteur Urlaub macht. In: ROLF TERHEYDEN (Hrsg.): *Beruf und Berufung. Zweite Festschrift für Johannes Binkowski.* Mainz, S. 88-95

KRACAUER, SIEGFRIED: Die Photographie. In: *Schriften.* Hrsg. von Inka Mulder-Bech. Bd. 5.2: Aufsätze 1927-1931. Frankfurt/M. 1990, S. 83-98

KRONTHALER, HELMUT: Barlog. In: *Deutsche Comicforschung* 4 (2008), S. 75-85

KROPF, ALEXANDRA: *Anzeigenwerbung im Dritten Reich. Eine Analyse der Anzeigenwerbung der Berliner Illustrierten Zeitung.* Diplomarbeit. Universität Salzburg 1996

KUTSCH, ARNULF; ROBERT FRÖHLICH; FRIEDERIKE STERLING: Bilderdienste in der Weimarer Republik. Zur Struktur der Lieferanten und Wegbereiter der Zeitungsillustration. In: LEISKAU; RÖSSLER; TRABERT: *Deutsche illustrierte Presse*, S. 93-122.

LANGE, EITEL: *Der Reichsmarschall im Kriege – Ein Bericht in Wort und Bild.* Stuttgart 1950

LAUBE, GISBERT: *Der Reichskunstwart. Geschichte einer Kulturbehörde 1919-1933.* Frankfurt/M. 1997.

LEHMANN, ERNST HERBERT: Stichwort »Illustrierte«. In: HEIDE: *Handbuch der Zeitungswissenschaft*, Sp. 1775-1798

LEISKAU, KATJA; PATRICK RÖSSLER; SUSANN TRABERT (Hrsg.): *Deutsche illustrierte Presse: Journalismus und visuelle Kultur in der Weimarer Republik.* Baden-Baden 2016

LEMHÖFER, DIETER: *Willibald Krain. Ein bedeutender Berliner Pressezeichner und Graphiker, Maler und Illustrator im Spiegel seiner Zeit.* Berlin 1987

LETTKEMANN, GERD: Frank Behmak. In: *Deutsche Comicforschung* 8 (2012), S. 56 - 63

LETTKEMANN, GERD; ECKHART SACKMANN: Hans Kossatz – das Frühwerk. In: *Deutsche Comicforschung* 3 (2007), S. 45 - 56

LÖFFLER, OTTO: *Der Inseratenmarkt der illustrierten Zeitung.* Diss. Heidelberg 1935.

LOIPERDINGER, MARTIN; RUDOLF HERZ; ULRICH POHLMANN (Hrsg.): *Führerbilder. Hitler, Mussolini, Roosevelt, Stalin in Fotografie und Film.* München 1995

LONGERICH, PETER: *Joseph Goebbels. Biographie.* München 2010

LORENZ, DETLEF: *Bilder in der Presse. Pressezeichner und Presse-Illustrationen im Berlin der Weimarer Republik. Dokumentation und Künstlerlexikon.* Berlin 2019

LOWRY, STEPHEN: Politik und Unterhaltung – Zum Beispiel »Die Feuerzangenbowle«. In: BOSSHART; HOFFMANN-RIEM: *Medienlust,* S. 447 - 457

LUFT, FRIEDRICH (Hrsg.): *Facsimile Querschnitt durch die Berliner Illustrirte.* Berlin, München o. J.

LUFT, FRIEDRICH: Die Geschichte der Berliner Illustrirten. In: LUFT, FRIEDRICH: *Facsimile Querschnitt,* S. 5 - 13

MAASE, KASPAR: *Grenzenloses Vergnügen. Der Aufstieg der Massenkultur 1850-1970.* Frankfurt/M. 1997

MAASEN, SABINE (Hrsg.): *Bilder als Diskurse – Bilddiskurse.* Weilerswist 2006

MAN, FELIX H.: *Bildjournalist der ersten Sekunde.* Berlin 1983

MAN, FELIX H.: *Photographien aus 70 Jahren.* München 1983

MARCKWARDT, WILHELM: *Die Illustrierten der Weimarer Zeit. Publizistische Funktion, ökonomische Entwicklung und inhaltliche Tendenzen (unter Einschluß einer Bibliographie dieses Pressetypus 1918 - 1932).* München 1982

MARIX-EVANS, MARTIN: *Contemporary Photographers.* 3. überarb. Aufl. New York 1995

MCLUHAN, MARSHALL: *Die magischen Kanäle.* Frankfurt/M. 1970

MCQUAIL, DENNIS: *McQuail's Mass Communication Theory.* 4. Aufl. London 2000

MCQUAIL, DENNIS: *Revisiting diversity as a media policy goal. Vortragsmanuskript. Internationale Konferenz »Demokratisierung der Medien- und Informationsgesellschaft«.* Zürich 2005

MCQUAIL, DENNIS; JAN VAN CUILENBURG: Diversity as a media policy goal: A strategy for evaluative research and a Netherlands case study. In: *Gazette* 31 (1983), S. 145 - 162

MENDELSSOHN, PETER DE: Als die Presse gefesselt war. In: FREYBURG; WALLENBERG: *Hundert Jahre Ullstein*, Bd. 3, S. 193 - 243

MENDELSSOHN, PETER DE: *Zeitungsstadt Berlin. Menschen und Mächte in der Geschichte der deutschen Presse*. Berlin 1959

MERGEL, THOMAS: Propaganda in der Kultur des Schauens. Visuelle Politik in der Weimarer Republik. In: WOLFGANG HARDTWIG (Hrsg.): *Ordnungen in der Krise. Zur politischen Kulturgeschichte Deutschlands 1900 - 1933*. München 2007, S. 531 - 559

MEYEN, MICHAEL: *Mediennutzung. Mediaforschung, Medienfunktionen, Nutzungsmuster*. 2. Aufl. Konstanz 2004

MEYEN, MICHAEL; MARKUS THIEROFF; STEFFI STRENGER: Mass Media Logic and the Medialization of Politics. A Theoretical Framework. In: *Journalism Studies* 15 (2014), S. 271 - 288

MEYER, THOMAS: *Mediokratie. Die Kolonisierung der Politik durch das Mediensystem*. Frankfurt/M. 2001

MISSELBECK, REINHOLD (Hrsg.): *Prestel-Lexikon der Fotografen von den Anfängen 1839 bis zur Gegenwart*. München u. a. 2002

MOLDERINGS, HERBERT: Eine Schule der modernen Fotoreportage. Die Fotoagentur Dephot (Deutscher Photodienst) 1928 bis 1933. In: *Fotogeschichte* 28 (2008), H. 107, S. 5 - 21

MOLDERINGS, HERBERT: *Umbo. Otto Umbehr 1902 - 1980*. Düsseldorf 1996

MOLL, MARTIN: Die Abteilung Wehrmachtspropaganda im Oberkommando der Wehrmacht. Militärische Bürokratie oder Medienkonzern? In: *Beiträge zur Geschichte des Nationalsozialismus*, Bd. 17. Berlin 2001, S. 111 - 150

MOROZOV, SERGEJ u. a. (Hrsg.): *Sowjetische Fotografen 1917-1940*. Berlin 1980.

MÜHLENFELD, DANIEL: Vom Kommissariat zum Ministerium. Zur Gründungsgeschichte des Reichministeriums für Volksaufklärung und Propaganda. In: RÜDIGER HACHTMANN; WINFRIED SÜSS: *Hitlers Kommissare. Sondergewalten in der nationalsozialistischen Diktatur*. Göttingen 2007

MÜHLHAUSEN, WALTER: Die Weimarer Republik entblößt. Das Badehosen-Foto von Friedrich Ebert und Gustav Noske. In: PAUL: *Jahrhundert der Bilder* I, S.236 - 243

MÜHLHAUSEN, WALTER: *Friedrich Ebert 1871 - 1925. Reichspräsident der Weimarer Republik*. 2. Aufl. Bonn 2007.

MÜLLER, DETLEF MANFRED: *Erich Ohser – e. o. plauen (1903 - 1944). Der politische Zeichner. Annäherung an eine Künstlerexistenz in Weimarer Republik und Drittem Reich*. Plauen 2004

MÜLLER, DETLEF MANFRED: *Erich Ohser – e. o. plauen (1903-1944). Vater und Sohn & die Berliner Illustrierte Zeitung der Jahre 1934-1938. Ein Idyll mit doppeltem Boden?* Plauen 2009

MÜLLER, MARION G.: Ikonografie und Ikonologie, visuelle Kontextanalyse, visuelles Framing. In: THOMAS PETERSEN; CLEMENS SCHWENDER (Hrsg.): *Die Entschlüsselung der Bilder. Methoden zur Erforschung visueller Kommunikation. Ein Handbuch*. Köln 2011, S. 28 - 53

MÜNKLER, HERFRIED; JENS HACKE: *Strategien der Visualisierung. Verbildlichung als Mittel politischer Kommunikation*. Frankfurt/M. 2009

NAHNSEN, OTTO: *Der Straßenhandel mit Zeitungen und Druckschriften in Berlin*. Gießen 1922

NAYHAUSS, MAINHARDT GRAF VON: *Chronist der Macht. Autobiographie*. München 2014

NITZ, WENKE: *Führer und Duce. Politische Machtinszenierungen im nationalsozialistischen Deutschland und im faschistischen Italien*. Köln 2013

N. N.: *Der Verlag Ullstein zum Welt-Reklame-Kongress Berlin 1929*. Berlin 1929

N. N.: Theo Matejko. Der Zeitschilderer der »Berliner Illustrirten«. In: *Gebrauchsgraphik* 11 (1934), H. 10, S. 2 - 16

NOWACK, BERNHARD: *Fritz Koch-Gotha. Gezeichnetes Leben*. Berlin 1956

NS-Presseanweisungen der Vorkriegszeit. Edition und Dokumentation. Hrsg. von Hans Bohrmann. München u. a. 1984 - 2001

OELS, DAVID: Die Monatsberichte Max Wießners an den Zentralparteiverlag der NSDAP Franz Eher Nachf. über wichtige Geschäftsvorfälle im Deutschen Verlag 1940-1945. Teil I: 1940 - 1941. In: *Archiv für Geschichte des Buchwesens* 69 (2014), S. 153-234. Teil II: 1942 - 1945. In: ebd. 70 (2015), S. 107 - 240

OTTO, INGRID: *Bürgerliche Töchtererziehung im Spiegel illustrierter Zeitschriften von 1865 bis 1915. Eine historisch-systematische Untersuchung anhand einer exemplarischen Auswertung des Bildbestandes der illustrierten Zeitschriften »Die Gartenlaube«, »Über Land und Meer«, »Daheim« und »Illustrierte Zeitung«*. Hildesheim 1990

PÄGE, HERBERT: *Karikaturen in der Zeitung. Engagierter Bildjournalismus oder opportunistisches Schmuckelement?* Aachen 2007

PAGENSTECHER, CORD: Reisekataloge und Urlaubsalben. Zur Visual History des touristischen Blicks. In: PAUL, GERHARD (Hrsg.): *Visual History. Ein Studienbuch*. Göttingen 2006, S. 169 - 187

PALMÉR, TORSTEN; HENDRIK NEUBAUER: *Die Weimarer Zeit in Pressefotos und Fotoreportagen*. Köln 2000.

PALMGREEN, PHILIP: Der »Uses and Gratifications Approach«. Theoretische Perspektiven und praktische Relevanz. In: *Rundfunk und Fernsehen* 32 (1984), S. 51-62

PAUL, GERHARD (Hrsg.): *Das Jahrhundert der Bilder*. 2 Bde. Göttingen 2008/09

PAUL, GERHARD: Die aktuelle Historische Bildforschung in Deutschland. Themen, Methoden, Probleme, Perspektiven. In: JENS JÄGER; MARTIN KNAUER (Hrsg.): *Bilder als historische Quellen? Dimension der Debatten um historische Bildforschung*. München 2009, S. 125-147

PAUL, GERHARD (Hrsg.): *Bilder, die Geschichte schrieben. 1900 bis heute*. Göttingen 2011

PAUL, GERHARD: *BilderMACHT. Studien zur Visual History des 20. und 21. Jahrhunderts*. Göttingen 2013

PAUL, GERHARD: ›Prolet-Arier‹. ›Mjölnir‹, Body Politics und die Bilderwelt der »Generation des Unbedingten«. In: PALMGREEN, PHILIP: *BilderMACHT*, S. 44-99

PAUL, GERHARD: *Das visuelle Zeitalter. Punkt und Pixel*. Göttingen 2016

PENSOLD, WOLFGANG: *Eine Geschichte des Fotojournalismus. Was zählt sind die Bilder*. Wiesbaden 2015.

PETERSEN, THOMAS; CLEMENS SCHWENDER (Hrsg.): *Die Entschlüsselung der Bilder. Methoden zur Erforschung visueller Kommunikation. Ein Handbuch*. Köln 2011

PFRUNDER, PETER; VERENA MÜNZER; ANNEMARIE HÜRLIMANN: *Fernsicht: Walter Bosshard – ein Pionier des modernen Photojournalismus*. Bern 1997

PFUNDNER, MICHAELA: Dem Moment sein Geheimnis entreißen. Der Sportberichterstatter Lothar Rubelt (1901-1990). In: MATTHIAS MARSCHIK; RUDOLF MÜLLNER (Hrsg.): *»Sind's froh, dass Sie zu Hause geblieben sind«. Mediatisierung des Sports in Österreich*. Göttingen 2010, S. 317-327

PFURTSCHELLER, DANIEL: Verteiltes Zeigen. Multimodalität in Illustrierten Zeitschriften um 1900 am Beispiel serieller Bildverwendung in der populären Wochenzeitschrift ›Das interessante Blatt‹. In: IGL; MENZEL: *Illustrierte Zeitschriften um 1900*, S. 75-105

PODEWSKI, MADLEEN: Abbilden und Veranschaulichen um 1900. Verhandlungen zwischen Texten und Bildern in der »Gartenlaube. Illustriertes Familienblatt«. In: IGL; MENZEL: *Illustrierte Zeitschriften um 1900*, S. 219-230

PODEWSKI, MADLEEN: Zwischen Sichtbarem und Sagbarem: Illustrierte Magazine als Verhandlungsorte visueller Kultur. In: LEISKAU; RÖSSLER; TRABERT: *Deutsche Illustrierte Presse*, S. 39-58

POHL, KLAUS: Die Welt für jedermann. Reisephotographie in deutschen Illustrierten der zwanziger und dreißiger Jahre. In: POHL, KLAUS (Hrsg.): *Ansichten der Ferne. Reisephotographie 1850-heute*. Gießen 1983, S. 96-128

RANKE, WINFRIED: *Deutsche Geschichte kurz belichtet. Photoreportagen von Gerhard Gronefeld 1937-1965*. Berlin 1991

RANKE, WINFRIED: Fotografische Kriegsberichterstattung im Zweiten Weltkrieg. Wann wurde daraus Propaganda? In: *Fotogeschichte* 12 (1992), H. 43, S. 61-76

REUSCH, NINA: *Populäre Geschichte im Kaiserreich. Familienzeitschriften als Akteure der deutschen Geschichtskultur 1890-1913*. Bielefeld 2015

Revolution und Fotografie. Berlin 1918/19. Katalog zur Ausstellung der Neuen Gesellschaft für Bildende Kunst. Berlin 1989.

RIES, HANS: *Illustration und Illustratoren des Kinder- und Jugendbuchs im deutschsprachigen Raum 1871-1914. Das Bildangebot der Wilhelminischen Zeit. Geschichte und Ästhetik der Original- und Drucktechniken*. Osnabrück 1992

RÖSSLER, PATRICK: *Inhaltsanalyse*. 2. überarb. Aufl. Konstanz 2010

RÖSSLER, PATRICK: *Das Bauhaus am Kiosk. ›die neue linie‹ 1929-1943*. Bielefeld 2007

RÖSSLER, PATRICK: Vielzahl = Vielfalt = Fragmentierung? Empirische Anhaltspunkte zur Differenzierung von Medienangeboten auf der Mikroebene. In: OTFRIED JARREN; KURT IMHOF; ROGER BLUM (Hrsg.): *Zerfall der Öffentlichkeit?* Opladen 2000, S. 168-186

RÖSSLER, PATRICK: Visuelle Codierung und Vielfalts-Analysen auf Mikroebene. Kategorisierungs- und Auswertungsstrategien für die ikonographische Untersuchung journalistischer Berichterstattung. In: WERNER WIRTH; EDMUND LAUF (Hrsg.): *Inhaltsanalyse. Perspektiven, Probleme, Potentiale*. Köln 2001, S. 140-156

RÖSSLER, PATRICK: Media Content Diversity: Conceptual Issues and Future Directions for Communication Research. In: CHRISTINA BECK (Hrsg.): *Communication Yearbook* 31 (2007), S. 447-514

RÖSSLER, PATRICK: Vielfalt und Fokussierung des Zeitgeschehens: Agenturberichte und ihre Resonanz in Tageszeitungen. Ein Vergleich auf der Mikroebene einzelner Berichtsanlässe. In: BERNHARD VOGEL; DIETMAR HERZ; MARIANNE KNEUER (Hrsg.): *Politik – Kommunikation – Kultur*. Paderborn u. a. 2007, S. 431-454

RÖSSLER, PATRICK: »Wir zerstreuten uns zu Tode«. Formen und Funktionen der Medialisierung des Politischen in illustrierten Zeitschriften der NS-Zeit. In: ARNOLD u. a., *Von der Politisierung*, S. 183 - 239

RÖSSLER, PATRICK: 1928: Wie das Neue Sehen in die Illustrierten kam. »Maxl Knips«, Sasha Stone, ›Das illustrierte Blatt‹ und die Bildermagazine der Weimarer Republik. In: *Fotogeschichte* 31 (2011), H. 121, S. 45 - 60

RÖSSLER, PATRICK: Der geronnene Augenblick: Iconic Turn und mediale Selbstreferenzialität – Filmstandbilder in der Weimarer Publikumspresse. In: STEPHANIE GEISE u. a. (Hrsg.): *Historische Perspektiven auf den Iconic Turn.* Köln 2016, S. 184 - 207

RÖSSLER, PATRICK: Schönheit! Natur! Lebensfreude! Nackte Körper in der populären Presse der Zwischenkriegszeit. In: *Fotogeschichte* 37 (2017), H. 143, S. 5 - 18

RÖSSLER, PATRICK; SEBASTIAN POHL: Wie gleichgeschaltet war die Tagespresse? Eine Fallstudie zur Themenvielfalt in Thüringer Zeitungen 1936-1938. In: CARSTEN REINEMANN; RUDOLF STÖBER (Hrsg.): *Wer die Vergangenheit kennt, hat eine Zukunft.* Köln 2010, S. 162 - 194

ROOB, ALEXANDER: *Willibald Krain und die Ashcan School. Die Agonie der sozialhistorischen Pressegrafik im 20. Jahrhundert* (2008). http://www.meltonpriorinstitut.org/pages/textarchive.php5?view=text&ID=68&language=Deutsch [30.05.2018]

ROOB, ALEXANDER: Sonderzeichner: Ein kurzer Faden durch die Geschichte der Zeichnungsreportage. In: *Tauchfahrten. Zeichnung als Reportage*, S. 46-73. URL: http://www.meltonpriorinstitut.org/bilder/textarchive/Tauchfahrten/Tauchf_part1.pdf [30.05.2018]

RUBIN, ALAN: Die Uses-and-Gratifications-Perspektive der Medienwirkung. In: ANGELA SCHORR (Hrsg.): *Publikums- und Wirkungsforschung*. Wiesbaden 2000, S. 137 - 152

RUGGIERO, THOMAS E.: Uses and Gratifications Theory in the 21st. Century. In: *Mass Communication and Society* 3 (2000), S. 3 - 37

RUTZ, RAINER: *Signal. Eine deutsche Auslandsillustrierte als Propagandainstrument im Zweiten Weltkrieg*. Essen 2007

SABROW, MARTIN (Hrsg.): *Die Macht der Bilder* (Helmstedter Colloquien 15). Leipzig 2013

SACHSSE, ROLF: *Die Erziehung zum Wegsehen. Fotografie im NS-Staat*. Dresden 2003

SACHSSE, ROLF: »Es wird nochmals ausdrücklichst darauf hingewiesen…«. Aspekte der Bildzensur im NS-Staat und im Zweiten Weltkrieg. In: THOMAS DERES; MARTIN RÜTHER (Hrsg.): *Fotografieren verboten! Heimliche Aufnahmen von der Zerstörung Kölns*. Köln 1995

SACKMANN, ECKART: Emmerich Huber. In: *Deutsche Comicforschung* 1 (2005), S. 56 - 71

SACKMANN, ECKART: Emmerich Huber – zum zweiten. In: *Deutsche Comicforschung* 6 (2010), S. 87 - 92

SACKMANN, ECKART: Paul Simmel. In: *Deutsche Comicforschung* 2 (2006), S. 48 - 59

SACKMANN, ECKART: »Vater und Sohn« – eine Ikone aus neutraler Sicht. In: *Deutsche Comicforschung* 9 (2013), S. 63 - 79

SAILER, ANTON: *Die Karikatur. Ihre Geschichte, ihre Stilformen und ihr Einsatz in der Werbung*. München 1969

SALOMON, ERICH: *Berühmte Zeitgenossen in unbewachten Augenblicken. Nachdruck der Erstausgabe von 1931*. München 1978

SÄNGER, FRITZ: *Politik der Täuschungen. Missbrauch der Presse im Dritten Reich. Weisungen, Informationen, Notizen 1933-1939*. Wien 1975

SCHARENBERG, SWANTJE: *Die Konstruktion des öffentlichen Sports und seine Helden in der Tagespresse der Weimarer Republik*. Paderborn 2012

SCHARNBERG, HARRIET: Das A und P der Propaganda. Associated Press und die nationalsozialistische Bildpublizistik. In: *Zeithistorische Forschungen* 13 (2016), H. 1, S. 11 - 37

SCHERL, AUGUST: *Ein neues Schnellbahn-System. Vorschläge zur Verbesserung des Personen-Verkehrs*. Berlin 1909

SCHLINGMANN, SABINE: *»Die Woche« – Illustrierte im Zeichen emanzipatorischen Aufbruchs? Frauenbild, Kultur- und Rollenmuster in Kaiserzeit, Republik und Diktatur (1899-1944). Eine empirische Analyse*. Hamburg 2007

SCHMERL, CHRISTIANE: Die öffentliche Inszenierung der Geschlechtscharaktere. Berichterstattung über Frauen und Männer in der deutschen Presse. In: SCHMERL, CHRISTIANE (Hrsg.): *In die Presse geraten. Darstellung von Frauen in der Presse und Frauenarbeit in den Medien*. Köln, Wien 1985, S. 7 - 52

SCHMERSAHL, KATRIN: Die Demokratie ist weiblich. Zur Bildpolitik der NSDAP am Beispiel nationalsozialistischer Karikaturen in der Weimarer Republik. In: GABRIELE BOUKRIF (Hrsg.): *Geschlechtergeschichte des Politischen. Entwürfe von Geschlecht und Gemeinschaft im 19. und 20. Jahrhundert*. Münster 2002, S. 141 - 174

SCHMIDT, FRITZ: *Presse in Fesseln. Eine Schilderung des NS-Pressetrusts*. Berlin 1947 (anonym erschienen)

SCHMIDT, WOLFGANG: »Maler an der Front«. Die Kriegsmaler der Wehrmacht und deren Bilder von Kampf und Tod. In: ARBEITSKREIS HISTORISCHE BILDFORSCHUNG (Hrsg.): *Der Krieg im Bild, Bilder vom Krieg*. Frankfurt/M. 2003

SCHMIDT, WOLFGANG: »Maler an der Front«. Zur Rolle der Kriegsmaler und Pressezeichner der Wehrmacht im Zweiten Weltkrieg. In: ROLF-DIETER MÜLLER; HANS-ERICH VOLKMANN (Hrsg.): *Die Wehrmacht. Mythos und Realität*. München 1999, S. 635 - 684

SCHMIDTLER, FRITZ: Zeitschriften im Lesezirkel. In: FELSKE (Hrsg.): *Die deutschen Lesezirkel*. Düsseldorf 1969, S. 51 - 77

SCHMIDT-SCHEEDER, GEORG: *Reporter der Hölle. Die Propaganda-Kompanien im 2. Weltkrieg. Erlebnis und Dokumentation*. Stuttgart 1977

SCHNEIDER, FRANZ: *Die politische Karikatur*. München 1988

SCHOLL, LARS U.: *Felix Schwormstädt 1870-1938. Maler, Pressezeichner, Illustrator*. Herford 1990

SCHULZ, WINFRIED: *Politische Kommunikation. Theoretische Ansätze und Ergebnisse empirischer Forschung*. 3. überarb. Aufl. Wiesbaden 2011

SCHULZ, WINFRIED; CHRISTIAN IHLE: Wettbewerb und Vielfalt im deutschen Fernsehmarkt – Eine Analyse der Entwicklung von 1992 bis 2001. In: CHRISTA-MARIA RIDDER u. a. (Hrsg.): *Bausteine einer Theorie des öffentlich-rechtlichen Rundfunks*. Opladen 2005, S. 272 - 292

SCHULZE, ELKE: *Erich Ohser alias e. o. plauen. Ein deutsches Künstlerschicksal*. Konstanz 2014

SCHUNEMANN, R. SMITH: Art or Photography. A Question for Newspaper Editors of the 1890s. In: *Journalism Quarterly* 42 (1965), S. 43 - 52

SCHWARZ, BIRGIT: *Geniewahn. Hitler und die Kunst*. Wien u. a. 2009

SÖSEMANN, BERND: Perspektiven einer »Neuen Zeitungsgeschichte«. Eine exemplarische Skizze zur Erforschung von Zeitungen und öffentlicher Kommunikation in der NS-Diktatur. In: MARTIN WELKE; JÜRGEN WILKE (Hrsg.): *400 Jahre Zeitung. Die Entwicklung der Tagespresse im internationalen Kontext*. Bremen 2008, S. 447 - 466

SOTHEN, HANS BECKER VON: *Bild Legenden. Fotos machen Politik. Fälschungen, Fakes, Manipulationen*. Graz 2013

STAHR, HENRICK: *Fotojournalismus zwischen Exotismus und Rassismus. Darstellungen von Schwarzen und Indianern im Foto-Text-Artikeln deutscher Wochenillustrierter 1919-1939*. Hamburg 2004

STEGMANN, DIRK: Unterhaltung als Massenkultur? Von den Familienzeitschriften zur Illustrierten 1850 - 1914. In: WERNER FAULSTICH; KARIN KNOP (Hrsg.): *Unterhaltungskultur*. München 2006, S. 21 - 32

STÖBER, RUDOLF: *Deutsche Pressegeschichte von den Anfängen bis zur Gegenwart*. 3. überarb. Aufl. Konstanz, München 2014

STOLLBERG-RILINGER, BARBARA (Hrsg.): *Was heißt Kulturgeschichte des Politischen?* (= ZHF Beiheft 35) Berlin 2005.

TAVERNARO, THOMAS: *Der Verlag Hitlers und der NSDAP. Die Franz Eher Nachfolger GmbH.* Wien 2004

THAMER, HANS-ULRICH: Das Hitler-Bild. Bilderflut und Gegenbilder. In: *Sabrow: Macht der Bilder,* S. 71-92

TIMM, REGINE (Hrsg.): *Fritz Koch-Gotha.* Berlin 1982

TOLSDORFF, TIM: *Von der Stern-Schnuppe zum Fix-Stern. Zwei deutsche Illustrierte und ihre gemeinsame Geschichte vor und nach 1945.* Köln 2014

TRIBUKAIT, MAREN: *Gefährliche Sensationen. Die Visualisierung von Verbrechen in deutschen und amerikanischen Pressefotographien 1920-1970.* Göttingen 2017

UKA, WALTER: Pressefotografie Medium zwischen Aufklärung und Verdummung. In: KERBS; UKA; WALZ-RICHTER: *Gleichschaltung der Bilder,* S. 11-17

UKA, WALTER: Bildjournalismus zwischen Widerborstigkeit und Anpassung. In: KERBS; UKA; WALZ-RICHTER: *Gleichschaltung der Bilder,* S. 102-120

ULLSTEIN, HERMANN: *Das Haus Ullstein.* Berlin 2013

ULLSTEIN, HERMANN: *The Rise and Fall of the House of Ullstein.* New York 1943

ULMER, GERTRUD: *Das Lichtbild in der Münchner Presse.* Würzburg 1939

UNGER, EVA-MARIA: *Illustrierte als Mittel zur Kriegsvorbereitung in Deutschland 1933 bis 1939.* Köln 1984

URBAN, MARKUS: *Die Konsensfabrik. Funktion und Wahrnehmung der NS-Reichsparteitage, 1933-1941.* Göttingen 2007

USKO, HANS JÜRGEN; GÜNTER SCHLICHTING: *Kampf am Kiosk. Macht und Ohnmacht der deutschen Illustrierten.* Hamburg 1961

UZIEL, DANIEL: *The Propaganda Warriors. The Wehrmacht and the Consolidation of the German Home Front.* Oxford 2008

VELTZKE, VEIT: *Kunst und Propaganda in der Wehrmacht. Gemälde und Grafiken aus dem Russlandkrieg.* Bielefeld 2005

VIEWEG, CHRISTOF: *Hans Liska. Skizzen, Szenen, Situationen. Mit Mercedes-Benz in aller Welt.* Bielefeld 2008

VILLINGER, CARL J. H.: Stichwort ›Karikatur VIII‹. In: HEIDE: *Handbuch der Zeitungswissenschaft,* Sp. 2256-2260

VOGEL, ANDREAS: *Die populäre Presse in Deutschland. Ihre Grundlagen, Strukturen und Strategien.* München 1998

VOLLRATH, ERNST: *Was ist das Politische? Eine Theorie des Politischen und seiner Wahrnehmung.* Würzburg 2003.

VOWINCKEL, ANNETTE: *Agenten der Bilder. Fotografisches Handeln im 20. Jahrhundert.* Göttingen 2016
VUILLARD, ÈRIC: *Die Tagesordnung.* Berlin 2018
WARNKE, MARTIN: Die Organisation staatlicher Bildpropaganda im Gefolge des Ersten Weltkriegs. In: HANS-JÖRG CZECH; NIKOLA DOLL (Hrsg.): *Kunst und Propaganda im Streit der Nationen 1930-1945.* Dresden 2007, S. 22 - 27
WARNKE, MARTIN: Politische Ikonographie. Hinweise auf eine sichtbare Politik. In: CLAUS LEGGEWIE (Hrsg.): *Wozu Politikwissenschaft? Über das Neue in der Politik.* Darmstadt 1994, S. 170 - 178
WEBER, HANS: Der Bilddienst. In: *Der Verlag Ullstein zum Welt-Reklame-Kongress Berlin 1929.* Berlin 1929, S. 185 - 198
WEBER, OTTO: *Der Pressezeichner Theo Matejko 1893-1946. Das Buch zum 100. Geburtstag.* Ober-Ramstadt 1993
WEHLAU, KURT: *Das Lichtbild in der Werbung für Politik, Kultur und Wirtschaft.* Würzburg 1939
WEIDNER, TOBIAS: *Die Geschichte des Politischen in der Diskussion.* Göttingen 2012
WEISE, BERND: Pressefotografie als Medium der Propaganda im Presselenkungssystem des Dritten Reiches. In: KERBS; UKA; WALZ-RICHTER: *Gleichschaltung der Bilder,* S. 141 - 155
WEISE, BERND: Pressefotografie I. Die Anfänge in Deutschland, ausgehend von einer Kritik bisheriger Forschungsansätze. In: *Fotogeschichte* 8 (1988), H. 31, S. 15 - 40
WEISE, BERND: Pressefotografie II. Fortschritte der Fotografie- und Drucktechnik und Veränderungen des Pressemarktes im deutschen Kaiserreich. In: *Fotogeschichte* 9 (1989), H. 33, S. 27 - 62
WEISE, BERND: Pressefotografie III. Das Geschäft mit dem aktuellen Foto: Fotografen, Bildagenturen, Interessenverbände, Arbeitstechnik. Die Entwicklung in Deutschland bis 1914. In: *Fotogeschichte* 10 (1990), H. 37, S. 13 - 36
WEISE, BERND: *Fotografie in deutschen Zeitschriften 1883 - 1923.* Stuttgart 1991
WEISE, BERND: Fotojournalismus Erster Weltkrieg Weimarer Republik. In: *Deutsche Fotografie,* S. 72 - 87
WEISE, BERND: »Ich muß jetzt fort zum Reichstag«. Dr. Erich Salomon – Beruf: Photojournalist. In: JANOS FRECOT (Hrsg.): *Erich Salomon. Mit Frack und Linse durch Politik und Gesellschaft. Photographien 1928 - 1938.* München 2004, S. 27 - 64
WEISE, BERND: »Die Illustrationsphotographie ist das zeitgeschichtliche Mikroskop des Weltbürgers.« Bildjournalismus 1925 - 1935: Medienmarkt,

Fototechnik, Bildbegriff, Redaktion, Illustrierte Presse. In: KOETZLE, *100 Jahre Leica*, S. 119 - 132

WEISE, BERND: »ullstein bild« – vom Archiv zur Agentur – Fotografie im Presseverlagsgeschäft. Eine Rekonstruktion zur Geschichte des Fotoarchivs im Ullstein Verlag. In: DAVID OELS; UTE SCHNEIDER (Hrsg.): *»Der ganze Verlag ist einfach eine Bonbonniere«. Ullstein in der ersten Hälfte des 20.Jahrhunderts*. Berlin u.a. 2014, S. 259 - 286

WEISE, BERND: Strukturen des Bildertransports. Fotoagenturen im deutschen Kaiserreich und in der Weimarer Republik. In: *Fotogeschichte* 36 (2016), H. 142, S. 5 - 20

WEISE, BERND: Kontrollierte Fotodienste. Unterwerfung des Pressegewerbes im System der NS-Propaganda 1933-1945. In: *Fotogeschichte* 38 (2018), H. 147, S. 41 - 58

WELZBACHER, CHRISTIAN (Hrsg.): *Edwin Redslob. Biografie eines unverbesserlichen Idealisten*. Berlin 2009

WELZBACHER, CHRISTIAN (Hrsg.): *Der Reichskunstwart*. Weimar 2010

WERMUTH, HELGA: *Dr. H. C. Max Winkler, ein Gehilfe staatlicher Pressepolitik in der Weimarer Republik.* Diss. München 1974

WERNEBURG, BRIGITTE: Fotojournalismus in der Weimarer Republik. In: *Fotogeschichte* 4 (1984), H. 13, S. 27 - 40

WESSELS, WOLFRAM: Der 9. November, ›weihevollster Tag‹ im ›Dritten Reich‹. In: *Rundfunk und Geschichte* 10 (1984), H. 1, S. 82 - 100

WILDMEISTER, BIRGIT: *Die Bilderwelt der »Gartenlaube«. Ein Beitrag zur Kulturgeschichte des bürgerlichen Lebens in der zweiten Hälfte des 19. Jahrhunderts.* Würzburg 1998

WILKE, JÜRGEN: Die Visualisierung von Politik und politischer Macht durch Nachrichtenbilder. In: WILHELM HOFMANN: *Die Sichtbarkeit der Macht. Theoretische und empirische Untersuchung zur visuellen Politik*. Baden-Baden 1999

WILKE, JÜRGEN: *Presseanweisungen im zwanzigsten Jahrhundert. Erster Weltkrieg, Drittes Reich, DDR*. Köln u. a. 2007

WILKE, JÜRGEN: Simultaneität und Dissoziation. Die Wechselbeziehung von Wort und Bild in der Geschichte visueller (Massen-)Kommunikation. In: WILKE, JÜRGEN (Hrsg.): *Journalismus und Medien in Geschichte, Forschung und Praxis. Gesammelte Studien III*. Bremen 2017, S. 331 - 353

WILLMANN, HEINZ: *Geschichte der Arbeiter-Illustrierten-Zeitung 1921 - 1938*. Berlin 1974

WINDT, FRANZISKA: Majestätische Bilderflut. Die Kaiser in der Photographie. In: WINDT, FRANZISKA u. a. (Hrsg.): *Die Kaiser und die Macht der Medien*. Berlin 2005, S. 67-98

WINKLER, HEINRICH AUGUST: *Der Schein der Normalität. Arbeiter und Arbeiterbewegung in der Weimarer Republik 1924 bis 1930*. Berlin, Bonn 1985

WIPPERMANN, KLAUS W.: *Die Entwicklung der Wochenschau in Deutschland*. Göttingen 1970

WIPPERMANN, KLAUS W.: Die deutschen Wochenschauen im Ersten Weltkrieg. In: *Publizistik* 16 (1971), S. 268-278

WIPPERMANN, KLAUS W.: *Politische Propaganda und staatsbürgerliche Bildung. Die Reichszentrale für Heimatsdienst in der Weimarer Republik*. Köln 1976

WIRTH, IRMGARD: Zeichner und Karikaturisten der Ullstein-Blätter. In: FREYBURG; WALLENBERG: *Hundert Jahre Ullstein*, Bd. 2, S. 315-341

WORCH, ILSE-LORE: *Die Geistesart der Zeit von der Jahrhundertwende bis 1944, gespiegelt im Unterhaltungsroman der ›Berliner Illustrirten Zeitung‹*. Diss. Berlin (Humboldt-Universität) 1948.

WULF, JOSEPH: *Presse und Funk im Dritten Reich. Eine Dokumentation*. Frankfurt/M. u. a. 1983

WURFF, RICHARD VAN DER: Media markets and media diversity. In: *Communications* (30) 2005, S. 293-301

Zeitungskatalog 1928. Hrsg. von der Rudolf Mosse Annoncen-Expedition. 54. Auflage. Berlin o.J.

Zeitungskatalog 1935. Hrsg. vom Reichsverband der deutschen Anzeigenmittler e.V. Berlin 1935

Zeitungskatalog 1939. Hrsg. vom Reichsverband der deutschen Werbungsmittler e.V. Berlin 1939

ZERVIGÓN, ANDRÉS MARIO; PATRICK RÖSSLER: »Die AIZ sagt die Wahrheit«. Zu den Illustrationsstrategien einer ›anderen‹ deutschen Avantgarde. In: LEISKAU; RÖSSLER; TRABERT: *Deutsche illustrierte Presse*, S. 181-210